Gerhard Lohfink

Braucht Gott die Kirche?

Gerhard Lohfink

Braucht Gott die Kirche?

Zur Theologie des Volkes Gottes

Die Deutsche Bibliothek – CIP-Einheitsaufnahme

Lohfink, Gerhard:
Braucht Gott die Kirche? : zur Theologie des Volkes Gottes / Gerhard
Lohfink. – 4. Aufl. – Freiburg im Breisgau ; Basel ; Wien : Herder ;
Hagen : Urfeld-Verl., 1999
ISBN 3-451-26544-3 (Herder)
ISBN 3-932857-16-X (Urfeld-Verl.)

1999, 4. Auflage
© Verlag Herder, Freiburg

Satz: Hendrik Sehlbach
Umschlaggestaltung: Fritz Brachmann
Herstellung: Freiburger Graphische Betriebe

ISBN 3-451-26544-3 (Verlag Herder)
ISBN 3-932857-16-X (Verlag Urfeld)

Kardinal Joseph Ratzinger
gewidmet

Inhalt

Weshalb ich dieses Buch schreibe

1982 habe ich ein Buch veröffentlicht mit dem Titel „Wie hat Jesus Gemeinde gewollt?" Das Buch wurde oft aufgelegt und in viele Sprachen übersetzt. Immer wieder bekam ich Einladungen, vor allem von Bildungswerken und Pfarreien. Ich sollte kommen und darlegen, wie man eine Pfarrei nach dem Muster neutestamentlicher Gemeinden erneuern könnte.

Anscheinend habe ich mit meinem Buch – und zwar bereits mit seinem Titel – suggeriert, man könne aus dem Neuen Testament ein Modell erheben, von dem her sich dann *Gemeinden für heute* schaffen ließen. In diesem Sinn wünschten sich jedenfalls viele auf der Basis meines Buches konkrete Anweisungen für die Erneuerung der Pfarrei. Ich konnte sie nicht geben. Offenbar sperrte sich der Stoff selber gegen pastorale Gebrauchsanweisungen.

Außerdem hat sich völlig unvorhergesehen in jenen Jahren in meinem eigenen Leben etwas zugetragen, das mich immer nachdenklicher stimmte. Ich bin der „Katholischen Integrierten Gemeinde" begegnet und geriet – ohne daß ich es angestrebt hatte – in einen immer engeren theologischen und persönlichen Austausch mit ihr. 1986 gab ich meine Tübinger Professur auf, um ganz im Verbund dieser Gemeinden leben und arbeiten zu können. Es war für mich eine neue und beglückkende Erfahrung dessen, was Kirche ist.

Seitdem ist mir mehr und mehr aufgegangen, daß ich das genannte Buch so nicht noch einmal schreiben würde. Die Geschichte der Sammlung des Gottesvolkes von Abraham bis heute ist niemals nach einem Modell verlaufen. Es war immer der Geist Gottes selbst, der in der Kirche neue Aufbrüche gewirkt hat, oft völlig überraschend und gegen alle Erwartungen. Die Pläne Gottes decken sich nicht mit unseren menschlichen Plänen. Dem Plan Gottes folgen heißt deshalb, seinen Verheißungen trauen und auf menschlich Unvorhersehbares zugehen – im Wissen und in der Sicherheit, gehalten und geführt zu sein.

Nirgendwo beschäftigt sich die Bibel mit Pastoralplänen und Seelsorgestrategien. Statt dessen zeigt sie auf fast jeder Seite: Gott handelt nicht überall, sondern an einem konkreten Ort. Er handelt nicht jederzeit, sondern in einer bestimmten Stunde. Er handelt nicht durch jedermann, sondern durch Menschen, die er sich auswählt. Wenn wir das nicht wieder begreifen, wird es in unseren Tagen keine Erneuerung der Kirche geben. Denn dieses alte Prinzip der Heilsgeschichte gilt auch heute.

Man denke etwa an jene Szene in Betlehem zur Zeit des Königs Saul. Der Prophet Samuel soll auf das Geheiß Gottes hin für Israel einen neuen König salben und ersucht deshalb Isai, ihm seine Söhne vorzustellen. Sieben Söhne führt Isai ihm vor, und einer ist stattlicher als der andere. An den jüngsten, an David, hat keiner gedacht. Niemand hat ihn hergeholt. Denn David ist noch nicht so groß wie seine Brüder, und er ist weit draußen bei den Schafherden. Aber gerade ihn hat Gott sich als König erwählt[1].

So geht es in der Bibel ständig zu. Gott bringt seine Geschichte auf andere Weise voran, als wir es uns ausdenken und planen. Daß da einer aus Nazaret kam, aus einem der unbedeutendsten Dörfer Israels, und anfing, Jünger zu berufen, daß er eines Tages zwölf dieser Jünger vor die anderen hinstellte und sagte: „Das ist der Anfang des endzeitlichen Israel", ist eine völlig unwahrscheinliche und im Grunde „unmögliche" Geschichte. Mit Sicherheit haben damals viele die Prognose abgegeben: „Aus dieser Geschichte wird nie etwas werden." Sie täuschten sich. In den folgenden Jahrzehnten entstanden rund um das Mittelmeer Hunderte von christlichen Gemeinden.

Inzwischen sind fast 2 000 Jahre vergangen. Die Geschichte, die sich um Jesus abgespielt hat, ist zur „heiligen Geschichte" geworden. Sie hat längst ihren Goldgrund. Wir glauben sie zu kennen, wir haben uns an sie gewöhnt, weil wir sie tausendmal gehört haben – aber wir rechnen nicht damit, daß Gott auch heute an seinem Volk handelt, daß er auch heute Neues schafft.

Weil ich erfahren habe – in einer Weise, die ich nie für möglich gehalten hätte –, daß die alten Geschichten der Bibel wieder lebendig geworden sind und uns auf dem Weg, den Gott mit seiner Kirche gehen will, neu an der Hand nehmen, schreibe ich jetzt mein altes Buch noch einmal neu. Nicht, daß ich die damaligen Aussagen heute für falsch hielte. Aber es hat ihnen Entscheidendes gefehlt, und dadurch geriet das Ganze in eine gefährliche Schräglage. Dieses Buch setzt noch einmal neu an. Es holt weiter aus – bis tief in das Alte Testament hinein. Denn wir brauchen den Rückblick auf die lange Geschichte des Gottesvolkes, um nachzubuchstabieren, wie Gott handelt und wozu er sein Volk erwählt. Das Buch holt sogar noch weiter aus: Es beginnt mit der Frage nach Gott, nach der Schöpfung, nach Evolution und Geschichte, weil sich sonst der biblische Begriff der Erwählung, der heute sogar vielen Christen zum Ärgernis geworden ist, gar nicht begreifen läßt.

Daß wir damit in eine Abfolge geraten, die in vielem der Weise entspricht, in der Israel selbst seine Geschichte gesehen und angeordnet hat, ist kein Nachteil. Im Gegenteil: Es wäre theologisch verhängnisvoll, wenn wir Welt und Geschichte anders anschauen wollten, als die Bibel sie angeschaut hat[2].

ERSTER TEIL

Wozu Gott ein eigenes Volk braucht

Wenn wir jetzt zunächst nach Gott fragen, nach dem, was Schöpfung ist, warum es etwas so Aufwendiges wie Evolution gibt und weshalb Gott überhaupt eine Sündengeschichte mit dem unfaßbaren Leid, das aus ihr entspringt, zuläßt, so hat das sehr viel mit dem Volk Gottes zu tun. Es gibt ein Vorfeld, das man durchschreiten muß, wenn man das unablässig bohrende Ärgernis der Rede von der Wahl Gottes verstehen will – der Wahl eines einzigen Volkes aus den vielen Völkern der Erde. Es kann ja kein Zufall sein, daß das Alte Testament nicht mit der Berufung Abrahams beginnt. Die wird erst im 12. Kapitel des Buches Genesis erzählt. Vorher spricht die Bibel von der Erschaffung der Welt, vom Sündenfall und von der Entwicklung der Menschheit. Sie hat also sehr wohl gewußt, daß man erklären muß, weshalb Gott ein eigenes Volk braucht.

1. Gott ist Gott und nicht Welt

Es ist eines der großen Wunder der Geschichte, daß in der Welt das Volk Israel entstanden ist und daß dieses Volk zu dem Glauben an den einen, wahren Gott gefunden hat. Denn das kleine Israel war umgeben von Großreichen, die es unablässig bedrängten, und es lebte unter dem Kulturdruck mächtiger und faszinierender Religionen, in denen viele Götter verehrt wurden. Da war die Faszination Ägyptens. Da war die beständige Verführung Kanaans. Da war die Macht Assurs und Babylons. Da waren die zivilisatorische Kraft des Hellenismus und der imponierende Staatskult Roms. In all diesen Kulturen war die Welt voller Götter. Israel dagegen vertraute sich der Führung eines einzigen Gottes an und bekannte in seinem Glauben mit immer größerer Klarheit, daß es nur einen einzigen Gott gibt.

Der eigentliche Unterschied zwischen dem Glauben Israels und den Religionen der Völker, die neben ihm wohnten oder es beherrschten, war aber nicht die Zahl der Götter – also *ein* Gott statt zehn oder dreißig Göttern. Der Unterschied lag tiefer. Die vielen Götter der Völker waren Kräfte und Mächte der Welt, die dem Menschen schon ein Letztes waren und hinter die sein Blick nicht mehr weiterdrang. Ihnen hatte er sich unterworfen. (Vgl. Gal 4,8 f.)

Es waren die ihm unbegreiflichen Kräfte der Natur, wie Sonne, Mond, Gestirne, Sturm, Gewitter, Fruchtbarkeit. Es waren aber auch die Kräfte, die der Mensch in sich selbst erfuhr: Zorn, Haß, Eros, Sehnsucht. Und es waren schließlich die Mächte, die Geschichte und Gesellschaft bestimmten: Wissen, Herrschermacht, Gewalt, Geld, Rivalität, Krieg, Vaterland, Leben, Tod. All diese Mächte trugen göttliche Namen. Der Mensch war von ihnen fasziniert. Er erfuhr in ihnen die Tiefe der Welt und des Daseins. Er gab sich ihnen hin. Allerdings konnten in ihm auch die Zweifel nagen. Vor allem in Griechenland regten sie sich früh.

Israels Glaube an einen einzigen Gott bedeutet gerade nicht, daß es aus diesen vielen Göttern einen einzigen Gott gemacht hätte, daß es die vielgestaltigen Mächte der Welt in einer einzigen Macht konzentriert hätte. Eine solche Integration alles Göttlichen hätte vielleicht zu dem Weltenlogos der Stoiker geführt, nicht aber zu dem Gott Israels. Israel erfuhr vielmehr in einem langen Aufklärungsprozeß: Gott steht den Völkern und der Geschichte gegenüber – nicht als deren eigene Tiefe, sondern als der Herr der Geschichte. Gott ist nicht eine Naturkraft und nicht die Erweiterung der menschlichen Seele. Er ist in keiner Weise ein Stück Welt, auch nicht die Summe der Welt und ihrer Kräfte, nicht einmal der Urgrund der Welt, aus dem sie erfließt, sondern er ist jenseits der Welt – als der ganz Andere, der sie geschaffen hat und der deshalb nicht selbst wieder Welt ist.

Die großen Theologen des Gottesvolkes haben den Unterschied zwischen den Göttern der Welt und dem Gott Israels mit aller Klarheit gesehen. Der Verfasser des Buches der Weisheit – er schreibt um die Wende vom 2. zum 1. Jahrhundert vor Christus – formuliert den Unterschied folgendermaßen:

Töricht waren von Natur alle Menschen, denen die Gotteserkenntnis fehlte. Sie hatten die Welt in ihrer Vollkommenheit vor Augen, ohne den wahrhaft Seienden erkennen zu können. Beim Anblick seiner Werke erkannten sie den Meister nicht, sondern hielten das Feuer, den Wind, die flüchtige Luft, den Kreis der Gestirne, die gewaltige Flut oder die Himmelsleuchten für weltbeherrschende Götter.

Wenn sie diese, entzückt über ihre Schönheit, als Götter ansahen, dann hätten sie auch erkennen sollen, wieviel besser ihr Gebieter ist; denn der Urheber des Schönen hat sie geschaffen. Und wenn sie über ihre Macht und ihre Kraft in Staunen gerieten, dann hätten sie auch einsehen sollen, wieviel mächtiger der ist, der sie geschaffen hat; denn von der Größe und Schönheit der Geschöpfe läßt sich auf ihren Urheber schließen. Dennoch verdienen sie nur geringen Tadel. Vielleicht suchen sie Gott und wollen ihn finden, gehen aber dabei in die Irre. Sie verweilen bei der Erforschung seiner Werke und lassen sich durch den Augenschein täuschen; denn schön ist, was sie schauen. Doch sind sie unentschuldbar. Wenn sie durch ihren Verstand fähig waren, die Welt zu erforschen, warum fanden sie dann nicht alsbald den Herrn der Welt? (Weish 13,1–9)

In diesem späten Text des Alten Testamentes zeigt jeder Satz die hellenistische Bildung des Verfassers. Er kennt sich in der griechischen Philosophie aus und verwendet sie für seine eigene Beweisführung[3]. Wahrscheinlich hat er in der Großstadt Alexandrien gelebt. Dort gab es eine bedeutende jüdische Gemeinde, in der seit langem versucht wurde, den Glauben Israels im Denkhorizont des Griechischen zu formulieren und ihn so der Welt zu vermitteln.

Es war ein notwendiger und lohnender Versuch. Denn das Griechische war damals nicht nur die Verkehrssprache der Mittelmeerwelt, es war auch das differenzierteste Instrument, die Welt zu denken und Wirklichkeit zu erfassen. Die griechischen Philosophen hatten seit den Vorsokratikern eine Götter- und Religionskritik entwickelt, die sich der Verfasser des Weisheitsbuches durchaus zunutze macht. Sie hatten in ihre Theologie auch längst den Rückschluß vom Kunstwerk auf den Künstler eingeführt und Gott als den „wahrhaft Seienden" und den „Urheber des Schönen" bezeichnet. Sie waren sogar schon dabei, Gott als den „Einen" zu denken. Bereits Platon hatte in seinem „Timaios"

15

von dem Demiurgen, dem Verfertiger der Welt, gesprochen[4] und Aristoteles in seiner „Physik" von dem „ersten unbewegten Bewegenden", das die letzte Ursache des gesamten Kosmos sei[5].

Auf den ersten Blick scheint unser Text also der Theologie der großen Philosophen Griechenlands Unrecht zu tun. Schlimmer noch: Er arbeitet mit den Instrumentarien der griechischen Philosophie, verschweigt aber ihre Spitzenleistungen.

Und trotzdem hat der Verfasser des Weisheitsbuches recht! Denn auch die besten griechischen Philosophen haben eine bestimmte Grenze nie überschritten. In der Volksreligion und im Kult der Stadtstaaten war der Vielgottglaube sowieso immer eine Selbstverständlichkeit geblieben. Er gehörte so sehr zur Ordnung des täglichen Lebens, daß selbst ein Mann wie Aristoteles testamentarisch bestimmte, „das Bild seiner Mutter sei der Demeter zu weihen und in Stageira seien, einem von ihm gemachten Gelübde entsprechend, zwei Marmorstatuen von vier Ellen Höhe zu errichten, die eine dem Zeus Soter, die andere der Athena Soteira"[6].

Aristoteles hat auch gar keine Hemmungen, neben dem „ersten unbewegten Bewegenden" noch weitere „unbewegte Beweger" anzunehmen, nämlich die Gestirnsgötter. Man sah sie schließlich am Himmel und sie waren Götter – Gottwesen mit sichtbarer Körperlichkeit. Und für Platon gab es nicht nur die höchste Idee des Guten und (mit ihr identisch oder nicht identisch, darüber streiten die Fachleute) den Demiurgen, sondern daneben eine ewige Materie. Sie existierte schon immer. Der Demiurg fand sie bereits vor[7].

So sehr die großen griechischen Philosophen mit den Möglichkeiten ihrer Wissenschaft das jüdisch-christliche Denken über Gott bereicherten, in einem entscheidenden Punkt erreichten sie nie das Besondere des jüdischen Gottesglaubens: Sie konnten den Begriff wirklicher *Schöpfung* nicht denken. Gerade dieser Begriff spielt aber in Weish 13 eine entscheidende Rolle. Er war den Griechen verwehrt, weil sie weder von der numinosen Göttlichkeit der Welt loskamen, noch den Begriff eines absolut jenseitigen, der Welt und der Geschichte gegenüberstehenden Gottes konsequent zu denken vermochten[8]. Platon nennt in dem feierlich formulierten Schlußsatz seines „Timaios" das Weltall selbst einen Gott, ganz groß und gut, schön und vollkommen.

Selbst der Neuplatonismus, der im 3. Jahrhundert nach Christus die Philosophie Platons neu aufgriff und weiterdachte, ist nie zu einem echten Schöpfungsbegriff gelangt. Für den Neuplatonismus gipfelt die Welt in einem letzten Prinzip, der nicht mehr ableitbaren Idee des Einen und Guten, aus der sie in unendlich vielfältigen Spiegelungen und Kaskaden hervorströmt. Plotin nennt dieses Hervorgehen „Emanation". Was von der griechischen Philosophie gesagt werden muß, gilt erst recht von den Schöpfungsmythen und Schöpfungshymnen des Orients. Dort begegnen zwar vielerlei Schöpfungsaussagen. Wahrscheinlich ist sogar die Formel „Schöpfer des Himmels und der Erde" (Gen 14,19) der kanaanäischen Mythologie entlehnt. Aber die schaffenden Götter sind dort selbst wieder Teile einer umfassenderen Wirklichkeit. Sie entstammen dem Urchaos und dessen göttlichen Kräften. Sie rebellieren gegen ihren eigenen Urgrund, setzen sich im Chaoskampf durch und formen die Welt aus der Gestaltlosigkeit, aber sie stehen der Welt nicht als der ungeschaffene Schöpfer gegenüber. Götterwerdung (Theogonie) und Weltwerdung (Kosmogonie) durchdringen sich. Letztlich sind auch die orientalischen Götter „Welt", und die Welt ist Selbstentfaltung des Göttlichen.

Woher hatte Israel die Kraft, gegen das Denken der besten Philosophen und gegen die Frömmigkeit seiner Nachbarvölker zwischen Welt und Gott zu unterscheiden? Woher hatte es die Fähigkeit, den Begriff wirklicher Schöpfung zu bilden? Wieso konnte es bekennen: „Alle Götter der Heiden sind nichtig, der Herr aber hat den Himmel gemacht" (Ps 96,5)? Woher hatte die jüdische Legende die Möglichkeit, die Mutter der hingemordeten makkabäischen Brüder zu ihrem letzten Sohn sprechen zu lassen: „Ich bitte dich, mein Kind, blicke auf den Himmel und die Erde; betrachte alles, was es gibt, so wirst du erkennen, daß Gott es nicht *aus schon Bestehendem* gemacht hat" (2 Makk 7,28)?

Diese Kraft der Unterscheidung kam dem alttestamentlichen Gottesvolk aus seiner langen Geschichte: Es hatte sich in Abraham aus Mesopotamien herausholen lassen – und die jüdische Legende deutete später bereits diesen Exodus als Bruch mit den Göttern. Vor allem aber war es unter Mose aus Ägypten geflohen – aus einem Gottesstaat, in dem alles von Göttern beherrscht war. Es hatte sich einem einzigen Gott anvertraut, mit viel Murren und immer neuem Widerstand, aber es hatte sich ihm anvertraut. Die Katastrophe des Exils deutete es als die Folge seines Abfalls von dem Gott, der es geführt hatte, und als Strafe für die Hinwendung zu den Göttern der Völker – und genau in diesem Augenblick des Scheiterns und der Neubesinnung gewann Israel die Kraft, seinen Gott als den einzigen Gott und als den absoluten Schöpfer der Welt zu erkennen.

Die scharfe Scheidung zwischen Gott und Welt, die Israel gefunden hat und von der alle Aufklärungsgeschichte bis heute lebt, war also nicht ein Weiterdenken der griechischen Philosophie, war auch keine Konzentration oder Sublimierung der orientalischen Göttermythen, sondern kam aus der Erfahrung mit jenem Gott, der es ständig herausführte aus Gesellschaften, in denen alles verfestigt und vergöttlicht war. In eben dieser Erfahrung des ständigen Herausgeführtwerdens erwies sich der Gott Israels als der ganz Andere, der sich absolut von einer göttlich-numinosen Welt unterschied.

Diese Zusammenhänge werden beim Propheten Hosea klar ins Wort gebracht. Er ist sich sicher: Das Wissen des Gottesvolkes, daß es nur JHWH verehren darf und neben ihm keine anderen Götter, kommt aus der Erfahrung, daß ihm kein anderer Gott je wirklich geholfen hat – und diese Erfahrung beruht auf der Grunderfahrung des Exodus:

Ich, JHWH, bin dein Gott vom Land Ägypten her.
Einen Gott außer mir kennst du nicht.
Einen Helfer außer mir gibt es nicht. (Hos 13,4)

Ägypten war ein Sklavenhaus gewesen. Seine vielen Götter hatten nicht geholfen und keine Freiheit geschenkt. Nur der eine Gott, der sein Volk herausführte, gab die Freiheit und mit ihr die Möglichkeit, zwischen einer die Herrschaft des Pharao legitimierenden, göttlich gepriesenen Welt und einer in die Freiheit entlassenden, geschaffenen Welt zu unterscheiden. Aus diesem Unterscheidungswissen, gewonnen aus der Herausführung aus Ägypten und aus vielen anderen Herausführungen, sollte sich der Eingottglaube Israels formen.

Es ist aufschlußreich, wie der griechische Historiker und Geograph Strabon in seiner Geographie (ungefähr zur Zeit der Geburt Christi) den jüdischen Eingottglauben beschreibt. Er mutmaßt, der Ursprung des jüdischen Volkes liege bei dem ägyptischen Priester Mose, und dieser Mose habe eine neue Gottesidee in die Welt gebracht: „Nur das *Eine* sei Gott, das uns alle und Himmel und Erde umfängt, das, was wir nennen den Himmel und den Kosmos und die Natur des Seienden"[9]. Das ist eine treffende Beschreibung des Pantheismus der Stoa; mit dem Glauben Israels hat diese Beschreibung nicht das Geringste zu tun. Aber das Zitat zeigt noch einmal: Es war dem antiken Menschen außerhalb der Erfahrungen des Gottesvolkes offenbar nicht möglich, Gott und Welt klar zu unterscheiden[10].

Wir stoßen damit zum ersten Mal in diesem Buch auf die Unterscheidung zwischen Religion und Offenbarung. Weil sie uns noch häufiger beschäftigen wird – die Bibel zwingt einfach dazu –, ist vielleicht vorweg ein grundsätzliches Wort angebracht:

Die Religionen der Völker und das Denken der Philosophen sollen mit dieser Unterscheidung nicht herabgesetzt werden. Die Welt sucht nach ihrem Schöpfer und streckt sich ihm unablässig entgegen. Es gibt nicht nur das sinnschenkende Wort Gottes an die Welt, den sich offenbarenden Logos, sondern auch die der Schöpfung eingestiftete Sehnsucht auf Gott hin. Sie ist die Voraussetzung, daß das Wort Gottes überhaupt gehört werden kann. Der göttliche Logos erfüllt von Anfang an die Welt.

Die Aussage, daß alles „göttlich" sei, kann eine erste, noch nicht unterscheidende Ahnung der Schöpfermacht Gottes sein. Dann ist diese Ahnung auf dem Weg, auf der Suche nach dem wahren Logos. „Alles sei göttlich" kann aber auch schon Absolutsetzung der Welt und raffinierte Selbstbestätigung des Menschen sein. Dann ist „natürliche" Religion bereits abgeglitten in das bloß Religiöse. Wenn in diesem Buch von „Religion" und vom „Religiösen" die Rede sein wird, ist stets dieser zweite, negative Aspekt gemeint: Religion, insofern sie in der Gefahr ist, Gott und Welt gleichzusetzen und so die Suche nach dem wahren Gott zu pervertieren[11].

Im übrigen gibt es dieses Abgleiten nicht nur in den Religionen. Auch der Offenbarungsglaube ist ständig in der Gefahr, abzusinken in das bloß Religiöse, das sich um sich selbst dreht und Gott lediglich als Legitimation für die eigenen Interessen benutzt. Insofern ist die Unterscheidung zwischen dem Religiösen und der Offenbarung auch hier lebensnotwendig. Die Bibel kämpft fortwährend und auf allen Gebieten um diese Unterscheidung, gerade auch in ihren Schöpfungstexten.

2. Evolution und Geschichte gehören zur Schöpfung

Selbstverständlich sind Weish 13,1–9 und 2 Makk 7,28 nicht die einzigen Schöpfungstexte der Bibel. Sie sind in ihr nur Endformen eines langen Nachdenkens über die Schöpfung. Der ausführlichste, wenn auch nicht der älteste biblische Text zum Schöpfungswerk ist Gen 1,1–2,4:

Am Anfang schuf Gott den Himmel und die Erde.
Die Erde war noch wüst und wirr.
Finsternis lag über der Urflut,
und Gottes Geist schwebte über dem Wasser.
Und Gott sprach: „Es werde Licht!" Und es ward Licht. (Gen 1,1–3)

Auf den ersten Blick scheint dieser große Schöpfungstext, von dem hier nur der Anfang zitiert wurde, noch ganz in das mythische Sprechen der Umwelt Israels eingebunden zu sein. Denn er berichtet ja von der Formung der Welt aus dem Chaos. Das erste Schöpfungswort, das Gott spricht, bringt keineswegs die Materie aus dem Nichts hervor. Das erste Schöpfungswort lautet: „Es werde Licht!" Gott beginnt also sein Schöpfungswerk damit, daß er in das ungeformte Chaos, in eine wüste und wirre Welt, Licht bringt. Und dann geht die Zurückdrängung des Chaos weiter, indem Gott inmitten der Urflut – die freilich nach wie vor von oben und unten droht – einen riesigen Raum ausgrenzt, in dem Kosmos, gestaltete Welt, möglich wird.

Es ist heute keine Frage mehr, daß der Verfasser der Priesterschrift, von dem Gen 1,1–2,4a stammt, hier auf vielfältiges mythisches Material seiner Umwelt zurückgreift, indem er es zitiert oder anklingen läßt oder es zumindest voraussetzt. Man muß aber sehen, mit welcher Freiheit und Unterscheidungskraft er dieses Material verarbeitet:

1. Sonne und Mond, im gesamten Orient Gott und Göttin von höchster Bedeutung, werden ihrer Göttlichkeit beraubt und von Gott schlicht als „Leuchtkörper", also als Gebrauchsgegenstände, an den Himmel gehängt (1,14–18). Das ist Entmythologisierung in einer für uns kaum mehr vorstellbaren Radikalität.

2. Von dem schrecklichen Kampf, den die babylonischen Götter bestehen müssen, um des Chaos Herr zu werden, ist nichts zu spüren. Der Gott der Priesterschrift arbeitet souverän und mühelos. Die Urflut ist – im Gegensatz zu Ijob 26,12 oder Ps 74,13 f – kein mythisches Ungeheuer mehr, das besiegt werden muß.

3. Gott arbeitet sechs Tage lang und ruht dann am siebten Tag. Nirgendwo sonst in den babylonischen Schöpfungsmythen gibt es derartiges. Die Götter Mesopotamiens arbeiten nicht. Sie hatten – so erzählt das *Atrachasis-Epos* – eines Tages die schwere Arbeit, die im Kosmos getan werden muß, satt. Deshalb verschafften sie sich zur eigenen Entlastung Arbeitssklaven. Zuerst schoben sie die Arbeit einer niedrigeren Götterklasse zu, die dann aber bald revoltierte. Daraufhin erschufen sie die Menschen. Diese müssen fortan die Fronarbeit in der Welt leisten. Ganz anders die Priesterschrift: Hier arbeitet Gott selbst. „Er arbeitet und ruht, engagiert sich und wahrt die Distanz, gibt sich aus und bleibt bei sich selbst. Und dazu: Er senkt diese Spannungseinheit von Arbeit und Muße in seine Schöpfung hinein"[12].

Das Sieben-Tage-Schema, in dem die Priesterschrift das Schöpfungswerk Gottes darstellt, ist also alles andere als naives Denken. Es kritisiert die gesamte antike Welt, in welcher Muße die Sache der Freien und Arbeit Sache der Frauen und Sklaven war, und entwirft bereits die Umrisse einer neuen Gesellschaft, in der schöpferische Arbeit und göttliches Ruhen im Rhythmus der Woche wechseln, und zwar für alle.

4. Am Ende seines Schöpfungsberichtes, in Gen 2,4a, bezeichnet der Verfasser der Priesterschrift das Schöpfungswerk Gottes als „*toledot* des Himmels und der Erde". Unsere Übersetzungen geben *toledot* meist wieder mit „Entstehungsgeschichte": „Das ist die Entstehungsgeschichte von Himmel und Erde, als sie erschaffen wurden." Wörtlich heißt *toledot* aber „Zeugungen", „Geburten". Wieso kann die Erschaffung der Welt als eine Reihe von „Zeugungen" bezeichnet werden?

Es gibt darauf nur eine Antwort: Im Hintergrund steht die vor allem in Mesopotamien belegte Vorstellung, daß sich in der Urzeit das mythische Götterpaar „Himmel" und „Erde" vermählt und alles Existierende gezeugt habe. Der Verfasser der Priesterschrift knüpft begrifflich an diese Vorstellung an und korrigiert sie zugleich: Die vorfindbare Welt wurde nicht mythisch gezeugt, schon gar nicht von einem Götterpaar, sondern wurde von dem einen Gott geschaffen[13].

Dabei geht er allerdings nicht so weit, die Hervorbringung des Lebens aus Erde und Himmel völlig abzulehnen. Denkt man von unserem heutigen Wissen über die Evolution her, ist es ja auch gar nicht abwegig, von der Zeugungskraft der Erde zu reden. Es spricht für die Weisheit des Verfassers der Priesterschrift, für sein Wissen um das, was „Natur" ist, man könnte freilich auch sagen: es spricht für das „Geführtsein" seiner Theologie, daß er die kosmologischen Zeugungsvorstellungen der Umwelt Israels wenigstens zum Teil in seine Darstellung einbezieht. Und zwar tut er das bei der Entstehung der Pflanzen und der Tiere. Denn da sagt Gott:

„Die Erde lasse junges Grün wachsen, alle Arten von Pflanzen, die Samen tragen, und von Bäumen, die auf der Erde Früchte bringen mit ihrem Samen darin." Und so geschah es. Die Erde brachte junges Grün hervor. (Gen 1,11–12)

Genauso bei den Tieren. Da spricht Gott:

„Die Erde bringe alle Arten von lebendigen Wesen hervor, von Vieh, von Kriechtieren und von Tieren des Feldes." Und so geschah es. Gott machte alle Arten von Tieren des Feldes, alle Arten von Vieh und alle Arten von Kriechtieren auf dem Erdboden. (Gen 1,24–25)

Gott schafft also die Pflanzen und die Tiere nicht unmittelbar. Die *Erde* bringt sie hervor. Und doch hat Gott die Pflanzen und die Tiere „gemacht". Bei den Tieren wird das ausdrücklich festgestellt. Es ist aber auch schon dadurch ausgedrückt, daß Gott ja der Erde den Befehl gibt, Pflanzen und Tiere entstehen zu lassen. Die Vorstellung mythischer Urzeugungen ist damit beiseitegeschoben. Und doch wird das, was an dieser Vorstellung richtig war, ernstgenommen: der Eigenstand und die Formkraft der Materie. Hat der Verfasser der Priesterschrift schon geahnt, daß die Formen des Lebens nicht unmittelbar von Gott geschaffen sein müssen, sondern daß Gott in seine Schöpfung die Kraft gelegt hat, Leben zu entwickeln und hervorzubringen? Er spricht aber noch aus einem anderen Grund von den *toledot*, der Zeugungsgeschichte der Welt. In seiner Geschichtsdarstellung, die sich an die Darstellung der Schöpfung unmittelbar anschließt (vgl. Gen 5,1 ff), spielen Stammbäume eine außerordentlich große Rolle. Sie sind das tragende Gerüst des priesterschriftlichen Textes. Sie zeigen, wie das Leben von Generation zu Generation weitergegeben wird, wie die Menschheit wächst und wie sich Geschichte entfaltet. Diese Stammbäume heißen ebenfalls *toledot*, also Zeugungen, Geschlechterfolgen. Sie verlaufen etwa nach dem Muster:

Das ist die Geschlechterfolge (toledot) nach Sem: Sem zeugte im Alter von hundert Jahren Arpachschad, zwei Jahre nach der Flut. Nach der Geburt Arpachschads lebte Sem noch fünfhundert Jahre und zeugte Söhne und Töchter. Arpachschad zeugte mit fünfunddreißig Jahren Schelach. Nach der Geburt Schelachs lebte Arpachschad noch vierhundertdrei Jahre und zeugte Söhne und Töchter. (Gen 11,10–12)

Mit Hilfe solcher Stammbäume stellt der Verfasser der Priesterschrift eine unmittelbare Geschlechterfolge von den ersten Menschen über Abraham bis zu den Söhnen Jakobs her. Indem er aber schon vorher die Schöpfung selbst als „Geschlechterfolge" bezeichnet und sie auch formal mit der Knappheit und Nüchternheit eines Stammbaums erzählt, macht er etwas deutlich, das alles andere als eine Selbstverständlichkeit ist: Schöpfung und Geschichte gehören zusammen. Die Geschichte tritt zu der Schöpfung nicht als etwas ihr Fremdes hinzu, sondern die Schöpfung ist von Gott von vornherein so angelegt, daß sie sich als Geschichte entfaltet[14].

Daß dies wirklich die Meinung der Priesterschrift ist, zeigt das Motiv des Segens, das in ihr eine zentrale Rolle spielt: Nachdem Gott den Menschen als Mann und Frau geschaffen hat, spricht er über ihn – wie

23

schon zuvor über die Tiere – einen feierlichen Segen, der mit den Worten beginnt:

Seid fruchtbar
und vermehrt euch
und füllt die Erde an.
(Gen 1,28)

Dieser Segen wird nach der Sintflut, die den Segen gleichsam zurückgenommen hatte und aus der nur noch Noach mit seiner Familie übrig geblieben war, von neuem auf Mensch und Tier gelegt:

Seid fruchtbar
und vermehrt euch
und wimmelt auf der Erde
und vermehrt euch auf ihr.
(Gen 9,7)

Mit etwas anderem Wortlaut werden dann im Verlauf der Vätergeschichte auch die Stammväter Abraham und Jakob gesegnet, weil aus ihnen das Volk Israel entstehen soll. Die Erfüllung all dieses Segens wird schließlich in Ex 1,7 berichtet. Israel ist in Ägypten zu einem großen Volk herangewachsen. Der Verfasser der Priesterschrift konstatiert:

Die Nachkommen Israels
waren fruchtbar gewesen
und wimmelten.
Sie hatten sich vermehrt
und waren sehr, sehr stark geworden,
und das Land war von ihnen gefüllt.
(Ex 1,7)

Diese Notiz ist bemerkenswert: Sie greift in ihrem Wortlaut bewußt den Fruchtbarkeitssegen bei der Schöpfung und nach der Sintflut auf. Damit signalisiert die Priesterschrift ihren Lesern: Der Segen, der schon bei der Schöpfung auf die Menschen gelegt wurde, hat sich in der Geschichte Israels erfüllt. Auf diese Weise wird deutlich: Alle Geschichte, auch die Geschichte des Gottesvolkes, ist Entfaltung dessen, was Gott bereits beim Sechstagewerk in seine Schöpfung hineingelegt hat. Schöpfung ist so beschaffen, daß sie sich als Geschichte entfaltet. Der Schöpfungssegen bringt die Völker hervor. Doch nicht nur in der Priesterschrift stehen Schöpfung und Geschichte in engem Zusammenhang. Deuterojesaja, der Verfasser von Jes 40–55, sieht die Geschichte als Schöpfung Gottes. Gott hat sein Volk geformt und geschaffen. Er erschafft auch das paradiesische Land, das den Weg des Volkes säumt, wenn es zurück in die Heimat zieht. Er wird, indem er Israel zum Zion zurückführt, ganz Neues, Unerhörtes schaffen. Es wird neue Schöpfung sein, machtvoll und herrlich wie seine früheren Schöpfungstaten[15]. Schöpfung ist also bei Deuterojesaja mehr als ein einmaliges Handeln Gottes am Anfang der Welt. Die Schöpfung geht weiter. Die Geschichte – konkret: die Befreiung Israels aus Babylon durch die Hand des Kyros – wird zur Schöpfung Gottes.

Schöpfung wird zur Geschichte, Geschichte wird zur Schöpfung – das Alte Testament bietet erstaunliche Ansätze, die Dynamik dessen, was Schöpfung ist, zu erahnen. Wir sehen die Erschaffung der Welt heute allerdings noch einmal mit neuen Augen. Denn für uns hat sich die Zeit gedehnt. Uns haben sich unvorstellbare Zeiträume der Entwicklung des Kosmos aufgetan: ein seit zwölf (oder mehr?) Milliarden Jahren explodierendes Universum und über drei Milliarden Jahre der Evolution von den ersten Einzellern bis zum Menschen. Davon hatte Israel trotz Gen 1,24 („Die Erde bringe alle Arten von lebendigen Wesen hervor") noch keine Ahnung. Wir wissen in diesem Punkt einfach mehr, und uns sind die immensen Zeiträume und die verwirrenden Wege der Evolution nicht nur Faszination, sondern immer auch bohrende Frage:

Weshalb der unvorstellbar lange Weg, bis es endlich zum Menschen gekommen ist? Weshalb die unfaßbare Verschwendung von Spiralnebeln, damit auf einem Planeten, der im Weltall nur ein winziges Stäubchen ist, Menschen entstehen konnten? Weshalb die unendliche Verschleuderung von Lebenssubstanz auf diesem Planeten selbst? Am Ende des Perm vor 245 Millionen Jahren gingen auf der Erde 96 % aller damals bestehenden Arten zugrunde. Ähnliche Katastrophen ereigneten sich am Ende des Devon (vor 362 Millionen) und am Ende der Trias (vor 208 Millionen Jahren)[16]. Aber wir brauchen gar nicht so weit zurückzugehen. Innerhalb der letzten 10 Millionen Jahre sind in der Evolution des Menschen immer neue Varianten zu abgestorbenen Zweigen der Entwicklung geworden. Der Neandertaler etwa ist trotz seines großen Schädelinhalts – er hatte mehr Hirnmasse als der heutige Mensch – auf der Strecke geblieben.

Noch einmal: Weshalb der ungeheuerliche Aufwand in der Schöpfung, das ständige Experimentieren der Natur mit ihrem eigenen Stoff, die vielen Irrwege und Sackgassen der Evolution, die anscheinend zu nichts geführt haben? Weshalb überhaupt die unablässige evolutive Veränderung unserer Welt, die unbändige Dynamik der Organismen, der hemmungslose Einfallsreichtum des Lebens, die immer neuen genetischen Tricks der Viren? Weshalb schließlich die Dauerkosten der Evolution: das Fressen und Gefressenwerden?

Selbst wenn man die Geschichte der Evolution nicht mit den Augen Reinhold Schneiders betrachtet, dem es in seinem „Winter in Wien" beim Besuch des dortigen Naturhistorischen Museums vor der unermeßlichen Gestaltenwelt, „dieser entsetzlichen Fülle der Erfindungen" schauderte[17], und erst recht nicht mit den Augen Franz Werfels, dem die „obszönen Formen" der Insekten, die „schauerliche Behaarung ihrer Glieder", ihre „aus den Lefzen herauswachsenden Greifzangen" und ihre „Punkt- und Glotzaugen" Brechreiz verursachten[18] – selbst wenn man die unerschöpfliche Formenwelt der Kerbtiere und Mollusken nüchtern und ohne falsche Ekelgefühle betrachtet – die Frage bleibt: Weshalb die unendlichen Umwege der Evolution? Weshalb das Sich-Herantasten, das Nicht-Finden, das Auf-anderem-Weg-nach-Millionen-Jahren-doch-Finden?

Die Frage stellt sich genauso für die Geschichte des Menschen: Warum die langen Wege, bis die erste Stadt gebaut, bis das erste Buch geschrieben, bis die erste freiheitliche Verfassung formuliert war? Wie in der biologischen Evolution verläuft auch in der Geschichte der Menschheit die Entwicklung keineswegs geradlinig. Die sogenannten „primitiven" Gesellschaften waren bereits hochdifferenzierte und sorgsam ausbalancierte Gebilde mit bewundernswerten Leistungen. Trotzdem wurden sie irgendwann von der Entwicklung überrollt und zu toten Seitenästen der Geschichte. Warum auch hier das mühsame Sich-Herantasten an neue Gesellschaftsformen, das Nur-unter-maßlosen-Anstrengungen-Finden und die ständige Gefahr, alles wieder zu verlieren? Die Frage nach der Geschichte hängt mit der Frage nach der Evolution aufs engste zusammen. Weshalb gibt es überhaupt Geschichte, weshalb gibt es Evolution?

Manchmal werden Antworten leichter, wenn man sich das Gegenteil vorstellt. Das Gegenteil wäre: ein Kosmos ohne Entwicklung, eine Welt ohne Evolution, Menschen ohne Geschichte. Alles wäre fertig da. Die Natur wäre fertig und unveränderlich. Der Mensch wäre fertig und unveränderlich. Die Gesellschaft wäre fertig und unveränderlich.

Eines zeigt dieses Szenarium mit Sicherheit: Es gäbe dann für den Menschen keine Freiheit mehr. Denn zur Freiheit in der Zeit – die Freiheit in der Vollendung bei Gott ist noch einmal etwas anderes – zur Freiheit in der Zeit gehört es unabdingbar, daß der Mensch zwischen verschiedenen Möglichkeiten wählen kann. Wahl aber setzt voraus, seinen inneren Schwerpunkt verschieben zu können und sich so selbst zu ändern. Die Möglichkeit aber, sich ändern zu können, setzt eine ständige Bewegung im Menschen und in der Welt um den Menschen voraus. Man könnte auch sagen: Der Mensch kann sich nur ändern, wenn er in neue Konstellationen eintreten kann.

Daß Zachäus sein Leben ändern konnte, setzte voraus, daß er, von Neugier getrieben, auf einen Maulbeerfeigenbaum kletterte, daß Jesus unter diesem Maulbeerfeigenbaum vorbeikam, hinaufschaute und ihm zurief: „Zachäus, komm schnell herunter, denn ich muß heute in deinem Haus zu Gast sein" (Lk 19,5). Zachäus ist in eine neue Konstellation geraten. Er begegnet Jesus. Diese neue Konstellation ermöglicht ihm, sein Leben neu zu sehen und die Schwerpunkte seines Lebens zu verschieben. Das Ganze aber setzt voraus, daß sich Dinge und Menschen bewegt haben.

Was bei Zachäus im kleinen geschehen ist, geschieht in dem, was wir „Geschichte" nennen, im großen. Geschichte ist nichts anderes als eine Folge immer neuer Konstellationen auf die Freiheit des Menschen hin – und genau das hat eine unablässige Bewegung der Dinge und der Menschen zur Voraussetzung. Die Evolution lief schon immer, seit dem Entstehen der ersten Einzeller, auf diese Freiheitsgeschichte zu. Sie ermöglicht sie und trägt sie. Evolution und Geschichte haben also entscheidend mit der Freiheit des Menschen zu tun. Gott will die Schöpfung viel größer und freier, als wir sie uns vorstellen. Er hat sie wirklich in ihr „Eigenes", in ihren Eigenstand und ihre Eigentätigkeit freigelassen – ohne sie zu verlassen und ohne seine Leidenschaft für sie je aufzugeben. Er hat die Materie damit begabt, sich hochzuentwickeln, auch wenn sie dazu Milliarden Jahre braucht. Sie soll es in Eigenständigkeit tun können. Er läßt ihr alle Zeit, die sie benötigt, um schließlich im Menschen zum Bewußtsein ihrer selbst zu kommen. Wer liebt, gibt dem anderen Zeit. Wer liebt, will, daß der andere sich entfaltet, seiner selbst bewußt wird und in Freiheit Antwort geben kann. Die Schöpfung soll im Menschen, der Spitze der Evolution, darüber nachdenken, wer sie ist, ob sie schon alles, also selbst göttlich ist, oder ob jenseits von ihr ein anderer existiert, der sie neben sich gewollt und freigelassen hat. Wir müssen auf dieses unendliche Gewicht der Freiheit im nächsten Kapitel noch genauer eingehen.

An dieser Stelle ist zunächst noch etwas anderes zu bedenken: Die verschwenderische Vielfalt der Formen, welche die Evolution bis heute hervorgebracht hat – die Zahl der gegenwärtig existierenden Tier- und Pflanzenarten wird auf 30–80 Millionen geschätzt –, hängt offensichtlich auch mit dem Reichtum des Schöpfers selbst zusammen. Psalm 104, das große Loblied Israels auf den Schöpfer, zählt eine Vielzahl von Geschöpfen auf: Licht und Finsternis, Berge und Täler, Wolken und Sturm, Tier und Mensch. Besonders die Fülle der Tierwelt wird liebevoll ausgemalt – von den Störchen, die auf Zypressen nisten, bis zu dem Gewimmel im Meer: „kleine und große Tiere ohne Zahl" (104,25). Im Abgesang des Psalms wird diese Fülle dann mit der Herrlichkeit Gottes in Zusammenhang gebracht und mit der Freude, die er an seinen Geschöpfen hat (104,31).

In eine ähnliche Richtung weist uns auch der Schöpfungstext in Gen 1,1–2,4. Seine sorgfältige Aufzählung der Schöpfungswerke entspringt nicht nur der Lust des Priesterschriftlers am Klassifizieren, sie soll auch die Vielfalt der Schöpfung verdeutlichen. Da gibt es Pflanzen, die ihren Samen sichtbar tragen, und Bäume, bei denen der Samen in Früchten verborgen ist (1,11). Da gibt es das Vieh, da gibt es die Kriechtiere, und da gibt es die Tiere des Feldes (1,24). Gott will keine Monotonie und Uniformität, sondern die Überfülle des Geschaffenen.

In dieselbe Richtung weisen die Stammbäume der Völker, die der Verfasser der Priesterschrift, so sorgfältig er nur konnte, rekonstruiert oder, besser gesagt, konstruiert hat. Da werden zum Beispiel genannt: Madai, der Stammvater der Meder; Jawan, der Stammvater der Jonier; Mizraim, der Stammvater der Ägypter; Kanaan, der Stammvater der Kanaanäer (Gen 10). Auch die vielen und vielfarbigen Völker der Erde, die – der biblischen Vorstellung zufolge – alle von Sem, Ham und Jafet, den Söhnen Noachs, abstammen, sind Schöpfungen Gottes, denn sie sind hervorgebracht durch seinen Schöpfungssegen, und auch ihre Vielfalt und Verschiedenheit ist von Gott gewollt.

Hier tut sich noch einmal ein abgrundtiefer Unterschied zum Neuplatonismus auf. Für diesen steht die Vielheit in radikalem Gegensatz zum *Einen.* Nur das *Eine* und alles, was an ihm teilhat, ist gut. Die Vielheit und Verschiedenheit sind Kennzeichen der Materie und damit des Schwundes, des Nichtigen, ja des Bösen. Für Israel hingegen ist die Überfülle des Geschaffenen Zeichen der überströmenden Güte Gottes. „Wie zahlreich sind deine Werke, Herr, (…) die Erde ist voll von deinen Geschöpfen", spricht preisend Ps 104,24. Der Segen über alles Leben am Morgen der Schöpfung gab diesem nicht nur die Kraft, sich selbst fortzuzeugen und zu vermehren, er bewirkte auch, daß ein verschwenderischer Reichtum der verschiedensten Geschöpfe als Abglanz der Herrlichkeit ihres Schöpfers entstand.

3. Gott riskiert eine Sündengeschichte

Sechsmal heißt es im Schöpfungsbericht der Priesterschrift: „Und Gott sah, daß es gut war." Am Ende, nach der Erschaffung des Menschen, wird dann in einer bewußten Steigerung vom gesamten Schöpfungswerk gesagt: „Und Gott sah alles, was er gemacht hatte, und siehe, es war sehr gut" (Gen 1,31).

Dieses Für-gut-Befinden der Schöpfung durch den Schöpfer wird oft ganz unreflektiert auf unsere vorfindbare Welt übertragen: „Die Welt ist gut." „Die Erde ist schön." So naiv denkt aber die Bibel keineswegs. Der

29

Verfasser der Priesterschrift weiß: Die Welt, in der sich der Mensch vorfindet, ist weder schlichtweg gut noch einfachhin schön. Er stellt deshalb dem Urteil Gottes über seine Schöpfung schon nach wenigen Kapiteln ein zweites Urteil Gottes gegenüber. Hatte es in Gen 1,31 geheißen:

Gott sah alles, was er gemacht hatte, und siehe, es war sehr gut,

so heißt es statt dessen in Gen 6,12:

Gott sah die Erde, und siehe, sie war verdorben.

Es kann gar kein Zweifel bestehen, daß die beiden Sätze aufeinander bezogen sein wollen. Zusammen gelesen besagen sie, daß die Schöpfungsherrlichkeit für den Menschen nur noch gebrochen erfahrbar ist. Die Welt ist nicht mehr so, wie Gott sie bei seiner Schöpfung gesehen hat. Wenn der Mensch die Erde, so wie sie de facto ist, mit den Augen Gottes und nicht durch den Schleier seiner eigenen Ideologien betrachten würde, könnte er nur mit Gen 6,11 f sagen:

Die Erde aber war verdorben vor den Augen Gottes: die Erde war voll von Gewalttat. Und Gott sah die Erde, und siehe, sie war verdorben, denn alles Fleisch auf der Erde lebte verdorben.

Der Text ist durch seine Wiederholungen von schwerem Gewicht: Alle Lebewesen leben gewalttätig, und rücksichtslose Gewalttat ist die eigentliche Sünde des Menschen. Sie will die Vernichtung des anderen. Sie verdirbt nicht nur das Zusammenleben der Menschen untereinander. Sie verdirbt die Erde, die Gottes gute Schöpfung war.

Wie kam es zu diesem Einbruch des Bösen in die Welt? Die Priesterschrift gibt darauf keine Antwort. Sie erzählt keine Geschichte vom Sündenfall. Sie konstatiert nur, wie die jetzt vorfindbare Menschheit ist: rücksichtslos, die Erde verderbend, sintflutreif.

In diesem Punkt geht der Jahwist, der ältere Erzähler, dessen Geschichtswerk in den 5 Büchern Mose mit der Priesterschrift verflochten ist, ein Stück weiter. Er erzählt in Gen 2,4 b – 4,26, wie die Sünde in die Welt kommt und wie sie sich als Gewalttat weiterzeugt. Es ist freilich wichtig, daß wir seine Erzählung nicht als vergangene Geschichte mißverstehen. Die Erzählung von Paradies und Sündenfall, zu der auch noch der Brudermord des Kain gehört, handelt nicht von einem Urstand, den der Mensch verloren hat, erst recht nicht von einem goldenen Zeitalter am Morgen der Geschichte, sondern entwickelt von den Erfahrungen Israels her grundsätzliche Aussagen über die Situation des Menschen. Diese Erfahrungen kommen in Bildern und Symbolen zur Sprache, die in der ganzen Welt verbreitet sind.

Da ist von einem Garten die Rede, von Bäumen, die in ihm wachsen, von einem Strom, der ihn bewässert, von Wächtern, die ihn bewachen, und von einer Schlange, die den Menschen mitten im Garten zum Bösen verführt. Diese Bilder und Symbole sind keineswegs primitiv, denn auch das Unterbewußtsein des modernen Menschen läßt noch immer all diese Symbole in sich wachsen. Noch weniger darf man sagen, die Bilder und Symbole in Gen 2,4 b – 4,26 seien naiv, denn sie beschreiben in staunenswerter Genauigkeit die wahre Situation des Menschen. Sie sagen, was der Mensch von Gott her sein könnte und was er in Wahrheit geworden ist.

Sie sagen: Der Mensch könnte der Erde ganz nahe sein. Er könnte in der Welt wie in einem Garten leben. Dieser Garten wäre zwar kein Schlaraffenland. Der Mensch müßte den Garten der Welt „bearbeiten und bewahren" (2,15). Aber es wäre ein Garten voll Schönheit und Fruchtbarkeit.

Der Mensch könnte zugleich den Tieren ganz nahe sein. So nahe, daß er jedem Tier den richtigen Namen gäbe (2,19 f), das heißt aber, daß er das innerste Wesen eines jeden Tieres begreifen würde.

Der Mensch könnte erst recht dem Menschen ganz nahe sein. So nahe, daß der Mann voller Freude über die Frau sagte: „Das endlich ist Bein von meinem Bein und Fleisch von meinem Fleisch" (2,23).

Der Mensch könnte schließlich Gott ganz nahe sein. So nahe, daß man mit Gen 3,8 in einer letzten Kühnheit sagen dürfte: Gott geht in der Abendkühle im Garten spazieren.

Der Mensch könnte reines Vertrauen sein – Vertrauen zu der Erde, zu den Tieren, zu den Menschen, zu Gott. Der Mensch lebte in der Kraft dieses Vertrauens in einer unendlichen Freigabe, Welt zu bauen und zu gestalten. Alles stände ihm offen. Von allen Bäumen des Gartens der Welt dürfte er essen (2,16).

Aber solche Freiheit des Menschen wäre nur möglich, solange inmitten des Gartens unantastbar jener eine Baum stände, von dem niemand essen darf (2,17). Dieser Baum steht für das Gebot Gottes. Es ist ganz sinnlos zu fragen, welches Gebot damit im einzelnen gemeint ist. Es ist das Gebot schlechthin. Es ist der gute, heilschaffende Wille Gottes. Alles hängt daran, daß dieser Wille Gottes in der Mitte der Welt steht und geachtet wird.

Noch einmal: Was hier in wunderbar einfachen und eindringlichen Bildern geschildert wird, ist kein goldenes Zeitalter der Welt, das irgendwann einmal war, ist aber auch keine bloße Utopie, die man sich erträumt, wenn es Abend wird. Die Schöpfung hätte sich so entwickeln können, wie es die Erzählung vom Paradies schildert. Diese Entwicklung lag als reale Möglichkeit in Gottes Heilswillen beschlossen. Sie war in der Schöpfung angelegt. So wollte Gott die Erde. So wollte er den Menschen.

Die Erzählung von Paradies und Sündenfall sagt aber nicht nur, was der Mensch von Gott her sein könnte, sondern auch, was er geworden ist. Der Mensch mißbraucht ständig die Freiheit, die Gott ihm einräumt. Von allen Bäumen der Welt darf er ja essen – er hat unermeßliche Möglichkeiten –, nur von dem einen Baum in der Mitte darf er nicht essen. Das heißt: Das Gebot Gottes, den gütigen Willen dessen, der ihm das Leben einräumt, muß er stehen lassen. Hier darf er nichts antasten. Hier muß er vertrauen.

Aber gerade das tut der Mensch nicht. Er traut Gott nicht. Er befürchtet, daß ihm etwas entgeht. Er hat Angst, daß ihm etwas vorenthalten wird. Er will selbst alles sein. Er will sein wie Gott (3,5). Das heißt, er will selbst Herr sein. Und eben das ist die Sünde. Eben das ist der andauernde Sündenfall, der die menschliche Geschichte durchzieht.

Die Folgen sind furchtbar. Dem Menschen gehen zwar die Augen auf, aber was er sieht, ist nichts anderes als seine Nacktheit (3,7). Er hat durch die Sünde keine neuen Möglichkeiten gewonnen, sondern im Gegenteil unendliche Möglichkeiten verspielt. Was Gott in die Schöpfung hineingelegt hat, entfaltet sich nicht, sondern wird vom Menschen pervertiert. Die Erde, die so schön sein könnte, ist verflucht um des Menschen willen (3,17). Die Tiere, die dem Menschen so nahe sein könnten, bleiben ihm fremd oder feindlich (3,14 f). Die Arbeit, die Mitarbeit an der Schöpfung Gottes sein könnte, wird zur elenden Mühsal (3,17–19). Das Verhältnis von Mann und Frau, das so befreiend sein könnte, wird durch Herrschaft und Tyrannei bestimmt (3,16). Gott, der dem Menschen bergende Nähe sein könnte, wird ihm zum Schrecken. Der Mensch flieht ihn und versteckt sich vor ihm (3,8).

Bereits die Erzählung vom Sündenfall zeigt mit unbestechlicher Nüchternheit: Die Sünde stiftet keine Gemeinschaft. Der Mann verrät die Frau in der jämmerlichsten Weise und schiebt ihr alle Schuld zu – ja, er gibt sogar Gott noch die Schuld:

Die Frau, d i e d u m i r b e i g e s e l l t h a s t,
sie hat mir von dem Baum gegeben,
und da habe ich gegessen. (Gen 3,12)

Die Folgen der Sünde treten freilich erst in der Geschichte von Kain und Abel voll zutage: Erst dort kommt die Erzählung zu ihrem Abschluß. Kain erschlägt seinen Bruder. Mit diesem Brudermord wird vollends deutlich: Die Sünde untergräbt nicht nur das Verhältnis zwischen Mensch und Gott; sie verwüstet auch das Verhältnis zwischen Mensch und Mensch. Wer Gott nicht traut, kann nur noch auf sich selbst setzen. Wer aber nur noch auf sich selbst setzt, kann den Bruder neben sich nicht wirklich wollen. Das Nebeneinander wird zur Rivalität, und die Rivalität will den anderen aus der Welt haben.

Die Erzählung vom Sündenfall ist eine „Stammvatergeschichte". Das heißt: Sie verdichtet in der Figur des Stammvaters, was von all seinen Nachkommen gilt. Diese Einsicht in die Gattung des Textes bedeutet keineswegs eine Verharmlosung der Erzählung. Im Gegenteil! Diese Einsicht macht das Erzählte noch viel furchtbarer. Denn damit ist klar: Es wird kein Einzelfall, kein Einzelgeschehen erzählt, kein bloßer Unfall am Anfang der Menschheitsgeschichte, sondern was immer und überall bei allen Nachkommen Adams und Kains geschieht: der

Mensch mißtraut Gott, er verweigert sich ihm, er will sein eigener Herr sein – und eben das führt ihn unablässig ins Elend. Die Bibel erzählt die Geschichte vom Sündenfall unmittelbar nach der Erschaffung der Welt und des Menschen. Mit dieser Verknüpfung provoziert sie eine der schwerwiegendsten Fragen, die es gibt: Warum hat Gott die Welt überhaupt erschaffen, wenn der Mensch ihm von Anfang an mißtraut und die Erde zerstört? Wozu eine Welt, die von einer menschlichen Katastrophe in die andere gleitet und in der sich maßloses Elend anhäuft? Wäre es dann nicht besser, eine solche Welt würde gar nicht erst existieren? Und da es sie nun einmal gibt – muß man nicht weiterfragen, ob der Gott, der eine solche Welt geschaffen haben soll, überhaupt existiert? So ist auch immer wieder gefragt worden: vom Altertum bis heute, von Gläubigen und Atheisten.

Man muß aber sehen, daß die Frage, so gestellt, selbst schon wieder an dem Ur-Mißtrauen teilhat, von dem oben die Rede war. Es gibt keinen Standort, von dem aus man unbeteiligt prüfen könnte, ob Gott die Welt gelungen ist. Die weitaus häufigste Form, in der die Bibel über die Schöpfung redet, ist – nicht aus Zufall – der Lobpreis. Wer sich auf den Boden des Gotteslobes stellt, steht bereits im Vertrauen und gesteht der Schöpfung Sinn zu, indem er anerkennt, daß Gott nicht nur unendlich größer ist und deshalb mehr sieht als der Fragende, sondern daß er gut ist. Das heißt natürlich nicht, daß der Glaube nicht denken dürfte. Er darf sogar zweifeln. Aber eine Antwort wird sein kritisches Fragen erst auf dem Boden des vertrauenden Lobpreises erhalten.

Weshalb riskiert Gott eine Sündengeschichte? Wer anfängt, vom Glauben her über diese Frage nachzudenken, erhält von der Sündenfallerzählung selbst den Ansatz der Antwort zugespielt. An *der* Stelle der Erzählung, wo Kain merkt, daß das Opfer seines Bruders Abel von Gott angenommen wird, sein eigenes Opfer aber nicht, überläuft es ihn heiß und er senkt seinen Blick zur Erde. Und genau in diesem Augenblick läßt der Erzähler Gott in einer ganz außergewöhnlichen Weise zu Kain sprechen:

Warum überläuft es dich heiß, und warum senkt sich dein Blick? Nicht wahr, wenn du recht tust, darfst du aufblicken; wenn du nicht recht tust, lauert an der Tür die Sünde als Dämon. Auf dich hat er es abgesehen, doch du werde Herr über ihn! (Gen 4,6 f)

Diese Gottesrede spricht Kain die Freiheit zu. Er kann wählen zwischen Rechttun und nicht Rechttun. Er braucht nicht wie ein Stier den Kopf zu senken. Er kann wieder aufblicken und seinem Bruder ins Angesicht sehen. Es ist ihm möglich, über die Gewalttätigkeit, die vor der Tür lauert, Herr zu werden. Genauso konnten schon Adam und Eva wählen zwischen Gehorsam und Ungehorsam, zwischen Mißtrauen und Vertrauen zu Gott. Offenbar ist es dem Jahwisten wichtig, die Freiheit des Menschen herauszustellen.

Wahrscheinlich kann das Risiko, das Gott mit seiner Schöpfung eingeht, nur vom Begriff der Freiheit her verstanden werden. Gott selbst ist ganz frei, und wenn er eine Schöpfung schafft, die ihm im Menschen als „Du", als Person gegenübertreten soll, dann muß diese Schöpfung in eine ungeheure Freiheit entlassen sein. Die Freiheit des Menschen ist für Gott so unabdingbar, daß er sich verbirgt, daß er zum *deus absconditus* wird, um den Menschen nicht zu überwältigen. „Das Menschengeschlecht sollte Gott suchen, ob es ihn ertasten und finden könnte", sagt Paulus in der Areopagrede (Apg 17,27).

Die Freiheit und Eigenwirklichkeit der Schöpfung bahnt sich bereits in der vormenschlichen Evolution an. Zwar noch nicht als *personale* Freiheit, wohl aber als ein unablässiges Sich-Vorantasten, als ein Spielen mit immer neuen Möglichkeiten, als ein ständiges Ausprobieren und wieder Verwerfen. Man darf gerade nicht sagen, die Evolution sei von Gott auf ihr Ziel hin programmiert, denn dann wäre Gott ein schlechter Programmierer. Was die Schöpfung trotz unzähliger Fehlversuche und Nebenwege unaufhaltsam zum Menschen hintreibt und dabei alle Irrwege immer wieder selbst korrigieren läßt, ist kein fertiges Programm, das von Gott in sie hineingelegt wurde, sondern ist das ewige Schöpfungswort Gottes, das die Welt umfängt, sie ganz freiläßt und sie doch zu sich hinruft.

Es war ein unvorstellbar langer Weg, der länger als drei Milliarden Jahre gedauert hat – von den ersten Blaualgen, den Cyanobakterien, über die ersten Amphibien, die sich aus dem Meer ans Land wagten, über die ersten Säugetiere bis zum *homo sapiens*. Irgendwann beim

Übergang von den Primaten zum Menschen wurden die ersten Werkzeuge verwendet: noch unbearbeitete Steinbeile. Irgendwann, vielleicht als die gemeinsame Jagd immer ausgefeiltere Bewegungsabläufe erforderte, änderten sich Gehirnstrukturen, die größere neuronale Rechenleistungen ermöglichten. Irgendwann verlagerte sich – vielleicht durch einen genetischen „Defekt" – der Kehlkopf nach unten und erweiterte so die Sprachfähigkeit unserer noch halb tierischen Vorfahren. Irgendwann kam, im Zusammenspiel mit einer differenzierteren Sprache, das erste Sich-selbst-Bewußtwerden und mit dem Sich-selbst-Bewußtwerden wie eine zarte Pflanze die erste Freiheit.

Wir wissen nicht, wann ein Mensch zum ersten Mal in voller Freiheit ja oder nein gesagt hat. Aber irgendwann muß es geschehen sein. Und irgendwann müssen Menschen angefangen haben, das unfaßliche Geschenk ihrer Freiheit und ihres Verstehens einzusetzen, um ein höheres Wesen zu preisen – wie immer sie sich dieses höhere Wesen vorgestellt haben.

Irgendwann aber muß der Mensch auch zum ersten Mal seine Vernunft und Freiheit in kalter Berechnung eingesetzt haben, um andere auszubeuten, Schreckensherrschaft aufzurichten und tierischer als jedes Tier zu sein. Der Mensch kann seine Freiheit mißbrauchen, und er hat sie bis heute maßlos mißbraucht. Aber genau das ist die Bedingung der Möglichkeit menschlicher Freiheit. Gott will ein Gegenüber, das nein sagen kann, eben weil er ein Gegenüber will, das zu einem Ja fähig ist[19]. Ohne Freiheit gäbe es nur Marionetten und Maschinen, aber keine Menschen, die von Vertrauen und Liebe bewegt werden.

Es gibt mehrere jüdische Legenden aus nachbiblischer Zeit, die alle darauf hinauslaufen, daß Gott, bevor er sich endgültig zur Schöpfung entschloß, noch einmal gezögert habe. Eine Fassung dieser Legenden läuft so, daß Gott sich zuerst noch mit der Tora beraten habe, ob er die Welt wirklich schaffen solle. Die Tora äußerte sich skeptisch und gab zu bedenken, daß die Menschen mit Sicherheit sündigen würden. Da wies Gott sie darauf hin, daß er schon längst – vor aller Weltschöpfung – die „Umkehr" geschaffen habe[20].

Eine andere Legende erzählt, daß Gott, bevor er mit der Schöpfung begann, das unermeßliche Leid der Welt erblickte, ihre Sünde und das Elend aus der Sünde. Da habe er sich gesagt: Ich kann die Welt nicht schaffen. Dann aber habe er den Glauben Abrahams erblickt und gesprochen: „Siehe, ich habe einen Felsen gefunden, auf dem ich bauen und die Welt gründen kann"[21].

Eine dritte Legende erzählt, Gott habe die Welt zwar alsbald erschaffen, sie aber im Schwebezustand belassen bis zur Offenbarung der Tora am Sinai. Er habe gesagt: Nimmt Israel die Tora an, dann wird die Welt fortdauern und fest gegründet sein. Nimmt es die Tora nicht an, so werde ich die Welt ins Chaos zurückfallen lassen[22]. All diese Legenden machen mit der Freiheit Gottes ernst. Sie machen aber ebenso ernst mit der Freiheit des Menschen, die sich in der Umkehr zeigt, im Glauben Abrahams und in der Annahme der Tora durch Israel. Trotzdem ist die Freiheit noch nicht die Sinnspitze dieser drei Legenden. Worum es eigentlich geht, ist etwas anderes: Es gibt nicht nur die Sünde der Welt, nicht nur ihre Schuldgeschichte, nicht nur das Mißtrauen und die Bosheit des Menschen – es gibt auch eine Geschichte des Vertrauens und der nicht mißbrauchten Freiheit. Es gibt eine Geschichte des Heils, für die Abraham steht. Ja, man muß noch mehr sagen: Es gibt eine Geschichte des Heils, die aus immer neuer Umkehr entspringt – und vielleicht ist es gerade die Möglichkeit, umkehren und wie ein Kind neu anfangen zu können, die unsere Welt in der Waage hält.

Jedenfalls erzählt die Bibel in ihrem ersten Buch nicht nur die Sündengeschichte der Menschheit, sondern auch den Beginn der Heilsgeschichte mit Abraham. Ohne auf diese Heilsgeschichte zu blicken und in ihr leben zu wollen, kann niemand sagen, ob die Schöpfung Gottes gelungen sei oder nicht.

4. Gott will die Erlösung der ganzen Welt

Die Bibel beginnt nicht mit der Erwählung des Gottesvolkes, sondern mit der Erschaffung der Welt. Ihre erste Gestalt ist nicht Abraham, sondern der *'ādām*, der Mensch. Und *'ādām* meint in den ersten Kapiteln der Genesis mehr als einen bestimmten Einzelnen. *'ādām* meint den Menschen überhaupt, meint die Menschheit[23]. Die Bibel beginnt mit der Menschheit.

Diese an sich banale Beobachtung ist theologisch von schwerem Gewicht. Denn damit ist klar: Alles, was die Bibel weiterhin erzählt, ist
nicht nur ein Unternehmen zwischen Gott und seinem Volk, sondern
zielt auf die Völker, auf die Welt, auf den Kosmos[24]. Es geht Gott nicht
in erster Linie um Israel, sondern um die ganze Welt. Franz Rosenzweig
formulierte es so[25]: „Gott hat eben nicht die Religion, sondern die Welt
geschaffen."

So universal die Bibel beginnt, so universal endet sie. Ihr erstes Bild
ist die Erschaffung der Welt aus dem Chaos. Ihr letztes großes Bild ist
die *neue* Welt Gottes, seine *neue* Schöpfung, in der alle Schöpfung ihr
Ziel und ihre Vollendung findet. Dieses letzte Bild der Bibel wird in der
Offenbarung des Johannes als prophetische Vision vor uns ausgebreitet, und zwar in Offb 21,1 – 22,5.

Johannes hat seine große Abschlußvision bewußt mit den Anfangs-
kapiteln der Bibel verklammert. Heißt es dort: „Am Anfang schuf Gott
den Himmel und die Erde" (Gen 1,1), so heißt es nun: „Dann sah ich
einen neuen Himmel und eine neue Erde, denn der erste Himmel und
die erste Erde sind vergangen" (21,1).

Weist Gott zu Beginn seiner Schöpfung das Urmeer, die Verkörpe-
rung des Chaos, in seine Grenzen (Gen 1,1–10), so wird am Ende die
Chaosflut ganz und gar vernichtet, so daß sie die Welt nie mehr bedrohen kann: „Das Meer existiert nicht mehr" (21,1).

Wird nach dem Sündenfall der Ackerboden um des Menschen willen verflucht, so daß der Mensch den Boden unter Mühsal bebauen
muß, bis er zurückkehrt zu der Erde, von der er genommen ist (Gen
3,17–19), so gilt jetzt: „Der Tod wird nicht mehr sein, noch Trauer,
noch Klage, noch Mühsal" (21,4).

Vor allem aber: Zur Urgeschichte gehört der Versuch der Menschheit, eine Stadt zu erbauen und mit der Stadt einen Turm, der bis zum
Himmel reicht. Der Versuch scheitert. Die Stadt wird nicht vollendet,
und die Menschen werden über die ganze Erde zerstreut (Gen 11,1–9).
Jetzt, am Ende der Bibel, gelingt die Stadt. Sie entsteht nicht aus
menschlichem Hochmut, sondern kommt als göttlicher Gegenentwurf
zu jeder bisherigen Stadt vom Himmel herab (21,2.10). Und diese endzeitliche Stadt zerstreut die Menschen nicht, sondern sammelt sie
(21,24).

Johannes sieht die neue Schöpfung Gottes also im Bild der *Stadt*. Natürlich greift er dabei auf prophetische Traditionen vom endzeitlichen Wiederaufbau Jerusalems zurück, wie sie ihm etwa in Tobit 13,10–18 oder in Jesaja 60 vorgegeben sind. Was ihm vor Augen steht, ist aber nicht nur die Zionstradition, sondern auch die hellenistische Stadt. „Sie war in der Spätantike das progressivste gesellschaftliche Gebilde, Gegenstand bewußter Planung und zukunftsorientierter Entwürfe"[26]. „Stadt", *polis*, steht in Griechenland geradezu für das, was wir heute „Gesellschaft" nennen. Aristoteles, der den Begriff der „Gesellschaft" als erster ausdrücklich formuliert hat, sagt für Gesellschaft: *politikē koinōnia* – „Verband der *polis*"[27].

Daß die Stadt das antike Bild für Gesellschaft ist, muß für Johannes bei der Schilderung seiner letzten Vision eine wichtige Rolle gespielt haben. Die endzeitliche Neuschöpfung Gottes, von der er in bewußtem Rückbezug auf die Urgeschichte der Welt und der Menschheit redet, erscheint ihm als „Stadt" und nicht als „Garten", obwohl – wie wir noch sehen werden – das Paradiesesmotiv in seinem Bild der Stadt nicht fehlt. Die erlöste Schöpfung ist für ihn „neue Gesellschaft", in der es „Begegnung, Versammlung und allseitige Kommunikation" gibt[28].

Mit ihrem quadratischen Grundriß (21,16) und ihrer als Achse angelegten Hauptstraße (21,21), entspricht die Neue Stadt den großen Stadtplanungen des Hellenismus[29]. Und dennoch sprengt sie alle Vorstellungen einer antiken Stadt. Denn ihr Durchmesser beträgt 12 000 Stadien, das sind nahezu 2 400 km. Die Stadt hat also die Ausdehnung der damaligen zivilisierten Welt rund um das Mittelmeer. Das neue Jerusalem ist nicht nur Weltstadt, diese Stadt ist die Welt. Das zeigt sich auch darin, daß ihre Höhe ebenfalls 2 400 km beträgt (21,16). Johannes hat dabei sicher nicht an einen Kubus gedacht. Er will einfach sagen: Die Neue Stadt ist auch die Stadt auf dem Berg. Sie hat kosmische Dimension. Sie reicht bis in den Himmel und verbindet so Himmel und Erde.

Ihre Stadtmauer hat nach allen vier Seiten hin je drei Tore, und von diesen zwölf Toren wird ausdrücklich gesagt, daß sie niemals geschlossen werden (21,25). Die Stadtmauer aus Diamant[30] grenzt zwar ab gegen alles Böse und Unreine (21,27), soll aber zugleich die Transparenz und die weltweite Öffnung der Stadt veranschaulichen. Denn mit dem

Bild der geöffneten Tore ist ein anderes Bild verknüpft, das in der Tradition der nachexilischen Propheten einen wichtigen Platz hat: das Bild von der Völkerwallfahrt zum Jerusalem der Endzeit. In Jesaja 60,1–11 erscheint es in der folgenden Form:

Auf, werde licht (Jerusalem), denn es kommt dein Licht,
und die Herrlichkeit des Herrn geht leuchtend auf über dir.
Denn siehe, Finsternis bedeckt die Erde und Dunkel die Völker.
Doch über dir strahlt der Herr auf,
und seine Herrlichkeit erscheint über dir.
Völker wandern zu deinem Licht
und Könige zum Glanz deines Aufgangs.(...)
Der Reichtum des Meeres strömt dir zu,
die Schätze der Völker kommen zu dir.(...)
Deine Tore bleiben immer geöffnet,
sie werden bei Tag und bei Nacht nicht geschlossen,
damit man den Reichtum der Völker zu dir hineintragen kann.

Zum Motivkomplex der Völkerwallfahrt gehört, daß die Nationen, angezogen von dem Licht, das vom Zion ausgeht, nach Jerusalem strömen, um dort die Sozialordnung Gottes zu lernen und sie dann zu Hause zu leben (Micha 4,1–5). Zum Schema der Völkerwallfahrt gehört aber auch, daß die Heiden ihre Schätze als Weihegeschenke im Jerusalemer Tempel niederlegen. Diese Motivzusammenhänge werden von Johannes in seine Darstellung eingebracht. In deutlicher Anlehnung an Jes 60,1–11 sagt er, daß die Völker der Erde im Licht der Neuen Stadt leben, und daß die Könige der Welt ihre Kostbarkeiten in die Stadt bringen (21,24–26).

So wird deutlich: Die Neue Stadt ist international. Sie ist keine Sonderwelt und keine geschlossene Gesellschaft. Sie grenzt nichts von dem aus, was es bei den Völkern an Gutem, an Gelungenem und Schönem gibt, sondern zieht es ständig an. Sie versammelt in sich alle Kostbarkeiten der Erde. Sie ist gefügt aus dem Stoff der Welt. Gerade in diesem Zusammenhang erreicht die Beschreibung der Stadt ihre größte Ausführlichkeit. Johannes kann sich nicht genug daran tun, die Materialien aufzuzählen, mit denen die Stadt geschmückt ist: Perlen, Gold, Kristallglas, Edelstein. Auch die Edelsteine werden differenziert: Diamant, Saphir, Chalzedon, Smaragd, Sardonyx, Karneol, Chrysolith, Beryll, Topas, Chrysopras, Hyazinth, Amethyst (21,19 f). Die Stadt blitzt und strahlt in allen Farben.

Zu der Aufzählung der bloßen Materialien tritt aber noch ein anderes Bild hinzu, das alles vom Personalen her vertieft: das Bild der Braut. Die Neue Stadt ist „bereit wie eine Braut, die sich für ihren Bräutigam geschmückt hat" (21,2). Damit leuchtet das Bild der Hochzeit auf und mit der Hochzeit das Fest. Die neue Gesellschaft, die Gott will, ist nicht dürftig und erst recht nicht schäbig. Sie hat eine hohe Kultur. Sie steht in ständiger Kommunikation. Sie ist reines Fest.

Zu einem Fest aber gehört, daß der eherne Takt der Zeit relativiert ist. Bei einem wirklichen Fest vergißt man die Zeit und fragt auch nicht nach ihr. Man lebt wenigstens für einige Stunden so, als würde das Fest nie mehr enden. Auch diese Erfahrung ist in Offb 21,1 – 22,5 angesprochen: Während im Schöpfungsbericht der Genesis das Chaos vor allem dadurch gebändigt wird, daß das Licht erschaffen und vom Dunkel geschieden wird und daß Sonne und Mond zur Unterscheidung von Tag und Nacht bestimmt werden – daß also sozusagen die Zeit erschaffen wird, gibt es in der Neuen Stadt weder Sonne noch Mond, „denn die Herrlichkeit Gottes erleuchtet sie, und ihre Leuchte ist das Lamm" (21,23). Das heißt aber: Es gibt nicht mehr die kosmischen Rhythmen, die Zeit schaffen. Das Fest der Neuen Stadt kennt keine Zeit mehr. Die Zeit hört auf.

Ähnlich radikal ist das Verhältnis zwischen Stadt und Natur gedacht. Die Stadt liegt nicht in der Natur, sondern die Natur ist in die Stadt integriert. Erst nachdem die Stadt als völlig symmetrischer und in durchdachter Schönheit angelegter Bau geschildert ist, wird überhaupt von der Natur gesprochen (22,1–2). Das heißt: Nicht in einer endzeitlich erneuerten Natur entsteht die neue Gesellschaft, sondern genau umgekehrt: Innerhalb der Neuen Stadt entsteht das Paradies neu – und zwar im Vergleich zum Anfang der Bibel in gesteigerter Form:

Denn aus dem Baum des Lebens, der im Paradies in der Mitte des Gartens stand (Gen 2,9), ist jetzt – unter Rückgriff auf Ezechiel 47,7.12 – eine lange Reihe von Bäumen geworden. Sie stehen an beiden Seiten des Stromes, der durch die Stadt fließt. Die Bäume werden von dem

Strom getränkt und sind von unerschöpflicher Fruchtbarkeit. Die Natur ist also inmitten erlöster Gesellschaft. Nur weil die Gesellschaft heil geworden ist, ist auch die Natur unversehrt und heil und kann ihrerseits heilen: „Die Blätter der Bäume dienen der Heilung der Völker" (22,2).

Wesentlich für die Neue Stadt ist schließlich, daß es in ihr keinen Tempel mehr gibt. Das ist gegenüber allen älteren Zionstraditionen eine unerhörte Aussage. Bis dahin war der Tempel stets die Mitte des endzeitlichen Jerusalem gewesen. Das Buch Ezechiel hatte den Tempel der Endzeit auf vielen Seiten und bis in die kleinsten Details geschildert: seine Tore und Höfe, seine Nebengebäude, die Räume für die Priester, die Opferküchen, den Altar, das Allerheiligste, die Tempelquelle. Über die heilige Stadt selbst waren am Ende des Buches nur wenige Zeilen angefügt (Ez 48,30–35).

Ganz anders Johannes: Er schildert keinen Tempel, sondern die Stadt. Sie braucht keinen Tempel mehr, weil Gott selbst in ihrer Mitte wohnt. „Gott, der Allherrscher, und das Lamm sind ihr Tempel" (21,22). Hörte man im Paradies nur die Schritte Gottes und seine Stimme (Gen 3,8–10), so gilt jetzt:

Sie werden sein Angesicht schauen, und sein Name ist auf ihrer Stirn geschrieben. Nacht wird es nicht mehr geben. Sie brauchen weder das Licht einer Lampe noch das Licht der Sonne. Denn der Herr, ihr Gott, wird über ihnen leuchten, und sie werden herrschen in die Ewigkeiten der Ewigkeit. (Offb 22,4–5)

Damit endet die Vision. Sie schildert die Vollendung der Schöpfung. Sie schildert sie als neue Gesellschaft. Die letzte Zukunft der Welt ist nicht die Katastrophe, ist auch nicht das Paradies des Anfangs, sondern eine neue Gesellschaft – ganz von Gott geschenkt[31].

Die Vision zeigt: Es geht Gott nicht nur um ein einziges Volk, sondern um alle Völker. Es geht ihm nicht nur um den je Einzelnen, sondern um die Gesellschaft. Es geht ihm nicht nur um die Seele, sondern auch um die Materie, um die Kultur, um die Geschichte, um den ganzen Stoff der Welt. Alles ist eingeholt in das Fest der neuen Schöpfung.

Zwar redet die Schlußvision der Johannesoffenbarung keiner „Allversöhnung" das Wort. Das ganze Buch weiß von der Macht des Bösen, von dem hartnäckigen Widerstand gegen den Plan Gottes, von Menschen und Mächten, die sich selbst an die Stelle Gottes setzen und damit Möglichkeiten der Schöpfung verhindern, und es weiß auch von der Notwendigkeit der Scheidung und des Gerichts.

Aber vielleicht zeigen die Gerichtsvisionen, die in der Johannesoffenbarung unübersehbar sind, noch mehr als alle Visionen des Heils, daß es Gott um die Erlösung und Heilung der ganzen Welt geht. Er läßt sich seine Schöpfung nicht entreißen, er kämpft um sie, er will sie retten. Die Gerichtsschilderungen wollen warnen. Sie wollen zeigen, was der Welt mit Sicherheit Verderben bringt.

Gott will die Erlösung der ganzen Welt. Aber auf welche Weise kann diese Erlösung gelingen? Wir haben bis jetzt ein entscheidendes Merkmal der Neuen Stadt außer acht gelassen: In der Beschreibung der Stadt spielt die Zahl „zwölf" eine außerordentliche Rolle. So hat die Mauer der Stadt zwölf Grundsteine, auf denen die Namen der zwölf Apostel stehen (21,14), und sie hat zwölf Tore und auf den Toren zwölf Engel. Auf die Tore sind Namen geschrieben: „die Namen der zwölf Stämme der Söhne Israels" (21,12).

Johannes macht mit dem überfließenden Gebrauch der Zwölfzahl deutlich: Die Stadt ist nichts anderes als das wiederhergestellte Zwölfstämmevolk, das Gottesvolk in seiner endzeitlichen Vollendung. Damit aber ist klar: So universal die endzeitliche Stadt, die neue Gesellschaft Gottes auch ist, ihr Kommen ist kein Geschehen, das sich jederzeit und überall vollzieht; es ist an einen konkreten Ort und eine konkrete Zeit gebunden: an das Zwölfstämmevolk und seine Geschichte. Diese Bindung ist heute für viele ein kaum überwindbares Ärgernis. Um dieses Ärgernis geht es in den beiden folgenden Kapiteln.

5. Die Erlösung der Welt braucht den konkreten Ort

Gott will die Erlösung der ganzen Welt. Aber auf welche Weise kann diese Erlösung gelingen? Die Veränderung der Welt haben schon viele versucht. Noch jede Revolution wollte die Massen befreien, die Verhältnisse ändern, den Menschen aus seinem Elend erlösen. Jede Revolution will das neue Bewußtsein, die neue Gesellschaft, die neue Wirtschaft, die neue Kunst, den neuen Menschen.

Allerdings haben alle Revolutionäre ein Grundproblem: Sie haben keine Zeit. Die Lebenszeit des Einzelnen ist begrenzt, und die Masse ist träge. Wenn sie die neue Gesellschaft, die ihnen vorschwebt, noch zu Lebzeiten sehen wollen, müssen die Revolutionäre die alte Gesellschaft in relativ kurzer Zeit verändern. Und das können sie nur mit Gewalt. Tatsächlich gehören zur üblichen Begriffsbestimmung von Revolution wenigstens drei Elemente: 1. daß die Masse erfaßt wird, 2. daß sich der gesellschaftliche Umbruch schnell vollzieht und 3. daß er mit offener und direkter Gewalt herbeigeführt wird[32]. Der letzte Abschnitt des Kommunistischen Manifests lautet:

Die Kommunisten verschmähen es, ihre Ansichten und Absichten zu verheimlichen. Sie erklären es offen, daß ihre Zwecke nur erreicht werden können durch den gewaltsamen Umsturz aller bisherigen Gesellschaftsordnung. Mögen die herrschenden Klassen vor einer kommunistischen Revolution zittern. Die Proletarier haben nichts in ihr zu verlieren als ihre Ketten. Sie haben eine Welt zu gewinnen. Proletarier aller Länder, vereinigt euch!

In der Mitte dieses entscheidenden Schlußabschnitts des Manifests wird die Gewalt ausdrücklich als unabdingbares Prinzip der Weltrevolution gerechtfertigt. Es bleibt auch gar keine andere Möglichkeit, wenn man keine Zeit hat und die ganze Welt auf einen Schlag erlöst werden soll. Die Frage ist nur, wo dabei die Freiheit bleibt, und wohin solche Revolution am Ende führt. Das von Karl Marx und Friedrich Engels verfaßte Kommunistische Manifest wurde 1848 veröffentlicht. Die ersten 50 Jahre geriet es fast in Vergessenheit[33]. Dann aber wurde es zum Basistext eines der schrecklichsten Experimente der Menschheitsgeschichte, das sich über 70 Jahre hinzog und unzählige Opfer forderte. Allein die Zwangskollektivierung der russischen Bauern (Kulaken) durch Stalin in den Jahren 1928–1933 kostete über 10 Millionen Menschen das Leben[34].

Das Prinzip Gottes ist anders. Gott will zwar wie alle Revolutionäre die Umwälzung, die radikale Veränderung der gesamten Gesellschaft. Denn darin haben die Revolutionäre ja recht: Es geht um die ganze Welt, und die Veränderung muß radikal sein, denn die Not der Welt schreit zum Himmel, und sie beginnt tief im Menschen. Aber wie kann man die Welt, die Gesellschaft bis in ihre Wurzeln verändern, ohne ihr die Freiheit zu nehmen?

Es kann nur so gehen, daß Gott klein anfängt, daß er an einer einzigen Stelle der Welt beginnt. Es muß einen Ort geben, sichtbar, überschaubar, überprüfbar, an dem die Erlösung der Welt ihren Anfang nimmt – das heißt, wo Welt zu dem wird, was sie im Sinne Gottes sein soll. Von diesem Ort aus kann sich dann das Neue ausbreiten. Aber nicht durch Überredung, nicht durch Indoktrination, nicht durch Gewalt. Der Mensch muß die Möglichkeit haben, zu kommen und zu sehen. Er muß die Möglichkeit haben, das Neue anzuschauen und zu prüfen. Wenn er dann will, kann er sich einbeziehen lassen in die Geschichte des Heils, die Gott wirkt. Nur so wird seine Freiheit gewahrt. Was ihn zu dem Neuen hintreibt, darf nicht Zwang sein, auch nicht moralischer Druck, sondern allein die Faszination veränderter Welt.

Es ist klar: Diese Veränderung der Welt muß im Menschen beginnen. Aber gerade nicht, indem er versucht, sich in heroischem Kraftaufschwung selbst zum Ort neuer, veränderter Welt zu machen, sondern indem er auf Gott hört, sich ihm öffnet und Gott selbst handeln läßt.

Genau davon spricht die Vätergeschichte in Genesis 12–50. Nachdem die ersten Kapitel der Bibel die Erschaffung der Welt erzählt haben, die Entfaltung der Menschheitsgeschichte und – in wenigen Strichen – die Entwicklung menschlicher Zivilisation und Kultur[35], mit dem allen aber auch von Anfang an den Ungehorsam gegen Gott und damit das Anwachsen von Rivalität und Gewalt, setzt das 12. Kapitel der Genesis mit etwas Neuem ein. Es blickt plötzlich nicht mehr auf die Menschheit im ganzen, sondern beginnt mit der Familiengeschichte eines Einzelnen, die einmal zu jener Weltgesellschaft führen soll, die am Ende der Bibel im Bild der Neuen Stadt geschildert wird. Gott beginnt mit der Veränderung der Welt, indem er an einer bestimmten Stelle mit einem Einzelnen neu anfängt:

Der Herr sprach zu Abram: „Zieh weg aus deinem Land, aus deiner Verwandtschaft und aus deinem Vaterhaus – in das Land, das ich dir zeigen werde. Ich will dich zu einem großen Volk machen, ich will dich segnen und deinen Namen groß machen. Ein Segen sollst du sein. Ich werde segnen, die dich segnen, und wer dich verwünscht, den werde ich verfluchen. In dir sollen sich Segen zusprechen alle Geschlechter der Erde." (Gen 12,1–3)

Der Text zeigt schon auf den ersten Blick: Hier beginnt etwas Neues. Es geschieht ein Exodus aus der alten Gesellschaft, der neue Gesellschaft ermöglichen soll. Gott erwählt sich einen Einzelnen, daß er Heimatland, Sippe und Familie verlasse und in ein Land ziehe, dessen Name ihm nicht einmal genannt wird. Zwar hatte sich bereits in der Figur des Noach so etwas wie ein Exodus abgezeichnet. Der Hebräerbrief sieht auch mit Recht in den Urvätern Abel, Henoch und Noach die Vorläufer Abrahams (Hebr 11,1–7). Aber hier geschieht nun doch gegenüber Noach entscheidend Neues. Abraham wird verheißen, er werde zum Stammvater eines großen Volkes werden. Das Neue in der Welt beginnt als eine *Verheißung* – als die Verheißung eines Landes, das Gott schenkt, und als die Verheißung eines in der Welt neuen Volkes.

Abraham glaubt der Verheißung: Er zieht als 75 jähriger mit Sarai, seiner ebenfalls schon hochbetagten Frau, und mit seinem Neffen Lot von Haran nach Kanaan (12,4 f). Er wird Kanaan durchqueren bis zur Orakeleiche von Sichem. Er wird weiterziehen bis in das Bergland östlich von Bet-El und dort sein Zelt aufschlagen. Er wird nach Süden bis in den Negev gelangen. Er wird das verheißene Land wieder verlassen und nach Ägypten ausweichen, weil auf dem Land eine schwere Hungersnot lastet (12,6–20).

Man hat den Sinn solcher „Reisenotizen" noch gar nicht erreicht, wenn man sie nur mit den Augen des Geographen, des Soziologen, des Historikers oder des Literarkritikers liest. Man muß sie lesen vor dem gewaltigen Hintergrund der ersten Kapitel der Genesis: vor dem Hintergrund der Erschaffung der Welt, der Ausbreitung der Menschheit, der universalen Katastrophe der Sintflut, des Versuchs der Menschen, eine Stadt mit einem Turm zu bauen, der bis in den Himmel reicht. Erst vor diesen großflächigen Bildern gewinnen die Notizen über die Wanderungen Abrahams in Gen 12 ihr theologisches Profil: Gott fängt ganz klein an. Er setzt keine Massen in Bewegung. Er hat für die Veränderung der ganzen Welt zunächst niemanden als Abraham.

Die Schilderung, wie Abraham von Zeltplatz zu Zeltplatz zieht, zeigt aber noch etwas anderes: Gott läßt sich Zeit. Im Blick auf die Probleme der Welt erscheinen die Bewegungen eines umherziehenden Aramäers und seine Sorgen um Zelt und Herde geradezu lächerlich. Und doch ahnt der Leser, daß hier Entscheidendes geschieht: Gerade die Tatsache, daß da einer ganz auf die Verheißung Gottes setzt, wird die Welt verändern. Gott läßt sich Zeit. Aber es ist keine leere Zeit. An *einer* Stelle der Welt wird nun Glaube eingeübt – nicht ein weltferner, weltentleerter Glaube, sondern Glaube, der mitten in den alltäglichen Verrichtungen und wirtschaftlichen Notwendigkeiten zu Hause ist und doch von einer unendlichen Verheißung lebt.

Unter dieser Rücksicht sollte man auch den Fortgang der Vätergeschichten lesen. Sie sind geradezu ein Gegenbild zur Zeitnot der Revolutionäre. Wie dehnt sich die Zeit, wenn der biblische Erzähler die Brautwerbung für Isaak schildert (Gen 24) oder den Dienst Jakobs bei Laban (29 – 31)! Wieviel Raum nimmt die Geschichte des Josef ein (37 – 50)! Und so geht es auch in den folgenden Büchern weiter. Gott leistet sich den Luxus, die Nachkommen Abrahams vierzig Jahre lang kreuz und quer durch die Wüste zu führen, bevor sie endlich das verheißene Land betreten dürfen.

Kann man daraus folgern, daß Gott unendlich Zeit hat, daß ihn die Zeit nicht bedrängt und auch nicht die Not der Welt? Es gibt in der Bibel Texte, die in eine ganz andere Richtung weisen. Jesus wird sagen: „Es ist keine Zeit mehr. Es ist höchste, es ist letzte Zeit!" Für ihn drängt die Zeit so sehr, daß er einem, der ihm nachfolgen will, nicht einmal erlaubt, sich noch von seiner Familie zu verabschieden (Lk 9,61 f). Und so war es bereits bei den Propheten. „Schon ist die Axt an die Wurzel der Bäume gelegt", sagt der Täufer (Lk 3,9), und Elischa schlachtet, als Elija ihn beim Pflügen beruft, auf dem Feld seine Zugochsen, weil er keine Zeit hat, zu Hause Abschiedsmahl zu halten (1 Kön 19,21).

All das macht deutlich: Von der schrecklichen Not des Menschen und der Gesellschaft her gesehen bleibt keine Zeit. Von der Welt her gesehen stehen die Uhren stets kurz vor Zwölf. Und doch räumt Gott den

Menschen immer neue Zeit ein. Er öffnet ihnen sogar gewaltige Zeiträume, weil er sie eben nicht wie ein blindwütiger Revolutionär ver-
gewaltigt. Gott setzt auf eine „stille Revolution", die Zeit hat zum Sehen, zum Begreifen, zum Lernen und zur Umkehr.

Vorläufig zieht Abraham von Sichem nach Bet-El und von Bet-El in
den Negev, als ob unendlich Zeit wäre. Was er hat, ist nur die Verheißung, einmal zu einem großen Volk zu werden und zum Segen für andere. Es ist allerdings eine unfaßlich große Verheißung: „Du wirst ein
Segen sein." Das heißt: Abraham und das Neue, das Gott mit ihm in
die Welt bringt, wird denen, die mit ihm in Berührung kommen und
die Anteil daran nehmen, zum Heil werden.

Mehr noch: Das, was da jetzt mit Abraham beginnt, ist in den Augen
Gottes so kostbar, daß das Verhalten der anderen zu Abraham bestimmend sein wird für das Verhalten Gottes zu diesen anderen[36]: „Ich werde segnen, die dich segnen, und wer dich verwünscht, den werde ich
verfluchen." Damit ist ein Thema angeschlagen, das die gesamte Bibel
durchzieht. Im 25. Kapitel des Matthäusevangeliums wird es seine jesuanische Ausformung erhalten: „Was ihr für einen meiner geringsten
Brüder getan habt, das habt ihr mir getan", heißt es dort (25,40). Dieser Satz ist in den letzten Jahrzehnten zu einem der beliebtesten Predigt-
texte geworden. Die „geringsten Brüder" werden dabei fast immer mit
allen Notleidenden der Welt gleichgesetzt. In jedem Armen, in jedem
Menschenbruder begegne uns Jesus. So schön und richtig dieser Gedanke auch ist – in Mt 25 ist etwas anderes gemeint.

Jesu geringste Brüder sind dort nicht die Armen dieser Erde, sondern
die verfolgten Jünger Jesu, und jeder, der ihnen zu Hilfe kommt,
kommt der Sache Jesu zu Hilfe, gehört zu den Gesegneten seines Vaters. Gott hat die Veränderung der Welt und ihre Rettung an das gebunden, was er mit Abraham begonnen hat und was die bedrängten
Jünger Jesu fortsetzen. Es ist Gott unendlich kostbar. Jeder, der dieser
Sache zu Hilfe kommt, kommt Gott zu Hilfe. Jeder, der ihr nicht zu
Hilfe kommt, zerstört sein eigenes Leben. So sehr Gott auf der Seite aller Armen steht, die wichtigste Sache in der Welt ist ihm die Existenz
seines Volkes, weil auf die Dauer nur über dieses Volk den Armen der
Welt wirklich geholfen werden kann. Die Gerichtsszene von Mt 25 ist
in ihrer Gegenüberstellung von Gesegneten und Verfluchten geradezu

eine Konkretisierung dessen, was zu Abraham gesagt wurde: „Ich werde segnen, die dich segnen, und wer dich verwünscht, den werde ich verfluchen."

Allerdings wird in Gen 12 die Aussage über das Unheil, das den trifft, der dieser Sache Gottes Unheil zufügen will, sofort wieder abgelöst von erneuter Heilsverheißung: „In dir sollen sich Segen zusprechen[37] alle Geschlechter der Erde." Mit diesem abschließenden Satz wird das „Du sollst ein Segen sein" von 12,2 noch einmal überstiegen und zu einem die gesamte Menschheit umfassenden Segen erweitert. Es geht Gott um die Weite der Völkerwelt, um alle Geschlechter der Erde.

So klein und unscheinbar also all das aussieht, was im 12. Kapitel der Genesis mit Abraham beginnt: Der weltumgreifende Horizont ist keine Sekunde aus den Augen verloren. Es geht nach wie vor um die Welt, es geht um die Weltrevolution Gottes, um die universale Umwälzung zum Heil. Aber es gibt um der Freiheit des Menschen willen keine andere Möglichkeit als die, das universale Heil bei *einem* Menschen, an *einem* Ort beginnen zu lassen.

6. Dieser konkrete Ort ist Israel

Weshalb bindet Gott die Erlösung, die er in die Welt bringen will, an Israel? Weshalb fängt er gerade in Palästina an? Warum läßt er die stille Revolution, die alle Völker ergreifen soll, nicht am Nil oder am Indus, nicht bei den Etruskern, den Griechen oder den Inkas beginnen? Es scheint vermessen, auf solche Fragen überhaupt eine Antwort zu versuchen. Wenn Gott wirklich Gott ist, können wir ihm nicht über die Schulter sehen. Andererseits sagt Gott in der Erzählung von dem Besuch der drei Himmlischen bei Abraham zu sich selbst:

Kann ich Abraham verheimlichen, was ich vorhabe? Abraham soll doch zu einem großen und mächtigen Volk werden; in ihm sollen sich Segen zusprechen alle Völker der Erde. Ich habe ihn ja dazu erwählt, daß er seinen Söhnen und seinem Haus, das nach ihm kommt, aufträgt, den Weg des Herrn einzuhalten und Gerechtigkeit und Recht zu üben, damit der Herr seine Zusagen an Abraham erfüllen kann. (Gen 18,17–19)

Das heißt: Gott kann das, was er in der Welt vorhat, gar nicht vollbringen, wenn er Abraham nicht zum vertrauten Mitwisser, zum Teilhaber an seinem Plan und damit zum *Verstehenden* macht. Die Erwählung Abrahams zielt auf eine gerechte Gesellschaft, wie sie Gott schon immer in der Welt gewollt hat, und diesen weltverändernden Plan muß Abraham kennen. Nur von der Unbegreiflichkeit und der Dunkelheit Gottes zu sprechen, würde dem Gesamt der biblischen Theologie keinesfalls gerecht. Wir dürfen zurückschauen, die Geschichte prüfen und im Licht der Erfahrungen des Gottesvolkes den Weg Gottes zu erkennen suchen. Wir sind dazu sogar verpflichtet, denn der Glaube ist nur dann menschlich, wenn er um Einsicht ringt[38].

Weshalb also gerade Israel? Bei dem Versuch einer Antwort können zwei Begriffe eine Hilfe sein: der Begriff der „Konstellation" und der Begriff der „Wahl Gottes" beziehungsweise der „Erwählung". Die beiden Begriffe liegen allerdings nicht auf der gleichen Ebene. „Erwählung" faßt die Sache, um die es hier geht, von Gott her ins Auge, „Konstellation" hingegen von der Welt, von den natürlichen Vorgegebenheiten her. Konstellation ist das Zusammenkommen dreier Größen: des richtigen Ortes, der richtigen Zeit und der richtigen Personen. Erwählung bedeutet: Gott selbst trifft die Wahl, wo er in der Welt anfängt und wo er seine Sache weiterführt.

Der richtige Ort: Wir hatten bereits gesehen: Gott fängt klein an. Das trifft nicht nur auf Abraham zu. Es gilt auch für das Land, das er Abraham verheißt. Es ist ein kleines Land. „Ich schäme mich beinahe", schreibt Hieronymus im Jahre 414 in einem Brief an den Gallier Dardanus[39], „die Breite des Landes der Verheißung anzugeben, um nicht den Spott der Heiden herauszufordern. Von Jaffo bis zu unserem Flekken Bethlehem sind es nur 46 Meilen. Dann kommt bereits die Wüste"[40]. Schon Hieronymus spricht also aus, was heute jeder Israelreisende empfindet: die Kleinheit des Landes. Das Land ist schnell zu durchqueren.

Betrachtet man Israel allerdings als Ort *in der Welt*, verändert sich die Perspektive. Das kleine Land liegt einzigartig. Palästina und mit ihm Israel liegt zwischen zwei Meeren: zwischen dem Mittelmeer, auf dem es spätestens seit dem 13. Jahrhundert vor Christus eine intensive Schiffahrt gibt, und dem Roten Meer, das den Seeweg nach Arabien, Ostafrika und dem Indischen Ozean öffnet[41]. Vor allem aber: Palästina liegt im Schnittpunkt dreier Erdteile: Europas, Asiens und Afrikas. Es gibt wohl kaum einen Ort in der Welt, wo sich die Kraftfelder dreier Kontinente und damit ganz verschiedener Kulturen vergleichbar überschneiden.

Besonders was Asien und Afrika betrifft, ist das mit Händen zu greifen: Zwischen dem Mittelmeer und der arabischen Wüste bleibt für Besiedlung und Verkehr nur eine relativ schmale Landbrücke. Sie verbindet Afrika mit Asien. Sie verbindet die alten Kulturen am Nil mit dem Zweistromland und über das Zweistromland hinaus mit Indien. Diese Landbrücke ist Palästina. Durch Palästina liefen deshalb im Altertum bedeutende internationale Verkehrsstraßen und machten das Gebiet zum Durchgangsland für Handel und Verkehr und zum Begegnungsfeld der verschiedensten Kulturen[42].

Gerade diese Lage zwischen den Hochkulturen konnte schöpferische Kräfte in Gang setzen. Im phönizischen Bereich wird das alphabetische Schriftprinzip erfunden, das heißt die Loslösung vom Wort- und Silbenzeichen und die Einführung des Einkonsonantenzeichens. Unsere „westlichen" Schriftsysteme haben ihren Ursprung auf der Landbrücke zwischen den beiden großen Stromtalkulturen[43]. Und mitten in Palästina wird Jericho erbaut, eine der ältesten Städte der Welt. Die Grabungen durch Kathleen M. Kenyon in den Jahren 1952–58 haben ergeben, daß die Besiedlung Jerichos bereits um 8000 vor Christus begann[44].

Palästina als Durchgangsland – das zeigt sich aber nicht nur im Verkehr. Gerade weil hier die Verkehrswege zwischen Afrika und Asien hindurchführen, haben die Großmächte aller Zeiten erbittert um dieses Land gekämpft[45]. Im 14. Jahrhundert vor Christus dehnen die Hethiter, die in Kleinasien sitzen, ihre Grenzen bis an den Nordrand des palästinischen Raumes aus. Ihr Expansionsdrang wird von Ägypten zum Halten gebracht, das Palästina vom Westen her kontrolliert und als sein eigenes Herrschaftsgebiet betrachtet. Seit dem 13. Jahrhundert gewinnen die Philister – unter lockerer ägyptischer Oberhoheit – immer mehr Einfluß. Sie sind Teil der großen Wanderungswelle der „Seevölker". Im 1. Jahrtausend gerät Palästina dann nacheinander unter die Herrschaft Assurs, dann Babylons, dann der Perser, der Ptolemäer, der Seleukiden und schließlich Roms. Daß Palästina ständiges Aufmarschgebiet von Großmächten war, brachte seiner Bevölkerung maßloses Leid. Andererseits waren Israel und seine Vorfahren ständig gezwungen, sich mit anderen Völkern, ihrer Kultur, ihrer Gesellschaftsform und ihrer Religion auseinanderzusetzen.

Dabei ist zu beachten: Israel saß nicht nur „mitten unter den Völkern" (Ez 5,5), es hatte die Völker in seiner eigenen Mitte. Stark befestigte kanaanäische Städte wie Megiddo, Bet-Schean, Bet-Schemesch, Gezer und Jerusalem konnte es zunächst nicht erobern. Und auch später, in neutestamentlicher Zeit, lagen mitten im Land rein hellenistische Städte wie Tiberias, Sepphoris, Sebaste, Antipatris und Skythopolis. Es ist klar, daß der ständige Kontakt mit anderer Kultur und anderer Religion den Blick und das Unterscheidungsvermögen schärfen mußte.

Israel hat für sein Heilswissen zwar vieles von den Kanaanäern, den Ägyptern, den Assyrern, den Babyloniern, den Persern und den Griechen übernommen. Es hat mit großer Sensibilität in die Kulturen und Religionen seiner Umwelt hineingehorcht. Das eigentliche Wunder seines Glaubens besteht aber gerade darin, daß es den imposanten Religionen, die es umschlossen, nicht erlegen ist. Es hatte durch seine Geschichte mit JHWH von Anfang an die Gabe der Unterscheidung. Es war zwar oft in der Gefahr, fremden Kulten zu verfallen, aber es fand im entscheidenden Augenblick immer wieder die Kraft, an seinem Glauben festzuhalten, ja ihn in seinen Krisen und Katastrophen noch zu vertiefen.

In den Schriften des Alten Testament findet sich vieles, von dem man sagen kann: Das ist Mythos aus Kanaan, das ist Weisheit aus Ägypten, das ist Philosophie des Hellenismus. Aber immer ist es geklärt, überarbeitet, in einen neuen Zusammenhang gestellt und eben dadurch zum biblischen Glauben hin verändert.

Die richtige Zeit: Heidnische Philosophen wie Celsus und Porphyrius haben dem Christentum vorgeworfen, ihr Christus könne gar nicht der Erlöser gewesen sein – dazu sei er viel zu spät gekommen. Einen Gott, der alle früheren Völker ohne Erlösung gelassen habe, könne man nur als perversen Gott betrachten. Die Theologen der frühen Kirche haben diesen Vorwurf als eines der gefährlichsten Argumente gegen das Christentum angesehen und sich immer wieder mit ihm auseinandergesetzt[46]. Warum kam Christus so spät?

Eine ähnliche Frage könnte man bereits für Abraham stellen: Weshalb fängt Gott so spät mit dem Neuen an – also mit dem, was die christliche Tradition Offenbarung, Heilsgeschichte und Erlösung nennt? Israel ist ein junges Volk. Ihm sind Hochkulturen vorausgegangen, die viele Jahrhunderte älter waren. Ägypten erlebte bereits im 2. Jahrtausend eine lange Blütezeit, als dort, wo Israel später einmal wohnen sollte, aus ägyptischer Sicht noch die *mentschu* (die „Wilden") und die *heriuscha* (die „Sandbewohner") hausten[47]. Israel hat selbst immer gewußt, daß es ein „spätes Volk" war. Im Gegensatz zu den großen Kulturvölkern des Alten Orients, die sich als ewige Größe betrachteten, deren Beginn in die Göttergeschichte zurückreicht, hat es sehr nüchtern über seinen eigenen späten Ursprung gesprochen[48]. „Mein Vater war ein heimatloser Aramäer" beginnt das heilsgeschichtliche Credo Israels in Dtn 26,5–10. Und doch ist genau die Spätzeit die wahre Stunde Israels, sein Kairos, die Bedingung der Möglichkeit für das Neue. Nur wenn bereits zu ihrem Zenit gekommene Kulturen, ausbalancierte Gesellschaftssysteme und hochentwickelte Sinnwelten existieren, können sie aufgegriffen, verglichen und kritisiert werden. Israel wird sein Eigenes stets im Kontrast und im Exodus finden. Exodus aber setzt festgefügte und fortentwickelte Gesellschaften voraus. Erst im Auszug aus den altorientalischen Gesellschaftssystemen, welche die Religion benutzen, um die bestehenden Herrschaftsverhältnisse festzuschreiben und sie zugleich zu verschleiern, wird Offenbarung möglich – die Offenbarung eines Gottes, der nicht die herrschenden Verhältnisse legitimiert, sondern der in die Freiheit führt und eine gerechte Gesellschaft anbahnt.

Solche Offenbarung ist Aufklärung, und die Zeit der Aufklärung ist immer eine Spätzeit. In Griechenland mußte die Zeit des Mythos der Zeit des Logos vorausgehen. Die europäische Aufklärung geschieht nicht im Mittelalter, sondern in der Neuzeit. Der die Welt der Religionen durchbrechende Glaube Israels setzt Hochkulturen voraus. Ohne die intensiven Erfahrungen der Völker, ohne die Götter der Heiden und ohne die Durststrecken der Enttäuschung, die bereits von vielen durchlaufen waren, hätte Israel seinen Gott gar nicht finden können.

Die richtigen Personen: Der richtige Ort und die richtige Zeit würden freilich nichts geholfen haben, wenn Gott nicht die richtigen Personen gefunden hätte, die sich seiner Wahrheit öffneten. Die Bibel spricht nicht von anonymen Geschichtsmächten, sondern von konkreten Personen, die auf das Wort Gottes hörten und so Israel möglich machten: Abraham, Isaak, Jakob, Josef, Mose. Sie bilden eine Reihe, und diese Reihe beginnt mit Abraham.

Bei *einem* muß es begonnen haben. Daß diese Person nicht Sokrates hieß oder Buddha oder Konfuzius, bleibt letztlich ein Geheimnis. Israel selbst hat nie aufgehört, über dieses Geheimnis nachzudenken, meist in der hierfür besonders geeigneten Gattung der Legende. Eine dieser Legenden erzählt, daß Gott die Tora zunächst allen Völkern angeboten habe[49]:

Zuerst ging Gott zu den Nachkommen Esaus. Er fragte sie: „Wollt ihr die Tora annehmen?" Sie sagten ihm direkt ins Gesicht: „Herr der Welt, was steht denn in der Tora geschrieben?" Er sagte: „Du sollst nicht töten!" Da antworteten sie: „Das geht gegen unsere Natur. Unser Stammvater zeigte uns, daß man sich allein auf das Schwert verlassen darf, denn ihm wurde gesagt: Von deinem Schwert sollst du leben" (Gen 27,40). „Wir können die Tora nicht annehmen."

Da ging er zu den Nachkommen Ammons und Moabs und fragte sie: „Wollt ihr die Tora annehmen?" Sie sagten ihm direkt ins Gesicht: „Herr der Welt, was steht denn in der Tora geschrieben?" Er sagte: „Du sollst keinen Ehebruch begehen!" Da antworteten sie: „Aber wir stammen doch alle aus dem Ehebruch, denn es steht geschrieben: So wurden beide Töchter Lots von ihrem Vater schwanger" (Gen 19,36). – „Wir können die Tora nicht annehmen."

Darauf ging er zu den Nachkommen Ismaels. Er fragte sie: „Wollt ihr die Tora annehmen?" Sie sagten ihm direkt ins Gesicht: „Herr der Welt, was steht denn in der Tora geschrieben?" Er sagte: „Du sollst nicht stehlen!" Da antworteten sie: „Das ist aber unser Wesen, daß wir nur von dem leben, was gestohlen und durch Überfälle geraubt ist. Steht doch über unseren Vorfahren Ismael geschrieben: Er wird ein Mensch sein wie ein Wildesel; seine Hand richtet sich gegen jedermann, und jedermanns Hand gegen ihn." (Gen 16,12) – „Wir können die Tora nicht annehmen."

Schließlich kam er zu Israel. Die Israeliten sagten: „Wir wollen tun und gehorchen." *(Ex 24,7)*

Der gesamte Text ist eine Auslegung von Dtn 33,2: „Der Herr kam vom Sinai und leuchtete ihnen auf von Seir." Die aus Ex 24,7 gewonnene Antwort Israels sagt das Tun zu, noch bevor der Inhalt der Tora bekannt ist. Man könnte paraphrasieren: „Wir nehmen an und fragen dann." Selbstverständlich ist das Ganze eine relativ späte Legende. Sie wurde aber im Judentum oft zitiert und existiert in vielen Fassungen. Sie macht deutlich, daß es Gott um *alle* Völker geht, daß er aber nur dort mit seiner Sozialordnung – und das heißt: mit seiner neuen Gesellschaft – beginnen konnte, wo er Menschen fand, die bereit waren, seinen Willen zu tun. Die Sinnspitze der Legende liegt gerade nicht darin, daß Israel gegenüber seinen Nachbarvölkern als sittlich besser dargestellt wird, sondern daß es seinem Gott traut: Was Gott anbietet, kann nur gut sein, weil er selbst gut ist.

Der geniale Duktus der Legende schließt übrigens auch für Israel das Fragen nach dem Inhalt der Tora nicht aus. Nur die Reihenfolge ist anders: Zuerst kommt das Tun. Dieser Abschluß der Legende entspricht aufs genaueste der Weise, wie Abraham in Gen 12,4 auf das Gebot Gottes „Zieh weg aus deinem Land!" antwortet: „Da zog Abraham weg, wie der Herr ihm gesagt hatte." Abraham tut zunächst einmal schweigend, was Gott ihm gebietet.

Selbstverständlich ist dieses Tun und Hören geschichtlich gesehen ein unendlich differenzierter Prozeß gewesen, zu dem es in vielen Völkern Ansätze und Fragmente gegeben hat. Die Theologen der frühen Kirche werden vom Samen des „Logos" in den Völkern sprechen[50]. Aber über alle Vorstufen und Vorläufe fand dieser Prozeß in Israel eine Gestalt, die ihn grundsätzlich von allem Hören der Heiden unterschied, und er fand mitten in Israel schließlich in Jesus endgültig sein Ziel.

Die jüdische Legende vom Angebot der Tora an alle Völker hat übrigens auch in der christlichen Theologie ihre Spuren hinterlassen. Sie dürfte bei einem sehr weiten und zugleich sehr strengen Wort des Maximus Confessor im Hintergrund stehen[51]: „Nicht als ob Gott Israel allein erwählt hätte. Aber Israel allein entschloß sich, Gott zu folgen."

Damit sind wir bereits bei dem zweiten Begriff angelangt, dem Begriff der Erwählung. Die „richtige Konstellation" kann nämlich längst nicht alles erklären. Daß sich zwei Menschen zu lieben beginnen, setzt zwar eine bestimmte Konstellation voraus, zu der zum Beispiel gehört, daß sie sich überhaupt begegnen konnten (der richtige Ort, die richtige Zeit). Zu dieser Konstellation gehören auch die Vorprägungen, die jeder der beiden in sich trägt (etwa das Mutterbild oder das Vaterbild). Und trotzdem kann die Konstellation mit all ihren Vorgaben die Entscheidung der beiden Liebenden letztlich nicht erklären, und sie muß sie auch nicht determinieren. Es kommt das Element der „Wahl" hinzu, das nicht mehr ableitbar ist. In vielen Fällen bleibt es ein Geheimnis, warum sich jemand gerade in diesen bestimmten Menschen und in keinen anderen verliebt hat. Das Geheimnis liegt darin, daß sich im Idealfall zwei Freiheiten begegnet sind.

Kann es dann zwischen Gott und Israel anders sein? Die Erwählung Israels ist wie ein Vorgriff auf das Geheimnis der Menschwerdung des Sohnes Gottes in diesem Volk. Solche Erwählung ist in ihrem Innersten nicht ableitbar, so wenig wie Liebe erklärbar ist. Gerade dieser letzte Sachverhalt wird bei den Propheten immer wieder reflektiert:

Als Israel jung war, gewann ich es lieb,
ich rief meinen Sohn aus Ägypten (Hos 11,1).

Ich gebe Ägypten als Kaufpreis für dich,
Kusch und Seba gebe ich für dich.
Weil du in meinen Augen teuer und wertvoll bist
und weil ich dich liebe,
gebe ich für dich ganze Länder
und für dein Leben ganze Völker. (Jes 43,3 f)

Der Text aus Jesaja muß als Wort eines Liebenden gelesen werden, sonst wird er mißverständlich. Nur die Torheit der Liebe darf sagen, daß sie ganze Länder für die Geliebte hergibt. „Weil du in meinen Augen teuer und wertvoll bist" heißt nicht etwa, daß Israel besondere Vorzüge vor den anderen Völkern hätte. Seinen Wert bekommt es allein durch die Augen des Liebenden. In der deuteronomischen Theologie wird die

Grundlosigkeit der Liebe Gottes zu seinem Volk scharf herausgestellt. Da ist nichts Besonderes an Israel, nichts Wertvolles, nichts, was es vor anderen Völkern auszeichnet – und dennoch hat Gott es erwählt:

Dich hat der Herr, dein Gott, ausgewählt, damit du unter allen Völkern, die auf der Erde leben, das Volk wirst, das ihm persönlich gehört. Nicht weil ihr zahlreicher als die anderen Völker wäret, hat euch der Herr ins Herz geschlossen und ausgewählt; ihr seid das kleinste unter allen Völkern. Weil der Herr euch liebt und weil er auf den Schwur achtet, den er euren Vätern geleistet hat, deshalb hat der Herr euch mit starker Hand herausgeführt und euch aus dem Sklavenhaus freigekauft, aus der Hand des Pharao, des Königs von Ägypten. (Dtn 7,6–8)

Zum biblischen Begriff der Erwählung gehört schließlich, daß Erwählung immer mit einer Beauftragung verbunden ist. Die Wahl Gottes ist auf Israel gefallen um der Völker willen. Gott braucht in der Welt einen Zeugen, ein Volk, an dem er sein Heil sichtbar machen kann. Damit liegt auf dem erwählten Volk die Last der Berufung. Erwählt zu sein, wird nicht zum Privileg, nicht zur Bevorzugung *vor anderen*, sondern zur Existenz *für die anderen* und damit zur schwersten Last der Geschichte. Israel mußte die Folgen auf sich nehmen für sein Herausgerufensein. Es wurde durch die Jahrhunderte hin verfolgt, und der tiefste Grund für den Haß auf die Juden, der schon in der Antike begann, der in der Kirche weiterging und schließlich zu dem millionenfachen, von Deutschen verübten, fabrikmäßigen Mord an den Juden führte, war der Haß auf ihr Erwähltsein.

Eigentlich müßte die Kirche deshalb sehr viel darüber nachdenken, was „Wahl Gottes", was „Erwählung" bedeutet. Aber der Begriff findet gegenwärtig mehr Verächter als Liebhaber, so grundlegend und zentral er für die Bibel auch ist. Von vielen wird er schlicht verdrängt[52]. Anderen ist er ein unüberwindbares Ärgernis. Auf jeden Fall entspricht er in der gegenwärtigen kirchlichen Luft Deutschlands nicht der *political correctness*. Er scheint undemokratisch zu sein, dem vielberufenen „offenen", „weltweiten" Denken zu widersprechen und gilt als Indiz für gefährlichen Fundamentalismus. Erwählung ist unappetitlich geworden.

Man sollte dann aber konsequent sein und die ganze Bibel als unappetitlich entsorgen. Denn in ihr ist das, was der Begriff „Erwählung" verdichtet, einfachhin zentral[53]. In diesem Begriff bündelt sich das Wissen Israels, daß Gott die ganze Welt befreien und verwandeln will, daß er dazu aber mitten in der Welt einen Anfang braucht, einen sichtbaren Ort, lebendige Zeugen. Mit Bevorzugung, Begünstigung, Elitär- und Besser-Sein hat das alles nicht das Geringste zu tun, wohl aber sehr viel mit dem Respekt Gottes vor der Würde des Menschen und seiner Freiheit. Der 1. Petrusbrief beginnt sein Rundschreiben an die christlichen Gemeinden in Kleinasien mit den Sätzen:

Petrus, Apostel Jesu Christi, an die Auserwählten, die als Fremde in Pontus, Galatien, Kappadozien, der Provinz Asien und Bithynien in der Zerstreuung leben, die von Gott, dem Vater, von jeher ausersehen und durch den Geist geheiligt sind, um Jesus Christus gehorsam zu sein.

Man sieht an diesem Briefeingang, wie zentral auch im Neuen Testament der Begriff der Erwählung ist. Der Verfasser des 1. Petrusbriefes scheut sich nicht, seine christlichen Gemeinden unter die großen Wörter der Erwählung Israels zu stellen:

Ihr seid ein auserwähltes Geschlecht, eine königliche Priesterschaft, ein heiliger Stamm, ein Volk, das sein besonderes Eigentum wurde, damit ihr die großen Taten dessen verkündet, der euch aus der Finsternis in sein wunderbares Licht gerufen hat. (1 Petr 2,9; vgl. Ex 19,5 f)

In beiden Texten wird bereits an der Satzstruktur deutlich, daß Erwählung kein Selbstzweck ist und daß sie nicht der Selbstverwirklichung der Erwählten dient. Vielmehr gilt: Erwählt, *damit* sie Jesus Christus gehorsam sind und *damit* sie die großen Taten Gottes verkünden.

Daß Gott Menschen aus Mesopotamien und Ägypten, aus Pontus, Galatien und Kappadozien herausholt, hängt also mit seinem großen Plan für die Welt zusammen. Aber wird Gott Erfolg haben? Wird sein Plan gelingen? Oder werden die, denen er seinen Plan anvertraut hat, ihre Sendung mißbrauchen und die, denen der Plan gilt, ihn ablehnen? Dann wäre Gott ohnmächtig. Sollte aber sein Plan gelingen – was ist dann der Grund des Gelingens? Worin könnte die Macht Gottes liegen, wo er doch um der Freiheit des Menschen willen auf die Gewalt der Revolutionäre und Weltverbesserer verzichtet?

7. *Worin die wahre Allmacht Gottes besteht*

Die alten Katechismen formulierten in ihrem Abschnitt über die Eigenschaften Gottes: „Warum sagen wir: Gott ist allmächtig? – Wir sagen: Gott ist allmächtig, weil er alles kann, was er will"[54]. Die Antwort war zweifellos richtig. Und doch drückte sie nicht hinreichend aus, was das Apostolische Glaubensbekenntnis vor dem Hintergrund der Bibel mit seinem „Ich glaube an Gott, den Vater, den Allmächtigen *(pantokratora)*" sagen wollte. Wenn die Heilige Schrift Gott den Pantokrator nennt, zielt sie nicht in erster Linie auf eine abstrakte Wesensaussage, sondern redet von seinem konkreten Handeln in der Geschichte: Gott ist der Allherrschende[55]. Er führt seinen Willen zum Ziel. Seine Schöpfung läuft nicht in den Widersinn. Gottes Allmacht besteht gerade darin, daß sein Plan mit der Welt gelingen wird[56].

Ihre Brisanz zeigt diese Glaubensaussage freilich erst dann, wenn man sie mit der Freiheit des Menschen zusammendenkt. Daß eine Schöpfung, die mechanistisch konstruiert wäre, exakt nach dem Willen ihres Konstrukteurs ablaufen müßte, ist leicht auszumalen und stellt kein Problem dar. Aber die Schöpfung ist eben keine gigantische Maschine. Schöpfung ist „Natur", das aus sich selbst Erwachsende, von Gott in den Eigenstand Gerufene und deshalb sich selbst Bewegende, sich selbst Formende und Entfaltende – und Schöpfung dieser Art ist mit der Allmacht Gottes, also seinem alles lenkenden Willen, schon viel schwerer zusammenzudenken. Der Eigenstand der Natur ist aber nur die Vorstufe der geschöpflichen Freiheit, die erst im Menschen erreicht ist. Er erst hat die Möglichkeit, ganz frei zu sein. Deshalb kann er sich dem Plan Gottes widersetzen. Er kann sich weigern, Volk Gottes zu werden. Er kann sagen: Ich will das alles nicht.

Die Situation für die Allmacht Gottes in der Welt ist sogar noch viel schwieriger. Es ist ja nicht nur so, daß sich ein einzelner Mensch Gott verweigern kann und daß sich Gott im Lauf der Geschichte viele Einzelne verweigert haben. Sünde bleibt nicht auf das Innere des Menschen begrenzt: Jeder ist durch tausend Fäden mit seiner Außenwelt verbunden, und deshalb inkarniert sich jedes Nein zu Gott in die Gesellschaft, verbindet sich mit den Verweigerungen anderer und schafft ein Potential des Bösen, das dann Späteren immer schon vorgegeben ist, sie bis in die Tiefe erreicht und ihnen Möglichkeiten der Freiheit und des Vertrauens zu Gott entzieht. Jede Verweigerung schafft in der Welt ein Stück Unheilsgeschichte und verringert die Möglichkeit, daß Volk Gottes entstehen kann. Die christliche Tradition nennt diese vorpersonale, gesellschaftliche Realität des Bösen, in die der Einzelne bereits hineingeboren wird und die ihn mit ihren Leitbildern und Unheilsstrukturen bis in sein Innerstes hinein bestimmt, Erbsünde[57].

Erst vor diesem Hintergrund ist die Wucht zu ermessen, die in dem Satz liegt, Gott sei allmächtig. Gottes Allmacht bekennen bedeutet dann nämlich nicht nur ein theoretisches Für-wahr-Halten, daß Gott alles kann, was er will, sondern viel konkreter ein Darauf-Setzen, daß Gott trotz aller menschlichen Verweigerungen und trotz aller Unheilsgeschichte, die daraus entsteht, am Ende sein Ziel erreichen wird: ein Volk, das sich ihm im Vertrauen zuneigt und das mit seinem Vertrauen die ganze Welt verwandelt[58].

Genau von diesem Gelingen des Planes Gottes spricht Jesus, wenn er die Gottesherrschaft mit einem Senfkorn vergleicht, das zu einer großen Staude heranwächst:

Womit sollen wir die Herrschaft Gottes vergleichen, mit welchem Gleichnis sie beschreiben? Es verhält sich mit ihr wie mit einem Senfkorn, das, wenn es in die Erde gesät wird, zwar das kleinste von allen Samenkörnern ist, die es in der Welt gibt, das aber, wenn es gesät ist, emporsteigt und größer wird als alle anderen Gemüsepflanzen und große Zweige treibt, so daß in seinem Schatten die Vögel des Himmels nisten können.
(Mk 4,30–32)

Der Text erinnert sofort an das Prinzip, das uns schon bei der Berufung Abrahams begegnet ist: Gott fängt in der Welt klein an. Das Gleichnis vom Senfkorn treibt diese Kleinheit sogar auf die Spitze: Der Same des schwarzen Senfes *(brassica nigra)*, von dem Jesus hier spricht, ist tatsächlich außerordentlich klein. Ein Korn wiegt etwa 1 mg und hat einen Durchmesser von 0,9–1,6 mm. Man kann also gar nicht erwarten, daß aus dem kleinen Senfkorn etwas Großes wird. Das stecknadelkopfgroße Senfkorn wächst aber sehr rasch zu einer einjährigen Staude mit baumartigen Zweigen empor. Die durchschnittliche Höhe einer Senfstaude beträgt 1 1/2 Meter; am See Genesaret kann sie sogar eine Höhe von 3 Metern erreichen.

Für die richtige Auslegung des Gleichnisses ist entscheidend, daß es die Gottesherrschaft nicht einfach mit einem Senfkorn vergleicht, sondern mit dem *ganzen Vorgang*, in welchem aus dem winzig kleinen Samen die große Staude wird. Die Gottesherrschaft gleicht weder nur dem Senfkorn noch allein der ausgewachsenen Staude, sondern dem gesamten Prozeß vom Samen bis zur Staude. Das Gleichnis redet also nicht statisch von der Gottesherrschaft, sondern es redet von der Art ihres Kommens. Es redet davon, wie Gott seinen Plan, seine Herrschaft, sein Heil in der Welt verwirklicht. Gott fängt klein an, aber am Ende ist aus dem winzigen Anfang unerwartbar Großes geworden.

Wenn Markus von den Zweigen der Senfstaude spricht und von dem Schatten, den sie wirft, und von den Vögeln, die in ihrem Schatten wohnen, klingt bereits das mythische Motiv des Weltenbaumes an. In der Gleichnisfassung des Matthäus und des Lukas[59] tritt dieses Motiv dann noch deutlicher hervor. Dort wird die Senfstaude ausdrücklich als „Baum" geschildert, in dessen Zweigen (nicht in dessen Schatten) die Vögel des Himmels ihre Nester bauen (Mt 13,32; Lk 13,19). Nun ist aber der Weltenbaum im Alten Testament und überhaupt im Alten Orient Archetyp für den König und für die aus der Kraft des Königs lebende Gesellschaft. Deshalb gehören zum Symbol des Weltenbaumes auch immer die Vögel und Tiere, die in seinem Schatten leben:

Auf dem Libanon stand eine Zeder.
Die Pracht ihrer Äste gab reichlichen Schatten.
Hoch war ihr Wuchs, bis in die Wolken ragte ihr Wipfel.
Das Wasser machte sie groß.
Die Flut der Tiefe ließ sie emporwachsen.
Die Tiefe ließ ihre Ströme fließen
rings um den Ort, wo die Zeder gepflanzt war. (…)

Ihre Zweige mehrten sich, ihre Äste breiteten sich aus. (...)
Alle Vögel des Himmels hatten ihr Nest in ihren Zweigen.
Alle wilden Tiere brachten unter ihren Ästen ihre Jungen zur Welt.
Die vielen Völker wohnten in ihrem Schatten.
Schön war sie in ihrer Größe mit ihrem breiten Geäst;
denn ihre Wurzeln hatten viel Wasser.
Keine Zeder im Garten Gottes war ihr vergleichbar.
Keine Zypresse hatte Zweige wie sie, keine Platane so mächtige Äste.
Keiner der Bäume im Garten Gottes glich ihr an Schönheit.
(Ez 31,3–8)

Vor dem Hintergrund dieses Textes aus Ezechiel (vgl. auch Dan 4,7–9) ist klar, daß im Gleichnis vom Senfkorn nicht abstrakt vom Kommen der Gottesherrschaft geredet wird. Das Gleichnis erzählt vielmehr, wie aus dem kleinen Anfang, den Gott setzt, ein großes Volk heranwächst, eine Weltgesellschaft, in deren bergendem Schatten die Völker der Erde wohnen. Aber auch unabhängig vom Symbol des Weltenbaums gilt: Wo immer in der Bibel von der Königsherrschaft Gottes die Rede ist, ist auch sein Volk im Blick, Gottes Herrschaftsbereich in der Welt. Ein König ohne Volk wäre kein König.

Das Gleichnis vom Senfkorn steht in der Verkündigung Jesu nicht allein. Es gehört zu einer ganzen Gruppe von Gleichnissen, die alle vom Wachsen der Gottesherrschaft in der Welt reden. So zum Beispiel auch das Gleichnis vom Sauerteig:

Und Jesus sprach: „Womit soll ich die Gottesherrschaft vergleichen? Sie gleicht einem Sauerteig, den eine Frau nahm und unter drei Sea Mehl verbarg, bis das Ganze durchsäuert war.“ (Lk 13, 20 f)

Wieder steht am Anfang das Kleine und Unscheinbare: eine Schüssel voll Sauerteig, der zum Brotbacken ins Mehl geknetet wird. Und wieder steht am Ende das Große, das Außerordentliche: Die Frau hatte den Sauerteig unter drei Sea Mehl gemengt – das sind nahezu 40 Liter Mehl, genug für eine Mahlzeit für über 150 Personen oder für etwa 50 kg Brot[60]. Und der Sauerteig hat die für einen normalen Haushalt riesige Teigmenge völlig durchsäuert.

Gegenüber dem Gleichnis vom Senfkorn setzt das vom Sauerteig einen neuen Akzent. Es geht nun nicht mehr nur um das Wachsen vom Unscheinbaren zum Großen, sondern zugleich um ein „Verwandeln": Der Sauerteig durchsäuert die Masse des Mehls, verändert sie, lockert sie auf und gibt ihr Geschmack. Genauso wird die Gottesherrschaft, die in der Welt so klein und verborgen beginnt, am Ende alles verändert und verwandelt haben. Darin ist sich Jesus absolut sicher.

Darf man sich solcher Sicherheit anvertrauen? Sieht sie die Welt, wie sie wirklich ist – mit ihrem Elend, ihrer Schuld, ihrer Verweigerung, ihrer Verdüsterung? Oder ist solche Sicherheit am Ende nicht doch naiv und weltfremd? Daß man Jesus diesen Vorwurf nicht machen kann, zeigt ein drittes Wachstumsgleichnis:

Ein Sämann ging aufs Feld, um zu säen. Und beim Säen geschah es, daß ein Teil der Saat auf den Weg fiel, und die Vögel kamen und fraßen sie. Ein anderer Teil der Saat fiel auf felsigen Boden, wo sie nicht viel Erde hatte. Sie ging sofort auf, weil das Erdreich nicht tief war. Als aber die Sonne hochstieg, wurde sie versengt, und weil sie keine Wurzeln hatte, verdorrte sie.

Ein anderer Teil fiel unter die Dornen, und die Dornen wuchsen in die Höhe und erstickten die Saat, und sie brachte keine Frucht.

Anderes aber fiel auf guten Boden und brachte Frucht: Die Saat ging auf und wuchs empor und trug teils dreißig Körner, teils sechzig und teils hundert. (Mk 4,3–8)

Anders als bei den Gleichnissen vom Senfkorn und vom Sauerteig wird hier nicht sofort eine Erfolgsgeschichte erzählt. Im Gegenteil! Drei Viertel des Gleichnisses schildern Opponenten, die das Wachstum des Getreides bedrohen und Teile der Saat vernichten. Erst das letzte Viertel des Gleichnisses spricht vom Erfolg.

Man würde nun allerdings den Sinn des Gleichnisses verfehlen, wenn man in ihm eine Art Statistik erblickte, eine Schlußabrechnung des Erfolges Gottes in der Welt mit dem Fazit: Drei Viertel der Anstrengungen Gottes laufen ins Leere, nur mit einem Viertel hat er Glück. Das Gleichnis vom Sämann berichtet nämlich nicht gleich gewichtig über „viererlei Acker"[61], sondern erzählt eine Geschichte – eine Geschichte, die zielgerichtet ist und eindeutig auf einen Höhepunkt zusteuert.

Man erkennt diese Dynamik des Gleichnisses besser, wenn man darauf achtet, was die Feinde der Saat jeweils anrichten: Zunächst wird von Vögeln erzählt, die einen Teil der ausgestreuten Saat wegfressen. In diesem Fall kommen die Körner gar nicht erst zum Keimen. Sie werden sofort aufgepickt. – Ein anderer Teil der Saat hat größere Chancen: Er keimt und geht auf. Dann allerdings muß er verdorren, weil die Ackerkrume über den Kalkfelsen zu dünn ist. – Noch näher ans Ziel kommt jener Teil der Saat, der unter die Dornen fällt: Er keimt, geht auf und wächst empor. Aber er kann keine Frucht ansetzen, weil ihn das Unkraut, das mit ihm hochgewachsen ist, erstickt. Die Lebensdauer der Saat wächst also, der Erfolg rückt immer näher. Die Zerstörung der Saat wird dadurch allerdings auch umso bedrückender. – Erst in dem Augenblick, da die negative Geschichte der Saat ihren Höhepunkt erreicht hat und nach dem Gesetz volkstümlichen Erzählens (3 + 1) Neues und Abschließendes zu erwarten ist, schlägt die Erzählung um und schildert nun einen überwältigenden Erfolg: ein Teil der Saat fällt auf guten Boden. Die ausgesäten Körner „bestocken" sich, das heißt, sie verzweigen sich am untersten Knoten des Triebs zu mehreren Halmen und tragen so dreißigfach, sechzigfach oder hundertfach[62].

Es ist klar, daß auch hier vom Werk Gottes in der Welt erzählt wird. Das gesamte Gleichnis schildert, wie die Herrschaft Gottes in die Welt kommt. Wiederum würde man den Duktus der Erzählung verfehlen, wenn man sagte: Nur die reiche Frucht, die am Ende auf dem Halm steht, ist das Reich Gottes. Das Gleichnis schildert das Kommen der Gottesherrschaft schon von der ersten Zeile an. Zu ihrem Kommen gehört die Aussaat, gehören die Gegner, die ihr schweren Schaden zufügen, gehört schließlich die überreiche Ernte, die allen Widersachern zum Trotz heranreift.

Bei der Auslegung des Sämannsgleichnisses ist aber noch eine andere Engführung zu vermeiden[63]. Oft wird gesagt, der Same sei das Wort des Evangeliums, und deshalb sei die Gottesherrschaft in der Welt nur durch das Wort gegenwärtig. Erst am Ende der Zeit werde das Reich Gottes die Dimension des Wortes durchbrechen und in seiner vollen Wirklichkeit hervortreten. Wer so auslegt, verengt das Gleichnis.

Mk 4,13–20, der älteste Kommentar, den wir zum Gleichnis vom Sämann besitzen, deutet zwar den Samen auf das Wort Gottes. Aber derselbe Kommentar – das wird oft übersehen – deutet den Samen zugleich auf Menschen, die ausgesät werden: Es gibt Menschen, die auf felsigen Boden gesät werden, es gibt andere Menschen, die in die Dornen gesät werden, und es gibt schließlich Menschen, die auf guten Boden gesät werden. Der urkirchliche Gleichniskommentar in Mk 4,13–20 oszilliert zwischen der Aussaat des Wortes und der Aussaat von Menschen. Für die damaligen Hörer lag darin kein Widerspruch. Einerseits war nämlich aus dem griechischen Kulturraum die Vorstellung bekannt, daß ein Lehrer seine Worte wie Samen in die Herzen der Hörer einsenken kann[64]. Andererseits war im Orient die Vorstellung geläufig, daß ein ganzes Volk wie Samen ausgesät wird. In Jer 31,27 heißt es:

Seht, es werden Tage kommen – Spruch des Herrn –, da säe ich über das Haus Israel und über das Haus Juda eine Saat von Menschen und eine Saat von Vieh.

Gemeint ist das Wachsen des Gottesvolkes nach dem Exil. Gott sät auf dem dürr gewordenen Acker Israels Menschen und Vieh neu aus. Noch deutlicher formuliert Hos 2,1–3.23–25: Gott wird sich seines Volkes erbarmen und Israel neu aussäen. Dann wird das Gottesvolk überall im Land aufsprossen wie Korn, und die alte Verheißung vom unermeßlichen Wachsen des Samens Abrahams wird sich erfüllen.

Für die Auslegung des Sämannsgleichnisses muß man beide Verstehensmöglichkeiten ernst nehmen – die Aussaat von Worten und die Aussaat von Menschen. Jesus will sagen: Der Same des Evangeliums ist ausgesät, und das Evangelium zeugt nun als neuschöpfendes Wort das endzeitliche Israel. Das Gottesvolk der Endzeit reift schon heran, mag die zerstörerische Macht seiner Widersacher auch noch so groß sein.

Naive Weltfremdheit oder blauäugiger Fortschrittsglaube ist das gewiß nicht. Jesus ist sich der „Unmöglichkeit" der Sache Gottes in der Welt sehr wohl bewußt. Er schildert in seinen Saatgleichnissen nicht nur das unaufhaltsame Wachsen der Gottesherrschaft, sondern auch die erschreckende Kleinheit und Verborgenheit ihres Anfangs, mehr noch, er schildert die Übermacht der Gegner, die das Werk Gottes vom Anfang bis zum Ende bedrohen[65].

Dabei geht er gerade nicht den Weg, den die jüdische Apokalyptik einschlug. Auch sie war tief betroffen von der elenden Lage des Gottesvolkes und der Macht der Widersacher Gottes in der Geschichte. Die Apokalyptiker ziehen daraus allerdings einen anderen Schluß als Jesus. Für sie ist es nicht mehr denkbar, daß sich Gott in einer Welt, die derart verdorben und verkommen ist, noch durchsetzen könnte. In „dieser Welt", in „diesem Äon", sagen sie deshalb, können sich die Verheißungen Gottes nicht mehr erfüllen[66]. Gott muß mit Gewalt in die Geschichte eingreifen, seine alte Welt im Feuer zerstören und eine neue Welt, den „neuen Äon" schaffen. Erst in ihm können dann die Verheißungen Gottes wahr werden.

Jesus ist kein Apokalyptiker. Er kann sich zwar apokalyptischer Bilder bedienen, lehrt aber kein apokalyptisches System. Vor allem ist er niemals in den Dualismus der Apokalyptik verfallen. Das sieht man bereits am Stoff seiner Wachstumsgleichnisse. Es ist Stoff aus dem Alltag. Jesus redet nicht einfach vom Weltenbaum, sondern zunächst einmal von einer banalen Senfstaude. Er nimmt sein Bildmaterial aus dem Gemüsegarten. Und er redet von dem, was eine Hausfrau in Israel jeden Tag tut: Mehl mahlen, Sauerteig hineinkneten und Brot backen. Und er erzählt von den armseligen Äckern der kleinen Leute im Bergland Palästinas, wo die Erdkrume dünn ist, wo es keine fest abgegrenzten Wege gibt und wo Disteln und Dornen kaum auszurotten sind.

Mit Hilfe einer Welt, die seinen Hörern täglich vor Augen steht, schildert er das Kommen der Gottesherrschaft und macht so deutlich: Die Gottesherrschaft ereignet sich in unserer gewöhnlichen, bekannten, alltäglichen Umgebung. Sie kommt nicht in apokalyptischen Weltgewittern, nicht in einer Großaktion Gottes, der keiner widerstehen kann, sondern so, wie eine Senfstaude groß wird. Die Gottesherrschaft wächst im Verborgenen, im Kleinen, im Unscheinbaren, weil Gott will, daß sich die alte Welt in Freiheit auf sein Reich hin verändert. Jesus schildert in seinen Saatgleichnissen eine stille Revolution, und das beste Symbol für sie ist das Wachsen. Es geschieht in der Stille. Was wächst, macht keinen Lärm.

Allerdings hat er dabei mit jenen Theologen des 19. und 20. Jahrhunderts, die das Reich Gottes auf eine allgemeine moralische Entwicklung der Menschheit reduzieren, nichts gemeinsam[67]. Für Jesus ist das Kommen der Gottesherrschaft unabdingbar an die Sammlung Israels gebunden, und die Sammlung Israels ist gleichbedeutend mit Nachfolge. „Wer nicht mit mir sammelt, der zerstreut" (Mt 12,30). Der Plan Gottes meint für ihn nichts Vages, kein Überall und Nirgends, sondern er geht auf ein konkretes Volk, das klare Konturen hat und Unterscheidung ermöglicht.

Jesus sagt in einer letzten Sicherheit, daß der Plan Gottes mit seinem Volk gelingen wird, und zwar in dieser Schöpfung und dieser Geschichte und nicht erst im Jenseits der Apokalyptiker. Jesus sagt, daß Gott nicht ohnmächtig ist, sondern trotz aller Widersacher Erfolg haben wird und – das ist das Entscheidende – eben nicht, indem er Gewalt braucht, sondern gerade über die von ihm respektierte Freiheit des Menschen. Worauf gründet solche Zuversicht?

Auch hier kann uns ein Gleichnis die Antwort geben. Es gehört nicht der Gruppe der Wachstumsgleichnisse an, sondern stammt aus einem anderen Bereich. Aber es geht in ihm genau um unser Problem: Wie lassen sich die Macht Gottes und die Freiheit des Menschen vereinbaren? Wie kann Gott in der Geschichte siegen, obwohl er nicht apokalyptisch in den Gang der Welt eingreift?

Mit der Herrschaft der Himmel (= mit der Herrschaft Gottes) ist es wie mit einem Schatz, der in einem Acker vergraben war. Ein Mann entdeckte ihn, grub ihn aber wieder ein. Und in seiner Freude geht er hin, verkauft alles, was er besitzt, und kauft den Acker.
Auch ist es mit der Herrschaft der Himmel wie mit einem Kaufmann, der schöne Perlen suchte. Als er eine besonders wertvolle Perle fand, ging er hin, verkaufte alles, was er besaß, und kaufte sie. (Mt 13,44–46)

Wieder ist zu beachten: Die Gottesherrschaft wird nicht einfach mit dem Schatz und der Perle verglichen, sondern mit dem gesamten Vorgang, bei dem ein armer Taglöhner einen Schatz und ein reicher Großkaufmann eine Perle findet. Auch hier ist also davon die Rede, auf welche Art die Gottesherrschaft kommt. Noch genauer: Es ist davon die Rede, wie es möglich wird, daß sie Liebhaber in der Welt findet. Nach Mt 13,44–46 kann die Ausgangslage dafür sehr verschieden sein. Es gibt Menschen, die durch reinen Zufall auf die Gottesherrschaft gestoßen sind. Sie waren mit ganz anderem beschäftigt. Dann aber standen sie eines Tages vor dem Schatz. Andere, wie der reiche Händler, haben gesucht und sich überall umgehört. Und schließlich finden sie das, wovon sie schon lange träumten. Wie in allen Doppelgleichnissen ist also der Ausgangspunkt verschieden. Um so stärker redet dann das, was beide Gleichnisse verbindet: Die beiden Finder zögern keinen Augenblick. Sie sind vom Glanz des Schatzes und vom Schimmern der Perle hingerissen. „Wenn die große, alles Maß übersteigende Freude einen Menschen faßt, dann reißt sie ihn fort, erfaßt sie das Innerste, überwältigt sie den Sinn. Alles verblaßt vor dem Glanz des Gefundenen"[68]. Die beiden verkaufen, was sie haben, um den Fund zu erwerben. Nicht darauf, daß sie zuerst einmal alles hergeben müssen, liegt das Gewicht der Parabel[69]. Entscheidend ist die Faszination, die von dem Gefundenen ausgeht, und die übergroße Freude, aus der sie handeln. Es ist überhaupt nicht schwer, alles zu verkaufen. Die beiden machen das Geschäft ihres Lebens.

Wie also kommt die Allmacht Gottes in der Welt an ihr Ziel? Nur über Menschen und ihre Freiheit. Nur so, daß Menschen von *dem* gezogen und bewegt werden, was sie mit ihrem ganzen Herzen und ihrer ganzen Kraft wollen können. Daß sie aber in Freiheit dasselbe wollen, was auch Gott will, ist offenbar nur möglich, wenn sie die Schönheit der Sache Gottes leibhaft erblicken, so daß sie Freude, ja Lust bekommen an dem, was Gott in der Welt tun will, und daß diese Lust an Gott und seiner Sache größer ist als alle menschliche Selbstbezogenheit[70].

Der Kaufmann hält die Perle, die er endlich gefunden hat, ins Licht, und der Taglöhner greift mit seinen Händen in die Silbermünzen hinein, auf die seine Pflugschar gestoßen ist. Für Jesus ist die Gottesherrschaft greifbar und anschaubar. Sie existiert nicht nur im Innern des Menschen und verbirgt sich auch nicht im Jenseits der Geschichte. Man kann sie schon jetzt sehen, greifen, erwerben, einhandeln. Gerade deshalb kann sie den Menschen faszinieren und ihn dazu bewegen, alles herzugeben um des Neuen willen, ohne daß er dabei seine Freiheit verliert. Der Glanz und das Glück der Gottesherrschaft sind zugleich ihre Schwerkraft, die am Ende alles bewegt und die Gnade Gottes in der Welt siegen läßt.

Gott erweist sich also gerade darin als allmächtig, daß er allein auf die Einsicht, den freien Willen und das Vertrauen des Menschen setzt, sich damit jeder Macht entäußert und dennoch sein Ziel mit der Welt erreicht. Er erreicht sein Ziel, weil in der Welt die Freude an seiner Geschichte letztlich stärker ist als alle Trägheit und Gier, so daß diese Freude immer wieder Menschen ergreift und zum Volk Gottes sammelt.

Und die Opfer, die den Sieg der Sache Gottes nicht mehr erleben? Die Unzähligen, die zu früh gestorben sind, als Gott noch nicht genügend Liebhaber für seine Sache gefunden hatte, oder die von den falschen Liebhabern um ihr Glück gebracht wurden? Wäre der apokalyptische Weg nicht doch der bessere – die Einsicht, daß diese Welt die Verheißung nicht tragen kann, und daß man deshalb ihr Ende herbeisehnt? Denn die Zahl der Opfer ist erschreckend, und die Rechnung ist noch längst nicht abgeschlossen.

Aber darf man Gott die Opfer anlasten? Begibt man sich damit nicht genau auf den Boden, von dem aus Adam sich selbst ent-schuldigt: „Die Frau, *die du mir beigesellt hast,* sie hat mir von dem Baum gegeben, und da habe ich gegessen"? Das heißt doch: Der andere ist schuld, nicht ich, und an der ganzen Situation und damit an allem ist Gott schuld.

Die falschen Entschuldigungen sitzen tief in uns. Sie entspringen bereits der erbsündlichen Verdunkelung unseres Sehvermögens. Im Blick auf den Holocaust kann man gelegentlich von deutschen Theologen hören: „Gott hat in Auschwitz geschwiegen", und dann entwickeln sie eine Mystik der Unbegreiflichkeit Gottes. Weshalb denken sie in diesem Zusammenhang über das Wesen Gottes nach? Weshalb sagen sie statt dessen nicht ganz schlicht: *Wir* haben geschwiegen – als die Scheiben der jüdischen Geschäfte von der SA eingeschlagen, als die Synagogen angezündet wurden und als die Nazis unsere jüdischen Schwestern und Brüder vergast und verbrannt haben?

Es ist wahr: Die Kosten der Freiheit sind furchtbar, die Kosten, die daraus entstehen, daß der Mensch zu Gott ja oder nein sagen kann. Man darf nicht über das Gelingen des Planes Gottes reden, ohne auf all diese Opfer zu schauen. Sie zeigen, daß die Geschichte unserer Freiheit kein billiges Spiel ist. An der Entscheidung, ob wir dem Volk Gottes zu Hilfe kommen oder nicht, hängen unzählige Menschenleben. Denn wenn die Sache Gottes in der Welt lebt und wächst, wachsen auch Frieden und Gerechtigkeit in der Welt. Bleibt die Sache Gottes aber durch unsere Verweigerung schwach, bleiben Krieg, Haß und Gewalt.

Wir dürfen die furchtbaren Opfer, die als Kosten der dem Menschen geschenkten Freiheit den Weg der Geschichte säumen, nicht Gott anlasten, sondern können sie nur als Anruf betrachten, selbst umzukehren und mitzuhelfen, daß Gott in der Welt ein Volk hat, in dem sein Wille geschieht. Daß 6 Millionen Juden umgebracht wurden, ist ein so entsetzliches Geschehen, daß es sich jeder vordergründigen Deutung entzieht. Wenn die Kirche es aber in der Weise deuten würde, daß sie selbst umkehrte – aus Reue über ihre Mitschuld –, könnte selbst der Holocaust noch eine Frucht bringen.

Zur Umkehr der Kirche würde wohl auch gehören, daß sie ihre eigene Herkunft tiefer erfaßt. Die Kirche hat nicht nur ihre Wurzeln in Israel, sie gehört Israel an. Sie kann sich selbst gar nicht verstehen, wenn sie nicht immer wieder auf ihre Anfänge seit Abraham zurückschaut. Wir haben in Teil I über die Frage gesprochen: Wozu braucht Gott in der Welt ein eigenes Volk? Jetzt muß es darum gehen, den Weg und die Wegerfahrungen dieses Volkes im einzelnen zu betrachten.

ZWEITER TEIL

Kennzeichen Israels

1. Die Sammlung zum Gottesvolk

Die Kapitelüberschrift mag verwundern. „Sammlung" gehört nicht zu den klassischen theologischen Begriffen. In einem Wörterbuch biblischer Grundbegriffe oder in einer Theologie des Alten Testaments wird man ein entsprechendes Stichwort vergeblich suchen[71]. Das muß mit der Einseitigkeit zusammenhängen, mit der biblische Phänomene wahrgenommen werden. Denn die „Sammlung des zerstreuten Gottesvolkes" gehört seit dem babylonischen Exil zu den Grundaussagen der Theologie Israels. Betrachten wir sofort einen für die deuteronomistische Theologie so zentralen Text wie Dtn 30,1–6:

Und wenn alle diese Worte über dich gekommen sind, der Segen und der Fluch, die ich dir vorgelegt habe, wenn du sie dir zu Herzen nimmst mitten unter den Völkern, unter die der Herr, dein Gott, dich versprengt hat, und wenn du zum Herrn, deinem Gott, zurückkehrst und auf seine Stimme hörst in allem, wozu ich dich heute verpflichte, du und deine Kinder, mit ganzem Herzen und mit ganzer Seele, dann wird der Herr, dein Gott, dein Schicksal wenden, er wird sich deiner erbarmen, sich dir zukehren und dich aus allen Völkern s a m m e l n, unter die der Herr, dein Gott, dich zerstreut hat. Und wenn einige von dir bis ans Ende des Himmels versprengt sind, wird dich der Herr, dein Gott, von dort s a m m e l n, von dort wird er dich holen.
Und der Herr, dein Gott, wird dich in das Land, das deine Väter in Besitz genommen haben, zurückbringen. Du wirst es wieder in Besitz nehmen, und er wird dich glücklicher und zahlreicher machen als deine Väter. Der Herr, dein Gott, wird dein Herz und das Herz deiner Nachkommen beschneiden. Dann wirst du den Herrn, deinen Gott, mit ganzem Herzen und mit ganzer Seele lieben können, damit du Leben hast.

Obwohl innerhalb der literarischen Fiktion des Buches Deuteronomium das Exil noch in ferner Zukunft liegt, geht dieser Text davon aus: Der Fluch, der dem Volk für den Fall angedroht wird, daß es die vorgelegte Tora nicht befolgt[72], ist bereits in Erfüllung gegangen: Israel wurde aus seinem Land vertrieben und unter die Völker zerstreut. Die Katastrophe des Exils ist aber nicht das Ende des Gottesvolkes. Falls es durch das Exil zur Besinnung kommt und umkehrt, wird Gott sein Schicksal wenden. „Wende" bedeutet hier: Sammlung der Zerstreuten und Rückführung in das Land Israel. Der Text betont: Diese Wende stellt nicht nur den Zustand vor dem Exil wieder her. Sie bringt vielmehr einen Segen, der alle früheren Segenserweise Gottes weit übertrifft. Sie leitet einen neuen Heilszustand ein, für den das Buch Jeremia den Begriff des „Neuen Bundes" gebraucht[73]. Gott wird das Herz seines Volkes beschneiden, so daß es die Tora aus reiner Freude leben kann, und es wird dann glücklicher sein, als in der Zeit seiner Väter war. Es wird wahrhaft zum Leben kommen.

Bei Jesaja, Jeremia und Ezechiel taucht der Begriff „Sammlung Israels aus der Zerstreuung" an vielen Stellen auf, und immer mit größtem theologischen Gewicht. „Sammeln" – im Hebräischen *qbṣ* (Parallelwort: *'sp*) – wird in diesen Prophetenbüchern geradezu zu einem soteriologischen *terminus technicus*, das heißt zu einem festen Begriff für die Herbeiführung des Heils. „Israel sammeln" steht dabei oft parallel zu „helfen", „befreien", „retten", „heilen" und „erlösen"[74].

Immer ist es Gott, der sein Volk sammelt[75]. Niemals wird gesagt, daß Israel sich selbst sammeln würde. Meistens steht nämlich das Bild des Hirten im Hintergrund, der seine Herde sammelt und heimführt[76] – und versprengte Schafe können sich bekanntlich nicht selbst sammeln. Auf jeden Fall gilt: Wie die Herausführung aus dem Sklavenhaus Ägypten das Werk Gottes war, so ist auch die Herausführung aus dem Exil einzig und allein sein Werk.

Oft wird betont, daß Gott sein Volk von weit her sammelt: aus allen Ländern, aus allen Völkern, von den Enden der Erde, ja selbst vom Ende des Himmels[77]. Ziel der Sammlung ist selbstverständlich das erneute Wohnen im Land Israel[78]. Die Sammlung des Gottesvolkes meint freilich mehr als nur ein äußeres Zusammenführen. Sie bedeutet immer auch, daß Israel zur inneren Einheit findet:

Der Herr richtet für die Völker ein Feldzeichen auf,
um die Versprengten Israels wieder zu s a m m e l n ,
um die Verstreuten Judas z u s a m m e n z u f ü h r e n
von den vier Enden der Erde her.
Dann hört der Neid Efraims auf,
die Feindschaft Judas wird vernichtet.
Efraim ist nicht mehr eifersüchtig auf Juda,
und Juda bedrängt nicht mehr Efraim. (Jes 11,12 f)

Efraim steht hier für das Nordreich, Juda für das Südreich. Die Spaltung zwischen Nord- und Südreich wird durch die Sammlung des Gottesvolkes geheilt. Die Rivalität der Stämme findet ein Ende. Das Nordreich ist nicht mehr eifersüchtig auf Jerusalem und den Tempel, das Südreich begräbt seine Feindschaft zum Norden[79]. Sammlung geschieht also auf Versöhnung hin. Ähnlich sagt es auch Ez 37,21 f. Ziel der Sammlung aus dem Exil ist nicht nur die Heimkehr ins Land, sondern auch die Überwindung der Spaltung im Gottesvolk:

So spricht Gott, der Herr: „Ich hole die Israeliten mitten aus den Völkern heraus, zu denen sie gehen mußten; ich s a m m l e sie von allen Seiten und bringe sie in ihr Land. Ich mache sie in meinem Land, auf den Bergen Israels, zu einem einzigen Volk. Sie sollen alle einen einzigen König haben. Sie werden nicht länger zwei Völker sein und sich nie mehr in zwei Reiche teilen." (Ez 37,21 f)

Gerade bei Ezechiel wird deutlich, daß die Sammlung Israels in nachexilischer Zeit zu einer zentralen Heilsaussage wird, vergleichbar der Herausführung aus Ägypten, dem Urbekenntnis des Gottesvolkes. Mit „starker Hand und hocherhobenem Arm" wird Gott Israel aus den Völkern herausführen – so wie einst aus Ägypten[80]. In Jer 23,7 f kann es sogar heißen:

Seht, es werden Tage kommen – Spruch des Herrn –, da sagt man nicht mehr: „So wahr der Herr lebt, der die Söhne Israels aus Ägypten heraufgeführt hat!", sondern: „So wahr der Herr lebt, der das Geschlecht des

*Hauses Israel aus dem Nordland und aus allen Ländern, in die er sie ver-
stoßen hatte, heraufgeführt und zurückgebracht hat!"* *(Jer 23,7 f)*

Tatsächlich wird die Rückführung aus der Diaspora allmählich zu einer
grundsätzlichen Aussage über Gott, über sein Wesen und sein Handeln.
Das zeigt die relativische Satzkonstruktion in Jes 56,8:

Spruch Gottes, des Herrn, der die Versprengten Israels s a m m e l t.

Hier liegt bereits Gebetssprache vor, zur festen Formel gewordene Preisung des Handelns Gottes[81]. In der *Tefillah,* dem Achtzehngebet, dem
täglichen Gebet Israels, das im 1. Jahrhundert nach Christus entstanden ist, hat diese Entwicklung dann ihren Abschluß gefunden. Die
10. Bitte der Tefillah lautet[82]:

*Stoß in die große Posaune zu unserer Befreiung!
Erheb das Feldzeichen zur S a m m l u n g unserer Verbannten!
Gepriesen seist du, Herr, der seines Volkes Israel Versprengte s a m -
m e l t.*

Es ist klar, daß in diesem Gebet die Zerstreuung Israels längst zu einem
Dauerzustand geworden ist. Entsprechend bleibt die Sammlung Israels
eine unablässige Aufgabe. Und es ist auch klar, daß es dabei nicht nur
um äußere Zusammenführung geht, sondern darüber hinaus um die
Beseitigung alles dessen, was das Gottesvolk auseinanderreißt.

Im übrigen wird man bei dem Begriff der Sammlung des Gottesvolkes das Bild der versprengten Herde eben nie ganz aus den Augen verlieren dürfen[83]. „Sammeln" bedeutet von daher immer auch Beendi-
gung des Abgeschnittenseins und Rückführung in die Gemeinschaft
des Gottesvolkes. So war Jesus in der Lage, den Begriff ganz losgelöst
von der jüdischen Diaspora aufzugreifen und ihn für sein Wirken in Israel zu verwenden[84]:

*Wer nicht mit mir ist, der ist gegen mich,
und wer nicht mit mir s a m m e l t, der zerstreut. (Mt 12,30)*

Der Begriff der Sammlung des Gottesvolkes kann sich aber auch deshalb von der besonderen Situation des Exils lösen, weil er etwas für Israel Wesentliches ausdrückt, das viel älter ist als das Exil. Um diesen Sachverhalt wahrzunehmen, ist es notwendig, einige Jahrhunderte hinter die Exilszeit zurückzugehen und auf die Volkwerdung Israels zu blicken.

In der Bibel wird diese Volkwerdung in einer sehr einfachen und konsequenten Weise erzählt: Gott beruft sich Abraham, Abraham zeugt Isaak, Isaak Jakob, Jakob zwölf Söhne, die zu den Stammvätern der zwölf Stämme werden. Die Familie Jakobs wird nach Ägypten verschlagen und wächst dort zu einem großen Volk heran. Beim Exodus aus Ägypten zählt das Volk bereits 600 000 Männer[85], mit Frauen und Kindern also rund 3 Millionen Menschen. Nach den vierzig Jahren in der Wüste marschieren die zwölf Stämme dann unter der Führung Josuas geschlossen in das Gelobte Land ein, erobern die Städte, vernichten jeden, der sich ihnen entgegenstellt und nehmen das gesamte Land in Besitz.

Das ist, etwas vereinfacht, die Linie der biblischen Darstellung in den Büchern Genesis bis Josua. Diese Darstellung ist Theologie, die in der Form der Sage über die Volkwerdung Israels redet. Wir werden uns noch fragen müssen, was diese Darstellung eigentlich sagen will. Zunächst aber ist festzustellen: Sie deckt sich nicht *in einer vordergründigen Weise* mit den historischen Fakten. Archäologie und historische Kritik zwingen uns, die Entstehung des Zwölfstämmevolkes Israel zunächst einmal anders zu sehen, als es die Bücher Genesis bis Josua erzählen[86].

Bereits das Richterbuch enthält Texte, die ein viel differenzierteres Bild der sogenannten „Landnahme" zeichnen. So bietet Ri 1,18–36 eine lange Liste von Städten und Gebieten mitten im Land, die Israel bis in die Zeit Davids hinein nicht erobern konnte. Noch viel gewichtigere Gegengründe hat die biblische Archäologie. Sie kann für die Zeit der „Landnahme" bei keiner einzigen kanaanäischen Stadt den Nachweis erbringen, daß sie von Israel zerstört worden ist. Andererseits aber zeigt sie, daß seit dem 13. Jahrhundert vor Christus auf den Höhen des Landes an vielen Punkten neue Siedlungen entstehen. Und diese Siedlungen können nicht von einem Volk angelegt worden sein, das aus der

Wüste kam. Denn die Bauern, die diese Siedlungen errichten, haben
bereits eine erstaunliche Hausbautechnik, sie befestigen Straßen mit
Kopfsteinpflaster, wissen, wie man Getreidesilos und wasserdichte Zi-
sternen baut, benutzen hochentwickelte landwirtschaftliche Geräte
und legen ihre Äcker terrassenförmig an, um der Bodenerosion ent-
gegenzuwirken. Die Besetzung und Besiedlung der Berge Palästinas
während der frühen Eisenzeit geschieht offensichtlich durch eine agrar-
technisch erfahrene Landbevölkerung. Woher kommt sie?

In dem fruchtbaren Schwemmland der Ebenen haben sich in Palästina schon seit dem 4. Jahrtausend zahlreiche Stadtstaaten gebildet mit
einer differenzierten Arbeitsteilung, mit Geldwirtschaft, regen Han-
delsverbindungen, Waffenmonopolen und religiös legitimierten Herrschaftssystemen. Die Macht dieser Städte ist nicht auf den kleinen
Raum innerhalb ihrer Mauern beschränkt. In ihrem Umland leben in
unbefestigten Siedlungen Beisassen und bäuerliche Kleinpächter, die
von den Städten wirtschaftlich abhängig sind und zu hohen Steuern
und zum Militärdienst gezwungen werden. Sie werden von den Städten beherrscht und ausgebeutet.

Vieles spricht dafür, daß Israel aus Teilen dieser Landbevölkerung
entstanden ist: aus Menschen, die es wagten, sich der Herrschaft der
Städte zu entziehen, sich in den Gebirgsregionen, die den Kampfwagen
der Kanaanäer und Philister nicht zugänglich waren, neue Siedlungen
zu errichten und dort in bewußtem Gegensatz zu dem Unterdrük-
kungssystem der Städte zu leben. Vieles spricht auch dafür, daß im gleichen Zeitraum sozial Deklassierte aus den Städten selbst den Exodus
wagten und sich mit der aufsässigen Landbevölkerung verbanden. Für
diese uns zunächst vielleicht sehr fremd erscheinende Entstehung Israels gibt es neben dem archäologischen Befund vor allem zwei Gründe:

1. In der Frühzeit Israels hatte Gott den Namen „El". Das zeigen
nicht nur viele biblische Texte, sondern auch der Name Israel selbst.
Isra-El heißt: „El herrscht" oder „El möge herrschen"; vielleicht auch:
„El kämpft". El aber war der höchste Gott der kanaanäischen Götterfa-
milie. Daß Israel innerhalb seines eigenen Namens den Namen eines
kanaanäischen Gottes hat, setzt voraus, daß der Ursprung des Volkes in
Kanaan selbst liegt.

2. Es gibt in Israel eine tief sitzende Opposition gegen das König-tum[87]. Sie bleibt über Jahrhunderte lebendig, zeigt sich freilich vor allem, als Saul und David beginnen, in Israel das Königtum einzuführen. Es ist ein freiheitlicher, antifeudalistischer, antiköniglicher Impetus, der immer wieder durchbricht. Er muß sehr alt sein und erklärt sich am besten aus den Erfahrungen der bäuerlichen Gesellschaft des Anfangs, die sich gegen die Stadtkönige und ihre Macht formiert hat.

Allerdings ist mit dem bisher Gesagten der Ursprung Israels noch nicht hinreichend erklärt. Israel verehrt seinen Gott ja nicht nur als „El", sondern eben auch unter dem Namen JHWH. Woher kommt dieser Name und die an diesen Namen gebundene Erfahrung? Außerdem ist der Erzählstrang in den Büchern Exodus bis Josua, der voraussetzt, daß Israel aus der Wüste kommt, viel zu stark, als daß man ihn einfach beiseiteschieben darf. Es könnte folgendermaßen gewesen sein: Mit der sich neu formierenden Gesellschaft, die aus den kanaanäischen Städten oder aus dem Herrschaftsbereich dieser Städte kommt, verbinden sich andere Gruppen – Gruppen von Nichtseßhaften oder nur zeitweise Seßhaften, die ihre eigenen Sippen- und Familienerzählungen mitbringen. Hierzu muß eine Abraham-Gruppe, eine Isaak-Gruppe und eine Jakob-Gruppe gehört haben. Entscheidend aber wird eine Mose-Gruppe, die aus Ägypten geflohen ist und die in einem ganz besonderen Maß die Erfahrung des gesellschaftlichen Exodus und die Sehnsucht nach Freiheit mitbringt. Ihr Gott ist JHWH. Er wird erfahren als ein Gott, der seine Anhänger aus der Hand der Mächtigen rettet und in die Freiheit führt.

Diese in sich sehr unterschiedlichen Gruppen sammeln sich allmählich zu einem gesellschaftlichen Verband, zu einem Stämmebund. Grundlegende Erfahrungen werden voneinander übernommen, vor allem der Glaube an JHWH als einen Gott, der die Seinen führt und rettet. Daß sich der JHWH-Glaube, den die Mose-Leute mitbringen, in dem zunächst kanaanäischen Israel so schnell durchsetzen kann, muß damit zusammenhängen, daß die Gruppen, die aus dem Herrschaftsbereich der kanaanäischen Städte kommen, ihre alten Götter als Symbole einer unfreien und feudal gegliederten Gesellschaft ablehnen – in JHWH hingegen den Garanten der neuen Gesellschaft sehen, die sie suchen. Hinzu kommt, daß sie mit ihrem Exodus aus den Städten eine

Erfahrung gemacht haben, die derjenigen der Mose-Leute in vielem entspricht. So wird die alte El- und Baal-Religion vom JHWH-Glauben überformt und damit grundlegend verändert[88]. Wenn das Josuabuch schildert, wie die zwölf Stämme beim Landtag zu Sichem von ihrem Führer Josua vor die Frage gestellt werden, ob sie JHWH oder die Götter des Landes wählen wollen (Jos 24,15), hat das durchaus ein historisches Fundament: Die Isra-El-Gruppen in Kanaan haben JHWH von der Mose-Gruppe in Freiheit als ihren Gott übernommen.

Der neue Zusammenschluß ist „akephal", das heißt, es gibt keine zentrale Regierungsinstanz und keine sozialen Schichtungen. Deshalb eben auch die lange, tiefeingewurzelte Skepsis Israels gegen das spätere Königtum! Man lebt in Großfamilien und Sippen, die sich weitgehend selbst versorgen. Trotzdem gibt es zwischen den einzelnen Gruppierungen ein starkes Gemeinschaftsbewußtsein. Es zeigt sich in gemeinsamen Festen an den verschiedenen Heiligtümern; es zeigt sich in gemeinsamen Erzählungen, in denen die Rettungstaten JHWHs erinnert werden; es zeigt sich in der harten Abgrenzung vom gesellschaftlichen System der kanaanäischen Städte und schließlich im gleichen Ethos. Die Formel „So etwas tut man nicht in Israel"[89] drückt durchaus das Lebensgefühl der damaligen Stämme aus.

Der Stämmebund bildet also keinen Staat. Verglichen mit der kanaanäischen Herrschaft ist er eine „Gesellschaft ohne Staat", eine Gesellschaft in den Zwischenräumen fest etablierter Herrschaftssysteme. Auch diese Erfahrung wird Israel bleiben und viele Jahrhunderte später nach der endgültigen Zerschlagung jeder Eigenstaatlichkeit dem Gottesvolk helfen, als „Gesellschaft zwischen den Völkern" zu überleben.

Der Stämmebund Israel denkt leidenschaftlich egalitär. Die Parole „Freiheit, Gleichheit, Brüderlichkeit" ist keine Erfindung der Französischen Revolution. Sie stammt aus dem jüdischen Erbe des Christentums, und sie reicht von der Sache her bis zu den Anfängen Israels zurück. Nach den Erfahrungen, welche die Ursprungsgruppen Israels mit Ägypten und mit den kanaanäischen Städten gemacht haben, will man keine Klassengesellschaft mehr. Dieser Wille wird sich später in der Tora und dort vor allem im deuteronomischen Gesetz überaus klar und deutlich niederschlagen.

Am Anfang Israels steht also – darauf kommt es hier vor allem an – ein ausgesprochener Sammlungsprozeß, sogar ein Sammlungsprozeß ganz verschiedener ethnischer Gruppen. Diese Gruppen sammeln sich zu einem einzigen Volk, zum Volk Gottes. Sagen wir besser: Sie werden von Gott zu einem Volk gesammelt. Denn das für den Menschen Normale ist das Sich-Zerstreuen und Sich-Vereinzeln, nicht das Sich-Sammeln. Die einzelnen Gruppen treten dabei in den Erfahrungsraum anderer – vor allem der Mose-Gruppe – ein, übernehmen deren schon gemachte Erfahrungen als die eigenen und machen sie von da an auch selbst.

Daß die Bibel dann die Sammlung all dieser verschiedenen ethnischen Gruppen in das künstliche Schema *Abraham – Isaak – Jakob – zwölf Söhne Jakobs* bringt, also aus dem Nebeneinander ein genealogisches Nacheinander, eine Geschlechterfolge macht, ist keine Geschichtsklitterung, sondern eine eminent theologische Ausage. Israel wußte ja in der Tiefe durchaus, daß es viele Stammväter hatte und aus vielen Richtungen gekommen war. Dieses Wissen bricht noch durch, wenn im Buch Exodus gesagt wird, daß sich dem Volk beim Auszug aus Ägypten alle möglichen Leute angeschlossen hätten[90]. Wenn die Theologie Israels trotzdem das gesamte Gottesvolk von einer einzigen Familie ableitet, will sie damit sagen: Am Anfang mögen zwar verschiedene Gruppen gestanden haben – doch JHWH hat aus ihnen ein einziges Volk, ein neues Miteinander von Brüdern und Schwestern und damit eine „neue Familie" geschaffen, und zwar durch sein Handeln, sein Eingreifen und seine Führung. Die genealogische Rückführung Gesamt-Israels auf eine einzige Familie sucht dieses Wissen in eine bildhafte Sprache zu bringen.

Der Begriff der Sammlung Israels stammt zwar erst aus der Exilszeit. Das Wissen, daß der Vorgang der Sammlung unabdingbar zum Wesen des Gottesvolkes gehört, ist aber viel älter. Dieses Wissen muß Israel von Anfang an, von seiner Volkwerdung her, begleitet haben. Das Gottesvolk wurde durch einen Sammlungsprozeß vieler Gruppen zu dem, was es war. Und die Notwendigkeit, das Volk zu sammeln, begleitet es weiter durch seine Geschichte. Denn stets ist Israel in der Gefahr, auseinanderzufallen. Der König Joschija sucht mit seiner Reform das Volk zusammenzuführen[91]. Die Propheten suchen das Volk immer wieder zu sammeln. Jesus hat nichts anderes gewollt, als Israel angesichts der nahen Gottesherrschaft neu zu sammeln[92]. Seit Ostern lautet der Name für das um Jesus gesammelte Israel *Ekklesia* (= Zusammenkunft, Versammlung). Und dort, wo im Judentum das alte Wissen, daß Israel sich zusammentun muß, neu aufbricht, ist plötzlich das Wort „Kibbuz" davon dem alten theologischen Begriff *qbṣ* = sammeln.

Es sollte nachdenklich machen, daß in dem wohl schönsten Hochgebet, das die römisch-katholische Kirche besitzt, der Begriff der Sammlung des Gottesvolkes gleich zu Beginn seinen festen Ort hat[93]:

Ja, du bist heilig, großer Gott, und alle deine Werke verkünden dein Lob. Denn durch deinen Sohn, unseren Herrn Jesus Christus, und in der Kraft des Heiligen Geistes erfüllst du die ganze Schöpfung mit Leben und Gnade. Bis ans Ende der Zeiten v e r s a m m e l s t du dir ein Volk, damit deinem Namen das reine Opfer dargebracht werde vom Aufgang der Sonne bis zum Untergang.

„Sammlung des Gottesvolkes" ist kein Begriff, der vielen anderen schließlich auch noch hinzugefügt werden kann, auf den man aber genauso gut verzichten könnte. Der Begriff ist wesentlich. Das Gottesvolk kann nicht existieren, ohne sich ständig von allen Himmelsrichtungen her zu sammeln. Es kann nicht existieren, ohne all seine Kräfte und Möglichkeiten zusammenzubinden, und es kann nicht leben, ohne sich unablässig zu versöhnen. Wenn dies geschieht, ist es keine bloße Vorbereitung für den Dienst an der Welt, der dann nachher erst begänne, sondern es ist bereits der eigentliche Dienst, den das Gottesvolk der Welt leistet. Denn Trennungen und Spaltungen erlebt die Welt ständig und überall. Das Zerstreuen ist uralt. Die Sammlung zu einer freien, gleichen und versöhnten Gesellschaft hingegen ist immer neu. Nur über die reale, anschaubare Existenz solcher Gesellschaft wird der Welt gedient, geschieht wahrer Gottesdienst, wird Gott die Ehre gegeben.

Deshalb ist auch das neuerdings beliebte Begriffspaar „Sammlung und Sendung" falsch, wenn es so verstanden wird, daß die Sammlung des Gottesvolkes nur die Voraussetzung für sein Eigentliches sei: seine Sendung in die Welt. Wer so denkt, zeigt, wie fremd ihm die Bibel schon geworden ist[94]. Denn in ihr werden die Propheten und die Apostel gerade gesandt, *damit* sie das Gottesvolk sammeln[95]. „Sendung zur Sammlung des Gottesvolkes" wäre biblisch. Denn es ist ja klar: Nur ein Gottesvolk, das sich zur Einheit und Einmütigkeit hat sammeln lassen, könnte die Welt überzeugen.

2. Volk aus dem Glauben

Die Erfahrung, daß Gott ganz verschiedene Gruppen zu einer „neuen Familie" von Brüdern und Schwestern zusammengeführt hatte, konnte in der Frühzeit Israels nur durch ein genealogisches System anschaubar gemacht werden. Was die Folge *Abraham – Isaak – Jakob – zwölf Söhne Jakobs* eigentlich sagen will, müssen wir heute neu in unsere eigene Sprache übersetzen. Aber meint diese Geschlechterfolge denn wirklich „neue Familie", einen Verbund von Menschen, die ursprünglich nichts miteinander zu tun hatten, sich aber zu etwas Neuem zusammenführen ließen? Geht es tatsächlich um eine neue Art von Solidarität, die nicht auf ethnischer Zusammengehörigkeit, sondern auf gemeinsamer Erfahrung beruht – auf der Erfahrung, daß Gott handelt, daß er rettet, sich ein Volk sammelt und ihm Zukunft schenkt?

Spielen in Israel nicht doch das Blut und die natürliche Abstammung die entscheidende Rolle? Hängt nicht alles an der richtigen Verwandtschaft? Muß nicht der Knecht Abrahams eine lange und gefährliche Reise bis ins Zweistromland unternehmen, damit er für Isaak eine Frau aus der Verwandtschaft Abrahams heimholen kann (Gen 24)? Und muß nicht Jakob ebenfalls ins Zweistromland, um sich dort seine Frauen zu holen (Gen 28 – 31)? Muß man nicht leiblicher Nachkomme Abrahams sein, um unter dem Segen Abrahams zu stehen?

Selbstverständlich spielen die natürliche Familie und die leibliche Verwandtschaft in Israel eine außerordentliche Rolle. Wir dürfen davon ausgehen, daß gerade in den ersten Jahrhunderten der Volksgeschichte die Solidarität der Großfamilie, der Sippe und des Stammes vieles zusammengehalten und ermöglicht hat. Auch nach der Rückkehr aus dem Exil gab es noch einmal eine ähnliche Situation[96]. Und doch zeigt die biblische Tradition von Anfang an, daß die Existenz des Gottesvolkes nicht auf dem Blut, nicht auf der natürlichen Verwandtschaft und erst recht nicht auf einem genealogischen Automatismus beruht.

Abraham, die Gestalt, in der Israel seine Erfahrungen aus Jahrhunderten verdichtet hat, wird ja von Gott herausgeholt „aus seinem Land, aus seiner Verwandtschaft und aus dem Haus seines Vaters" (Gen 12,1). Die drei Begriffe ziehen den Kreis immer enger. Das „Land" ist die Heimat im ganzen, die „Verwandtschaft" meint die Sippe, das „Haus des Vaters" die Familie. Aus all diesen Wurzeln wird Abraham herausgerissen, und auch das Gottesvolk muß sich, wie sein Stammvater, aus allen völkischen und verwandtschaftlichen Bindungen immer wieder herausreißen lassen.

Aber nicht genug damit, daß die Vätergeschichten diese Loslösung in der Figur des Abraham verdichten. Die Erzählung geht weiter. Abraham und Sara können keine Kinder mehr haben. Denn Abraham ist hundert und Sara neunzig Jahre alt (Gen 17,17). Daß Sara trotzdem empfängt und einen Erben zur Welt bringt, ist allein dem segnenden Eingreifen Gottes zu verdanken (21,1). In diesem Zusammenhang heißt es ausdrücklich: „Ist denn bei Gott ein Ding unmöglich?" (18,14). Dabei geht es dem Erzähler keineswegs um ein biologisches Mirakel, sondern darum, daß das Weitergehen der Sache Gottes von Abraham und Sara auf die nächste Generation eben nicht allein durch Zeugen, Gebären und Aufziehen des Sohnes in einer frommen Familie erreicht werden kann, sondern Werk Gottes ist, das seinerseits den Glauben des Menschen an das Handeln Gottes voraussetzt.

Das alles wird dann in der Geschichte von der „Opferung Isaaks" noch einmal vertieft (Gen 22,1–19). Gott will Abraham erproben. Er befiehlt ihm, Isaak, den Erben, den geliebten Sohn, auf einem Berg als Brandopfer darzubringen. Die Aufklärung hat an dieser vollendetsten und abgründigsten aller Vätererzählungen massiv Anstoß genommen. Immanuel Kant schrieb in seinem „Streit der philosophischen Fakultät mit der theologischen"[97]:

Daß es aber nicht Gott sein könne, dessen Stimme er (der Mensch) zu hören glaubt, davon kann er sich wohl in einigen Fällen überzeugen; denn wenn das, was ihm durch sie geboten wird, dem moralischen Gesetz zuwider ist, so mag die Erscheinung ihm noch so majestätisch und die ganze Natur überschreitend dünken; er muß sie doch für Täuschung halten.

Das erläutert Kant dann durch die Anmerkung:

Zum Beispiel kann die Mythe von dem Opfer dienen, das Abraham auf göttlichen Befehl durch die Abschlachtung seines einzigen Sohnes (das arme Kind trug unwissend noch das Holz hinzu) bringen wollte. Abraham hätte auf diese vermeintliche göttliche Stimme sagen müssen: Daß ich meinen guten Sohn nicht töten solle, ist ganz gewiß; daß aber du, der du mir erscheinst, Gott seist, davon bin ich nicht gewiß und kann es auch nicht werden, wenn die Stimme auch vom Himmel herabschallete.

Kant hat nicht gesehen, daß der Menschheit „das moralische Gesetz" als vernünftiger Maßstab für alles Handeln nicht einfach zur Verfügung steht. Sicher, dieses Gesetz ist der Welt und ist dem Menschen ins Herz geschrieben. Aber sogar der moralische und religiöse Mensch pflegt sein Gewissen und damit sich selbst auf die raffinierteste Weise zu betrügen, wenn es um die eigenen Wünsche geht. Daß das „moralische Gesetz" erkannt, getan und weitergegeben werden kann, hängt eben auch davon ab, daß es in der Welt ein Volk gibt, das den Willen Gottes zur Mitte seiner Existenz, ja zu seinem Heiligtum gemacht hat. Und daß ein solches Volk überhaupt möglich wurde, hing daran, daß es Menschen wie Abraham gab, die sich dem Willen Gottes ausgeliefert hatten, indem sie ihren eigenen Willen ganz an den Willen Gottes banden.

Abraham war bereit, das Liebste und Kostbarste, das er besaß, um seines Gottes willen herzugeben. Dabei ist zu bedenken: Isaak war nicht nur Abrahams natürliche Hoffnung. Isaak war zugleich der Träger der Verheißung, um derentwillen Abraham seine Heimat verlassen hatte. Ihn gab er her und mit ihm seine ganze Hoffnung und Zukunft. Die Erzählung sagt: Abraham hat Gott seinen einzigen Sohn nicht vorenthalten (22,16). Das heißt: Er nahm ihn aus seinem Glauben an Gott nicht heraus. Abraham sagt nicht: „Ich will dir, meinem Gott, ja glauben und deinen Willen tun, aber es gibt Dinge, an die auch du nicht rühren darfst. Meinen Sohn gebe ich nicht her."

Abraham hat sich Gott schweigend preisgegeben. Er hat seine eigenen Vorstellungen und Pläne geopfert und sich dem Willen Gottes ausgeliefert, obwohl er diesen Willen zunächst nicht verstehen konnte. Allerdings: Abrahams Gehorsam ist nicht blind. Er gründet in der Zusage Gottes. Abraham hat in seiner Erprobung der Verheißung Gottes neu geglaubt. Er hat sich von Gott führen lassen. Er hat sich Gott rückhaltlos anvertraut. So erlebt Isaak seinen Vater inmitten des schrecklichen Geschehens als Glaubenden. Er lernt an dem Verhalten seines Vaters, was glauben heißt. Und deshalb kann auch er glauben.

Weitergabe des Glaubens gelingt also nur, wenn die Kinder an ihren Eltern sehen, daß ihnen Gott wichtiger ist als alles andere in der Welt, wichtiger sogar als das eigene Kind. Abraham war bereit, seinen Sohn herzugeben. Deshalb erhält er ihn von Gott zurück. Er erhält ihn zurück als sein Kind – aber zugleich als einen Sohn, der den Glauben des Vaters gesehen hat und so selbst zum Glaubenden geworden ist.

Schon jetzt dürfte klar sein: Die Vätergeschichten wollen zeigen, daß Israel nicht aus natürlicher Abstammung entsteht, sondern aus der Wahl Gottes und dem Glauben an die Verheißung: Abraham muß sein Vaterhaus verlassen. Isaak kann nur gezeugt werden, weil seine Eltern Gott glauben. Doch selbst dann ist die nächste Generation des Gottesvolkes noch nicht gesichert. Abraham muß sein Kind hergeben und erhält es neu, nun wirklich als Kind des Glaubens an die Verheißung.

Und die Vätergeschichten gehen weiter. Nicht nur für den Übergang von der 1. in die 2. Generation zeigen die biblischen Erzähler, daß Israel etwas anderes ist als ein Automatismus natürlicher Generationenfolgen. Beim Übergang von der 2. in die 3. Generation erhält der Leser den nächsten Hinweis: Der natürliche Erbe Isaaks wäre Esau gewesen, Isaaks und Rebekkas erstgeborener Sohn. Aber Esau verkauft sein Erstgeburtsrecht für ein Linsengericht an seinen Bruder Jakob. Sein Heißhunger, die Gier des Augenblicks, ist ihm wichtiger als die Linie der Verheißung (Gen 25,27–34). Und so wird Jakob zum Erben, zum Vater der zwölf Stämme, zum Träger der Geschichte Gottes mit seinem Volk. Freilich muß auch er wie Isaak den Glauben erst noch lernen. So jedenfalls wollen Jakobs Dienstjahre bei Laban, seine Versöhnung mit Esau und sein Kampf mit Gott verstanden werden[98].

Beim Übergang von der 3. in die 4. Generation wiederholen sich die Dinge. Der Lea-Sohn Ruben ist der Erstgeborene Jakobs (Gen 35,23). Doch nicht Ruben wird in der Genesis zum Träger der Handlung, sondern Josef, der Sohn der Rahel. Josef ist es, der seinen Vater und seine Brüder aus der Hungersnot rettet und so Israel das Überleben sichert. Aber nicht genug damit: Auch bei den Söhnen Josefs, beim Übergang von der 4. in die 5. Generation, wird noch einmal gezeigt, daß sich im Gottesvolk die Linie der Verheißung nicht mit der natürlichen Erbfolge deckt – daß also Israel aus dem göttlichen Handeln und dem Setzen auf dieses Handeln entsteht und nicht aus der physischen Geburt: Jakob gibt vor seinem Tod nicht Manasse, dem ältesten Sohn Josefs, den Erstlingssegen, sondern Efraim, dem Zweitgeborenen (Gen 48). Der Protest Josefs bleibt fruchtlos.

Jahrhunderte später steht Paulus vor der Frage, ob auch die Heiden – ohne in Israel geboren zu sein und ohne Beschneidung – Söhne Abrahams werden können. Seine Antwort lautet: Die Zugehörigkeit zu Israel ist nicht durch leibliche Abstammung zu definieren.

Nicht alle, die aus Israel stammen, sind Israel. Auch sind nicht alle, weil sie Nachkommen Abrahams sind, schon allein deshalb seine Kinder. (…) Nicht die Kinder des Fleisches sind Kinder Gottes, sondern nur die Kinder der Verheißung werden als Nachkommen anerkannt. (Röm 9,6–8)

Paulus beruft sich für diese Sicht der Dinge zu Recht auf die Vätergeschichten der Genesis[99], denn was er formuliert, hebt nur ins Wort, was in diesen Geschichten als penetrant wiederkehrendes Erzählmotiv begegnet.

Was die Vätergeschichten in der Form der Erzählung veranschaulichen, bringt die Tora in der ihr eigenen Weise zur Geltung. Sie bestimmt, daß jeder erstgeborene Israelit in einer besonderen Weise JHWH gehört und erst durch die Auslösung im Heiligtum seiner natürlichen Familie anheimgegeben wird. Durch die Auslösung im Tempel wird er gleichsam aus der Hand Gottes neu empfangen (Ex 13,2.11–16). Er soll nicht als „Stammhalter" vergöttert, sondern zum Glauben geführt werden. Er soll nicht dem Clan dienen, sondern dem Aufbau des Volkes Gottes.

Die Vorstellung, daß der erstgeborene Sohn Eigentum Gottes ist, bekommt in Israel dadurch besonderes Gewicht, daß diese Vorstellung mit dem Exodus aus Ägypten heilsgeschichtlich begründet und mit der Institution der Leviten theologisch verknüpft wird. Die Leviten leben nämlich ohne Bindung an Sippe oder Stamm. Statt dessen binden sie sich an JHWH[100]. Sie bleiben zeitlebens sein besonderes Eigentum, damit an ihnen als einem beständigen Realsymbol sichtbar wird, was eigentlich für ganz Israel gilt. In Num 3,11–13 wird dieser Symbolzusammenhang zwischen den Leviten und der Erstgeburt ausdrücklich formuliert:

Der Herr sprach zu Mose: „Hiermit nehme ich die Leviten als Ersatz für alle erstgeborenen Israeliten, die den Mutterschoß durchbrechen. Die Leviten gehören mir, denn alle Erstgeborenen gehören mir. Als ich in Ägypten alle Erstgeborenen erschlug, habe ich mir alle Erstgeborenen in Israel geheiligt, bei den Menschen und beim Vieh. Mir gehören sie; ich bin der Herr.“ (Num 3,11–13)

Worum geht es in einem solchen Rechtstext, der den heutigen Menschen zunächst einmal äußerst fremd anmutet? In der Verpflichtung, die Erstgeborenen Gott zu weihen, soll Israel immer wieder vor Augen gestellt werden, wie notwendig es ist, die Privatinteressen der natürlichen Familie, die den Menschen unablässig von der Sache Gottes wegziehen, von Generation zu Generation zu durchbrechen. Und damit diese Verpflichtung den Familien Israels nicht nur im Fall einer Erstgeburt, sondern immer vor Augen steht, gibt es die Leviten, die mit ihrer ganzen Existenz den Vorrang der Sache Gottes vor allen natürlichen Interessen ausdrücken sollen. Eben dies zeigen bereits die Vätergeschichten auf ihre Weise: Das Volk Gottes ist keine naturgegebene Größe. Es lebt allein von der freien Erwählung durch Gott. Und es lebt vom Glauben an die Verheißung.

Auf ganz andere Weise zeigt sich dieselbe Sache in einem Vorgang, der im Buch Numeri erzählt wird: Israel befindet sich noch in der Wüste, am Rand des Landes Kanaan. Da werden zwölf Kundschafter ausgeschickt, um das verheißene Land zu erkunden. Sie kommen mit Früchten beladen zurück und berichten von der Fruchtbarkeit des Landes. Zugleich aber kommen sie mit Gerüchten über die Größe und Gefährlichkeit seiner Bewohner. Darauf erhebt sich lautes Geschrei, und alle Israeliten beginnen zu murren: „Wären wir doch in Ägypten gestorben!" (Num 13,1–14,4)

Auch diese Erzählung verdichtet Erfahrungen, die das Gottesvolk immer wieder von neuem machen muß: Das Land, in das Gott hineinführt, ist ein gutes und schönes Land, aber es wird von den Frommen selbst verleumdet als ein Land, in dem man nicht leben kann, als ein Land, das seine Bewohner frißt. Nach der Theologie der Priesterschrift ist diese „Verleumdung des Landes" die eigentliche Sünde des Gottesvolkes[101].

Nun aber das für unseren Zusammenhang Entscheidende: Gott bestraft die Verleumdung des verheißenen Landes damit, daß die Generation, die gemurrt hatte, in der Wüste bleiben und dort sterben muß. Sie wird das Land niemals sehen (14,22 f). So wird wiederum deutlich: Die natürliche Folge der Geschlechter kann die Verheißung nicht sichern. Eine ganze Generation stirbt in der Wüste, weil sie nicht vertraut und geglaubt hat. Das Gottesvolk scheint am Ende. Doch Gott läßt seine Geschichte nicht abreißen. Er hält seine Verheißung aufrecht. Er setzt einen neuen Anfang – aus reiner Gnade. Er verspricht: Die *Kinder* dieser verlorenen Generation wird er in das Land hineinführen. Sie werden das Land, das ihre murrenden Väter verleumdet und verschmäht hatten, kennenlernen. Sie werden erfahren, daß es tatsächlich von Milch und Honig fließt (14,31).

Fleischlicher Nachkomme Abrahams zu sein, genügt also nicht. Gott durchbricht gleichsam den genealogischen Zusammenhang. Die Verheißung muß von jeder Generation neu ergriffen werden[102]. Genau hier wird Johannes der Täufer in seiner Umkehrpredigt anknüpfen:

Glaubt ja nicht, ihr könntet sagen: Wir haben ja Abraham zum Vater! Denn ich sage euch: Gott kann sich aus diesen Steinen da Kinder für Abraham erwecken. (Mt 3,9)

Der Hinweis auf die Steine hängt natürlich damit zusammen, daß Johannes in der Wüste predigt. Weshalb ist er in die Wüste gegangen? Weshalb ruft er Israel zu sich in die Wüste hinaus und tritt nicht in den

Städten und Dörfern auf – so wie Jesus es wenig später tun wird? Weshalb führt er das Volk in die Wasser des Jordan hinein, um sie dort unterzutauchen? Und weshalb tauft er an einer ganz bestimmten Stelle am Unterlauf des Jordan, am Ostufer, gegenüber Jericho, genau dort, wo den alten Erzählungen zufolge einst Josua die Kinder der Wüstengeneration durch den Fluß hindurch in das Land führte?

Es gibt auf diese Fragen nur eine sinnvolle Antwort: Der Täufer will das Gottesvolk in die Wüstensituation Israels zurückversetzen, damit es dort wieder lernt, seinem Gott zu vertrauen, und er will es von der Wüste durch die Wasser des Jordan neu an die Grenze des verheißenen Landes bringen. Das heißt: Er stellt für das Gottesvolk noch einmal die Situation des Anfangs her – die Situation einer neuen Generation, die nicht mehr murrt, sondern der Verheißung glaubt. Ganz Israel steht unter dem Zorn Gottes. Sich auf seine leibliche Abstammung von Abraham zu berufen, ist nutzlos. Nur ein völliger Neuanfang, der dem damaligen Zug durch den Jordan entspricht, kann das Gottesvolk noch retten[103].

All das wirft helles Licht auf die christliche Taufe, die ja in der Taufe des Johannes ihren Ursprung hat[104]. Sie ist von diesem Ursprung her alles andere als das, wozu sie im christlichen Abendland geworden ist: Jeder war Christ, eine Alternative gab es nicht, und die obligatorische Taufe war ein fast natürlicher Vorgang, durch den die Geburt eines Kindes ihre Weihe bekam. Sicher: Die Taufliturgie und die Tauftheologie der Kirche haben von Anfang an etwas völlig anderes gemeint. Aber faktisch ist die Taufe nur allzu oft zu einer religiösen Verbrämung der natürlichen Geburt verkommen.

Vor dem Hintergrund der Johannestaufe ist die christliche Taufe jedoch Bruch mit allem, was vorher war, Rettung aus den von Generation zu Generation weitergegebenen Zwängen, Einzug in das Land der Verheißung, Eingliederung in die neue Gesellschaft der Kirche. Die Taufe macht sichtbar, daß keiner auf natürliche Weise in die Kirche hineingezeugt werden kann. „Christ ist man nicht aufgrund von Abstammung oder von Zugehörigkeit zu einem bestimmten Volk oder einer bestimmten Kultur, Christ ist man vielmehr aufgrund der freien, gnädigen Erwählung Gottes und der darauf antwortenden freien Entscheidung des Glaubens"[105].

3. Die Exodus-Erfahrung

Wir haben zu Beginn dieses II. Teils nach den Anfängen des Gottesvolkes gefragt. Dabei hat sich gezeigt: Israel ist aus einer Sammlungsbewegung entstanden und nicht aus der biologischen Potenz eines bestimmten Stammes. Gerade die Vätergeschichten, die anscheinend das Herkommen Israels von einem einzigen Stammvater zum Thema haben, weisen unermüdlich darauf hin, daß sich die Linie der Erwählung nicht mit dem Recht der Erbfolge und der Abstammung deckt. Der Stammbaum *Abraham – Isaak – Jakob – zwölf Söhne Jakobs* will die Beständigkeit des Handelns Gottes vor Augen führen, seine Treue und sein Festhalten an der Verheißung, nicht aber die Reinheit des Blutes und der Rasse. In dieser Darstellung der unablässigen Sorge Gottes um den Neuanfang, den er in der Welt gemacht hat, spielt nun nicht nur die Berufung Abrahams, sondern auch der Exodus aus Ägypten eine entscheidende Rolle.

Der Exodus ist die Urerfahrung Israels. Er ist das Stiftungsereignis des Gottesvolkes. Wie die ältesten Erzählungen über dieses Ereignis ausgesehen haben, wissen wir nicht. Es muß sie aber gegeben haben. Sie wurden von der Mose-Gruppe, die aus Ägypten geflohen war, überliefert. Andere Gruppen des sich in Palästina formierenden Stämmebundes haben die Exodus-Erzählungen der Mose-Gruppe übernommen und in ihnen die eigene Geschichte wiedergefunden. Irgendwann wurden die Exodus-Erfahrungen dann mit dem Pesach-Fest verbunden und leben seitdem im Gedächtnis Israels weiter. Jedes Jahr wird so von ganz Israel des Exodus gedacht. In jeder Pesach-Nacht fragt das jüngste Kind: „Warum ist diese Nacht verschieden von allen übrigen Nächten?"[106] Jedes Jahr hören die Teilnehmer des Pesach-Mahls die Erzählung vom Auszug aus Ägypten, und jeder von ihnen ist – wie die Mischna ausdrücklich formuliert – „verpflichtet, sich so anzusehen, wie wenn er selbst aus Ägypten gezogen wäre"[107]. Der zentrale Text dieser Vergegenwärtigung, der als eigentliches Credo Israels gelten kann, ist Dtn 26,5–10. In dem „Ich" und dem „Wir" dieses Textes wird die Vergangenheit des Gottesvolkes in die Gegenwart des Sprechers hereingeholt:

Mein Vater war ein heimatloser Aramäer. Er zog nach Ägypten, lebte dort als Fremder mit wenigen Leuten und wurde dort zu einem großen, mächtigen und zahlreichen Volk. Die Ägypter behandelten uns schlecht, machten uns rechtlos und legten uns harte Fronarbeit auf. Wir schrien zu JHWH, dem Gott unserer Väter, und JHWH hörte unser Schreien und sah unsere Rechtlosigkeit, unsere Arbeitslast und unsere Bedrängnis. JHWH führte uns mit starker Hand und hoch erhobenem Arm, unter großem Schrecken, unter Zeichen und Wundern aus Ägypten, er brachte uns an diese Stätte und gab uns dieses Land, ein Land, in dem Milch und Honig fließen. (Dtn 26, 5–10)

Die Exodus-Erzählungen hätten kein Fest stiften können, wenn sie lediglich dürre Berichte über den Auszug aus Ägypten gewesen wären. Sie sind bald mehr geworden. Sie wurden im Weitererzählen zu einem Fluß, der immer mächtiger strömte. Sie wurden zu großartigen Bildern verdichtet und zu mächtigen Symbolen stilisiert. Diese deuteten das historische Geschehen. So wird in Ex 15,1–18 das Wasser des Schilfmeers zum mythischen Symbol der Unterwelt, des Todes, des Chaos, des Nichts, und JHWH wird zum schrecklichen Kriegshelden, der, um sein Volk zu retten, die Wagen des Pharao packt und ins Meer schleudert.

Man darf solche Erweiterung und Stilisierung nicht verdächtigen. Denn eben auf diese Weise wurden die Exodus-Texte zur *figura*, zur bleibenden Erinnerungsfigur, zum Ur-Bild für alle Generationen[108]. Gerade auf diese Weise und nur so wurden sie fähig, auch alle spätere Exodus-Erfahrung Israels in sich zu versammeln. Sie enthalten ja nicht nur die Erfahrungen der Mose-Gruppe und auch nicht nur die Erfahrungen jener Gruppen, die sich aus dem Machtbereich der kanaanäischen Stadtstaaten gelöst hatten. In ihnen verdichtete sich auch die Erfahrung Israels mit der eigenen Unfreiheit und den Zwängen, die es sich selbst im Laufe seiner späteren Geschichte schuf – und der immer neue Auszug aus dieser Unfreiheit. Um welche Art von Unfreiheit geht es dabei?

Die Gruppe, die in Ägypten gewesen war, mußte dort in einer Gesellschaft leben, die ein geschlossenes System darstellte[109]. Gesellschaft, Staat, Kultur, Natur, Kosmos, Religion, Herrschaft und Heil waren in diesem System zu einer grandiosen Einheit verschmolzen. Und die Einheit all dieser Bereiche wurde sinnenfällig in der Person des Pharao. Er war das Sinnzentrum des Landes. Er war Gottkönig. Er war das reale Bild des Sonnengottes. Er sicherte dem gesamten Land die Fülle des Lebens. Ja, er sicherte den Kosmos selbst. Jede Thronbesteigung eines neuen Pharao brachte die gestörte Welt wieder in Gang, ermöglichte von neuem das Zusammenspiel der kosmischen Kräfte und stellte die alte Segensfülle wieder her.

Der Pharao war sogar für die Unsterblichkeit seiner Untertanen, also für ihr ewiges Leben, maßgebend, denn er gewährte und sicherte alle Grabplätze im Land. Die Handwerker und Künstler waren nämlich quasi-militärisch organisiert und standen alle im Dienst des Königs – genauer: im Dienst des königlichen Totenkults. So kam das gesamte Heil vom Staat. Die Flucht eines Sklaven oder der Ausbruch aus dem staatlichen Arbeitsdienst waren fast undenkbar. Nicht nur deshalb, weil das staatliche Planungs- und Kontrollsystem perfekt war, sondern weil jeder Ägypter selbst eine solche Flucht als „verbrecherische Störung der staatlichen Heilsordnung" angesehen hätte[110].

Nun heißt das alles selbstverständlich nicht, daß es in Ägypten kein System der Sittlichkeit gegeben hätte. Es gab sogar, figuriert in der Göttin Ma`at eine hochentwickelte Ethik der Menschlichkeit und Solidarität, des Aufeinander-Hörens und Füreinander-Handelns[111]. Nur war auch diese Ethik völlig eingebunden in die Staatstheologie: Vom Pharao strömte über dessen Beamtenschaft Gerechtigkeit in das Land, die ihrerseits von allen Untertanen Gerechtigkeit erheischte.

Als die Mose-Gruppe aus Ägypten ausbrach, war dieses geschlossene gesellschaftliche System wahrscheinlich schon untergraben und unterminiert. Denn seit der Zeit des Neuen Reiches, vor allem seit dem 13. Jahrhundert vor Christus, lassen ägyptische Texte eine Wende zur „persönlichen Frömmigkeit" erkennen, die den Menschen zum ersten Mal unmittelbar, nicht mehr vermittelt durch den Pharao, vor Gott stellt[112].

Allerdings wird diese neue Religiosität an der Situation der Mose-Leute nichts geändert haben. Sie müssen weiterhin handgreiflich die Symbole der sakralisierten Macht erlebt haben: die Pyramiden, die riesigen Totenstädte, die zentralen Kornspeicher, die Zwangsrekrutierung zum königlichen Arbeitsdienst, die Planwirtschaft, den aufgeblähten Beamtenapparat, den Grenzschutz, die perfekte Organisation der Macht. Die biblischen Exodus-Erzählungen wissen noch, daß die Israeliten „für den Pharao die Vorratsstädte Pitom und Ramses bauen mußten" (Ex 1,11), und berichten von Antreibern und unmenschlichen Arbeitsnormen.

Diesem System entflieht die Mose-Gruppe. Ähnlichen Systemen entfliehen aber auch die Gruppen, die sich zur gleichen Zeit der Macht der kanaanäischen Stadtkönige widersetzen. Auch sie vollziehen einen Exodus und können sich deshalb in den Erzählungen der Mose-Leute wiederfinden. Und als 250 Jahre später Israel selber zum Staat geworden ist und seine eigenen Könige den Frondienst einführen und einen königlichen Verwaltungsapparat aufbauen[113], bekommt die Erinnerung an den Auszug aus Ägypten neue Konturen. Die Erzählungen vom Exodus werden nun zur Kritik am eigenen Staat, der dabei ist, die alten Ideale des Stämmebundes, nämlich Freiheit, Gleichheit und Brüderlichkeit, zu verraten und sich quasi-göttliche Herrschaft anzumaßen.

Von hier aus wird klar, wie vielschichtig die Exodus-Erzählungen sind, die uns heute in der Bibel vorliegen. Ihre Endform spiegelt die Erfahrungen mit Ägypten, sie spiegelt aber genauso die Erfahrungen, die Israel mit dem eigenen Staat machen mußte. Hat man das einmal begriffen, kann man diese Erzählungen wieder neu lesen, ohne ständig den ersten Exodus aus ihnen rekonstruieren zu wollen – dafür aber mit geschärftem Blick für das, worum es ihnen theologisch eigentlich geht.

Betrachtet man die Exodus-Texte in dieser Weise rein auf der Ebene der Erzählung, so fällt sofort auf, daß der eigentliche Auszug viel kürzer erzählt wird als seine Vorgeschichte. „Erst nach einem geradezu quälend langen Spannungsbogen" gelingt endlich die Befreiung Israels[114]. Dieses Sich-Hinziehen hat verschiedene Gründe. Einer davon ist der folgende: Bevor es zum Ereignis des Exodus kommt, spielt die Erzählung zunächst einmal mehrere Möglichkeiten durch, wie sich die Israeliten in der Konfrontation mit einem übermächtigen Staat überhaupt verhalten können[115]. Die erste Möglichkeit ist die, sich so zu verhalten, wie die hebräischen Hebammen:

Zu den hebräischen Hebammen – die eine hieß Schifra, die andere Pua – sagte der König von Ägypten: „Wenn ihr den Hebräerinnen Geburtshilfe leistet, dann achtet auf das Geschlecht! Ist es ein Knabe, so laßt ihn sterben! Ist es ein Mädchen, dann kann es am Leben bleiben." Die Hebammen aber fürchteten Gott und taten nicht, was ihnen der König von Ägypten gesagt hatte, sondern ließen die Kinder am Leben. Da rief der König von Ägypten die Hebammen zu sich und sagte zu ihnen: „Warum tut ihr das und laßt die Kinder am Leben?" Die Hebammen antworteten dem Pharao: „Bei den hebräischen Frauen ist es nicht wie bei den Ägypterinnen, sondern wie bei den Tieren: Wenn die Hebamme zu ihnen kommt, haben sie schon geboren." Und Gott verhalf den Hebammen zu Glück: Das Volk vermehrte sich weiter und wurde sehr stark. Weil die Hebammen Gott fürchteten, schenkte er ihnen Kindersegen. (Ex 1,15–21)

Man könnte dieser ersten Möglichkeit die Überschrift „passiver Widerstand" geben. Er ist noch nicht so durchdacht und durchorganisiert wie passiver Widerstand in modernen Befreiungsbewegungen. Er hat eher etwas von der Schlitzohrigkeit des tapferen Soldaten Schweijk. Dieser Widerstand ist zwar zunächst erfolgreich. Doch auf die Dauer versagt er. Das zeigt der Fortgang der Erzählung: Der Staat durchschaut irgendwann die Strategie der Hebammen und nimmt den Kindermord selbst in die Hand. Alle neugeborenen israelitischen Knaben werden im Nil ertränkt.

Wie sollen die Israeliten mit einem übermächtigen, sich omnipotent gebärdenden Staat umgehen, der kein Erbarmen kennt und den Genozid an Israel begonnen hat? Die Exodus-Erzählung spielt eine zweite Möglichkeit durch. Das Kind Mose ist durch menschliche List und göttliche Fügung vor dem Tod im Nil gerettet worden. Es ist an den Hof des Pharao geholt worden und dort zu einem Mann herangewachsen. Da geschieht folgendes:

Eines Tages ging Mose zu seinen Brüdern hinaus und schaute ihnen bei der Fronarbeit zu. Da sah er, wie ein Ägypter einen Hebräer schlug, einen seiner Stammesbrüder. Mose sah sich nach allen Seiten um, und als er feststellte, daß sonst niemand da war, erschlug er den Ägypter und verscharrte ihn im Sand. Als er am nächsten Tag wieder hinausging, sah er zwei Hebräer miteinander streiten. Da sagte er zu dem, der im Unrecht war: „Warum schlägst du deinen Stammesgenossen?" Der Mann erwiderte: „Wer hat dich zum Aufseher und Schiedsrichter über uns bestellt? Meinst du etwa, du könntest mich umbringen, wie du den Ägypter umgebracht hast?" Da bekam Mose Angst und sagte sich: Die Sache ist also bekannt geworden. (Ex 2,11–14)

Hier geht es nun nicht mehr um passiven Widerstand, sondern um „Gegengewalt". Aber auch sie wird von der Erzählung als nutzlos hingestellt. Mose findet keine Solidarität bei seinen eigenen Stammesgenossen. Die Israeliten sind zerstritten, und das System ist stärker. Mose muß fliehen. Mit Gegengewalt oder Gegenterror ist Ägypten nicht zu verändern.

Im weiteren Verlauf der Erzählung wird dann noch eine dritte Möglichkeit durchgespielt. Man könnte sie die Möglichkeit des „Freiraums" in einem nicht zu verändernden System nennen. Der Freiraum erscheint in der Gestalt des Festes. Mose, dem inzwischen Aaron an die Seite gegeben ist, bittet den Pharao um die Erlaubnis, daß Israel weit draußen in der Wüste ein Fest feiern darf:

Mose und Aaron gingen zum Pharao und sagten: „So spricht JHWH, der Gott Israels: Entlaß mein Volk, damit sie mir in der Wüste ein Wallfahrtsfest feiern können!" Der Pharao erwiderte: „Wer ist JHWH, daß ich auf ihn hören und Israel entlassen sollte? Ich kenne JHWH nicht und denke gar nicht daran, Israel zu entlassen." Da sagten sie: „Der Gott der Hebräer ist uns begegnet, und jetzt wollen wir drei Tagesmärsche weit in die Wüste ziehen und JHWH, unserem Gott, Schlachtopfer darbringen, damit er uns nicht mit Pest oder Schwert treffe." Der König von Ägypten aber entgegnete ihnen: „Warum, Mose und Aaron, wollt ihr eure Leute zum Nichtstun verleiten? Fort mit euch, tut euren Frondienst!" (Ex 5,1–4)

Wahrscheinlich ist diese dritte Möglichkeit die am meisten verlockende und am häufigsten realisierte: Das Gottesvolk ist tödlich bedroht. Es kann den Strukturen und Leitbildern der Gesellschaft, in der es lebt, nicht entkommen. Aber es will ihnen auch gar nicht entkommen. Die „Fleischtöpfe Ägyptens" erzielen Wirkung. Das Gottesvolk paßt sich an und glaubt, mit Freiräumen überleben zu können. Das war damals so und ist heute so.

In Europa erleben wir zur Zeit eine erschreckende Anpassung der Christen an die Gesellschaft. Sicher: Diese Gesellschaft gewährt Freiheit. Aber vielleicht sind viele ihrer Leitbilder für das Gottesvolk gefährlicher als die Fronvögte Ägyptens. Das Schlimmste dabei ist eine weit verbreitete Mentalität innerhalb der Kirche selbst, die aus der Anpassung sogar noch eine Theologie macht: Die Christen müßten allen alles werden und deshalb leben wie alle. Das allerdings ist auch einer bis ins Extrem angepaßten Kirche nur möglich, wenn sie sich Freiräume ausspart, mit deren Hilfe sie sich ihr Eigensein bestätigen kann. Ein solcher Freiraum ist in der gegenwärtigen Situation der Kirche ohne Zweifel die Liturgie. Wenigstens in dem ausgesparten Raum der Liturgie beziehungsweise der Feste erscheint noch von weitem die wahre Gestalt der Kirche. Dann allerdings beginnt wieder der Alltag, und da leben die Christen wie ihre Zeitgenossen.

Die Erzählung verwirft auch diese dritte Möglichkeit. Nicht nur, daß der Pharao die Bitte, Israel einen Freiraum zu ermöglichen, höhnisch zurückweist und statt dessen die Arbeitsnormen erhöht[116]. Der Erzähler selbst inszeniert die Möglichkeit des Festes gar nicht mehr als realen Versuch, wie dies bei der List der Hebammen und dem Gewaltakt des Mose durchaus der Fall war. Die Bitte an den Pharao, eine Festliturgie in der Wüste feiern zu dürfen, steht schon ganz im Vorzeichen des Auszugs: Sie ist nur noch eine Täuschung der Staatsmacht, reiner Vorwand für den Exodus[117]. In Wirklichkeit wird das Fest am Gottesberg stattfinden[118], dann, wenn Israel dort die Tora empfängt.

Fragt man sich, was diese drei von den Exodus-Erzählungen so anschaulich ins Spiel gebrachten und jedesmal verworfenen Möglichkeiten verbindet, muß man sagen: Sie verbleiben ausnahmslos im System der vorgegebenen Gesellschaft. Sie setzen ihm nichts Eigenes entgegen. Sie wollen es lediglich abmildern. Sie passen sich an und versuchen seinen schlimmsten Konsequenzen mit Täuschung, mit Gegengewalt oder mit der Schaffung von Freiräumen zu entgehen. Aber sie verbleiben im System. Deshalb verwirft die Erzählung die drei Möglichkeiten schon von Anfang an und zeigt, daß Gott eine ganz andere Lösung hat: Er führt aus dem System heraus und schenkt ein neues Land, einen neuen Gesellschaftsentwurf.

Es ist bemerkenswert, daß die Gesellschaft des historischen Ägyptens zur gleichen Zeit, in der die Mose-Gruppe den Exodus wagte, die Flucht aus dem staatlichen System der Bevormundung und der Unfreiheit versuchte. Es war eine Flucht in die persönliche Frömmigkeit, in die Privatisierung der Religion und des Lebens. Die Ägyptologen sprechen für diese Zeit von einer Aushöhlung des Staatsbegriffs auf Kosten einer neuen religiösen Unmittelbarkeit[119]. Der Exodus Israels meint aber etwas völlig anderes. Er meint nicht die Seele. Er meint nicht die Flucht ins Private. Er meint die Gesellschaft. Er hat einen neuen Gesellschaftsentwurf zum Ziel. Figur dafür ist der Gottesberg, an dessen Fuß sich Israel nach seinem Auszug aus Ägypten versammeln wird, um von Gott die Tora, die neue Sozialordnung, zu empfangen. Die Herausführung aus Ägypten und das sich anschließende Geschenk der Tora zeigen: Gott selbst stiftet neue Gesellschaft. Allein aus menschlicher Kraft wäre das Neue nicht machbar. Der Exodus aus dem System Ägyptens in eine freie und brüderliche Gesellschaft ist ein so ungeheuerliches Geschehen, daß es die Bibel nur als reines Wunder schildern kann, von Gott allein gewirkt.

Die Alte Kirche hat diese Grundstruktur des Exodus zutiefst begriffen. Die Nacht, in der sie sich der Errettung aus Ägypten erinnert, fällt für sie in eins mit der Nacht der Errettung Jesu aus der Gewalt des Todes. Und diese Nacht zielt nun gerade nicht auf die private Seligkeit des Einzelnen, sondern auf die Auferstehung des Gottesvolkes aus Sünde und Tod. In der Osternacht werden durch die Taufe die neuen Glieder des Gottesvolkes geboren, und die anderen erinnern sich, was in ihrer eigenen Taufe geschah: Sie wurden der alten Gesellschaft entrissen und hinübergerettet in eine neue Möglichkeit von Leben: in ein neues Land, in eine neue Gesellschaft, in das endzeitliche Volk Gottes.

Diese Grundstruktur der Exodus-Erinnerung gilt es zunächst einmal zu erkennen. Selbstverständlich bleiben dann immer noch viele Fragen. Es mag ja Situationen geben, wo der geographisch-räumliche Exodus einer ganzen Gruppe lebensnotwendig wird.

Die Mose-Gruppe floh – wahrscheinlich zur Zeit des Pharao Ramses II. – im 13. Jahrhundert aus Ägypten. Die Jerusalemer Urgemeinde floh im Jüdischen Krieg – wahrscheinlich im Oktober des Jahres 66, als die ersten römischen Truppen vor Jerusalem auftauchten – ins Ostjordanland.

Das moderne Israel wäre ohne den lebensrettenden Exodus vieler Juden aus Europa nicht möglich geworden. Von 1919 bis zur Gründung des Staates Israel im Jahre 1948 retteten sich 325 200 Juden aus Europa nach Palästina.

Ende Mai 1991 holten die Israelis in der „Operation Salomo" 14 400 ihrer Glaubensbrüder aus Äthiopien heraus. Innerhalb von nur 37 Stunden wurden sie von der israelischen Luftwaffe in 40 Flügen aus Addis Abeba nach Tel Aviv geflogen. Aus den Flugzeugen waren die Sitze entfernt worden; die äthiopischen „Falaschen" hockten dicht aneinandergepreßt auf dem Boden. Ein Exodus in dieser geographisch-räumlichen Form geschieht also immer wieder. Und doch ist er nicht der Normalfall.

Die Alte Kirche zum Beispiel ist trotz aller Verfolgungen nicht aus dem römischen Reich ausgewandert. Die Gemeinden sind geblieben, wo sie waren. Sie haben sogar regelmäßig für den Staat – genauer: für den Kaiser und seine Beamten – gebetet. Allerdings haben sie den Staatsgöttern nicht geopfert, sondern an ihrem eigenen Gesellschaftsentwurf innerhalb des römischen Staates festgehalten. Genau hier liegt auch der Grund, warum sie nicht auszuwandern brauchten: Sie lebten, mitten im Staat, eine eigene Form von Gesellschaft. Die Taufe entriß sie dem Heidentum und schenkte ihnen, wie sie selbst sagten, ein neues Vaterland. Auch das war eine Form von Exodus. Er war sehr real. Er konnte das Leben kosten. Aber er war nicht „geographisch".

Man sieht an all dem: Der Exodus Israels und seine Typologie bietet noch kein fertiges Modell, wie sich das Gottesvolk gegenüber einer heidnischen Gesellschaft, die es bedroht, zu verhalten hätte. Der „geographische" Exodus ist nur eine Sonderform. Und doch hat gerade die Figur dieses „räumlichen" Weggehens in der Geschichte des Gottesvolkes bis heute eine unglaubliche Wirkung entfaltet. Immer dann, wenn die Nachfolge Jesu ernstgenommen und nicht umgedeutet wurde, hatte sie auch eine räumliche Dimension, nenne man sie nun Auszug oder

Umzug. Die Kraft der Exodus-Erzählungen kommt gerade aus ihrer Konkretheit. Der Exodus schildert eben keine Seelenreise, keine Emigration in die bloße Innerlichkeit, sondern Auseinandersetzungen auf dem Boden realer, konkreter Gesellschaft. Das wunderbare Wort des Augustinus[120]

incipit exire qui incipit amare,
Auszuziehen beginnt, wer zu lieben beginnt

zeigt die geistlichen Dimensionen des Exodus. Dort, wo die wirkliche Liebe, die nur von Gott her möglich ist, anfängt, verläßt der Liebende sein über alles geliebtes Selbst, geht aus sich heraus und wendet sich Gott und dem Nächsten zu. Auch das ist stets konkret. Und doch droht dabei immer wieder die Spiritualisierung oder die Verengung ins Privatistische[121]. Der biblische Exodus, der stets den konkreten Auszug aus der alten Gesellschaft und den Einzug in ein neues Land vor Augen hat, wehrt jeder falschen Spiritualisierung. Er hat etwas aufrührerisch Sichtbares.

4. Die Tora als Gesellschaftsentwurf

Der Exodus steht nicht für sich. Er ist kein Selbstzweck. Ein Auszug um des Auszugs willen wäre absurd. Der Exodus führt aus Ägypten heraus, weil er in eine neue Gesellschaft hineinführen will. Und für diese neue Gesellschaft steht die Tora. Sie ist ihr Entwurf. Deshalb kommt in der Endgestalt der fünf Bücher Mose der Sinai fast unmittelbar nach Ägypten. So wird die Tora selbst zur Gestalt der Errettung. Sie ist sozusagen die andere Seite des Exodus[122]. Wie fest Exodus und Tora zusammengehören, zeigen die Zehn Gebote. Sie werden eingeleitet durch den Satz[123]:

Ich bin JHWH, dein Gott,
der dich aus Ägypten herausgeführt hat,
aus dem Sklavenstaat. (Ex 20,2)

Erst dann kommen die Gebote, die mit dem Einleitungssatz zusammen „zehn Worte" sind (auf griechisch: Dekalog), damit sie sich jeder im Gottesvolk an den zehn Fingern abzählen kann. Die „zehn Worte" sind also nicht reine Forderung. Ihnen ging die grundlegende Rettungstat Gottes an seinem Volk voraus, ja sie sind selber Leben spendende Rettungstat[124].

Schon allein durch die heilsgeschichtliche Eröffnung der Zehn Gebote erweist sich die Behauptung, das Alte Testament sei nur Gesetz und Forderung, das Neue Testament hingegen Heilsbotschaft, als gefährliche Verzeichnung der biblischen Wirklichkeit. Noch deutlicher als der Eröffnungssatz des Dekalogs formuliert Dtn 6,20–25 den Zusammenhang zwischen der Rettungstat Gottes und der Gebotserfüllung. Die Frage des zu erziehenden Sohnes nach dem Sinn der Gebote wird dort mit dem Hinweis auf die Errettung Israels aus Ägypten beantwortet. Die Gebote gehören also in die Freiheitsgeschichte des Gottesvolkes hinein[125]:

Wenn dich morgen dein Sohn fragt: „Warum haltet ihr euch an die Satzungen, Gesetze und Rechtsbestimmungen, unter die der Herr, unser Gott, euch gestellt hat?", dann sollst du deinem Sohn antworten: „Wir waren Sklaven des Pharao in Ägypten, und es war der Herr, der uns mit starker Hand aus Ägypten geführt hat. Vor unseren Augen hat der Herr gewaltige, vernichtungsträchtige Zeichen und Wunder an Ägypten, am Pharao und an seinem ganzen Staat getan. Uns aber hat er von dort herausgeführt, um uns in das Land, das er unseren Vätern mit einem Schwur versprochen hatte, hineinzuführen und es uns zu geben. Dabei hat der Herr uns angewiesen, unser Leben nach diesem Gesamt von Gesetzen einzurichten, aus Verehrung für den Herrn, unseren Gott. Dann werde es uns gut gehen, solange wir leben, und er werde für unseren Unterhalt sorgen, so wie wir es jetzt erfahren. Bei uns wird Gerechtigkeit herrschen, solange wir uns an diese ganze Sozialordnung in der Gegenwart des Herrn, unseres Gottes, halten und sie so verwirklichen, wie er uns angewiesen hat"[126]. (Dtn 6,20–25)

Die Kirche hat sich mit der Tora schwergetan. Der Kampf um das „Gesetz" hat ihre ersten Jahrzehnte geprägt. Aber auch danach hat in ihr die

Auseinandersetzung über Sinn und Geltung des Gesetzes nie aufgehört[127]. Ihr Problem mit der Tora läßt sich auf den einen Satz bringen: Wie kann das Gesetz heilbringend, wie kann es die Rettung sein, wenn Jesus Christus allein der Retter ist? Die Lösung scheint einfach: Wer an Christus glaubt, ist im Heil. Der Glaube allein rettet. Und die Lebensform des Glaubens ist die Liebe. Deshalb ist die Liebe die „Tora" des Christen[128]. So richtig diese Sätze sind – sie verkürzen die volle Antwort des Neuen Testaments und provozieren Mißverständnisse. Man braucht ja nur weiterzufragen, wie es denn konkret geschieht, daß ein Mensch in den Glauben an Christus eintritt. Und da kann die Antwort nur lauten: Indem er Glied der Kirche wird und damit Glied des einen Gottesvolkes, das mit dem Glauben Abrahams, mit dem Exodus aus Ägypten und mit der Gabe der Tora am Sinai begonnen hat.

Noch deutlicher gesagt: Glaube an Christus vollzieht sich gerade dadurch, daß ein Mensch durch den Exodus der Taufe aus der alten Gesellschaft hinübergerettet wird in die neue Gesellschaft des Gottesvolkes, das durch die Botschaft, den Tod und die Auferstehung Jesu seine endzeitliche Form erhalten hat. Und eine Gesellschaft ohne Gesellschaftsentwurf, ohne Sozialordnung, ohne Recht und Gesetz gibt es nicht.

Paulus, der am meisten über das Verhältnis von Glaube und Gesetz nachgedacht hat, ist weit davon entfernt, die Tora abzuschaffen. Er sagt vielmehr in aller Klarheit: Durch den Glauben entledigen wir uns nicht des Gesetzes. Im Gegenteil: Wir richten es auf (Röm 3,31). Denn durch das Leben aus dem Geist Christi werden wir befähigt, die Rechtsforderung des Gesetzes zu erfüllen (Röm 8,4). Noch zugespitzter formuliert die Bergpredigt. Hier sagt Jesus:

Glaubt ja nicht, ich sei gekommen, das Gesetz oder die Propheten aufzuheben. Ich bin nicht gekommen, um aufzuheben, sondern um zu erfüllen. Amen, ich sage euch: Bis Himmel und Erde vergehen, wird kein Jota und kein Zierstrich vom Gesetz vergehen – bis ans Weltende nicht. (Mt 5,17 f)

Die Kirche hat auch niemals die Tora als ganze verworfen. Sie hat das Gebot der Gottesliebe aus Dtn 6,5 und das Gebot der Nächstenliebe aus Lev 19,18 zum Zentrum aller Gebote gemacht. Sie hat in ihren Katechismen die Zehn Gebote zur grundlegenden Vorgabe ihrer Sittenlehre erhoben, und sie ist immer davon ausgegangen, daß die Tora, soweit sie das „natürliche Sittengesetz" wiedergibt, weiterhin in Geltung bleibt. Das Problem bei dieser christlichen Rezeption der Tora ist allerdings das Auswahlverfahren. Die Kirche hat ausgewählt. Sie hat bestimmte Teile der Tora übernommen, andere Teile nicht. Sie hat die Kult- und Reinheitsgesetze verworfen, das „Moralgesetz" beibehalten. Sie hat unbewußt sogar innerhalb des Moralgesetzes eine Auswahl getroffen. So wurde das Gebot der Liebe zum *Nächsten* aus Lev 19,18 immer wieder zitiert. Hingegen hat das Gebot der Liebe zu den *Fremden im Land* aus Lev 19,33 f in der christlichen Unterweisung verhängnisvollerweise kaum eine Rolle gespielt, obwohl es in unmittelbarer Nachbarschaft steht und zweifellos als die Weiterführung des Gebots der Nächstenliebe gemeint ist.

Viel schwerwiegender als dieses teils bewußte, teils unbewußte Auswahlverfahren war jedoch die Verächtlichmachung der Tora als abstrus, abstoßend, geistlos, ungeistlich seit der Zeit der Aufklärung und des Deutschen Idealismus, und – schon lange vorher – die grundsätzliche Verurteilung der Torafrömmigkeit als „Selbstgerechtigkeit" und „Gesetzlichkeit" durch viele christliche Theologen. Neben dem Vorwurf des „Gottesmordes" hat diese Verleumdung der Tora den christlichen Antijudaismus unablässig genährt. Was kann man dagegen tun?

Man könnte darauf hinweisen, welch ein bergendes Glück die Tora für viele traditionell lebende jüdische Familien bedeutet. Man könnte, wie es schon Klemens von Alexandrien tat[129], die Humanität und Menschenfreundlichkeit der Tora in Erinnerung rufen. Man könnte, wie es Eusebius von Cäsarea tat, zeigen, daß die jüdischen Gesetze „gleich einem Wohlgeruch unter die ganze Menschheit drangen"[130]. Man könnte darlegen, daß viele anscheinend neue Errungenschaften des modernen Rechts bereits in der Tora Israels formuliert sind, wie etwa die Unverletzlichkeit der Wohnung oder die Gewaltenteilung im Staat[131]. Man könnte schließlich darauf hinweisen, daß vieles aus der Tora bis heute nicht eingeholt ist – etwa daß ein Mann, der gerade erst geheiratet hat, nicht zum Kriegsdienst eingezogen werden darf, da der Dienst an seiner Familie in diesem Fall vorgeht und er seine Frau erfreuen soll (Dtn 24,5).

Man könnte noch vieles andere aufzählen, um Sympathie für die Tora zu wecken. Aber letztlich wäre damit das Problem des christlichen Umgangs mit ihr nicht gelöst. Es gibt im Pentateuch, den 5 Büchern Mose, Gesetzeskomplexe, die uns tatsächlich fremd geworden sind, weil sie keinen „Sitz im Leben" mehr haben, man denke etwa an die Ritual- und Reinheitsgesetze. Im übrigen darf eine rein humanistische Betrachtung der Tora letztlich auch gar kein Maßstab für uns sein.

Wir müssen das Zentrum der Tora suchen, das, was sie zusammenbindet. Diese Mitte läßt sich eindeutig bestimmen. Gerade hier kann die Methodik der wissenschaftlichen Exegese, besonders der Form- und Literarkritik, eine große Hilfe sein. Die Bibelwissenschaft vermag nämlich zu zeigen, wie die Tora in Jahrhunderten gewachsen ist, wie zu einem alten Kristallisationskern weitere Gesetze hinzuwuchsen oder wie bereits im Gebrauch befindliche Gesetzestexte durch neue ersetzt wurden. Im 5. Jahrhundert vor Christus wurden schon bestehende Geschichtswerke mit großen Rechtssammlungen in einem hochdifferenzierten Prozeß ineinandergearbeitet und so der Pentateuch geschaffen und mit ihm identisch das Riesengebäude der Tora. Vielleicht geschah das sogar auf Verlangen der persischen Regierung, die in ihren Provinzen, zu denen auch Judäa gehörte, bindendes Recht einforderte[132].

Der Kristallisationskern und die Sinnmitte aller Schichten des Pentateuchs ist nun aber das Gebot der Alleinverehrung JHWHs. So gruppieren sich in Ex 34,11–26, dem sogenannten „Privilegrecht JHWHs", der wohl ältesten Gesetzessammlung, die uns im Pentateuch überliefert ist, alle Vorschriften um die Sätze:

Du darfst dich nicht vor einem anderen Gott niederwerfen. Denn JHWH trägt den Namen „der Eifersüchtige"; ein eifersüchtiger Gott ist er. (Ex 34,14)

Im „Bundesbuch", einer etwas jüngeren Gesetzessammlung (Ex 20,22–23,33), werden alle Gesetze von diesem Alleinverehrungsanspruch

JHWHs gerahmt, und im 2. Teil des Buches ergeht dann die Forderung:

Auf alles, was ich euch gesagt habe, sollt ihr achten. Den Namen eines anderen Gottes sollt ihr nicht aussprechen; er soll dir nicht über die Lippen kommen. (Ex 23,13)

Die uns bekannteste Formulierung der Alleinverehrung JHWHs ist aber das 1. Gebot des Dekalogs:

Du sollst keine anderen Götter neben mir haben. Du sollst dir kein Gottesbild machen und keine Darstellung von irgend etwas am Himmel droben, auf der Erde unten oder im Wasser unter der Erde. Du sollst dich nicht vor anderen Göttern niederwerfen und dich nicht verpflichten, ihnen zu dienen. Denn ich, der Herr, dein Gott, bin ein eifersüchtiger Gott. (Ex 20,3–5)

Worum geht es bei der Alleinverehrung JHWHs? Für die Völker rund um Israel ist die Welt voller Götter. Alles ist göttlich. Wenn man die Wirklichkeit der Welt bis in ihre numinose Tiefe hinein ernst nehmen will, muß man deshalb vielen Göttern dienen. Das schließt nicht aus, daß man sich an bestimmten Orten, zu bestimmten Zeiten und in besonderen Situationen auf einen bestimmten Gott konzentriert. Das schließt nicht einmal aus, daß man dann in diesem Gott (oder in dieser Göttin) die Summe alles Göttlichen der Welt verehrt. Man kann einen einzigen Gott anrufen, unterwirft sich aber in ihm allen Göttern des Kosmos[133].

Genau das ist in Israel anders. JHWH ist gerade nicht die Summe alles Göttlichen der Welt. Er ist in der Herausführung aus Ägypten und in vielen anderen Rettungstaten als der Gott, der allein rettet, erfahren worden. Deshalb läßt sich seine Verehrung nicht mit der Verehrung anderer Götter verbinden. Deshalb darf in völliger Ausschließlichkeit nur er allein verehrt werden. Die Texte formulieren diese Ausschließlichkeit oft im Bild der Eifersucht. JHWH ist ein eifersüchtiger Gott. Er ist anders als die Götter rund um Israel. In ihm verdichtet sich nicht das Numinose der Welt. Er ist von der Welt ganz und gar unterschieden.

Lange Zeit kann Israel das absolut Andere, das sein Gott ist, noch nicht *monotheistisch*, als strengen Eingottglauben, formulieren. Es kann zunächst nur sagen: Es mag in der Welt viele Götter geben, aber wir dürfen ihnen nicht dienen, sondern nur IHM allein.

Und ihn allein zum Herren haben, ihm allein dienen, heißt eben, ihm alle Bereiche des Lebens zuzuordnen. Wenn er nur für bestimmte Bereiche zuständig wäre, für bestimmte Situationen oder bestimmte Zeiten, wäre er gerade nicht der einzige Herr. Das Gottesvolk hätte dann neben ihm noch andere Herren. Die Vielfalt der Gesetze Israels, das sich immer weiter erstreckende Gelände seiner Tora, beabsichtigt nichts anderes, als die gesamte Welt des Gottesvolkes, alle Wirklichkeit, in der es lebt, der Herrschaft dieses einen Gottes zu unterstellen. Die (nach jüdischer Zählung) 613 Weisungen der Tora[134] wollen zeigen, was es heißt, JHWH allein zu dienen. Seine Alleinverehrung ist somit das eigentliche Formelement der Tora.

Wenn sie dabei immer wieder bis ins Detail geht und keinen Bereich ausspart, dann allein deshalb, weil die Herrschaft Gottes überall ankommen soll und alle Dinge seiner Ehre dienen sollen. Diese Herrschaft Gottes über das ganze Land Israel wird in der Tora nach drei Seiten hin entfaltet:

a) Die Tora blickt nicht nur auf das „Innen" des Menschen, sondern auch auf das „Außen".

Es gibt Religionen, die sich ganz auf das „Innen" des Menschen konzentrieren. Die Materie erscheint ihnen fremd oder gar böse. Sie drängen auf Entweltlichung. Israel hingegen nimmt die Welt als Gabe Gottes mit Leidenschaft an. Es weiß, daß sein Glaube vereingt und realitätslos wäre, wenn er nicht auch die äußere materielle Welt der Herrschaft Gottes unterstellte. Deshalb ist in der Tora vom Acker die Rede und von seiner Bestellung, von Weinbergen und Obstbäumen, von Vogelnestern, vom Vieh, von den Häusern, von Schutzgeländern an Dachterrassen, vom Leib des Menschen und dessen Krankheiten, von Rasur und Haarschnitt und selbst davon, daß man einem dreschenden Ochsen, der auf der Tenne den Dreschschlitten über das Getreide zieht, das Maul nicht zubinden darf[135]. Die Tora meint die ganze Schöpfung:

Menschen, Tiere, Pflanzen – selbst die leblosen Dinge. Das gesamte Leben, die ganze Lebenswelt Israels soll vom Glauben durchdrungen und geformt werden.

Hegel hat, wie schon vor ihm Voltaire, die Nase darüber gerümpft, daß sich die Tora sogar mit der Beseitigung der Notdurft am Rande des Heerlagers beschäftigt (Dtn 23,13 f). „Es wäre besser gewesen", meinte er, „wenn Gott den Juden Belehrung über die Unsterblichkeit der Seele gegeben hätte, als daß er sie lehrte, auf den Abtritt zu gehen" [136]. Aber die Tora scheut sich nicht vor dem anstößig Materiellen, und sie ist penetrant diesseitig. Nichts soll ausgenommen sein. Die gesamte Welt des Menschen soll der Herrschaft Gottes unterstellt werden, damit alles seine Würde und Identität bekommt – in unserem besonderen Fall auch ganz schlicht: damit die Hygiene gewahrt wird und die Menschen gesund bleiben.

b) Die Tora blickt nicht nur auf den Raum, sondern auch auf die Zeit.

Nicht nur die Räume, mit denen der Mensch sich umgibt, nehmen Einfluß auf sein Leben. Genauso stark bestimmt ihn die Zeit. Ihre Rhythmen formen ihn sogar viel stärker, als er ahnt. In der religiösen Umwelt Israels war es der Rhythmus des Jahres mit Aussaat und Ernte, waren es die Prozessionen zu den Heiligtümern und die Feste für die Götter, die das Jahr strukturierten.

Genau aus diesem Grund wendet die Tora dem Festkalender und der Gliederung der Zeit außerordentliche Aufmerksamkeit zu. Schon das „Privilegrecht JHWHs" in Ex 34,11–26 spricht von drei großen Wallfahrtsfesten: dem sieben Tage dauernden Fest der Ungesäuerten Brote (Mazzot-Fest), dem Wochenfest (unserem Pfingsten) und dem Fest der Lese (dem späteren Laubhüttenfest). Alle drei Feste hängen mit dem bäuerlichen Jahresrhythmus zusammen. An ihnen werden jeweils die Erstlinge der Gersten- , der Weizen- und der Traubenernte zu einem Heiligtum getragen.

Erntefeste hat es auch in der kanaanäischen Umwelt Israels gegeben. Sie folgten – nach allem, was wir wissen – dem Mond-Rhythmus (Neumondstage, Vollmondstage). In Israel wird nun aber ein Siebener-Rhythmus bestimmend. Das „Privilegrecht" ordnet an: Das Mazzot-

Fest soll sieben Tage dauern, und diese sieben Tage des Festes werden in Siebener-Rhythmen – das heißt in sieben Wochen mit je sieben Tagen – weitergeführt bis zum Wochenfest (Ex 34,18–22). Das führt unvermeidlich zu anderen Fest-Terminen als denen der heidnischen Bevölkerung.

Die Absicht ist klar: Gerade dort, wo die kanaanäische Götterwelt ihre stärkste Position hatte – in der Fruchtbarkeit des Bodens, in Regen und Ernte – setzt sich Israel ab, gibt sich einen anderen Fest-Rhythmus und gibt so auch auf diesem für eine bäuerliche Bevölkerung hochempfindlichen Feld JHWH alle Ehre. Vor *sein* Angesicht werden die Erstlingsfrüchte gebracht; ihm und nicht Baal wird als dem Spender der Fruchtbarkeit gedankt[137].

Später, bei der großen Reformbewegung in der Zeit des Königs Joschija (640–609), die sich im Buch Deuteronomium niedergeschlagen hat, werden die Opfer in Jerusalem zentralisiert. Diese Kultzentralisation bedeutet zugleich, daß die großen Jahresfeste zu Festen der Wallfahrt nach Jerusalem werden. Daß die Wallfahrt nach Dan, Betel, Gilgal, Mizpa, Hebron und anderen Heiligtümern untersagt wird, soll wiederum der Alleinverehrung JHWHs dienen. Die Provinzheiligtümer mit ihren volkstümlichen Bräuchen und mißverständlichen Kultsymbolen konnten leichter unter den Einfluß fremder Kulte geraten.

Doch die Kultzentralisation meint mehr: An den drei großen Jahresfesten soll nach Möglichkeit ganz Israel in Jerusalem zusammenkommen und in einer einzigen großen Versammlung JHWH verehren. Bei diesen Festen und seinen Festmählern aber soll für jeden sichtbar werden, was Israel von seinem Gesellschaftsentwurf her ist: von Gott zusammengeführtes und gesammeltes Volk, in dem die Unterschiede von reich und arm, von Herr und Knecht aufgehoben sind; Volk, das der Rettungstaten seines Gottes eingedenk ist; Volk, das vor Gott fröhlich ist und dankbar für die Gabe des Landes, in dem es leben darf. Bei den Festen zu Jerusalem soll „das eine befreite solidarische Gottesvolk seinem Gott gegenübertreten"[138]. „Nirgendwann und nirgendwo kann Israel dichter es selbst sein"[139].

Zugleich ist jedes Wallfahrtsfest wie ein neuer Exodus. Denn es findet als Höhepunkt der ablaufenden Zeit, als Feier der Geschichte Gottes mit seinem Volk nicht im normalen Lebensraum statt, sondern dort, wo die Mitte Israels ist, und zu ihr muß man sich eigens auf den Weg machen. Dtn 16,1–17 beschreibt eindrucksvoll diesen Sinn der Wallfahrtsfeste. Über das Wochenfest wird dort gesagt:

Du sollst sieben Wochen zählen. (…) Danach sollst du dem Herrn, deinem Gott, das Wochenfest feiern und dabei eine freiwillige Gabe darbringen, die du danach bemißt, wie der Herr, dein Gott, dich gesegnet hat. Du sollst vor dem Herrn, deinem Gott, fröhlich sein, du, dein Sohn und deine Tochter, dein Sklave und deine Sklavin, auch die Leviten, die in deinen Stadtbereichen Wohnrecht haben, und die Fremden, Waisen und Witwen, die in deiner Mitte leben. Du sollst fröhlich sein an der Stätte, die der Herr, dein Gott, auswählt, indem er dort seinen Namen wohnen läßt. Denk daran: Du bist in Ägypten Sklave gewesen. Daher sollst du auf diese Gesetze achten und sie halten. (Dtn 16,9–12)

Aber nicht nur die großen Feste schaffen eine Neustrukturierung des Jahres und stellen sogar die Zeit unter die Herrschaft JHWHs. Eine genauso einschneidende Struktur ist die Woche mit ihrem Sabbat. Es sieht so aus, als habe es die Institution des Sabbats nirgendwo außerhalb Israels gegeben. Wenn das stimmt, dann ist der Sabbat eine der größten und schönsten Erfindungen Israels. Durch den periodisch ins Leben einschneidenden Tag der Ruhe reißt Gott sein Volk jede Woche neu aus seiner Arbeit heraus, so daß es sich nicht an die Welt und an die Arbeit verlieren kann. Es soll zwar in seiner Arbeit die Welt gestalten, sich jedoch nicht an die Welt und ihre Götter versklaven.

Der Einschnitt, den die Tora durch den Siebener-Rhythmus in die ablaufende Zeit vornimmt, geht aber noch viel weiter. Nicht nur, daß jedes einzelne Jahr durch die Woche mit ihrem Sabbat gegliedert und so unter die Herrschaft Gottes gestellt wird. Auch die Abfolge der Jahre wird noch einmal im Siebener-Rhythmus durch Sabbat-Jahre unterteilt. In jedem siebten Jahr hält die Welt gleichsam inne. Alle Schulden müssen dann erlassen, alle Sklaven und Sklavinnen freigegeben werden. Jedem Verschuldeten wird ein Neuanfang eingeräumt. Die gerechte Gesellschaft der Anfangszeit wird wiederhergestellt:

Wenn dein Bruder, ein Hebräer – oder auch eine Hebräerin –, sich dir verkauft, soll er dir sechs Jahre als Sklave dienen. Im siebten Jahr sollst du ihn als freien Mann entlassen. Und wenn du ihn als freien Mann entläßt, sollst du ihn nicht mit leeren Händen entlassen. Du sollst ihm von deinen Schafen und Ziegen, von deiner Tenne und von deiner Kelter so viel mitgeben, wie er tragen kann. Wie der Herr, dein Gott, dich gesegnet hat, so sollst du ihn bedenken. Denk daran: Als du in Ägypten Sklave warst, hat der Herr, dein Gott, dich freigekauft. (Dtn 15,12–15)

Natürlich kann man gegen einen solchen Text einwenden, er sei doch reine Utopie; die Praxis, jedes siebte Jahr alle Schuldverhältnisse aufzuheben, könne sich keine Gesellschaft leisten. Man sollte jedoch mit dem Schlagwort „Utopie" vorsichtig sein. Für die altbabylonischen Könige ist das gelegentliche Ausrufen allgemeiner Schuldenerlasse sicher bezeugt. Meist geschah es beim Regierungsantritt eines Königs. Das deuteronomische Gesetz macht dieses unregelmäßig und unvorhersehbar eintretende Erlaßjahr zur siebenjährigen Regel. Außerdem ist zwischen Utopie und Utopie zu unterscheiden. Die Griechen haben die „gerechten Völker", von denen sie träumten, am Rande der ihnen bekannten Welt, nämlich auf den Inseln des Indischen Ozeans angesiedelt. Israel hingegen rechnet zumindest mit der *Möglichkeit,* daß eine gerechte Gesellschaft von Gott und von seinen Befreiungstaten her mitten in dieser Welt, an dem konkreten „Ort", den er sich erwählt hat, realisierbar ist[140]. Es entwirft deshalb Gesetze für eine gerechte Gesellschaft und gestaltet einen ganzen Gesellschaftsentwurf vom Befreiungsimpuls des Exodus her. Somit gilt

c) Die Tora will nicht nur den gerechten Einzelnen, sondern sie will eine gerechte Gesellschaft.

Das deuteronomische Gesetz entwirft ein sorgfältig abgestimmtes System von Einzelgesetzen, die verhindern sollen, daß in Israel eine Klasse von Armen und Unfreien entsteht. Es rechnet sehr nüchtern damit, daß die Gesellschaft immer wieder auseinanderdriftet in Reiche und Arme, in Herren und Knechte, und arbeitet dem entgegen – nicht in utopischen Traumgebilden, sondern in sehr klaren Bestimmungen[141].

Gerät zum Beispiel ein Landwirt durch Mißernten oder Mißwirtschaft in Not und braucht er ein Darlehen, um seinen Hof weiterführen zu können, so greift das Gesetz von Dtn 15,7–11 ein, das die Mit-Israeliten zur Gewährung von zinslosen Darlehen auffordert.

Wird die Verschuldung aber zu groß und ist der Verschuldete gezwungen, in einem anderen Betrieb als Taglöhner zu arbeiten, so sichert ihm das Gesetz von Dtn 24,14 f die tägliche Bezahlung.

Wenn es dem Betreffenden trotzdem nicht gelingt, seine Schuld zurückzuzahlen, so sichert Dtn 24,12 f einen humanen Umgang mit dem gegebenen Pfand: Hat zum Beispiel ein Armer seinen Mantel als Pfand gegeben, so muß er ihm bei Sonnenuntergang zurückgegeben werden, damit er sich in der Nachtkälte zudecken kann.

Erhöht sich die Verschuldung so, daß es zur Personalhaftung käme, das heißt zur Schuldknechtschaft, die im ganzen Orient eine der selbstverständlichsten und zugleich härtesten Institutionen war, so darf diese nach Dtn 15,1–6 im Sabbat-Jahr nicht vollzogen werden.

Fällt die Personalhaftung jedoch in ein anderes als in das Sabbat-Jahr, so muß nach Dtn 15,12–18 die eingetretene Schuldknechtschaft im nächstfolgenden Sabbat-Jahr beendet werden, und der entlassene Israelit muß, wie wir schon sahen, mit Vieh und Saatgut ausgestattet werden, damit er sich eine neue Existenz aufbauen kann.

Das alles hat unmittelbar mit der Alleinverehrung JHWHs zu tun. Nach der Vorstellung des Buches Deuteronomium liegen die beiden Tafeln mit den Zehn Geboten, in denen sich die ganze Tora verdichtet, im Tempel zu Jerusalem in der Bundeslade[142]. Das heißt aber: Für Israel ist die kultische Gegenwart JHWHs unabdingbar an die Tora gebunden. Gerade durch seine Gebote wird er in seinem Volk gegenwärtig, greift er ein, rettet er, schenkt er Leben. Gibt es in Israel Arme, deren Rechte mit Füßen getreten werden, und schreien sie in ihrer Not zu Gott, dann wird JHWH nicht mehr richtig verehrt, dann ist der Kult Israels gestört oder sogar völlig umsonst. Denn aller Kult hebt nur ins Wort und verdichtet im Zeichen, was durch ganz Israel ständig vollzogen werden soll: Daß es als gerechte Gesellschaft die Ehre Gottes in der Welt ist.

Noch etwas anderes gilt es zu beachten: Das Strafrecht der Tora ist viel stärker als unser Strafrecht auf Versöhnung der Kontrahenten angelegt. „Freiheitsstrafen etwa oder Zahlungen an den Staat – statt an die Opfer – sind unbekannt oder undenkbar"[143]. Das den heutigen Leser schockierende Prinzip

Auge für Auge, Zahn für Zahn, Hand für Hand, Fuß für Fuß, Brandmal für Brandmal, Wunde für Wunde, Strieme für Strieme,

das in Ex 21,24 f aufgegriffen wird, verlangt keineswegs, daß für ein ausgeschlagenes Auge nun auch dem Täter ein Auge ausgeschlagen wird, sondern daß er eine Ersatzleistung im Wert des ausgeschlagenen Auges an das Opfer zu zahlen hat. Die Tora will nicht, daß Haß und Aggression im Gottesvolk zu wuchern beginnen. Die Sache soll durch eine gerechte Entschädigung aus der Welt geschafft werden. Die Kontrahenten sollen miteinander versöhnt leben können. Hier wie an vielen anderen Bestimmungen wird deutlich: Die Tora ermöglicht das Zusammenleben in Israel. Sie stellt Gemeinschaft her. Sie macht gemeinschaftsfähig und eben dadurch überhaupt erst kultfähig.

Mit dem Gebot der *agapē*, der Gottes- und Nächstenliebe, ist alles, was wir hier ausgebreitet haben, richtig benannt, zusammengefaßt und verdichtet. Das Neue Testament sieht deshalb zu Recht in der *agapē* die Mitte und die Erfüllung aller Gebote[144]. Allerdings ist diese *agapē* nicht in erster Linie edles Gefühl, sondern helfendes Tun – ganz im Sinne von Ex 23,4 f:

Wenn du dem verirrten Rind oder dem Esel deines Feindes begegnest, sollst du ihm das Tier zurückbringen. Und wenn du siehst, wie der Esel deines Gegners unter der Last zusammenbricht, dann laß ihn nicht im Stich, sondern leiste ihm Hilfe!

Dieser Text aus dem Bundesbuch zeigt, daß auch die Tora die Feindesliebe vorschreibt, selbst wenn sie das Wort nicht verwendet. Er macht darüber hinaus deutlich, wie nüchtern und sachlich die Tora von der *agapē* spricht. Liebe ist für Israel sachgerecht beistehende Tat und braucht deshalb den konkreten Boden des Gottesvolkes, braucht dessen Liebe zum Detail und dessen penetranten Immanenzwillen, das

heißt den unablässigen, nicht zu entmutigenden Willen, diese irdische
Welt zu gestalten und zu verwandeln.

Die Geschichte hat gezeigt, daß der Begriff der Gottes- und Nächstenliebe stets den Boden des Gottesvolkes brauchte. „Du sollst deinen
Nächsten lieben wie dich selbst" (Lev 19,18) überträgt die Solidarität,
die innerhalb der Familie gilt, auf ganz Israel. Somit ist hier nicht ro-
mantische oder individualistische Zuneigung gemeint, sondern die gegenseitige Verantwortung aller, die in der Glaubensgemeinschaft Israels
leben[145]. Wo dieser Boden des Gottesvolkes nicht mehr lebendig war,
verkam „Liebe" sehr oft zur reinen Innerlichkeit, zu einer unverbindli-
chen Menschheitsliebe („seid umschlungen, Millionen") oder zur Inszenierung von Almosen. Das, was die Bibel mit *agapē* meint, setzt den
Gesellschaftsentwurf der Tora voraus. Ohne ihn wird Liebe weltlos und
verliert sich im Wind.

Eben deshalb gibt uns das Neue Testament auch nicht die Erlaubnis,
ganze Komplexe der Tora als erledigt anzusehen. Selbstverständlich ist
die Tora durch Jesus noch einmal auf einen neuen Boden gestellt worden. Sie wird durch ihn ganz erfüllt und erhält eben dadurch ihre endzeitliche Gestalt. Matthäus hat diese grundlegende Bedeutung Jesu für
die Tora in ein anschauliches Bild gebracht: So wie Mose zum Empfang
der Tora auf den „Berg" stieg, steigt auch Jesus zur messianisch-endzeit-
lichen Tora-Auslegung auf einen „Berg" (Mt 5,1). Und wie damals das
ganze Gottesvolk um den Berg versammelt war, sind auch jetzt um den
Berg Vertreter aus allen Landesteilen Israels versammelt (Mt 4,25).
Jesus lehrt in seiner „Bergpredigt" die Grundregeln der endzeitlichen
Befolgung der Tora. Es geht um die richtige Gesetzesbefolgung, um die
„wahre Gerechtigkeit" (Mt 5,20), nicht aber um ein „neues Gesetz".

Wie sollte die Bergpredigt auch „neues Gesetz" sein, wo sie doch viele Gebiete des menschlichen Lebens nicht einmal streift. Jesus verkündet kein neues Gesetz, sondern bringt den einen, ein für allemal geschenkten Gesellschaftsentwurf der Tora zu seiner Erfüllung, indem er
Beispiele formuliert, die zeigen, wie dieser Gesellschaftsentwurf *radikal,*
das heißt auf seine Wurzeln hin, und das heißt auf den wahren Willen
Gottes hin, zu verstehen und zu erfüllen ist.

Jesus gibt freilich nicht nur Beispiele. Er wird durch sein Leben und
seinen Tod selbst zur endgültigen Auslegung der Tora. Es gehört zu den

zentralen Themen des Neuen Testaments, daß Jesus in seinem Tod zum Ort der endzeitlichen Sühne geworden ist[146], daß die Gemeinden als sein „Leib in der Welt" zum endzeitlichen Tempel aus lebendigen Steinen geworden sind[147] und daß deshalb aller Kult eine radikal neue Form erhalten hat[148]. Damit hat das Zeremonialgesetz des Pentateuchs einen neuen Ort, und mit diesem neuen Ort ändert sich seine Gestalt. Das heißt aber gerade nicht, daß es abgestoßen, sondern daß es verwandelt wird.

Kein Gebiet der Tora darf als erledigt oder abgeschafft betrachtet werden, aber die ganze Tora muß immer wieder neu von Jesus her auf den Willen Gottes hin ausgelegt werden. Und dabei kann sich dann durchaus zeigen, daß Teile der Tora, die uns zunächst fremd geworden sind, einen neuen Sinn, oder sagen wir besser: ihren von Anfang an intendierten Sinn freigeben.

Die Tora enthält zum Beispiel umfangreiche Reinheitsgesetze[149]. Sie beziehen sich vor allem auf das Haus, die Kleider, den Leib und das Essen. Da werden reine und unreine Tiere unterschieden. Da wird festgelegt, welches Fleisch gegessen werden darf und welches nicht. Nun haben Jesus und die frühe Kirche gerade, was die Reinheitsgesetze und ihre spätere schriftgelehrte Ausweitung angeht, strenge Maßstäbe formuliert[150]:

Nichts, was von außen in den Menschen hineinkommt, kann ihn unrein machen, sondern was aus dem Menschen herauskommt, das macht ihn unrein. (…) Denn von innen, aus dem Herzen der Menschen, kommen die bösen Gedanken, Unzucht, Diebstahl, Mord, Ehebruch, Habgier, Bosheit, Hinterlist, Ausschweifung, Neid, Verleumdung, Hochmut und Unvernunft. All dieses Böse kommt von innen und macht den Menschen unrein. (Mk 7,15.21–23)

Sind damit die Reinheits- und Heiligkeitsgesetze Israels abgeschafft oder auf reine Ethik reduziert[151]? Christliche Theologen haben geurteilt, mit der jesuanischen Unterscheidung zwischen „Innen" und „Außen" sei alle äußerlich-rituelle Heiligkeit aus einer dinglich-vorpersonalen Sphäre auf ihren eigentlichen Sinn, auf innerlich-personale Heiligkeit zurückgeführt. Mit solchen Formulierungen sollte man jedoch vorsichtig sein. Denn auch die vom Äußerlich-Dinglichen gelöste Heiligkeit meint im Neuen Testament entscheidend mehr als lediglich eine der Seele oder der sittlichen Person innerliche Qualität.

Das ganze Gottesvolk soll ja ein heiliges Volk sein. Heiligkeit umfaßt also immer auch die gesellschaftlich-soziale Dimension, die mit der Person des Einzelnen untrennbar verknüpft ist. Heilig muß nicht nur das Herz des Menschen sein, heilig müssen auch die Lebensverhältnisse, die sozialen Strukturen und die Formen der Umwelt sein, in denen der Mensch lebt und in die hinein er sich ständig entwirft. Genau das aber hatten die dinglich-rituellen Reinheitsvorschriften der Tora schon immer gemeint.

Der Glaube an einen Gott, der Herr von *allem* ist, muß auch die Welt rund um den Menschen formen. Es geht nicht an, daß er mit Mund und Herz glaubt, gleichzeitig aber seinen Leib verachtet, die Lebensräume, in denen er zu Hause ist, verkommen läßt und seine Umwelt zerstört. Nach einem Wort des Propheten Sacharja werden im Israel der Endzeit sogar die Schellen der Pferde und die Töpfe in den Häusern dem Herrn heilig sein:

An jenem Tag wird auf den Schellen der Pferde stehen:
„Dem Herrn heilig." (…)
Jeder Kochtopf in Jerusalem und Juda
wird dem Herrn der Heere geweiht sein. (Sach 14,20 f)

Gemeint ist: Es kommt ein Tag, an dem sich ganz Israel – nicht nur die Menschen, sondern alle Dinge und alle Lebensverhältnisse – in einem gottgewollten Zustand befinden und die Herrschaft Gottes widerspiegeln. Insofern sie dem Willen Gottes entsprechen und von seiner Nähe geprägt sind, finden sie dann ihre Identität und fördern das Leben. Genau dies meint der biblische Begriff der Reinheit und Heiligkeit. Die Reinheits-Tora des Buches Levitikus will, daß der Glaube Welt formt und verwandelt. In dieser Hinsicht ist die Reinheits-Tora von uns längst nicht eingeholt. Sie verdient es, neu gelesen, neu überdacht und auf ihren ursprünglichen Sinn befragt zu werden.

Selbstverständlich ist das nicht möglich, ohne ständig zu unterscheiden. Aber genau das ist auch die Absicht der Tora: Sie will Israel die Unterscheidung lehren. Aus der Kraft des Glaubens an den einen Gott alle Dinge der Welt kritisch, das heißt: unterscheidend zu betrachten, ist geradezu ein Grundzug jüdischer Existenz geworden. Weil Israel anhand der Tora unablässig die Unterscheidung lernte – und das hieß zum Beispiel auch, Dinge und Sachverhalte, die unterschieden sind, nicht zu vermischen[152] –, konnte es seine Identität unter den Heiden bewahren. Während Assur und Babylon, einst Siegerstaaten auf den Trümmern Israels, dahingingen und in neuen Völkern aufgingen, ist das unterlegene und immer wieder verfolgte Israel, obwohl es über die ganze Welt zerstreut ist, als Volk erhalten geblieben.

Der amerikanische Schriftsteller Walker Percy drückt das so aus[153]: „Warum findet es niemand bemerkenswert, daß es heute in den meisten Städten der Welt Juden gibt, aber keinen einzigen Hethiter, obwohl doch die Hethiter eine große, blühende Zivilisation hatten, während die Juden (…) ein schwaches und obskures Volk waren. Es ist schon bemerkenswert, daß es niemand als bemerkenswert ansieht, wenn er in New York oder New Orleans oder Paris oder Melbourne auf einen Juden trifft. (…) Noch bemerkenswerter wäre, wenn sich jemand verwundert fragte: ‚Wenn hier Juden sind, warum sind hier keine Hethiter?‘ Wo sind die Hethiter? Zeige mir einen Hethiter in New York City.“

Zum Wunder der Identität Israels gehört seine Kraft der Unterscheidung. Die Ekklesia braucht dieses ständige Unterscheiden so dringend wie die Synagoge. Sie darf nicht in jenen Krankheitszustand des Geistes verfallen, in dem alles gleich, alles gleich gültig, alles beliebig ist. Dort, wo nichts mehr unterschieden wird, kehren die alten Götter zurück.

Die Tora ist das von Gott selbst ins Werk gesetzte, für immer unüberholbare Unternehmen, auf dem Boden des Gottesvolkes sämtliche Dinge der Welt mit den Augen Gottes anzuschauen, das Richtige vom Falschen zu unterscheiden, das Falsche zu ändern und so alles der Herrschaft des einen Gottes zu unterstellen.

Frank Crüsemann hat als christlicher Theologe den Satz gewagt[154]: „Die Identität des biblischen Gottes hängt an der Verbindung zu seiner Tora.“ Er hat recht. Deshalb kann und darf die Kirche die Tora niemals aufgeben. Sie muß sie freilich im Geiste Jesu leben – das heißt, aus der Kraft des Neuen, das mit seinem Tod und seiner Auferstehung in die

Welt kam, aus seiner Freiheit und Vernunft, aus seiner Radikalität und Gottesfurcht.

5. Eine Geschichte des Widerwillens

In der Ilias wird gleich im 1. Gesang erzählt, wie die Griechen dem Gott Apollo ein Rinderopfer darbringen. Als Priester amtiert ein Greis namens Chryses[155]:

Und nachdem sie gefleht und heilige Gerste geschüttet,
beugten zuerst sie die Nacken [der Tiere] und schlachteten, zogen
                                                         das Fell ab,
schnitten die Lenden heraus, umhüllten sie dann mit des Fettes
doppelter Schicht und legten darauf noch Stücke der Glieder.
Das verbrannte der Greis auf Scheitern und sprengte darüber
funkelnden Wein, und Jünglinge neben ihm hielten die Gabeln.
Als sie die Lenden verbrannt und die Eingeweide gekostet,
schnitten sie auch das Übrige klein und steckten's an Spieße,
brieten es vorsichtig dann und zogen alles herunter.
Aber nachdem sie das Werk vollbracht und das Mahl sich gerüstet,
schmausten sie; jeder labte das Herz am gebührenden Mahle.

Das breite Behagen, mit dem hier Opfer und Opfermahl geschildert werden, ist ein Kennzeichen Homers. Genauso anschaulich werden auch die Kämpfe vor Troja und vieles andere besungen. Trotzdem spiegelt der Text etwas wider, das weit über Homer und seinen Stil hinausreicht: Die alten Völker dienten ihren Göttern gern. Die Ägypter, die Assyrer und Babylonier, die Griechen und Römer, sie alle beteten in der Öffentlichkeit mit lauter Stimme, bauten unzählige Tempel, machten Gelübde, befragten die Orakel, brachten ihren Göttern die althergebrachten Opfer dar und feierten mit Lust ihre religiösen Feste. Plutarch stellt in seiner Abhandlung *De superstitione* fest[156]: „Nichts ist angenehmer für die Menschen als Feste und Opfermähler in den Tempeln und Einweihungen und mystische Riten und Gebete und Verehrung der Götter." Eine Ausnahme von dieser Regel seien nur die Skrupulanten und Atheisten. Wirklichen Atheismus hat es in der Antike aber kaum gegeben[157]. Das entsprechende Adjektiv *atheos* meinte zunächst einmal Tatbestände wie Tempelraub, Beschädigung von Götterbildern, Verletzung des Asylrechts, Abweichung vom vorgeschriebenen Opferritus und ähnliches mehr, nicht jedoch Atheismus im modernen Sinn[158]. Es gab zwar in den Aufklärungsphasen der Antike eine intensive Religionskritik – sie minderte jedoch kaum die festgefügte Welt der religiösen Symbole und Rituale. In Ägypten und Mesopotamien gab es sogar schon früh so etwas wie „Vorwürfe gegen Gott" – aber die in Frage kommenden Texte sind äußerst verhalten und gehören in die Gattung der „Weisheit"[159]. Aufs ganze gesehen ist es für den antiken Menschen eine Selbstverständlichkeit, religiös zu sein. Man darf ohne Übertreibung sagen: Die alten Völker lebten in Einklang mit ihren Göttern[160].

Israel hingegen, das erwählte Volk Gottes, lebt ständig im Aufstand gegen seinen Gott. Die Geschichte Israels, wie das Alte Testament sie erzählt, ist geradezu eine Geschichte des Widerwillens gegen JHWH. Gerade erst aus Ägypten befreit, rebelliert das Volk gegen die Lebensbedingungen in der Wüste und möchte zurück in den Sklavenstaat. Aber auch im Land der Verheißung kennt es keine Treue. Es lehnt sich auf gegen die Propheten, die unablässig versuchen, seinen Abfall von Gott zu verhindern. Immer wieder werden im Land Götzenbilder aufgestellt. Israel möchte seinen Gott so verehren, wie die übrigen Völker ihre Götter verehren. Es ist eine nicht abreißende Geschichte der Widerspenstigkeit, der Halsstarrigkeit, der Empörung und Auflehnung gegen Gott.

Diese Geschichte des Widerwillens Israels wird exemplarisch, ja geradezu archetypisch in den „Murr-Erzählungen" der Bücher Exodus und Numeri dargestellt. Sie sind fast alle gekennzeichnet durch ein Verb, das sonst in der hebräischen Bibel nur selten begegnet. Es lautet *lûn* und ist zu übersetzen mit „murren", „sich auflehnen", „rebellieren". Das Verb kann das tiefe Knurren der Hunde vor dem Angriff ausdrücken[161].

Der Darstellung des Pentateuchs zufolge hat die Auflehnung des Gottesvolkes schon während des Exodus begonnen. Als sich nämlich am Schilfmeer das Heer des Pharao nähert, klagen die Israeliten Mose folgendermaßen an:

Gab es denn keine Gräber in Ägypten, daß du uns zum Sterben in diese Wüste holst? Was hast du uns da angetan? Warum hast du uns aus Ägypten herausgeführt? Haben wir dir in Ägypten nicht gleich gesagt: „Laß uns in Ruhe! Wir wollen Sklaven der Ägypter bleiben. Es ist für uns immer noch besser, Sklaven der Ägypter zu sein, als in der Wüste zu sterben.“ (Ex 14,11 f)

Dieser Text verdichtet vorwegnehmend das ständige Murren, das nun anhebt. Das Volk schreit um Errettung vor dem Heer des Pharao, und es wird errettet. Es schreit empört nach Wasser, und es wird ihm Wasser gegeben. Es schreit nach Brot, und Brot wird ihm gegeben. Es schreit nach Fleisch, und es erhält Fleisch[162]. Trotzdem geht die Rebellion weiter. Vordergründig richtet sie sich gegen Mose und Aaron[163]. Mose deckt jedoch auf, daß sie in Wahrheit gegen Gott selbst geht:

JHWH hat euer Murren gegen ihn gehört.
Wer sind schon wir, daß ihr gegen uns murrt? (…)
Nicht uns galt euer Murren, sondern JHWH. (Ex 16,7 f)

Das Murren hat tiefe Wurzeln. Es ist nicht nur äußere Unzufriedenheit mit den Verhältnissen in der Wüste, sondern letztlich Mißtrauen gegenüber dem Heilshandeln Gottes. Das Gottesvolk ist nicht bereit, seine Geschichte als eine von Gott geführte und ins Heil führende Geschichte anzusehen. Es deutet seine Befreiungsgeschichte als Vernichtungsgeschichte. Es traut Gott nicht. Es kann nicht glauben, daß er gut ist und seine Verheißungen erfüllt. Dieses Grundmißtrauen bewirkt, daß es die überreichen Gaben Gottes – das Wasser aus dem Felsen, das Manna, die Wachteln – in ihrer Kostbarkeit gar nicht wahrnimmt, sondern sich nach den Fleischtöpfen der Unfreiheit zurücksehnt[164]. Die Realitäten des Zwangsstaates erscheinen als verlockende Phantome. Ägypten wird in naiver Nostalgie zum Gelobten Land stilisiert:

> *Wenn uns doch jemand Fleisch zu essen gäbe! Wir denken an die Fische,*
> *die wir in Ägypten umsonst zu essen bekamen, an die Gurken und Me-*
> *lonen, an den Lauch, die Zwiebeln und den Knoblauch. Doch jetzt ver-*
> *trocknet uns die Kehle. Nichts bekommen wir zu sehen als immer nur*
> *Manna. (Num 11,4–6)*

Ihren Höhepunkt findet diese Verleumdung der Befreiungsgeschichte
in der Erzählung von den Kundschaftern, auf die wir bereits an frühe-
rer Stelle gestoßen sind[165]: Israel steht an der Schwelle zum Gelobten
Land und sendet zwölf Kundschafter aus, je einen aus jedem Stamm.
Nach vierzig Tagen kehren sie zurück, bringen große Weintrauben,
Granatäpfel und Feigen mit und berichten:

> *Es ist wirklich ein Land, in dem Milch und Honig fließen; das hier sind*
> *seine Früchte. Aber das Volk, das im Land wohnt, ist stark, und die Städ-*
> *te sind befestigt und sehr groß. (Num 13,27 f)*

Dieser erste Bericht der Kundschafter wird von den Israeliten nur aus-
schnittweise wahrgenommen. Auf seinen ersten Teil hören sie gar nicht,
sondern nur auf die Nachricht von der Größe und Macht der kanaanäischen Städte. Die Mehrheit der Kundschafter läßt sich von der Angst-
reaktion des Volkes anstecken, sie verleumden nun das verheißene Land
und verbreiten falsche Gerüchte. Wie schon in der Nostalgie auf Ägypten hin erzeugt auch hier das Mißtrauen Phantome: Die Realität ver-
zerrt sich, normale Menschen verwandeln sich in Riesen:

> *Das Land, das wir durchwandert und erkundet haben, ist ein Land, das*
> *seine Bewohner auffrißt; alle Leute, die wir dort gesehen haben, sind*
> *hochgewachsen. Sogar die Riesen haben wir dort gesehen. (…) Wir ka-*
> *men uns selbst klein wie Heuschrecken vor, und auch ihnen erschienen*
> *wir so. (Num 13,32 f)*

Nach dieser zweiten Schilderung der Kundschafter beginnt eine folgen-
schwere Rebellion. Das Volk will vom verheißenen Land nichts mehr
wissen, sondern drängt zurück nach Ägypten[166]:

Alle Israeliten murrten gegen Mose und Aaron, und die ganze Gemeinde sagte zu ihnen: „Wären wir doch in Ägypten oder wenigstens hier in der Wüste gestorben! Warum nur will uns der Herr in jenes Land bringen? Etwa damit wir durch das Schwert umkommen und unsere Frauen und Kinder eine Beute der Feinde werden?“ (…) Und sie sagten zueinander: „Wir wollen einen neuen Anführer wählen und nach Ägypten zurückkehren.“ (Num 14,2–4)

Nur Josua und Kaleb bleiben bei dem, was sie gesehen haben:

Das Land, das wir durchwandert und erkundet haben, dieses Land ist überaus schön. Wenn der Herr uns wohlgesinnt ist und uns in dieses Land bringt, dann schenkt er uns ein Land, in dem Milch und Honig fließen. Lehnt euch nicht gegen den Herrn auf! Habt keine Angst vor den Leuten in jenem Land! (Num 14,7–9)

Doch Josua und Kaleb können sich nicht durchsetzen. Die Gemeinde Israel droht, Mose und Aaron zu steinigen. Gott selbst muß eingreifen. Mose kann ihn zwar durch seine Fürbitte davon abbringen, das ganze Volk zu vernichten und mit einem neuen Volk von vorne anzufangen. Aber die Generation, die das verheißene Land verschmäht und verachtet hatte, bekommt gesagt, daß sie es nicht mehr erreichen wird. Sie wird in der Wüste sterben, und erst die Kinder dieser Generation werden nach vierzig Jahren das Land betreten (14,20–35).

Die Kundschafter-Erzählung ist zwar nicht die letzte Murr-Erzählung des Pentateuchs – das Murren der Wüstengeneration geht weiter[167] –, aber in ihr ist der ständige Aufruhr Israels gegen seinen Gott unüberbietbar verdichtet. Der Verfasser der Priesterschrift, von dem große Teile der Erzählung stammen, hat den Stoff benutzt, um die spezifische Sünde der von Gott Erwählten und Erretteten herauszustellen, sozusagen die Grundsünde des Gottesvolkes in seiner ganzen Geschichte: sein Mißtrauen gegen Gott, sein Unglaube gegenüber den Verheißungen Gottes, die Geringschätzung der Heilsgabe, die Verleumdung des Landes. „Das Land frißt seine Bewohner“, werden die von Gott Erretteten und Beschenkten immer wieder von neuem behaupten. Die Murr-Erzählungen des Pentateuchs meinen also nicht nur die historische Situation Israels nach dem Exodus, sondern sie greifen viel weiter aus: Sie wollen zeigen, warum Israel sein Land verloren hat und ins Exil mußte.

Mit solcher Deutung stehen diese Geschichten keineswegs isoliert da. Noch viele andere Texte der Bibel sagen ähnliches[168]. Im Ezechielbuch zum Beispiel findet sich ein langer Geschichtsrückblick, der mit der Erwählung Israels in Ägypten beginnt und bis in die Exilszeit reicht (Ez 20). Gott selbst rekapituliert Station um Station dieses langen Weges, und immer wieder heißt es: „Sie aber widersetzten sich mir"[169]. Israel will wie die anderen Völker sein (20,32), und deshalb wird es von Gott „in die Wüste der Völker" geworfen (20,35), das heißt in die Diaspora. Es ist wirklich vom Anfang bis zum Ende eine Geschichte des Widerwillens, der Halsstarrigkeit und des Aufruhrs gegen Gott. In einem der spätesten Texte des Alten Testaments, im Gebet des Asarja[170], spricht Israel:

Ja, nach Wahrheit und Recht hast du all dies wegen unserer Sünden herbeigeführt. Denn wir haben gesündigt und durch Treubruch gefrevelt und haben in allem gefehlt. Wir haben deinen Geboten nicht gehorcht, haben weder beachtet noch getan, was du uns zu unserem Wohl befohlen hattest. (Dan 3,28–30)

Wie ist diese permanente Geschichte des Widerwillens und der Empörung zu erklären? War Israel schlechter als die übrigen Völker? War es weniger fromm? Fehlte es ihm an Religion? Nein. Israel wollte gerade religiös sein – und Gott wollte etwas ganz anderes.

Zum Wesen der Religion gehört es, daß der Mensch alles, was ihm als Geheimnis begegnet, was ihn erschüttert und in Schaudern anzieht, was ihn fasziniert und was er selber will und erfahren möchte, zu seinen Göttern macht: die Liebe, die Fruchtbarkeit, die Natur, die Sehnsucht, den Rausch, die Macht, den Krieg – all das wird als göttlich erfahren, vergöttlicht und angebetet. Und es ist nicht schwer, den Göttern der Macht und der Göttin der Liebe zu dienen. Das tut der Mensch gern. Das liegt ihm. Es ist sogar seine Lust.

Israel hingegen war in seiner Geschichte auf den *wahren* Gott gestoßen. Und es merkte sehr schnell: Der Wille dieses Gottes deckt sich nicht mit dem, was der Mensch will. Sein Wille ist ganz anders. Er steht oft gegen die Pläne des Menschen, gegen die eigenen Vorstellungen, gegen den eigenen Willen. Es ist ein fremder Wille. Und so ringt Israel in seiner gesamten Geschichte um den Willen Gottes. Auf der einen Seite wehrt es sich ständig gegen ihn. Es möchte lieber so leben wie die übrigen Völker. Deshalb der immer neue Abfall von JHWH. Deshalb das ständige Murren. Auf der anderen Seite hat Israel sehr wohl gespürt, daß der Wille seines Gottes wohltuender und vernünftiger war als der eigene Wille. Es war besser, JHWH zu folgen als den Göttern. Und so unternimmt es den gigantischen Versuch, den Willen seines Gottes schriftlich zu fixieren, damit es ihn immer vor Augen hat, ihn nie mehr vergißt und niemals mehr von ihm abfällt. Die Tora, an der die Theologen Israels jahrhundertelang gearbeitet haben, ist der Versuch, das Gottesvolk für immer mit dem wahren Willen Gottes zu vermählen.

Aber es hat nichts geholfen. Israel drückt es selbst in einem Bild aus: Kaum ist das Gesetz in die steinernen Tafeln eingegraben, da tanzt das Volk schon um das goldene Kalb – und zwar mit dem Kultruf: „Das sind deine Götter, Israel, die dich aus Ägypten heraufgeführt haben!"[171] Das heißt: Es möchte seinen Gott so verehren, wie die übrigen Völker ihre Götter, und es möchte seine Geschichtserfahrung zurückverwandeln in die Naturreligion Kanaans.

Die Geschichte vom goldenen Kalb reflektiert genau wie die Murr-Erzählungen konkrete Geschichte. Jerobeam I. riß im Jahre 931 die Nordstämme von der Dynastie Davids los. Er machte Bet-El und Dan zu seinen Staatsheiligtümern und stellte dort mit Gold überzogene Stierbilder als Symbole für JHWH auf[172]. Ursprünglich waren die Stiere wohl nur als Fußschemel für JHWH verstanden worden, und der für Bet-El und Dan bezeugte Kultruf „Hier ist dein Gott, Israel, der dich aus Ägypten heraufgeführt hat" pries zunächst wirklich die Errettungstat JHWHs[173].

Vom Volk müssen jedoch die Stiere in Bet-El und Dan bald als Bilder des kanaanäischen Fruchtbarkeitsgottes Baal verstanden und verehrt worden sein. So konnte nach der Katastrophe des Exils die Anbetung der goldenen Stiere im Nordreich zum Symbol des unablässigen Abfalls Israels von seinem Gott und dessen Willen werden[174]. Immer wieder ist im deuteronomistischen Geschichtswerk von der „Sünde Jerobeams" die Rede[175].

Es gibt in der Welt kein Volk, das seine eigene Geschichte in dieser Weise als nicht endende Folge von Aufruhr und Rebellion gegen Gott gedeutet hat. Und es gibt kein Volk, das seinen Unglauben und seine Treulosigkeit so schonungslos aufgedeckt hat. Man muß aber genauer formulieren: Widerspenstigkeit, Unglaube und Treulosigkeit kann es überhaupt nur dort geben, wo ein Volk in seiner Geschichte auf den wahren Gott und dessen Willen gestoßen ist. In den Religionen der Völker rund um Israel gibt es so etwas wie „Glauben" oder „Glaubensabfall" überhaupt nicht. Sie leben in Einklang mit ihren Göttern, denn ihre Götter sind weithin Welt und Projektionen von Welt.

Wir stoßen hier ganz unmittelbar auf den Unterschied zwischen Religion und Glauben. Religion bedarf keines Glaubens. Sie drängt sich dem Menschen auf. Sie ist in gewisser Weise evident. Sie ist das, was allen einleuchtet. Die Kräfte der Welt und ihre numinose Macht konnten von jedem antiken Menschen wahrgenommen und verehrt werden. Deshalb sind die Religionen der Alten Welt im allgemeinen auch offen für fremde Kulte[176], und ihre Götter sind austauschbar, das heißt, der griechische Zeus kann mit dem römischen Jupiter gleichgesetzt werden und beide mit den Hochgöttern orientalischer Religionen[177]. Mit Israel kommt in dieser Hinsicht etwas Neues in die Welt. Sein Gott ist nicht mehr austauschbar, sondern er verlangt eine Hinwendung, die alle anderen Götter ausschließt.

Man kann den Unterschied zwischen Religion und Glauben – es ist zugleich der Unterschied zwischen Religion und Offenbarung – auch folgendermaßen beschreiben: Religion fragt nach den großen Rätseln des Daseins. Die Fragenkette Ernst Blochs in der Einleitung seines Buches „Prinzip Hoffnung"[178]

Wer sind wir?
Wo kommen wir her?
Wohin gehen wir?
Was erwarten wir?
Was erwartet uns?

ist ein Musterbeispiel für religiöses Fragen. Solches Fragen geht vom Menschen aus, von seinen Wünschen und Sehnsüchten. Der Glaube Israels fragt anders. Er fragt nicht, was der Mensch sucht und erwartet, sondern was der Plan Gottes mit der Welt, was sein Wille ist.

Die Religion sucht die Interessen des Menschen zu befriedigen; der Glaube fragt nach den Interessen Gottes, weil er erfahren hat, daß Gott nichts anderes will als das Heil der Welt. Man könnte auch sagen: Die Religion versucht ständig, die eigenen Lebensentwürfe unter den Segen Gottes oder der Götter zu stellen; der Glaube hingegen verabschiedet die eigenen Lebensentwürfe und fragt nur noch, wie er dem Plan Gottes mit der Welt dienen kann. Der religiöse Mensch sorgt sich um sich selbst; der Glaubende fragt nach der Sorge Gottes.

Natürlich darf Religion in ihrer Komplexität nicht auf einfache Formeln gebracht werden. Es kann durchaus geschehen, daß bei dem, was hier als religiöses Sorgen und Suchen beschrieben wurde, der Augenblick eintritt, in dem alles kippt und die eigenen Interessen verstummen. In allen Religionen kann es geschehen, daß für den Einzelnen die Stunde kommt, in der er sich selbst vergißt und nur noch anbetend in reiner Offenheit vor dem unendlich Heiligen steht. Aber das, was wir normalerweise als Religion erfahren, vor allem konkret in uns selber, ist nicht so.

Zunächst einmal will der Mensch sich selbst und nicht Gott. Zunächst einmal ist ihm der Wille Gottes fremd. Sich einem fremden Willen zu öffnen ist schwer und macht den ständigen Widerwillen des Gottesvolkes verständlich. Das Murren bleibt ja keineswegs auf die Zeit des Alten Testamentes beschränkt. Es geht in der Kirche weiter. Immer wieder warnen die Verfasser der neutestamentlichen Schriften vor ihm[179]. Paulus schreibt an die Gemeinde in Korinth[180]:

Ihr sollt wissen, Brüder, daß unsere Väter alle unter der Wolke waren, alle durch das Meer zogen und alle auf Mose getauft wurden in der Wolke und im Meer. Alle aßen auch die gleiche gottgeschenkte Speise, und alle tranken den gleichen gottgeschenkten Trank; denn sie tranken aus dem lebenspendenden Felsen, der mit ihnen zog. Und dieser Fels war Christus. Gott aber hatte an den meisten von ihnen kein Wohlgefallen; denn er ließ sie in der Wüste umkommen. Das aber geschah als warnen-

des Beispiel für uns. (...) Murrt also nicht, wie einige von ihnen murrten; sie wurden vom Verderber umgebracht. (1 Kor 10,1–6.10)

So erschreckend sich die Widerspenstigkeit des Gottesvolkes und seine Glaubensschwäche ausnimmt – sie ist doch auch wieder ein Zeichen dafür, daß seit der Berufung Abrahams und der Herausführung Israels aus Ägypten in der Welt etwas Ungeheuerliches vor sich geht: Daß ein Wille in der Welt sichtbar wird, der nicht wieder die bloße Projektion menschlicher Sorgen und Sehnsüchte ist. Die Geschichte des Widerwillens Israels ist zugleich eine Geschichte der Wahrheitsfindung: Das Antlitz des wahren Gottes leuchtet auf.

Muß am Ende dieses Kapitels noch eigens gesagt werden, daß wir keinerlei Grund haben, auf Israel wegen seiner Widerspenstigkeit herabzusehen? Was in den Wüstengeschichten archetypisch erzählt wird, ist unser eigener Widerwille gegen die Führungsgeschichte Gottes, konkret: gegen den Exodus aus dem Ägypten unserer Wünsche und Leitbilder und gegen den Einzug in das Land, das Gott uns verheißen hat.

Wahrscheinlich muß man sogar noch viel schärfer urteilen. In Israel ist wenigstens noch um den Willen Gottes gerungen worden. Und aus den Erfahrungen der Katastrophe heraus hat Israel es gewagt, seine eigene Geschichte einer Revision zu unterziehen, sie ganz mit den Augen Gottes anzublicken und sie daraufhin als eine unablässige Geschichte des Widerwillens und der Aufsässigkeit gegen Gott zu bekennen. Von einem vergleichbar erschrocken-umkehrwilligen Rückblick auf die eigene Geschichte kann in der Kirche am Ende des 20. Jahrhunderts in keiner Weise die Rede sein.

Im Gegenteil: Der Glaube, um den Israel noch gekämpft und gerungen hat, löst sich in diesen Jahrzehnten – zumindest in Europa – fast widerstandslos und von vielen nicht einmal bemerkt in Religion auf: in eine Religion, die alles gelten läßt, die sich allem hingibt, die unzählige Götter hat, aber keine Geschichte mehr mit dem biblischen Gott. Die Errettung des Gottesvolkes aus der alten Gesellschaft, sein Weg durch die Wüste in das Land der Verheißung ist nur noch ferne Vergangenheit, aber keine Gegenwart mehr. Von der Bilanz des Glaubens her betrachtet war die Situation Israels im Exil besser als die gegenwärtige Lage der Kirche.

6. Der rote Faden der Heilsgeschichte

Und was sagt Gott selbst zu dem Murren, der ständigen Auflehnung, dem immer neuen Abfall seines Volkes? Was er sagt, wird in der Bibel in vielen Stimmen laut. Im Buch Exodus ist seine Antwort auf den Widerwillen Israels zunächst Geduld. Er schenkt Wasser, Manna und Wachteln. Erst nachdem er dem Volk die Tora übergeben und den Bund mit ihm geschlossen hat, das Murren Israels aber dennoch weitergeht, antwortet er im Zorn. Er will seine Geschichte mit Israel beenden und das Volk vernichten. Wir dürfen interpretieren: Er will das Volk seinen eigenen Wünschen überlassen, und das bedeutet: Es wird sich selbst zerstören. Nur weil Mose für Israel eintritt und Gott an die Verheißung erinnert, die er einst Abraham, Isaak und Jakob zugeschworen hat, läßt er von seinem Zorn ab (Ex 32,7–14).

Ähnliche Konstellationen sind in der Bibel häufig. Vielleicht ist die Stimme des Zornes Gottes nirgendwo deutlicher zu vernehmen als im Buch des Propheten Hosea[181] und dort wiederum in dem Textabschnitt 4,1–3. Er leitet eine lange Zornesrede gegen Israel ein, in der Gottesstimme und Verfasserkommentar abwechseln. Die Zornesrede reicht bis ans Ende von Kapitel 11. Der einleitende Abschnitt lautet:

Hört das Wort des Herrn, Söhne Israels!
Denn: Der Herr erhebt Klage gegen die Bewohner des Landes.
Es gibt keine Treue und keine Liebe
und keine Gotteserkenntnis im Land.
Nein: Fluchen, Betrügen, Morden, Stehlen und Ehebrechen!
Sie haben Gewalttat begangen im Land,
und Blutschuld hat sich an Blutschuld gereiht.
Darum soll die Erde in Trauer geraten.
Jeder, der auf ihr wohnt, soll verwelken
samt den Tieren des Feldes und den Vögeln des Himmels.
Selbst die Fische im Meer sollen zugrundegehen. (Hos 4,1–3)

„Diese drei Verse sind unglaublich radikal. Es gibt im ganzen Hoseabuch kein härteres Urteil über die Wirklichkeit. Es ist ein wahres Summarium göttlichen Zorns. Den Bewohnern des Landes wird alles, was positiv wäre, abgesprochen: Treue, Liebe, Gotteserkenntnis. Alles, was der Dekalog verbietet, kommt ihnen zu: Sie sind Gotteslästerer und Betrüger, Mörder, Diebe und Ehebrecher, Blutschuld reiht sich an Blutschuld. Der Zorn, den das heraufführt, kann nur zum Ende des Kosmos führen. Selbst mit den Tieren, den Vögeln und den Fischen wird es zu Ende sein"[182].

Was bei Hosea dann in den folgenden acht Kapiteln an zornigen Gottesworten und auch an entsprechenden Verfasserkommentaren laut wird, ist Entfaltung dieser Themenangabe. Sie ist wie eine Ouvertüre vorangestellt, die das Schreckliche einleitet und vorwegnimmt. Allerdings bleibt dann der Zorn Gottes nicht das letzte Wort. Schon zu Beginn von Kapitel 11 hat sich sein Zorn in Klage verwandelt. Gott kann seine erste Liebe nicht vergessen:

Als Israel jung war, gewann ich es lieb,
ich rief meinen Sohn aus Ägypten.
Doch je mehr ich sie rief,
desto mehr liefen sie von mir weg.
Sie opferten den Baalen
und brachten den Götterbildern Rauchopfer dar.
Ich war es, der Efraim gehen lehrte,
ich nahm sie auf meine Arme.
Sie aber haben nicht erkannt,
daß ich sie heilen wollte. (Hos 11,1–3)

Und in 11,8–9 kehrt sich in Gott alles um, sein glühender Zorn bricht zusammen und verwandelt sich in Liebe. Gott beendet das Gericht, das schon im Gang ist. Es kommt nicht zu der in 4,3 angedrohten kosmischen Katastrophe:

Wie könnte ich dich preisgeben, Efraim,
wie dich aufgeben, Israel? (...)
Mein Herz wendet sich gegen mich,
mein Mitleid lodert auf.

Ich will meinen glühenden Zorn nicht vollstrecken
und Efraim nicht noch einmal vernichten.
Denn Gott bin ich, kein Mensch,
der Heilige in deiner Mitte.
Darum komme ich nicht in Zornesglut. *(Hos 11,8–9)*

Diese Umkehrung von Zorn in Erbarmen, von Gericht in Heil, begegnet keineswegs nur bei Hosea. Ähnliche Texte finden sich auch in anderen Prophetenbüchern und darüber hinaus im ganzen Alten Testament. Gott antwortet seinem Volk trotz dessen Untreue und Auflehnung mit Treue. Sein Herz schlägt für Israel; er muß sich seiner erbarmen. So heißt es in Jes 54,6–8:

Kann man denn die Frau verstoßen,
die man in der Jugend geliebt hat?,
spricht dein Gott.
Nur für eine kleine Weile habe ich dich verlassen,
doch mit großem Erbarmen werde ich dich sammeln.
Einen Augenblick nur verbarg ich vor dir mein Gesicht
in aufwallendem Zorn,
aber mit ewiger Gnade werde ich mich deiner erbarmen,
spricht der Herr, dein Erlöser.

Man darf allerdings beim Heranziehen solcher Texte nicht in den Fehler verfallen, sie aus ihren Kontexten zu lösen. Es ist in Predigt und Katechese ja längst Mode geworden, unablässig von der Liebe Gottes zu sprechen und dabei zu verschweigen, daß in der Bibel von dieser Liebe meist im Kontext des Gerichts und der Katastrophe die Rede ist.

Solch isolierende Herauslösung verfälscht die Aussage der biblischen Texte. Der Gott, der dabei erscheint, ist nicht der Gott der Bibel, sondern lediglich die Projektion einer heute in der westlichen Gesellschaft und über sie auch in der Kirche weitverbreiteten Ideologie, die sich selbst für aufgeklärt und human hält: Sie beansprucht, alles anzuerkennen, jede Auffassung zu tolerieren, niemandem Schuld zuzuweisen und keinen Menschen auszugrenzen. Was da als Toleranz und Liebe verkündet wird, ist aber in Wahrheit Beliebigkeit, und der „liebende Gott" wird als Legitimation der eigenen Wünsche und Träume mißbraucht, denn in Bezug auf die eigene Lebensform wird tatsächlich alles toleriert. Was die anderen angeht, ist die Gesellschaft dann schon weniger tolerant. Wenn sie keine physische Gewalt anwendet, schlägt sie mit moralischen Hämmern zu – und zwar unentwegt. Unsere Medien triefen von Moral und Schuldzuweisungen, aber das alles immer unter dem Anspruch aufgeklärtester Toleranz und grenzenloser Offenheit. Diese Pseudo-Toleranz ist längst in die Kirche übergeschwappt und hat dort zu einer Inflation der Rede von der „Liebe" geführt. Das Thema „Gericht" hingegen ist tabu. Es entspricht bei „modernen" Christen längst nicht mehr der *political correctness*.

Man scheut sich fast, vor diesem Hintergrund Hos 11 zu zitieren. Die Verse Hoseas von der grundlosen, abgrundtiefen Zuneigung Gottes zu seinem Volk haben ja doch einen völlig anderen Kontext. Sie schildern keinen Gott billiger Liebe, die alles hinnimmt, sondern das „Dennoch" göttlicher Treue angesichts der Treulosigkeit des Gottesvolkes. Diese Treulosigkeit hat Folgen, die auch die Treue Gottes nicht hinwegzaubern kann. Letztlich bringt sie Israel ins Exil.

Die Liebe Gottes im Hoseabuch erscheint also im zusammengebrochenen Zorn. Der Prophet kann von ihr nur reden angesichts der Treulosigkeit Israels und im Zusammenhang der furchtbaren Verluste, die diese Treulosigkeit verursacht hat. Die Treue Gottes hält die letzte Zerstörung des Volkes, die nichts anderes als Selbstzerstörung ist, auf. Aber sie setzt kein Heil am Gericht vorbei. Die Folgekosten der Sünde können nicht übersprungen werden. Gott kann kein Paradies herbeizaubern, und seine Liebe kann das Gottesvolk nicht magisch verwandeln. Wohl aber machen es seine Liebe und Treue möglich, daß das Werk, das er mit Abraham begonnen hat, weitergeht, daß nicht alles abbricht – vorausgesetzt, daß er in Israel Menschen findet, die seine Treue beantworten und ergreifen. Aus dem „Dennoch" der Treue Gottes und dem Sich-Öffnen derer, die glauben, entsteht Heilsgeschichte, verändert sich Welt, erscheint der Plan Gottes wie ein roter Faden, der sich durch die Geschichte Israels und der Völker zieht – an vielen Stellen sichtbar, aber auch oft unsichtbar.

Gott hat tatsächlich immer wieder Menschen gefunden, die seine Treue erkannten, auf seine Verheißungen setzten und seinem Plan mit der Welt trauten. Abraham und sein Glaube an die Verheißung hat sich dem Gedächtnis des Gottesvolkes bis in die Tiefe eingeprägt und immer neue Nachfolger Abrahams hervorgebracht. Allerdings waren es oft nur wenige, die begriffen haben. Gott mußte seine Geschichte meist mit einer kleinen Zahl, ja manchmal mit einem Einzigen voranbringen. Die Bibel hat diese Erfahrung in der Gestalt des Elija verdichtet.

Schon sein Name ist ein Programm. „Eli-Ja" heißt: „Mein Gott ist JHWH (und kein anderer)". Elija kämpft für die Einzigkeit JHWHs. Er ist überzeugt: Der Gott, den Israel in seiner Geschichte erfahren hat, darf nicht hineingenommen werden in die Welt der Baale und so mit ihnen gleichgesetzt werden. Wird er zusammen mit anderen Göttern angebetet, ist das bereits Abfall vom Glauben der Väter. Deshalb erzählt die Elija-Legende unter Anspielung auf den kultischen Hüpftanz der Baals-Propheten:

Elija trat vor das ganze Volk und rief: „Wie lange wollt ihr noch nach zwei Richtungen zugleich hüpfen? Wenn JHWH Gott ist, dann folgt ihm. Wenn aber Baal es ist, dann folgt diesem." Doch das Volk gab ihm keine Antwort. (1 Kön 18, 21)

Das Volk gibt keine Antwort, denn es will von seiner Baals-Verehrung nicht ablassen. Es weiß ja: Der König selbst hat in Samaria einen Baals-Tempel gebaut und in ihm einen Staatskult für Baal eingerichtet. Indem Elija – gegen ganz Israel – an dem Bekenntnis „JHWH allein" festhält, gerät er in eine letzte Einsamkeit. Sie gipfelt in der Klage:

Mit leidenschaftlichem Eifer bin ich für JHWH, den Gott der Heere, eingetreten, weil die Israeliten deinen Bund verlassen, deine Altäre zerstört und deine Propheten mit dem Schwert getötet haben. I c h a l - l e i n b i n ü b r i g g e b l i e b e n , und nun trachten sie auch mir nach dem Leben. (1 Kön 19, 10)

Die Klage Elijas wird zwar im Fortgang der Erzählung korrigiert. Gott sagt seinem Propheten:

*Ich habe in Israel noch 7000 übriggelassen, deren Knie sich vor dem Baal
nicht gebeugt und deren Mund ihn nicht geküßt hat. (1 Kön 19,18)*

Elija war also nicht völlig allein. Es waren mehr treu geblieben, als er
selbst wußte. Trotzdem trifft er mit seiner Klage etwas Wesentliches:
Die Geschichte Gottes mit seinem Volk hängt in diesem Augenblick
tatsächlich an seinem leidenschaftlichen Eifer. Die Stillen im Land allein würden nicht genügen, so wichtig sie auch sind.
„Ich allein bin übrig geblieben." Betrachtet man den Glauben Israels als Religion und die Geschichte seines Glaubens als Religionsgeschichte, kann man in der Klage Elijas nur eine maßlose Übertreibung sehen. Das Religiöse sitzt tief im Bauch und ist niemals auszurotten, weil es seinen Ausgangspunkt bei den Bedürfnissen des Menschen
hat. Es hängt nicht an der Treue eines Einzelnen. Daß dies wirklich so
ist, zeigen die freischwebenden Formen von Religion, die sich seit dem
Rückgang des Christentums in der westlichen Welt gebildet haben: Sie
kreisen alle um Selbstfindung.
Der Glaube Israels hat seinen Ort aber nicht auf dem Feld des Religiösen. Es geht in ihm nicht zuerst um menschliche Bedürfnisse, sondern um den Willen Gottes, um den Plan Gottes mit der Welt. Der
Glaube Israels handelt deshalb auch nicht von dem, was immer schon
war und was die Menschen schon immer bewegt hat, sondern von dem,
was Gott mit Abraham begonnen hat – wider alle menschlichen Möglichkeiten. Dieses Neue ist in einer Welt, die sich um ihre eigenen Sorgen dreht, von Anfang an aufs äußerste gefährdet. Es hängt an einem
dünnen Faden. Es ist wie ein Gehen auf Wasser. Es hängt immer wieder an dem Glauben weniger, und es hängt daran, daß diese wenigen
Nachfolger finden. So ist es durchaus folgerichtig, daß sich im Kranz
der Elija-Erzählungen nun sofort die Berufung des Elischa anschließt:

*Als Elija von dort weggegangen war, fand er Elischa, den Sohn Schafats.
Der war gerade am Pflügen. Vor sich hatte er zwölf Gespanne; er selbst
war am zwölften. Wie Elija an ihm vorüberschritt, warf er seinen Mantel über ihn. Sofort verließ Elischa die Rinder, lief hinter Elija her und
bat ihn: „Laß mich noch meinem Vater und meiner Mutter den Ab-
schiedskuß geben. Dann will ich dir nachfolgen." Elija antwortete:*

„Kehr ruhig zurück! Was habe ich denn an dir getan?" Da kehrte Elischa zurück, nahm das Gespann Rinder und schlachtete sie. Mit dem Joch der Rinder briet er ihr Fleisch und setzte es den Leuten zum Essen vor. Dann stand er auf, folgte Elija und trat in seinen Dienst. (1 Kön 19,19–21)

Elischa wird in diesem Text als Sohn eines wohlhabenden Bauern vorgestellt, denn er pflügt mit zwölf Gespannen. Er selbst arbeitet mit dem letzten, dem zwölften Gespann, und hat so die Übersicht, wie die elf Knechte vor ihm die Furchen ziehen. Elija beruft ihn, indem er seinen Mantel über ihn wirft. Auf diese Weise wird Elischa für die Sache Gottes in Beschlag genommen. Elischa weiß sofort, was das für ihn bedeutet: Verlassen der Familie und Bruch mit dem bisherigen Beruf. Der Rest der Erzählung führt nur noch aus, wie der reiche Erbe das alles hinter sich zurückläßt.

Zunächst bittet Elischa um die Erlaubnis, sich noch von seinen Eltern verabschieden zu dürfen. Er weiß also, daß er schon nicht mehr sein eigener Herr ist, sondern im Dienst Elijas steht. Elija erlaubt ihm den Abschied. Mit dem Satz „Was habe ich denn an dir getan?" räumt er ihm alle Freiheit ein. Wer berufen wird, darf nur in völliger Freiheit nachfolgen. Aber gerade diese Freigabe macht Elischa erst recht bewußt, was mit ihm geschehen ist. Wahrscheinlich will der Text sagen, daß er gar nicht mehr nach Hause zurückkehrt, sondern mitten auf dem Feld ein Abschiedsmahl für sein Gesinde improvisiert. Als Feuerholz nimmt er jedenfalls die Jochstangen eines Gespanns – zum Zeichen, daß er seinen bisherigen Beruf aufgibt und daß die Sache Gottes keinen Aufschub duldet.

Die Erzählung zeigt aber nicht nur das „Sofort" der Nachfolge. Sie zeigt auch, daß das Neue, das Gott mit Israel begonnen hat, nur von Person zu Person weitergegeben werden kann. Es gibt keinen automatischen Übergang des Glaubens auf die nächste Generation. Von Angesicht zu Angesicht müssen Glaube und Charisma übergeben werden. Elischa muß sozusagen den Mantel des Elija auf seinem Leib spüren.

Die Erzählung zeigt noch ein Drittes: Elischa hätte von sich aus wohl nie daran gedacht, Prophet zu werden. Er hatte ganz andere Dinge im Blick: den Betrieb seiner Eltern, das Geschäft, die Familie. Wahrscheinlich wird er gerade deshalb berufen. Die religiösen Funktionäre schotten sich häufig gegen das Neue ab, das Gott will. Gott braucht die religiös Nicht-Professionellen, die in ihrem Handwerk erfahren sind. Er braucht Menschen, die in der Lage sind, mit zwölf Gespannen zu pflügen oder mit Winkeleisen und Lot umzugehen – und die das Lot dann auch an den Zustand des Gottesvolkes anlegen. Mit vielen anderen, bis zu Jesus und den Fischern, die er in seine Nachfolge rief, sollte es im Lauf der Heilsgeschichte so sein.

Der Prophet Amos zum Beispiel ist ein Grundbesitzer, der Vieh züchtet und mit Maulbeerfeigen handelt[183]. Durch seine finanzielle Unabhängigkeit unterscheidet er sich grundlegend von den Berufspropheten, die darauf angewiesen sind, daß man sie für ihre Prophetenworte bezahlt. Er stammt aus Tekoa, südlich von Jerusalem, tritt aber in Bet-El, also im Nordreich, auf und prophezeit dessen Untergang:

Amazja, der Priester von Bet-El, ließ Jerobeam, dem König von Israel melden: „Mitten im Staat Israel betreibt Amos eine Verschwörung gegen dich; seine Worte sind für das Land unerträglich. Denn so sagt Amos: Jerobeam wird durch das Schwert sterben, und Israel wird verschleppt werden, verschleppt werden aus seinem Land."
Zu Amos aber sagte Amazja: „Seher, geh, flieh schnell in das Land Juda! Dort iß dein Brot; dort magst du als Prophet auftreten! In Bet-El kannst du nicht mehr als Prophet auftreten, denn das hier ist Heiligtum des Königs, das hier ist Staatstempel."
Amos antwortete Amazja: „Ich bin kein Prophet und kein Prophetenschüler, sondern ich bin Viehzüchter und handle mit Maulbeerfeigen. Doch der Herr hat mich von meiner Herde weggeholt und zu mir gesagt: Geh und tritt als Prophet vor mein Volk Israel.
Darum höre jetzt das Wort des Herrn! Du sagst: Tritt nicht als Prophet gegen Israel auf, prophezei nicht gegen das Haus Isaak! Darum – so spricht der Herr: Deine Frau wird in der Stadt als Dirne leben, deine Söhne und Töchter werden durch das Schwert fallen, dein Land wird mit der Meßschnur verteilt werden, du selbst aber wirst in einem unreinen Land sterben, und Israel wird verschleppt werden, verschleppt werden aus seinem Land." (Am 7,10–17)

Normalerweise wissen wir wenig über die Situation, in der Prophetenworte ursprünglich gesprochen wurden. Eben deshalb ist dieser Text
aufschlußreich. Er zeigt, daß Amos gegenüber der Allianz von Tempel
und Staat keine Chance hat, zeigt aber auch sein Selbstbewußtsein.
Amos weiß sich unabhängig vom Staat. Er weiß, daß Gott ihn berufen
hat, und daß letztlich nicht er der von Amazja Angezeigte und Aus-
gewiesene ist, sondern Gott selbst[184].

Er ist ein Außenseiter, doch oft bringt Gott gerade über Außenseiter
seine Geschichte voran. Amos wurde zum ersten „Schriftpropheten". Er
selbst oder seine Anhänger haben eine Sammlung seiner Prophetenworte verfertigt – Vergleichbares hatte es vorher nicht gegeben –, und solche Prophetenbücher sollten für die Zukunft Israels von entscheidender Bedeutung sein.

Aus all dem folgt nun freilich nicht, daß die Heilsgeschichte nur über
Außenseiter vorankommt. Wir müssen uns bei der Betrachtung der Geschichte Gottes mit seinem Volk vor jeder anti-institutionellen Roman-
tik hüten. Sie würde dieser Geschichte keinesfalls gerecht. Der Prophet
Jesaja zum Beispiel gehört zur Führungselite Judas. „Er ist erstaunlich
gut über die Ereignisse auf diplomatischer Ebene, und zwar bis in die
Geheimsphäre außenpolitischer Abmachungen hinein, orientiert"[185],
und das setzt enge Beziehungen zum königlichen Hof in Jerusalem voraus. Möglicherweise war Jesaja sogar mit der königlichen Familie ver-
wandt.

Ähnliches gilt von der für die Geschichte Israels so entscheidenden
Reformbewegung unter König Joschija, der von 640–609 in Jerusalem
regiert[186]. In dieser Bewegung spielen der Priester Hilkija und der
Schreiber Schafan eine maßgebende Rolle[187]. Beide waren die wichtigsten Beamten des Königs. Offenbar gelingt es damals für einige wenige
Jahre, das davidische Königshaus, Teile der Jerusalemer Beamtenschaft,
die Jerusalemer Priester und die judäische Mittelschicht zu einer Koalition zu vereinen[188]. Diese Koalition will das Gottesvolk von neuem zusammenführen, ihm wieder das ganze Land der ehemaligen zwölf
Stämme verschaffen und Jerusalem zu dem Ort machen, wo der Glaube Israels sich in gemeinsamen Festen ausdrückt[189].

Hier sind also gerade keine Außenseiter am Werk, sondern Beamte,
die maßgebende Institutionen der Königszeit repräsentieren: den Tem-

pel und den Königshof. Entscheidend ist nicht die Herkunft derer, die Gottes Geschichte weitertragen, sondern ob sie die Sache, um die es geht, wahrnehmen und vertreten.

Zu solcher Wahrnehmung gehört vor allem die Erinnerung, und zwar die Erinnerung an das, was Gott bereits getan hat. Für die Reformbewegung unter Joschija ist es geradezu kennzeichnend, daß sie zurückschaut in die Geschichte Israels und diese ganze Geschichte einer Revision unterzieht. Die schon geschehene und schon gedeutete Geschichte wird noch einmal neu angeschaut und neu gedeutet. Zur theologischen Basis der Bewegung wird eine Vorstufe unseres heutigen Buches Deuteronomium. Und diese Vorstufe wird dann bald die Kernzelle einer einzigen großen Rückschau, die von Mose bis zum König Joschija reicht: des sogenannten „Deuteronomistischen Geschichtswerks", das die Bücher Deuteronomium bis 2 Könige umfaßt.

Auch das Wesen der Propheten Israels würde verkannt, sähe man in ihnen reine Deuter der Zukunft. Selbstverständlich spielen bei den Propheten Voraussagen des Kommenden eine große Rolle. Noch wichtiger als alle Prognose ist aber die Diagnose der Gegenwart. Und diese Diagnose ist gar nicht möglich ohne ständige Erinnerung an das, was in der Vergangenheit zwischen Israel und seinem Gott geschehen ist.

Das alte Israel blickt nicht wie der moderne westliche Mensch der Zukunft entgegen. Es stellt sich die Zukunft stets *hinter sich* vor. Es hat die Zukunft im Rücken. Das hebräische Wort für Zukunft ist „hinten" *(ʾaḥar)*. Die Vergangenheit hingegen ist „vorn" *(qædæm)*. Die Israeliten hätten nicht gesagt: „Auschwitz liegt hinter uns", sondern: „Es liegt vor uns, es liegt vor unseren Augen." Und so schaut Israel auch dann, wenn es sich in die Zukunft bewegt, nicht nach vorn, sondern zurück auf das, was schon geschehen ist, und geht, rückwärts gewandt – einen Schritt weiter in die Zukunft.

Sein Weitergehen ist deshalb nicht gelenkt durch Mutmaßungen über Zukünftiges, sondern durch das Bedenken des schon Geschehenen. Indem sich die Vergangenheit wie eine zusammenhängende Spur darstellt, in der sich die richtigen und die falschen Schritte, die Umwege und Irrwege abzeichnen, wird der nächste Schritt möglich. Man könnte das Ganze mit der Fortbewegung eines Ruderers vergleichen, der ja stets mit dem Rücken zur Fahrtrichtung sitzt und sich an Punkten, die er längst hinter sich gelassen hat, orientiert. Ebenso führt Gott sein Volk, indem er ihm die Vergangenheit aufschließt. Nirgendwo in der Bibel wird das deutlicher als im Buch Deuteronomium und im Deuteronomistischen Geschichtswerk.

Die große geschichtliche Rückschau, die in Israel vor allem unter Joschija einsetzt, erreicht im Exil ihren Höhepunkt. Zunächst sieht es so aus, als sei mit der Vertreibung aus dem Land alles zu Ende, als sei der Faden der Geschichte mit Gott endgültig abgerissen. In Wahrheit aber erweist sich die Katastrophe des Exils als *Heils*geschichte und Schritt in die Zukunft. Denn die Stunde, da die von David geschaffene staatliche Existenzform Israels an ihr Ende kommt, erweist sich als produktive Krise. Sie führt zu einer Neugeburt des Gottesvolkes.

Die umfangreichsten Teile des Alten Testaments entstehen aus dem Nachdenken über die Krise des Exils, aus dem Zurückschauen, aus der Umkehr, aus dem Begreifen des eigenen Versagens als einer „glücklichen Schuld". Das Exil bedeutet geradezu einen „qualitativen Sprung" in der Wahrnehmungsfähigkeit Israels. Vieles, was für uns wie selbstverständlich zum Glauben des alttestamentlichen Gottesvolkes gehört, ist überhaupt erst durch das Exil in das helle Bewußtsein Israels gelangt. Erst durch das Exil ist das Alte Testament als Kanon möglich geworden.

Vielleicht darf man daraus sogar ein Gesetz formulieren: Der entscheidende Fortschritt in der Geschichte zwischen Gott und seinem Volk geschieht immer dann, wenn das Gottesvolk in Not gerät, in dieser Not seine Schuld erkennt, aus seiner Schuld zu Gott umkehrt und in der Umkehr die Wegrichtung korrigiert. Gerade die Not des Gottesvolkes wäre dann einer der Gründe, daß die Sache Gottes nicht untergeht, sondern als Heilsgeschichte vorankommt.

All das macht deutlich: Was in den Büchern Exodus und Numeri über den Widerstand und die Rebellion Israels gesagt wird, kann noch nicht das letzte Wort sein. Tatsächlich erzählen diese beiden Bücher auch nicht nur vom Murren des Gottesvolkes. Sie haben noch andere Bilder. Eines der schönsten ist das Bild von der Wolke, in deren Schutz Israel lagern darf und von deren Feuerschein es geführt wird:

Immer, wenn die Wolke sich von der Wohnstätte (= dem Wüstenheiligtum) erhob, brachen die Israeliten auf – bei all ihren Wanderungen.

135

Wenn sich aber die Wolke nicht erhob, dann brachen sie nicht auf bis zu dem Tag, an dem sie sich erhob. Die Wolke des Herrn schwebte bei Tag über der Wohnstätte; bei Nacht aber war in der Wolke vor den Augen des ganzen Hauses Israel Feuerschein – bei all ihren Wanderungen. (Ex 40,36–38)

Dieses Bild der „Wolke" mag aus sehr früher Zeit stammen, aus der Zeit, in der JHWH noch reiner Wüstengott war, der von Seir her kam und als ein weithin leuchtender Vulkan beschrieben wurde. Alte Texte Israels spiegeln noch diese frühe Gotteserfahrung, die vielleicht die Mose-Leute mitgebracht haben[190]. In der Zeit, in der das Buch Exodus abgeschlossen wird, ist das Bild von der Feuerwolke jedoch längst kein naives Bild mehr. Vielmehr verdichtet sich in ihm die Erfahrung einer langen Führungsgeschichte.

Israel ist Gesellschaft aus ständig erneuerter Gottesführung. Es ist in seiner Existenz unablässig gefährdet, sein Glaube wird oft nur noch von wenigen getragen, und diese wenigen sind nicht selten Außenseiter. Die Sache Gottes hängt stets an einem dünnen Faden. Aber dieser Faden reißt nicht. Die Treue Gottes hält das Gewicht der Treulosigkeit aus. Gott bleibt in der Mitte seines Volkes. Israel ist Volk unter dem Feuerschein der Wolke.

7. Die Suche nach der Form des Gottesvolkes

Erst die Krise des Exils hat das Alte Testament ermöglicht. Diese Krise hat aber noch etwas anderes möglich gemacht: eine neue Existenzform Israels. Die Geschichte des Gottesvolkes ist nicht nur ständiges Ringen um die Weitergabe des Glaubens. Sie ist auch unablässige Suche nach der richtigen Form des Gottesvolkes. Von dieser Suche muß nun am Ende dieses II. Teiles noch die Rede sein.

Die Frage nach der „Form" des Gottesvolkes mag ungewöhnlich erscheinen. Sie ist aber notwendig. Sie wäre nur dann überflüssig, wenn Glaube etwas rein Innerliches oder Weltloses wäre. Der Glaube Israels geht aber immer auf „Welt". Er will mehr und mehr Welt unter die Herrschaft Gottes bringen. Er will, indem er die Tora, die Sozialordnung Gottes lebt, die ihm anvertraute Welt verwandeln, damit offensichtlich wird, wie sie nach dem Willen Gottes gedacht ist. Damit bekommt der Glaube notwendig eine gesellschaftliche Dimension. Aber welche Form von Gesellschaft ist ihm angemessen? Wie brennend diese Frage nach wie vor ist, braucht nicht lange gezeigt zu werden. Viele Christen sind sich ganz ungewiß, welchen Ort die Kirche innerhalb der Gesellschaft haben sollte. Ist sie eine Art Verein? Oder so etwas wie ein Dachverband für christliche Belange? Oder ist sie in einer Gesellschaft, in der es zahllose Zuständigkeiten gibt, die Regional-Instanz für Religiöses und Transzendenzbezug?

Die Kirche selbst hat sich gegenüber allen Versuchen, die sie auf Innerlichkeit eingrenzen wollten, stets als „Gesellschaft" verstanden[191]. Noch das Zweite Vatikanum definiert sie als *societas*[192]. Aber in welchem Sinn ist sie Gesellschaft? Und was sagt hier das Alte Testament? Es theoretisiert nicht, sondern zeigt den langen Weg, den das Gottesvolk auf der Suche nach seiner Form zurückgelegt hat – bis in das Elend des Exils und der Diaspora hinein. Aus den Erfahrungen der Katastrophe hat Israel dann sein Verhältnis zur übrigen Gesellschaft und zum Staat allmählich und unter vielen Rückschlägen begreifen können.

a) Das Gottesvolk als Stämmegesellschaft

Über lange Zeit hin ist Israel kein Staat. 200 Jahre lang, grob gerechnet von 1200–1000, hat es keine zentrale Regierung. Konkret: Es hat keinen König. Man darf diese zwei Jahrhunderte aber nicht als die „vorstaatliche Zeit" Israels bezeichnen. Das tun zwar viele. Doch damit qualifizieren sie diese Zeit als etwas Vorläufiges und die staatliche Periode als das Eigentliche. Und genau so verzerren sich die Dinge bereits. Die Tatsache, daß rund um Israel Könige regieren, daß hingegen Israel selbst 200 Jahre lang keinen König hat, muß theologisch ernst genommen werden[193].

Für den Alten Orient ist der König und seine Zentralregierung nicht nur eine Selbstverständlichkeit, der König sorgt auch dafür, daß die Ordnung, an deren Spitze er steht, urzeitliche Legitimation hat. Im Zweistromland will das Weltschöpfungsepos *Enūma elisch* dartun, daß das babylonische Königtum zum Ursprungsgeschehen der Welt gehört und deshalb als Teil der Schöpfungsordnung sakrosankt ist. Ähnlich stellt es die Staatstheologie Ägyptens dar: Der König und sein Herrschaftssystem waren schon immer und bleiben in Ewigkeit. Demgegenüber ist es schlichtweg revolutionär, wenn das biblische Israel von sich selber sagt, es sei in seiner Frühzeit lange ohne Königtum gewesen[194]. Über die Anfänge Israels haben wir zu Beginn dieses II. Teils bereits ausführlich gesprochen. Dort ist auch schon deutlich geworden: Israels Stämmegesellschaft war nicht eine primitive Vorform zum Staat, als hätte man es zu Anfang noch nicht anders gewußt oder nicht besser gekonnt. Sie war vielmehr bewußtes Gegenmodell zu den monarchisch organisierten kanaanäischen Stadtstaaten[195]. Man wollte nicht so leben wie in Kanaan oder in Ägypten.

Entscheidend war der freiwillige Zusammenschluß. Unbedingt verpflichtende Solidarität gab es nur innerhalb der Familie und bis zu einem bestimmten Grad auch noch in der Sippe. Auf der Ebene des Stammes und des Stammesverbandes hingegen konnte nichts erzwungen werden. Das zeigte sich sehr deutlich in Krisenzeiten, vor allem wenn äußere Feinde in die Gebiete Israels einfielen. Dann gab es keine Mobilmachung durch eine zentrale Instanz. Sie mußte von unten geschehen, in freiwilligem Entscheid der Sippen und Stämme zum Kampf.

Das Buch der Richter kennt keinen einzigen Krieg gegen äußere Feinde, an dem sich sämtliche Stämme beteiligt hätten. Für den Kampf gegen die Koalition der kanaanäischen Könige, die das Debora-Lied besingt, haben zwei charismatische Gestalten, Debora und – von ihr angetrieben – Barak, die Initiative ergriffen. Die Stämme Efraim, Benjamin, Manasse, Sebulon, Issachar und Naftali haben sich ihnen angeschlossen. Die Stämme Ruben, Gilead (= Gad), Dan und Ascher werden gerügt, weil sie zu Hause geblieben sind und sich am Kampf nicht beteiligt haben:

In Rubens Bezirken gab es gewichtige Beratungen.
Warum bliebst du zwischen den Hürden sitzen
und hörtest bei den Herden dem Flötenspiel zu?
In Rubens Bezirken gab es gewichtige Beratungen.
Gilead blieb untätig jenseits des Jordan.

Warum diente Dan auf fremden Schiffen?
Ascher saß still am Ufer des Meeres,
blieb seelenruhig an seinen Buchten. *(Ri 5,15–17)*

Dasselbe Lied gibt den Mannschaften, die sich zur gemeinsamen Heerfolge bewegen ließen, den Ehrentitel „Volk JHWHs" *('am jhwh)*[196]. Wir haben hier die älteste Form und eine der ältesten Bedeutungen des uns so geläufigen Begriffs „Volk Gottes" vor uns: Wo sich Menschen freiwillig zur gegenseitigen Solidarität zusammenfinden und sich ohne Angst in den Dienst JHWHs stellen, entsteht Gottesvolk.

Das Debora-Lied zeigt zugleich: Es gibt noch keine sippen- oder gar stammesübergreifenden Ämter. Nur dem Charisma der Debora und anderer Rettergestalten gelingt es, jeweils einen Teil der Stämme zum Kampf gegen die kanaanäischen Bedrücker zusammenzuführen. Nach dem Sieg erlischt ihr Charisma, und sie kehren zu ihren Familien zurück. Die egalitäre Grundsituation ist wiederhergestellt.

Das Bestechende an der Stämmegesellschaft sind also Freiwilligkeit und Gleichheit. Das Problem ist die Gewalt. Nichts ist streitbarer als der Freiheitswille einer Gesellschaft ohne Staat. Das Fehlen überregionaler Ämter führt dann immer wieder zu unkontrollierbaren Ausbrüchen von Gewalt. Das Buch der Richter schildert einen solchen Ausbruch exemplarisch in der Schandtat der Einwohner von Gibea an der Frau eines fremden Leviten; sodann in der maßlosen Vergeltung, die ganz Israel dafür am Stamm Benjamin nimmt; schließlich in dem brutalen Vorgehen, das die übriggebliebenen Benjaminiter mit Frauen versorgen soll (Ri 19–21). Kann das Gottesvolk auf die Dauer ohne übergreifende Ämter existieren? Genügen charismatische Gestalten wie Ehud, Debora, Gideon oder Jiftach?

b) Das Gottesvolk als Staat

Das große Experiment mit dem Staat beginnt in Israel mit David, der um das Jahr 1 000 von allen Stämmen als König anerkannt wird[197]. Es endet für das Nordreich mit dem Fall Samarias im Jahre 722, für das Südreich mit dem Fall Jerusalems im Jahre 586. Daß es zu diesem Experiment, welches so furchtbar enden sollte, überhaupt kam, ist verständlich: Um das Jahr 1 050 konnten die Philister, die mit dem „Seevölkersturm" vom Norden gekommen waren und in der Küstenebene allmählich festen Fuß gefaßt hatten, die Israeliten bei der Stadt Aphek entscheidend schlagen. Ihrem militärischen Druck war der schwerfällige und schlecht bewaffnete Heerbann des Stämmeverbandes auf die Dauer nicht gewachsen.

Von daher werden der schnelle Aufstieg Davids und die Tatsache, daß Israel fast über Nacht zum Staat wird, verständlich. Man muß allerdings sehen: Daß sich David eine eigene schlagkräftige Söldnertruppe aufbaut und sich mit der Eroberung Jerusalems eine von den Stämmen unabhängige Machtbasis schafft, bedeutet einen radikalen Bruch mit der Vergangenheit[198]: Es gibt nun in Israel eine Zentralregierung mit dem entsprechenden Beamtenapparat und ein immer besser organisiertes Abgabensystem. Es gibt Berufsoffiziere und neben dem Heerbann ein Berufsheer. Aus den locker gefügten Stammesgebieten wird ein zusammenhängender, großräumiger Territorialstaat. Und mit dem Territorialstaat beginnen zum ersten Mal in der Geschichte Israels ausgesprochene Eroberungskriege. In 2 Sam 8,1–2 wird berichtet:

David schlug die Philister. Er unterwarf sie und nahm ihnen die Zügel aus der Hand. Auch die Moabiter schlug er. Sie mußten sich nebeneinander auf die Erde legen, und er maß die Reihe mit einer Meßschnur ab: jeweils zwei Schnurlängen wurden getötet, und jeweils eine volle Schnurlänge ließ er am Leben. So wurden die Moabiter David untertan und tributpflichtig.

Aber noch fragwürdiger ist, daß mit Davids Nachfolger Salomo in Israel ein *sakrales* Königtum entsteht. Der König fungiert nun als oberster Richter des Volkes und zugleich als der höchste Priester des Jerusalemer Tempels. JHWH aber wird zum Staatsgott. Zum ersten Mal prägt sich auch im Gottesvolk aus, was man später in Europa die „Verbindung von Thron und Altar" nennen wird. Israel gleicht sich den orientalischen Herrschaftssystemen an. In 1 Sam 8,20 erklärt das Volk, als sich der Prophet Samuel aus guten Gründen gegen die Einführung des Königtums wehrt:

Ein König soll über uns herrschen.
Wir wollen sein wie alle anderen Völker.

Mit dem sakralen Königtum und dem zentral verwalteten Staat kommen – inmitten zivilisatorischen Fortschritts – auch die Unrechtsstrukturen der Nachbarvölker über Israel: Schon unter Salomo wird im Land der Frondienst eingeführt[199], also genau jenes menschenverachtende System, um dessentwillen Israels Vorfahren aus Ägypten ausgezogen waren. Und sehr schnell entsteht, basierend auf dem harten orientalischen Kreditrecht, eine ausgesprochene Klassengesellschaft.

Gegen all das erhebt sich massiver Widerstand im Namen der alten Freiheitstraditionen Israels. Er ist noch hinter vielen Texten des Alten Testaments zu greifen. So macht zum Beispiel eine politische Satire in der Form der Pflanzenfabel das Königtum lächerlich (Ri 9, 8 – 15). Die Fabel läuft so: Auch die Bäume möchten endlich einen König haben. Sie tragen das Königtum zuerst dem Ölbaum, dann dem Feigenbaum und schließlich dem Weinstock an. Doch alle drei lehnen ab. Sie wollen nicht ihre Nützlichkeit für die Menschen einbüßen, nur um „über den anderen Bäumen zu schwanken".

Da sagten alle Bäume zum Dornstrauch: „Komm, sei du unser König!"
Und der Dornstrauch sagte zu den Bäumen: „Wollt ihr mich wirklich
zu eurem König salben? Kommt, findet Schutz in meinem Schatten!
Wenn ihr aber nicht wollt, dann soll vom Dornstrauch Feuer ausgehen
und selbst die Zedern des Libanon fressen." (Ri 9,14 f)

Es bleibt nicht bei der ätzenden Satire. David muß zwei Aufstände niederkämpfen, die auf breiter Basis entfacht worden sind. Das Haupt des einen Aufstands ist sein eigener Sohn Abschalom, das Haupt des anderen, noch viel gefährlicheren, ein Benjaminiter namens Scheba[200]. Offenbar beabsichtigten sowohl Abschalom wie Scheba eine Art konstitutionelle Monarchie zu schaffen, die stärker auf die Traditionen der egalitären Stammesgesellschaft Rücksicht nehmen sollte[201].

Als sich nach dem Tod Salomos die Nordstämme vom Stamm Juda lossagten, spielt neben alten Stammesrivalitäten die Kritik an der Unfreiheit unter dem Königtum eine entscheidende Rolle. Denn zum Fanal der Rebellion wird bezeichnenderweise der Mord an dem königlichen Fronaufseher Adoniram[202], und die Parolen der Aufständigen lauten:

Welchen Anteil haben wir schon an David?
Wir haben keinen Erbbesitz beim Sohne Isais!
In deine Zelte, Israel!
Kümmere dich um dein eigenes Haus, David!
(1 Kön 12,16)

Der politische Widerstand der frühen Königszeit setzt sich auf anderer Ebene fort im Widerstand der Propheten. Ihre scharfe Sozialkritik, in der sie die Verachtung und Ausbeutung der Armen anprangern, ist von Anfang an mit Staats- und Systemkritik durchmischt.

Als dann das Königtum unter der Gewalt Assurs und Babylons zusammenbricht, wird der Weg frei für eine Rückbesinnung. In einer umfassenden Revision schaut das deuteronomistische Geschichtswerk noch einmal auf die Königszeit zurück, wägt Positives und Negatives ab, geht den Ursachen für die Katastrophe nach und kommt im ganzen zu einer äußerst kritischen Sicht der staatlichen Zeit. Sie gipfelt in einer Szene, die der gesamten Geschichte des Königtums in Israel deutend vorangestellt wird. Ihr Ausgangspunkt: Samuel wird mit einer Art Volksbegehren nach einem König konfrontiert:

„Setze jetzt einen König bei uns ein, der uns regieren soll, wie es bei allen Völkern der Fall ist!" Aber Samuel sah es als eine böse Sache an, daß sie sagten: Gib uns einen König, der uns regieren soll! Samuel betete deshalb zum Herrn, und der Herr sagte zu Samuel: „Hör auf die Stimme des Volkes in allem, was sie zu dir sagen. Denn nicht dich haben sie verworfen, sondern mich haben sie verworfen: Ich soll nicht mehr ihr König sein. Das entspricht ganz ihren Taten, die sie immer wieder getan haben, seitdem ich sie aus Ägypten heraufgeführt habe, bis zum heutigen Tag; sie haben mich verlassen und anderen Göttern gedient." (1 Sam 8,5–8)

Die Kritik an der Königszeit könnte kaum schärfer sein. Und doch enthält der Text einen Widerhaken. Gott sagt ja zu Samuel: „Hör auf die

Stimme des Volkes!" Das heißt: „Gib Israel einen König!" Anders konnten die Verfasser des deuteronomistischen Geschichtswerkes auch gar nicht formulieren, denn es gab ja schließlich die Natansverheißung, die dem Königtum Davids einen ewigen Bestand sicherte:

Dein Haus und dein Königtum sollen durch mich auf ewig bestehen, dein Thron auf ewig Bestand haben. (2 Sam 7,16)

Indem die Verfasser des deuteronomistischen Geschichtswerkes diese Verheißung trotz ihrer Kritik an der Königszeit hochhalten, machen sie deutlich: Die Phase, in der das Gottesvolk in der Form des Staates existierte, war nicht umsonst. Denn damals wurde Israel eine Hoffnung eingestiftet, die niemals mehr ausgelöscht werden kann: die Hoffnung auf einen Nachkommen Davids, der ganz aus dem Willen Gottes lebt und der eine Gesellschaft heraufführt, die wahrhaft gerecht ist.

c) Das Gottesvolk als Tempelgemeinde

Israels Staat war unter der Gewalt Assurs und Babylons zusammengebrochen. Aber gerade unter dem Druck der Großreiche, die das Land fortan beherrschen, findet das Gottesvolk eine neue Gestalt. Sie richtig zu beschreiben ist nicht leicht. Der Begriff „Tempelgemeinde" ist nur ein Notbehelf. Er verdeutlicht einen wichtigen Aspekt, sagt aber längst nicht alles. Zu welcher Gestalt findet Israel in der dritten Phase seiner Existenz?

Entscheidend ist zunächst einmal, daß Jerusalem beziehungsweise die kleine Provinz Judäa – sie hat nur noch einen Durchmesser von etwa 50 Kilometern – keine politische Selbständigkeit mehr besitzt. Judäa steht nacheinander unter babylonischer, persischer, ptolemäischer, seleukidischer und römischer Oberhoheit. Mit dem Wort „Oberhoheit" ist bereits gesagt, daß der Provinz von den Großmächten eine gewisse Selbstverwaltung, ja sogar eigenes Recht eingeräumt wird. Die Bezeichnungen für die Träger der Selbstverwaltung wechseln. Und der Umfang der Selbstverwaltung kann je nach der politischen Konstellation größer oder kleiner sein. Dennoch bleiben Judäa und auch alle übrigen ehemaligen Gebiete Israels letztlich Verwaltungseinheiten unter fremder Herrschaft.

Der Makkabäeraufstand gegen die Seleukiden dreht das Rad zwar noch einmal zurück. Unter den Hasmonäern erreicht Judäa sogar für einen Augenblick die Ausdehnung des davidischen Großreiches. Aber das bleibt ein Zwischenspiel. Im ganzen gilt: Israel hat seine staatliche Souveränität für viele Jahrhunderte verloren.

Indem es unter dem Dach von Großreichen lebt, wird es, soziologisch gesprochen, zur „Subgesellschaft", das heißt, es lebt inmitten des Großraums eines Staates die eigene Gesellschaftsform. Selbstverständlich darf man nicht von „Subgesellschaft" reden, wenn nicht Symbole und Organisationsstrukturen vorhanden sind, die wirkliche *Gesellschaft* formen. In Judäa ist dies zunächst einmal der Tempel. Er ist im Jahre 515 unter dem persischen Statthalter Serubbabel wiederaufgebaut und 19–9 unter Herodes dem Großen erweitert und ausgeschmückt worden. Im Jahre 70 nach Christus wird er von den Römern endgültig zerstört.

Der zweite Tempel steht nicht mehr wie noch in der staatlichen Periode Israels unter der Oberaufsicht eines Königs. Deshalb gelingt es den Priestern, eine eigenständige Tempelverwaltung aufzubauen. Sie reicht sogar weit über die Aufgaben am Tempel hinaus. Der Hohepriester übernimmt auch organisatorische und politische Funktionen, ja er wird zum Repräsentanten des ganzen Gemeinwesens. Zum ersten Mal in der Geschichte Israels ist die Priesterschaft ein wirklicher Machtfaktor[203]. Im Prozeß gegen Jesus werden der amtierende Hohepriester Kajaphas und der ehemalige Hohepriester Hannas eine wichtige Rolle spielen.

Der Tempel ist nicht nur für das Mutterland, sondern auch für die Diaspora ein hohes Symbol. Er verlangt zur Finanzierung des Kults und des Lebensunterhalts der Priester eine relativ große Abgabenlast, die jährlich mit erstaunlicher Bereitwilligkeit aufgebracht wird. Vor allem aber führt er das Volk an den Festtagen immer wieder zusammen. Der Tempel steht in einer Reihe von Schriften, die nach dem Exil entstanden sind, theologisch im Zentrum, so etwa bei Ezechiel, Haggai und im Chronistischen Geschichtswerk. In Ez 40–48 erscheint er als Inbegriff und Mitte einer erneuerten Gesellschaft, die sich in Freiheit unter die Herrschaft Gottes stellen wird.

Obwohl die Bedeutung des realen und des erhofften Tempels für den Zusammenhalt des nachexilischen Gottesvolkes außerordentlich groß ist, entsteht nun aber noch eine andere Größe, die auf die Dauer für die gesellschaftliche Form Israels genauso wichtig wird wie der Tempel, ja ihn an Bedeutung übertrifft: nämlich die Tora, also die ersten fünf Bücher Mose. Möglicherweise ist die Tora entstanden, weil die persische Regierung für ihre Provinz Judäa kodifiziertes Recht verlangt hat. Jedenfalls wird sie zu Beginn des 5. Jahrhunderts aus älteren Geschichts- und Gesetzeswerken zusammengebaut und als der maßgebende Text für das Selbstverständnis Israels von allen Juden rezipiert. Die Tora ist die Größe, die das nach allen Seiten ausfasernde Gebilde, das wir „Tempelgemeinde" genannt haben, im eigentlichen Sinn zur Gesellschaft macht. Denn sie formuliert in einer Rahmenerzählung den geschichtlichen Ursprung Israels und entwirft in ihrem Zentrum die Gesellschaftsordnung des Gottesvolkes. Bemerkenswert ist dabei folgendes: Die geschichtliche Rahmenerzählung beschränkt sich nach einer kurzen Urgeschichte der Welt und der Völker (Gen 1–11) ganz auf die Rettungserfahrungen der Frühzeit Israels von Abraham bis zu dem Zeitpunkt unmittelbar vor dem Einzug in das verheißene Land. Gerade die *staatliche* Zeit bleibt also in dem Basistext Israels ausgeklammert. Das war selbstverständlich Absicht. Damit sollte gesagt sein: „Was Israel ausmachte, war es nicht erst unter David und Salomo geworden, sondern schon unter Mose durch die Befreiung aus Ägypten und den Bund mit seinem Gott JHWH am Sinai"[204]. Bemerkenswert ist dann weiterhin, daß die Gesetze, die von der Rahmenhandlung umschlossen werden – also die von der Tora entworfene Gesellschaftsordnung – bewußt auf die Traditionen der vorköniglichen Zeit zurückgreifen und auf jede staatsgebundene Rechtstradition verzichten[205]. In dem Gesetzeskomplex um den Sinai (Ex 20 – Num 10) spielt der Staat keinerlei Rolle, obwohl dort sonst durchaus Gesetzesmaterial aus späterer Zeit eingebaut ist. Der Sinai repräsentiert einen Ort jenseits des Staates[206]. Er ist nicht Ägypten, und er ist nicht Jerusalem, das heißt, er ist weit weg vom Gottesstaat Ägypten und weit weg von den Herrschaftsstrukturen des davidischen Reiches. Der Tora zufolge ist Israel nicht das Reich Davids, sondern „ein Königreich von Priestern und ein heiliges Volk" (Ex 19,6). Wir haben über den Gesellschaftsentwurf, der hinter einem solchen Satz aufscheint, schon an früherer Stelle (II 4) gesprochen. Das Volk Gottes, das der Tora vor Augen steht, meint eine gerechte und egalitäre Gesellschaft. Armutsstrukturen sollen immer neu beseitigt werden. Dem Fremden soll genauso wie dem eigenen Bruder geholfen werden. Die Götter der Macht und der Unterdrückung sollen im Gottesvolk keinen Ort haben. Gott soll Israels einziger, in Freiheit angenommener Herr sein und Israel mit seinen gesamten Lebensbezügen sein Herrschaftsbereich.

Das alles ist nicht einfach nur Buchstabe geblieben. Die Tora ist mehr und mehr zu einem heiligen Text geworden, der Israel geformt und ihm seine Identität gegeben hat. Als der Tempel endgültig zerstört war, hat die Tora Israel überleben lassen. Sie hat nicht nur seine Frömmigkeit, sondern seine gesamte Existenz bis in die Tiefe geprägt. Den Willen Gottes tun hieß fortan immer auch, die Tora studieren und nach ihr leben.

d) Das Gottesvolk als Synagogenverbund

Die vierte und endgültige Form des Gottesvolkes wird ein Verbund von Synagogengemeinden. Synagogen entstehen freilich nicht erst nach der Zerstörung des Tempels im Jahre 70 und dem Ende der „Tempelgemeinde". Die Form der Synagogengemeinde hat sich schon vorher entwickelt. Sie ist eine der genialsten und folgenreichsten Entdeckungen Israels.

Viele Forscher vermuten, die Synagogengemeinde sei in der jüdischen Diaspora entstanden. Bei weitem nicht alle Deportierten kehrten ja ins Mutterland zurück. Außerdem verließen viele ihre Heimat auch noch nach den großen Deportationen unter Sargon II., Sanherib und Nebukadnezzar II. In Mesopotamien entstanden bedeutende jüdische Ansiedlungen, die später für die Entwicklung des rabbinischen Judentums wichtig wurden. In Ägypten lebten mehr Juden als in Judäa[207]. Der jüdische Philosoph Philo spricht von rund 1 Million[208].

Bei der Entstehung der Synagogengemeinde muß die Existenz der Tora eine wichtige Rolle gespielt haben. Das Mutterland mit seinem Tempel konnten die in der Diaspora ansässigen Juden nur noch selten oder überhaupt nicht mehr besuchen. In der Tora fanden sie dafür eine zweite Heimat. Heinrich Heine hat die Tora deshalb das „portative Vaterland", das bewegliche, das tragbare Vaterland der Juden genannt. Zu einer Voraussetzung für die Formung der Synagogengemeinde konnte die Tora freilich nur deshalb werden, weil sie eben nicht in erster Linie Erbauungsbuch für die private Frömmigkeit ist, sondern auf Gesellschaft zielt.

Wir wissen nicht, wann sich zum ersten Mal Juden in der Diaspora oder im Mutterland abseits des Tempels als „Gemeinde" um die Tora versammelten. Genauere Zeitangaben sind in dieser Frage deshalb so schwierig, weil solche Versammlungen nicht sofort einen Namen haben mußten, der literarisch bezeugbar war, und weil auch die Versammlungsräume zunächst keine eindeutigen Spuren für spätere Archäologen hinterließen.

Der älteste inschriftliche Beleg für eine jüdische Gebetsstätte stammt aus Ägypten und zwar aus der Zeit Ptolemaios' III. Euergetes (247–221 v. Chr.). Die älteste bisher ausgegrabene Synagoge befindet sich auf der Insel Delos. Sie stammt aus der Zeit um 100 v. Chr.[209]. Synagogenversammlungen und entsprechende Versammlungsräume wird es aber mit Sicherheit auch schon vorher gegeben haben. Nur besitzen wir dafür keinerlei Zeugnisse.

Ein alter Name für die jüdische Synagoge ist *proseuchē (= Bethaus)*. Aber wurde die Synagoge wirklich erfunden, um überall einen Ort für den Gottesdienst zu haben? Neuerdings ist vermutet worden, daß sich die Versammlung in der Synagoge aus der „Versammlung im Tor" entwickelt habe[210]. Die Stadttore und ihre Nebenräume waren nämlich im alten Israel der Mittelpunkt des öffentlichen Lebens: Dort wurden Nachrichten ausgetauscht, Geschäfte abgewickelt und Recht gesprochen. Erst als sich in Israel mehr und mehr hellenistische Stadtplanungen (mit anderen Tor-Grundrissen) durchsetzten, habe man für die „Versammlung im Tor" einen neuen Ort gebraucht, und so sei die Synagoge entstanden.

Es gibt archäologische Indizien für die Richtigkeit dieser Annahme. Auf jeden Fall würde sie gut die vielfältigen Funktionen der Synagoge erklären. Denn die Synagoge ist zwar für den Gottesdienst da. Darüber hinaus dient sie aber noch vielen anderen Aufgaben. In der Synagoge versammelt man sich zu Rats- und Gerichtssitzungen, dort werden offizielle Schriftstücke, zum Beispiel Scheidebriefe, ausgestellt, dort werden Fundgegenstände ausgerufen, Zeugen gesucht, Bekanntmachungen angeschlagen, Geschäfte abgewickelt, Tote aufgebahrt und öffentliche Totenklage abgehalten. In den meisten Synagogen befindet sich ein Gemeindearchiv, ferner eine Küche, damit Arme versorgt werden können. Oft ist dort sogar eine Möglichkeit zum Baden, damit man nicht in die heidnischen Bäder muß. Schließlich dient das Synagogengebäude als Herberge für durchreisende Glaubensbrüder und als Ort für den Unterricht. Die älteste epigraphische Bezeugung einer Synagoge in Jerusalem, die berühmte Theodotos-Inschrift, lautet[211]:

Theodotos, Sohn des Vettenos, Priester und Synagogenvorsteher, Sohn eines Synagogenvorstehers und Enkel eines Synagogenvorstehers, erbaute diese Synagoge für die Vorlesung des Gesetzes und für die Belehrung in den Geboten. Die Herberge, die Nebenräume und die Wasseranlagen erbaute er zum Quartier für diejenigen aus der Fremde, die dieser Einrichtungen bedürfen. Die Synagoge haben begründet seine Väter und die Ältesten und Simonides.

Die jüdische Synagoge ist also mehr als ein Bethaus. Sie ist Gemeindezentrum, und sie ist undenkbar ohne eine zugehörige Gemeinde. Aber welche Form hat diese Gemeinde? Sie darf von ihrer inneren Form her nicht als „Verein" *(thiasos, collegium)* angesehen werden. Vereine waren in der Antike weit verbreitet, besonders in der hellenistisch-römischen Zeit. Formal gesehen waren sie fast stets „Kultvereine", das heißt, ihr Zweck war die Verehrung einer bestimmten Gottheit. Faktisch wurden sie aber immer mehr zu Interessenvereinigungen, vielfach auch zu reinen Geselligkeitsvereinen oder zu dem, was wir heute einen „Klub" nennen würden. Eigentlicher Vereinszweck konnte zum Beispiel ein jährliches Bankett zum Totengedächtnis für einen bestimmten Verstorbenen oder auch einfach ein monatlich abzuhaltendes Trinkgelage sein[212].

Für die substaatliche Existenz der Synagogengemeinden war das blühende Vereinswesen der Antike eine große Hilfe. Es bot sozusagen Deckung. Die römischen Behörden – und sicher nicht nur sie – haben die jüdischen Synagogengemeinden durchaus als Vereine betrachtet. Als Caesar in der Stadt Rom alle *collegia* verbot, gestand er den römischen Juden das Recht zur Vereinsbildung ausdrücklich zu. Sie durften sich „nach den Sitten und Gebräuchen ihrer Väter" versammeln[213]. Trotzdem waren die jüdischen Gemeinden letztlich etwas anderes. Das zeigt sich eben in der Erlaubnis zum Leben nach den „Gesetzen der Väter"[214]. Der eigentliche Unterschied ist aber mit den Begriffen des antiken Rechts kaum festzumachen. Man kommt ihm erst näher, wenn man beachtet, was Aristoteles zum Wesen der „Genossenschaft" *(koinōnia)* sagt. Er unterscheidet in der Nikomachischen Ethik zwischen der Gemeinschaft der *polis* (also des Staates) und deren Gemeinschaftsformen (den Genossenschaften und Vereinen). Die *polis* sei bezogen auf das Ganze, die Genossenschaften und Vereine hingegen suchten ihren Vorteil auf einem Teilgebiet[215]. Genau an dieser Stelle wird der Unterschied greifbar. Die Synagogengemeinde nimmt eben nicht nur Teilinteressen wahr (etwa Frömmigkeit am Sabbat oder Sicherung eines würdigen Begräbnisses), sondern in ihr geht es – gemäß dem, was die Tora ist – um das Ganze aller Lebensbereiche.

Sprechendes Indiz für dieses „Ganz" ist die eigene Gerichtsbarkeit in Zivilsachen, ferner die Befreiung vom römischen Militärdienst und später auch vom römischen Kaiserkult[216]. Die Synagogengemeinde ist Gesellschaft eigener Art und kann mit den Formen des antiken Vereinswesens nicht voll erfaßt werden.

Hinzu kommt, daß die einzelnen Synagogengemeinden keineswegs isoliert waren, sondern untereinander in ständigem Austausch standen. Vor allem aber pflegten sie die Verbindung zum „Land Israel" und betrachteten Jerusalem als ihre Mutterstadt. Philo schreibt, Jerusalem sei die wahre Heimatstadt *(patris)* aller Juden, wo immer sie sich befänden[217].

Nimmt man all das zusammen, so wird deutlich, daß hier für das Gottesvolk eine neue Form entstanden ist. Der Synagogenverbund ist kein Staat mehr, obwohl er die Existenz des (Rechts-)Staates dankbar anerkennt und für die Regierenden betet. Er ist andererseits aber auch kein Kultverein auf landsmannschaftlicher Basis, der seinen Heimatgott verehrt. Erst recht ist er keine bloße *societas in cordibus*, kein geistiger Bund der Stillen im Lande. Er ist vielmehr ein Verbund von Gemeinden, von denen jede ein Stück Öffentlichkeit ist, jede ein kleines Gemeinwesen, jede ein Politikum.

Allerdings hat diese Gestaltwerdung der endgültigen Form des Gottesvolkes mit den jüdischen Synagogengemeinden erst begonnen. Irgendwie bleibt die Form des Gottesvolkes im frühen Judentum auch wieder in der Schwebe. Denn so deutlich die deuteronomistische Kritik an der Königszeit ist – das Frühjudentum läßt dennoch einen elementaren Drang zum Staat erkennen. Man braucht nur an die restaurative Politik der Hasmonäer zu denken. Auch die Zeloten kämpften für eine Verfassungsform, in der Glaube und Gesellschaft deckungsgleich sein sollten. In unserer Zeit ist die ganze Problematik durch die Gründung des Staates Israel von neuem aufgebrochen.

Für uns ist wichtig: Der von Israel entdeckte Verbund von Gemeinden wurde zum Formprinzip der frühen Kirche. Hier trat nun in völliger Eindeutigkeit zutage, was das Gottesvolk ist: ein Netz von Gemeinden, gespannt über den ganzen Erdkreis und doch mitten in der nicht-christlichen Gesellschaft, so daß jeder in Freiheit wählen kann, ob er Christ sein will; wirkliches Gemeinwesen und doch nicht nach der Struktur der heidnischen Gesellschaft gebaut; wahres Vaterland und doch kein Staat.

Wie schwer zu denken und wie neu in der Welt ein solches Gebilde war, sieht man daran, daß sich das Christentum – kaum daß es die Verfolgungszeit hinter sich hatte und durch das Edikt von Mailand (313) zur öffentlich anerkannten Religion geworden war – auch schon mit dem römischen Staat verband und nur wenige Jahrzehnte später zur Staatsreligion wurde. Die Kirche hat dann das, was Israel längst unter immensen Opfern durchlitten hatte, in der Form der „Reichskirche" ein zweites Mal durchexperimentiert, wieder unter Kosten, die niemand ausrechnen kann.

Vielleicht war es notwendig. Vielleicht wäre das Christentum ohne diesen Vorgang zur Sekte geworden und hätte vergessen, daß es um „Welt" geht, um die Verwandlung der Gesellschaft. Und trotzdem war für die Kirche, genau wie für Israel, das Experiment mit dem Staat ein riesiger Umweg. Er wird erst in unseren Tagen radikal beendet. Joseph Ratzinger schrieb 1965:

> *Wenig hat der Kirche in den letzten hundertfünfzig Jahren so sehr geschadet wie das zähe Festhalten an überlebten staatskirchlichen Positionen. Der Versuch, den durch die moderne Wissenschaft bedrohten Glauben mit Mitteln staatlicher Protektion zu schützen, hat diesen Glauben erst recht von innen ausgehöhlt. (…) Daß die Inanspruchnahme des Staates durch die Kirche (…) zu den bedenklichsten Hypotheken der Kirche in der Welt von heute gehört, ist eine Erkenntnis, welcher der historisch Denkende sich heute nicht mehr entziehen kann*[218].

Die Suche nach der richtigen Form des Gottesvolkes ist offensichtlich ein unendlich mühsamer Vorgang. Theologisch betrachtet zeigt er die Sorge Gottes um die Verwandlung der menschlichen Gesellschaft. Diese Verwandlung kann nur in Freiheit geschehen. Deshalb ist sie ein so beschwerlicher Weg durch die Geschichte, ja ein sich über die ganze Geschichte Israels und der Kirche hinziehendes Drama.

Über „Versuch und Irrtum" gewinnt das Gottesvolk durch bitterste Erfahrungen allmählich sein Wissen um die richtige Form. Die Gemeindekirche war keine Kopfgeburt, ersonnen am Schreibtisch von Theologen. Das Volk Gottes war vielmehr seit Abraham ein ungeheures Experimentierfeld. Das Heil war von Anfang an eine Baustelle. Immer ging es dabei um die Frage: Was bringt dem Menschen Leben, was bringt ihm Tod? Was läßt die Gesellschaft gelingen, was läßt sie mißlingen? Was bringt der Welt ein Mehr an Freiheit und Erlösung, was stürzt sie ins Unglück?

*

Es ging in diesem II. Teil um die Kennzeichen Israels als Gottesvolk. Es ist klar, daß hier noch vieles zu sagen gewesen wäre. Aber statt weiterer Kapitel sollen zum Schluß dieses II. Teils einfach noch einmal die jüdischen Weisen zu Wort kommen. Sie haben sich – neben vielem anderen – gefragt, warum Gott die Welt geschaffen habe und worin das eigentliche Ziel der Schöpfung bestehe. Die Antwort konnte, wie so oft bei den Rabbinen, in lakonischer Kürze erfolgen[219]:

Rav hat gesagt: „Die Welt wurde einzig im Hinblick auf David ge-schaffen." Und Schemuel hat gesagt: „Im Hinblick auf Mose." Und Rabbi Jochanan hat gesagt: „Im Hinblick auf den Messias."

Was meint der Text?[220] Er sagt zunächst einmal: Daß es David und Mose gab und eines Tages den Messias, den Erfüller der Natansverhei-ßung, geben wird, reicht bereits als Grund für die Erschaffung der Welt. Der Text meint aber über diese großen Gestalten Israels hinaus jeweils auch das, wofür sie stehen.

David ist hier ins Auge gefaßt als der Verfasser der Psalmen. Er steht für das Gebet, für die Preisung Gottes. Die erste jüdische Stimme, die des *Rav*, will sagen: In dem Augenblick, da sich in der Welt die wahre Anbetung Gottes ereignete, und zwar in der sprachlich vollendeten Form der Psalmen, war der Sinn der Schöpfung erreicht. Mehr kann es dann für die Welt nie mehr geben, als daß sich in ihr der Lobpreis Got-tes erhebt.

Die zweite jüdische Stimme, die des *Rabbi Schemuel*, kann sich mit dieser Antwort, so richtig sie ist, nicht begnügen. Sie sagt: Nein, der Lobpreis Gottes reicht nicht aus, wenn der Sinn der Schöpfung be-stimmt werden soll. Reines Gebet kann unverbindlich sein. Das Ziel der Schöpfung ist erst erreicht, wenn es in der Welt die Tora gibt, den Ernst des Sittlichen, das Joch der Gebote, die Anerkennung der Herr-schaft Gottes im Tun. Nur dann wird Gott ganz verherrlicht, wenn es in der Welt ein Volk gibt, das in allem nach seinem Willen lebt.

Die dritte jüdische Stimme, die des *Rabbi Jochanan*, ist mit beidem einverstanden. Gebet und Tora sind entscheidend und unaufgebbar. Und doch ist mit ihnen das Ziel der Welt noch nicht hinreichend be-stimmt. Damit die Schöpfung vollendet wird, braucht sie den Messias als den machtvollen Helfer. Denn die moralische Kraft der Menschen reicht nicht aus, die Welt zu verwandeln. Erst in der Fülle und dem Glanz eines *messianisch* verwandelten Gottesvolkes leuchtet der Sinn der Schöpfung auf, erhalten Lobpreis und Gesetzeserfüllung den rech-ten Ort. Von dieser messianischen Erfüllung handelt die zweite Hälfte dieses Buches.

DRITTER TEIL

Jesus und die Figur der Zwölf

1. Das Neue am Neuen Testament

Wir stehen auf einer Schwelle. Wohin öffnet sich das Alte Testament? Wohinein mündet es? Die Christen sagen: In das Neue Testament! Aber was besagt in diesem Zusammenhang das Wort „neu"? Was ist das Neue am Neuen Testament? Enthält das Neue Testament etwas, das dem Alten noch fremd war, das dort noch nicht gedacht worden war?[221]

Bei vielen Christen geistert eine Formel herum, die auf diese Frage eine anscheinend sehr einfache Antwort gibt: „Die Zeit des Alten Bundes war die Zeit der Furcht, die Zeit des Neuen Bundes ist die Zeit der Liebe"[222]. Der Satz speist sich aus vielen Mißverständnissen, vor allem aus Mißverständnissen der paulinischen Theologie[223]. Und er ist einfachhin falsch. Denn schon in der Tora nimmt das Gebot der Liebe einen zentralen Platz ein. In Dtn 6,4 f, das zum täglichen Bekenntnis Israels geworden ist, heißt es:

Höre, Israel! JHWH, unser Gott, JHWH ist einzig. Darum sollst du den Herrn, deinen Gott, lieben mit ganzem Herzen, mit ganzer Seele und mit ganzer Kraft!

Aber nicht nur die Gottesliebe, auch die Nächstenliebe und die Fürsorge für den Feind gehören zur Weisung Israels[224]. Und das Alte Testament verlangt nicht nur Liebe zu Gott und dem Nächsten, es spricht genauso von der unergründlichen Liebe Gottes zu seinem Volk und zu seiner Welt. Andererseits hat der Gedanke der Gottesfurcht im Neuen Testament seinen unaufgebbaren Ort. Paulus schreibt der Gemeinde von Philippi:

Wirkt mit Furcht und Zittern euer Heil! (Phil 2,12)

Auch vom Zorn Gottes redet nicht nur das Alte Testament, sondern genauso das Neue. Warum sollte es auch nicht, da doch Zorn etwas anderes ist als Wut oder gar Haß? Der Zorn Gottes ist der Zorn des Richters, der das Unrecht, das auf Erden geschieht, nicht länger ertragen kann und deshalb richtend und rettend eingreift. Wer Gott den Zorn abspricht und die Gottesfurcht für überholt erklärt, verharmlost Gott in unerträglicher Weise und macht ihn zu einem abwesenden Gott, der mit der Welt nichts zu tun haben will. Der Zorn Gottes zeigt gerade seine absolute Weltzuwendung. Denn so, wie die Welt faktisch ist, kann man ihr nur mit Zorn und Liebe zugleich gerecht werden.

Das Neue am Neuen Testament ist also nicht die Liebe, und das Charakteristische am Alten Testament nicht die Furcht. Das Gegensatzpaar *Furcht – Liebe* ist aber nicht der einzige Fehlgriff bei der Frage, in welchem Verhältnis Altes und Neues Testament zueinander stehen. So wird auch behauptet, die Religion des Alten Testaments sei eine Gesetzesreligion, der es nur auf äußerliche Gebotserfüllung ankäme. Jesus hingegen habe die Religion ins Herz, ins Innerste des Menschen verlegt.

Die Souveränität, mit der Jesus die Unterscheidung zwischen reinen und unreinen Speisen aufhebt, hat nun in der Tat noch jeden Leser des Evangeliums beeindruckt. Ob koscher oder nicht koscher – was in den Mund hineingeht, macht nicht unrein. Unrein macht, was im Innersten des Menschen sitzt und von dort aus alles Reden und Tun des Menschen infiziert: Habgier, Bosheit, Neid, Hochmut (Mk 7,1–23).

Es ist verständlich, daß allen, die sich an dem anscheinend Äußerlichen, Dinglichen, aufreizend Materiellen des Alten Testaments stoßen, Mk 7,1–23 und ähnliche Texte hochwillkommen sind. Sie lassen sich von solchen Texten zu der Meinung verführen, daß es im Neuen Testament nur auf das Herz, die Innerlichkeit, die Spiritualität des Menschen ankomme und daß gerade dies der Durchbruch gegenüber dem Alten Testament sei. Endlich sei die Abwendung von allem bloß Äußeren und die Hinwendung zum „inneren Menschen" vollzogen. In Wirklichkeit ist auch hier alles schief. Denn schon die alttestamentlichen Propheten wenden sich gegen einen nur äußerlich vollzogenen Glauben. Sie fordern die Umkehr des Herzens:

Zerreißt eure Herzen, nicht eure Kleider,
und kehrt um zum Herrn, eurem Gott!

heißt es beim Propheten Joel (2,13). Und beim Propheten Hosea steht als Gottesspruch:

Nicht Schlachtopfer will ich, sondern Hingabe,
nicht Brandopfer, sondern Gotteserkenntnis. (Hos 6,6)

Der Kampf gegen einen veräußerlichten Glauben hat also nicht erst mit Jesus begonnen. Es gibt ihn längst im Alten Testament. Andererseits gilt: Dem Neuen Testament geht es – wie dem Alten Testament – um die Erlösung des *ganzen* Menschen und alles dessen, was zur Welt des Menschen gehört. Der neutestamentliche Glaube ist genauso wenig weltlos wie der des Alten Testamentes. Auch er ist darauf ausgerichtet, alle Lebensverhältnisse der Glaubenden zu durchdringen. Er drängt dazu, gesellschaftliche Verhältnisse zu verändern und den Stoff der Welt zu gestalten. Die Welthaltigkeit alttestamentlichen Glaubens ist im Neuen Testament mit größter Selbstverständlichkeit beibehalten, und deshalb ist die Innerlichkeit weder das Wesen des Neuen Testamentes noch das Neue an ihm.

Das Neue am Neuen Testament ist aber auch nicht die Entdeckung des Einzelnen, des Individuums. Auch das ist eine oft vertretene Position[225]. Im Alten Testament sei die bestimmende Größe das Kollektiv, die Gesellschaft, das Volk. Im Neuen Testament hingegen sei der unendliche Wert des Einzelnen entdeckt worden. Jesus habe sich nur an den Einzelnen gewandt. Gerade das sei der eigentliche Fortschritt gegenüber dem Alten Testament.

In Wirklichkeit gibt es längst schon im Alten Testament die Überwindung des falsch verstandenen Kollektivs und die Entdeckung des Einzelnen. Die ganze Frage wird im Ezechielbuch anhand des Themas „Kollektivschuld" durchgespielt. Es gab in Judäa und wohl auch in der Diaspora Juden, die Gott nach dem Zusammenbruch des Jahres 586 vorwarfen, er bestrafe eine unschuldige Generation für die Sünden ihrer Väter. Sie hatten für diesen Vorwurf ein höchst einprägsames Schlagwort:

*Die Väter haben saure Trauben gegessen,
und den Söhnen sind davon die Zähne stumpf geworden. (Ez 18,2)*

Ezechiel setzt dagegen:

*Ein Sohn wird nicht für die Schuld seines Vaters verantwortlich ge-
macht und ein Vater nicht für die Schuld seines Sohnes. Die Gerechtigkeit kommt nur dem Gerechten zugute, und die Schuld lastet nur auf
dem Schuldigen. (Ez 18,20)*

Der Einzelne und seine je eigene Verantwortung sind also im Alten
Testament längst entdeckt[226]. Umgekehrt wird im Neuen Testament an
dem Thema „Volk Gottes" konsequent festgehalten. Allerdings ist das
Volk Gottes in der Bibel mehr als nur ein „Thema". Es ist der Boden,
die Basis aller biblischen Theologie, sowohl im Alten wie im Neuen
Testament.

Insgesamt läßt sich sagen: Das Neue am Neuen Testament ist weder
die Liebe, noch ist es die Innerlichkeit, noch die Entdeckung des Einzelnen. Aber was ist es dann?

Die Antwort ist nicht einfach. Denn auf den ersten Blick scheint es
schwer, im Neuen Testament irgend etwas zu finden, von dem man sagen könnte: Davon war im Alten Testament noch keine Rede. Im Alten Testament gibt es schon Erwählung und Heilsgeschichte, Heilung
und Vergebung, Barmherzigkeit und Erbarmen, Festversammlung und
Gottesdienst, Stellvertretung und Sühne, Glaube und Nachfolge,
Nächstenliebe und Gottesliebe, Kritik am Tempel und Kritik an nur
äußerlicher Gesetzeserfüllung. Es gibt sogar schon die Rechtfertigung
des Sünders aus reiner Gnade[227] und die Offenheit des Gottesvolkes für
alle Völker.

Die Liste ließe sich leicht verlängern. Sie zeigt: Man begibt sich von
vornherein auf einen falschen Weg, wenn man anfängt, theologische Inhalte des Neuen Testaments gegen solche des Alten Testaments aus-
zuspielen. Auf diesem Weg wird man weder das Neue am Neuen Testament entdecken noch dem Alten Testament gerecht werden. Wir brauchen einen anderen Ausgangspunkt. Wir müssen damit ernst machen,
daß das Alte Testament nicht nur theologische Ideen transportiert, son-

dern von einer realen Geschichte erzählt – von der Geschichte Gottes mit seinem Volk und über sein Volk mit den Völkern der Welt. Von dieser Geschichte sagen die Propheten, daß in ihr am Ende der Heilswille Gottes trotz aller Widerstände zu seinem Ziel kommen werde. Aber wann und wie dies genauerhin geschehen wird, bleibt offen.

Gerade das ist ein entscheidendes Kennzeichen des Alten Testaments: seine radikale Offenheit auf die Zukunft hin. Der letzte Satz des Alten Testamentes, der in der Bücheranordnung der christlichen Bibel[228] unmittelbar vor den Evangelien steht, ist ein Satz aus dem Propheten Maleachi:

Bevor der Tag des Herrn kommt, der große und furchtbare Tag, seht, da sende ich zu euch den Propheten Elija. Er wird das Herz der Väter wieder den Söhnen zuwenden und das Herz der Söhne ihren Vätern, damit ich nicht kommen und das Land dem Untergang weihen muß. (Mal 3,23–24)

Hier wird Israel verheißen, daß in der Endzeit, für die der wiederkommende Elija steht, die Entfremdung zwischen den Generationen ein Ende habe. Der Generationenkonflikt, der immer wieder neu aufbricht, verhindert ja gerade, daß die Erfahrungen aus der Heils- und Unheilsgeschichte des Gottesvolkes wirklich weitergegeben werden und daß auf diese Weise Gerechtigkeit und Frieden aufblühen. Jede Generation macht die alten Fehler von neuem. Die Gesellschaft muß immer wieder von vorne anfangen. Es wird aber eine Zeit kommen, sagt das Buch Maleachi, in der Väter und Söhne endlich einmütig werden. Und diese endzeitliche Versöhnung wird das Land vor dem Untergang retten. Aber jetzt ist Elija noch nicht da, die Entfremdung bleibt, alles ist noch offen, das Ziel ist noch nicht erreicht.

Noch deutlicher wird diese Offenheit in der Bücheranordnung der hebräischen Bibel. Dort stehen am Ende nicht die „kleinen Propheten", sondern das Buch der Chronik. Dieses endet mit einem Dekret des Kyros:

So spricht Kyros, der König von Persien: „Der Herr, der Gott des Himmels, hat mir alle Reiche der Erde verliehen. Er selbst hat mir aufgetra-

gen, ihm in Jerusalem in Judäa ein Haus zu bauen. Jeder unter euch, der zu seinem Volk gehört – der Herr, sein Gott, sei mit ihm – der soll hinaufziehen." (2 Chron 36,23)

Die hebräische Bibel endet also mit dem Wort „hinaufziehen" *('ālāh),* dem biblischen Begriff für die Rückkehr und für den Einzug in das Land der Verheißung. Das ist selbstverständlich kein Zufall. Am Ende der hebräischen Bibel sollte das entscheidende Stichwort der Hoffnung Israels stehen: das Erreichen des Landes.

Das Ganze bekommt noch mehr Tiefenschärfe, wenn man bedenkt, womit die Tora endet[229]. Sie schließt mit dem letzten Kapitel des Buches Deuteronomium, also mit dem Tod des Mose, der selbst das Land nicht mehr betreten darf, dessen Volk aber voller Hoffnung auf den Einzug in das Land wartet (Dtn 34). Wenn die Verlesung der Tora im jüdischen Synagogengottesdienst an dieser Stelle angekommen ist, wird nicht etwa mit dem Buch Josua und dem Einzug ins Land fortgefahren, sondern die Leseordnung beginnt wieder von vorn mit Genesis 1 und der Erschaffung der Welt. Sowohl die Tora als auch die Verlesung der Tora in der Synagoge als auch die gesamte hebräische Bibel enden also mit einer Grundkonstellation Israels: Das Volk steht an der Grenze zum Land der Verheißung, aber es ist noch nicht im Land selbst. Alles ist noch offen. Die Schwelle ist noch nicht überschritten.

Und genau an diese Situation knüpft der Anfang des Neuen Testamentes an. Hier wird nun die Schwelle überschritten.

Es ist unerläßlich, diesen entscheidenden Punkt ausführlicher zu bedenken – und zwar anhand des Auftretens Johannes des Täufers, der Taufe Jesu, seiner Versuchung in der Wüste und seiner Proklamation der Gottesherrschaft. Natürlich können diese Perikopen hier nicht in allen Einzelheiten ausgelegt werden. Es kann nur gezeigt werden, wie tief sie allesamt im Alten Testament verwurzelt sind, wie in ihnen aber zugleich die Schwelle überschritten wird und das Neue des Neuen Testaments zutage tritt.

Die Anordnung der Schriften des Neuen Testaments erfolgte keineswegs nach dem Zufallsprinzip. Es lassen sich deutliche Kompositionslinien erkennen[230]. Am Anfang stehen nicht die Paulusbriefe, obwohl sie die ältesten Schriften des Neuen Testamentes sind. Am Anfang stehen die vier Evangelien. Sie bilden mit der Botschaft und Praxis Jesu, mit seinem Sterben und Auferstehen die Basis des Neuen Testaments. Alles was dann noch kommt, ist gleichsam Kommentar zu den Evangelien – so wie alles, was im Alten Testament nach dem Buch Deuteronomium noch kommt, Kommentar zur Tora ist.

Nun beginnen die vier Evangelien nicht sofort mit der öffentlichen Wirksamkeit Jesu. Vor seinem Auftreten berichten sie zunächst von Johannes dem Täufer. Der Täufer aber, wir haben darüber bereits gesprochen (II 2), holt Israel, das doch anscheinend schon längst im Land ist, noch einmal zurück in die Schwellensituation vor dem Einzug in das Land. Er tritt auf in der Wüste, kleidet sich wie ein Wüstenbewohner und ißt, was ihm die Wüste bietet. Matthäus und Markus betonen das alles ganz ausdrücklich²³¹. Sie wollen den Täufer damit keineswegs als Asketen charakterisieren – Honig von wilden Bienen und geröstete Heuschrecken waren Leckerbissen²³²–, sondern auf den heilsgeschichtlichen Ort aufmerksam machen, den der Täufer herstellt. Er holt das Volk noch einmal in die Wüste zurück, und er taucht jeden Umkehrwilligen ein in das Wasser des Jordan – genau an der Stelle, an der sich Israel befand, bevor es unter Josua durch den Jordan in das Land einzog.

Die synoptischen Evangelien erzählen dann, wie Jesus aus Galiläa zu Johannes dem Täufer kommt. Auch er läßt sich ein auf die Wüstensituation, die der Täufer hergestellt hat, und auch er läßt sich eintauchen in den Jordan²³³. An diesem Taufgeschehen hat die urchristliche Tradition schon sehr früh eine Szene festgemacht, die all ihre Erfahrungen mit Jesus verdichtet und sie in einem einzigen Bild versammelt, um so die Person und die Sendung Jesu zu deuten. Markus erzählt diese Szene folgendermaßen:

Und sogleich, als er aus dem Wasser stieg, sah er die Himmel sich spalten und den Geist wie eine Taube auf sich herabkommen. Und eine Stimme kam aus dem Himmel: „Du bist mein geliebter Sohn, an dir habe ich Gefallen gefunden." (Mk 1,10–11)

Daß dieser Text kein Dokumentarbericht ist, dürfte klar sein. Er arbeitet mit Bauelementen aus dem Alten Testament. Man kann ihn ohne den Hintergrund des Alten Testaments überhaupt nicht verstehen. Er spielt vor allem auf eine Stelle im Jesaja-Buch an. Dort weist Gott auf das geschlagene, verschleppte und wankende Israel hin[234] und sagt von ihm: Dieses Israel ist mein Knecht[235]:

Seht, das ist mein Knecht, den ich stütze,
das ist mein Erwählter, an dem ich Gefallen gefunden habe.
Ich lege meinen Geist auf ihn,
er wird den Völkern das Recht bringen. (Jes 42,1)

Daß Israel hier als „Knecht Gottes" vorgestellt wird, will sagen: Es steht im Dienst Gottes. Und daß Gott an ihm „Gefallen" gefunden hat, meint mehr als bloße Sympathie. Das hebräische Wort, das zugrunde-liegt, bedeutet neben „Gefallen finden" auch „Freude", „Lust", „Sehn-sucht haben". Daß es in der Welt ein Volk gibt, welches allen Völkern das Recht bringt, war schon immer der Plan Gottes und seine ganze Sehnsucht. Mit dem „Recht" (eigentlich: dem „Rechtsentscheid") ist letztlich die Sozialordnung Gottes gemeint, also jenes Heilswissen, das Israel in einer langen Aufklärungsgeschichte zuteil wurde. Es schafft Gerechtigkeit. Israel hat von Gott den Auftrag, allen Völkern zu zeigen, wie eine gerechte Gesellschaft aussieht. Weil es selbst als gerechte Ge-sellschaft leben wird, wird seine bloße Existenz zum Rechts- und Schiedsspruch zwischen den Völkern werden.

Im Zentrum dieser öffentlichen Beglaubigung und Indienstnahme Israels steht das hebräische Wort *'æbæd*. Es heißt „Knecht". Die älteste griechische Bibelübersetzung, die Septuaginta, übersetzte es mit *pais*, und das kann sowohl „Knecht" als auch „Sohn" heißen. Die Urkirche hat Jes 42,1 und alle anderen Gottesknecht-Texte bei Jesaja von Anfang an auf Jesus bezogen und gesagt: In ihm haben sie sich erfüllt. Jesus ist der Knecht Gottes und zugleich der geliebte Sohn. Er ist der Mensch, auf den Gott voll Sehnsucht schon immer gewartet hat. Jetzt endlich hat er ihn gefunden. Auf ihm ruht Gottes ganzes Wohlgefallen. Er ist der von Ewigkeit her Gesuchte und Erwählte.

Weil aber Jes 42,1 ursprünglich von *Israel* redet, entsteht eine theo-logisch spannungsreiche Perspektive, die meist übersehen wird. Der Jesus der Taufszene darf dann nämlich nicht mehr isoliert betrachtet werden. In ihm ist gleichsam Israel versammelt. Eigentlich wäre ganz Israel der treue Knecht und der geliebte Sohn, durch den Gott nun endgültig in der Welt handelt und seinen Plan ausführt. Aber Gott muß auch hier mit einem Einzigen beginnen, so wie einst mit Abraham. Jetzt hängt alles an Jesus. Er steht stellvertretend für Israel.

Diese theologische Perspektive, die das gesamte Israel einbezieht, wird von den synoptischen Evangelien dann auch nach der Taufszene konsequent weitergeführt: Wie Israel vierzig Jahre in der Wüste war, bleibt Jesus vierzig Tage in der Wüste am Jordan. Wie Israel in der Wüste gehungert hat, hungert auch er. Wie Israel in der Wüste erprobt wurde, wird auch er erprobt. Aber von ihm wird kein Murren berichtet und keine Rebellion. Er traut Gott. Er weiß, daß Gott gut ist. Dreimal widersteht er dem Versucher mit einem Satz aus der Tora[236], er lebt also ganz im Gehorsam gegenüber der Weisung vom Sinai. Bei Matthäus gipfelt die Abweisung des Versuchers darin, daß sich Jesus rückhaltlos zur Mitte der Tora, zur Alleinverehrung JHWHs bekennt:

Vor dem Herrn, deinem Gott, sollst du dich niederwerfen und ihm allein dienen. (Mt 4,10)

Und in diesem Augenblick, da sich Jesus als der erweist, der in absoluter Einheit mit dem Willen Gottes lebt, ja dessen Speise es ist, den Willen Gottes zu tun, verwandelt sich die Wüste ins Paradies. Matthäus drückt das aus durch den Satz[237]:

Da kamen Engel und dienten ihm. (Mt 4,11)

Die jüdische Legende stellte sich vor, der Mensch sei im Paradies von Engeln bedient worden[238]. Wenn also Engel kommen und Jesus zu essen bringen, leuchtet das Paradies mitten in der Wüste der Welt auf. Auch Markus spielt auf das Paradiesesthema an, wenn er sagt, Jesus sei vierzig Tage lang „unter den Tieren" gewesen (1,13). Selbstverständlich ist damit nicht gemeint, daß er in der Wüste primitiv oder gefährdet wie ein Tier gelebt habe, sondern daß nun der Friede zwischen Mensch und Tier und damit der endzeitliche Friede überhaupt begonnen hat[239].

Wenn Markus und Matthäus am Ende der Versuchungsgeschichte Paradiesesmotive anklingen lassen, ist dies schon eine Vorwegnahme dessen, was nach dem Wüstenaufenthalt Jesu geschieht: Jesus führt das Werk des Täufers nicht weiter. Er bleibt nicht in der Jordansteppe, sondern kehrt nach Galiläa zurück. Er geht also hinein in das Land – jetzt unter ganz neuen Vorzeichen. Er durchzieht die Dörfer Galiläas. Er läßt die Menschen Israels nicht mehr, wie es der Täufer getan hatte, aus ihren Dörfern und Städten in die Wüste kommen, sondern er kommt selbst zu ihnen, mitten in ihr normales Leben. Er befreit Besessene von ihren Dämonen und heilt Kranke. Vor das alles aber stellt Markus, die Verkündigung Jesu zusammenfassend, die Proklamation:

Erfüllt ist die Zeit, und nahegekommen ist die Königsherrschaft Gottes.
Kehrt um und glaubt an die frohe Botschaft! (Mk 1,15)

Auch diese Proklamation[240] greift auf das Jesaja-Buch zurück, und zwar auf Jes 52,7. Dort sind die Begriffe „frohe Botschaft" (= Evangelium) und „Königsherrschaft Gottes" (= Basileia Gottes) grundgelegt:

Wie schön sind auf den Bergen
die Schritte des Freudenboten, der Heil ankündigt,
der eine frohe Botschaft bringt und Rettung verheißt,
der zu Zion sagt: „Dein Gott ist König." (Jes 52,7)

„Gott ist König" muß eine Bekenntnisformel gewesen sein, wahrscheinlich sogar ein liturgischer Ruf aus dem Tempelgottesdienst. Der Satz ist mehrfach im Alten Testament belegt. Aber in Jes 52,7 ist diesem Bekenntnis eine neue Bedeutungsschicht zugewachsen. Die Formel meint nicht mehr nur: „Gott ist König von Ewigkeit her", sondern: Seine ewige Königsherrschaft wird nun in der Welt in einem radikalen geschichtlichen Umbruch, in einer Rettungstat an seinem Volk manifest. Genau genommen müßte man übersetzen: „Gott *wird* König". Freudenbotschaft kann ja nur etwas sein, das vorher noch nicht bekannt war. Daß Gott der König Israels und der König der Welt ist, wurde seit langem im Kult gefeiert. Daß sich sein Königtum nun in der Geschichte als siegreich erweist, ist die neue Botschaft.

Aber wie wird Gottes Königtum in der Geschichte manifest? Jes 52 gibt darauf eine klare Antwort: Indem Gott das ins Exil zerstreute Israel sammelt und heimführt in das Land. Unmittelbar an die Proklamation „Dein Gott wird König" schließt sich nämlich die folgende Schilderung an:

Horch, deine Späher erheben die Stimme,
sie beginnen alle zu jubeln.
Denn sie sehen mit eigenen Augen,
wie der Herr zum Zion zurückkehrt. (Jes 52,8)

Selbstverständlich kehrt Gott nicht allein zum Zion zurück. Mit ihm zieht wie in einer Prozession das befreite Israel, das sein Land neu in Besitz nehmen darf (52,11 f). Das Kommen Gottes und die Wiederherstellung Israels fallen in eins.

Diese Vision aus dem Jesaja-Buch ist der Hintergrund der Verkündigung Jesu. Jesus selbst ist der Freudenbote. Er ruft ein Evangelium, eine Freudenbotschaft aus, und der Inhalt dieser Botschaft ist: Gott tritt nun seine Königsherrschaft endgültig an. Aber was bedeutet das geschichtlich-konkret? Bei Jesaja ist, wie wir sahen, dieser Anbruch der Königsherrschaft Gottes gerade kein Vorgang, der für Menschen unsichtbar in der Verborgenheit des Himmels gefeiert würde. Daß Gott die Herrschaft antritt, meint ganz handgreiflich, daß Israel nun gesammelt und heimgeführt wird in sein Land. Wir werden deshalb auch den Inhalt der Proklamation Jesu so konkret wie nur möglich verstehen müssen.

Es ist ein seltsames Phänomen, über dessen Ursachen man lange nachdenken kann, daß in der neutestamentlichen Exegese der Begriff der Basileia so oft seltsam abstrakt bleibt. Da ist zwar immer wieder von der Gottesherrschaft in der Verkündigung Jesu die Rede. Doch dann wird erörtert, ob sie ganz jenseitig sei oder doch auch schon ein wenig diesseitig; ob sie noch ganz in der Zukunft liege oder schon in die Gegenwart hereinrage; ob sie mehr dynamisch als „Herrschaft" Gottes oder mehr statisch als „Reich" Gottes zu verstehen sei; wieweit sie reine Gnade sei und wieweit auch der Mensch etwas tun müsse, um sie zu erlangen. All das beläßt jedoch die Gottesherrschaft in einem seltsam diffusen Licht. Man kann schlechterdings nicht verstehen, warum etwas so Nebulöses irgendwelche Menschen in Israel zur Änderung ihres Lebens hätte führen können. Derart verschwommen und abstrakt haben sich weder Jesus noch die Juden seiner Zeit die Königsherrschaft Gottes vorgestellt.

Macht man ernst mit dem Hintergrund der Proklamation von Mk 1,15, der eben eindeutig das Jesaja-Buch ist, kommt man gar nicht daran vorbei, das Kommen der Gottesherrschaft, von dem Jesus spricht, als einen sehr konkreten, sichtbaren Vorgang zu verstehen: Die endzeitliche Sammlung des Gottesvolkes beginnt, Israel erhält endgültig sein Land, es wird zum Zeichen für die Völker. Und das alles nicht aus eigener Kraft, sondern in einem Geschehen, das Gottes Herrlichkeit zeigt und seine ganze Macht. Das Jesaja-Buch hat dieses Geschehen als Neuschöpfung Israels beschrieben, und so muß es auch Jesus verstanden haben.

Die endzeitliche Sammlung und Neuschöpfung des Gottesvolkes durch Jesus ist also die notwendige Entsprechung seiner Proklamation der Basileia[241]. Redet man nur abstrakt über den Begriff der Gottesherrschaft, ohne zugleich das Handeln Gottes an Israel in seiner ganzen gesellschaftlichen Konkretheit mit in den Blick zu nehmen, bleibt alles diffus und letztlich unverständlich.

Und wie geschieht bei Jesus die Neuschöpfung des Gottesvolkes? Halten wir uns auch da genau an den Ablauf des Evangeliums! Nach der Taufe Jesu im Jordan, seiner Erprobung in der Wüste und seiner Proklamation der Gottesherrschaft erzählt Markus sofort die Berufung der ersten Jünger. Matthäus macht es genauso, Johannes ähnlich[242]. Die Sammlung von Jüngern ist also das erste, was Jesus den Evangelien zufolge in Galiläa überhaupt tut. Man darf das nicht als Selbstverständlichkeit nehmen. Es hätte ja durchaus nahegelegen, zuerst einmal exemplarisch eine Predigt Jesu voranzustellen und von seinen Heilungswundern zu berichten. Lukas hat genau in diesem Sinn die ihm vorliegende ältere Evangelientradition umgeformt[243].

Aber auch für Lukas ist genau wie für die drei anderen Evangelisten die Berufung der Jünger von entscheidender Wichtigkeit. Die Jünger sind in den Evangelien keine Statisten zur Belebung der Bühne. Sie kommen nicht deshalb ständig in der Erzählung vor, damit sich vor dem Hintergrund ihres Zuhörens und Fragens die Person Jesu umso eindrucksvoller entfalten kann. Sie sind neben Jesus die Hauptaktanten im Drama der Evangelien. Sie werden in die Nachfolge Jesu berufen, und diese Nachfolge gipfelt in der Einsetzung der Zwölf und ihrer Sendung zu ganz Israel:

Und er schuf Zwölf, daß sie mit ihm seien und daß er sie aussende zum Verkünden und Vollmacht zu haben, die Dämonen auszutreiben. (Mk 3,14 f)

Die Zwölf werden aus einer schon größeren Zahl von Jüngern ausgewählt. Sie stehen für die zwölf Stämme, sie sind der Anfang und das Wachstumszentrum des erneuerten, endzeitlichen Israel. Alle Jüngerschaft zielt also auf Israel, auf die Sammlung des ganzen Gottesvolkes. In den Jüngern beginnt die endzeitliche Neuschöpfung Israels, und in der Neuschöpfung Israels wird die Gottesherrschaft offenbar.

Wir werden über den Jüngerkreis und besonders die Zwölf noch genauer zu reden haben. Hier sollte zunächst nur deutlich werden: Für Jesus ist das Kommen der Basileia, also das Raumgewinnen der Herrschaft Gottes in der Welt, die Mitte seiner Existenz. Jesus sagt die Gottesherrschaft an, besser noch: er ruft sie aus. Aber niemals bleibt sie bei ihm auf der Ebene des reinen Wortes. Sie muß Fleisch annehmen. Sie braucht nicht nur das Ohr, sondern auch das Auge und den Geschmack. Daß Gott Herr wird in Israel, sieht man nicht an großen Worten. Man würde es selbst dann noch nicht sehen, wenn viele Einzelne auf den Ruf Jesu hin umkehrten, dabei aber für sich blieben. Man kann nur wissen, daß die Gottesherrschaft anbricht, wenn Menschen in Israel den Exodus aus ihren alten Verhältnissen wagen und ihr Leben miteinander verbinden beziehungsweise durch die Kraft Jesu verbinden lassen.

Das alles vollzieht sich konkret und vor aller Augen: Die Jesus nachgefolgt sind, haben ihre Familie und Verwandtschaft verlassen und sind mit ihm unterwegs durch das Land. Wichtiger noch: Sie lassen sich von Jesus sammeln zu einer „neuen Familie", die ganz unter dem Zeichen der Gottesherrschaft steht. Jüngerexistenz und Gottesherrschaft werden von Jesus ausdrücklich zusammengebracht:

Fürchte dich nicht, du kleine Herde,
denn euer Vater fand Gefallen daran,
euch die Basileia zu geben. *(Lk 12,32)*

In diesem Zuspruch begegnet das gleiche Wort wie in der Taufszene. Wie an Jesus, seinem treuen Knecht und geliebten Sohn, hat Gott auch an der kleinen Schar der Jünger sein „Gefallen gefunden". Sie sind das, was er von Ewigkeit her gesucht und ersehnt hat. Ihnen wird die Basileia zugesprochen, das heißt, sie werden Anteil an ihr bekommen, und zwar schon jetzt und heute. Dieser Anteil ist nicht nur eine ins Herz gesenkte Hoffnung. Er ist sichtbar und greifbar:

Amen, ich sage euch: „Es gibt niemanden, der verlassen hat Haus, Brüder, Schwestern, Mutter, Vater, Kinder oder Äcker um meinetwillen und um des Evangeliums willen, der dafür nicht Hundertfaches erhielte. Schon jetzt in dieser Zeit: Häuser, Brüder, Schwestern, Mütter, Kinder und Äcker – wenngleich unter Verfolgungen. In der kommenden Welt aber das ewige Leben." *(Mk 10,29 f)*

In diesem Text, der sehr sorgfältig formuliert, kommt es auf jedes Wort an. Liest man ihn genau, fallen zwei Dinge auf: Zunächst einmal: Die „Väter" werden im zweiten Teil des gleichmäßig gebauten Parallelismus nicht mehr genannt. Das kann kein Zufall sein. Sie stehen für das Patriarchat, für die alte Gesellschaft, in der allein der Mann herrscht und bestimmt. In der neuen Familie Jesu, zu der die Jünger heranwachsen sollen, darf es überhaupt niemanden mehr geben, der andere beherrscht. Alle sollen einander wie Brüder und Schwestern sein.

Auffällig ist aber noch etwas anderes: Für die Gegenüberstellung der natürlichen und der neuen Familie hätte es gereicht, Väter, Mütter, Kinder, Brüder und Schwestern zu nennen. Diese Reihung wird aber zusätzlich noch gerahmt durch die Nennung der Häuser und der Äkker. Auch das ist Absicht. Es geht nicht nur um die Familie, es geht auch um den Anteil am „Land". Lukas berichtet in der Apostelgeschichte, daß der aus Zypern stammende Barnabas einen Acker verkaufte (4,36f). Er war wohl, wie viele Diasporajuden, nach Jerusalem übersiedelt und hatte bei der Stadt ein Grundstück erworben, um so seine

Zugehörigkeit zu Israel real festzumachen und an den Segensgütern der messianischen Zeit Anteil zu erhalten. Diesen Acker verkauft er jedoch zugunsten der jungen Jesus-Gemeinde in Jerusalem, weil ihm deren Aufbau wichtiger ist als der Besitz des Grundstücks.

An diesem Vorgang wird sehr genau sichtbar, was in Mk 10,29 f gemeint ist: Die Häuser und Äcker, die von den Jüngern Jesu verlassen werden, waren ihr Anteil am „Land". Sie gehen ihnen verloren. Aber ihr Anteil am Land der Verheißung geht ihnen nicht verloren. Ihr „Land" wird die neue Familie, die Jesus um sich sammelt. In ihr finden sie alles hundertfach wieder, in ihr betreten sie nun wahrhaft das Land, in ihr erfüllt sich die Landverheißung an Israel. Die Landverheißung, die im Alten Testament ein außerordentliches Gewicht hat, wird im Neuen keineswegs übergangen. Sie wird auch nicht in die reine Innerlichkeit verlegt. Sie erfüllt sich auf dem Boden der neuen Familie.

Kehren wir, nach diesem langen Zwischenstück, noch einmal zu unserer Ausgangsfrage zurück: Was ist das Neue am Neuen Testament? Wir können jetzt mit größerer Sicherheit sagen: Das Neue sind nicht irgendwelche Inhalte, von denen das Alte Testament noch nichts gewußt hätte. Das Neue besteht vielmehr darin, daß nun die Offenheit des Alten Testaments ihr Ziel findet. Es tritt ein, was erhofft wurde. Die Verheißungen erfüllen sich. Der Jordan wird überschritten. Das Land wird gefunden. Das Verheißene leuchtet auf – und zwar mit solcher Kraft, daß nur das Wort „neu" geeignet ist, die Erfüllung des Alten zu beschreiben. „Eine neue Lehre in Macht" sagen die Volksscharen (Mk 1,27).

Das Neue kommt nicht in die Welt als reine Lehre, als bloße Idee, als Gedankending, als Geistesblitz. Es erscheint in einer konkreten Person. Diese Person ist Jesus Christus. Die Taufszene will verdeutlichen, daß er der geliebte Sohn ist, der Verheißene, der von Gott seit langem Ersehnte. Und seine Erprobung in der Wüste will zeigen, daß er in völliger Einheit mit dem Willen Gottes lebt. Er hat als erster ganz verstanden, was Gott will. Er hat die Sache Gottes ganz durchgetragen. Er wird in seiner Person zur Vollendung aller Aufklärung Israels. Seine Worte, seine Taten, seine völlige Hingabe an die Sache Gottes zwingen die Jünger, die ja allesamt Juden sind, zu sagen: Er ist die Erfüllung der langen

Geschichte, die mit Abraham begonnen hatte. Er ist das endgültige Ins-Licht-Treten alles Bisherigen in Israel. Der frühchristliche Irrlehrer Markion hat gesagt, Christus selbst sei das Reich Gottes[244]. Der große frühchristliche Theologe Origenes hat ganz ähnlich formuliert: Christus sei die Basileia in Person[245]. Beides ist bis heute oft nachgesprochen worden[246]. Und es ist ja auch nicht falsch. Es wird aber falsch, wenn es nicht sofort ergänzt wird: Die Gottesherrschaft braucht einen Herrschaftsraum, sie braucht ein Volk. Um es ganz schlicht zu sagen: Ein König ohne Volk ist kein König, beziehungsweise: er hat abgedankt. Etwas differenzierter gesagt: Die Gottesherrschaft bedeutet Gerechtigkeit. Gerechtigkeit aber kann sich nicht in einer einzigen Person darstellen, sondern nur in einer Gesellschaft. Wenn die Rede von der Königsherrschaft Gottes überhaupt einen Sinn haben soll, braucht sie eine Gesellschaft, in der Gott Herr ist und in der sein Herr-Sein die Menschen und die Dinge verändert. In einem isolierten Einzelnen kann das Reich Gottes deshalb gar nicht kommen. Entweder es erscheint in Gesellschaftsgestalt oder es erscheint überhaupt nicht.

Von hier aus fällt auf die Selbstverständlichkeit, mit der Jesus in den Evangelien sofort beginnt, Jünger in seine Nachfolge zu rufen, noch einmal neues Licht. Das Neue des Neuen Testaments ist Jesus, aber er wäre es unvollständig ohne die Jünger, die er um sich als den Anfang des endzeitlichen Israel sammelt.

Joseph Ratzinger hat 1990 vor der Bischofssynode in einem Vortrag über das Priestertum formuliert, das Neue am Neuen Testament sei die Person Jesu. Er hat dann aber hinzugefügt: Das Neue ist außerdem die „Figur der Zwölf"[247]. In den folgenden Kapiteln wird es darum gehen, dieses Neue noch genauer zu betrachten.

2. Das „Heute" der Gottesherrschaft

Jesus hat die Schwelle überschritten. Das zeigt gerade der Anfang seines Auftretens. Die Proklamation, mit der in Mk 1,15 die gesamte Predigt Jesu zusammengefaßt wird, beansprucht, daß sich jetzt Jes 52,7–12 erfüllt. An Mk 1,15, dieser Summe der Verkündigung Jesu, ist aber nicht nur der Hintergrund aus dem Jesaja-Buch wichtig. Genauso wichtig ist die sprachliche Struktur, in die das Ganze gegossen ist:

Erfüllt ist die Zeit,
und nahegekommen ist die Gottesherrschaft.
Kehrt um
und glaubt an die frohe Botschaft!

Am Anfang der Proklamation steht nicht die Aufforderung an Israel, umzukehren und dem Evangelium zu glauben. Die Umkehr ist vielmehr Konsequenz aus dem, was schon vorher geschehen ist: daß die Zeit erfüllt und die Gottesherrschaft nahe herbeigekommen ist[248]. Am Anfang steht also, wie durchgängig im Alten Testament, das Handeln Gottes, nicht das Handeln des Menschen. Gott hat die Initiative ergriffen. Er allein schenkt die Basileia. Sache des Gottesvolkes ist es, darauf die Antwort zu geben. Das Handeln Gottes ermöglicht das Handeln des Menschen.

Die Struktur von Mk 1,15 zeigt aber noch mehr: Die Exegeten haben immer neu darüber nachgedacht, was das „Nahegekommen" denn nun genau meine. Will es sagen, daß die Gottesherrschaft – in der Dimension linearer Zeit – jetzt näher sei, als sie es vorher war? Das würde unweigerlich bedeuten: Sie ist immer noch nicht da. Die Schwelle wäre dann keineswegs überschritten, und Jesus würde sich von anderen, die vor ihm in Israel „Naherwartung" predigten, zumindest in der Zeitansage überhaupt nicht unterschieden haben.

Das Problem löst sich, wenn man den ersten Halbsatz der Proklamation ernst nimmt: „Erfüllt ist die Zeit." Dieser Halbsatz setzt den Akzent und klärt die Zeitfrage. Er kommt zwar im Gewand feierlichbiblischer Sprache. Er meint aber nichts anderes, als wenn wir sagen würden: „Es ist soweit." „Der Zeitpunkt ist da." Das biblische Sprachgewand zeigt dabei an: Es geht um die prophetischen Verheißungen: jetzt erfüllen sie sich. Paulus meint dasselbe, wenn er schreibt:

Seht, jetzt ist sie da, die willkommene Zeit.
Seht, jetzt ist er da, der Tag der Rettung. (2 Kor 6,2)

Der zweite Halbsatz „nahegekommen ist die Gottesherrschaft" kann nach dieser grundlegenden Aussage dann nicht mehr heißen, daß die Zeit der Erfüllung eben doch noch nicht wirklich gekommen sei. Das „Nahegekommen" enthält zwar ein „Noch-nicht". Dieses blickt aber nicht auf das Handeln Gottes, sondern auf die Antwort Israels. Israel ist ja in diesem Augenblick noch gar nicht umgekehrt. Es steht noch vor seiner Entscheidung für oder gegen das Evangelium. Deshalb ist die Basileia zwar nahe, aber noch nicht da. Sie ist dem Gottesvolk angeboten. Sie ist ihm vor die Füße gelegt. Sie befindet sich in seinem Verfügungsbereich, ja sie ist zum Greifen nahe. Aber solange sie nicht angenommen ist, ist sie nur nahe, und es muß noch gebetet werden:

Dein Reich komme! (Mt 6,10)

Es gibt keine Szene im Evangelium, die diese Spannung zwischen „schon" und „noch nicht" deutlicher vor Augen führt als die Predigt Jesu in der Synagoge von Nazaret – so wie das Lukasevangelium sie uns in 4,16–30 erzählt: Jesus ist für kurze Zeit in seine Heimatstadt Nazaret zurückgekehrt. Am Sabbat geht er in die Synagoge, wird um eine Ansprache gebeten, liest einen Text aus dem Jesaja-Buch vor, in dem die endzeitliche Wiederherstellung Israels durch den von Gott eingesetzten Messias geschildert wird (Jes 61,1 f) und sagt dann, den Prophetentext auslegend:

Heute hat sich die Schriftstelle, die ihr gerade gehört habt, erfüllt. (Lk 4,21)

Letztlich geht es diesem alles umwälzenden Satz natürlich nicht nur um den Text Jes 61,1 f. Lukas will sagen: Im Auftreten Jesu, in seiner Verkündigung und in seinen Heilstaten, beginnt sich nun das Jesaja-Buch zu erfüllen und mit ihm die ganze Schrift. Jetzt, heute, in diesem Augenblick fängt die verheißene Zukunft an. Jetzt ist Erfüllungszeit! – Die Erzählung geht dann aber weiter und verrät dabei immer deutlicher, daß sie die gesamte öffentliche Wirksamkeit Jesu zusammenfaßt. Zuerst findet Jesus freudige Zustimmung. Dann aber dreht sich der

Wind. Plötzlich nehmen die Einwohner Nazarets Anstoß an Jesus. Der Anstoß liegt in der Konkretheit des Verkündigers:

Ist das nicht der Sohn des Josef? (Lk 4,22)

Das heißt: Das endzeitliche Handeln Gottes war zwar von allen erbeten und erträumt, aber in der Stunde, in der es geschieht, zeigt sich: Man hat es sich anders vorgestellt. Nicht so. Nicht so konkret. Nicht so hart im Raum. Nicht gerade in Nazaret, und vor allem: nicht schon in diesem Augenblick. So verschieben die Hörer Jesu lieber wieder alles in die Zukunft, und die Geschichte nimmt kein gutes Ende. Die Zeit ist zwar erfüllt, aber die Basileia Gottes wird nicht angenommen. Das von Gott angebotene „Heute" wird in Abrede gestellt. Und deshalb wird das „Schon" zum „Noch-nicht".

Das „Heute" der Evangelien wurde nicht nur in Nazaret nicht angenommen. Es ist auch später im Laufe der Kirchengeschichte immer wieder geleugnet oder verharmlost worden. Der Grund war der gleiche wie in Nazaret: Offenbar kommt es dem Menschen quer, wenn Gott in seinem Leben konkret werden will. Dann geraten all seine Wünsche und Lieblingsvorstellungen in Gefahr. Auch seine Zeitvorstellungen. Es kann ja noch nicht heute sein, denn dann wäre schon *heute* das Leben zu ändern. Deshalb wird das Heil Gottes lieber in die Zukunft verlegt. Dort ruht es dann wohlverpackt, hygienisch und harmlos.

Oft bewirkt dieser Verdrängungsprozeß eine Intensivierung der *Jenseits*hoffnung. Er kann sich aber auch gegen die konkrete Kirche richten. Es gibt eine bestimmte Form der Kirchenverachtung, die unmittelbar der Verweigerung des jesuanischen „Heute" entspringt. Gemeint ist hier nicht der Unglaube oder der Haß von Außenstehenden. Gemeint ist eine Kirchenverachtung, die aus dem innersten Raum der Kirche selbst kommt und die deshalb so zerstörerisch ist, weil Getaufte, die eigentlich als Zeugen für die Gegenwart Gottes berufen waren, nicht mehr daran glauben, daß Gott im Hier und Jetzt dieser konkreten, anstößigen Kirche sein Heil schenken will. Was sich in der Synagoge von Nazaret abgespielt hat, geht in der Kirche weiter.

Wir müssen uns deshalb mit dem „Heute" Jesu beschäftigen – nicht nur, weil sonst das Neue an Jesus und am Neuen Testament nur unklar zutage träte, sondern auch um der Erneuerung der Kirche willen. Sie ist nicht zu erneuern, wenn sie nicht endlich das an sie ergangene „Heute" annimmt. Es hängt für die Kirche alles davon ab, ob sie wieder glaubt, daß sich schon jetzt die Verheißungen erfüllen sollen und daß Gott *heute* handelt. Für Jesus war dieses „Heute" Gottes die Mitte seiner Existenz. Was war der Hintergrund seiner Gegenwarts-Eschatologie?

Seitdem es in Israel Geschichtstheologie gibt, dürfte es auch Zukunftserwartung gegeben haben. Mit wirklicher Wucht tritt sie aber erst seit dem Propheten Amos in Erscheinung. Dessen Verkündigung ist ganz von der nahen Zukunft, dem bevorstehenden Gericht, bestimmt. Später sprechen dann die exilischen und nachexilischen Propheten in glühenden Bildern sowohl vom kommenden Gericht als auch vom kommenden Heil. Gott wird seine Königsherrschaft in der Welt aufrichten und sein Volk wiederherstellen. Seit dem 2. Jahrhundert vor Christus, besonders seit der Verfolgung der Juden durch den Seleukiden Antiochus IV., hat sich diese Erwartung in der sogenannten „Apokalyptik" noch einmal zugespitzt[249].

Auch das Phänomen der „Naherwartung" dürfte alt sein[250]. Es wird dann aber vor allem für die Apokalyptik kennzeichnend. Gerade in Verfolgungszeiten drängt sich vielen jüdischen Gruppen die Überzeugung auf: Israel ist so bedroht, daß Gottes Eingreifen unmittelbar bevorstehen muß. Es gibt in der Folgezeit viele Spielarten solcher Naherwartung – bis zu ganzen apokalyptischen „Fahrplänen", die am Wachsen der endzeitlichen Not ablesen wollen, wie nah der Jüngste Tag schon gekommen ist. Aber auch dort, wo es diese massive Apokalyptik nicht gibt, erwarten viele Fromme das baldige Offenbarwerden der Gottesherrschaft und beten täglich um sie. Im Kaddisch zum Beispiel, einem Gebet, das wahrscheinlich schon zur Zeit Jesu gebetet wurde, heißt es im Mittelteil[251]:

Er lasse herrschen seine Königsherrschaft
zu euren Lebzeiten und zu euren Tagen
und zu Lebzeiten des ganzen Hauses Israel
in Eile und Bälde.

Vor diesem gesamten Hintergrund muß man das „Heute" der Verkündigung Jesu hören. Es durchbricht alle Fern-Erwartungen und sogar jede Nah-Erwartung. Jesus weiß mit letzter Sicherheit: Die verheißene, ersehnte, erbetene Zukunft ist da. Die Gottesherrschaft bricht an. Nur so läßt sich sein unbeugsames Erfüllungsbewußtsein begreifen. Nur so läßt sich seine Seligpreisung der Jünger verstehen:

Selig die Augen, die erblicken, was ihr erblickt. Denn ich sage euch: Viele Propheten und Könige begehrten zu sehen, was ihr erblickt – und sie sahen es nicht. (Lk 10,23 f)

Man hat an diesem „Heute" Jesu wohl nicht nur in Nazaret Anstoß genommen. Auch viele andere werden damals den Kopf geschüttelt und gesagt haben: Die Welt geht doch weiter wie bisher, nichts hat sich geändert, also kann auch die Gottesherrschaft noch nicht gekommen sein! Jesus hat darauf geantwortet: Doch, es hat sich etwas geändert:

Wenn ich durch den Finger Gottes die Dämonen austreibe, dann ist die Herrschaft Gottes doch schon zu euch gekommen. (Lk 11,20)

Dämonen gibt es in vielen Formen. Vielleicht dürfen wir übersetzen: Wenn Menschen, die nicht mehr herauskönnen aus ihrer Besessenheit, ihren Obsessionen, den zerstörerischen Zwängen, die sich in ihnen und um sie herum aufgebaut haben, und zwar aufgrund des Bösen in der Gesellschaft und der Unheilsgeschichte, in der sie stehen – wenn solche Menschen durch die Macht Jesu, die nichts anderes als die Macht Gottes ist, wieder atmen können und frei werden und vertrauen können, dann ist die Herrschaft des Bösen bereits gebrochen und die Gottesherrschaft bei ihnen schon angekommen. Denn die Basileia Gottes kommt nicht als Weltengewitter, nicht als universale Inszenierung vom Himmel her, sondern sie kommt in die Welt wie ein Saatkorn, das heranwächst. In Jesu Heilungstaten wird das Heute der Gottesherrschaft schon sichtbar und greifbar.

Letztlich geht es bei der Gegenwarts-Eschatologie Jesu darum, wer Gott eigentlich ist. Jesus lebt zu ihm in einem umstürzend neuen Verhältnis. Für ihn ist Gott in seiner Güte so mächtig und in seiner Macht so gegenwärtig, daß *von ihm her gesehen* nichts mehr aussteht. Weil Jesus in völliger Einheit mit dem Willen seines himmlischen Vaters lebt, weiß er: Wenn Gott kommt, kommt er nicht halb, sondern ganz. Und er kommt nicht irgendwann, und sei es auch in allernächster Zukunft, sondern er kommt heute. Man wird der Botschaft Jesu einfach nicht gerecht, wenn man so formuliert, als schenke Gott zwar seine Basileia – aber im Augenblick noch nicht ganz; als lasse er sie anbrechen – aber nur stückweise; als offenbare er sie – aber nur in Vorwegnahme. Man kann all das genauso wenig sagen, wie man sagen könnte, Gott habe sich in Jesus zwar offenbart, aber erst in Vorwegnahme, nur stückweise und auf keinen Fall schon ganz und endgültig.

Dem Neuen Testament wird man nur gerecht, wenn man festhält: Gott hat sich in Jesus ganz ausgesagt. Jesus ist die endgültige Gegenwart Gottes in der Welt. Wer ihn sieht, sieht den Vater (vgl. Joh 14,9). Er ist in einem Sinn, wie man es sonst von keinem Menschen sagen kann, „der Sohn". Letztlich gründet das uneingeschränkte „Heute", das Jesus proklamiert, in seiner uneingeschränkten Teilhabe an dem ewigen „Heute" Gottes. Wer an der Gegenwarts-Eschatologie Jesu Abstriche macht, steht deshalb in der Gefahr, das Geheimnis der Person Jesu zu verkleinern. Es ist kein Zufall, daß gerade das Johannesevangelium, in dem der Satz steht: „Ich und der Vater sind eins" (10,30), die dezidierteste Gegenwarts-Eschatologie des Neuen Testamentes enthält.

Das „Noch-nicht" der Gottesherrschaft hängt also nicht am Zögern Gottes, sondern an der sich verzögernden Umkehr des Menschen. Der Mensch will Gott nicht zu nahe haben. Er will lieber auf seiner eigenen Hochzeit tanzen als auf der Hochzeit, zu der Gott einlädt. So muß Jesus in einem Gleichnis erzählen (Lk 14,15–24), wie ein Mann ein Festmahl vorbereitet hat, wie er Sorge getragen hat um ein vorzügliches Essen und alles getan hat, daß seine Gäste glücklich sein könnten. Endlich ist es soweit – und die Gäste kommen nicht, obwohl sie seit langem eingeladen waren. Statt dessen trifft eine Entschuldigung nach der anderen ein:

Ich habe einen Acker gekauft. Ich kann leider nicht kommen. Ich habe fünf Gespann Zugvieh gekauft. Ich kann leider nicht kommen. Ich habe gerade geheiratet. Ich kann leider nicht kommen.

Das Gleichnis handelt weder vom Heil des Einzelnen noch vom Heil im Jenseits. Es geht um das Fest Gottes mit seinem Volk, das jetzt, in der Stunde des Auftretens Jesu, stattfinden soll. Es steht heute noch genauso in Frage wie damals. Die Eingeladenen finden immer neue Entschuldigungen, wenn es darum geht, sich gegen den nahen Gott und die Sammlung des Gottesvolkes abzuschirmen. Meist sind es ehrenwerte Gründe. Fast immer laufen sie hinaus auf den Satz: „Ich möchte ja. Aber im Augenblick geht es noch nicht!" Das jesuanische „Heute" besagt aber gerade: Du hast keine Zeit mehr. Denn die Welt brennt. Du mußt *jetzt* handeln. Denn du bist der Sache Gottes begegnet. Du mußt *noch heute* deine ganze Existenz einsetzen. Denn die Einladung Gottes ist an dich ergangen.

Allerdings: Wenn man so formuliert, merkt man sofort: Dieses „Du mußt!" darf nicht isoliert stehen bleiben. Sonst verfehlt es die Verkündigung Jesu. Jesus wäre dann letztlich doch nichts anderes als ein eschatologischer Moralist gewesen. Worauf Jesus mit dem „Heute" zielt, ist nicht zuerst die Pflicht, der Imperativ, das moralische „Muß", sondern der Jubel über das angebotene Fest, die Freude über den Schatz und die Perle, die man jetzt schon finden kann.

Wir haben über das Gleichnis vom vergrabenen Schatz und der kostbaren Perle bereits an früherer Stelle gesprochen (I 7). Hier sei deshalb nur noch auf die kompromißlose Gegenwarts-Eschatologie dieses Gleichnisses hingewiesen. Das Gleichnis sagt ja nicht: „Mit dem Reich Gottes verhält es sich wie mit einem Schatz, den einer fand. Er grub ihn wieder ein, ging voll Freude nach Hause und lebte fortan in dem glücklichen Wissen: Es gibt diesen Schatz, und irgendwann in der Zukunft werde ich ihn in der Hand haben." Das Gleichnis erzählt vielmehr, wie der Mann den Schatz sofort an sich bringt:

In seiner Freude geht er hin, verkauft alles, was er besitzt,
und kauft den Acker. (Mt 13,44)

Der verborgene Schatz der Gottesherrschaft wird also jetzt schon ausgegraben. Und die kostbare Perle wird schon jetzt erworben. Das Fest will beginnen, und es hängt alles nur noch davon ab, ob die Eingeladenen auch kommen.

3. Das überströmende Heil

Das „Noch-Nicht" der Gottesherrschaft hat seinen Grund allein im Widerstand des Menschen. Von Gott her gesehen kann man nur vom „Schon" der Erfüllung sprechen. Alles ist angeboten. Alles drängt zum Offenbarwerden der Herrlichkeit Gottes. Dem „Noch-Nicht", das der Mensch verursacht, steht sogar ein „Noch-Mehr" von seiten Gottes gegenüber, denn seine Güte übersteigt jedes Maß. Als endlich der *eine* Mensch hervortritt, der ganz offen ist für Gott und vollkommen eins mit seinem Willen, erscheint auch die Gottesherrschaft in einer überraschenden und geradezu bestürzenden Fülle.

Markus veranschaulicht dieses überströmende Heil sofort nach seinem Bericht über die Berufung der ersten Jünger anhand einer kleinen Erzählkomposition, die man den „Tag von Kafarnaum" genannt hat (1,21–39). Es ist ein Sabbat. Jesus geht in die Synagoge, lehrt dort und heilt einen Besessenen. Nach dem Synagogengottesdienst zieht er sich mit seinen Jüngern in das Haus des Simon Petrus zurück. Er heilt dort die Schwiegermutter des Petrus, die fieberkrank im Bett liegt. Sobald dann der Sabbat zu Ende und das Tragen von Kranken wieder erlaubt ist, kommen die Menschen vor dem Haus des Petrus zusammen:

Als es Abend geworden und die Sonne untergegangen war, brachten sie all ihre Kranken und Besessenen zu ihm. Der ganze Ort drängte sich vor der Haustür zusammen, und er heilte viele, die an allen möglichen Krankheiten litten, und er trieb viele Dämonen aus. (…) In aller Frühe, noch in der Nacht, stand er auf, ging hinaus und ging zu einem einsamen Platz. Dort betete er. Simon und seine Gefährten eilten ihm nach, und als sie ihn gefunden hatten, sagten sie zu ihm: „Alle suchen dich." Er antwortete ihnen: „Gehen wir anderswohin, in die benachbarten Dörfer, daß ich auch dort verkündige; denn dazu bin ich ausgezogen." Und er zog durch ganz Galiläa, verkündigte in ihren Synagogen und trieb die Dämonen aus. (Mk 1,32–39)

Markus hat den Anfang der Heilungen Jesu bewußt in einen einzigen langen Tag hinein verdichtet, der vom Morgen über den Abend bis zum nächsten Morgen reicht. Es ist der „Tag des Messias". Er geht noch über den Sabbat hinaus bis zum Morgen des ersten Wochentags. Zunächst aber ist es ein Sabbat, der Tag also, an dem nach biblischer Vorstellung die Schöpfung ihre Vollendung findet. Vom Sabbat, vom siebten Tag, wird ja in Gen 2,2 f gesagt, daß Gott ihn segnete und an ihm ausruhte, „nachdem er das ganze Werk der Schöpfung vollendet hatte". Genau in diesem Sinn ist der Sabbat von Kafarnaum ein erfüllter Tag, an dem das Ziel der Schöpfung sichtbar wird. Es ist ein Tag, an dem die Menschen und die Verhältnisse heil werden, an dem sie zur Ruhe kommen und ihr Gleichgewicht wiederfinden. Der Sabbat geht dann in den 1. Wochentag über, den Tag der Auferstehung und der neuen Schöpfung, und auch er ist sofort gefüllt mit messianischem Heil.

Ähnlich wie Markus stellt auch der 4. Evangelist an den Anfang des Wirkens Jesu ein Geschehen messianischer Fülle (Joh 2,1–12). Es ereignet sich in Kana, bei einer Hochzeit, die in Dürftigkeit zu enden droht, weil der Wein ausgegangen ist. Der messianische Überfluß zeigt sich hier in einem Weinwunder, das Jesus wirkt. Die Erzählung arbeitet sorgfältig heraus, daß er der Hochzeitsgesellschaft ein Übermaß an Wein schenkt[252]:

Denn nicht die für die Aufbewahrung von Wein üblichen Tonkrüge werden auf den Befehl Jesu mit Wasser gefüllt, sondern sechs steinerne Gefäße, bestimmt für die rituelle Reinigung – deshalb aus Stein gehauen und deshalb außerordentlich groß. Jedes dieser Gefäße faßt nach der Angabe des Evangelisten 2 – 3 Metreten, das sind ca. 100 Liter. Insgesamt werden etwa 500 – 700 Liter Wasser in Wein verwandelt. Der Erzähler liefert aber nicht nur diese detaillierten Maßangaben, er fügt auch noch ausdrücklich hinzu:

Sie füllten die Gefäße bis oben hin.

An solchen Einzelheiten zeigt sich die Absicht des Evangelisten. Er will sagen: Die Gabe Jesu ist überreich. Da wird nicht eingeschränkt, abgemessen, begrenzt, gegeizt. Alle großen Gefäße, die sich finden, sind bis zum Rand gefüllt.

Aber nicht genug damit, daß so die Überfülle des Weins anschaulich gemacht wird. Genauso deutlich verweist die Erzählung auf die Qualität des Weins. Sie führt dazu sogar eine eigene Person ein, nämlich den *architriklinos* – denjenigen, der die Aufsicht über die Mahlzeiten und vor allem über das Mischen und Austeilen des Weines hat. Der *architriklinos* weiß nicht, woher der viele Wein in den steinernen Gefäßen kommt und ist äußerst befremdet, daß er erst jetzt von ihm erfährt. Die „Weinregel", die er ausspricht (Guten Wein setzt man doch am Anfang und nicht am Ende des Festes vor!) hat innerhalb der Erzählung die Aufgabe, dezent zu sagen: Der Wein, der hier ausgeschenkt wird, ist ein guter, ja ein hervorragender Wein von bester Qualität. – Der Evangelist deutet die ganze Erzählung gegen Ende mit dem Satz:

Diesen Anfang seiner Zeichen machte Jesus im galiläischen Kana, und er offenbarte so seine Herrlichkeit. (Joh 2,11)

Der Leser soll also die Überfülle des Weins und dessen Qualität unmittelbar mit der „Herrlichkeit Jesu" in Beziehung bringen. Jesu Herrlichkeit bleibt nicht im Übersinnlichen, Innerlichen, rein Geistigen, Transzendenten, sondern sie wird sichtbar und greifbar – man kann sie schmecken und kosten. Sie ist so real und irdisch, wie nach der Auffassung des Jesaja-Buches die „Herrlichkeit des Herrn" im Israel der Endzeit real und irdisch werden soll.

Bei Jesaja ist sehr oft vom „Sehen" der Herrlichkeit des Herrn die Rede[253]. Der 4. Evangelist greift diese Wendung bewußt auf[254]. Die Herrlichkeit Jesu, die beim Kanawunder sichtbar wird, ist der Glanz der Herrlichkeit Gottes, an der nach der Theologie des Johannesevangeliums der „Sohn" schon immer Anteil hat[255]; sie ist aber zugleich der sichtbare Einbruch dieser Herrlichkeit in die Geschichte, und zwar in die Geschichte des Gottesvolkes Israel, dem nun mit dem Auftreten Jesu die endzeitliche Fülle der „Herrlichkeit des Herrn" geschenkt wird.

Allerdings muß man an diese „Herrlichkeit" glauben. Das „Sehen" ist bei Johannes kein vordergründiges Konsumieren mit den Augen; es setzt gläubiges Sich-Einlassen auf das Werk Gottes voraus. Deshalb wird in der Erzählung auch scharf unterschieden zwischen denen, die glauben, und denen, die gar nicht begreifen, was vor sich geht. Der Aufseher für die Mahlzeiten ist der Prototyp all derer, die unmittelbar dabei sind, die in die ganze Geschichte verwickelt sind, die sogar die Herrlichkeit des Weins schmecken und dennoch nicht wissen, „woher er kommt" (2,9). So gehört der *architriklinos* zu denen, die hören, aber nicht verstehen, sehen, aber nicht erkennen. Von den Jüngern Jesu hingegen wird ausdrücklich gesagt, daß sie glauben:

Er offenbarte seine Herrlichkeit,
und seine Jünger glaubten an ihn. (Joh 2,11)

Weil die Jünger glauben, beginnt mit ihnen die Sammlung des endzeitlichen Gottesvolkes. Weil sie glauben, empfangen sie selbst von der Fülle der Herrlichkeit Jesu „Gnade über Gnade" (1,16). Mit dem Weinwunder zu Kana beginnt im Sinn der johanneischen Theologie das große, endzeitliche „Werk Gottes". Gott offenbart in Israel seine von den Propheten verheißene Herrlichkeit, und zwar offenbart er sie in der Herrlichkeit des Sohnes, an der alle Anteil haben, die an Jesus glauben.

Die überströmende Fülle der Gottesherrschaft begegnet noch in vielen anderen Texten der Evangelien. Besonders in seinen Gleichnissen hat sie Jesus immer wieder ausgemalt:

Das Land, auf das im Gleichnis von der überreichen Ernte der Weizen ausgesät wurde, bringt trotz aller Widersacher, die vom Anfang bis zum Ende die Aussaat bedrohen, einen gewaltigen Ertrag: Der Weizen, der guten Boden fand, trägt dreißig-, sechzig- und hundertfach (Mk 4,1–9).

Aus dem winzigen Senfkorn wird eine große Staude, unter deren Zweigen die Vögel des Himmels ihre Nester bauen (Mk 4,30–32).

Ein armer Taglöhner stößt beim Pflügen auf einen im Acker vergrabenen Schatz (Mt 13,44).

Ein Großkaufmann, der mit Perlen handelt, bekommt eines Tages eine überaus kostbare Perle angeboten, wie er sie noch nie gesehen hat (Mt 13,45 f).

Einer, der sein Erbe verschleudert und seine Sohnesrechte verspielt hat, erinnert sich, daß in seinem Vaterhaus selbst die Taglöhner „Brot im Überfluß haben". Er kehrt nach Hause zurück und wird von seinem Vater sofort wieder in die Familie aufgenommen. Der Vater läuft ihm entgegen, der verlorene Sohn erhält einen Siegelring und ein neues Gewand, das Mastkalb wird geschlachtet, und es beginnt ein Fest (Lk 15,11–32).

Ein König erläßt einem verzweifelten Schuldner, dessen Existenz zerstört ist, die ungeheure Summe von 10 000 Talenten – das sind 100 Millionen Denare. Um einen Denar zu verdienen, mußte man damals einen vollen Tag arbeiten. Der König erläßt also eine Summe, die dem Wert von 100 Millionen Arbeitstagen entspricht (Mt 18,23–35).

Ein Gutsbesitzer behandelt die Taglöhner, die er erst am späten Nachmittag für die Erntearbeit im Weinberg angeworben hat, so, als hätten sie den ganzen Tag gearbeitet: Er bezahlt ihnen am Abend einen vollen Tageslohn (Mt 20,1–16).

Wohin wir auch schauen: Immer wieder ist in den Evangelien von überströmender Fülle, von Verschwendung und Überfluß die Rede. Es sind nicht nur die Gleichnisse.

In Betanien, im Hause Simons des Aussätzigen, gießt eine Frau Jesus ein Alabastergefäß mit teuerstem Nardenöl über das Haar, so daß seine Jünger konsterniert sind und von sinnloser Verschwendung reden. Jesus aber verteidigt die Frau (Mk 14,3–9).

Petrus und seine Gefährten fahren, nachdem sie die ganze Nacht umsonst gearbeitet haben, auf das Geheiß Jesu erneut auf den See und ziehen bald darauf ein Fischnetz an Land, das bis zum Zerreißen mit Fischen gefüllt ist (Lk 5,1–11).

Geradezu beispielhaft spricht vom Überfluß jedoch die Erzählung von der wunderbaren Brotvermehrung, die uns in den Evangelien nicht weniger als sechsmal überliefert ist[256]. Es lohnt sich, den Strukturlinien dieser Erzählung etwas ausführlicher nachzugehen[257], und zwar anhand von Mk 6,30–44.

Die heute fast überall gebräuchliche Überschrift „Speisung der Fünftausend" ist nicht gerade glücklich. Speisung erinnert an abspeisen, Schulspeisung, Armenspeisung und nicht an Schmaus, Festessen und Festgelage. Markus will aber offensichtlich von einem Festessen erzählen. Mk 6,39 zufolge sagt Jesus nämlich, die Jünger sollten dafür sorgen, daß alle sich *hinlegen*, das heißt, es sich zu einem Festmahl bequem machen.

Die Menschen der Antike hatten zwei verschiedene Arten zu essen. Das gewöhnliche, alltägliche Essen nahmen sie, wie wir, im Sitzen zu sich. Sooft sie aber ein Fest feierten oder sich zu einem festlichen Abendessen Gäste einluden, *legten* sie sich zu Tisch. Sie lagen dann auf Polstern und Kissen, stützten sich auf den linken Arm und aßen mit dem rechten. Wenn also die Jünger alle bitten sollen, sich auf dem Boden zu lagern, so bedeutet das: Nun soll ein Abendmahl beginnen, bei dem man sich Zeit läßt, ein Festschmaus, bei dem sich jeder satt essen kann. Die Liegepolster und Kissen fehlen zwar. Sie werden jedoch ersetzt durch viel grünes Gras, das Markus eigens erwähnt (6,39). Daß es sich tatsächlich um ein Festessen handelt, zeigt schließlich das Ende der Geschichte. Dort heißt es ausdrücklich, die Jünger hätten die übriggebliebenen Stücklein aufgesammelt. Selbst dies war festes Ritual des jüdischen Gastmahls: Nach dem Hauptgang „säuberte" man den Speisesaal, indem man alle heruntergefallenen Brotstücklein, die größer als eine Olive waren, aufsammelte. In Mk 6,43 sammeln die Jünger von den Resten des Mahls zwölf Körbe voll ein.

Weshalb bleibt derart viel übrig? Nicht etwa, weil es den Teilnehmern des Mahls nicht geschmeckt hätte oder weil sie sich nicht ganz satt gegessen hätten, sondern eben deshalb, weil es ein Festmahl war. Bei einem Festessen bleibt immer übrig. Das weiß jede Hausfrau. Zu einem festlichen Mahl wird stets mehr gekocht, gebraten und gebacken, als man dann in Wirklichkeit braucht. Denn zum Feiern gehört die Verschwendung und zu einem Festessen der Überfluß. Da darf nicht gegeizt werden, da trägt man lieber zu viel als zu wenig auf. Daß in der Geschichte von der Brotvermehrung am Ende zwölf Körbe übrigbleiben, will sagen: Jesus ist ein guter Gastgeber gewesen, er hat ein herrliches Essen gegeben, er hat ein Fest ermöglicht. Es ist hier ähnlich wie in der Geschichte von der Hochzeit zu Kana.

Weshalb erzählten sich die frühchristlichen Gemeinden derartige Geschichten? Was hatte Jesus mit Festgelagen und was hatten Festgelage mit der Gottesherrschaft zu tun? Biblischer Theologie zufolge sehr viel! In Jes 25,6–8 heißt es:

Der Herr der Heere wird auf diesem Berg (dem Zion) für alle Völker ein Festmahl geben mit den feinsten Speisen, ein Gelage mit erlesenen Weinen, mit besten und feinsten Speisen, mit besten, erlesenen Weinen. Er zerreißt auf diesem Berg die Hülle, die alle Nationen verhüllt, und die

*Decke, die alle Völker bedeckt. Er beseitigt den Tod für immer. Gott, der
Herr, wischt die Tränen ab von jedem Gesicht. Auf der ganzen Erde
nimmt er von seinem Volk die Schande hinweg. Ja, der Herr hat gesprochen.*

Dieser Text aus dem Jesaja-Buch setzt voraus, daß Gott seine endzeitliche Königsherrschaft angetreten hat. Das zeigt der Zusammenhang mit
dem Vorhergehenden (Jes 24,21–23). Der Inthronisation Gottes folgt
ein herrliches Festessen, das er auf dem Zionsberg veranstaltet. Israel er-
strahlt bei diesem Fest in neuer Ehre. Alle Völker sind zu dem Inthro-
nisationsmahl miteingeladen. Beim Mahl zerreißt die Hülle der Trauer
und des Leides, die über den Nationen liegt. Endzeitliche Freude strahlt
in der ganzen Welt auf, und sie wird nie mehr enden.

Für den Propheten liegt das alles noch in der Zukunft. Jesus hingegen verkündet: Diese Zukunft ist jetzt da. Sie wird bereits Gegenwart.
Die Freude der Endzeit hat schon begonnen. Das Festmahl Gottes mit
seinem Volk Israel, das sich zu einem Gastmahl für alle Völker ausweiten soll, fängt bereits an. Jesus ist sich so sicher, die Gottesherrschaft
werde nun als überreiches Mahl Wirklichkeit, daß er seine armen und
hungernden Zuhörer seligpreist:

Selig, die ihr jetzt hungert, ihr werdet gesättigt werden. (Lk 6,21)

Als Vertröstung auf ein Reich Gottes, das irgendwann einmal kommen
wird, wäre dieser Satz der Bergpredigt ein schrecklicher Zynismus, ja
eine Verhöhnung der Zuhörer gewesen. Den Hungernden versprechen,
daß sie satt werden, darf man nur, wenn man die Erfüllung nicht erst
im Jenseits und nicht erst in einer ungewissen Zukunft erwartet, sondern in einer Zukunft, die bereits beginnt. Aber wie werden im Reich
Gottes die Hungernden satt? Die Lösung zeigt das von Markus überaus sorgfältig komponierte Zentrum der Brotvermehrungserzählung
(6,35–41):

Jesus hat zu den Volksscharen sehr lange über die Gottesherrschaft
gesprochen. Der Text sagt ausdrücklich, daß er sie vieles gelehrt habe.
Aber nun kommen die Jünger und bitten ihn, die Unterweisung der
Massen zu beenden:

Schick sie weg, damit sie noch in die umliegenden Gehöfte und Dörfer gehen und sich etwas zu essen kaufen können.

Man muß dieser Jüngerrede zugute halten, daß sie nüchtern und realitätsbezogen ist. Predigt vom Reich Gottes muß sein. Aber Essen muß auch sein. Für die Jünger sind beides Dinge, die man sauber trennen kann. Für die Predigt ist Jesus zuständig. Um ihr Essen sollen sich die Leute selbst kümmern.

So knapp und schlicht das bei Markus dargestellt ist – man kommt kaum daran vorbei, daß die Jünger hier die Wirklichkeit deutlich in zwei Bereiche scheiden: in den Bereich des Reiches Gottes und in den Bereich des übrigen Lebens. Beide Bereiche – man könnte auch sagen: beide „Reiche" – sind in dem Vorschlag der Jünger schon so sauber getrennt, wie sie später im Lauf der Kirchengeschichte immer wieder von neuem getrennt sein werden. Im Grunde ist die neuzeitliche Isolation des Glaubens vom Leben, die Separation der Wirklichkeit in autonome Teilbereiche, schon hier vorweggenommen. Das Faszinierende ist nun freilich, daß Jesus diese saubere Trennung, die so nüchtern und realitätsbezogen zu sein scheint, mit einem einzigen Satz zunichte macht:

Gebt ihr ihnen zu essen!

Damit ist der bequeme Weg, die Gesellschaft nur zu bepredigen und sie im übrigen sich selbst zu überlassen, erledigt. Jesus macht die Aufteilung der Wirklichkeit in verschiedene Bereiche nicht mit. Er verweist seine Jünger mit Nachdruck darauf, daß zum Reich Gottes alles gehört: die ganze Existenz des Menschen, gerade auch das Essen.

Die Jünger glauben verstanden zu haben. Sie sind also auch dafür verantwortlich, daß die Massen nicht hungern. Als Praktiker visieren sie schnell eine neue Lösung an: Wenn die Scharen nicht zu privater Verköstigung weggeschickt werden dürfen, sondern hier vor Ort mit Essen zu versorgen sind, muß das sofort organisiert werden. Man muß einen Überschlag machen, wieviel Leute überhaupt da sind; muß ausrechnen, wieviel Brote man braucht; muß kalkulieren, was diese Brote kosten, und dann müssen schleunigst sämtliche Jünger fortgehen und

Brot einkaufen. Ein klarer Organisationsplan! Deshalb die präzise Frage an Jesus:

Sollen wir gehen, für 200 Denare Brot kaufen und es den Leuten austeilen, damit sie zu essen bekommen?

Wie exakt hier kalkuliert wird, sieht man daran, daß die Mischna als Tagesbedarf für einen Armen Brot im Wert von 1/12 Denar annimmt[258]. 200 Denare bringen also 2 400 Tagesrationen oder 4 800 halbe Tagesrationen. Das kommt für 5 000 Esser knapp hin. Man kann die Initiative und das Organisationsvermögen, das hinter dem zweiten Lösungsvorschlag der Jünger steht, nur bewundern. Der Text setzt als Möglichkeit voraus, daß sie im Anschluß an ihre schnelle Überschlagsrechnung die 200 Denare bei der Menge eingesammelt und sich dann sofort auf den Weg gemacht hätten.

Mit demselben Eifer und derselben Organisationslust wird die Kirche später der Not in der Welt zu Leibe rücken – sobald sie erst einmal begriffen hat, daß sie den Armen nicht nur das Evangelium, sondern auch Brot geben muß. Wir erleben in diesen Jahrzehnten, wie die großen kirchlichen Hilfswerke in beeindruckender Weise Hilfe für die Hungernden organisieren. Der zweite Lösungsvorschlag der Jünger von damals ist inzwischen in den Kirchen zum gängigen Modell geworden, Brot für die Welt zu beschaffen. Es ist kein Zufall, daß die Bezeichnungen „Brot für die Welt" und „Misereor" gerade dem Textkomplex „Brotvermehrung" entnommen sind.

Das Bestürzende ist nur: Jesus akzeptiert auch den zweiten Lösungsvorschlag nicht. Er ist offenbar überzeugt: Auf diesem Weg können die Armen nicht wirklich satt werden. 4 800 halbe Tagesrationen für 5 000 Esser – damit kann gerade noch der schlimmste Hunger gestillt werden, damit kann man die Menschen bestenfalls abspeisen. Aber Reich Gottes meint doch viel mehr. Es soll nicht nur die Not beseitigen, sondern zu seinem Wesen gehört der Überfluß. Im Reich Gottes soll göttliche Fülle aufleuchten. Vor allem aber: Die Aktion wohlorganisierter Hilfe, welche die Jünger vorschlagen, würde ja die Welt gar nicht wirklich verändern. Die Gesellschaft bliebe, was sie ist. Sie würde stets von neuem ihre Elendsstrukturen produzieren, die Jünger müßten ohne

Unterlaß keuchend hin- und herlaufen, um Hilfe gegen den Hunger zu organisieren, und sie würden dabei mit dem Elend doch niemals fertig werden.

Deshalb läßt sich Jesus in unserer Erzählung auch auf den zweiten Lösungsweg der Jünger, so gut er gemeint war, gar nicht erst ein. Für ihn sieht das Sattwerden der Hungernden in der Basileia Gottes anders aus. Er hatte mit seiner Seligpreisung Größeres im Blick. Jesus geht konsequent einen dritten Lösungsweg. Es ist der Lösungsweg der Gottesherrschaft. Und weil er weiß, daß seine Jünger diese eigentliche Lösung, die aus der schenkenden Fülle Gottes kommt, von sich aus gar nicht begreifen können, ergreift er nun selbst die Initiative. Er fragt:

Wie viele Brote habt ihr dabei?

Es ist nicht notwendig, die Menschen fortzuschicken, und es ist auch nicht notwendig, ihnen von anderswoher Essen zu organisieren. Das Festmahl der Gottesherrschaft wird sich als Wunder entfalten – und zwar als Wunder aus dem, was schon da ist. Damit sich das Wunder ereignen kann, muß allerdings zuerst noch etwas Entscheidendes geschehen. Jesus befiehlt den Jüngern, sie sollten die Massen in „Mahlgemeinschaften" aufteilen. Was damit gemeint ist, erläutert der nächste Satz:

Und die Leute legten sich nieder, Abteilung neben Abteilung, jeweils zu hundert und zu fünfzig.

Das ist eindeutig eine Anspielung auf Ex 18,25. In diesem Text wird die Lagerordnung des durch die Wüste ziehenden Gottesvolkes geschildert. Wie wir aus Qumran wissen, hat man dort bei den Gemeinschaftsmählern die Lagerordnung von Ex 18 bewußt nachgebildet. Vor allem aber: Man hat sie für das messianische Festmahl der Endzeit erwartet[259]. Vor diesem Hintergrund kann der Markustext nur sagen wollen: Jesus formiert die Volksscharen, die ziel- und orientierungslos sind, die wie Schafe ohne Hirten umherlaufen (6,34), zum Gottesvolk der Endzeit.

Für dieses endzeitliche Gottesvolk ist es offenbar notwendig, daß es überschaubar und nach Mahlgemeinschaften gegliedert ist. Nur wenn sich das zerstreute Gottesvolk sammeln läßt und sich überschaubar um

Jesus, seinen endzeitlichen Hirten versammelt, kann das Wunder geschehen. Nur dann kann sich das Festmahl der Gottesherrschaft ereignen. Nur dann kann die Herrlichkeit des Mahles aufstrahlen. Dann aber werden alle satt. Dann werden sie nicht nur abgespeist, sondern erleben das Fest. Dann bleiben sogar zwölf Körbe voll Brot übrig – Symbol für das Zwölfstämmevolk in seiner endzeitlichen Fülle.

Erst wenn in dieser Weise die Strukturlinien des Textes geklärt sind, darf legitim gefragt werden: Ist das alles denn wirklich geschehen? Die Antwort kann nur lauten: Ja, das alles ist geschehen und geschieht ständig von neuem. Es ist wirklich geschehen, daß die Kirche nur predigte und danach die Menschen hungrig nach Hause schickte. Es ist wirklich geschehen und geschieht ständig, daß sich die Kirche in bewundernswerten Hilfsaktionen um den Hunger der Menschen kümmert und dabei die kranke Gesellschaft der Welt nicht verändert und auf diese Weise auch gar nicht verändern kann.

Es ist aber auch geschehen und geschieht immer wieder, daß die Kirche zu dem wird, was sie von Gott her sein soll: zum endzeitlichen Gottesvolk, das sich von Jesus zu jener neuen Gesellschaft sammeln läßt, in der die Fülle der Gottesherrschaft aufstrahlt. Diese endzeitliche Gestalt des Gottesvolkes hat sich schon bei Jesus angebahnt und ist nach Ostern durch den Geist des Gekreuzigten und Auferstandenen Wirklichkeit geworden. Nach Ostern wird sich die Kirche in überschaubarer Form unter endzeitlichem Jubel zu Festmählern versammeln (Apg 2,46), in denen alle alles miteinander teilen – nicht nur das Brot, sondern die ganze Existenz. Lukas wagt über diese Kirche den Satz:

Es gab keinen Armen unter ihnen (Apg 4,34).

Bei den Festmählern der ersten Gemeinden wird man auch die Geschichte von dem *einen* wunderbaren Festmahl, das ganz am Anfang stand, erzählt haben. Sie deutete die ureigene Erfahrung dieser Gemeinden.

Offenbar hat die Geschichte vom Festmahl der Gottesherrschaft aber auch noch Jahrzehnte später, als Markus sein Evangelium niederschrieb, völlig den Erfahrungen der christlichen Gemeinden entsprochen. Manches weist ja darauf hin, daß Markus sein Evangelium in Rom verfaßt hat. Und dort existierten vermutlich schon damals mehrere christliche Hausgemeinden. Markus kann die Entsprechung zwischen der ihm überlieferten Wundergeschichte und den Versammlungen der römischen Hausgemeinden gar nicht übersehen haben. Das Beste an der Geschichte von der Brotvermehrung war, daß sie weiterging und bis heute immer noch weitergeht.

Alle hier angeführten Texte der Evangelien, vom Tag in Kafarnaum bis zum Mahl der Fünftausend, lassen einen roten Faden erkennen, ein Grundgesetz der Heilsgeschichte. Joseph Ratzinger hat es in seiner „Einführung in das Christentum" an einer Stelle, wo er „Strukturen des Christlichen" beschreibt, das „Gesetz des Überflusses" genannt[260]. Es durchzieht die gesamte Heilsgeschichte, findet aber seine klarste Ausprägung in Jesus. Er selber, sagt Joseph Ratzinger[261],

ist die weit über das Seinmüssende hinausgehende, nicht rechnende, sondern wahrhaft überfließende Gerechtigkeit Gottes, das Dennoch seiner größeren Liebe, mit der er das Versagen des Menschen unendlich überholt.

Vor allem in den Gleichnissen vom verlorenen Sohn beziehungsweise vom gütigen Vater (Lk 15,11–32) und von den Arbeitern im Weinberg (Mt 20,1–16) wird dieses Grundgesetz der Heilsgeschichte ins Wort gebracht. Es klingt aber auch in der Spruchtradition der Evangelien an, etwa wenn es in Lk 6,38 heißt:

Gebt, dann wird auch euch gegeben werden: ein gutes, festgedrücktes, gerütteltes, überfließendes Maß wird man euch in den Schoß schütten.

Das Bild stammt vom Markt. Der Verkäufer hat ein Hohlmaß bis an den Rand mit Weizen gefüllt, drückt die Körner noch zusätzlich mit der Hand hinein, daß es keine Hohlräume gibt, rüttelt das Ganze, damit sich der Weizen auch wirklich setzt, füllt immer wieder nach und schüttet am Ende dem Käufer ein überfließendes Maß Weizen in das hochgehaltene Gewand.

Im Johannesevangelium heißt es – nicht ganz so anschaulich, aber mit demselben Richtungsinn:

Ich bin gekommen, damit sie das Leben haben,
und zwar in Fülle. (Joh 10,10)

Überfluß, Reichtum und verschwenderischer Luxus sind also die Kennzeichen der Heilszeit – und nicht Spärlichkeit, Kargheit, Armseligkeit und Dürftigkeit. Warum ist das so? Weil Gott selber überströmendes Leben ist und weil es Gottes ganze Sehnsucht ist, an seinem Leben Anteil zu geben. Gott ist maßlos in seiner Liebe. Er beschenkt den Menschen nicht nach dem Maß seines Wohlverhaltens oder seiner Verdienste.

Deshalb zeigt sich das Prinzip des Überflusses auch schon in der Schöpfung. Den Biologen ist längst aufgefallen, daß quantitative und qualitative Verschwendung in der Natur eine auffällige Rolle spielt und mit Nützlichkeitskalkülen der Evolution nicht restlos zu erklären ist. Die Natur „luxuriert". Welche Üppigkeit allein an Blumen und Schmetterlingen! Welcher Überfluß an Keimen, um ein einziges Lebewesen zu erzeugen! Was für ein Aufwand an Sonnensystemen, Milchstraßen und Spiralnebeln! Ein ganzes Weltall wird verschwendet, um auf *einem* kleinen Planeten immer kostspieligere Lebensformen zu erzeugen und dem Geist des Menschen einen Platz zu bereiten[262].

Vielleicht darf man – erschrocken, fast stockend – fortfahren: Welche Verschwendung an Menschen, an ganzen Völkern, bis Gott endlich das *eine* Volk gefunden hat, an dem er das Übermaß seiner Gnade in der Welt festmachen kann. Bei Jesaja spricht Gott diese Verschwendung von Völkern um des einen Volkes willen ganz unmittelbar aus:

Ich gebe Ägypten als Kaufpreis für dich,
Kusch und Seba gebe ich für dich.
Weil du in meinen Augen teuer und wertvoll bist
und weil ich dich liebe,
gebe ich für dich ganze Länder
und für dein Leben ganze Völker. (Jes 43,3 f)

Allerdings: Zu dieser Seite der göttlichen Verschwendung gehört nun auch, daß Gott den *einen*, den besten und kostbarsten Menschen, dahingegeben hat, verschwendet hat für die Welt. Vom Tod Jesu her wird dann auch deutlich, daß die verschwenderische Fülle des Heils nicht als Schlaraffenland oder Tischlein-deck-dich für Konsumenten verstanden werden darf. Die überströmende Gnade kann den Menschen erst erreichen, wenn er sich in Dienst nehmen läßt für den Plan Gottes. Die Herrlichkeit, die durch Jesus in Israel aufleuchtet, will nicht Privilegierten ein besseres Leben verschaffen, sondern auf dem Weg über Israel den Glanz Gottes in die Welt bringen.

Schließlich: Den Jüngern sind zwar hundert Brüder und Schwestern, hundert Häuser und Äcker und das ganze Glück der Gottesherrschaft versprochen – aber „nur unter Verfolgungen"[263]. Und die Herrlichkeit Jesu, von der das Wunder zu Kana erzählt, wird im weiteren Verlauf des 4. Evangeliums präzisiert als Herrlichkeit, die erst in der „Stunde" Jesu, das heißt in seinem Leiden, ihre wahre Gestalt findet[264]. Und Paulus entwickelt eine ganze Theologie der überströmenden Gnade Gottes, die gerade in der Schwachheit und Bedrängnis der Glaubenden zutagetritt, damit deutlich wird, daß die Überfülle der Herrlichkeit nicht aus menschlicher Kraft, sondern allein von Gott stammt[265].

4. Die sakramentale Grundstruktur des Handelns Jesu

Viele Texte des Neuen Testamentes sprechen von dem überströmenden Heil, das mit Jesus in Israel aufbricht. Zu diesen Texten gehört auch die Parabel von den Arbeitern im Weinberg (Mt 20,1–16). Es lohnt sich, die „Welt" dieser Parabel etwas genauer zu betrachten.

Die Geschichte spielt offensichtlich in der Zeit der Weinlese. Die Trauben sind reif und müssen so schnell wie möglich geerntet werden. Andernfalls wäre es nicht zu erklären, daß der Gutsherr den ganzen Tag über nach Arbeitskräften sucht. Von der Freude freilich, mit der im alten Israel die Tage der Weinlese erfüllt waren, ist in dem Gleichnis nichts zu spüren. Da ist nichts von dem Jauchzen, das über die Weinberge klang, nichts von den Segenswünschen, die Vorübergehende den Erntenden zuriefen[266]. Das Gleichnis setzt eine graue und nüchterne Arbeitswelt voraus, in der Arbeit nur noch Mühsal ist.

Der Grund dürfte klar sein: Die Gleichnisse Jesu liefern ein erstaunlich genaues Bild der gesellschaftlichen Verhältnisse Palästinas im 1. Jahrhundert[267]. Die Zeiten, in denen in Israel freie Bauern voll Fröhlichkeit in ihrem eigenen Weinberg ernteten, sind vorbei. Die meisten haben ihr Land längst an Großgrundbesitzer verloren. Die Römer fordern so gewaltige Abgaben, daß jeder Betrieb einen hohen Mehrwert erwirtschaften muß, also gezwungen ist zu rationalisieren. Das bedeutet: Landwirtschaftliche Betriebe müssen groß sein und brauchen billige Arbeitskräfte: entweder Sklaven oder Lohnarbeiter. Bäuerliche Familienbetriebe sind nicht mehr existenzfähig. So arbeitet die Mehrzahl der ehemaligen Bauern als Taglöhner. Sie werden morgens auf dem Marktplatz angeworben und am Abend ausbezahlt. Gearbeitet wird vom Sonnenaufgang bis zum Sonnenuntergang. Ein Landarbeiter verdient an einem solchen Tag gerade so viel, daß er seine Familie davon am nächsten Tag knapp ernähren kann, nämlich 1 Denar. Wird er am Morgen nicht unter Vertrag genommen, müssen seine Kinder am nächsten Tag hungern. Diese Verhältnisse spiegelt das Gleichnis wider: eine erbarmungslose und freudlose Welt.

Wir haben deshalb keinerlei Anlaß, auf die „Arbeiter der ersten Stunde", die ein gerechtes Lohnsystem verlangen, herabzusehen. Sie haben von ihrem Standpunkt aus völlig recht. Wenn den Letzten, die nur eine Stunde in der Vorabendkühle gearbeitet haben, genauso viel ausgezahlt wird wie ihnen, die sich viele Stunden in glühender Hitze abgequält haben, so ist das nicht nur ungerecht, sondern auch unmenschlich. Ihre Arbeit ist damit entwürdigt.

Jede Gesellschaft, auch die schlimmste Sklavenhaltergesellschaft, lebt davon, daß wenigstens ein gewisses Maß an Gerechtigkeit gewahrt wird. Sonst bricht die Gesellschaft auseinander. Insofern haben die Arbeiter der ersten Stunde recht, daß sie protestieren. Und insofern ist die Gleichnishandlung zunächst einmal „unmöglich". Erst wenn man sich das klargemacht hat, bekommt man Zugang zu dem wirklichen Sinn der Geschichte. In ihr stoßen nämlich zwei Welten aufeinander. Man könnte auch sagen: zwei verschiedene Formen von Gesellschaft.

Auf der einen Seite schildert das Gleichnis nüchtern und realistisch die *alte Gesellschaft*, die auch im Gottesvolk immer wieder die Oberhand gewinnt. In ihr steht jeder für sich allein. In ihr muß jeder um die eigene Existenz und um die Existenz seiner Familie kämpfen. In ihr gibt es den Neid, wenn einer mehr hat, die unablässige Auseinandersetzung zwischen denen, die „oben" und denen, die „unten" sind. Rivalität herrscht aber genauso – vielleicht sogar noch mehr – zwischen denen, die der gleichen sozialen Schicht angehören. Ihr Einander-Vergleichen führt zu ständigem Mißtrauen und fortwährenden Machtkämpfen. Damit sich diese Kämpfe wenigstens einigermaßen in Grenzen halten, gibt es das Recht, eine der wertvollsten Erfindungen der Menschheit. Es ist völlig richtig, daß die Arbeiter in dieser Gesellschaft um ihr Recht streiten. In einer Welt, die auf Mißtrauen und Rivalität gebaut ist, bleibt ihnen gar nichts anderes übrig.

Die Meisterschaft des Gleichnisses besteht nun gerade darin, daß es mit sparsamsten Mitteln zeigt, wie in diese Welt der alten Gesellschaft plötzlich die neue Welt Gottes einbricht. Die Geschichte geht ja anders aus, als die Hörer erwarten. Sie rechnen damit, daß die Letzten, die den ganzen Tag untätig waren, nur ein paar Pfennige bekommen. Daß sie genauso viel erhalten wie die Ersten, muß auf die Hörer Jesu wie ein Schock gewirkt haben. Der Boden wird ihnen geradezu unter den Füßen weggezogen. Alle bisherigen Maßstäbe werden ihnen genommen. Aber sie fallen, wenn sie sich dem Gleichnis öffnen, nicht ins Bodenlose, sondern ihre Füße stehen dann auf dem Boden der Basileia, der neuen Gesellschaft Gottes.

In der Gottesherrschaft gelten andere Gesetze. Zwar wird auch hier vom Morgen bis zum Abend gearbeitet. Die Welt Gottes ist kein Schlaraffenland. Aber die Arbeit hat nun ihre Würde, und es braucht niemand mehr in Sorge und Angst am Abend nach Hause zu gehen. Keiner ist mehr allein. Vor allem aber: Es ist möglich, ohne Rivalität zu leben. Und zwar deshalb, weil es nun etwas gibt, das größer ist und weiter reicht als alle eigenen Wünsche: die Arbeit für die Sache Gottes. Gerade die gemeinsame Sache, die alle wollen, schafft eine tiefe Solidarität, die es möglich macht, daß man mitleidet am Leid der anderen und sich mitfreut an der Freude der anderen.

Im Gleichnis hat sich diese neue Gesellschaft allerdings noch nicht ausgebreitet. Sichtbar ist sie vorläufig nur in dem Arbeitgeber, der gegen alle Erfahrungen der alten Gesellschaft „gut" ist (Mt 20,15). Im

griechischen Text steht für „gut" *agathos.* Meist wird dieses Wort an unserer Stelle mit „gütig" übersetzt.

Bist du neidisch, weil ich (zu anderen) gütig bin?

läßt die Einheitsübersetzung den Gutsherrn zu einem aufgebrachten
Arbeiter sprechen. Der griechische Text sagt aber, wenn man wörtlich
übersetzt: „Ist dein Auge böse, weil ich gut bin?" Das ist nicht ganz dasselbe. Denn das Adjektiv *agathos* heißt in seiner Grundbedeutung „gut"
im Sinne von „brauchbar", „tauglich", „trefflich", „sachgerecht". Indem
der Gutsherr den Letzten genauso viel gibt wie den Ersten, handelt er
sachgerecht, vernünftig und deshalb gut. „Vernünftig" freilich nicht
nach den Maßstäben einer Gesellschaft, die von Verteilungskämpfen
bestimmt ist, sondern vernünftig nach den Maßstäben des Gottesrei-
ches. Jesus hat als erster die Vernunft des Reiches Gottes ganz begriffen[268]. Deshalb war er in den Augen Gottes der taugliche, der treffliche
Mensch.

Noch einmal: Im Augenblick, da Jesus das Gleichnis erzählt, hat sich
das Neue noch nicht ausgebreitet. Es ist vorläufig allein sichtbar in ihm
selbst, dem Tauglichsten für die Gottesherrschaft. Erst nach seinem Tod
wird das umstürzend Neue über ihn hinaus in den Gemeinden, die ihm
nachfolgen, Gestalt gewinnen. Dort wird sich dann immer von neuem
ereignen, was in der Geschichte von den Arbeitern im Weinberg erzählt
wird: Die alte Welt steht auf dem Kopf. Die Letzten erhalten genauso
viel wie die Ersten. Sie haben – obwohl sie gerade erst gekommen sind –
Anteil an dem neuen Miteinander, dessen größter Reichtum Vertrauen
und Solidarität sind.

Mit all dem ist wohl klar geworden: Man verfehlt das Gleichnis,
wenn man als sein Thema einfach nur die überfließende Güte Gottes
bezeichnet. Selbstverständlich spricht es letztlich von der grenzenlosen
und ungeschuldeten Güte Gottes. Ist doch nach biblischer Theologie
niemand gut „außer Gott, dem Einen"[269]. Aber wenn das Gleichnis nur
davon spräche, bliebe es völlig unverbindlich. Von der Güte Gottes redet heute jeder Gottgläubige. Solche Rede kostet nichts und ändert
nichts. Wenn Jesus nur vom gütigen Gott geredet hätte, wäre er nicht
ans Kreuz gebracht worden. Das Murren der Arbeiter der ersten Stun-

de spiegelt das Murren jener Zeitgenossen Jesu wider, die empört sind über das Neue, das er mit seinen Jüngern beginnt: ein gemeinsames Leben, das aus der ständigen Vergebung erwächst und in dem deshalb auch Sünder Platz haben. Man hat Jesus ja mehrfach vorgeworfen, er halte mit Zöllnern und Sündern Tischgemeinschaft[270].

Es geht in der Parabel also nicht um eine abstrakte Eigenschaft Gottes. Jesus redet von der grenzenlosen Güte Gottes allein unter dem Gesichtspunkt, daß diese Güte jetzt, seit seinem Auftreten, Realität wird, und zwar in der Form neuer Gesellschaft, die um ihn und durch ihn zu wachsen beginnt. Das Gleichnis redet davon, wie diese neue Realität in die Müdigkeit und Hoffnungslosigkeit des Gottesvolkes einbricht. Es ist ein ungeheuerlicher Vorgang. Er kehrt das Unterste zu oberst, er weckt tiefe Ängste, er löst Empörung aus. Aber er läßt auch Hoffnung aufblühen und schenkt unzerstörbare Freude.

Jesus schildert also in der Parabel von den Arbeitern im Weinberg, was *in dieser Stunde* geschieht: das Kommen der Gottesherrschaft. Er deutet, was sich vor den Augen seiner Zuhörer bereits abspielt – noch verborgen in seiner Wucht und doch schon sichtbar. Das Gleichnis liefert keine zeitlose Lehre. Es enthüllt Dinge, die *jetzt* geschehen. Und indem es sie enthüllt, setzt es sie frei. Eine neue Möglichkeit zu leben wird denkbar. Die Hörer können sich auf die Sache der Parabel einlassen. Sie können sich in die Geschichte, die sie schildert, hineinbegeben und sich durch das Wort Jesu einen neuen Boden geben lassen. Das Wort Jesu ist tätiges Wort. Es setzt Realität.

Damit sind wir bei einem Phänomen, das für Jesus schlichtweg entscheidend ist. Sieht man es nicht, hat man die Grundstruktur seines öffentlichen Lebens noch nicht begriffen. Jesus macht nicht nur Worte, sondern sein Wort wirkt, es eröffnet Wirklichkeit, und deshalb ist seine Verkündigung durchsetzt und begleitet von wirkmächtigem Handeln:

Nachdem er in der Wüste erprobt worden ist, geht er nach Galiläa. Er beruft Männer und Frauen in seine Nachfolge. Er erwählt aus ihnen die Zwölf. Er schickt die Zwölf in alle Gegenden Israels. Er stiftet „neue Familie". Er treibt Dämonen aus. Er heilt Kranke. Er heilt sie nicht nur irgendwie, sondern er berührt sie. Er nimmt sie bei der Hand. Er legt ihnen die Hände auf. Er steckt die Finger in die Ohren der Tauben. Er macht aus Erde und Speichel einen Teig und streicht ihn in die Augen der Blinden. Er stellt ein Kind in die Mitte seiner Jünger. Er segnet die Kinder. Er ißt und trinkt mit Zöllnern und Sündern. Er speist die Hungrigen. Er zieht auf einem Esel in Jerusalem ein. Er verflucht den Feigenbaum. Er treibt die Viehhändler mit einer Geißel aus dem Tempel und stößt die Tische der Geldwechsler um. Er wäscht seinen Jüngern die Füße. Er reicht ihnen bei seinem letzten Mahl Brot und Wein und deutet beides auf seinen Tod[271].

All das ist nicht nur äußeres Geschehen oder bloßes Vorkommnis. Es ist bewußt gesetztes Handeln, und jede dieser Handlungen hat eine sinnstiftende Dimension, die neue Wirklichkeit konstituiert. Man hat deshalb mit Recht von „Zeichenhandlungen" Jesu gesprochen[272].

Sie reichen tief hinein in die Leiblichkeit des Menschen und nehmen sie ernst. Der Mensch ist Staub und Erde, und deshalb kann Jesus einen Teig aus Erde machen und einem Blinden in die Augen streichen. Der Vorgang ist mehr als nur ein Naturheilverfahren, und mit magischen Praktiken hat er nicht das Geringste zu tun. Er macht deutlich, daß Heilung und Befreiung nichts rein Geistiges oder bloß Innerliches sind. Die Erde kommt dem Menschen zu Hilfe, und der Leib soll genauso erlöst werden wie die Seele.

Jesus nimmt den Leib und seine Not ernst. Von ihm hätte niemand sagen können, was die Antike von dem heidnischen Philosophen Plotin und was Athanasius von dem christlichen Einsiedler Antonius erzählte: Plotin „lebte wie jemand, der sich schämt, in einen menschlichen Körper hineingeboren zu sein"[273], und Antonius „glaubte erröten zu müssen", wenn er im Beisein von anderen Nahrung zu sich nahm[274].

Gerade an den Heilungstaten Jesu wird das Inkarnatorische seines Wirkens sichtbar: Das Heil Gottes muß in der Welt ankommen und alle Bereiche der Wirklichkeit durchdringen. Es geht nicht nur um Gesinnung. Es geht genauso um die Materie. Nichts darf ausgespart werden. Erlösung meint die ganze Schöpfung. Die Offenbarungsgeschichte ist nicht fortschreitende Entweltlichung gewesen, sondern immer umfassendere Inkarnation, immer tiefere Durchdringung der Welt mit dem Geist Gottes[275]. Gott ist uns in wohltuender Weise auf den Leib gerückt. Einer der Zeugen Jesu wird später formulieren:

Was wir gehört haben, was wir mit unseren Augen gesehen, was wir ge-
schaut und was unsere Hände zu tasten bekamen, das verkünden wir:
das Wort des Lebens. Denn das Leben wurde offenbart; wir haben es
gesehen und bezeugen und verkünden euch das ewige Leben, das beim
Vater war und uns offenbart wurde. (1 Joh 1,1 f)

Dieser Anfang des 1. Johannesbriefes sagt in meisterhafter Form: Jesus
ist kein Phantom, keine Ausgeburt der Phantasie, und auch kein reiner
Geist, dessen Leiblichkeit nur Hülle wäre. Die Materie des Glaubens ist
sinnlich. Es geht um handgreifliche, den ganzen Menschen betreffende, gegenständliche Realität. Nur im Fleisch wird das „Wort des Lebens" faßbar.

Auf dieses Wort allerdings kommt es an. Bei Jesus ist die leibhafte
Gebärde stets vom Wort begleitet. Denn der Mensch ist erst durch die
Sprache und durch die freie Vernunft, die seine Sprache durchfließt,
zum Menschen geworden. Der Geist ist es, der den Lehm behaucht,
und nur das aus dem Geist geborene Wort nimmt den Dingen ihre Un-
bestimmtheit und Mehrdeutigkeit. So sind alle Zeichenhandlungen
Jesu von wirkmächtigen Worten getragen:

Ich will: Werde rein! (Mk 1,41)

Deine Sünden sind dir vergeben. (Mk 2,5)

Steh auf, nimm dein Bett und geh nach Hause! (Mk 2,11)

Nicht die Gesunden brauchen den Arzt, sondern die Kranken.
(Mk 2,17)

Dein Glaube hat dich gerettet. (Mk 5,34)

Mädchen, ich sage dir, steh auf! (Mk 5,41)

Effata, öffne dich! (Mk 7,34)

Du stummer und tauber Geist, ich befehle dir: Verlaß ihn und kehr
nicht mehr in ihn zurück! (Mk 9,25)

Lazarus, komm heraus! (Joh 11,43)

Das ist mein Leib. (Mk 14,22)

Zeichen und Wort bilden hier jeweils eine vollkommene Einheit. Mehr noch: Jesus spricht gebietend und in einer Sicherheit, die er nur haben kann, weil er zutiefst weiß, daß in ihm Gott selbst endgültig handelt. Das wird besonders deutlich, wenn Jesus Sünden vergibt. Seine Gegner sagen ja zu Recht: „Wer kann Sünden vergeben außer dem einen Gott" (Mk 2,7). Indem Jesus es trotzdem tut, beansprucht er, an Gottes Stelle zu stehen.

Zu beachten ist aber auch, daß die Taten Jesu an den Kranken und Besessenen, an den Ausgestoßenen und sozial Isolierten nicht im luftleeren Raum geschehen. Sie geschehen an Israel. Sie dienen der Wiederherstellung des Gottesvolkes. Sie wollen deutlich machen, daß die Erfüllung der prophetischen Verheißungen begonnen hat. In der Heilszeit, die das Jesaja-Buch verkündet, wird Gott sein Volk heilen und führen (57,18), er wird seine Wunden verbinden (30,26), und kein Mensch wird in jenen Tagen in Israel mehr sagen: „Ich bin krank" (33,24). Die Zeichenhandlungen Jesu sind also eschatologische Zeichen, Zeichen der Endzeit, in der sich die Verheißungen erfüllen.

Nimmt man all das zusammen – die Einheit von Zeichen und Wort im Auftreten Jesu, sein vollmächtiges Handeln, sein Handeln am Gottesvolk und die endzeitliche Struktur dieses Handelns –, so kommt man nicht daran vorbei, von „sakramentaler Struktur" zu sprechen. Denn Sakramente leben von der Einheit zwischen Zeichen und Wort. Mehr noch: Sie sind eschatologische Zeichen. Mit ihnen beginnt bereits neue Schöpfung. Paulus formuliert, auf die Taufe anspielend:

Wer also in Christus ist, ist eine neue Schöpfung.
Das Alte ist vergangen. Siehe: Neues ist geworden. (2 Kor 5,17)

Sakramente verlangen zwar den Glauben des Empfängers. Aber nicht der Glaube des Empfängers schafft das Heil, sondern es wird dem Glaubenden im voraus geschenkt. Er wird eingegliedert in die neue Schöpfung, die mit Jesus in Israel begonnen hat.

Selbstverständlich setzen die kirchlichen Sakramente den Tod und die Auferstehung Jesu voraus. Insofern kann für den irdischen Jesus nur von einer „sakramentalen Grundstruktur" gesprochen werden. Aber von ihr muß man sprechen, wenn man sein Heil schaffendes, endzeitlich-schöpferisches Handeln an Israel sachgerecht beschreiben will. Jesus stiftet schon vor seinem Tod in Israel neue Wirklichkeit. Er bereitet den Boden für das, was als „Kirche" mitten in Israel entstehen wird: er sammelt Israel zum endzeitlichen Gottesvolk.

Nun gibt es gegen das Gesagte zwei Einwände, die seit langem erhoben werden. Der erste Einwand hält entgegen, Jesus habe vor allem durch sein *Wort* gewirkt. Er habe in seiner Predigt nichts anderes gewollt, als das Volk hinzuweisen auf den bevorstehenden Anbruch der Gottesherrschaft. Auch seine Zeichenhandlungen, die man nicht leugnen könne, seien nur *Hinweise* auf das Kommende. Die Sammlung des Gottesvolkes aber und die Schaffung der endzeitlichen Heilsgemeinde habe er ganz und gar Gott überlassen. Er habe sie als alleinige und ausschließliche Tat Gottes für die nahe Zukunft erwartet[276].

Dieser Einwand übersieht in einer fundamentalen Weise, was „Handeln Gottes" heißt. Gott will in der Welt immer nur durch seine Geschöpfe handeln. Wo wir sagen, Gott habe in der Geschichte „gehandelt", hat er Menschen gefunden, die sich ihm zur Verfügung gestellt haben, die ihren eigenen Plänen und Lebensentwürfen gestorben sind und sich allein dem Plan und dem Willen Gottes anvertraut haben. Sie lassen Gott ganz handeln, und doch wollte Gott ohne sie in der Welt nicht das Geringste tun. Das Urbild für dieses Gott-ganz-handeln-Lassen ist Jesus selbst. Aber in ihm ist es auch den Glaubenden möglich[277].

Gott zuzuschreiben, er würde ohne Menschen sein Reich und sein endzeitliches Volk schaffen, heißt in letzter Konsequenz, daß er ein göttliches Spektakel inszenieren müßte, das von außen her in die Welt einbricht, die Schöpfung in ihrem Eigenstand pervertiert, den Menschen zur bloßen Marionette macht und alle Freiheit zerstört. Es gibt zwar in der Bibel viele apokalyptische Bilder, die eine solche Konzeption scheinbar nahelegen. Aber das sind Bilder, die von ihrem theologischen Zusammenhang her gedeutet werden müssen. Sieht man genauer hin, so steht die biblische Theologie einer solchen Vorstellung von der Ausschaltung des Menschen aufs schärfste entgegen. Der Theologie des Johannesevangeliums zufolge tut Gott sein Werk, aber er tut es ganz durch den Sohn, und die Glaubenden treten ein in das Werk Jesu und werden in der Kraft seines Geistes sogar noch größere Werke tun[278].

Es muß gerade in diesem Zusammenhang zu denken geben, daß Jesus immer nur einzelne Menschen heilt. Er hat nicht alle Kranken Israels gesund gemacht, und er konnte es auch gar nicht. In Nazaret kann er keine oder fast keine Wunder tun, weil er dort keinen Glauben findet (Mk 6,5 f). Auch das zeigt noch einmal: Der Einbruch der Gottesherrschaft ist kein Spektakel. Gottes Handeln ist gebunden an den Glauben konkreter Menschen. Die Gottesherrschaft braucht Glaubende, die sich ihr in Freiheit öffnen können.

Ein zweiter Einwand setzt genauso oberflächlich an. Er sagt, Jesus habe dem Kreis derer, die ihm nachfolgten, keine Organisation, keine Verfassung und keinerlei gesellschaftliche Struktur gegeben. Und eben daran könne man sehen, daß er an der Sammlung Israels beziehungsweise der Schaffung einer endzeitlichen Heilsgemeinde überhaupt nicht interessiert gewesen sei[279]. Er habe allein das Reich Gottes gepredigt – und gekommen sei seltsamerweise die Kirche. Reich Gottes wird bei diesem Einwand offenbar als etwas Freischwebendes und Wolkiges verstanden, geradezu als Gegenwelt gegen alles Gesellschaftliche und Institutionelle.

Sehen wir davon ab, daß Alfred Loisy mit seinem oft zitierten Satz „Jesus verkündete das Reich, und es kam die Kirche" etwas ganz anderes gemeint hatte – er meinte den Satz positiv und wandte sich mit ihm gegen den religiösen Individualismus Adolf von Harnacks. Es ging ihm gerade um die Kontinuität zwischen der Verkündigung Jesu und der Kirche[280]. Das Unseriöse des zweiten Einwands besteht darin, daß er von einer schwärmerischen und völlig irrationalen Verdächtigung des Institutionellen lebt. Institutionen sind aber nicht von vornherein böse, genauso wenig wie das Charismatische von vornherein und in sich gut ist[281]. Es gibt keine Gesellschaft, keine Gemeinschaft, nicht einmal eine Bewegung, die ohne Institutionen auskommt. Die Behauptung, daß Jesus denen, die ihm nachfolgten, keine Verfassung und keine gesellschaftliche Struktur gegeben habe, vernebelt die Tatsachen.

Denn Jesus war Jude. Er lebte von Anfang an in der lebendigen Gemeinschaft Israels. Und auch seine Jünger waren, genau wie er selbst, ein Teil Israels und ganz auf Israel ausgerichtet. Israel aber besaß als Gemeinde um die Tora längst eine umfassende Gesellschaftsordnung. Jesus mußte also nicht von vorne anfangen. Er konnte viele Regeln und

Normen, Riten und Traditionen einfach voraussetzen. Man braucht ja nur an die Festwallfahrten Israels nach Jerusalem zu denken. Jesus hat an diesen Wallfahrten zusammen mit seinen Jüngern in größter Selbstverständlichkeit teilgenommen[282].

Andererseits wird die Gesellschaftsordnung Israels durch Jesus unter neue eschatologische Vorzeichen gestellt, die durchaus gesellschaftliche Veränderungen nach sich ziehen. Hier muß nun unbedingt über Mk 3,20–35 gesprochen werden. Man könnte diesen Textkomplex mit der Überschrift „Die Stiftung neuer Familie" versehen[283]. Der Textkomplex schließt sich bei Markus unmittelbar an den Bericht von der Stiftung der Zwölf an. Die dreiteilige Erzählung will zunächst einmal vor Augen führen, welche Feindschaft Jesus entgegenschlägt, als er beginnt, Israel von einer neuen Mitte her zu sammeln. Der Widerstand kommt von zwei Seiten: Zum einen von den Angehörigen Jesu selbst, die ihn kurzweg für „verrückt" erklären. Zum anderen kommt er von den Jerusalemer Autoritäten, die Theologen zur Beobachtung Jesu nach Galiläa geschickt haben. Diese verteufeln Jesus, indem sie behaupten, er sei von einem bösen Geist besessen und wirke seine Wunder mit Hilfe des obersten aller bösen Geister. Jesus warnt die Theologen mit dem Wort von der Sünde gegen den heiligen Geist. Von seinen Verwandten aber, die gekommen sind, um ihn in häuslichen Gewahrsam zu nehmen, sagt er sich mit der schroffen Frage los:

Wer ist meine Mutter, und wer sind meine Brüder? (Mk 3,33)

Die Erzählung will jedoch mehr, als nur den Widerstand gegen Jesus vor Augen zu führen. Sie erreicht ihr Ziel erst, als Jesus „neue Familie" konstituiert, die Familie derer, die den Willen Gottes tun:

Und er blickte auf die Menschen, die im Kreis um ihn herumsaßen, und sagte: „Das hier ist meine Mutter, und das hier sind meine Brüder! Wer den Willen Gottes tut, der ist mein Bruder und meine Schwester und meine Mutter." (Mk 3,34 f)

Die Formel „den Willen Gottes tun" meint in Israel an sich die Befolgung der Tora. Aber das kann in dieser Situation nicht gemeint sein, denn an die Tora haben sich die Verwandten Jesu mit Sicherheit gehalten. Der gebräuchlichen Formel ist ein neuer Sinn zugewachsen. „Den Willen Gottes tun" kann hier nur bedeuten, von Jesus zu lernen, was der lebendige Wille Gottes für das „Heute" ist, das für Israel durch das Auftreten Jesu anbricht, und dann dieses „Heute" gehorsam zu beantworten. Jeder, der das tut, wird zu Jesu Bruder, Schwester und Mutter, gehört also der neuen Familie Jesu an.

Genauso wichtig wie das richtige Verständnis dessen, was an dieser Stelle mit dem „Willen Gottes" gemeint sein muß, ist das Ernstnehmen der sprachlichen Form. Jesus formuliert hier nicht nur hochrhetorisch, sondern geradezu juristisch[284]. Indem er auf die Menschen blickt, die um ihn herum sitzen[285], sagt er unter Verwendung einer deklaratorischen Formel, die in Israel auch bei der Eheschließung (und entsprechend bei der Ehescheidung) gebräuchlich war[286]:

Das hier ist meine Mutter, und das hier sind meine Brüder!

Das Ganze ist zwar eher Zeichenhandlung als ein formal-juristischer Akt. Nur: In der damaligen Welt ist beides viel weniger zu trennen als bei uns. Wir müssen uns davor hüten, biblische Zeichenhandlungen lediglich als Veranschaulichungen oder demonstrative Absichtserklärungen zu verstehen. Eine prophetische Zeichenhandlung will mehr als nur erklären oder illustrieren. Der Zeichenhandlung wohnt Schöpferisches inne; sie setzt neue Realität, und damit hat sie juridische Dimension.

Jesu Lossagung von seinen Verwandten ist also kein bloßer Zwischenfall und sein Wort über diejenigen, die jetzt dem Willen Gottes folgen, keine bloße Rhetorik. Jeder, der weiß, was im Orient Clan und Familie bedeuten, kann in Jesu Distanzierung von der eigenen Familie nur einen in die gesellschaftlichen Verhältnisse tief einschneidenden Vorgang sehen, der alles andere als harmlos ist.

Genauso umwälzend ist das Verhalten derer, die Jesus nachfolgen. Auch die Jünger Jesu verlassen ihre Familien. Sie geben ihren bisherigen Beruf auf (Mk 1,16–20). Sie ziehen mit Jesus in einem unsteten Wanderleben durch Galiläa (Mk 1,39). Sie leben von der Hand in den Mund, so daß sie Gott bitten müssen: „Gib uns heute unser tägliches Brot" (Mt 6,11). Herrschaft über den anderen nach Art der alten Gesellschaft darf es bei ihnen nicht geben. Wer groß sein will, muß der Diener aller sein (Mk 10,42–44). Und weil das dem Menschen unmöglich ist, sollen die Jünger einander siebenundsiebzigmal am Tag verzeihen (Mt 18,22). Bis in die Kleinigkeiten des Alltags hinein sollen sie als neue Familie leben. All das sind nicht lediglich Schönheitskorrekturen an den Verhaltensmustern der alten Gesellschaft. Was Jesus mit seinen Jüngern beginnt, ist ein „neues" Verhalten, das bis in die letzte Tiefe reicht, aus der sich Gesellschaft entwirft[287]. Dieses neue Verhalten soll die Tora „erfüllen", das heißt, es soll zu Tage bringen, was die Sozialordnung Israels schon immer gemeint hat (Mt 5,17–20). So wie die Tora nicht von isolierten Einzelnen gelebt werden kann, sondern die Gemeinschaft Israels voraussetzt, so setzt auch das neue Verhalten, von dem Jesus spricht, die Sozialstruktur des Jüngerkreises voraus, nämlich die „neue Familie". Wer behauptet, das alles habe nichts mit „Form" und gesellschaftlicher Struktur zu tun, muß schon sehr voreingenommen sein.

Markus jedenfalls hat es anders gesehen. Er schließt an die Stiftung neuer Familie sofort drei Wachstumsgleichnisse an, die zeigen sollen, wie die Gottesherrschaft trotz des Widerstands ihrer Feinde aus kleinsten Anfängen unaufhaltsam heranwächst. Der konkrete Ort, an dem dieses Wachsen der Basileia zunächst faßbar wird, ist die neue Familie der Jünger Jesu, denn diesen „ist das Geheimnis der Gottesherrschaft anvertraut" (4,10 f).

Schon von daher ist klar: Markus betrachtet die Stiftung der neuen Familie als fundamental für die Verkündigung Jesu und für dessen Sammlung des Gottesvolkes. Seine Textanordnung zeigt: Jetzt wird in Israel Neues ausgesät. Es wird trotz aller Widerstände dreißig-, sechzig- und hundertfache Frucht bringen. Aus dem kleinen Senfkorn des Jüngerkreises wird die große Staude werden, die den Vielen Schatten gibt.

Dieses Neue in Israel – das von Gott geschenkte Wunder des endzeitlichen Neuanfangs – erwächst nicht aus den natürlich vorgegebenen Strukturen: nicht aus der Vererbung, nicht aus der Begabung, dem guten Willen, dem Blut, der Familie, dem Clan. Es ist Unterbrechung alter Abläufe. Es ist neue Aussaat, neue Schöpfung und damit auch neue Form:

201

Niemand näht auf ein altes Kleid einen neuen Stoff. Denn sonst reißt das neue Stück von dem alten Kleid ab, und der Riß wird noch schlimmer. Auch füllt niemand neuen Wein in alte Schläuche. Sonst zerreißt der Wein die Schläuche, der Wein ist verloren, und die Schläuche sind unbrauchbar. Nein, neuer Wein gehört in neue Schläuche! (Mk 2,21 f)

Zu dieser neuen Form, die Jesus dem Markusevangelium zufolge mitten in Israel begründet, gehört auch die Schaffung der Zwölf. Hier liegt, noch klarer als bei der sich anschließenden Stiftung neuer Familie, institutionelles Handeln vor. Als Jesus die Zwölf einsetzt, gibt es bereits eine größere Zahl von Jüngern – jedenfalls nach der Darstellung des Markus, der im Zusammenhang der Berufung des Levi und des Mahls mit den Zöllnern feststellt: „Es folgten ihm schon viele nach" (2,15). Aus dieser größeren Jüngerzahl wählt Jesus die Zwölf aus. Die Szene mit ihrer demonstrativen Geste spielt auf einem Berg und wird so noch eindrücklicher. Markus schreibt:

Und er stieg auf den Berg und rief zu sich, die er selbst wollte. Und sie gingen zu ihm hin. Und er schuf Zwölf, daß sie mit ihm seien und daß er sie aussende zum Verkünden und Vollmacht zu haben, die Dämonen auszutreiben. Und er schuf die Zwölf: Simon, dem er den Namen Petrus gab, Jakobus, den Sohn des Zebedäus, Johannes, den Bruder des Jakobus – ihnen gab er den Beinamen Boanerges, das heißt Donnersöhne –, Andreas, Philippus, Bartholomäus, Matthäus, Thomas, Jakobus, den Sohn des Alphäus, Thaddäus, Simon Kananäus und Judas Iskariot, der ihn dann verraten hat. (Mk 3,13–19)

Sowohl die sorgfältig tradierte Liste der Zwölf mit Simon Petrus an erster Stelle als auch das Verb *epoiēsen* (= „er schuf" oder „er setzte ein") zeigen, daß es hier nun wirklich um eine Institution geht. Eine vergleichbar vollständige Namensliste gibt es sonst in der Urkirche nur noch für das Amt der „Sieben" in Apg 6,5. „Schaffen" *(poiein)* kann im Alten Testament die Einsetzung von Amtsträgern, zum Beispiel von Richtern oder Priestern bezeichnen[288], und ein solch öffentlich-offizieller Vorgang ist auch hier gemeint.

Es schwingt aber noch mehr mit. Jeder, der mit der Bibel vertraut ist, hört im Hintergrund die feste Formel vom „Schaffen Gottes" aus dem Schöpfungsbericht von Gen 1,1–2,4. Genauso klingt Deuterojesaja an, der mehrfach sagt, daß Gott sein Volk „geschaffen hat" und Neues für sein Volk „schaffen wird" [289]. Mit der Einsetzung der Zwölf durch Jesus beginnt sich die Verheißung aus dem Jesaja-Buch endgültig zu erfüllen. Die Neuschöpfung Israels geschieht jetzt. Die Zwölf sind der Anfang und die Wachstumsmitte des endzeitlichen Gottesvolkes. – Die Zeichenhandlung Jesu umfaßt aber nicht nur das eindrückliche Geschehen auf dem Berg. Der Bericht fährt fort:

> *Und er schuf Zwölf,*
>   *daß sie mit ihm seien*
>   *und daß er sie aussende*
>   *zum Verkünden*
>   *und Vollmacht zu haben,*
>   *die Dämonen auszutreiben.*

Dem heutigen Leser fällt natürlich auf, daß Markus mit keinem Wort sagt, die Zwölfzahl der von Jesus ausgewählten Jünger hänge mit der Zwölfzahl der Stämme Israels zusammen. Das war für Judenchristen, aber auch für die heidenchristlichen Hörer des Evangeliums so selbstverständlich, daß es nicht eigens angemerkt werden mußte. Ebenso war selbstverständlich: Zur Stunde existieren längst nicht mehr alle zwölf Stämme. Wenn Jesus trotzdem einen Zwölferkreis konstituiert, kann das nur heißen: Es geht um die endzeitliche Wiederherstellung Israels in seiner ganzen von Gott gewollten Fülle und Vollständigkeit. Wie gesagt: All das verstanden die Hörer und Leser sofort. Es brauchte nicht eigens kommentiert zu werden.

Markus legt auf etwas anderes Wert: Jesus schuf die Zwölf, „daß sie mit ihm seien." Damit wird klargestellt: Die Zeichenhandlung beschränkt sich nicht auf die Szene auf dem Berg. Sie geht weiter. Wohin Jesus auch kommt – die Zwölf sollen mit ihm leben und immer um ihn sein, so daß sie den Neuanfang des Zwölfstämmevolkes unablässig sichtbar machen und ihn allen in Israel vor Augen führen. Sie sind also *bleibendes Zeichen*, ständig wahrnehmbare *figura* für das, worum es

Jesus geht: die Sammlung des Gottesvolkes, seine Wiederherstellung, seine Erneuerung, die Schaffung seiner Einheit, seine endzeitliche Neuschöpfung.

Der Kommentar geht aber noch weiter. Er sagt als Zweites: Jesus schuf die Zwölf, „daß er sie sende zum Verkünden und mit der Vollmacht, die Dämonen auszutreiben". Markus meint damit zunächst einmal die Aussendung der Zwölf, die in 6,6–13 erzählt wird. Die zwölf Jünger gehen paarweise in alle Gegenden Israels, verkünden, wie Jesus verkündet, und treiben Dämonen aus, wie Jesus Dämonen austreibt. Sie tun alles, was er tut. Matthäus und Lukas stellen diese strenge Parallelität zwischen dem Tun Jesu und dem Tun seiner Jünger sogar noch stärker heraus als Markus[290].

Dafür hat Markus etwas, das bei Matthäus ganz fehlt und bei Lukas viel weniger klar in Erscheinung tritt: Bei Markus sind die Zwölf längere Zeit unterwegs. Ihr Unterwegssein wird erzähltechnisch dadurch hervorgehoben, daß Markus zwischen ihre Aussendung und ihre Rückkehr einen ganz anderen Stoff einschiebt, nämlich die Ermordung Johannes des Täufers durch Herodes Antipas (6,14–29). Auf diese Weise erreicht Markus, daß er in der Zwischenzeit nicht von einem Wirken Jesu ohne seine Jünger zu erzählen braucht[291]. Und genau das ist mehr als bloße Erzähltechnik. Es ist Theologie. Markus will sagen: Jesus handelt nicht mehr ohne die Zwölf. Erst *mit ihnen zusammen* hat sein Wirken jene zeichenhafte Struktur, die seinem Handeln an Israel entspricht.

Andererseits zeigt die Aussparung: Jesu Vollmacht ist ganz auf die Zwölf übergegangen. Sie tun, was er tun würde. Sie handeln stellvertretend für ihn. Sie sind also nicht nur der Anfang des endzeitlichen Israel. Sie sind zugleich Gesandte an Christi Statt. Sie haben ein endzeitliches Zeugenamt: Sie machen Jesus und seine Vollmacht gegenwärtig. Für Markus zeichnet sich darin bereits die Zeit nach Ostern ab.

Kehren wir an dieser Stelle noch einmal zu unserem Ausgangspunkt zurück! Es ging um die Frage, wie Jesus in Israel aufgetreten ist. Wir sahen: Schon seine Gleichnisse eröffnen „Welt" im Sinne einer neuen Möglichkeit zu leben. Andererseits hat alles Handeln Jesu eine zeichenhafte Dimension. Aber zeichenhaft nicht in dem blassen, ausgedünnten Sinn, wie der heutige Mensch Zeichen versteht, sondern im Sinn wirkmächtigen, neue Wirklichkeit stiftenden Tuns. Jesus setzt in all seinen Machttaten und Zeichenhandlungen – vor allem in der Stiftung neuer Familie und in der Schaffung der Zwölf – den Anfang des endzeitlichen Israel.

Was Jesus tut, richtet sich also nicht *unmittelbar* auf Kirche, sondern auf das endzeitliche Israel. Von „Kirche" kann erst in dem Augenblick die Rede sein, als sich nach Ostern zeigt, daß der größere Teil Israels nicht zum Glauben kommt[292].

Insofern aber die nachösterliche Ekklesia – wenn auch unvollständig wegen des Fehlens der Synagoge – endzeitliches Israel *ist*, kann und muß man sagen, daß Jesus in seinem gesamten Handeln den Grund für die Kirche gelegt hat. Nicht die Kirche wurde von Jesus gestiftet, als er die Zwölf schuf, sondern das endzeitliche Gottesvolk. Aber in diesem Stiftungsgeschehen ist der Boden für die Kirche bereitet worden. Die Kirche geht auf das Handeln Jesu selbst zurück[293].

5. Die Vielfalt der Berufung: Apostel – Jünger – Volk

Die Zwölf sind der Anfang und das Wachstumszentrum des endzeitlichen Israel. Und die Jünger bilden die neue Familie, um die sich Israel sammeln soll. Aber in welchem Verhältnis stehen nun eigentlich Jünger und Gottesvolk zueinander? Soll ganz Israel zu einem Volk von Jüngern werden? Bildet der Jüngerkreis das Modell für die endzeitliche Heilsgemeinde, so daß in ihm vorwegnehmend dargestellt wäre, was das ganze Gottesvolk werden soll, nämlich *Jüngerschaft*?

Es gibt im Neuen Testament textliche Indizien, die scheinbar genau in diese Richtung weisen. So ist in der Apostelgeschichte oft einfach von „den Jüngern" die Rede. Die Serie der Belege beginnt in 6,1 f:

In diesen Tagen, als die Zahl der Jünger zunahm, kam es zu einem Murren der Hellenisten (= der griechisch sprechenden Juden in der Gemeinde) gegen die Hebräer (= die aramäisch sprechenden Juden), weil die Witwen der Hellenisten bei der täglichen Versorgung übersehen wurden. Da riefen die Zwölf die Menge der Jünger zusammen. (Apg 6,1 f)

Das Wort „Jünger" bezeichnet hier die gesamte Gemeinde. Dieser eigentümliche Sprachgebrauch, der bis in die Zeit der Jerusalemer Urgemeinde zurückreichen muß, findet sich auch sonst in der Apostelgeschichte. „Jünger" kann dort einfachhin für „Christ" oder für „Mitglied der Gemeinde" stehen, und „die Jünger" meint oft nichts anderes als die Gemeinde in Jerusalem oder eine andere Ortsgemeinde[294].

Hinzu kommt, daß die Evangelien, die ja außerordentlich häufig von den Jüngern Jesu sprechen, nicht rein historische Darstellungen sind, sondern die Jesuszeit zugleich auf die spätere Zeit der Kirche hin transparent machen. Indem die Evangelisten von Jesus erzählen, reden sie immer auch von ihrer eigenen kirchlichen Gegenwart. Deshalb liegt es erst recht nahe, in der Jüngerschaft ein Wesensmerkmal der Kirche zu sehen[295]. Man könnte dann die Gleichung aufstellen: Kirche = Jüngerschaft.

Aber ist das richtig? Liest man das Neue Testament genauer, stellt sich die Sache differenzierter dar. Der Sprachgebrauch der Apostelgeschichte verweist zwar unübersehbar darauf, daß es ohne Jüngerschaft keine neutestamentlich verfaßte Kirche geben kann. Er bleibt aber innerhalb des Neuen Testamentes singulär. Bereits die Briefliteratur vermeidet das Wort „Jünger". Die Ausdrucksweise der Apostelgeschichte dürfte letztlich aus der Aufbruchsituation der jungen, nachösterlichen Kirche stammen. Differenzierungen waren in dieser Frühzeit noch nicht notwendig. Sie kamen erst später, waren im Grunde aber schon in der Evangelientradition selbst angelegt.

Den Evangelien zufolge kann man nämlich nur Jünger werden, wenn man von Jesus dazu erwählt wird – meist mit dem Ruf: „Auf, hinter mir her!" oder: „Folge mir nach!"[296] Und Jesus ruft nicht alle in seine Nachfolge. Die Proklamation der Gottesherrschaft in Mk 1,15 mündet in die Aufforderung „Kehrt um und glaubt an die frohe Botschaft!", nicht aber in den Ruf: „Folgt mir nach und werdet meine Jünger!" Es gibt kein Jesuswort, in dem er das gesamte Volk zur Jüngerschaft beziehungsweise zur Nachfolge auffordert. Vor allem aber macht er das Jüngersein nirgendwo zur Bedingung für die Teilhabe an der Gottesherrschaft[297].

Entsprechend bleibt die Zahl derer, die er in seine Nachfolge ruft, begrenzt. Es sind vor allem die Zwölf. Über den Zwölferkreis hinaus lassen sich noch die folgenden Personen nennen, bei denen die neutestamentliche Überlieferung deutlich macht, daß sie „Jünger" waren beziehungsweise Jesus „nachfolgten": Matthias – Josef Barsabbas – Kleopas – Josef von Arimathäa – Natanaël – Maria von Magdala – Maria, die Mutter von Jakobus dem Kleinen und Joses – Salome – Johanna, die Frau des Chuzas – Susanna[298].

Lukas rechnet neben dem Zwölferkreis noch mit 70 anderen Jüngern[299]. Die 70 ist dabei auf jeden Fall eine runde Zahl, die biblisches Kolorit vermitteln soll. Denn im Alten Testament gehören die 12, die 40 und die 70 zu den häufigsten und theologisch qualifiziertesten Zahlen[300]. Vielleicht war Lukas mit der 70 von der tatsächlichen Größe des Jüngerkreises gar nicht so weit entfernt. Doch wie immer es sich damit verhält – Jesus hat nicht versucht, Jünger um jeden Preis zu gewinnen. Er hat eher gewarnt:

> *Als sie auf ihrem Weg weiterzogen, sagte jemand zu Jesus: „Ich will dir folgen, wohin du auch gehst." Jesus antwortete ihm: „Die Füchse haben Höhlen und die Vögel des Himmels Nester; der Menschensohn aber hat nichts, wo er seinen Kopf hinbetten könnte." (Lk 9,57 f)*

Andere Beobachtungen weisen in die gleiche Richtung: Jesus kehrt bei dem Zöllner Zachäus ein, genauso wie er bei dem Zöllner Levi eingekehrt ist. Aber an Zachäus ergeht keine Aufforderung zur Nachfolge wie an Levi. Zachäus wird sein Leben ändern. Er wird in Zukunft die Hälfte seines Vermögens den Armen Israels geben und zu Unrecht eingetriebenes Geld vierfach zurückerstatten. Aber er wird in Jericho bleiben und seinen alten Beruf, den des Steuereintreibers, weiterhin ausüben[301].

Genausowenig wie Zachäus ruft Jesus Simon den Aussätzigen, in dessen Haus er zum festlichen Mahl eingeladen ist, in seine Nachfolge (Mk 14,3–9). Ähnlich ist es bei Lazarus. Zwischen Jesus und der Familie des Lazarus bestand dem Johannesevangelium zufolge ein besonders herzliches Verhältnis: Jesus liebt Lazarus und weint auf dem Weg zu seinem Grab[302]. Aber nirgendwo wird berichtet, daß Lazarus zu den Jüngern oder Nachfolgern Jesu gehört habe.

Es ist ganz offensichtlich: Im Umkreis Jesu gibt es Neugierige wie Nikodemus, der in der Nacht zu Jesus kommt, um ihn genauer kennenzulernen (Joh 3,1 f); es gibt Anhänger wie Josef von Arimathäa, der im geheimen ein Jünger Jesu ist (Joh 19,38); es gibt befreundete Familien wie Lazarus und seine Schwestern, deren Haus in Betanien für Jesus eine Art Stützpunkt nahe der Hauptstadt ist; es gibt sogar Menschen, die zeitweise mit Jesus ziehen wie Bartimäus, der Blinde von Jericho, den er geheilt hatte (Mk 10,52) – kurz, es gibt viele Männer und Frauen in Israel, die auf Jesus hören, auf ihn ihre Hoffnung setzen, ihn unterstützen und mit ihm sympathisieren. Aber sie zählen nicht zu den Jüngern im eigentlichen Sinn. Sie folgen Jesus auf seinem unsteten Wanderleben nicht nach, sondern bleiben zu Hause. Sie sind „ortsfeste" Anhänger Jesu. Zu ihnen zählen vor allem diejenigen, die Jesus und seine Jünger am Abend in ihre Häuser aufnehmen. Oft weiß Jesus ja während des Tages noch gar nicht, wo er am Abend bleiben wird.

Diese Situation wird schlaglichtartig von einer kleinen Szene beleuchtet, die auf dem Weg nach Jerusalem spielt. Jesus hat Boten vorausgeschickt, daß sie ihm und seinen Jüngern in einem samaritischen Dorf Unterkunft besorgen. Aber die Spannung zwischen den Samaritern und den Juden schlägt durch: Man nimmt Jesus nicht auf, weil er auf dem Weg nach Jerusalem ist (Lk 9,51–56). Harmlos war das keineswegs. Der Historiker Josephus berichtet, daß in der Zeit des Prokurators Ventidius Cumanus (48–52 n. Chr.) galiläische Festpilger, die durch samaritisches Gebiet nach Jerusalem zogen, von den Samaritern angegriffen wurden und daß dabei ein Pilger ermordet wurde[303].

Die Gefährdung, der Jesus und seine Jünger stets ausgesetzt waren, spiegelt sich noch in der Aussendungsrede[304]. Die bewußt mittellos und wehrlos ausgesandten Jünger – sie sollen sich von den bewaffneten Zeloten deutlich unterscheiden[305] – brauchen, nachdem sie den ganzen Tag unterwegs waren, am Abend ein Dach über dem Kopf. Sie brauchen Menschen, die sie mit Essen versorgen und ihnen für die Nacht Schutz gewähren.

Geht! Ich sende euch wie Lämmer mitten unter Wölfe. Nehmt keinen Geldbeutel mit, keine Vorratstasche, keine Sandalen, und haltet euch unterwegs nirgendwo auf! Wenn ihr aber in ein Haus einkehrt, so sagt als erstes: Friede diesem Haus! Wenn dort ein Sohn des Friedens wohnt, wird euer Friede auf ihm ruhen bleiben; wenn nicht, wird er zu euch

*zurückkehren. Bleibt in diesem Haus, eßt und trinkt, was man dort zu
sich nimmt; denn wer arbeitet, hat ein Recht auf seinen Lohn. Wechselt
nicht von Haus zu Haus!
Und wenn ihr in eine Stadt kommt und man euch aufnimmt, so eßt,
was man euch vorsetzt. Heilt die Kranken, die dort sind, und sagt den
Menschen: Nahegekommen ist euch die Gottesherrschaft. Wenn ihr aber
in eine Stadt kommt, in der man euch nicht aufnimmt, dann geht hinaus auf die Straße und ruft: Selbst den Staub eurer Stadt, der an unseren Füßen klebt, wischen wir euch hin! (Lk 10,3–11)*

Der Text zeigt, daß es bei der Einkehr in fremde Häuser nicht nur um
Obdach und Sicherung des eigenen Lebens geht, sondern genauso sehr,
ja noch mehr, um die Gewinnung neuer Menschen für die Botschaft
Jesu. Die Häuser, in denen die Jünger einkehren, sollen zu Stützpunk-
ten der Jesusbewegung werden. Über das ganze Land soll sich ein Netz
von Häusern spannen, in denen der endzeitliche Friede eingekehrt ist.
Überall in Israel soll es Menschen geben, die von der Gottesherrschaft
ergriffen sind, die deshalb einander vertrauen, miteinander teilen und
füreinander sorgen. Auf diese Weise entsteht ein lebendiger Boden, der
die Verkündigungsarbeit der Jünger trägt.

Mit all dem ist wohl deutlich geworden: Jesus ruft nicht ganz Israel
in die Jüngerschaft. Es gibt neben den Jüngern ein breites Spektrum
von Menschen, die sich dem Evangelium Jesu öffnen und seinen Umkehrruf ernst nehmen, aber nicht in seine unmittelbare Nachfolge treten. So ergeben sich wie von selbst drei Gruppen: der Kreis der Zwölf,
der in den Evangelien bereits mit den „Aposteln" gleichgesetzt wird[306] –
der Kreis der Jünger, der bedeutend größer ist, aber ebenfalls in der unmittelbaren Jesusnachfolge steht – und schließlich das Volk, insoweit es
die Botschaft Jesu positiv aufnimmt.

Diese Dreier-Struktur wird in allen vier Evangelien sichtbar, aber
nirgendwo so deutlich wie bei Lukas. Und bei ihm zeichnet sie sich
noch einmal besonders klar ab in der Zuhörerschaft der sogenannten
„Feldrede", der lukanischen Entsprechung zur matthäischen Bergpredigt. Lukas holt weit aus, um das „Publikum" dieser Feldrede so sorgfältig wie nur möglich darzustellen:

Es begab sich aber in diesen Tagen: Jesus ging hinaus, auf den Berg, um zu beten. Und er verbrachte die ganze Nacht im Gebet zu Gott. Als es Tag wurde, rief er seine Jünger herbei und wählte aus ihnen zwölf aus, die er auch Apostel nannte (...). Jesus stieg mit ihnen hinab und stellte sich auf einen ebenen Platz. Auch eine große Menge seiner Jünger (war da) und viel Volk aus dem ganzen jüdischen Land und aus Jerusalem und dem Küstengebiet von Tyrus und Sidon. Sie waren gekommen, ihn zu hören und von ihren Gebrechen geheilt zu werden. Auch die von unreinen Geistern Gequälten wollten Heilung finden. Und die ganze Menge suchte ihn zu berühren, denn es ging eine Kraft von ihm aus und heilte alle. Und er richtete seine Augen auf seine Jünger und sprach... (Lk 6,12–20)

Im Gegensatz zu Matthäus spricht Lukas von einem „ebenen Platz". Auf diese Weise kann sich die Zuhörerschaft der großen Rede Jesu geordnet entfalten. Das Zentrum bildet Jesus selbst. Um ihn hat man sich die Zwölf vorzustellen. Genau aus diesem Grund hat Lukas ja die Wahl der Zwölf vorangestellt. Um die Zwölf bildet sich ein weiterer Kreis: die „große Menge der Jünger". Und um die Jünger schließlich das Volk. Lukas gebraucht das griechische Wort *laos* und deutet damit an, daß es sich nicht um irgendwelche Volkshaufen, sondern um das seit alters erwählte Gottesvolk handelt[307]. Das Volk ist aus dem ganzen jüdischen Land zusammengeströmt, selbst Menschen aus den heidnischen Gebieten Tyrus und Sidon sind dabei.

Vor dieser sorgfältig geformten Zuhörerschaft beginnt Jesus seine programmatische Rede. Er wendet sich vor allem an seine Jünger, denn „auf sie richtet er seine Augen". Aber am Ende der Rede wird es heißen, daß er seine Worte „in die Ohren des Volkes" gesprochen hat (Lk 7,1). Man sieht an dieser Differenzierung, wie hier wirklich jede Nuance überlegt ist[308]. Nach Lukas geht es Jesus zunächst und vor allem um die Jünger. Sie sind in einem besonders qualifizierten Sinn die Hörer der Feldrede. Ihnen gilt sie vor allen anderen. Aber sie gilt eben doch auch dem Volk, denn ganz Israel soll ja gesammelt werden. Die Jünger führen keine Sonderexistenz, sondern sind auf Gesamt-Israel hingeordnet.

Apostel, Jünger, Volk – diese Strukturlinien, die sich durch die Evangelien ziehen, sind kein Zufall. Sie drücken etwas aus, das für das endzeitliche Gottesvolk, wie Jesus es sieht, wesentlich ist und deshalb auch unaufgebbar zur Kirche gehört:

Nicht jeder kann zu den Zwölf gehören. Sie sind ja zunächst einmal reines Zeichen, von Jesus geschaffen, um den Willen Gottes zur endzeitlichen Erneuerung des Zwölfstämmevolkes sichtbar zu machen. Zugleich werden die Zwölf zu Israel *ausgesandt;* sie sind also Träger eines endzeitlichen Amtes, das dann in der Kirche weitergehen wird. Deshalb werden sie zu Recht bereits in den Evangelien als „Apostel" (= Ausgesandte) bezeichnet[309].

Genauso gilt: Nicht jeder kann Jünger sein. Denn auch die Jüngerschaft setzt eine besondere Berufung durch Jesus voraus. Sie hängt nicht am Wollen des Einzelnen. Es kann sein, daß jemand Jesus nachfolgen will, aber von ihm trotzdem nicht zum Jünger gemacht wird. Der Mann aus dem Gebiet von Gerasa, den Jesus von seinen Dämonen befreit hat, bittet ihn ausdrücklich darum, „daß er mit ihm sein könne" (Mk 5,18). Das ist exakt die Wendung, mit der Markus die erste Funktion der Zwölf umschreibt: „daß sie mit ihm seien" (3,14). Der Geheilte bittet also faktisch darum, als Jünger in der engsten Umgebung Jesu bleiben zu dürfen.

Doch Jesus ließ ihn nicht zu, sondern sagte ihm: „Kehr in dein Haus zurück, zu den Deinen, und berichte ihnen alles, was der Herr an dir getan und wie er sich deiner erbarmt hat." Da ging er und begann, in der Dekapolis zu verkünden, was Jesus an ihm getan hatte, und alle kamen aus dem Staunen nicht heraus. (Mk 5,19 f)

Viele Ausleger nehmen an, dieser Schluß der Erzählung blicke bereits auf die nachösterliche Mission in den Städten der Dekapolis. Die Erzählung setze voraus, daß der Mann ein Heide gewesen sei und als der erste christliche Missionar der heidnischen Dekapolis geschildert werde. Deshalb habe er – der Logik der Erzählung gemäß – kein unmittelbarer Nachfolger werden können. Die Jüngerschaft des vorösterlichen Jesus sei eben noch ganz auf Israel ausgerichtet.

Ob das zutrifft, mag hier offenbleiben. Auf jeden Fall zeigt die Erzählung: Nicht jeder wird in den Jüngerkreis berufen. Die Evangelien rechnen mit der Möglichkeit, daß einer, obwohl er Jünger sein möchte, in seine Familie zurückgeschickt wird. Das heißt aber keinesfalls, daß er für die Jesusbewegung unwichtig sei. Der Geheilte von Gerasa wird ja gerade in seinem Umkreis zum Verkündiger Jesu, vielleicht sogar zum Vorbereiter späterer Mission.

Nicht zum eigentlichen Jüngerkreis zu gehören, ist also keineswegs ein Indiz für Unglauben oder ein Zeichen dafür, daß man am Rande steht. Nirgendwo bezeichnet Jesus diejenigen seiner Anhänger, die er nicht in seine Nachfolge berufen hat, als unentschlossen oder halbherzig[310]. Jeder, der Jesu Botschaft von der Basileia annimmt, hat seine eigene Berufung. Jeder kann auf seine Weise und nach dem Maß seiner Möglichkeiten zum Aufbau des Ganzen beitragen. Keiner ist zweitrangig. Der Geheilte von Gerasa wird für die Sache Jesu ebenso wichtig wie die Jünger, die mit Jesus ziehen.

Man sollte auch vorsichtig sein mit der Behauptung, die Jüngerexistenz sei die radikalere Lebensform. Das Ethos der Nachfolge ist gewiß ein radikales Ethos. Gibt es Härteres und Rücksichtsloseres, als daß man von Jesus in die Nachfolge gerufen wird, ihm antwortet, daß man zuerst noch den Vater begraben müsse – vielleicht ist er gerade gestorben, vielleicht liegt er im Sterben, vielleicht ist er alt und krank – und daraufhin von Jesus gesagt bekommt:

Laß die Toten ihre Toten begraben!
Du geh hin und verkünde das Reich Gottes! (Lk 9,60)?

Und doch ist das Ethos der Bergpredigt, die ja nicht nur den Jüngern, sondern jedem im endzeitlichen Gottesvolk gilt, genauso radikal. Denn es verlangt, daß man nicht nur die böse Tat, sondern schon jedes ärgerliche Wort gegen den Glaubensbruder unterläßt (Mt 5,22); es verlangt, die Ehe eines anderen (und damit natürlich auch die eigene) so ernst zu nehmen, daß man eine fremde Frau nicht einmal begehrend anblickt (Mt 5,27 f); es verlangt, daß es für Verheiratete keine Scheidung mehr gibt, sondern nur noch Treue bis in den Tod (Mt 5,31 f); daß es kein Verschleiern und Verdrehen der Sprache mehr gibt, sondern nur noch absolute Eindeutigkeit (Mt 5,37), und daß man jedem gibt, der einen um etwas bittet (Mt 5,42)[311].

Wenn dabei der gierige Blick des Mannes auf die Frau eines anderen dem vollendeten Ehebruch gleichgestellt wird, so ist das genauso einschneidend, wie die Aufforderung an die Jünger, ihre Familie zu verlassen. Jesus fordert von den einen absolute und unverbrüchliche Treue zu ihrer Gattin (Mt 5,31 f), und er fordert von den anderen absolute und unverbrüchliche Treue zu ihrem Verkündigungsauftrag (Lk 9,62). Das heißt: Die konkrete Lebensform, sei es die Ehe, sei es die Nachfolge in der Verkündigung, wird von Jesus bis ins letzte ernst genommen. Beide Lebensformen sind in ihrer radikalen Gestalt nur möglich angesichts des Glanzes und der Faszination, die von der Gottesherrschaft ausgehen.

Vor allem aber: Beide Lebensformen stehen nicht isoliert und unverbunden nebeneinander. Die Jünger, die unterwegs sind, leben von der Hilfe der Familien, die ihnen am Abend ihre Häuser öffnen. Und die Familien leben von der neuen Familie, die im Kreis der Jünger begonnen hat. Es gibt hier ständige Ausstrahlungen, Rückwirkungen, Überschneidungen. Die Jünger leben nicht für sich, sondern für das Gottesvolk, und die ortsfesten Anhänger leben nicht mehr nur für sich und ihre Kinder.

Es gibt also kein Zweistufenethos: ein vollkommenes Ethos der Apostel und Jünger und ein weniger vollkommenes des übrigen Gottesvolkes. Man muß allerdings zugeben, daß es in den Evangelien einen Text gibt, der scheinbar ein Zweistufenethos voraussetzt: die Erzählung von dem reichen Mann, der zu Jesus kommt mit der Frage, wie er das „ewige Leben" gewinnen könne. Jesus verweist ihn auf die zehn Gebote. Der Mann antwortet: Ich habe sie von Jugend an befolgt. Da sieht ihn Jesus liebevoll an und sagt zu ihm:

> *„Eines fehlt dir noch: Geh, verkaufe, was du besitzt, gib das Geld den Armen, und du wirst einen Schatz im Himmel haben; dann komm und folge mir nach!" Der Mann aber wurde bei diesem Wort traurig und ging bekümmert weg; denn er hatte viele Grundstücke. (Mk 10,21 f)*

Matthäus hat den Markustext leicht überarbeitet. Den Satz „Eines fehlt dir noch…" hat er umgeformt in: „Wenn du vollkommen sein willst…" (Mt 19,21). In der Geschichte der Kirche hat das Evangelium vom reichen Jüngling eine außerordentliche Wirkungsgeschichte gehabt: Es hat vielen Männern und Frauen die Kraft gegeben, ihre bürgerliche Existenz hinter sich zu lassen und ein alternatives Leben der Nachfolge in einem neuen Miteinander zu beginnen. Die Geschichte vieler Ordensgründungen begann mit diesem Text.

Das matthäische „Wenn du vollkommen sein willst" hat freilich auch zu der Vorstellung geführt, es müsse in der Kirche zwei Stände geben: den Stand der Vollkommenen, der in der Nachfolge lebt, und den Stand der weniger Vollkommenen, für den nur die zehn Gebote gelten. Ein solches Zweistufenethos wird dem Text jedoch nicht gerecht. Weder Markus noch Matthäus formulieren hier allgemeine Normen für das Gottesvolk. Die Geschichte erzählt von einem konkreten Fall. Jesus sagt das „Verkaufe alles, was du hast!" einem bestimmten Menschen, der suchend und voller Unruhe zu ihm gekommen ist. Ihm persönlich gilt die Aufforderung Jesu. Es ist ein Wort der Berufung in die Jüngerschaft. Selbstverständlich ist auch dieser Text im Sinne der Evangelisten transparent für die spätere Kirche: Es soll in ihr viele Berufungen zu Nachfolge und Jüngerschaft geben. Aber auch diese Berufungen werden dann stets spezifische Berufungen an den Einzelnen sein und kein Gesetz für alle.

Das Ganze wird noch deutlicher, wenn man das Schlüsselwort der matthäischen Interpretation ernst nimmt. Hinter dem „vollkommen" steht das hebräische Adjektiv *tāmim*. Und *tāmim* bedeutet: „ganz", „ungeteilt", „vollständig", „unversehrt", „heil". Vollkommen sein im biblischen Sinn meint also nicht *perfekt* sein, sondern *ganz und ungeteilt* vor Gott leben. Der Reiche hatte sein Vermögen aus seinem Gottesverhältnis herausgehalten, und deshalb brauchte es bei ihm noch ein „Mehr". Jesus will sein „Ganz"[312].

Und dieses „Ganz" ist nun wiederum kein Privileg der Jünger. Die arme Witwe, die zwei Pfennige gibt, schenkt im Gegensatz zu den Reichen, die nur einen Teil ihres Überflusses für den Tempel hergeben, alles, was sie hat. Sie gibt das Ihre ganz (Mk 12,41–44).

Das „Ganz" ist bei jedem verschieden. Es kann für den einen heißen, alles zu verlassen. Es kann für den anderen heißen, zu Hause zu bleiben und sein Haus den Jesusboten zur Verfügung zu stellen. Vielleicht heißt es für einen dritten sogar nur, den Jüngern, wenn sie vorbeiziehen, einen Trunk frischen Wassers zu reichen. Der Betreffende wird „mit Sicherheit nicht um seinen Lohn kommen", sagt Jesus (Mt 10,42).

Je genauer man die Evangelien liest, desto deutlicher zeigt sich immer wieder, daß die Struktur *Apostel – Jünger – Volk* keiner zufälligen Konstellation entspringt, sondern den Evangelien wesentlich ist. Sie ergab sich nicht nur aus dem praktisch-funktionalen Gesichtspunkt, daß Jesus ja unmöglich mit Tausenden von Jüngern durch Israel ziehen konnte, und sie rührt auch nicht allein daher, daß ihm eben nur wenige in Israel nachfolgten. Man muß tiefer ansetzen. Letztlich ist die Unterscheidung *Apostel – Jünger – Volk* Voraussetzung für die Freiheit jedes Einzelnen im Gottesvolk.

Jeder hat seine eigene Geschichte mit ihrem Sehen-Können und ihrem Nicht-sehen-Können, mit ihrer Freiheit und ihrer Unfreiheit. Dieser je eigenen Geschichte entspricht die Berufung jedes Einzelnen. Nur wer sieht, ist berufen. Und keiner ist zu etwas berufen, das gar nicht im Bereich seiner Möglichkeiten liegt. Nicht jeder kann zu allem berufen sein. Aber die je verschiedenen Berufungen können zusammenwirken zu dem Ganzen.

Die Aufspaltung der Kirche in Vollkommene und weniger Vollkommene, in radikales Ethos und weniger radikales Ethos, verkennt die Einheit des Gottesvolkes und das Hingeordnetsein all seiner Glieder auf dieselbe Sache. Daß in der Kirche seit dem 3. Jahrhundert Mönchsgemeinschaften als ein fest umrissener Ort der Nachfolge und der „evangelischen Räte" entstanden, war eine fast notwendige Entwicklung, sobald die Gemeindekirche der Frühzeit zu einer Massenkirche geworden war, in der die Konturen des Evangeliums zu verschwimmen drohten. Klöster und „Gemeinschaften kommunitären Lebens" haben den Gedanken der Jüngerschaft durch die Jahrhunderte hindurch in der Kirche am Leben erhalten. Es war aber ein Notbehelf mit neuen Engpässen. Denn auf diese Weise entwickelte sich Jüngerschaft in der Kirche zu einer *Sonderform*, zu einem eigenen kirchlichen *Stand*. Für die übrigen Getauften gab es kaum noch die Möglichkeit, Nachfolge zu leben. Dafür mußte man ins Kloster gehen.

Den Evangelien entsprechen Nachfolge und Jüngerschaft aber nur, wenn sie in einem engen Zueinander, ja geradezu in einem Verbund von Aposteln, Jüngern und Volk gelebt werden können. Erst so bekommt das endzeitliche Gottesvolk seine Kraft. Erst so wird es zu einem einzigen Leib mit vielen Gliedern, erst so zu einem himmlischen Bau aus vielen lebendigen Steinen. Wie es konkret aussehen könnte, daß Jüngerschaft und Nachfolge in normalen Gemeinden, mitten im Gottesvolk, gelebt werden können, wird uns in Teil IV beschäftigen.

6. Die Tischsitten der Gottesherrschaft

Menschen und Dinge, an die man sich gewöhnt hat, nimmt man in ihrem Eigensein nicht mehr wahr. Die meisten Christen sehen in der Einsetzung der Zwölf nichts Besonderes und nehmen die Sammlung des Jüngerkreises als bare Selbstverständlichkeit. Man muß sich jedoch die Ungeheuerlichkeit des Vorgangs klarmachen: Ein Bauhandwerker stellt zwölf Männer vor die Menge hin und sagt: Das ist der Anfang des endzeitlichen Israel! Ein theologischer Laie läßt sich ganz auf das „Heute" des Handelns Gottes ein, sammelt um sich einen Kreis von Jüngern und nimmt dazu keine Priester und keine religiösen Fachleute, sondern Fischer.

Ein solcher Vorgang war zwar in Israel nicht ganz ohne Vorbilder. Auch Johannes der Täufer hatte einen Jüngerkreis um sich gesammelt. Einige der Jesusjünger waren sogar zuerst Täuferjünger gewesen. Der Unterschied liegt aber darin, daß Johannes auf die Zukunft verwies, nämlich auf einen Mächtigeren, der erst noch kommen sollte. Er würde aus der Pflanzung Israel alle Bäume aushauen, die keine Frucht brächten (Lk 3,9), und auf der Tenne Israel die Spreu endgültig vom Weizen trennen (Lk 3,16 f). Jesus dagegen verweist seine Jünger auf das, was bereits geschieht: „Selig die Augen, die erblicken, was ihr erblickt!" (Lk 10,23). Und im Mittelpunkt seiner Botschaft steht nicht das Zorngericht, sondern die Hochzeit:

> *Können denn die Söhne des Hochzeitssaales (= die Hochzeitsgäste) fasten, wenn der Bräutigam in ihrer Mitte ist? (Mk 2,19)*

Die Jünger sind Hochzeitsgäste, weil mit Jesus die messianische Heilszeit, die Hochzeit Gottes mit seinem Volk schon begonnen hat[313]. So steht die Sammlungsbewegung Jesu unter neuen Vorzeichen. Sie macht bereits das endzeitliche Israel sichtbar. Nur so wird verständlich, daß Jesus seine Jünger nicht wie der Täufer in der Wüste am Jordan versammelt. Er versammelt sie aber auch nicht in den Synagogen oder im Tempel. Israel erhält eine neue Mitte, und diese Mitte ist Jesus selbst – und in Jesus Gott, der nun ganz Gegenwart geworden ist. Damit sind alle „heiligen" Orte relativiert und alle profanen Orte geheiligt. Es ist nicht mehr wichtig, wo man sich versammelt. Überall in Israel, wo die Botschaft Jesu angenommen wird, ist heiliger Boden.

Eine entscheidende Rolle spielt allerdings das gemeinsame Mahl und damit der gemeinsame Tisch – einfach deshalb, weil Hochzeit gefeiert wird. Man kann geradezu sagen: Der profane Tisch, an dem Jesus mit seinen Jüngern ißt, wird zum neuen Heilsort. Jesus wagt die endzeitliche Erneuerung des Gottesvolkes mit der Einfachheit und Intimität eines Tisches, um den sich seine Jünger als Familie versammeln.

Und diese Jünger sind keineswegs „Gleichgesinnte". Vieles spricht dafür, daß Jesus gerade die Zwölf aus den verschiedensten Richtungen des damaligen Judentums ausgewählt hat, um die Sammlung *aller* Israeliten augenfällig zu machen. Die Zwölf sind eine bunte Mischung gewesen – von ehemaligen Täuferjüngern (Joh 1,35–40) über den Zöllner Matthäus (Mt 10,3) bis zu Simon, dem Zeloten (Lk 6,15). Mit einem Zöllner und einem Zeloten waren die gegensätzlichsten Kräfte, die es damals in Israel gab, in einer einzigen Gruppe vereint, denn die Zöllner arbeiteten als Steuereintreiber mit den Römern zusammen, die Zeloten hingegen lehnten die römische Besatzungsmacht als unvereinbar mit der Gottesherrschaft aufs schärfste ab.

Man muß sich anschaulich vorstellen, wie derart verschiedene Menschen um einen Tisch sitzen. Das ist wie Feuer und Wasser. Aber genau da fängt das Wunder des endzeitlichen Gottesvolkes überhaupt erst an. Wenn jeder in seiner eigenen Ecke und in seinem eigenen Häuschen bliebe, könnte vom Reich Gottes nichts sichtbar werden. Dessen Faszination wird sich nur dann zeigen, wenn Menschen verschiedener Herkunft, verschiedener Begabung, verschiedener Hautfarbe, wenn Männer *und* Frauen an einem Tisch zusammensitzen – und wenn sie ihr Leben miteinander verknüpfen, um ungeteilt der Sache Gottes dienen zu können.

Hinzu kommt: Die Jünger und Jüngerinnen Jesu sind keine geborenen Helden. Sie sind Menschen mit Fehlern und Schwächen. Jesus hat keine anderen. Die Zwölf werden nicht deshalb zur Mitte Israels gemacht, weil sie heiliger oder vollkommener sind als die anderen; sie sind in nichts besser. Sie bilden die Mitte, weil Jesus sie erwählt hat und weil sie sich zur Verfügung gestellt haben. Niemals geht es um sie selbst, sondern immer um das ganze Gottesvolk. Zu ihm werden sie gesandt.

Dabei ist aber zu beachten: Die Zwölf dienen der Sammlung des Gottesvolkes nicht nur durch ihre Sendung, sondern allein schon durch ihre Existenz. In Mk 3,14 hieß es ja:

> *Und er schuf Zwölf,*
> *daß sie mit ihm seien*
> *und daß er sie aussende.*

Daß die Zwölf ausgesandt werden, hat zu der späteren Gleichsetzung des Zwölferkreises mit dem nachösterlichen Kreis der Apostel, der „Ausgesandten" geführt. Bereits Matthäus und Lukas sprechen von den „zwölf Aposteln"[314]. Man könnte diesen Aspekt von Mk 3,14 die *missio apostolica*, die apostolische Sendung nennen. Aus dem Sendungsauftrag an die Zwölf hat sich in der Kirche das apostolische Amt entfaltet. Es ist keine Erfindung der Kirche, sondern bereits in der Sendung der Zwölf durch Jesus grundgelegt. Denn Sendung heißt gerade, daß es etwas gibt, das nicht aus dem Können und Vermögen des Menschen stammt. In der Sendung wird weitergegeben, was allein von Gott herkommt. Kirchliches Amt bedeutet letztlich, daß die messianische Vollmacht Jesu in der Kirche weitervermittelt und lebendig erhalten wird[315].

Aber wie steht es mit dem anderen Kennzeichen der Zwölf, das Markus nennt, ihrem Mitsein mit Jesus? Man könnte diesen Aspekt von Mk 3,14 die *vita apostolica*, das apostolische Leben nennen. Leider verlor es im Verlauf der Kirchengeschichte immer mehr sein Gewicht und seine Kraft. So wenig das apostolische Amt der Kirche je fehlte, so sehr schwand in ihr das apostolische Leben. Nicht selten haben nur noch die Orden und Kommunitäten den Auftrag Jesu zur *vita apostolica* als kirchliche „Erb-Information" weitergegeben. Daß die Kirche heute noch lebt, verdankt sie dem apostolischen Amt. Daß sie lebend dahinkränkelt, hat im Schwinden des apostolischen Lebens seine Ursache.

Wir sind es gewohnt, in den Zwölfen das Urbild und Fundament des apostolischen Amtes zu sehen. Das ist auch richtig. Jedes kirchliche Amt – das Bischofsamt wie das Priester- und Diakonenamt – beruht letztlich auf der Sendung der Zwölf durch Jesus. Aber damit ist die Figur der Zwölf nicht ausgeschöpft. Denn ihre Sendung setzt ihr Mitsein mit Jesus voraus.

Und dieses Mitsein meint keineswegs nur ein vorläufiges Miteinander, das bald von der definitiven Aussendung abgelöst wurde. Das Mitsein mit Jesus könnte dann allzu leicht als eine begrenzte Zeit der Zurüstung verstanden werden, als eine Art Exerzitien oder Grundkurs, und erst dann käme das Eigentliche: die Zeit, in der die Zwölf als Einzelkämpfer im Einsatz sind.

Man darf die Macht solcher Bilder nicht unterschätzen. Sie prägen in der heutigen Kirche die Vorstellung von Amt und Apostolat viel stärker, als uns bewußt ist. Mitsein mit Jesus ist schon gut – könnte man ein falsches Bild des Apostolischen beschreiben –, aber nur, wenn bald darauf die Sendung erfolgt. Man trifft sich zwar von Zeit zu Zeit zur Vertiefung des gemeinsamen Glaubens, lebt aber dann wieder „vor Ort" als Einzelner seine Sendung in die Welt.

Der Duktus des Markusevangeliums geht in eine völlig andere Richtung. Jesus sendet die Zwölf zwar aus – übrigens paarweise (Mk 6,7) und nicht einzeln, weil Zeugenschaft im Judentum wenigstens zwei Menschen voraussetzt. Aber die Zwölf kehren schon bald wieder zurück (Mk 6,30), und dann beginnt überhaupt erst die wirkliche Erfahrung ihres Mit-Seins mit Jesus, ein Lernprozeß, der ihr ganzes Leben umkehren wird und bei dem es um Leben und Tod geht.

Das Markusevangelium schildert diesen Umkehrprozeß der Zwölf, der immer neues Jüngerunverständnis zutage bringt, ausführlich und genau. Er verläuft zeitgleich mit dem Weg nach Jerusalem, der bei Markus im Grunde bereits mit dem Messiasbekenntnis des Petrus und der ersten Leidensankündigung Jesu beginnt (8,27–33).

Man darf also sagen: Die Sendung der Zwölf spielt im Erzählgefüge des Markusevangeliums keine größere, sondern eher eine geringere Rolle als die Beschreibung des unablässigen Ringens um das neue Miteinander, um das Mitsein der Zwölf mit Jesus. Das apostolische Leben und die apostolische Sendung sind bei Markus nicht zwei einander ablösende Zeitabschnitte, sondern zwei ineinandergreifende Daseinsweisen des Zwölferkreises, von denen die zweite die erste stets voraussetzt.

Nur wenn die Zwölf das neue Miteinander erlernen, können sie das Evangelium verkünden und Dämonen austreiben. Wochenendbegegnungen, Rüstzeiten oder Schnupperwochen reichen dazu nicht aus, denn dieses Erlernen ist nur möglich in der Schicksalsgemeinschaft der *vita apostolica*. Das apostolische Leben ist nicht nur ein Miteinander in den Seelen, sondern in allen Lebensbereichen. Es umfaßt die ganze Existenz.

Der Lernprozeß der Jünger zieht sich durch das gesamte Markusevangelium. Er ist eines seiner Hauptthemen. Er verdichtet sich aber in der zweiten Hälfte des Evangeliums – von dem Augenblick an, da Jesus mit seinen Jüngern Jerusalem und damit seinem Tod entgegengeht. Diese zweite Hälfte des Markusevangeliums beginnt wie mit einem Paukenschlag. Jesus fragt seine Jünger, für wen sie ihn halten. Sie antworten:

> *„Die einen für Johannes den Täufer, andere für Elija, wieder andere für sonst einen der Propheten." Da fragte er sie: „Ihr aber, für wen haltet ihr mich?" Petrus antwortete ihm: „Du bist der Messias." Da schärfte er ihnen ein, das niemandem über ihn zu sagen. (Mk 8,28–30)*

Seit langem gab es in Israel die Vorstellung, Gott werde in der Endzeit einen der früheren Propheten, den er in den Himmel entrückt und dort bereitgehalten habe, erneut senden[316]. Diese Vorstellung war keineswegs so abstrus, wie sie auf den ersten Blick aussieht. Letztlich will sie sagen: Das Gottesvolk lebt immer von dem Glauben derer, die sich – wie Elija – mit letzter Eindeutigkeit auf die Seite Gottes gestellt haben, und die zukünftige Erlösung Israels wird sich auch aus dem Glauben dieser Früheren speisen.

Zur Zeit Jesu waren solche an sich richtigen Vorstellungen allerdings schon mit vielen Spekulationen überwuchert. Mk 8,28 zeigt anschaulich, wie man von Jesus fasziniert war und über das Geheimnis seiner Person rätselte. Wie sollte man ihn einordnen? Offenbar hielten ihn viele für einen Propheten oder sogar für einen der großen Propheten der Vorzeit, der jetzt wiedergekommen war. Gegenüber allen Mutmaßungen dieser Art sagt das Bekenntnis des Petrus das Richtige. Jesus ist der ersehnte Messias Israels.

Aber auch die Messias-Aussage konnte nur allzu leicht mißverstanden werden. Denn die meisten Juden waren damals überzeugt, das Kommen des Messias sei notwendig verbunden mit dem endzeitlichen Aufstand Israels gegen die Herrschaft der Heiden und mit einer schlagartigen Umkehrung aller politischen und sozialen Verhältnisse. Die Zeloten betrieben die nationale Erhebung gegen die Römer mit dem Einsatz von Gewalt. Sie waren überzeugt, daß ihr Kampf das endzeitliche Eingreifen Gottes herbeizwingen würde.

Jesus hat sich von ihrer politischen Theologie und ihrem nationalen Befreiungskampf klar distanziert[317]. Er war überzeugt, daß ein Sieg über die römische Besatzungsmacht die wahre Not Israels keineswegs ändern würde. Deshalb läßt er seine Jünger im Vaterunser auch nicht um die Befreiung Jerusalems und die Wiederaufrichtung des Reiches Davids beten[318]. Jesus will zwar die Revolution, die Umwälzung aller Verhältnisse. Aber seine Revolution setzt viel radikaler an als der Aufstand der Zeloten. Sie setzt dort an, wo der Mensch schon in der Tiefe seines Wollens nicht die Ehre Gottes, sondern seine eigene Ehre sucht, nicht das Werk Gottes will, sondern nur immer sich selbst. Und von den eigenen Dämonen loszukommen, geht nicht in einem Augenblick. Es ist ein langer Weg, der einen neuen Boden braucht, eine neue Familie, ein erneuertes Gottesvolk.

Für Markus ist das Amt des Messias ein Weg völliger Hingabe an das endzeitliche Werk Gottes, das heißt, an das neue Miteinander, das Gott in Israel schaffen will. Dieser Weg wird Jesus den Tod bringen. Deshalb darf man ihn nur dann als den Messias Israels bekennen, wenn man seine Selbstpreisgabe bis in den Tod mit ins Auge faßt. Ihn lediglich als machtvoll-herrlichen Messias zu proklamieren, losgelöst von der Niedrigkeitsgestalt, die das Messianische durch ihn bekommen sollte, erschien Markus und erschien auch schon Jesus selbst geradezu gefährlich. So kann es nicht verwundern, daß Markus sofort nach dem feierlichen Messias-Bekenntnis des Petrus fortfährt:

> *Und Jesus begann seine Jünger zu belehren, es müsse so sein, daß der Menschensohn vieles erleide, verworfen werde von den Ältesten, den Hohenpriestern und den Schriftgelehrten, getötet werde und nach drei Tagen auferstehe. (Mk 8,31)*

Petrus hatte vom Messias gesprochen. Nun redet Jesus plötzlich vom Menschensohn. Warum dieser Wechsel? Offenbar läßt sich das Mißverständliche am Messias-Titel nur ausräumen, wenn zugleich über den Weg des „Menschensohnes" gesprochen wird. Aber was meint die Rede vom Menschensohn überhaupt? Wieder lohnt es sich, den alttestamentlichen Hintergrund genauer zu betrachten.

Der Begriff des Menschensohns stammt aus dem 7. Kapitel des Daniel-Buches. Dort sieht Daniel in einer Traumvision vier riesige Tiere, die aus dem Meer heraufsteigen: zuerst ein Tier, das aussieht wie ein geflügelter Löwe; dann ein Tier wie ein Bär, dem das Rippenstück, das er gerade frißt, aus dem Rachen hängt; dann einen Panther, der vier Köpfe hat. Das vierte Tier ist so pervers, daß es nicht mehr klassifiziert werden kann: Es hat Zähne aus Eisen und Hörner, von denen eines Menschenaugen trägt. Das vierte Tier verschlingt oder zermalmt alles, was sich ihm in den Weg stellt (Dan 7,1–8).

Dann aber kommt ein scharfer Schnitt. Daniel sieht eine neue Sequenz von Bildern und inmitten dieser gänzlich anderen Bilder „einen wie einen Menschen". Er ist das Gegenbild zu den Bestien. Sie kamen aus dem Meer. Der Menschengestaltige kommt vom Himmel:

> *Da kam mit den Wolken des Himmels einer wie ein Menschensohn. Er gelangte bis zu dem Hochbetagten und wurde vor ihn hingeführt. Ihm wurden Herrschaft, Würde und Königtum gegeben. Alle Völker, Nationen und Sprachen müssen ihm dienen. Seine Herrschaft ist eine ewige, unvergängliche Herrschaft. Sein Reich geht niemals unter. (Dan 7,13 f)*

Die Bilder von Dan 7 erscheinen uns heute bizarr. Für die Leser der Makkabäerzeit waren sie das aber keineswegs. Sie enthielten – in verdeckter Form – aktuelle Geschichtstheologie, formuliert aus den Erfahrungen der seleukidischen Verfolgungszeit. Diese Geschichtstheologie war politisch äußerst brisant. Deshalb mußte sie auch chiffriert werden.

Die vier Tiere stehen für die einander ablösenden Weltreiche, die immer bestialischer und böser werden: für Babylon, Medien, Persien und das Alexanderreich mit seinen Nachfolgestaaten, vor allem dem Staat der Seleukiden. Diese Großmächte, sagt der Text, kommen ausnahmslos aus dem Meer, das heißt, sie verkörpern das Chaos. Sie leben von Unterdrückung und menschenverachtender Gewalt.

Für Israel am schlimmsten aber sind die Seleukiden in Syrien mit ihrem König Antiochus IV. Er wird chiffriert dargestellt als das Horn mit den Menschenaugen. Mit ihm taucht die Möglichkeit der endgültigen Vernichtung Israels auf. Und doch ist dem Daniel-Buch zufolge auch Antiochus IV. nur Werkzeug des göttlichen Zorns gegen das Gottesvolk, das aus seiner Geschichte nicht lernen will und die Umkehr verweigert. Die Zeit des Zornes Gottes findet unter Antiochus ihren Höhepunkt – und ihr Ende[319]. Noch allen Staaten, die zu Bestien wurden, ist die Macht genommen worden, und auch diesem wird sie genommen werden (7,11 f). Dann wird der Menschensohn erscheinen.

Der Menschengestaltige ist absoluter Kontrast zu den vier Tieren. Selbstverständlich steht er, genau wie sie, für ein Reich, für eine Gesellschaft. Nur ist es eine Gesellschaft neuer Art. Sie ist endlich nicht mehr tierisch, sondern menschlich. Sie lebt nicht mehr von angemaßter Gewalt wie die vier Reiche vor ihr. Ihr wird von Gott („dem Hochbetagten") alle Herrschaft übertragen – und sie ist nun endlich reiner Widerschein der Gottesherrschaft. Deshalb wird diese neue Gesellschaft auch nicht mehr vergehen, sondern unvergänglich sein. Der Text sagt: Sie ist identisch mit dem „Volk der Heiligen des Höchsten", das heißt mit dem wahren, aus dem Willen Gottes lebenden Israel[320]. Ihm wird die Gottesherrschaft anvertraut werden (7,27).

Wenn die Evangelien vom „Menschensohn" sprechen, meinen sie selbstverständlich Jesus. Das Bild aus dem Daniel-Buch von der neuen Gesellschaft Gottes, welche die alten Weltreiche ablöst, hat sich in einer konkreten Person verdichtet. Aber wie beim „Gottesknecht" schwingt auch hier die ursprüngliche Bedeutung weiterhin mit. Der Menschensohn ist Jesus von Nazaret – aber nur deshalb, weil mit seinem Auftreten das endzeitliche Israel beginnt: als wahrhaft menschliche Gesellschaft, die ganz von Gott her kommt und nicht mehr auf Gewalt gebaut ist, sondern auf Gewaltlosigkeit, selbst wenn diese Gewaltlosigkeit den Tod bedeuten sollte. Aber gerade darin erweist sich dann ihre Macht. Sie wird stärker sein als die Macht aller Großmächte und Weltreiche.

In einem allerdings unterscheidet sich der Menschensohn der Jesustradition von dem des Daniel-Buches: Heißt es bei Daniel, daß dem Menschensohn „alle Völker, Nationen und Sprachen dienen müssen" (7,14), so sagt Jesus von sich, „er sei nicht gekommen, sich dienen zu lassen, sondern zu dienen" (Mk 10,45)[321].

Den Jüngern ist das alles in diesem Augenblick freilich noch völlig unverständlich. Petrus begreift nur, daß Jesus nach Jerusalem gehen will, obwohl ihm dort der Tod droht. Als er ihn zu überzeugen sucht, doch lieber nicht in die Hauptstadt zu gehen, spricht Jesus eines der härtesten Worte, das wir von ihm kennen:

Weg mit dir, Satan! Geh mir aus den Augen! Denn du hast nicht das im Sinn, was Gott will, sondern was Menschen wollen. (Mk 8,33)

Was Gott will, ist nicht, daß Jesus sterben muß[322]. Wie könnte Gott den Tod Jesu wollen? Was Gott will, ist die neue Gesellschaft, das endzeitliche Israel. Aber indem Jesus diesem Plan Gottes treu bleibt, wird er sterben, weil die Menschen nicht wollen, was Gott will. Jesu Tod am Kreuz ist unabänderlich. „Es muß so sein". Aber eben nicht, weil Gott den Tod seines Sohnes beschlossen hat, sondern weil der Weg Gottes bei den Menschen auf erbitterten Widerstand stößt und weil Jesus von diesem Weg nicht abweicht. Werden die Zwölf, werden die Jünger den Weg des Menschensohnes noch verstehen lernen? Es sieht zunächst nicht so aus.

Denn an späterer Stelle berichtet Markus von einer Auseinandersetzung zwischen den Jüngern. Sie streiten sich „auf dem Weg", wer von ihnen der „Größte" sei (9,34). Der Rivalitätskampf, der dem Menschen aufgrund seiner Evolution aus dem Tierreich als Erblast anhängt und der sich noch verschärft hat, seit der hinzugewachsene Intellekt die Möglichkeit maßloser Einbildung eröffnete, findet auch bei den Jüngern Jesu statt. Von Einmütigkeit kann bei ihnen gar keine Rede sein. Was tut Jesus in dieser Situation? Er wendet sich nicht an alle Jünger, die miteinander gestritten haben, sondern er ruft die Zwölf zusammen, und sagt ihnen:

Wer der Erste sein will, soll der Letzte von allen sein
und der Diener von allen. (Mk 9,35)

Daß Markus gerade an dieser Stelle die Zwölf wieder in die Erzählung einführt – sonst redet er meistens von den Jüngern –, verrät sein Wissen darum, daß Einmütigkeit im Gottesvolk nur dann zustande kommt, wenn wenigstens ein Kern da ist, der zur Einmütigkeit umkehrt. Eben aus diesem Grund hält sich Jesus in kritischen und entscheidenden Situationen an die Zwölf. Eben aus diesem Grund sucht er über ihre Einmütigkeit die Einmütigkeit der Vielen zu erreichen.

Dem Rangstreit der Jünger in 9,34 ging die 2. Leidensankündigung Jesu voraus, an deren Ende es heißt: „Die Jünger aber verstanden nicht, was er sagte" (9,32). Die Erzählung ist so komponiert, daß beides unmittelbar zusammengehört: der Rangstreit der Jünger und ihr Nicht-Verstehen der erneuten Leidensankündigung. Weil sie untereinander zerstritten sind und jeder nur seine eigenen Interessen verfolgt, nämlich „der Größte" zu sein, können sie den Weg Jesu nicht begreifen. Wer nicht in dem engen Miteinander der neuen Familie, wo einer dem anderen auf den Leib rückt und wo die wahren Antriebe des Einzelnen überhaupt erst zutage treten, das Sterben und Auferstehen lernt, kann das Sterben und Auferstehen Jesu letztlich nicht verstehen.

Wie wichtig Markus dieser Zusammenhang ist, zeigt die 3. Leidensankündigung (10,32–34). Wieder folgt der Evangelist der gleichen Erzählstruktur: *Leidensankündigung – Jüngerstreit – Jüngerbelehrung.* Dieses Mal wird der Streit durch eine Bitte der beiden Zebedäussöhne Johannes und Jakobus ausgelöst. Sie wollen sich rechtzeitig eine Machtposition im Reich Gottes sichern. Gegenüber Mk 9,34 bekommt der Streit nun eine besondere Note: Die alte Familie bricht mit ihren Privatinteressen in den Zwölferkreis ein: Zwei leibliche Brüder verbünden sich gegen die übrigen zehn. Nach Matthäus war auch noch ihre Mutter in die Intrige verwickelt (Mt 20,20). Wieder wendet sich Jesus ausschließlich an die Zwölf:

Ihr wißt, daß diejenigen, die als Herrscher gelten, ihre Völker unter-
drücken, und daß die Mächtigen ihre Macht über die Menschen miß-
brauchen. Bei euch aber ist es nicht so. Wer bei euch ein Großer werden
will, sei euer Diener, und wer bei euch Erster sein will, sei aller Knecht.
Denn auch der Menschensohn ist nicht gekommen, um sich bedienen zu
lassen, sondern um zu dienen und sein Leben herzugeben als Lösegeld
für viele. (Mk 10,42–45)

Es fällt sofort ins Auge, daß in dieser kleinen Redekomposition der
Menschensohn und seine Jünger den Völkern und ihren Herrschern
entgegengesetzt werden. Das ist genau die Konstellation von Dan 7:
Den Weltreichen, deren Wesen Unterdrückung ist, steht die neue Welt
Gottes in der Figur des Menschensohnes als Gegenwelt gegenüber.

Wir haben allerdings zu beachten: Weder in Dan 7 noch in Mk 10
werden die Staaten als schlechthin böse bezeichnet. Im Daniel-Buch erscheinen sie zwar als Bestien. Aber es wird auch gesagt, daß ihnen Gott
selbst ein bestimmtes Maß an Herrschaft eingeräumt hat (Dan 7,6).
Genauso deutlich entlarvt jetzt Jesus die Gewaltstruktur der Gesellschaft. Er hat aber anderswo gesagt: „Gebt dem Kaiser, was des Kaisers
ist" (Mk 12,17). Es geht ihm also nicht um die Verteufelung aller
menschlichen Herrschaftsformen. Er stellt die Notwendigkeit des Staates keineswegs in Frage. Doch sein Interesse sind nicht vertrauensbil-
dende Maßnahmen für den Staat. Sein Interesse gilt allein der neuen
Gesellschaft Gottes, die mitten in der alten Welt das unerhört Neue beginnt.

Dieses Neue reicht bis in die letzte Tiefe, aus der Gesellschaft entsteht. Man kann es in dem einfachen Satz zusammenfassen: Nicht mehr
selbst herrschen wollen, sondern der Sache Gottes dienen und gerade
damit den Menschen. Dabei darf „dienen" aber nicht in einem abge-
blaßten und farblosen Sinn verstanden werden. Das Wort meint in seiner ursprünglichen Bedeutung nichts anderes als das Aufwarten bei
Tisch. Es hat seine Basis im täglichen Tischdienst, den man in der antiken Welt den Sklaven, den Angestellten oder den Frauen überläßt.

Gerade bei Tisch wird der Gegensatz zwischen dem Höhergestellten,
der an der Tafel liegt, und den Sklaven oder den Frauen, die bedienen
müssen, besonders fühlbar[323]. In der griechischen und römischen Kul-

tur ist Bedienen im Haus stets minderwertig. „Wie könnte denn ein Mensch glücklich sein, der irgendeinem dienen muß?" sagt der Sophist Kallikles in dem platonischen Dialog Gorgias[324]. So ist es kein Zufall, daß Jesus die neue Gesellschaft, die er mit seinen Jüngern beginnt, vom gemeinsamen Tisch her formt. Hier beginnt die wahre Revolution, hier beginnt die wirklich klassenlose Gesellschaft.

Wie konkret das alles ist, zeigt das letzte Mahl Jesu. Er feiert dieses Pesach-Mahl nicht mit seiner natürlichen Familie, wie es der jüdischen Sitte entsprochen hätte, sondern mit seiner neuen Familie. Aber auch nicht mit einer Auswahl von Jüngern, die er *ad hoc* getroffen hätte, sondern – wie Markus ausdrücklich feststellt – mit den Zwölfen. Wieder bringt Markus die Zwölf in die Erzählung ein. Wahrscheinlich hat er damit auch den historischen Sachverhalt aufs genaueste festgehalten.

Jesus hält sein letztes Mahl zusammen mit den Zwölfen. Weil der gemeinsame Tisch das schönste Symbol für Gemeinschaft ist, wird hier nun endgültig klar, wie Jesus den Zwölferkreis versteht: als Miteinander-Essen, als Miteinander-Leben, als letzte Offenheit füreinander. Der 4. Evangelist wird diese Offenheit später so deuten:

Ich nenne euch nicht mehr Knechte, denn der Knecht weiß nicht, was sein Herr tut. Vielmehr habe ich euch Freunde genannt, denn ich habe euch alles kundgetan, was ich von meinem Vater gehört habe. (Joh 15,15)

Es verrät ein tiefes Verständnis für diese Zusammenhänge, wenn Lukas das ihm überlieferte Wort vom Dienen (vgl. Mk 10,42–45) gerade beim letzten Mahl Jesu verortet (Lk 22,24–27) und wenn Johannes an dieser Stelle die Szene der Fußwaschung und eine lange Abschiedsrede Jesu einsetzt, die zum Intimsten des Neuen Testamentes gehört (Joh 13–17). Tischdienst und Fußwaschung werden so zum Maß für das endzeitliche Israel. Jesus, der Herr, wäscht seinen Jüngern die Füße und tut damit genau die Schmutzarbeit, die man sonst den Sklaven oder den Geringsten überläßt.

Von hier aus gesehen könnte man das gesamte Ethos, das Jesus seinen Jüngern vor Augen stellt, als die „Tischsitten der Gottesherrschaft" bezeichnen. Damit wäre nämlich klar, daß dieses Ethos kein nebliges

„Weltethos" ist, auch keine dünne „Civil-Religion", nicht einmal „natürliches Sittengesetz", sondern das spezifische Ethos derer, die sich um den Tisch Jesu sammeln lassen.

Zu den Tischsitten der Gottesherrschaft gehört, daß es keine Klassen mehr gibt: alle sitzen um einen Tisch. Zu den Tischsitten der Gottesherrschaft gehört auch, daß jeder zuerst hinsieht, ob die anderen alles haben, was sie brauchen; dann erst denkt man an den eigenen Teller. Zu diesen Tischsitten gehört weiterhin, daß der Größte der Diener aller ist; das erweist ihn überhaupt erst als jemanden, der fähig ist, ein Amt auszuüben. Schließlich gehört dazu, daß man sich nicht den besten Platz aussucht, sondern den schlechtesten. Im Lukasevangelium wird das so formuliert:

Wenn du von jemandem zu einer Hochzeit eingeladen bist, so beleg nicht den besten Platz! (…) Leg dich lieber auf den letzten Platz! Denn dann wird der Gastgeber zu dir kommen und dir sagen: Mein Freund, rück höher hinauf! So wird dir Ehre zuteil vor den Augen aller, die mit dir zu Tische liegen. (Lk 14,8–10)

Dieser Text hat schon viele abgestoßen. Denn hier wird doch offenbar eine Spielart von Bescheidenheit empfohlen, die nur allzu durchsichtig ist: Der Gast wählt sich zwar den schlechtesten Platz, tut es aber nur in der Absicht, hinaufkomplimentiert zu werden. Soll den Hörern des Evangeliums wirklich eine derart verlogene Schauspielerei empfohlen werden? Offensichtlich nicht! Ausgangspunkt ist ja gerade, daß Jesus beobachtet, wie sämtliche Gäste zielsicher den Ehrenplätzen zusteuern (14,7). Es geht also um etwas ganz anderes.

Es geht, wie bei allen „Tischsitten", von denen Jesus spricht, um das richtige Verhalten in der Basileia. In der neuen Gesellschaft Gottes braucht der Mensch nicht mehr um den ihm zustehenden Platz besorgt zu sein. Er darf sich den Platz, der für ihn der richtige ist, von anderen *zuweisen* lassen. Was wie eine komische Anstandsregel aussieht, ist in Wahrheit die Umkehrung aller bürgerlichen Werte: daß man nicht mehr unablässig um sein Ansehen kämpft, sondern nur noch um das Ansehen Gottes besorgt ist und sich die eigene Ehre schenken läßt.

Bedenkt man, was das alles konkret bedeutet, wird wohl klar, daß die „Tischsitten der Gottesherrschaft" keineswegs banale Selbstverständlichkeiten sind. Sie stellen die Welt auf den Kopf. Würden sie gelebt, wäre die Gesellschaft nicht mehr wiederzuerkennen. Sie wäre neu geschaffen.

An dieser Stelle muß noch ein Text erwähnt werden, den uns nur Matthäus und Lukas überliefert haben. Es ist ein Wort Jesu an die Zwölf:

> *Amen, ich sage euch: Wenn die Welt neu geschaffen wird und der Menschensohn sich auf den Thron seiner Herrlichkeit setzt, werdet ihr, die ihr mir nachgefolgt seid, auf zwölf Thronen sitzen und die zwölf Stämme Israels richten. (Mt 19,28)*

Das Wort ist Verheißung und Verpflichtung zugleich. Es wirft wiederum Licht auf die Lebensgemeinschaft der Zwölf. Denn versteht man ihr endzeitliches Richteramt nicht äußerlich als rein hoheitliches Dekretieren, so richten sie Israel durch ihr Verhalten und ihre Existenz. Die Eindeutigkeit ihrer Jesusnachfolge und ihr einmütiges Miteinander sind zum Maßstab dessen geworden, was in ganz Israel gelebt werden soll und deshalb auch ganz Israel zum Gericht wird.

Bei Lukas gehört das Wort vom Richteramt der Zwölf über Israel zu den Worten Jesu beim letzten Mahl, und er bietet es in einer etwas anderen Fassung als Matthäus. Bei Lukas lautet es:

> *Ihr (die Zwölf) seid es, die mit mir ausgeharrt haben in meinen Versuchungen. Deshalb vermache ich euch hiermit das Reich, so wie mein Vater es mir vermacht hat. Ihr sollt in meinem Reich an meinem Tisch mit mir essen und trinken, und ihr sollt auf Thronen sitzen und die zwölf Stämme Israels richten. (Lk 22,28)*

Man würde diesem Wort nicht gerecht, wenn man es in eine rein futurische Eschatologie einspannte. Rein futurische Eschatologie gibt es im Neuen Testament überhaupt nicht mehr. Das Essen und Trinken in der Basileia beginnt schon *heute*, und genauso beginnt das Richten des Gottesvolkes schon *heute*, indem nämlich die Einmütigkeit der Zwölf zum

229

ärgerlichen Maß für das Gottesvolk wird. Die lukanische Fassung des Wortes macht noch einmal deutlich, worauf Jesus setzt: Die Basileia Gottes ist nicht dort, wo der Tempel steht, und auch nicht dort, wo der Hohe Rat seine Urteile fällt, sondern allein dort, wo die Zwölf mit Jesus einmütig um den einen Tisch versammelt sind und wo einer dem anderen dient.

Im Augenblick des Abendmahls freilich ist dieses endzeitliche Miteinander der Jünger noch keineswegs erreicht. Sie streiten noch immer (Lk 22,24) und können noch immer nicht verstehen (Joh 13,7). Das Neue ist im Zeichen der Eucharistie erst vorentworfen. Es brauchte noch den Tod Jesu, um den Jüngern die Augen zu öffnen, sie zur wirklichen Einmütigkeit zu führen und sie begreifen zu lassen, was mit der neuen Familie und ihren Tischsitten gemeint ist.

7. Der Tod Jesu: Sterben für das Gottesvolk

Markus hat den Weg Jesu von Galiläa nach Jerusalem zu einem gewichtigen Teil seines Evangeliums gemacht. Lukas folgt ihm darin. Weil er auf bedeutend mehr Erzählmaterial als Markus zurückgreifen kann, gelingt es ihm sogar, so etwas wie einen „Reisebericht" zu formen. Dieser beginnt mit dem Satz:

> *Es geschah aber, als sich die Tage seiner Hinwegnahme erfüllten, da hielt er sein Angesicht fest auf den Weg nach Jerusalem gerichtet, und er sandte Boten vor seinem Angesicht her. (Lk 9,51 f)*

Das heißt zunächst einmal: Die Lage verschärft sich. Jesus rechnet mit einem gewaltsamen Tod. Er beginnt seinen Weg nach Jerusalem in dem klaren Wissen, was auf ihn zukommt.

Und doch sagt es Lukas gerade nicht in dieser Form. Der Satz ist ein kunstvolles Gebilde, ganz in der Sprache des griechischen Alten Testamentes formuliert. Im Ezechiel-Buch gibt es ähnliche Wendungen: Der Prophet „richtet sein Angesicht gegen Jerusalem"[325]. Klassisch gebildeten Griechen muß solche Sprache sehr fremd vorgekommen sein. Lukas will aber mit ihrer Hilfe sagen: Was jetzt geschehen wird, hat nichts mit Zufall oder blindem Schicksal zu tun. Es ist die notwendige Zuspitzung des gesamten Auftretens Jesu, mehr noch: es ist die Zuspitzung und der Höhepunkt des langen Weges Gottes mit seinem Volk. Die von Lukas bewußt eingesetzte „Bibelsprache" verknüpft die Geschichte Jesu mit der Geschichte Israels und das Schicksal Israels mit dem Schicksal Jesu.

Das Auftreten Jesu hat in Galiläa begonnen. Es muß sich aber in Jerusalem vollenden. Denn dort steht der Tempel. Dort ist die Mitte Israels. Dort versammelt sich das Gottesvolk zum Fest. Dort ist zum Pesach-Fest ganz Israel vertreten – und die Ausrufung der Gottesherrschaft fordert die größtmögliche Öffentlichkeit. Deshalb darf auch nur dort die Entscheidung fallen. Jesus wird in Jerusalem das ganze Gottesvolk in die Entscheidung rufen.

Nicht nur Lukas sieht das so. Jesus selbst hat es so gesehen. Als ihm einige Pharisäer sagen, er solle Galiläa verlassen, denn Herodes Antipas plane, ihn zu beseitigen, antwortet er ihnen:

Geht und sagt diesem Fuchs: „Siehe, ich treibe Dämonen aus und heile Kranke heute und morgen, und am dritten Tag werde ich zu meinem Ziel gebracht. Außerdem muß ich heute und morgen und am folgenden Tag unterwegs sein, weil ein Prophet nicht außerhalb Jerusalems umkommen darf." (Lk 13,32 f)

Jesus wird seinen Weg weitergehen bis zum Ende in Jerusalem, sagt dieser Text. Aber Jesus handelt nicht unter dem Druck von Menschen, schon gar nicht unter dem Druck eines Herodes, der so gerissen und doch so machtlos wie ein Fuchs ist. Er wird seinen Weg weitergehen, weil er von seinem Auftrag für Israel nicht abweichen kann.

Jesus weiß also, was ihn in der Hauptstadt erwartet. Weshalb ist Jerusalem so gefährlich für ihn?

Alle vier Evangelien berichten, wie Jesus angefeindet wird und sich die Feindschaft gegen ihn immer mehr versteift. Gemäß dem Erzählrahmen des Markusevangeliums beginnt die Todfeindschaft gegen Jesus bereits in der allerersten Zeit seines Auftretens. Die Geschichte von der Heilung des Mannes mit der gelähmten Hand endet folgendermaßen:

Da gingen die Pharisäer hinaus, und sofort faßten sie zusammen mit den Parteigängern des Herodes den Beschluß, Jesus zu vernichten. (Mk 3,6)

Jesus hatte den Kranken *am Sabbat* geheilt, und das löst hier und anderswo den Konflikt aus. Nun wäre es dem Juden Jesus niemals in den Sinn gekommen, die Tora mutwillig zu übertreten oder sie gar für überholt zu erklären. Sie ist ihm heilig. Sie ist für ihn Setzung Gottes. Aber er fragt mit einer letzten Intensität, die nicht gelehrtem Gesetzesstudium entspringt, sondern einer unauslotbaren Erkenntnis Gottes, was denn die Tora wirklich will. Und genau hier entstehen die Konflikte, die sein Auftreten von Anfang an begleiten.

Die Tora will, daß Gott allein Herr ist – in allem. Dieses absolute Herr-Sein Gottes hatte sich aber gerade in der *Geschichte* Israels erwiesen, und es erweist sich nun im Kommen der Gottesherrschaft. Die Tora gehört in die lebendige Geschichte des Gottesvolkes hinein. Deshalb muß sie jetzt von ihrem inneren Ziel her ausgelegt werden, zu dem sie mit Jesus gekommen ist. Die Botschaft von der Gottesherrschaft ersetzt nicht die Tora – wie könnte sie auch –, aber sie erfüllt und umfängt sie. In Lk 16,16 f ist dieses Zueinander von Tora und Basileia-Botschaft spannungsreich formuliert:

Das Gesetz und die Propheten gehen bis Johannes. Seitdem wird die Gottesherrschaft verkündet, und jeder drängt in sie hinein. Aber eher vergehen Himmel und Erde, als daß vom Gesetz auch nur ein einziges Strichlein dahinfällt.

Von der Tora darf also nicht der kleinste Buchstabe, ja nicht einmal die Verzierung eines Buchstabens weggenommen werden. Aber das, was sie will, zeigt sich im Licht der Basileia noch einmal in einer umstürzend neuen Weise, und das kann für den, dem die unablässige Beschäftigung mit der Tora den Blick auf das gegenwärtige Handeln Gottes verstellt, nur aufreizend und anstößig sein.

Die Anstößigkeit liegt vor allem auch darin, daß Jesus die Tora nicht nach Art der Schriftgelehrten auslegt. Er vergleicht keine Schriftstellen und beruft sich nicht auf die Auslegung berühmter Gelehrter. Genau genommen betreibt er überhaupt keine Schriftauslegung. Er redet und handelt in Vollmacht – und hat dabei doch in einer ganz ursprünglichen Weise stets die Schrift hinter sich. Er weiß einfach, was die Gegenwart der Gottesherrschaft verlangt. Er besitzt ein für die anderen geradezu erschreckendes Gespür, was die Sache Gottes jeweils erfordert und wo der wahre Wille Gottes umgangen oder ins Gegenteil verkehrt wird, selbst wenn es unter dem Schleier von Gesetzestreue geschieht.

Wer sich der Vollmacht Jesu und seiner Botschaft von der Basileia nicht im Vertrauen öffnete, konnte seinen Umgang mit der Tora nicht verstehen. Er sah dann nur Gebotsübertretungen, schlimmer noch: die Verführung Israels zur Gesetzlosigkeit. Aus eben diesem Grund beginnen die Konflikte schon so früh, schon bald nach dem ersten Auftreten Jesu, und deshalb sind sie auch so hart. Daß es bei diesen Tora-Konflikten nicht um Randfragen geht, dürfte nun klar sein. Es geht um die Frage, ob Gott jetzt, heute handelt. Noch genauer gesagt: Es geht um die Frage, ob er in Jesus noch einmal neu, schöpferisch, alles Bisherige überbietend handelt.

Der Konflikt beginnt also nicht erst in Jerusalem. Dort erhält er aber seine letzte Zuspitzung. Denn in Jerusalem tritt zu dem Vorwurf der Mißachtung der Tora nun auch noch die Konfrontation mit dem Tempel hinzu. Und hier ist alles viel eindeutiger als bei den Gesetzesfragen. Das „Gesetz" hat im Judentum schon zur Zeit Jesu eine große Spannweite. Es umfaßt nicht nur die in den fünf Büchern Mose aufgezeichnete Tora, sondern auch ihre späteren Aktualisierungen und Ergänzungen, die *Halacha*. Die Halacha gilt ebenfalls als Tora, ist aber viel flexibler und flüssiger als die im Pentateuch fixierte Tora. Die Halacha der Essener oder der Sadduzäer sah anders aus als die der Pharisäer[326]. Die Gegner Jesu konnten also darüber streiten, ob er in einem konkreten Fall die Tora übertreten hatte oder nicht.

Der Tempel aber steht hart im Raum. Er ist das kultische Zentrum Israels. Von ihm wird gesagt, daß er die Stadt Jerusalem und das ganze Land heiligt. In ihm wird der allein wahre Gott angebetet. Er ist Ort der Sühne für das gesamte Volk. Am Versöhnungstag, dem *jom kippur*, tritt der Hohepriester in das Allerheiligste und sprengt zur Entsühnung Israels Blut in Richtung des Ortes, wo einst die Bundeslade gestanden hatte. Im Tempelgottesdienst schlägt das Herz Israels.

Das alles hat freilich auch seine wirtschaftliche Seite. Der Tempel garantierte nicht nur Hunderten von Priestern den Lebensunterhalt, sondern von der Wallfahrt zu ihm lebte die ganze Stadt mitsamt dem umliegenden Land. Den Tempel in Frage zu stellen, hieß, eine Lawine loszutreten.

Wer seine Tempelsteuer bezahlte oder für den Tempel Geld spendete, mußte es in tyrischer Währung tun. Deshalb gab es in der Säulenhalle, die den riesigen „Vorhof der Heiden" nach Süden zu begrenzte, Geldwechsler. Es gab dort sogar Händler, über deren Vermittlung man ein Opfertier kaufen konnte[327]. Jesus hat nun, bald nach seiner Ankunft zum Fest, in einer prophetischen Zeichenhandlung Händler am Rande des Tempelbezirks von ihren Standplätzen vertrieben und Tische von Geldwechslern umgestoßen (Mk 11,15). Ein solches Vorgehen mußte außerordentliches Aufsehen erregen. Und es war lebensgefährlich.

Wendet sich Jesus mit seiner Tempelaktion grundsätzlich gegen die Existenz des Tempels oder verurteilt er lediglich die Veräußerlichung des Kultbetriebs? Es gibt noch eine dritte Möglichkeit: daß der Tempel als solcher für Jesus zwar eine Selbstverständlichkeit ist, daß ihm aber im Licht der prophetischen Verheißungen und im Zusammenhang seiner eigenen endzeitlichen Verkündigung das Bild eines ganz anderen Tempels vor Augen steht.

Mk 11,17 zufolge wirft Jesus den Händlern vor, sie hätten den Tempel, der nach Jes 56,7 „ein Haus des Gebets für alle Völker" sein solle, zu einer „Räuberhöhle" (Jer 7,11) gemacht. Das Jesaja-Buch meint mit dem „Haus des Gebets für alle Völker" den endzeitlichen Tempel, in dem auch die Heiden, die sich Israel anschließen, den wahren Gott anbeten werden. Markus will also sagen: Indem Jesus den äußeren Tempelbezirk von den Händlern freimacht, gibt er gleichsam das Signal zum Herbeiströmen der Völker, zu dem, was das Alte Testament in vielfältiger Weise als die Völkerwallfahrt zum Zion beschreibt[328]. Somit stellt Jesus nach der Auffassung des Markusevangeliums den Tempel nicht grundsätzlich in Frage, so wenig er die Tora in Frage gestellt hatte, sondern er zeigt in einer prophetischen Zeichenhandlung, daß jetzt die Stunde des endzeitlichen Tempels gekommen ist.

Fragt man nach Jesus selbst zurück, so fügt sich die Tempelaktion aufs genaueste in seine Botschaft und sein Selbstverständnis ein. Beim Propheten Sacharja hatte Jesus lesen können:

Kein Händler wird an jenem Tag mehr im Haus des Herrn der Heere sein. (Sach 14,21)

An jenem Tag: Das meint bei Sacharja den endzeitlichen Tag, an dem Gott König sein wird über die ganze Erde. An jenem Tag wird der Tempel neu erstrahlen. Von seiner Heiligkeit her wird in Jerusalem und Juda alles seinen Glanz empfangen. Die profanen Kochtöpfe im Land werden genauso dem Herrn geweiht sein wie die Opferschalen im Tempel (Sach 14,20). Mit anderen Worten: Wenn die Gottesherrschaft endgültig aufgerichtet wird, werden sämtliche Lebensverhältnisse geordnet und geheilt werden, so daß alles Gott die Ehre geben kann.

Diese und andere Verheißungen über den kommenden Tempel stellt Jesus unter das radikale „Heute", das seine gesamte Botschaft und Praxis bestimmt. Weil die Gottesherrschaft schon anbricht und die Neuschöpfung Israels bereits begonnen hat, kann der Tempelbetrieb in der Form, in der er jetzt stattfindet, nicht mehr weitergehen. Die Zeit des endzeitlichen Tempels ist gekommen.

Ob sich Jesus von diesem neuen, endzeitlichen Tempel ein konkretes Bild gemacht hat? Wir wissen es nicht. Wir wissen nur, daß er gesagt hat, von dem alten Tempel werde kein Stein auf dem anderen bleiben[329]. Und wir wissen, daß sich die Gemeinden nach Ostern schon sehr bald selbst als den endzeitlichen Tempel, als ein Heiligtum aus lebendigen Steinen betrachtet haben. Sie taten dies längst, bevor der Tempel im Jahre 70 von den Römern endgültig und bis auf die Grundmauern zerstört wurde[330].

Der sadduzäische Priesteradel, der in Jerusalem die Macht hat, versteht offenbar sehr genau, in welchem Ausmaß sein eigenes Bild vom Tempel durch Jesus in Frage gestellt wird. Wie es schon bei der Tora nicht um Grenzfragen der Gesetzesauslegung gegangen war, so handelt es sich auch hier nicht um Randfragen des Tempelbetriebs – also etwa um die Frage, ob die Geldwechsler und Opfertierhändler ihre Geschäfte nicht besser in der Stadt abwickelten als im äußeren Tempelbereich.

Es geht vielmehr um das Recht Jesu, den Kult in Jerusalem ganz im Licht seiner Basileia-Botschaft zu sehen. Genau das wird ihm von den Hohenpriestern, den Schriftgelehrten und den Ältesten, das heißt vom Hohen Rat, der höchsten religiösen Autorität Israels, energisch bestritten. Der Hohe Rat veranlaßt sofort nach der Tempelaktion eine Untersuchung des Vorgangs und läßt Jesus befragen:

Mit welchem Recht tust du das?
Wer hat dir das Recht gegeben, das zu tun? (Mk 11,28)

Hier liegt der eigentliche Konflikt. Es geht darum, ob Gott in Jesus handelt oder nicht. Es geht um eine letzte Glaubensfrage. Wer den jüdischen Amtsträgern in Jerusalem reine Geschäftsinteressen oder bloße Borniertheit vorwirft, verfehlt die Tiefe des Konflikts. Vor allem wird auf diese Weise verhindert, daß sich der christliche Betrachter selbst die Glaubensfrage stellen muß: Glaubt *e r* denn, daß Gott neu und schöpferisch an seinem Volk handeln kann? Auch heute?

Die Tempelaktion löst den endgültigen Beschluß aus, Jesus hinrichten zu lassen, und zwar deshalb, weil ihn der Hohe Rat als „Verführer" des Volkes betrachtet[331]. Jesu Tod ist also kein Zufall, keine Verkettung unglücklicher Umstände. Er ergibt sich fast zwingend aus dem Auftreten Jesu und dem Unglauben im Gottesvolk. Für die frühen Gemeinden jedenfalls stand fest, daß der Unglaube die eigentliche Ursache des Todes Jesu war. Besonders das Johannesevangelium deckt diesen Zusammenhang auf. Es beendet die Darstellung der öffentlichen Wirksamkeit Jesu mit den Sätzen:

Obwohl Jesus so große Zeichen vor ihren Augen getan hatte, glaubten sie nicht an ihn, damit sich das Wort des Propheten Jesaja erfüllte, der gesagt hat: „Herr, wer hat unserer Botschaft geglaubt? Und der Arm des Herrn – wem wurde er enthüllt?" (Joh 12,37 f / Jes 53,1)

Jesus weiß, was ihm bevorsteht. In diesem Wissen feiert er mit den Seinen das Pesach-Mahl, und zwar, wie es vorgeschrieben ist, innerhalb des Stadtgebiets von Jerusalem. Es ist sein letztes Zusammensein mit denen, die er sich erwählt hat. Es ist für ihn auch die letzte Möglichkeit, seinem Tod eine Deutung zu geben. Der Ablauf des Pesach-Mahls bot dazu besonders gute Gelegenheit, denn gerade dieses Mahl war seit altersher mit Zeichen, Hinweisen und Deutungen durchsetzt. Da gab es die Bitterkräuter, die ungesäuerten Brotfladen, das Lamm, den Qidduschbecher (1. Becher), den Becher der Haggada (2. Becher), den Becher des Segens (3. Becher) und den Becher des Hallel (4. Becher). Das Mahl vergegenwärtigte die Herausführung aus Ägypten und erhoffte den Messias. Ein alter aramäischer Deutespruch über das ungesäuerte Brot lautete[332]:

Siehe, d a s   i s t   d a s   B r o t   der Bedrängnis, das unsere Väter essen mußten, als sie aus Ägypten auszogen.

Wir haben bereits über die sakramentale Grundstruktur des Handelns Jesu gesprochen (III 4). Bei seinem letzten Mahl erreicht sie ihre größte Prägnanz. Dieses Mahl wird neben der Konstituierung der Zwölf zur wichtigsten und eindrücklichsten Zeichenhandlung seines Lebens. Markus stellt das Besondere dieses Mahls folgendermaßen dar (Mk 14,22–25):

Zunächst: Jesus feiert das Mahl nicht mit seiner natürlichen Familie, wie es dem jüdischen Pesach-Ritus entsprochen hätte, sondern mit seiner neuen Familie. Aber auch nicht mit einer beliebigen Auswahl von Jüngern, die sich zufällig ergeben hätte, sondern, wie Markus ausdrücklich feststellt, mit den Zwölfen (14,17 f). Sein letztes Mahl hat zwar die familiäre Intimität, die dem Pesach-Mahl eigen ist. Und doch weist bereits die Auswahl der Teilnehmer nachdrücklich auf Israel hin, auf die endzeitliche Sammlung und Neuschöpfung des Gottesvolkes, die Jesus mit dem Kreis der Zwölf begonnen hat.

Während des Mahls nimmt Jesus das Brot, spricht darüber das Dankgebet, bricht es auseinander und reicht es den Zwölfen. Das ist noch vorgegebener Ritus. Es ist das Tischgebet vor der Hauptmahlzeit, nachdem die Vorspeisen gegessen sind und der Hausvater der Herausführung aus Ägypten gedacht hat. Von den Vorspeisen, der Pesach-Liturgie und anderen Mahlelementen erzählt Markus freilich nichts. Die Tradition, der er folgt, setzt das alles als bekannt und selbstverständlich voraus. Markus und seine Überlieferung erzählen nur das Besondere, das Einmalige dieses einen Pesach-Mahls[333]. Und dazu gehört nun, daß Jesus das zerbrochene Brot deutet:

Das ist mein Leib.

„Leib" darf dabei nicht im abendländischen Sinn als Gegensatz zur Seele verstanden werden. „Leib" meint die Person, den ganzen Menschen. Jesus will sagen: „Dieses Brot bin ich selbst. Das bin ich mit meiner Geschichte und meinem Leben. Mein Leben wird zerbrochen werden wie dieses Brot. Ich gebe es euch, damit ihr Anteil an ihm habt."

Die Zeichenhandlung Jesu ist also Todesprophetie. Jesus verkündet im Zeichen des zerbrochenen Brotes seinen Tod. Zugleich aber ist die Zeichenhandlung mehr als nur Todesprophetie. Denn Jesus gibt den Zwölfen ja Anteil an seiner Existenz, an seinem Leben, das nun in den Tod gegeben wird. Offenbar hat sein Tod eine Tiefendimension, an der die Zwölf und damit Israel Anteil haben müssen. Worin sie besteht, wird bei Markus an dieser Stelle – im Gegensatz zu der lukanisch-paulinischen Traditionslinie der Abendmahlsüberlieferung[334] – noch nicht gesagt.

Die Markustradition setzt voraus, ohne es eigens zu erwähnen, daß sich an das Tischgebet und das Deutewort über das zerbrochene Brot die Hauptmahlzeit anschloß: das Essen des Lamms mit Bitterkräutern, Brot und Fruchtmus. Am Ende der Hauptmahlzeit nahm der Hausvater den 3. Becher, den Becher des Segens, und sprach über ihn ein erneutes Dankgebet. An dieser Stelle beginnt Markus wieder zu berichten, denn nun geschieht eine weitere Besonderheit: Jesus macht auch die Darreichung und das Trinken des Segensbechers zu einer Zeichenhandlung. Denn nachdem er das Dankgebet über ihn gesprochen hat, deutet er ihn folgendermaßen:

Das ist mein Blut,
(das Blut) des Bundes,
das vergossen wird für viele.

Hier sind die Begriffe nun dicht gedrängt, für den heutigen Menschen fast zu dicht. Das darf man jedoch nicht dem alten Text anlasten. Der heutige Hörer würde ja auch nicht wissen, daß in dem aramäischen Deutespruch „Das ist das Brot der Bedrängnis" Dtn 16,1–8 im Hintergrund steht. Für jüdische Ohren genügten damals wenige zentrale Wörter, oft nur ein einziges, um einen größeren biblischen Textzusammenhang herbeizuholen. Was will der Markustext sagen?

Zunächst: Jesus weist erneut auf seinen bevorstehenden Tod hin. Er deutet den Becher mit rotem Wein als sein Blut, das schon bald vergossen wird. „Blut vergießen" heißt „töten". Jesus wird getötet werden. Aber auch hier bleibt es nicht bei der Todesprophetie. Der Text spricht nicht nur einfach vom Blut Jesu, sondern von seinem Bundesblut. Und „Blut des Bundes" spielt an auf das Geschehen in Ex 24,4–11. Dort wird der Gründungsakt Israels erzählt. Mose errichtet am Fuß des Sinai einen Altar und zwölf Steinmale, besprengt den Altar mit Opferblut, liest den zwölf Stämmen die Bundesurkunde vor, besprengt dann auch noch das Volk mit dem Blut und spricht dabei:

Siehe, das Blut des Bundes,
den der Herr aufgrund all dieser Worte
mit euch geschlossen hat. (Ex 24,8)

Anschließend dürfen Mose und die Ältesten Israels mit Gott selbst auf dem Berg Mahl halten. Wir brauchen an dieser Stelle nicht nach dem ursprünglichen Sinn dieser Blutbesprengung zu fragen. Wahrscheinlich will sie zeigen, daß Israel zu einem Volk von Priestern wird – im Sinne von Ex 19,6:

Ihr aber sollt mir gehören als ein Königreich von Priestern
und als ein heiliges Volk.

Für das spätere Verständnis von Ex 24,8 ist entscheidend, daß hier drei Motive miteinander verknüpft sind: das gemeinsame Mahl, der Bund Gottes mit Israel und das Blut, mit dem der Bund geschlossen wird. In der jüdischen Auslegungstradition zur Zeit Jesu verstand man dieses Blut, das auf den Altar am Fuß des Sinai gesprengt worden war, als Mittel der Sühne für die Sünden Israels[335].

Vor diesem Hintergrund kann das Wort Jesu über den Segensbecher in Mk 14,24 nur besagen: Sein Leben wird dem Tod preisgegeben. Sein Blut, das dabei fließt, ist aber nicht umsonst und sinnlos vergossenes Blut, sondern ist „Blut des Bundes", das heißt, es erneuert und vollendet den Bund, den Gott einst mit Israel am Sinai geschlossen hat. Diese endzeitliche Erneuerung des Bundes, die zugleich Neuschöpfung und Neubegründung Israels ist, geschieht durch das Blut Jesu, das Israel von seiner Schuld befreit und ihm Sühne schenkt.

Nimmt man diesen Hintergrund ernst, dann kann mit den „Vielen", von denen das Becherwort bei Markus spricht, zunächst einmal nur Israel gemeint sein. Jesus deutet seinen gewaltsamen Tod als Sterben für Israel, als sühnende Hingabe seines Lebens für das Leben des Gottesvolkes.

Dieser Israelbezug wäre allein schon dadurch klar, daß Jesus den Segensbecher den Zwölfen reicht, den von ihm erwählten Repräsentanten des Zwölfstämmevolkes. Der Israelbezug ist aber genauso eindeutig durch den Hintergrund des Sinaibundes gegeben. Der Sinaibund wurde mit Israel geschlossen, und wenn er erneuert wird, dann wieder mit Israel. Die „Vielen" meint also zunächst einmal das Zwölfstämmevolk.

Allerdings darf man bei dieser Aussage nicht stehen bleiben. Denn die Rede von den „Vielen" stammt aus Jes 52,13–53,12, dem vierten Lied vom Gottesknecht. Der Gottesknecht leidet in Stellvertretung für die Vielen. Und das sind in diesem Lied, in dem „viele" ein Leitmotiv darstellt, eindeutig die Heidenvölker[336]. Markus mußte also, wenn er die ihm vorgegebene Abendmahlsüberlieferung wiedergab, neben Israel zugleich die Völker im Blick haben. Das ist auch gar kein Problem. Denn in der Theologie des Alten Testamentes steht Israel stellvertretend für die Völker. Es ist nicht erwählt um seinetwillen, sondern um der Welt willen. Das Heil, das sich in Israel ausbreitet, soll zum Heil für die ganze Welt werden. Deshalb können die Vielen zunächst einmal Israel sein und über Israel dann doch die Völker. Die universale Aussage würde erst falsch, wenn sie den Israelbezug überspringen würde. Und das ist bei Markus mit Sicherheit nicht der Fall, so wenig wie bei den übrigen Autoren des Neuen Testaments.

So läßt sich also sagen: Nach Markus deutet Jesus während des Rituals des Pesach-Mahls das auseinandergerissene Brot und den roten

Wein auf seinen bevorstehenden Tod. Und indem er den zwölf Jüngern das Brot und den Wein darreicht, gibt er ihnen und damit Israel Anteil an der Kraft seines Todes. Denn dieser Tod wird zugleich gedeutet als Sühne für das schuldig gewordene Israel und als Erneuerung des Sinaibundes. Über das endzeitliche Israel aber soll dieses neu und endgültig geschenkte Heil die Völker erreichen.

Man scheut sich fast, das Geschehen, das Mk 14,22–25 schildert, derart trocken und pedantisch zu formulieren. Es ist aber notwendig, um den außerordentlich dichten Texten der Abendmahlsüberlieferung näherzukommen. Wirklich verstehen kann man die Texte so freilich noch immer nicht. Das wäre erst möglich, wenn ihnen unsere Lebenswirklichkeit entspräche. Sie waren ja eingebettet in ein Mahl, das sich lange hinzog und sowieso schon voller Zeichen und Bedeutsamkeit war. Es ging in diesem Mahl um die Vergegenwärtigung der Errettung Israels. Darüber hinaus gab der Tod, der Jesus und seinen Jüngern drohte, jedem Wort und jeder Geste schweres Gewicht. Und auch nach Ostern waren diese Texte eingebettet in lebendige Versammlungen, in denen der Tod und die Errettung Jesu vom Tod gegenwärtig waren.

Harmlos ist das, was Jesus den Evangelien zufolge da ausspricht und schon wenig später durch seinen Tod einlöst, jedenfalls nicht. Die Abendmahlsüberlieferung, sei es nun die des Markus oder die des Paulus, setzt voraus, daß Jesus in seinem Tod zum Ort der endzeitlichen Sühne für Israel wurde, und das bedeutet, daß nicht mehr der Tempel der legitime Ort der Sühne ist, sondern Jesus selbst mit seiner Lebenshingabe bis in den Tod. Der Tisch, um den Jesus mit seinen Jüngern versammelt ist, wird nun endgültig zur Mitte Israels. Markus drückt genau dies aus, wenn er erzählt, beim Tod Jesu sei der Vorhang des Tempels auseinandergerissen (15,38).

Das alles ist so ungeheuerlich, daß viele Exegeten Jesus das Becherwort überhaupt absprechen. Stellvertretung und Sühne seien theologische Motive, mit deren Hilfe erst die nachösterlichen Gemeinden die sonst nicht zu bewältigende Hinrichtung Jesu am Kreuz gedeutet hätten. Jesus selbst habe seinen Tod viel schlichter verstanden, etwa in der Art des „eschatologischen Ausblicks", mit dem Markus die Abendmahlsszene abschließt:

> *Amen, ich sage euch: Ich werde nicht mehr trinken von dem Gewächs des Weinstocks – bis zu jenem Tag, da ich es als neuen Wein in der Basileia Gottes trinke.* (14,25)

Daß er bis in den Tod festgehalten habe an seiner Botschaft von der kommenden Gottesherrschaft und an seinem Leben *für* die anderen – so etwas sei Jesus zuzutrauen, nicht aber das gedrängte theologische Ineinander von Blut, Sühne, Stellvertretung und Bund, wie es das Becherwort kennzeichne. Schließlich habe er auch zuvor während der ganzen Zeit seines Wirkens nie von derartigem geredet.

Es gibt eine Position, die diesen Einwand noch radikalisiert. Sie sagt: Der Gedanke eines Sühnetodes sei für Jesus nicht nur ganz unwahrscheinlich, er vertrage sich auch gar nicht mit seiner Verkündigung des Reiches Gottes. Jesus habe einen bedingungslos vergebungswilligen Vater verkündet. Daß dieser liebende Vater dann eines Tages doch nicht mehr so großzügig sei und plötzlich auf Sühne bestehe, füge sich einfach nicht mit der Botschaft und Praxis Jesu zusammen[337].

Doch diese Argumentation läuft in die Irre. Sie reduziert die Reich-Gottes-Verkündigung Jesu zu einer zeitlosen Botschaft über das zeitlose Wesen Gottes. Und das ist so unbiblisch, wie es unbiblischer nicht sein könnte[338]. Die Nähe der Gottesherrschaft ist für Jesus keine zeitlose Nähe. Die Basileia ist nicht etwas, das immer und überall zu haben ist. Sie hat ihre Stunde. Sie ist einmaliges, an Jesus gebundenes, jetzt zu ergreifendes, nicht beliebig wiederholbares, eben *eschatologisches* Angebot Gottes. Darin gleicht sie ganz der Johannestaufe. Auf der Bewegung, die der Täufer ausgelöst hatte, konnte Jesus aufbauen. Ohne den Umkehrruf des Täufers wäre die frohe Botschaft Jesu nicht möglich geworden. Wie die Johannestaufe war auch die Verkündigung Jesu einmalige Anrede Gottes an Israel. Das von Jesus angebotene Heil darf also nicht aus seiner geschichtlichen Situierung herausgerissen werden.

Wenn Jesus in Galiläa mehr Unentschiedenheit als Glauben gefunden hat und wenn sich ihm in Jerusalem die Repräsentanten Israels verweigern, ja dafür sorgen, daß er getötet wird, dann schlägt Israel die Gottesherrschaft aus. Schlägt Israel aber die Gottesherrschaft aus, so hat es den Sinn seiner Existenz verfehlt, das Heil für sich selbst und die Völker verspielt und das Erwählungshandeln Gottes *ad absurdum* geführt.

Nur so ist der furchtbare Ernst der Gerichtsworte über Israel, die Jesus gegen Ende seiner öffentlichen Wirksamkeit spricht, erklärbar[339]. Er muß mit dem definitiven Sich-Verweigern des Gottesvolkes gerechnet haben, zum Beispiel, wenn er sagt:

Jerusalem, Jerusalem, du tötest die Propheten und steinigst die zu dir Gesandten. Wie oft wollte ich deine Kinder sammeln, wie eine Henne ihre Küken unter den Flügeln sammelt. Aber ihr habt nicht gewollt. Seht: Zur Wüste gemacht wird euch euer Haus. (Mt 23,37 f)

In der Stunde, in der Gottes endzeitlicher Bote beseitigt würde, müßte eine Lage entstehen, in der nichts mehr so wäre, wie es zu Beginn des Auftretens Jesu in Galiläa war – eine Situation, in der Jesu Proklamation „Nahegekommen ist die Gottesherrschaft" nicht mehr einfach wiederholt werden könnte. Denn dann wäre ja die Gnade selbst abgewiesen worden[340].

Deshalb steht Jesus in dem Augenblick, da seine Verkündigung aufs Ganze gesehen erfolglos war und sich sein Tod abzeichnet, vor einer neuen Situation. Und diese neue Situation fordert eine neue Deutung. Das Argument, Jesus habe doch vorher nie von seinem Blut, von Stellvertretung und Sühne gesprochen, ist unhaltbar. Es setzt voraus, daß sich menschliches Leben geschichtslos vollzieht.

Die neue Deutung, die Jesus genau zu dem Zeitpunkt gibt, da das Gottesvolk sich anschickt, seine Erwählung zu verspielen, geschieht nicht irgendwo und irgendwann. Sie geschieht beim Pesach-Mahl, in einer der heiligsten Stunden des jüdischen Jahres. Jesus deutet sein Sterben als endgültige Heilssetzung Gottes. Die Schuld Israels, die sich im Tod Jesu verdichtet, wird von Gott dadurch beantwortet, daß er seinem Volk die Erwählung nicht entzieht, sondern ihm erst recht Leben einräumt – obwohl es sein Leben verwirkt hat. Genau das meint die Bibel mit „Sühne"[341].

Jesus greift bei dieser Deutung in souveräner Weise auf die Bibel zurück. Er kennt ja die Texte vom Sinaibund, der mit sühnendem Blut geschlossen wurde[342]; er kennt die Texte von dem neuen (= erneuerten) Bund, der die Sünde Israels beseitigt, nachdem es den Sinaibund gebrochen hat[343]; er kennt vor allem die Texte vom Gottesknecht, der sein Leben hingibt und die Schuld der Vielen auf sich nimmt[344].

Hat Jesus mit der Deutung seines Todes im Lichte der Tora und der Propheten seine frühere Botschaft verleugnet? Genau das Gegenteil ist der Fall. Jesus hatte die Basileia als eine Herrschaft des Erbarmens und der Güte Gottes verkündet. Indem er nun, in der entscheidenden Stunde vor seinem Tod, den Mahlteilnehmern in definitiven Zeichen vor Augen stellt, daß Gott an seinem Bund mit Israel festhält, ja, daß er diesen Bund erneuert und seinem Volk trotz allem neues Leben gewährt, zeigt er die ganze Radikalität des Erbarmens Gottes. Man muß geradezu sagen: Erst in der Deutung, die Jesus seinem bevorstehenden Tod gibt, erreicht seine Botschaft von der Basileia ihre eigentliche Kontur.

Wenn es immer wieder Exegeten gibt, die Jesus schlichtweg absprechen, er könne seinen Tod als Existenzstellvertretung für die Vielen und als Sühnopfer für Israel verstanden haben, so hängt das letztlich nicht mit Fragen der historischen Kritik zusammen. Die Entscheidung ist bereits im Vorfeld gefallen, längst bevor die historische Argumentation überhaupt anfing. Rudolf Bultmann hat das mit der ihm eigenen Ehrlichkeit deutlich gemacht, als er in seinem berühmten Aufsatz über „Neues Testament und Mythologie" formulierte[345]:

> *Wie kann meine Schuld durch den Tod eines Schuldlosen (wenn man von einem solchen überhaupt reden darf) gesühnt werden? Welche primitiven Begriffe von Schuld und Gerechtigkeit liegen solcher Vorstellung zugrunde? Welch primitiver Gottesbegriff? Soll die Anschauung vom sündentilgenden Tode Christi aus der Opfervorstellung verstanden werden: welch primitive Mythologie, daß ein Mensch gewordenes Gotteswesen durch sein Blut die Sünden der Menschheit sühnt!*

Genau hier werden die Weichen für sich selbstsicher gebende historische Beweisgänge gestellt. Der aus der europäischen Aufklärung hervorgegangene Mensch kann Begriffe wie Stellvertretung und Sühne nicht mehr mit der Autonomie zusammenbringen, die er sich mühevoll erkämpft hat. Aber ist beides wirklich unvereinbar? Stellvertretung und Sühne werden nur dann zum Ärgernis, wenn die Erfahrung des Volkes Gottes verloren gegangen ist. Für das Leben im Gottesvolk sind Stellvertretung und Sühne geradezu elementar. Sie tun der Würde und dem Eigenstand des Menschen keinen Abbruch.

Israels Existenz hing schon immer an Einzelnen, die *ganz* glaubten. Daß der rote Faden der Heilsgeschichte nicht abriß, hing an Abraham, an Mose, an Elija, Amos und Jesaja; hing an dem König Joschija, an Johannes dem Täufer und an vielen anderen. In ihren Glauben konnten andere eintreten und so selbst zum Glauben kommen. Es ist eben keine Sprachspielerei, wenn es von Abraham heißt, daß gesegnet wird, wer ihn segnet, und daß durch ihn alle Geschlechter der Erde Segen erlangen (Gen 12,3). Jesus ist mit seiner Stellvertretung für die Vielen keine exotische Ausnahme, sondern der Höhepunkt und die letzte Verdichtung einer langen Geschichte von Stellvertretungen in Israel. Nur auf dem Weg der Stellvertretung kann Glaube überhaupt weitergegeben werden.

Stellvertretung hat dabei niemals den Sinn, den anderen von seinem eigenen Glauben und seiner eigenen Umkehr zu dispensieren, sondern sie will beides gerade ermöglichen. Wahre Stellvertretung entmündigt nicht, sondern will nichts lieber, als daß der andere frei wird, selbst zu handeln. Sie geschieht so, daß eine Person an die Stelle einer anderen tritt – nicht um sie zu „ersetzen", sondern um sie zur Einnahme ihrer Stelle zu befähigen[346].

Ist schon jeder Mensch in seiner natürlichen Existenz auf Stellvertreter angewiesen, so ist das Volk Gottes ein noch viel dichteres Netz von Stellvertretungen – und zwar gerade deshalb, weil es ohne freies, mündiges Handeln überhaupt nicht existieren könnte. Im Leben des Glaubens gilt erst recht, was schon vorher für jeden gilt: Der Mensch ist auf Hilfe angewiesen; auf sich allein gestellt, muß er verkümmern. Der aus Kants „Kritik der praktischen Vernunft" abstrahierte Satz[347] „Du kannst, denn du sollst" ist äußerst fragwürdig. Er müßte auf dem Hintergrund der jüdisch-christlichen Tradition lauten: „Du kannst, wenn du willst, daß dir geholfen wird"[348].

Der angeblich „autonome Mensch", der meint, keine Hilfe und keine Stellvertreter zu brauchen, hat natürlich trotzdem Stellvertreter: zum Beispiel die Medien, die nur allzu oft für ihn denken, ihn nach ihren Leitbildern formen und ihn dabei, ohne daß er es überhaupt merkt, entmündigen. Stellvertreter hat der Mensch immer. Es fragt sich nur welche.

Die Ressentiments des heutigen Menschen gegen den Begriff der Sühne sind freilich noch viel stärker als die gegen den Begriff der Stellvertretung. Dabei ist Sühne nichts anderes als Stellvertretung in letzter Konsequenz. Was mit „Sühne" gemeint ist, versteht man aber nur, wenn man sich den Unterschied zwischen Sühne im alttestamentlichen Sinn und Sühne in der Welt der Religionen vor Augen führt.

Im Bereich bloßer Religion ist Sühne vorwiegend eine Leistung des Menschen, mit der er seine Götter gnädig stimmen möchte. Er gibt etwas her, das ihm besonders lieb und wertvoll ist, um die Gottheit oder um Mächte, die auf sein Leben Einfluß haben, auf seine Seite zu bringen. Die Initiative geht dabei vom Menschen aus. Er möchte sein Leben sichern. Zur Absicherung seines Lebens entwickelt er die vielfältigsten kultischen Mechanismen.

Israel kennt all diese Mechanismen. Es hat sie aber durchschaut und von seiner Gotteserfahrung her neu durchdacht. Im Grunde hat es sie auf den Kopf gestellt. Denn in Israel geht alle Sühne von Gott aus. Sie ist seine Initiative. Sühne ist neue, von Gott geschenkte Ermöglichung von Leben. Sühne ist das Geschenk, trotz der eigenen Unheiligkeit und dem immer neuen Schuldigwerden vor dem heiligen Gott leben zu dürfen – im Raum seiner Nähe. Sühne erwirken heißt gerade nicht, Gott besänftigen oder versöhnlich stimmen, sondern sich von Gott selbst dem verdienten Tod entreißen lassen[349]. Israel hat gewußt, daß der Mensch Schuld nicht ableisten kann, und daß Sühne genauso wie Vergebung von Gott her kommen muß. Sühne ist wie Bund und Sündenvergebung Gottes gnadenhafte Setzung, in die der Mensch nur eintreten kann. Auch hierin hebt sich das biblische Denken – zumindest was die Kraft der Unterscheidung angeht – deutlich von den Religionen ab.

Die eigentliche Frage ist mit all dem freilich noch nicht beantwortet. Man könnte sie folgendermaßen formulieren: Wenn alles der Initiative Gottes entspringt, warum dann überhaupt noch Sühne? Wenn er selber die Sühne gestiftet hat, so wie er selber die Vergebung schuf, weshalb genügt dann nicht die schlichte Vergebung? Weshalb kann Gott nicht einfach dekretieren: Eure Schuld ist erlassen, alles ist vergeben und vergessen?

Die Antwort kann nur lauten: Weil dann die Realität überspielt würde, weil dann die Konsequenzen der Sünde nicht ernst genommen würden. Sünde löst sich nicht in Luft auf, selbst wenn sie vergeben ist. Denn Sünde bleibt nicht im Sünder. Sie hat Folgen. Sie hat immer eine soziale Dimension. Jede Sünde senkt sich ein in das menschliche Miteinander, verdirbt ein Stück Welt und schafft einen Unheilszusammenhang. Auch wenn Gott alle Schuld vergeben hat, sind die Folgen der Schuld nicht beseitigt. Was Adolf Hitler angerichtet hat, war mit seinem Tod im April 1945 keineswegs aus der Welt, selbst wenn er es bereut hätte und selbst wenn ihm vergeben worden wäre. Die furchtbaren Folgen des Nationalsozialismus vergiften bis heute die Gesellschaft, und sie nisten noch immer im Leben der übriggebliebenen Opfer, selbst im Leben ihrer Kinder und Enkel.

Die Folgen der Sünde müssen also aufgearbeitet werden. Und das kann der Mensch von sich aus nicht, so wenig er sich selbst lossprechen kann. Wirkliche „Aufarbeitung" von Schuld ist nur möglich auf einem Boden, den Gott selbst herstellen muß. Er hat ihn geschaffen in seinem Volk und ihn durch Jesus erneuert und vollendet.

Von Dag Hammarskjöld, dem 2. Generalsekretär der Vereinten Nationen, der bei seinem Bemühen, den Bürgerkrieg im Kongo beizulegen, am 17. September 1961 in einem Dienstflugzeug nahe der Grenze nach Katanga abstürzte, gibt es einen Text, der helfen kann, die angedeuteten Zusammenhänge besser zu verstehen. Er findet sich in Hammarskjölds Tagebuch, das nach seinem Tod unter dem Titel „Wegzeichen" veröffentlich wurde. Er lautet[350]:

Ostern 1960. Die Vergebung zerbricht die Ursachenkette dadurch, daß der, der – aus Liebe – „vergibt", die Verantwortung auf sich nimmt für die Folgen dessen, was d u tatest. Sie bedeutet daher immer Opfer.
Der Preis für deine eigene Befreiung durch eines anderen Opfer ist, daß du selber willig bist, auf die gleiche Weise zu befreien, ungeachtet des Einsatzes.

Dieser hellsichtige, vom Leben und Sterben Dag Hammarskjölds ins Recht gesetzte Text macht deutlich, worum es bei dem Begriff der stellvertretenden Sühne geht: Liebe vergibt. Aber die Folgen der Sünde kann sie nicht vergeben, weil sie längst in die Geschichte eingebrannt sind. Die Ursachenkette, die von der Sünde ausgelöst wurde, läuft selbsttätig weiter. Wenn die Liebe wirkliche Liebe ist, vergibt sie deshalb nicht nur, sondern nimmt die Verantwortung für die Folgen dessen auf sich, was der andere tat. Und das kostet etwas. Es geht nicht ohne Opfer.

Und es kann nur gelingen, wenn viele daran arbeiten, die Folgen der Schuld der anderen zu heilen. Dag Hammarskjöld deutet das an, indem er sagt, daß die eigene Befreiung dazu verpflichtet, sich selbst für die Befreiung anderer herzugeben. So entsteht eine neue Ursachenkette, die der Ursachenkette der Schuld entgegenwirkt.

Wenn die neutestamentliche Tradition vom Sühnetod Jesu spricht, meint sie, daß er durch seinen Tod – der ganz und gar Tod *für die anderen* war, Selbstentäußerung bis zum Letzten, *agapē* im radikalsten Sinn – den Unheilszusammenhang der Welt durchbrochen und einen neuen Boden geschaffen hat, auf dem es möglich wird, die Folgen der Sünde aufzuarbeiten.

Jesu Tod bewirkt also keine magische Erlösung, die dem zu Erlösenden auf geheimnisvoll-undurchsichtige Weise vermittelt würde. Daß Jesus für unsere Sünden gestorben ist, bedeutet nicht, daß wir selbst der Sünde nicht mehr zu sterben brauchten. Sein Tod ist keine Ersatzhandlung, sondern Auslöser und Ermöglichung eines Prozesses der Befreiung, der weitergeht. Der soziale Boden aber, auf dem er weitergeht, ist das endzeitliche Gottesvolk. Es hat mit der Schaffung der Zwölf schon begonnen. Aber erst mit der Hingabe Jesu für Israel bis in den Tod ist die neue Ursachenkette ermöglicht, und sind Erlösung und Befreiung endgültig in die Welt eingestiftet. Der 4. Evangelist sagt es in einem eindringlichen Bild:

Bei dem Kreuz Jesu standen seine Mutter und die Schwester seiner Mutter, Maria, die Frau des Klopas, und Maria von Magdala. Als Jesus seine Mutter sah und bei ihr den Jünger, den er liebte, sagte er zu seiner Mutter: „Frau, siehe, dein Sohn!" Dann sagte er zu dem Jünger: „Siehe, deine Mutter!" Und von jener Stunde an nahm sie der Jünger zu sich. (Joh 19,25–27)

Die Szene mag durchaus den Sinn haben, den Lieblingsjünger als Traditionszeugen zu legitimieren[351]. Aber darüber hinaus geschieht viel Grundlegenderes: Jesus begründet neue Familie, also den Boden, auf dem sich Menschen, die an sich nicht das Geringste miteinander zu tun haben, in rückhaltloser Solidarität verbinden können. Es ist der Ort, wo wahre Versöhnung mit Gott und untereinander möglich wird. Aber Menschen konnten diese neue Möglichkeit gerade nicht schaffen. Sie mußte vom Kreuz kommen. Sie mußte durch den Tod Jesu gestiftet werden.

Wir hatten gesagt: Im Tod Jesu erreicht die Basileia-Botschaft Jesu erst ihre letzte Tiefe. Wenn er beim Abendmahl seinen bevorstehenden Tod als stellvertretenden Sühnetod deutet, widerruft er nicht seine frühere Verkündigung des Erbarmens Gottes, sondern erweist gerade die gesellschaftliche Realität dieses Erbarmens. Gott begnügt sich nicht mit bloßem Vergeben. Er schenkt im Tod Jesu den Ort, an dem die Schuld *und* die Folgen der Schuld beseitigt werden können.

Der Tod Jesu zeigt im Hinblick auf die bisherige Verkündigung Jesu aber noch etwas anderes: Er zeigt nun mit aller Deutlichkeit die Verborgenheits- und Niedrigkeitsgestalt der Gottesherrschaft. Die Gottesherrschaft kommt nicht ohne Verfolgung und Opfer. Ja, sie kommt nicht ohne das tägliche Sterben.

Was in der Verkündigung Jesu schon immer angeklungen war, tritt durch seinen Tod voll zutage: Die Basileia verlangt Geschehen-Lassen und Sich-Hingeben; sie kommt nicht ohne reines Empfangen, und dieses Empfangen ist immer auch ein Erleiden. Die Gottesherrschaft kommt gerade da, wo Jesus selbst nichts mehr tun kann, sondern sich für die Wahrheit Gottes ausliefert und preisgibt.

So erfährt der Begriff der Gottesherrschaft durch den Tod Jesu noch einmal eine letzte Verdeutlichung und Zuspitzung: Der Begriff kann fortan nicht mehr formuliert werden, ohne daß zugleich über den Tod Jesu gesprochen würde. Das ändert nichts an der überströmenden Fülle der Gottesherrschaft, von der in III 3 die Rede war. Aber diese Fülle kommt nur durch den täglich neuen Tod hindurch. Was das für die Existenz der Kirche bedeutet, muß der folgende Teil zeigen.

VIERTER TEIL

Kennzeichen der Kirche

Jesus hatte beim Pesach-Mahl über seinen bevorstehenden Tod gesprochen und ihn den zwölf Jüngern in den Zeichen von Brot und Wein gedeutet. Wenige Stunden später hing er am Kreuz. Der Hohe Rat hatte ihn noch in der Nacht festnehmen lassen, ihn als Volksverführer und Gotteslästerer verurteilt und der römischen Besatzungsmacht ausgeliefert. Für den Prozeß vor den Römern wandelte der Hohe Rat die Anklage ab in politischen Aufruhr. Pilatus ließ Jesus dementsprechend als „König der Juden" – das heißt als politischen Messias – zwischen zwei Terroristen ans Kreuz schlagen[352].

Damit war offenbar alles zu Ende. Und zwar nicht nur in dem Sinn, daß Jesus schon nach wenigen Stunden tot war und seine Jünger sich auf der Flucht befanden. Jesus und seine Botschaft schienen in einem noch radikaleren Sinn erledigt zu sein. Bei dem Bemühen, Jesus ans Kreuz zu bringen, muß nämlich für den Hohen Rat Dtn 21,22 f eine entscheidende Rolle gespielt haben. Dort heißt es innerhalb einer Bestimmung über das Begräbnis exekutierter Schwerverbrecher:

Ein Gehenkter ist ein von Gott Verfluchter.

Der Satz spielt an auf die öffentliche Zur-Schau-Stellung von bereits hingerichteten Verbrechern an einem Schandholz. Wir wissen aus der in Höhle 11 von Qumran aufgefundenen „Tempelrolle", daß dieser Satz später die juristische Basis für die Kreuzigung von Juden bildete, denen Hochverrat am jüdischen Volk vorgeworfen wurde[353]. War die Kreuzigung schon für die heidnische Antike der schändlichste und entehrendste Tod, so hatte sie in Israel wegen Dtn 21,22 f eine noch negativere Symbolkraft: Wer am Kreuz hing, war ein von Gott Verfluchter, das heißt ein nicht nur von Menschen, sondern von Gott selbst Abgeurteilter.

Von hier aus gesehen war für den Hohen Rat das Pesach-Fest mit seinen Pilgermassen nicht nur eine unliebsame Erschwerung der Festnahme Jesu, sondern es gab auch positiv Gelegenheit, Jesus vor dem versammelten Israel als gottlos zu entlarven. Hing Jesus erst einmal vor den Augen der Festteilnehmer am Kreuz, war offenkundig: Hinter einem solchen Menschen konnte Gott auf keinen Fall gestanden haben.

Jesus am Kreuz und somit von Gott verflucht – die Wirkung dieses scheinbaren Gottesurteils muß verheerend gewesen sein. Die meisten seiner Anhänger verlieren den Mut. Viele seiner Jünger fliehen. Die Galiläer kehren in ihre Heimat zurück. Simon Petrus nimmt seinen alten Beruf wieder auf und arbeitet wie früher als Fischer[354]. Eigentlich ist die ganze Geschichte an dieser Stelle zu Ende.

Doch es geschieht etwas Unerhörtes. Um seine Wucht zu begreifen, muß man die Vorgänge nach dem Karfreitag einmal für einen Augenblick mit den Augen eines neutralen Beobachters betrachten, der nur äußere Abläufe registriert: Die Jünger Jesu haben die Hauptstadt verlassen und sind dabei, sich in alle Himmelsrichtungen zu zerstreuen. Plötzlich aber kehrt sich die Bewegungsrichtung um: Sie sammeln sich wieder – und zwar nicht irgendwo, sondern gerade dort, wo es für sie am gefährlichsten ist: in der Hauptstadt. Dort erklären sie beim nächsten Fest, dem Wochenfest, öffentlich, Gott habe das Urteil des Hohen Rates, daß Jesus ein Verführer des Volkes gewesen sei, nicht akzeptiert. Gott habe ein Gegenurteil gesprochen. Er habe Jesus von den Toten auferweckt, ihn zu seiner Rechten erhöht und so gerechtfertigt.

Wenn sie gefragt werden, woher sie das alles denn wüßten, sprechen sie von einer ihr Leben erneut umstürzenden Erfahrung, die Simon Petrus, der ganze Zwölferkreis und viele andere Jünger gemacht hätten: Jesus sei ihnen als Auferstandener und von Gott Gerechtfertigter erschienen. Sie sagen dem Sinne nach:

Der Gott unserer Väter hat Jesus auferweckt, den ihr ans Holz gehängt und umgebracht habt. Ihn hat Gott zum Herrscher und Retter an seine rechte Seite erhoben, um Israel Umkehr und Nachlaß der Sünden zu schenken. Wir sind Zeugen dieser Ereignisse und der Heilige Geist, den Gott denen verliehen hat, die ihm gehorchen. (Apg 5,30–32)

Bei diesem und bei ähnlichen Texten kommt es auf jedes Wort an: Nicht irgendwelche Vorkommnisse werden aufgezählt, sondern vom Handeln Gottes wird gesprochen. *Er* hat Jesus von den Toten erweckt. *Er* hat den Geist gesandt. Damit werden zwei große Geschehnisse genannt, die in Israel für die Endzeit erwartet werden: Auferstehung der Toten und Ausgießung des Geistes Gottes auf alles Fleisch[355]. Somit wird gesagt: In der Auferweckung Jesu haben die Endereignisse bereits begonnen. Das Ostergeschehen ist Gottes machtvolles, endgültiges, endzeitliches Handeln.

Der Gott, der da handelt, ist der Gott Abrahams, Isaaks und Jakobs, der Gott der Väter. Es geht also um das Schicksal Israels und über Israel um das Schicksal der Welt. Es geht keinesfalls nur um die persönliche Errettung Jesu vom Tod. Und daß er *am Holz* hing, sagt überhaupt nichts gegen ihn. Gott hat ihn gerade aufgrund seines Todes als Herrn und Messias eingesetzt[356]. Als Messias aber ist er der Retter. Es geht also noch immer um die Rettung Israels – wie vorher beim irdischen Jesus. Auferweckung und Erhöhung Jesu werden von Lukas geradezu definiert als Handeln Gottes mit dem Ziel, Israel Umkehr und Sündennachlaß schenken zu können[357].

Die Zwölf, die nun in aller Öffentlichkeit den Mund auftun, verweisen für das alles auf ihre ureigene Erfahrung: Sie selbst sind Zeugen des Handelns Gottes. Es gibt allerdings noch einen zweiten Zeugen: den Heiligen Geist:

Wir sind Zeugen dieser Ereignisse und der Heilige Geist. (Apg 5,32)

Fragt man, wie dieser zweite Zeuge denn überhaupt zum Sprechen kommen und die Auferweckung Jesu bezeugen kann, ist im Sinne des Lukas auf die Ereignisse beim Wochenfest zu verweisen: Dort trat mit einem Mal die junge Jerusalemer Gemeinde an die Öffentlichkeit: 120 Männer und Frauen als eine einzige Versammlung, einmütig, als neue Familie Jesu, erfüllt vom Geist Gottes[358]. Sie zeigen, indem sie am Pfingsttag ohne Angst vor die Menge treten, daß all das, was Jesus mit der Schaffung der Zwölf als dem Anfang des endzeitlichen Israel begonnen hatte, nun unter österlichen Vorzeichen weitergeht. Die Existenz der Jüngergemeinde wird neben dem unmittelbaren Zeugnis der apostolischen Predigt zum zweiten Zeugnis für die Auferstehung Jesu.

Dieser Volk-Gottes-Aspekt der Auferstehung Jesu wird in der heutigen Verkündigung oft unterschlagen. Meist wird gar nicht mehr deutlich, daß es bei der Aussage „Jesus ist von den Toten auferstanden" nicht nur um die Überwindung seines persönlichen Todes geht und um die Hoffnung, die den Gläubigen daraus erwächst, sondern genauso um das Werk Gottes hier in dieser Welt. Die Auferstehung Jesu ist aufs engste verbunden mit der Auferstehung des Gottesvolkes, nämlich mit dessen endzeitlicher Sammlung. Besonders die Emmausgeschichte zeigt das in aller Deutlichkeit. Die Erkenntnis, daß Jesus lebt, führt die zwei Jünger, die sich resigniert von Jerusalem entfernt hatten, keineswegs zu dem Spitzensatz unzähliger Osterpredigten: „Das Leben hat einen Sinn" oder: „Es gibt auch für uns ein Leben nach dem Tod", sondern führt sie zurück nach Jerusalem, dorthin, wo bereits die übrigen Jünger sind:

> *Noch zur selben Stunde brachen sie auf und kehrten nach Jerusalem zurück, und sie fanden die Elf und die zu ihnen gehörten versammelt. (Lk 24,33)*

So richtig es ist, daß uns die Auferweckung Jesu Hoffnung gibt für die eigene Auferweckung vom Tod – in den Ostertexten der Evangelien geht es nirgendwo um dieses Thema. Viel eher geht es im Sinne von Ez 37 um die Erweckung des schon im Tod erstarrten Gottesvolkes. In Ez 37,1–14 sieht der Prophet die Totengebeine Israels verstreut auf einer großen Ebene liegen und bekommt von Gott gesagt:

> *Menschensohn, diese Gebeine sind das ganze Haus Israel. Siehe, sie sprechen: „Verdorrt sind unsre Gebeine, und dahin ist unsre Hoffnung. Wir sind verloren!" Darum künde und sprich zu ihnen: „So spricht Gott, der Herr: Seht, ich öffne eure Gräber und hole euch, mein Volk, aus euren Gräbern herauf. (…) Ich gebe meinen Geist in euch hinein, damit ihr lebt, und ich bringe euch wieder heim in euer Land. Dann werdet ihr erkennen, daß ich der Herr bin. Ich habe es gesagt, und ich führe es aus – Spruch des Herrn." (Ez 37,11–14)*

Der Text handelt keineswegs von den Verstorbenen des Gottesvolkes, sondern von der Grabesexistenz seiner gegenwärtig lebenden Generation. Es gibt für sie keine Hoffnung, sich selbst aus ihrer Totenstarre befreien zu können. Das Gottesvolk kann nur zum Leben kommen, wenn Gott selbst es erweckt und ihm durch seinen Geist Leben einhaucht. Vor diesem Hintergrund sind die Ostererzählungen der Evangelien und die Pfingsterzählung der Apostelgeschichte zu lesen. All diese Texte zielen auf die Wiedererweckung und Ausbreitung des Gottesvolkes. Ihr Hauptmotiv ist die Sendung der Apostel zu Israel und in die Welt[359].

Die Tatsache, daß sich nach dem Karfreitag die Jünger Jesu zum endzeitlichen Gottesvolk sammeln, ist bereits Auferstehungszeugnis. So wichtig die Bezeugung der Auferstehung Jesu im Wort der Verkündigung auch ist – sie ist so fundamental wie das Bekenntnis Israels von seiner Errettung aus Ägypten –, so wichtig ist daneben das Zeugnis, das in der Existenz eines österlichen Gottesvolkes selber liegt. Eigentlich darf man gar nicht über die Auferstehung Jesu reden, wenn man nicht zugleich über die *Folgen* seiner Auferstehung in der Kirche reden kann.

Lukas hat diesen Zusammenhang in der Apostelgeschichte sehr bewußt herausgearbeitet. Er erzählt einerseits, wie die Apostel nach Ostern die Auferstehung Jesu vor Israel bezeugen. Andererseits verklammert er mit dieser Predigt Berichte über das Leben der Urgemeinde. In Apg 4,32–34 ist diese Verklammerung geradezu mit Händen zu greifen. Es heißt dort:

Die Menge der Gläubiggewordenen war ein Herz und eine Seele. Keiner nannte etwas von dem, was er besaß, sein Eigentum, sondern sie hatten alles gemeinsam. Mit großer Kraft legten die Apostel Zeugnis ab von der Auferstehung Jesu, des Herrn, und reiche Gnade ruhte auf ihnen allen. Es gab auch keinen unter ihnen, der Not litt.

Daß die Apostel von der Auferstehung Jesu Zeugnis ablegen, ist hier ganz eingebaut in die Schilderung des urchristlichen Gemeindelebens. Und daß die Gläubigen ihr Leben miteinander verbunden haben, so daß keiner von ihnen mehr Not leidet, gibt der Auferstehungs-Predigt der Apostel erst ihre Kraft. Sie brauchen keine schönen Worte zu machen. Sie wissen, wovon sie reden, und auch die Zuhörer können es mit eigenen Augen sehen.

Denn den Auferstandenen kann niemand mehr sehen. Aber seine Gemeinden kann jeder sehen. Sie sind sein Leib mitten in der Welt. Sie sind der sichtbare Leib des Gekreuzigten und Auferstandenen. Sie sind so real und körperlich, wie die Jünger den Auferstandenen real und körperlich erfahren haben. Die österlichen Gemeinden sind nichts rein Geistiges, so wenig wie der Auferstandene reiner Geist ist. Im Lukasevangelium sagt Jesus bei seiner Erscheinung vor allen Jüngern:

> *Seht meine Hände und meine Füße: Ich bin es selbst. Faßt mich doch an und begreift: Kein Geist hat Fleisch und Knochen, wie ihr es bei mir seht. (Lk 24,39)*

Das theologische Ringen der frühen Kirche um die reale Leiblichkeit des Auferstandenen, das sich in diesem Text spiegelt, berührt auch die Leiblichkeit der Kirche. Sie ist sichtbar, greifbar, faßbar. Sie ist gesellschaftlich verfaßt. Wer sie nur im Wort der Verkündigung oder in der Innerlichkeit der Gläubigen ansiedelt und die Unsichtbarkeit als ihr eigentliches Wesen ausgibt, nimmt weder ihre Existenz als Anfang des endzeitlichen Israel noch ihre Herkunft vom Auferstandenen und seiner Leiblichkeit ernst. Weil die Kirche Sakrament des Heils ist, muß sie so körperlich sein wie ihre Sakramente. Von dieser greifbaren Realität der Kirche handelt nun unser letzter Teil.

1. Der Exodus geht weiter

Im Neuen Testament gibt es ein eigentümliches, auf den ersten Blick befremdendes Phänomen: In den synoptischen Evangelien begegnet der Begriff der Gottesherrschaft außerordentlich häufig, im übrigen Neuen Testament aber – das Johannesevangelium eingeschlossen – nur noch relativ selten. Das bedeutet: Bei Jesus stand die Gottesherrschaft in der Mitte seiner Verkündigung; in der urchristlichen Theologie aber ist der Begriff bald in den Hintergrund getreten[360]. Hat die frühe Kirche damit etwas Wesentliches aufgegeben?

Ganz sicher nicht. Denn sie hat ja die „Sprache" Jesu in den drei ersten Evangelien weiterüberliefert. Vor allem aber: Sie hat das, was Jesus in seiner Rede von der Gottesherrschaft verkündete, in der Taufe realisiert und als Tauftheologie lebendig gehalten. Denn sie versteht die Taufe – genau wie Jesus das Kommen der Basileia – als absolut gnadenhaftes Handeln Gottes, das dem Täufling unverdient geschenkt wird. Und wie für die Basileia gilt auch für die Taufe das Gesetz des „Heute": Die Getauften haben bereits Anteil an der neuen Welt, die mit Jesus angebrochen ist:

> *Wer also in Christus ist, ist eine neue Schöpfung.*
> *Das Alte ist vergangen. Siehe: Neues ist geworden. (2 Kor 5,17)*

Und wie die Gottesherrschaft nicht form- und gestaltlos über den Wolken schwebt, sondern ganz irdisch wird und sich ein erneuertes Israel schafft, so ist es auch mit der Taufe: In ihr schafft sich Gott sein endzeitliches Volk und fügt ihm immer neue Menschen hinzu. Schließlich kann über die Taufe wie über die Gottesherrschaft nicht gesprochen werden, ohne daß über den Tod Jesu gesprochen würde. Die Gottesherrschaft annehmen ist immer auch ein Erleiden, ja ein „Sterben". Und Getauftwerden ist Sterben mit Christus. Paulus formuliert in gedanklichem Anschluß an das Glaubensbekenntnis von 1 Kor 15,3–5:

> *Wißt ihr nicht, daß wir alle, die wir auf Christus Jesus getauft wurden,*
> *in seinen Tod hinein getauft worden sind? Wir wurden mit ihm begraben durch die Taufe in seinen Tod hinein, damit – wie Christus von den Toten auferweckt wurde durch die Herrlichkeit des Vaters – so auch wir in der Neuheit des Lebens wandeln. (Röm 6,3 f)*

Der Text macht deutlich, wie tief die Taufe ansetzt. Sie ist kein moralischer Aufschwung und kein Akt des Heroismus, sondern ein Hineingenommenwerden in etwas Neues, das gänzlich außerhalb der bisherigen Existenz des Taufbewerbers liegt und das er aus sich selbst niemals hervorbringen könnte. Das scheint die Taufe mit den antiken Mysterienkulten zu verbinden, die sich schon seit langem neben dem alten Götterglauben etabliert hatten und fast zeitgleich mit der Verbreitung

des Christentums immer mehr Menschen anzogen. In den Mysterienkulten begegnete der Einzelne in geheimnisvollen und bewußt unter
dem Schleier des Geheimnisses belassenen Riten einem Mythos, der
ihm die Unsterblichkeit versprach[361].

Die christliche Taufe ist aber, trotz einiger äußerer Ähnlichkeiten, etwas völlig anderes. Das zeigt allein schon ihre Herkunft von der Johannestaufe[362]: Sie meint nicht nur den Einzelnen und sein privates Heil,
sondern die endzeitliche Erneuerung des Gottesvolkes. Diese Erneuerung geschieht, fernab allem Mythischen, in einer realen Geschichte.
Die Taufbewerber begegnen nicht einem mythischen Drama, „das niemals geschah, aber immer ist"[363], sondern der geschichtlichen Gestalt
Jesu, des Messias aus Nazaret, seinem Evangelium, seiner Praxis der
Gottesherrschaft, seinem Tod und seiner Auferstehung. Indem sie sich
durch Glaube und Taufe in diese sehr reale Geschichte Jesu hineinneh-
men lassen und eben damit in die Kirche, seinen genauso realen Leib,
werden sie auf einen neuen Boden gestellt, der es ihnen ermöglicht,
nicht mehr nach den Leitbildern der heidnischen Gesellschaft zu leben.

Diese Leitbilder sind allerdings keine harmlosen Ideen, denen man
folgen oder nicht folgen kann. Paulus spricht im Zusammenhang seiner Tauftheologie von der Sünde – und zwar nicht von der Sünde als
dem Versagen des Einzelnen, sondern von der Sünde als einer Macht,
die sich in der Welt ausgebreitet hat, die den Menschen wie einen Sklaven beherrscht und ihm keinerlei Freiheit mehr läßt[364]. Sie tritt nicht
nur von außen an ihn heran, sondern hat längst seine ganze Existenz –
paulinisch: seinen Leib – in ihre Gewalt gebracht. Deshalb auch die
Radikalität des Taufgeschehens:

Wir wissen doch: Unser alter Mensch wurde mitgekreuzigt, damit der
von der Sünde beherrschte Leib vernichtet werde, so daß wir nicht mehr
der Sünde verknechtet sind. (Röm 6,6)

Auch dieser Text zeigt die Ungeheuerlichkeit des Taufgeschehens. Die
Taufe ist mehr als bloße Reparatur. Sie ist Errettung aus der Gewalt der
Sünde, die überall ist und alles pervertiert. Nur muß auch dieser Vorgang der Errettung aus dem Herrschaftsbereich der Sünde so nüchtern
und so realistisch wie möglich beschrieben werden. Keiner kann aus sei-

ner Haut. Kein Mensch kann ein völlig anderer werden. Jeder hat seine Erbanlagen, seine Gene, seine Geschichte, seine schon als Kind erworbenen Verhaltensmuster. Jeder hat seine Stärken und seine Schwächen. An all dem läßt sich nichts oder kaum etwas ändern.

Aber es ist möglich, daß ein Herrschaftswechsel geschieht. Es ist möglich, daß der Mensch nicht mehr den Göttern der Welt, sondern dem wahren Gott und seinem Plan mit der Welt dient, daß er seine Vitalität und Phantasie, die er bisher immer nur für sich selbst und die eigenen Interessen eingesetzt hat, in den Dienst der Sache Gottes stellt. Es ist sogar möglich, daß gerade seine Schwächen dem Aufbau der Gemeinde dienen – und selbst Schuld kann, wenn sie zur Umkehr führt, in eine „glückselige Schuld" verwandelt werden.

Zu all dem ist der Mensch freilich von sich aus nicht in der Lage. Er bringt lieber den eigenen Göttern grausame und kostspielige Opfer dar, als daß er dem Gott Israels vertraut. Selbst wenn er an Gott glaubt, möchte er zwei Herren dienen: zuerst sich selbst, seinen eigenen Plänen und Wünschen, und daneben schließlich auch noch Gott. Daß ein Mensch, ja daß eine ganze Gruppe von Menschen tatsächlich einen Herrschaftswechsel zu dem wahren Gott vollzieht, ist deshalb eines der größten Wunder, das es in der Welt gibt. Niemals ist es das Ergebnis heroischer Kraftanstrengung, niemals kommt es aus dem Eigenen.

Dieser Herrschaftswechsel wird nur dann möglich, wenn Gott den Menschen mitten in der Welt auf seine Heilsgeschichte treffen läßt und ihm den Geschmack des Neuen schenkt, das er in der Welt schafft. Wie sollte man auch die Richtung seines ganzen Lebens ändern können, wenn man nicht geschaut und gekostet hätte und in eine Freude hineingeraten wäre, die jede andere Freude übersteigt!

Tatsächlich spricht die Tauftheologie des Neuen Testamentes nicht nur von der Abwendung von der Sünde, nicht nur vom Sterben und Begrabenwerden, sondern von der Auferstehung in ein neues Leben. Sie spricht davon in vorsichtiger Weise, ohne falschen Enthusiasmus – so, daß die Spannung zwischen dem „Schon" und dem „Noch-Nicht" gewahrt ist. Es bleibt dabei, daß die Schöpfung noch immer seufzt und in Geburtswehen liegt (Röm 8,22), daß die Sünde weiterhin in der Welt mächtig ist und daß der Getaufte jederzeit in den Unglauben zurückfallen und Christus verleugnen kann.

Unter diesem Vorbehalt aber sagt das Neue Testament, daß die Getauften „wie solche sind, die aus der Welt der Toten zum Leben kamen" (Röm 6,13), ja daß sie durch die Taufe bereits mit Christus von den Toten auferweckt und in ihm in den Himmel versetzt worden sind (Eph 2,5 f).

Freilich sind solche Texte immer in der Gefahr, als schöne Texte oder theologische Konstrukte gelesen zu werden. Sie können als Spiegelungen reiner Innerlichkeit oder als subjektive Erfahrungen Einzelner mißverstanden werden. Deshalb hängt alles davon ab, ihren Volk-Gottes-Bezug ernst zu nehmen: Sterben und Auferstehen meint in der neutestamentlichen Tauftheologie sehr konkret den Übergang von der alten Gesellschaft in die neue Lebensform „Gemeinde". Gerade bei Paulus ist das völlig eindeutig[365]. Er schreibt den galatischen Gemeinden:

Allesamt seid ihr durch den Glauben Söhne Gottes in Christus Jesus. Denn ihr alle, die ihr auf Christus getauft wurdet, habt Christus angelegt. Da gibt es nicht mehr Juden und Griechen, nicht mehr Sklaven und Freie, nicht mehr Mann und Frau, denn ihr alle seid „einer" in Christus Jesus. Wenn ihr aber zu Christus gehört, dann seid ihr Abrahams Nachkommen, Erben kraft der Verheißung. (Gal 3,26–29)

Durch Glaube und Taufe gehört man also Christus an, wird mit ihm so eng verbunden wie mit einem Gewand, das man anzieht. Die bei Paulus häufige Formel vom „In-Christus-Sein" meint aber nicht nur die innige Verbindung zwischen dem einzelnen Getauften und Christus. Sie meint, einem sozialen Leib anzugehören, nämlich dem Leib Christi, der Kirche. Paulus beschreibt in dem zitierten Text ausdrücklich das gesellschaftlich Neue und Umstürzende dieses Leibes: In ihm sind die tiefen Gräben zwischen den Völkern, den Klassen und den beiden Geschlechtern überwunden. Weil es in der neuen Familie, in der alle in gleicher Weise Söhne und Töchter Gottes geworden sind, keine nationalen Egoismen, keine Klassen- und Geschlechterkämpfe mehr zu geben braucht, erfüllt sich die Verheißung an Abraham und entsteht in der antiken Welt etwas Neues, das sich von den Lebensformen des Heidentums grundlegend unterscheidet[366].

Das Bewußtsein, mit der Annahme des Glaubens in eine neue Schöpfung, in eine neue Gesellschaftsform eingetreten zu sein, zeigen nicht nur die Paulusbriefe. Die gesamte Alte Kirche war von diesem Bewußtsein getragen. Deshalb war sie sich auch der großen Tragweite der Taufe bewußt. Die Taufe galt als Herrschaftswechsel – als Abkehr von den Göttern und Dämonen der heidnischen Gesellschaft und Eintritt in die Kirche als den Raum der Herrschaft Christi.

Das alles war sehr konkret: Wohl schon seit dem 2. Jahrhundert mußte der Taufbewerber einen Bürgen vorweisen, der für die Ernsthaftigkeit seiner Umkehr einstand. Er hatte an einem dreijährigen Taufunterricht teilzunehmen, der sorgfältig in das jüdisch-christliche Unterscheidungswissen und in die Lebensform des Glaubens einführte. Die Alte Kirche ging mit größter Selbstverständlichkeit davon aus, daß das christliche Leben den Taufbewerbern nicht von selbst zufliegt, sondern erlernt werden muß. Sie ging auch davon aus, daß das Böse mächtig ist und daß um jeden Fußbreit der Gottesherrschaft gekämpft werden muß. Deshalb war die Unterweisung der Katechumenen und die Taufe selbst von Zeichenhandlungen begleitet, die diesen Kampf zum Ausdruck brachten: Exorzismus, Salbung, Handauflegung, feierliche Absage an den *diabolos* und sein Gepränge.

Folgerichtig konnte im Leben der Neugetauften nichts so bleiben, wie es vorher gewesen war. Viele heidnische Berufe kamen für die Christen nicht mehr in Frage oder ihre Ausübung war zumindest zu überdenken – nämlich alle Berufe, die mit Mythologie und heidnischem Kult in Berührung brachten. Lehrer hatten ja Texte mit Göttergeschichten durchzunehmen, Bildhauer und Maler hatten Götterfiguren darzustellen, Beamte mußten bei den Göttern schwören. Schauspieler, Gladiatoren, Zuhälter, Dirnen, Astrologen und Traumdeuter wurden als Taufbewerber nur zugelassen, wenn sie ihren Beruf aufgaben[367].

Auch war es verpönt, Schauspiele, Gladiatorenspiele oder Tierkämpfe zu besuchen, sich an Prozessionen und Aufzügen zu beteiligen, die mit heidnischen Kultbräuchen in Verbindung standen, oder bei öffentlichen Speisungen an den kaiserlichen Feiertagen mitzuessen. Selbst Redensarten wie „Beim Herkules" waren zu vermeiden. Man könnte die Liste der christlichen Verweigerungen noch lange fortsetzen.

Viel wichtiger war freilich, daß die Neugetauften in eine Gemeinde hineinwuchsen, in der Menschen ihr Leben miteinander verknüpften, einander die Lasten trugen und verantwortlich füreinander handelten. Das, was die frühe Kirche *agapē* nannte, das Dasein nicht mehr für sich selbst, sondern für Gott und für die Brüder und Schwestern in den Gemeinden, wurde gegenüber der heidnischen Existenz als radikaler Neuanfang, als neu geschenktes Leben erfahren.

Man muß freilich zugeben: Diese neue Taufexistenz wurde bei weitem nicht von allen Getauften gelebt. Das Bewußtsein, daß der Tod in der Taufe schon stattgefunden hatte und daß deshalb der physische Tod durch Verfolger keine Macht mehr hatte, war längst nicht bei allen Christen so stark, daß es die Angst vor dem Tod besiegt hätte. Während der Verfolgung durch Kaiser Decius (250–251) mußte die Kirche erfahren, daß eine große Zahl von Gläubigen lieber dem Edikt des Kaisers gehorchte und an dem für das ganze Reich angeordneten Götteropfer teilnahm oder sich durch Bestechung Opferbescheinigungen *(libelli)* besorgte, als Glaubenstreue zu zeigen. Die Bestürzung über den wahren Zustand der Gemeinden, die damals die Kirche erfüllte, zeigt allerdings, wie lebendig zu dieser Zeit das Bewußtsein noch war, daß sich die Gläubigen insgesamt dem Befehl des Kaisers hätten verweigern müssen.

Seit dem 3. Jahrhundert hatte sich in der Kirche neben dem Ausbau des Katechumenats noch eine andere Entwicklung durchgesetzt, die auf ihre Weise das Bewußtsein für die heilsgeschichtliche Bedeutung der Taufe einübte: Die Nacht vor dem Osterfest wurde zu einem langen Vigilgottesdienst ausgebaut und die Taufe in die Osternacht hineingenommen. Das war eine außerordentlich glückliche Entwicklung, denn damit entsprach nun auch der liturgische Ort der Taufe ganz der neutestamentlichen Tauftheologie vom Sterben und Auferstehen mit Christus. Zugleich aber wurde auf diese Weise noch deutlicher, als es bisher schon gewesen war, daß die Taufe *Exodus* ist. Denn in den Lesungen der Osternacht spielte natürlich das Exodus-Thema genau wie beim jüdischen Pesach eine entscheidende Rolle.

Wie Israel aus Ägypten, dem Land der Knechtschaft und der Unfreiheit, ausgezogen war und am Sinai in der Tora eine neue Gesellschaftsordnung erhalten hatte, die Freiheit und Gleichheit ermöglichte, so feierte die Kirche in der Osternacht ihren Exodus aus dem Machtbereich der Sünde und des Todes und ihre Errettung in das neue Leben in Christus. An dem feierlichen Glaubensbekenntnis und an der Taufe der Katechumenen erlebte die versammelte Gemeinde jedesmal neu, was mit ihr selbst geschehen war. Übrigens hat bereits Paulus in 1 Kor 10,1–13 die christliche Taufe mit dem Durchzug der Israeliten durch das Rote Meer in Beziehung gesetzt.

Wir hatten in Kapitel II 3 schon ausführlich über die grundlegende Bedeutung des Exodus in der Geschichte Israels gesprochen. Das Verblüffende ist, daß auch am Anfang des neutestamentlichen Gottesvolkes ein Exodus steht. Lukas erzählt von ihm zwar nicht direkt[368], aber es muß ihn gegeben haben.

Denn die Zwölf und wohl auch die meisten der Jünger Jesu waren Galiläer. In Jerusalem verrieten sie sich durch ihren galiläischen Dialekt (Mt 26,73). Man kann gut verstehen, daß sie sich in der Hauptstadt nicht zu Hause fühlten. Nichts lag für sie näher, als sich nach der Festnahme Jesu, spätestens aber nach seiner Hinrichtung, in ihre galiläische Heimat abzusetzen. Die Erscheinungen des Auferstandenen aber führten sie zurück nach Jerusalem, und dort entstand dann um die Zwölf herum die erste Gemeinde.

Das hieß allerdings: Die Galiläer mußten in Jerusalem Wohnungen finden. Das hieß weiterhin: Sie mußten neue Arbeitsplätze finden. Das hieß in vielen Fällen sogar, daß sie sich einen neuen Beruf suchen mußten, denn Fischer waren in Jerusalem nicht gefragt. Das alles bedeutete, daß sie in vielem auf die Solidarität und Hilfe von Jesusanhängern angewiesen waren, die schon länger in Jerusalem wohnten.

Daß damals die Form „Gemeinde" ihre neutestamentliche Ausprägung erfuhr, erwuchs zwar aus der Begegnung mit dem Auferstandenen, aus der Kraft seines Geistes und der Erfahrung österlicher Vergebung. Man darf aber auch die äußere Not der Jünger nicht übersehen. Die Verhältnisse zwangen sie fast, das zu realisieren, was Gemeinde ausmacht: die Verknüpfung des Lebens in allen Bereichen und die gegenseitige *agapē*, die sieht, was der andere braucht, und seine Lasten mitträgt.

An vielen Stellen der Apostelgeschichte leuchtet noch etwas auf von diesem neuen Miteinander. So wird fast wie nebenher erkennbar, daß die Mutter des Johannes Markus ihr Haus der Gemeinde als Versammlungsort zur Verfügung gestellt hatte. Im Zusammenhang mit der Verhaftung des Petrus unter Agrippa I. erfahren wir nämlich, daß in diesem Haus ein Teil der Gemeinde versammelt war und für die Befreiung des Petrus betete (Apg 12,12). Vielleicht gehörte zu diesem Haus auch das Obergemach, in dem sich vor dem Wochenfest die Jesusanhänger regelmäßig trafen (Apg 1,13). – In einem anderen Zusammenhang berichtet Lukas folgendes:

> *Josef, ein Levit aus Zypern, der von den Aposteln Barnabas, das heißt übersetzt „Sohn des Trostes", genannt wurde, verkaufte einen Acker, der ihm gehörte, brachte das Geld und legte es den Aposteln zu Füßen.*
> *(Apg 4,36 f)*

Wir sahen bereits, daß Barnabas zu jenen Diasporajuden gehörte, die sich im Heiligen Land niedergelassen und dort Grundbesitz erworben hatten, um ihre Zugehörigkeit zu Israel auch äußerlich festzumachen und so an den Segensgütern der kommenden Welt Anteil zu erhalten (III 1). Nachdem er zu der jungen Gemeinde gestoßen ist, verkauft er diesen Grundbesitz, um der Gemeinde zu Hilfe zu kommen. Der Vorgang zeigt: In der Jerusalemer Gemeinde gab es keinen Kommunismus, wie früher oft behauptet worden ist, sondern eine „charismatische Gütergemeinschaft", in der einzelne in völliger Freiheit ihre Häuser oder den Erlös aus ihrem Besitz zur Verfügung stellten[369].

Gerade weil viele Jesusjünger den Exodus nach Jerusalem gewagt und ihre Heimat verlassen hatten, mußten sie „in ihrer Not, zumal in der ihnen feindlich gesinnten Umgebung, *zusammen* leben, arbeiten, wirtschaften und aus dem Verkauf von Immobilien (wie dem Grundstück des Barnabas) ihren Lebensunterhalt und ihre Mission finanzieren, um ihrem eschatologischen Auftrag nachkommen zu können, in Jerusalem die messianische Gemeinde zu bilden, in der es ‚keinen Notleidenden' geben darf, weil sonst ‚das Zeugnis von der Auferstehung des Herrn Jesus' geschmälert würde"[370].

Der Weggang der Galiläer aus ihrer Heimat und die Art, wie Barnabas und die Mutter des Johannes Markus ihr Eigentum zur Verfügung stellen, kann noch einmal zeigen, was wir unter Exodus zu verstehen haben: keinen Rückzug aus der Welt, keine Weltverachtung, keinen bloßen Verzicht aus asketischen Gründen. Der *biblische* Exodus dient ganz dem Aufbau des Neuen, das Gott in der Welt will. Er ist Beweglichkeit um des Evangeliums und um der neuen Gesellschaft Gottes willen. Das kann ein anderer Vorgang vor Augen führen, der sich zwanzig Jahre später abgespielt hat, als die christliche Botschaft bereits Rom, Korinth und Ephesus erreicht hatte.

Bei seiner sogenannten 2. Missionsreise traf Paulus in Korinth auf das jüdische Ehepaar Priska und Aquila. Die beiden waren von Beruf Zeltmacher und besaßen einen eigenen Betrieb. In der Antike verfertigten Zeltmacher vor allem Lederwaren; auch Zelte waren meist aus Leder. Kaiser Klaudius hatte Aquila und Priska zusammen mit vielen anderen Juden aus Rom vertrieben. Als Paulus sie kennenlernt, sind sie bereits Christen. Sie nehmen ihn in Korinth in ihre Familie auf. In der ersten Zeit arbeitet Paulus in ihrer Firma mit und benutzt zugleich ihr Haus und ihren Betrieb als Basis für seine gesamte Missionsarbeit (Apg 18,1–5).

Priska und Aquila sollten mit ihrer Familie und ihrer Zelt- und Lederwarenfabrikation für die paulinische Mission von größter Wichtigkeit werden. Nach vielen Monaten fruchtbarer Zusammenarbeit mit Paulus in Korinth ziehen sie um nach Ephesus – wohl nicht zuletzt, um Paulus in Kleinasien einen festen Stützpunkt zu ermöglichen (Apg 18,18 f). Auch in Ephesus wird Paulus bei Bedarf in ihrem Haus gewohnt und gearbeitet haben. Es ist zugleich Versammlungsort für die Gemeinde von Ephesus oder doch wenigstens für einen Teil von ihr. Das wissen wir aus dem 1. Korintherbrief. In ihm grüßt Paulus die Gemeinde in Korinth vielmals von „Aquila und Priska und auch von der Gemeinde, die zu ihrem Haus gehört" (1 Kor 16,19). In Ephesus stößt während einer Zeit, in der Paulus abwesend ist, Apollos, ein hochbegabter Jude aus Alexandrien, zu Priska und Aquila. Sie nehmen auch ihn zu sich auf und führen ihn ein in den Weg, den die Heilsgeschichte genommen hat (Apg 18,24–28).

Als Paulus Jahre später den Römerbrief schreibt, um eine Missionsreise nach Spanien vorzubereiten, bittet er die römische Gemeinde, an Priska und Aquila ganz besondere Grüße auszurichten:

> *Grüßt Priska und Aquila, meine Mitarbeiter in Christus Jesus. Sie haben für mein Leben ihren Hals hingehalten. Nicht nur ich habe ihnen zu danken, sondern auch alle Gemeinden der Heiden. Grüßt auch die Gemeinde, die zu ihrem Haus gehört. (Röm 16,3–5)*

Die Grußbitte zeigt: Priska und Aquila sind inzwischen wieder in Rom, dort, wo ihr Betrieb sich ursprünglich befand. Und auch in Rom gehört zu ihrem Haus eine Hausgemeinde. Das wird einerseits die eigene Großfamilie gewesen sein, andererseits jedoch auch römische Christen, die sich regelmäßig in ihrem Haus versammeln.

So liefert uns das Haus von Priska und Aquila ein anschauliches Bild der „neuen Familie": Da ist eine „natürliche" Familie, die nicht für sich selbst lebt, sondern ihr Haus ganz in den Dienst des Evangeliums stellt. Ihr Haus wird zum Stützpunkt für die Mission des Paulus – zuerst in Griechenland, dann in Kleinasien – und wahrscheinlich sollte auch die erneute Übersiedelung nach Rom eine Basis für die geplante Mission des Paulus in Spanien schaffen. Zugleich wird es zum Kristallisationskern neuer Gemeinden, die sich um dieses Haus bilden. Sie finden dort den notwendigen Raum für ihre Versammlungen. Aber nicht nur den Raum, sondern noch viel mehr: ein Ehepaar, das sich selbst ganz für den Dienst an den Gemeinden zur Verfügung stellt. Dem Apollos und neben ihm mit Sicherheit vielen anderen geben sie Unterricht im Glauben. Für Paulus halten sie in Ephesus ihren Hals hin. Alle heidenchristlichen Gemeinden sind ihnen, wie Paulus formuliert, zu Dank verpflichtet.

In der kirchlichen Frühzeit hing die Entstehung neuer Gemeinden immer auch davon ab, ob es Familien wie die von Priska und Aquila gab, die bereit waren, um des Evangeliums willen in andere Städte zu ziehen und dort mit ihrem Haus der Anfang für eine neue Gemeinde zu werden. Nicht nur die Taufe selbst war dann ein Exodus gewesen. Das Leben dieser Christen wurde zum ständigen Exodus um des Aufbaus der Kirche willen.

Seitdem hat es in der Kirche den Exodus immer gegeben. Es hat ihn gegeben in der Existenz unzähliger Missionare, die ihre Heimat verließen, um das Evangelium Jesu in anderen Ländern bekannt zu machen; im Leben all derjenigen, die ihre Familien verließen, um fortan in klösterlichen Gemeinschaften und Kommunitäten die evangelischen Räte zu leben; im Leben katholischer Priester, die auf Ehe und Familie verzichteten, um etwas von der eschatologischen Existenz aller Getauften zeichenhaft sichtbar zu machen.

Dieser vielfältige Exodus zielte keineswegs auf eine Flucht aus der Welt, sondern wandte sich immer wieder der verlorenen Vollform der Nachfolge Jesu zu: Tischgemeinschaft, Lebensgemeinschaft der „neuen Familie". Die Flucht der frühchristlichen Asketen in die Wüste erhielt ihre „christliche Form" erst durch die Männer und Frauen, die aus der Asketenbewegung eine Gemeinschaftsform schufen. Bei den abendländischen Klöstern ist das alles ganz offensichtlich: Sie waren fast immer ein Stück neuer Gesellschaft, neuer Kultur, verwandelter Welt, und wirkten weit über ihre Grenzen hinaus. Viele Klöster, die als Neugründungen in unwirtlichen Gebieten begannen, entwickelten sich zu erfolgreichen Wirtschaftsunternehmen und formten eine ganze Kulturlandschaft.

Freilich zeigen gerade die Klöster und ihre außerordentliche Rolle in der Geschichte des Abendlandes auch den Verlust: Sie verstehen sich zwar als klösterliche „Familie", bestehen aber immer nur aus Männern oder ausschließlich aus Frauen. Für Verheiratete gab es – zumindest in der katholischen Kirche – viele Jahrhunderte lang keine Nachfolge in einer biblisch verfaßten Lebensform. Mit Sicherheit haben auch unzählige Mütter und Väter, meist still und verborgen, ihren Exodus gelebt – nämlich in der Form der Nächstenliebe, die nicht selten zum Lebensopfer wurde. Aber die Hilfe einer christlichen Gemeinde blieb ihnen dabei nur allzu oft versagt.

Es ist ein auffälliges Indiz: Genau in der Zeit, in der in der Alten Kirche die Gemeinden ihre Ausstrahlung verlieren und sich ihrer späteren Gestalt in der Reichskirche annähern, beginnt der Aufbruch der Einsiedler und Mönche. So haben die Klöster zwar den Exodus-Charakter der Kirche weitergetragen und sind für die Kirche ein Segen geworden. Aber sie haben eben dadurch auch dazu beigetragen, daß der Weg der Nachfolge seine Gemeindestruktur, seine Möglichkeit für alle Getauften verloren hat.

Die Klöster und karitativen Werke wurden zu „Stellvertretern" des Exodus. Die Pfarreien des Mittelalters und der Neuzeit hat der neutestamentliche Gemeinschaftsgedanke nur wenig berührt. Wahrscheinlich boten die Zünfte und Bruderschaften mehr christliche Lebensform als die Pfarrei. Später traten die christlichen Verbände und Vereine an die Stelle der mittelalterlichen Gemeinschaftsformen. Mit „Exodus" hatte das aber immer weniger zu tun. Heute zeigen die Pfarrgemeinden, zumindest in Europa, kaum noch Widerständigkeit gegen die heidnischen Leitbilder der Gesellschaft. Die Seelsorge hat sich immer mehr auf die „Ränder" des Lebens spezialisiert. Der Glaube ist privat und bescheiden geworden. Die Exodus-Texte der Osternacht werden nur noch verlesen, aber immer weniger gelebt.

Mit all dem soll die Geschichte der Kirche nicht als Verfallsgeschichte beschrieben werden – etwa in der Art, als sei die Kirche, vor allem seit der Konstantinischen Wende, langsam aber sicher immer mehr degeneriert. Die Entwicklung zur Reichskirche und schließlich zur Staatsreligion wurde der Kirche durch die Konstellation der Spätantike fast aufgedrängt. Vielleicht mußte sie diesen Weg gehen. Es war ein grandioser Versuch, ein christliches „Reich" zu schaffen, und so Glaube, Leben und Kultur zur Einheit zu bringen.

Nur der Blick auf das Gottesvolk im Alten Testament, auf sein Experiment mit dem Staat und auf das Scheitern dieses Experiments, hätte die Kirche davor bewahren können, den alten Fehler zu wiederholen. Aber so differenziert konnte man in der ausgehenden Antike und im Mittelalter das Alte Testament noch nicht lesen. Die politische Theologie berauschte sich vielmehr an David und Salomo. Erst die Geschichte der Neuzeit zerfetzte den Traum.

Heute ist das Experiment nun wirklich beendet und darf nie wieder aufgenommen werden. Denn es hat den Menschen keine Möglichkeit gelassen, sich frei für den Glauben zu entscheiden. Und das, worum es dabei ging: die feste Verbindung von Glaube und Leben, von Evangelium und Alltag, hat in der Form der Gemeindekirche, wie sie aus der jüdischen Synagoge erwachsen ist, einen viel besseren Boden.

Inzwischen lebt die Kirche fast überall in der Welt wieder unter Verfolgungen oder inmitten neuen Heidentums. Sie wird in dieser Situation nur überleben, wenn sie zu neutestamentlich verfaßten Gemeinden zurückkehrt – nicht in einer falschen Urkirchenromantik, sondern zu den Bedingungen des 3. Jahrtausends. Dabei trifft das Wort „Rückkehr" die Sache noch nicht wirklich. Es geht um einen neuen Aufbruch, jetzt aber mit einem viel größeren Wissen aus der Geschichte.

Wir wissen heute: Solange der Glaube noch nicht Staatsreligion (und später bürgerliche Religion) war, haben die christlichen Gemeinden allein schon durch ihre Existenz aufklärend und geradezu „entgötternd" gewirkt. Die kritische Sonde ihres Glaubens richtete sich auf alles. Sie beanspruchten, sich zu allem eine eigene Meinung zu bilden, mehr noch: einen eigenen Lebensstil zu entwickeln. Das betraf die Einstellung zum Leben und zum Tod, zum Essen und zum Fasten, zum Reichtum und zur Armut, zum Fest und zum Alltag, aber auch zur Macht, ja zu den Grundlagen der Polis und des Reiches. Sie haben dabei stets unterschieden: Wem Loyalität, dem Loyalität. Wem Widerspruch, dem Widerspruch, notfalls bis zum Martyrium[371].

Eine Kirche, die in diesem Sinn wieder den Exodus wagt, braucht vor der Zukunft keine Angst zu haben.

2. Die Kirche versammelt sich

Genau wie der Exodus ist die Versammlung ein Grundvollzug der Kirche. Das zeigt sich bereits an ihrem Namen. Die junge Gemeinde in Jerusalem muß sich selbst als die *ekklēsia Gottes* bezeichnet haben. Ob das innerhalb der Gemeinde erst die Hellenisten oder bereits die Hebräer taten – in diesem Fall mit *qāhāl* oder *qᵉhālāʾ* –, kann offenbleiben. Jedenfalls spricht Paulus in 1 Kor 15,9 und Gal 1,13 von der *ekklēsia Gottes*, die er verfolgt hat[372]:

> *Ihr habt ja gehört, wie ich früher als gesetzestreuer Jude gelebt habe, und wißt, wie maßlos ich d i e   K i r c h e   G o t t e s verfolgte und sie zu vernichten suchte. (Gal 1,13)*

Aber was ist mit *ekklēsia Gottes* gemeint? *Ekklēsia* ist im Griechischen die Volksversammlung, die Zusammenkunft aller, die in einer Stadt das Bürgerrecht besitzen. Indem die Gemeinde in Jerusalem diesen staatsrechtlichen Begriff aus dem Leben der *polis*, des Stadtstaates, für sich selbst verwendet, erhebt sie einen außerordentlichen Anspruch. Sie

zeigt damit an, daß sie sich nicht als Freundeskreis Gleichgesinnter versteht und auch nicht als Vereinigung von Menschen, die sich wegen
partikularer Interessen zusammengeschlossen haben, sondern als Versammlung, die Gott selbst geschaffen hat, die das Ganze betrifft und
„öffentlich" ist.

Entsprechend vermeidet es die Kirche auch in der Folgezeit konsequent, die vielfältige Terminologie des antiken Vereinswesens auf sich
anzuwenden. Die christliche Gemeinde ist weder *thiasos*, noch *eranos*,
noch *koinon*, noch *collegium*[373]. Sie ist nicht Segment oder Teil eines
größeren Ganzen. Konkret: Sie ist weder Gruppe, noch Fraktion, noch
Verein. Sie ist aber auch keine Sekte. Sie ist vielmehr „öffentliche Versammlung des Ganzen"[374].

Aber was ist dieses „Ganze"? Natürlich nicht die Stadt und erst recht
nicht der römische Staat. Das „Ganze" ist das Gottesvolk. Das Wort *ekklēsia* verrät nämlich noch mehr. Es ist als Bezeichnung für die Kirche
mit Sicherheit nicht unmittelbar von den Volksversammlungen der hel-
lenistischen Städte abgeleitet. Die öffentliche Sprache schwingt nur
mit. Der eigentliche Ursprung von *ekklēsia Gottes* ist das Alte Testament
und die aus ihm erwachsene jüdische Sprachtradition. *Ekklēsia* verweist
letztlich auf das um den Sinai versammelte Gottesvolk.

Im Buch Deuteronomium gibt es für den Tag, an dem Israel vollzäh-
lig um den Berg Horeb (= Sinai) versammelt war und „mitten aus dem
Feuer, aus Wolken und Dunkel unter lautem Donner" die Zehn Gebote empfing (Dtn 5,22), eine feste Formel. Dieser Tag heißt „der Tag der
Versammlung" *(jôm haqqāhāl bzw. hēmera tēs ekklēsias)*[375]. Denn am
Sinai geschah, so sieht es das Buch Deuteronomium, die grundlegende
Versammlung Israels, die es als Volk konstituierte. Wenn nun die junge Gemeinde in Jerusalem den Begriff der *ekklēsia* aufgreift, zeigt sie damit an, daß sie sich selbst als die endzeitliche Erfüllung dieser Versammlung am Sinai begreift[376].

Vielleicht gab sie sich diese Selbstbezeichnung sogar an jenem ersten
Pfingstfest, das nach der Darstellung des Lukas kirchenbegründenden
Charakter hatte[377]. Denn Pfingsten war ja das jüdische „Wochenfest",
und an diesem Fest, das zunächst ein reines Erntedankfest gewesen war,
muß bereits in neutestamentlicher Zeit die Vergegenwärtigung des
Sinai-Ereignisses gefeiert worden sein[378].

Aber wie immer es sich mit Pfingsten verhält – das Wort „Ekklesia" läßt erkennen, daß sich die Kirche nicht als ein *neues* Volk versteht, das an die Stelle des alten Gottesvolkes getreten wäre, es abgelöst und ersetzt hätte, sondern als *Israel,* genauer: als den Anfang und das Wachstumszentrum des endzeitlichen Israel. Auch in diesem Punkt setzt die nachösterliche Gemeinde fort, was Jesus begonnen hatte.

Das Wort „Ekklesia" läßt aber noch mehr erkennen. Wir sahen, daß in diesem Begriff das Bild konkreter Versammlung stets mitschwingt: die Versammlung des Volkes am Sinai; die Versammlungen derjenigen, die in der antiken Polis das Bürgerrecht hatten. Das heißt aber, daß die Kirche von ihren konkreten Versammlungen lebt. Sie sind ihr Existenzvollzug. In ihnen stellt sie sich dar. In ihnen wird am klarsten deutlich, was sie ist und was Gott von ihr will.

Joseph Ratzinger hat es einmal so formuliert: „Der eigentliche Existenzort von Kirche ist nicht irgendeine Bürokratie, auch nicht die Aktivität einer Gruppe, die sich zur ‚Basis' erklärt, sondern die ‚Versammlung'" – nämlich die Versammlung, in der die ganze Gemeinde zusammenkommt oder doch wenigstens repräsentiert wird und darüber hinaus die Verbindung zur Gesamtkirche gewährleistet ist[379].

Diesen Existenzvollzug der Kirche in konkreten Versammlungen stellt uns Lukas in seinem Zweiten Buch immer wieder vor Augen. Bereits zu Beginn der Apostelgeschichte, sofort nach der Erzählung des Weggangs Jesu, malt er geradezu ein Bild dessen, was Ekklesia ist:

Sie kehrten von dem Berg, der Ölberg genannt wird und der nahe bei Jerusalem liegt – nur einen Sabbatweg entfernt – nach Jerusalem zurück. Als sie in die Stadt kamen, gingen sie in das Obergemach hinauf, wo sie nun ständig blieben: Petrus und Johannes, Jakobus und Andreas, Philippus und Thomas, Bartholomäus und Matthäus, Jakobus, der Sohn des Alphäus, und Simon, der Zelot, sowie Judas, der Sohn des Jakobus. Sie alle verharrten dort einmütig im Gebet, zusammen mit den Frauen und mit Maria, der Mutter Jesu, und mit seinen Brüdern. (Apg 1,12–14)

Dieses Bild ist so anschaulich, daß es (in Verbindung mit dem Pfingstereignis) in den späteren Jahrhunderten immer wieder gemalt worden ist und eine eindrucksvolle ikonographische Tradition hervorgebracht hat. Lukas macht mit diesem Bild freilich keine fotografische Moment-aufnahme: er hat in ihm vielfältige Erfahrungen der frühen Kirche zu-sammengeholt und verdichtet. Er zeigt auch kein *Vorbild*, das man ein-fach imitieren könnte, sondern ein *Urbild* – vergleichbar dem Bild des Exodus, das uns das Alte Testament vor Augen stellt. Urbilder haben eine eigene Art, wirksam zu werden. Den biblischen Exodus kann man nicht auf vordergründige Weise nachahmen. Trotzdem haben die Ex-odus-Texte die Geschichte des Gottesvolkes bis heute tief beeinflußt und sind in ihr immer neu lebendig geworden. Das Gleiche gilt von den Texten des Lukas. Doch was zeigt nun das „Bild" der Ekklesia zu Be-ginn der Apostelgeschichte?

Es zeigt zunächst einmal eine ständige Versammlung. Sie reicht so-zusagen vom Tag der Himmelfahrt bis zum Pfingsttag. Selbstverständ-lich will Lukas nicht sagen, die Jesusanhänger seien gar nicht mehr aus-einandergegangen. Wohl aber, daß ihr Leben zu einem unablässigen, immer neuen Sich-Versammeln wurde[380].

Sie versammeln sich nicht in verschiedenen Gruppen, sondern alle an derselben Stelle, im selben Raum. Auch das ist Lukas wichtig. Er weiß von einem „Obergemach". Wenig später, zu Beginn des Pfingst-berichtes, wird er sagen, daß „alle an einem Ort versammelt waren" (2,1). Und dieses „an einem Ort" *(epi to auto)* greift er dann in 2,44.47 erneut auf. Der Ausdruck wird in der frühen Kirche – besonders bei Ignatius von Antiochien – zu einer stehenden Wendung dafür werden, daß sich eine Gemeinde nicht in verschiedene Versammlungen aufspal-ten darf[381]. Der *eine* Ort ist wichtig. Er zeigt die Einheit der Ekklesia.

Versammelt haben sich die Zwölf. Ihre Zahl wird in dem sich sofort anschließenden Bericht 1,15–26 durch die Zuwahl des Matthias ver-vollständigt werden. Die Vollzahl der Apostel ist wichtig, denn sie sol-len ja am Pfingsttag als der Anfang des endzeitlichen Zwölfstämme-volkes vor Israel hintreten. Die Zwölf sind die Mitte der Versammlung, die Mitte der Ekklesia. Ihre Namen – voranstehend der des Petrus – werden eigens genannt, denn die Sache Jesu, für die sie die offiziellen Zeugen sind, kann nur von Angesicht zu Angesicht, von Person zu Per-son weitergegeben werden (Apg 1,21 f). Gott hat seine Kirche nicht auf Prinzipien, sondern auf Menschen gebaut.

Aber nicht nur die Zwölf sind versammelt, sondern noch viele andere. Insgesamt sind es 120 Personen. Diese Zahl wird von Lukas in unmittelbarem Anschluß an 1,14 genannt. Selbstverständlich weist sie auf die 12 Stämme und die 12 Apostel hin. Zugleich drückt sie wohl auch die Erfahrung aus, daß eine Gemeinde nicht mehr als 120 Personen umfassen sollte[382]. Nur in dieser Größenordnung bleibt sie überschaubare Versammlung, in der jeder von der Not und dem Glück, den Sorgen und den Freuden des anderen wissen kann. Wie sollte es auch möglich sein, in einer Großgemeinde mit Hunderten von Getauften noch die Verantwortung für den Glauben der anderen mitzutragen! Die Zahl 120 ist die Obergrenze, wenn Gemeinde nicht nur anonyme Kultgemeinschaft, sondern um ihren prophetischen Auftrag ringende Lebensgemeinschaft ist.

Nach der Aufzählung der Namen der Zwölf spricht Lukas sofort von den Frauen und von Maria, der Mutter Jesu. Er denkt offenbar vor allem an die Frauen, die Jesus schon von Galiläa her gefolgt waren und seine Sache mit ihrem Vermögen unterstützt hatten (Lk 8,1–3). Weshalb kommen nach den Aposteln sofort die Frauen? Offenbar will Lukas verhindern, daß man das Urbild der Ekklesia, das er vor Augen stellt, als Männerkirche mißversteht. Die spätere Ikonographie hat seine Darstellung noch verstärkt, wenn sie Maria in der Mitte der Versammlung sitzen läßt und die zwölf Apostel links und rechts von ihr aufreiht[383]. Auf diese Weise wird Maria selbst noch einmal zum Bild für die Ekklesia, zum Realsymbol für das gläubige Hören und Empfangen.

Nach Maria und den Frauen nennt Lukas noch eine dritte Personengruppe: die Verwandten Jesu. Auch sie sind jetzt dabei, obwohl es noch nicht lange her ist, daß Jesus sich von ihnen distanzieren mußte (Lk 8,19–21). Aber der Tod und die Auferweckung Jesu haben alles verändert. Die endzeitliche Schöpfung Gottes beginnt, und in ihr fügt sich auch die natürliche Familie in die neue Familie der Ekklesia ein.

Mit all dem ist das Entscheidende aber noch immer nicht gesagt. Das Wesen der Versammlung ist nun überhaupt erst zu definieren: Sie alle, die Zwölf, die Frauen, Maria und die Brüder Jesu „verharren einmütig im Gebet". Sie bitten um den Heiligen Geist, der am Pfingsttag auf die Versammelten herabkommen soll.

273

Der Grundvollzug der Kirche ist also nicht einfach die Versammlung. Versammlungen gibt es in der Welt unzählige. Der Existenzvollzug der Kirche geschieht in jener Versammlung, die ganz hinhörendes Flehen ist, die das Kommen des Geistes erbittet, weil sie weiß, daß sie aus sich selbst völlig hilflos ist. Darin unterscheidet sie sich von den vielen Versammlungen der Gesellschaft, von ihren Parlamenten, Räten, Ausschüssen, Kommissionen und Gremien – so bitter notwendig all diese Versammlungen sind. Zum kostbarsten Besitz der Kirche gehört das Wissen, daß sie aus Eigenem außerstande ist, auch nur etwas Gemeinde-*Ähnliches* herzustellen, und dann, wenn sie es sich trotzdem anmaßt, immer nur in ausweglosen Rivalitäten endet. Die Versammlung der Ekklesia hat also eine Mitte, die alles trägt und die sie selbst nicht machen kann. Sie ist ihr geschenkt. Es ist der Geist Jesu. Nur von dieser Mitte her kann sie einmütig sein. Und diese Einmütigkeit ist dann ihre ganze Kraft.

Das ist das Bild, das Lukas zu Beginn seines Zweiten Buches aufgrund einzelner Nachrichten und Erzählungen, vor allem aber aufgrund seiner eigenen Kirchenerfahrung aufleuchten läßt. Es beschränkt sich allerdings nicht auf Apg 1,14. Lukas erweitert das Bild. Er erzählt Geschichte in Geschichten, und er führt das Urbild der Kirche, das er an den Anfang gestellt hat, in immer neuen Bildern fort. Im Anschluß an die Ereignisse des Pfingsttages läßt er sofort das erste Summarium folgen:

Jeder wurde von Furcht ergriffen; durch die Apostel geschahen viele Wunder und Zeichen. Alle, die gläubig geworden waren, waren eine Versammlung (wörtlich: waren an einem Ort) und hatten alles gemeinsam. Sie verkauften Hab und Gut und teilten davon allen mit, jedem so viel, wie er nötig hatte. Tag für Tag verharrten sie einmütig im Tempel, brachen in ihren Häusern das Brot und hielten miteinander Mahl in Jubel und Einfalt des Herzens. Sie lebten im Lob Gottes und standen in Gunst beim ganzen Volk. Und der Herr fügte ihrer Versammlung täglich die hinzu, die sich retten ließen. (Apg 2,43–47)

Die „Furcht", von der alle ergriffen werden, ist nicht nur Reaktion auf die Wunder und Zeichen, die durch die Apostel geschahen. Ihre Ursache muß bereits das Pfingstereignis sein. So zeigt sich noch einmal der Zusammenhang zwischen dem Geschehen am Sinai und dem Geschehen am Pfingsttag. Denn für den „Tag der Versammlung" am Sinai ist die Furcht, von der das ganze Volk ergriffen wird, kennzeichnend[384].

Im übrigen zeigt Lukas auch hier, daß die Ekklesia ständige Versammlung ist. Wer zum Glauben kommt, tritt nicht einem Verein oder einer Organisation bei, sondern wird einer „Versammlung" hinzugefügt[385]. Er wird dadurch „gerettet". Das meint nicht nur sein ewiges Leben, sondern auch und vor allem die Rettung, das Heil, den Frieden, den er jetzt schon empfängt. Er lebt ja in einem neuen Miteinander, in dem jeder alles hat, was er braucht, weil alle alles geben, was sie haben.

Die Vorstellung, daß den Gläubigen das Heil erst nach dem Tod erreicht, die sich später im Bewußtsein vieler Christen festgesetzt hat, entspricht nicht dem Glauben der Kirche und schon gar nicht dem Bewußtsein der Urkirche. Wer die Brüder liebt, ist bereits hinübergeschritten aus dem Tod ins Leben (1 Joh 3,14). Die Todeslinie, die eigentliche Schwelle, ist nicht mehr der physische Tod, sondern das Sterben in der Taufe. In unserem Text wird dieses eschatologische Bewußtsein angedeutet in dem Begriff des „Jubels". Lukas meint damit die endzeitliche Freude der Ekklesia, die bei der Feier des Brotbrechens bereits Anteil hat an der himmlischen Freude. Das „Schon-Heute" wird aber auch sichtbar in den „Wundern und Zeichen", die durch die Apostel geschehen. Daß sich nun, wie schon bei Jesus, in der Heilung von Kranken Heil und Rettung ausbreiten, ist Zeichen der messianischen Endzeit.

Die Gläubigen sind eine einzige Versammlung, selbst wenn der Ort ihrer Versammlung wechselt. Sie treffen sich im Tempel, um Gott öffentlich zu preisen. Darin zeigt sich ihr Anspruch, das endzeitliche Israel zu sein. Sie können sich aber auch in einem Privathaus treffen, um dort das Herrenmahl zu feiern. Wieder wird die Einmütigkeit ihrer Versammlung betont.

Im Anschluß an das Summarium erzählt Lukas, wie Petrus an einem der Tempeltore einen Gelähmten heilt und die Heilung dann in der Halle Salomos als Tat Gottes deutet, der durch dieses Wunder den hingerichteten Jesus rechtfertige und verherrliche. Daraufhin wird Petrus zusammen mit seinem Begleiter Johannes festgenommen und am nächsten Tag dem Hohen Rat vorgeführt. Dieser verbietet ihnen, jemals wieder im Namen Jesu zu predigen und zu lehren. Nach ihrer Freilassung gehen beide sofort zu den „Ihren", ein hier von Lukas gewähltes Wort für die Gemeinde als „neue Familie":

Nachdem man sie freigelassen hatte, gingen sie zu den Ihren und berichteten alles, was die Hohenpriester und die Ältesten zu ihnen gesagt hatten. Als sie das hörten, erhoben sie einmütig ihre Stimme zu Gott und sprachen: „Gebieter, der du den Himmel, die Erde und das Meer mit all seinen Wesen geschaffen hast! Durch Heiligen Geistes Mund hast du durch unseren Vater David, deinen Knecht, gesprochen:
‚Warum toben die Heiden, warum machen die Nationen vergebliche Pläne? Die Könige der Erde haben sich erhoben, und die Mächtigen haben sich versammelt wider den Herrn und seinen Gesalbten.'
Wahrhaftig, versammelt haben sich in dieser Stadt wider deinen heiligen Knecht Jesus, den du gesalbt hast, Herodes und Pontius Pilatus mit den Heiden und den Stämmen Israels, um alles auszuführen, was deine Hand und dein Ratschluß im voraus bestimmt haben. Und jetzt, Herr, sieh auf ihre Drohungen und verleih deinen Knechten, mit allem Freimut dein Wort zu verkünden. Streck deine Hand aus zur Heilung, damit Zeichen und Wunder geschehen durch den Namen deines heiligen Knechtes Jesus!" Als sie gebetet hatten, erbebte der Ort, an dem sie versammelt waren, und alle wurden mit dem Heiligen Geist erfüllt, und sie verkündeten das Wort Gottes mit Freimut. (Apg 4,23–31)

Auch in dieser Versammlung wird gebetet – genau wie es Apg 1,14 vorgezeichnet hatte. Aber nun wird am konkreten Beispiel sichtbar, wie sich Lukas Gebet vorstellt. Es ist kein zeitloses, situationsloses, geschichtsloses Gebet – so allgemein und allzutreffend, daß man es beliebig wiederholen kann. Nein, Gebet ist für Lukas immer neu, denn es hat seinen Sitz in der voranschreitenden Geschichte der Gemeinde. In Apg 4,23–31 gibt das Gemeindegebet in jedem Detail Antwort auf den Bericht des Petrus und des Johannes.

Die Gemeinde steht ja vor der Existenzfrage. Sie könnte dem Hohen Rat, der gerade erst die Hinrichtung Jesu durchgesetzt hat, gehorchen und sich auflösen. Sie könnte aber auch in den Untergrund gehen und dort weitermachen. Sie könnte schließlich dem Beschluß des Hohen Rates in aller Öffentlichkeit widerstehen, weiterarbeiten wie bisher und damit ihr Leben riskieren. Sie muß also das, was ihr in dieser Stunde widerfährt, deuten und den Willen Gottes zu erkennen suchen[386].

Diese Deutung geschieht im Gebet. Das heißt aber: Schon die Deutung der aktuellen Situation ist etwas, das die Gemeinde gar nicht aus Eigenem leisten kann. Die Deutung wird nur möglich im betenden – und das heißt: im sich Gott öffnenden – Hinschauen auf das, was geschehen ist, und im gleichzeitigen Hinhören auf die Schrift.

Was ist geschehen? Als Jesus hingerichtet wurde, hatte es in Jerusalem eine kaum glaubhafte Koalition gegeben – sozusagen eine Gegenversammlung gegen Gott und seinen Gesalbten. Es hatten sich gegen Jesus versammelt Herodes und Pontius Pilatus, die Heiden und die Stämme Israels. Soweit sich aber Israel mit den Heiden zusammengetan hatte, war es den Heiden gleich geworden, und deshalb muß der 2. Psalm, der von der Revolte der Völker gegen Gott und seinen Gesalbten handelt, auch auf diesen Teil Israels angewendet werden. Der Hohe Rat scheint nicht ausdrücklich genannt zu sein. Aber das scheint nur so. Denn für Lukas war im 2. Psalm gerade auf ihn bereits angespielt: Die „Mächtigen" *(archontes)* ist bei ihm stehender Ausdruck für die Mitglieder des Hohen Rates[387]. Ps 2 beleuchtet also treffend die ganze Situation, und so ist der erste Schritt zur Deutung getan.

Der zweite Schritt besteht darin, daß sich die Gemeinde – wiederum im Hinhören auf die Schrift – auf die Seite Jesu stellt. Die Herrschenden haben sich nicht nur gegen Jesus, den Knecht Gottes, versammelt, sie versammeln sich jetzt genauso gegen die Ekklesia, die damit ebenfalls zum Knecht Gottes wird (vgl. 4,29).

Damit ist eine theologisch klare und politisch äußerst schwerwiegende Deutung der Ereignisse vollzogen: Der Hohe Rat, die höchste religiöse Instanz Israels, handelt nicht im Namen Gottes, sondern gegen Gott. Wenn die Hohenpriester der Gemeinde drohen, dann ist das nichts anderes als das leere und nichtige „Toben der Heiden" aus Ps 2. Deshalb kann das Gebet nun zu seinem Abschluß kommen. Die Versammlung bittet Gott, zu handeln und seinen Plan, seinen Ratschluß auszuführen, hinter dem seine Schöpfermacht steht, von der schon zu

Beginn des Gebetes die Rede war. Es ist zugleich die Bitte um Freimut und eben damit Bitte um den Heiligen Geist.

Man sieht, wie konkret und situationsbezogen diese Versammlung betet. Sie lebt von einer intensiven Geschichtstheologie. Sie deutet ihre eigene Situation aus dem früheren Handeln und Sprechen Gottes und verbindet ihr Geschick mit dem Geschick Jesu. Dabei wagt sie es, die Schrift unmittelbar auf ihr Hier und Heute zu beziehen. Lukas will in 4,23–31 deutlich machen, daß das kritische Prüfen der eigenen Situation und das Suchen nach dem aktuellen Willen Gottes auf der Grundlage biblischer Geschichtstheologie in die Versammlungen der Ekklesia hineingehören.

Als die Versammlung ihr Gebet beendet hat, erbebt der Ort, an dem sie zusammengekommen ist, und alle werden mit Heiligem Geist und mit Freimut erfüllt. Ihr Gebet ist also schon erhört! Eben darauf weist das Beben des Bodens hin. Zugleich soll es aber ausdrücken, welch ungeheure Kraft das Gebet einer *einmütig* versammelten Gemeinde hat. Es bewegt Berge (vgl. Mk 11,22–24).

Die Versammlung von Apg 4,23–31 markiert einen Wendepunkt der Gemeindegeschichte: Die junge Kirche ist zum ersten Mal auf den Widerstand der jüdischen Obrigkeit gestoßen. Deshalb endet mit dieser Versammlung auch der erste Abschnitt der Apostelgeschichte. Der folgende Abschnitt (4,32–5,42) verstärkt das Bild vom Miteinander der Jerusalemer Gemeinde, zeigt aber auch, wie sich der Konflikt mit dem Hohen Rat vertieft. Lukas beginnt diesen neuen Abschnitt mit einem zweiten Summarium. Anschließend erzählt er die Geschichte von Hananias und Saphira, fügt ein drittes Summarium an und berichtet schließlich von der erneuten Verhaftung der Apostel. Wieder wird ihnen verboten, im Namen Jesu zu predigen, und wieder gehorchen sie Gott mehr als den Menschen. Sie verkünden offen das Evangelium von Jesus, dem Messias (5,42).

Dann kommt innerhalb des Erzählgefüges der Apostelgeschichte ein tieferer Einschnitt, und auch er wird durch eine ausführlich erzählte Gemeindeversammlung gekennzeichnet. Die Gemeinde ist größer geworden; die Faszination, die von ihr ausgeht, führt ihr immer neue Menschen zu. Hängt es mit ihrem Wachstum zusammen, daß nun Streit und Rivalität in ihr ausbrechen?

In diesen Tagen, als die Zahl der Jünger zunahm, kam es zu einem Mur-
ren der Hellenisten gegen die Hebräer, weil die Witwen der Hellenisten
bei der täglichen Versorgung übersehen wurden. (Apg 6,1)

Wir brauchen auf die historischen Fragen, die Apg 6,1–7 aufwirft, nicht
einzugehen. In unserem Zusammenhang kommt es allein darauf an, zu
beachten, wie Lukas die Entstehung und den Ablauf einer Versammlung schildert.

Er benennt zunächst einmal den Konflikt. Die Tiefe des Konflikts
wird von ihm keineswegs verharmlost. Denn er spricht von einem
„Murren" in der Gemeinde. Er ist also überzeugt, daß sich hier das ungläubige Aufbegehren des Gottesvolkes während seiner Wüstenzeit wiederholt. Wie damals geht es auch hier ums Essen. Zur Lösung des Konflikts ergreifen die Zwölf die Initiative, denn sie sind für die Einmütigkeit der Gemeinde in besonderer Weise verantwortlich:

Da riefen die Zwölf die Menge der Jünger zusammen und erklärten: „Es
ist nicht recht, daß wir das Wort Gottes vernachlässigen, um den Tisch-
dienst zu besorgen. Brüder, sucht aus eurer Mitte sieben anerkannte
Männer aus voll Geist und Weisheit. Ihnen werden wir diese Aufgabe
übertragen. Wir aber wollen uns dem Gebet und dem Dienst am Wort
widmen." Der Vorschlag fand den Beifall der ganzen Menge, und sie er-
wählten Stephanus, einen Mann erfüllt vom Glauben und vom Heili-
gem Geist, ferner Philippus und Prochorus, Nikanor und Timon, Par-
menas und Nikolaus, einen Proselyten aus Antiochien. (Apg 6,2–5)

Die Zwölf rufen „die Menge der Jünger" zusammen, also die Gesamtgemeinde. Im Sinne des Lukas haben wir uns vorzustellen, daß nun zunächst über den Konflikt und all seine Aspekte gesprochen wird. Dann
machen die Apostel einen Lösungsvorschlag. Er besteht darin, daß die
Verantwortlichkeiten innerhalb der Gemeinde klarer aufgeteilt werden – man könnte auch sagen: daß die Struktur der Gemeinde differenzierter wird. Die Gemeinde hat den Auftrag, neue Menschen zu
gewinnen, damit sich das endzeitliche Israel sammelt. Sie hat aber
genauso den Auftrag, die gerechte Gesellschaft Gottes, in der es keine
Armen mehr gibt, zu leben. Der Verkündigungsauftrag der Gemeinde

soll künftig die besondere Aufgabe der Zwölf sein, die Sorge um die messianische Gesellschaftsgestalt der Kirche die Aufgabe der Sieben.

Der Vorschlag der Zwölf findet die Zustimmung der ganzen Versammlung. Es wird über ihn nicht abgestimmt; die Gemeinde muß sich einmütig entscheiden. Fände sie nicht zur Einmütigkeit, müßte sie die Entscheidung vertagen. Die Versammlung wählt – wohl aus einer größeren Zahl erprobter Männer – sieben aus, wahrscheinlich durch Losentscheid, so wie es Lukas in Apg 1,23–26 bei der Wahl des Matthias geschildert hatte[388]. Nach der Wahl werden die Sieben durch Gebet und Handauflegung zu ihrem Amt bestellt. Wichtig ist die Schlußnotiz, die Lukas in sprachlicher Anlehnung an Ex 1,7 noch anfügt. Sie zeigt, daß das erneute Wachsen der Gemeinde auch eine Folge der neu gefundenen Struktur ist:

Und das Wort Gottes breitete sich aus. Die Zahl der Jünger in Jerusalem wuchs sehr stark; auch eine große Schar von Priestern wurde dem Glauben gehorsam. (Apg 6,7)

Die nächste Schilderung einer Versammlung begegnet wieder an einem Wendepunkt der Gemeindegeschichte: Die Verfolgung der Ekklesia, die nach der Wahl der Sieben losbricht, bewirkt das Gegenteil von dem, was sie beabsichtigt hatte: Die Kirche dehnt sich in Tochtergemeinden über ganz Judäa und Samarien bis nach Antiochien aus. Und in Antiochien beginnt dann die Ausbreitung des Evangeliums nach Kleinasien und Griechenland. Sie wird in der Apostelgeschichte anhand der Missionsreisen des Paulus dargestellt. Dieser sprunghafte und zunächst für niemanden vorstellbare Siegeszug des Evangeliums durch die Mittelmeerländer fängt mit einer unscheinbaren Versammlung an, von der noch keiner ahnt, was sie in Gang setzen wird:

In Antiochien gab es in der Gemeinde Propheten und Lehrer: Barnabas und Simeon, genannt Niger, Luzius von Zyrene, Manaën, ein Jugendgefährte des Tetrarchen Herodes, und Saulus. Als sie nun dem Herrn dienten und fasteten, sprach der Heilige Geist: „Sondert mir Barnabas und Saulus zu dem Werk aus, zu dem ich sie berufen habe." Da

fasteten und beteten sie, legten ihnen die Hände auf und entließen sie.
(Apg 13,1–3)

Lukas hat hier alte Tradition aus der Gemeinde von Antiochien zur Verfügung. Propheten und Lehrer spielen noch eine wichtige Rolle. In einer Versammlung „spricht" der Heilige Geist, man solle Barnabas und Saulus zur Missionsarbeit aussenden. Der Text scheint vieles in der Schwebe zu lassen. Will er sagen, daß sich nur die Propheten und Lehrer versammelten oder die ganze Gemeinde? Zog sich der „Dienst vor dem Herrn" – es ist wohl an eine oder mehrere Gebetsversammlungen gedacht – über längere Zeit hin oder hat Lukas nur einen einzigen Gottesdienst vor Augen? Vor allem aber: Fanden Beratungen über die missionarische Arbeit der Gemeinde statt und wird deren Ergebnis als „Sprechen" des Heiligen Geistes charakterisiert oder meint der Text einen genuinen Prophetenspruch?

Vor dem Hintergrund biblischer Prophetie ist eher mit einem knapp gefaßten charismatischen Prophetenspruch zu rechnen, der von der übrigen Versammlung bestätigt wird. Rein von der Prozedur her gesehen gibt es ja viele Weisen, wie Gott reden kann. In biblischer Zeit waren Träume und Visionen, Auditionen und der prophetische Wortempfang von außerordentlicher Wichtigkeit. Heute spielt das alles in der Kirche – außer in Randgruppen – kaum noch eine Rolle. An ihre Stelle sind, wie in der modernen Gesellschaft insgesamt, eher die gemeinsame Beratung und der Diskurs getreten. Die kulturelle Form gläubiger Erkenntnisfindung wandelt sich in jeder Epoche, und Gott kann sich jeder Form bedienen, um sich mitzuteilen.

Und doch geschieht es in lebendigen, vom Neuen Testament her geformten Gemeinden auch heute, daß in ihren Versammlungen ein Wort wie ein Blitzstrahl die Situation der Versammelten aufdeckt, Dinge klärt oder Schritte in die Zukunft weist. Es gibt auch heute Propheten – nämlich Menschen, die mit ihrer ganzen Existenz glauben und denen von Gott die Gabe der Unterscheidung geschenkt worden ist. Prophetie ist ja nicht nur Vorausschau (Prognose), sondern zuerst und vor allem Unterscheidung (Diagnose).

Den mit der Gabe der Unterscheidung Begabten gelingt es immer wieder, die wirkliche Lage von Kirche und Welt zu sehen. Sie decken

falsche Bilder auf, die der Einzelne oder die ganze Gemeinde von sich
selbst haben. Sie betrachten die Welt im gebündelten Licht des Evangeliums. Sie erkennen, was konkret zu tun ist. Im Ernstnehmen solcher
Menschen und ihres prophetischen Charismas unterscheidet sich die
vom Neuen Testament her geformte Gemeinde von allen Versammlungen unserer Gesellschaft, in denen endlos Meinungen aufeinanderpral-
len, weil die eigene Position oder die Position der eigenen Gruppe bedingungslos verteidigt wird.

Wie immer sich die in Apg 13,1–3 geschilderte Versammlung im
Sinne des Erzählers abgespielt hat – wir müssen die theologische Aussage ernst nehmen, daß in ihr der Heilige Geist gesprochen hat. Sicher
scheint auch, daß wenigstens am Ende der geschilderten Vorgänge, als
Barnabas und Saulus feierlich ausgesandt werden, die Gesamtgemeinde als anwesend gedacht ist. Denn als sie von ihrer Missionsarbeit auf
Zypern und in Kleinasien wieder zurückkehren, wird die ganze Gemeinde zusammengerufen:

> *Von dort (von Attalia in Kleinasien) aus segelten sie nach Antiochien,
> wo man sie für das Werk, das sie nun vollbracht hatten, der Gnade Got-
> tes empfohlen hatte. Als sie dort angekommen waren, riefen sie die Ge-
> meinde zusammen und berichteten alles, was Gott mit ihnen zusammen
> getan und daß er den Heiden eine Tür zum Glauben geöffnet hatte.
> (Apg 14,26 f)*

Apg 13,1–3 macht neben dem schon Gesagten deutlich, daß damals die
Bildung neuer Gemeinden nicht die Sache einer über allem schweben-
den kirchlichen Verwaltung war, sondern die Aufgabe der Gemeinden
selbst. Sie waren dann freilich auch verpflichtet, mit ihren Tochtergemeinden in ständiger Verbindung zu bleiben, sie zu stärken und ihnen bei Notlagen oder in Konflikten zu helfen.

Wurden die Konflikte zu groß, konnte es durchaus sein, daß man die
Mutter aller Gemeinden, die Kirche von Jerusalem, um Hilfe bitten
mußte. Von einem solchen Fall berichtet Lukas exemplarisch in Apg
15,1–35. Es ist zugleich die letzte große Gemeindeversammlung, die er
schildert[389]. Auch diese Versammlung markiert bei ihm einen Wendepunkt in der Geschichte der Ekklesia. Die Versammlung wird ausgelöst

durch einen Konflikt, der damals die gesamte Kirche zu spalten drohte. Es ging um die Frage, ob Heiden, die zur Kirche drängen, vor ihrer
Aufnahme in das endzeitliche Israel beschnitten werden müssen oder
nicht, ob sie an die Befolgung der ganzen Tora gebunden sind oder
nicht – eine Frage, die sich auf dem Boden der intensiven Mission der
antiochenischen Gemeinde immer drängender stellte.

Auch hier kann es uns nicht um die historische Rückfrage und Rekonstruktion gehen, so sinnvoll sie ist. Wir achten allein auf die Linien
der lukanischen Darstellung. Denn Lukas will nicht nur zeigen, was
einst in der Ursprungszeit der Kirche geschah. Er blickt auch und vor
allem in die eigene kirchliche Gegenwart und führt vor Augen, wie
Konflikte solcher Art in der Kirche geregelt werden können.

Zunächst einmal: Der Name „Apostelkonzil" trifft die Sache nicht
ganz. Was Lukas schildert, ist eine Versammlung der Jerusalemer *Gemeinde*, an der auch eine Delegation aus Antiochien mit Barnabas und
Paulus teilnimmt. In 15,6 heißt es zwar:

*Da versammelten sich die Apostel und die Ältesten, um die Frage zu
prüfen.*

Aber die Ältesten gehören der Jerusalemer Gemeinde an, und zuvor ist
die antiochenische Delegation von der gesamten Gemeinde empfangen
worden:

*Bei ihrer Ankunft in Jerusalem wurden sie von der Gemeinde, den Apo-
steln und Ältesten empfangen. Sie berichteten alles, was Gott mit ihnen
zusammen getan hatte. (Apg 15,4)*

Und am Ende, als man sich geeinigt hat, heißt es:

*Da beschlossen die Apostel und die Ältesten zusammen mit der gan-
zen Gemeinde, Männer aus ihrer Mitte auszuwählen und sie zusammen
mit Paulus und Barnabas nach Antiochien zu senden, nämlich Judas,
genannt Barsabbas, und Silas, führende Männer unter den Brüdern.
(Apg 15,22)*

So ist deutlich: Lukas will eine Versammlung der Gesamtgemeinde schildern, will dabei aber auch die amtliche Funktion der Apostel und der Ältesten herausstellen.

Sodann: Lukas hat wie in Apg 6,1–7 kein Interesse daran, die Tiefe des Konflikts zu verdecken. Der Konflikt war ausgelöst worden, als Leute aus Judäa (auf eigene Faust?) nach Antiochien gekommen waren und die Beschneidung der neu bekehrten Heiden gefordert hatten. Lukas schreibt, ihre Ankunft habe „große Aufregung und heftigen Streit" ausgelöst (15,1 f).

Auch die Gemeindeversammlung in Jerusalem beginnt mit erbittertem Streit (15,7). Aber am Ende findet die Versammlung zur Einmütigkeit, so daß eine Delegation nach Antiochien geschickt werden kann mit einem Brief, der die folgende Einigungsformel enthält: Die Heidenchristen brauchen sich nicht beschneiden zu lassen, sollen sich aber an das halten, was gemäß Lev 17,10–14 von jedem Fremden, der in Israel lebt, verlangt wird: Sie dürfen keine ungeschächteten Tiere und keine mit Blut vermischten Speisen essen. Außerdem dürfen sie kein Götzenopferfleisch essen und keine Ehe innerhalb von Verwandtschaftsgraden schließen, die für Juden verboten sind (15,29). Doch wie ist es zu dieser Verständigung und damit zur Einmütigkeit gekommen?

Der erste Schritt zur Einigung besteht darin, daß Petrus das Wort ergreift. Er sagt sinngemäß: Gott selbst hat schon gehandelt und damit die Sache bereits entschieden. Mit dieser Aussage erinnert Petrus an die Bekehrung des römischen Hauptmanns Kornelius und seines Hauses (Apg 10). Das war zwar ein Einzelfall. Aber an diesem Einzelfall ist offenbar geworden, was Gott will. Auf Kornelius und die Seinen kam der Heilige Geist genauso herab wie am Pfingsttag auf die damals Versammelten. Und wer glaubt und den Geist empfangen hat, ist nicht mehr unrein, sondern rein. So hat also Gott selbst schon entschieden, und jetzt kommt es nur noch darauf an, daß sich die Gemeinde diese Entscheidung Gottes gehorsam zu eigen macht.

Als Petrus seine Rede beendet, schweigt die Versammlung (15,12). Man darf diesen kleinen Satz nicht überlesen. Wo gibt es das in unserer Gesellschaft, daß eine ganze Versammlung, die über schwierige Fragen debattiert, plötzlich schweigt? Das Schweigen der Gemeinde ist Zustimmung zu dem, was Petrus vorgetragen hat. Es ist aber auch ein schweigendes Sich-Hinneigen zu dem, was wohl der Wille Gottes sein könnte.

Nach der Rede des Petrus sind auch Barnabas und Paulus in der Lage, der Versammlung zu berichten, welche Zeichen und Wunder Gott durch ihre Verkündigung unter den Heiden getan hat. Ihre Argumentation bewegt sich auf derselben Ebene wie die des Petrus: Sie weisen hin auf das, was schon geschehen ist. Gott spricht durch die Ereignisse. Man muß sie nur genau und mit den Augen des Glaubens betrachten.

Dann ergreift Jakobus das Wort. Er argumentiert auf einer anderen Ebene, die genauso notwendig ist: Jakobus betrachtet die Streitfrage im Licht der Heiligen Schrift:

Brüder, hört mich an! Simon hat dargelegt, wie Gott selbst begonnen hat, sich aus den Heiden ein Volk für seinen Namen zu gewinnen. Damit stimmen die Worte der Propheten überein, die geschrieben haben: „Danach werde ich mich umwenden und die zerfallene Hütte Davids wieder aufbauen; ich werde sie wieder aufbauen aus ihren Trümmern und sie wiederherstellen, damit auch die übrigen Menschen den Herrn suchen und alle Heiden, über denen mein Name ausgerufen ist – spricht der Herr, der das ausführt, was ihm bekannt ist von Ewigkeit her." Darum urteile ich, man solle denen, die sich aus den Heiden zu Gott bekehren, keine Schwierigkeiten machen (…). (Apg 15,14–19)

Diese Zusammenstellung von Prophetenzitaten – es ist eine Kombination von Amos 9,11 f mit Jesaja 45,21 – will zeigen, daß zunächst Israel, „die zerfallene Hütte Davids", wiederhergestellt werden mußte. Dies ist in den nachösterlichen Gemeinden geschehen oder hat sich zumindest angebahnt und deshalb können jetzt die Heiden hinzukommen. Jakobus argumentiert also mit der in der Schrift verheißenen Völkerwallfahrt (vgl. I 4). In ihr ist der springende Punkt, daß zuerst Israel selbst zur strahlenden Stadt werden muß, bevor sich die Völker zu ihm auf den Weg machen können[390]. Für Jakobus ist diese Völkerwallfahrt bereits im Gang, und deshalb darf niemand das Hinzuströmen der Heiden zum endzeitlichen Israel aufhalten. Es würde aber aufgehalten, wenn man von den Heiden die Beschneidung forderte[391].

Die Rede des Jakobus führt zur endgültigen Einigung. Im Sinne des Lukas hat dabei wohl auch geholfen, daß Jakobus nach seiner Argumentation mit Hilfe der Schrift die oben schon genannten Punkte der Einigungsformel vorschlägt; sie zielen alle darauf ab, die Tischgemeinschaft zwischen Judenchristen und Heidenchristen zu ermöglichen.

Als wesentlich für den Erfolg dieser Versammlung erweist sich das Erzählen dessen, was schon geschehen ist. Indem sich die Gemeinde vor Augen stellt, was sich in den letzten Monaten und Jahren ereignet hat, bereitet sie den Boden für die Lösung der Streitfrage vor. Das, was geschah, wird als Handeln Gottes gedeutet[392]:

Sie berichteten alles, was Gott mit ihnen zusammen getan hatte.
(Apg 14,27; 15,4)

Die vergangenen Ereignisse werden aber nur als Handeln Gottes erkennbar, weil sie im Licht der Heiligen Schrift betrachtet werden. Was Jakobus entfaltet, ist eine dezidierte Geschichtstheologie auf der Basis der biblischen Prophetie. Diese Geschichtstheologie hilft, die jüngste Vergangenheit zu verstehen und sie in die Heilsgeschichte einzuordnen. Deshalb endet das Schriftzitat auch mit der Nennung des Planes Gottes („… was Gott bekannt ist von Ewigkeit her"). Wichtig ist schließlich, daß dies alles auf dem Boden der Muttergemeinde zu Jerusalem geschieht – dort, wo die Zeugen leben, „die von Anfang an dabei waren" (Apg 1,21 f), – und daß die Versammlung bereit ist, auf das Wort dieser Zeugen zu hören.

Brechen wir an dieser Stelle unseren Gang durch das Zweite Buch des Lukas ab! Es ging ja nicht um die Geschichte der Urkirche und auch nicht in erster Linie um die Komposition der Apostelgeschichte. Es ging darum, daß für Lukas die Kirche ohne ihre Versammlungen nicht vorstellbar ist. Er hat deshalb schon am Anfang seines Zweiten Buches die Zeit zwischen Himmelfahrt und Pfingsten als ständige Versammlung, ja als das Urbild aller Versammlungen geschildert und dann in den Kapiteln 1–15 an sämtlichen Wendepunkten der Geschichte der Ekklesia von Gemeindeversammlungen erzählt.

Diese Versammlungen sind nicht nur Eucharistiefeiern. Von der Feier der Eucharistie redet Lukas nur sehr selten. Es sind vielmehr Versammlungen, in denen alles zur Sprache kommt, was die Gemeinde bewegt: die Anfeindungen von außen, die Not der Verfolgung, der Streit von innen, die Versorgung der Armen, die Sorge um die Mission, die Berichte der heimkehrenden Brüder, die Schaffung neuer Dienste, die Differenzierung der Gemeindestruktur.

Man könnte diese Liste noch bedeutend verlängern, wenn man die Behandlung konkreter Gemeindeprobleme in den Paulusbriefen hinzunähme. Die Paulusbriefe spiegeln in einem erstaunlichen Ausmaß den Stoff von Gemeindeversammlungen junger Missionsgemeinden wider. Sie wurden ja auch in Versammlungen vorgelesen und besprochen (vgl. Kol 4,16 f.).

Die Praxis solcher Versammlungen bricht mit dem Ende der apostolischen Zeit keineswegs ab. Ignatius von Antiochien etwa schreibt an die Gemeinde in Philadelphia[393]:

> *Da mir gemeldet wurde, daß die Kirche zu Antiochien in Syrien auf Grund eures Gebetes und auf Grund der herzlichen Teilnahme, die ihr in Christus Jesus erwiesen habt, Frieden genießt, ziemt es sich für euch als eine Kirche Gottes, einen Diakon auszuwählen, der als Gesandter Gottes dorthin reisen soll, um sie in g e m e i n s a m e r V e r s a m m l u n g zu beglückwünschen und den Namen (Gottes) zu preisen. (Ign Philad 10,1)*

Der Briefausschnitt zeigt die communio der Gemeinden untereinander, und er zeigt, was alles Stoff von Gemeindeversammlungen sein konnte. Im sogenannten Barnabasbrief heißt es[394]:

> *Verkriecht euch nicht in euch selbst und sondert euch nicht ab, als wäret ihr schon gerechtfertigt, sondern kommt z u g e m e i n s a m e r V e r s a m m l u n g zusammen und sucht miteinander nach dem, was der Gesamtheit nützlich ist. (Barn 4,10)*

Diese Art der Versammlung, in der alle gemeinsam das suchen, „was der Gesamtheit nützlich ist", nämlich das, was die Gemeinde aufbaut, ging erst verloren, als die Kirche zur Massenkirche wurde. Von da an war fast nur noch die kultische Versammlung möglich. Selbstverständlich ist die

Feier des Herrenmahls von Anfang an die wichtigste Versammlung und die verbindende Mitte aller anderen Versammlungen gewesen. Und doch waren diese anderen Versammlungen, die Lukas so ausführlich schildern kann und für die es aus apostolischer und nachapostolischer Zeit viele Belege gibt[395], für die Kirche lebensnotwendig. Sie waren in den übergroß gewordenen Gemeinden der Reichskirche nicht mehr möglich, stellten sich aber überall, wo die Kirche lebendig wurde, sofort wieder ein[396].

In diesen Versammlungen ist Raum zum Berichten dessen, was die Gemeinde bewegt und was ihr seit ihrer letzten Zusammenkunft widerfahren ist. Dort kann es erzählt und gedeutet werden. Es sind aber nicht nur die Erfahrungen aus dem Binnenraum der Gemeinde, die hier zur Sprache kommen. Auch alles, was in der Gesellschaft geschieht und sie umtreibt, der ganze Stoff der Welt, der Geschichte und der Kultur kann und soll in das gemeinsame Gespräch eingeholt und zur Anrede Gottes werden.

In diesen Versammlungen kommt das kritische Wissen, das in der langen Aufklärungsgeschichte des Gottesvolkes angesammelt wurde, als Kraft der Unterscheidung zum Vorschein. Zum Vorschein kommt aber auch das ganze Potential an Erfahrung, das sich in den Versammlungen der Gemeinde selbst angehäuft hat: in ihnen wurden ja über Generationen hin viele Schicksale und die Geschichte vieler Einzelner begleitet und mitgetragen. Es wurde handgreiflich erlebt, was den Menschen unfrei macht und was ihn befreit, warum er krank ist und was ihn heilen kann. Die Wände der Versammlung sind gleichsam von Geschichten gesättigt.

Die Gemeindeversammlung ist darüber hinaus der Ort brüderlicher und schwesterlicher Zurechtweisung. Für die frühchristlichen Gemeinden war sie noch eine Selbstverständlichkeit. Immer wieder ist von ihr in der neutestamentlichen Briefliteratur die Rede[397]. In dem wohl ältesten Brief des Neuen Testamentes schreibt Paulus der Gemeinde von Thessalonich:

Wir ermahnen euch, Brüder: Weist die zurecht, die ein unordentliches Leben führen, ermutigt die Ängstlichen, nehmt euch der Schwachen an, seid geduldig mit allen. (1 Thess 5,14)

Dieser kleine Briefausschnitt konkretisiert geradezu ein Stück Gemeindeversammlung. Sie ist nicht möglich ohne das offene Gespräch und ohne die geduldige Zurechtweisung, die Ängstliche ermutigt, Schwache aufrichtet, Lasten, die einer tragen muß, mit übernimmt (Gal 6,1 f) und diejenigen, die sich schuldig gemacht haben, wieder auf den richtigen Weg bringt.

Ohne Zurechtweisung gibt es kein ernsthaftes Leben im Glauben. Denn der vereinzelte Christ ist nicht in der Lage, sich aus seinen Selbsttäuschungen zu lösen. Er braucht die Erfahrung, die Urteilskraft und den entschiedenen Rat der anderen. Jeder darf sich immer wieder helfen lassen. Selbstverständlich muß dabei die Freiheit des Einzelnen ernst genommen werden. Das offene Wort ihm gegenüber darf es nur geben, wenn er es zuläßt und wenn er selbst will, daß ihm geholfen wird.

Niemals darf sich die Versammlung einen Sündenbock suchen. Jede Schuld ist geteilte Schuld, und jeder muß sich fragen, ob nicht sein eigener Unglaube und sein eigenes Versagen mit schuld sind am Versagen des Bruders oder der Schwester.

Die Versammlung ist aber nicht nur der Ort gegenseitiger Zurechtweisung, sondern auch der Ort der ständigen Versöhnung. Wenn Petrus fragt, wie oft er sich mit seinem Bruder versöhnen müsse und gesagt bekommt: siebenundsiebzigmal (Mt 18,21 f), dann steht hinter dieser Episode nicht nur das Wort Jesu, sondern auch die Praxis der neutestamentlichen Gemeinden, die wußten, daß sie ohne unablässige Versöhnung keine Woche als Gemeinde überleben würden, die aber auch wußten, daß sich diese Versöhnung nicht in leeren Formeln erschöpfen durfte. Der Boden gegenseitiger Versöhnung ist die Versammlung. In ihr können Lösungen für einen neuen Anfang gefunden werden. In ihr wird reale Umkehr möglich. Die Gemeindeversammlung ist der Ort, wo in der Kirche Kult und Leben zusammenfinden, und wo die Versöhnung zum Ernstfall wird.

Die gemeinsame Versammlung ist schließlich der Ort, wo sich die Gemeinde immer wieder fragen kann, was ihr Weg, was ihr nächster Schritt, was der konkrete Wille Gottes für sie ist. Woche um Woche muß sie in ihren Versammlungen darum ringen, wie sie Werkzeug Gottes für die Welt werden kann. Insofern hat die Versammlung, genauso wie die Kirche selbst, eschatologische Qualität. Sie ermöglicht ungeteilte, ganz auf die Gottesherrschaft ausgerichtete Existenz, indem sie das gesamte Leben der Gemeindemitglieder für den Willen Gottes öffnet. Die Versammlung versucht immer wieder, die Welt mit den Augen Gottes zu sehen, vom „Ende" her, von dem her, was der Plan Gottes ist. Aber diesen Maßstab muß sie stets von neuem gewinnen. Er widerstrebt dem Menschen, auch dem „Gläubigen", zutiefst.

Die Versammlung gewinnt ihre Kraft erst aus ihrer Einmütigkeit. Dem heutigen Christen ist dieses Wort fremd geworden. Die Exegeten bleiben, wenn es in ihren Texten auftaucht, seltsam sprachlos. Denn Einmütigkeit steht quer zu dem neuen Wunschbild einer demokratisch verfaßten Kirche mit ständigen Abstimmungen und Mehrheitsbeschlüssen. Man kommt aber nicht daran vorbei, daß das Thema der Einmütigkeit innerhalb der neutestamentlichen Paraklese, der apostolischen Mahnrede, zentral ist[398].

Wir haben bereits gesehen, welche Rolle die Einmütigkeit der Versammlung bei Lukas spielt. Er schildert sie als Wunder, als messianisches Zeichen, das aus der Kraft des Heiligen Geistes und dem gemeinsamen Erleben der Taten Gottes möglich wird. In der Gabe der Einmütigkeit, nicht in ihrer Betriebsamkeit, liegt das theologische Geheimnis der Kirche, liegen ihre Kraft und die Faszination, die von ihr ausgehen. Einmütig zu leben ist die erste und wichtigste Mission der Kirche. Nur dann kann es gelingen, die Getrennten aus allen Völkern zu sammeln. Bei Paulus ist es nicht anders als bei Lukas. Er schreibt der Gemeinde in Philippi:

Wenn es also Ermahnung in Christus gibt, Zuspruch aus Liebe, Gemeinschaft des Geistes, herzliche Zuneigung und Erbarmen, dann macht meine Freude dadurch vollkommen, daß ihr eines Sinnes seid, einander in Liebe verbunden, einmütig und einträchtig, daß ihr nichts aus Ehrgeiz und nichts aus Prahlerei tut. Sondern in Demut schätze einer den anderen höher ein als sich selbst. Jeder achte nicht nur auf das eigene Wohl, sondern auch auf das der anderen. (Phil 2,1–4)

An einem solchen Text wird deutlich, daß die Gemeinde kein Gebilde ist, das mit psychologischen oder soziologischen Kategorien adäquat erfaßt werden könnte. Einmütigkeit entsteht noch nicht, wenn sich „Gleichgesinnte" zusammenfinden. Die Menschen sind nicht gleichgesinnt, und sie werden niemals einer Meinung sein. Einmütigkeit entsteht auch nicht, wenn etwas „ausdiskutiert" worden ist, so wichtig die gemeinsame Beratung immer sein wird. Einmütigkeit ist erst recht nicht der resignierte Verzicht auf das Vorbringen der eigenen Meinung.

Einmütig werden heißt vielmehr, sich von Gott selbst auf jenen neuen Boden stellen lassen, den Paulus in Phil 2,1–5 als „Gemeinschaft des Geistes" und als „In-Christus-Sein" benennt. Dieser neue Boden ist ermöglicht worden durch die Lebenshingabe Jesu, von der Paulus anschließend im sogenannten Philipperbrief-Hymnus spricht (2,6–11). Von sich aus können Menschen nicht einmütig werden. Sie können es nur, wenn sie sich einigen lassen auf etwas, das außerhalb ihrer selbst liegt: auf den Willen Gottes, auf sein Werk, auf sein Evangelium, auf die Geschichte, die er in der Welt begonnen hat. Der Ort solcher Einigung ist die Versammlung.

Mit all dem ist wohl deutlich geworden: Die beschriebene Form der Versammlung könnte nicht durch kirchliche Verordnungen eingeführt werden. Sie kann auch nicht eingerichtet werden, wie man etwa einen zusätzlichen Gottesdienst einrichtet. Sie kann nur dort entstehen, wo es die lebendige Geschichte Gottes gibt, von der gerade die Rede war. Und zur Erfahrung dieser Geschichte ist eine umfassende Lebensgemeinschaft notwendig. Wir dürfen aber darauf vertrauen, daß die Form der Versammlung, die einmal die Kraft einer jungen Kirche war, auch den heutigen Gemeinden wieder geschenkt wird.

3. Der intensivste Augenblick der Kirche ist die Erinnerung

Am 16. Januar 1996 hielt der israelische Präsident Ezer Weizmann vor dem Deutschen Bundestag eine Rede, die bis heute unvergessen ist – nicht nur, weil es überhaupt das erste Mal war, daß ein israelischer Präsident die Bundesrepublik besuchte, sondern vor allem deshalb, weil Ezer Weizmann in geradezu biblischer Weise als ein *Sich-Erinnernder* sprach. Zur Verdeutlichung seien hier Ausschnitte vom Anfang und vom Ende seiner Rede wiedergegeben[399]:

(...) Jeder einzelne Jude in jeder Generation muß sich selbst so ver-
stehen, als ob er dort gewesen wäre – dort bei den Generationen, den
Stätten und den Ereignissen, die lange vor seiner Zeit liegen (...). Die
Erinnerung verkürzt die Distanzen. Zweihundert Generationen sind
seit den historischen Anfängen meines Volkes vergangen, und sie erschei-
nen mir wie wenige Tage. Erst zweihundert Generationen sind vergan-
gen, seit ein Mensch namens Abraham aufstand, um sein Land und
seine Heimat zu verlassen und in ein Land zu ziehen, das heute mein
Land ist (...). Erst hundertundfünfzig Generationen sind vergangen
von der Feuersäule des Auszugs aus Ägypten bis zu den Rauchsäulen der
Shoah. Und ich, geboren aus den Nachkommen Abrahams im Lande
Abrahams – war überall mit dabei.
Ich war ein Sklave in Ägypten und empfing die Thora am Berge Sinai,
und zusammen mit Josua und Elijah überschritt ich den Jordan. Mit
König David zog ich in Jerusalem ein, und mit Zedekiah wurde ich von
dort ins Exil geführt. Ich habe Jerusalem an den Wassern zu Babel nicht
vergessen, und als der Herr Zion heimführte, war ich unter den Träu-
menden, die Jerusalems Mauern errichteten. Ich habe gegen die Römer
gekämpft und bin aus Spanien vertrieben worden, ich wurde auf den
Scheiterhaufen in Magenza, in Mainz, geschleppt und habe Thora im
Jemen studiert. Ich habe meine Familie in Kishinev verloren und bin in
Treblinka verbrannt worden (...).
Wir sind ein Volk der Erinnerung und des Gebetes. Wir sind ein Volk
der Worte und der Hoffnung. Wir haben keine Reiche geschaffen, keine
Schlösser und Paläste gebaut. Nur Worte haben wir aneinander gefügt.
Wir haben Schichten von Ideen aufeinandergelegt, Häuser der Erinne-
rungen errichtet und Türme der Sehnsucht geträumt – möge Jerusalem
wieder erbaut werden, möge Frieden schnell zu unseren Zeiten gestiftet
und bereitet werden. Amen.

Diese Art des Sich-Erinnerns hat damals viele bewegt. Andere hatten
zu ihr schon keinen Zugang mehr und nahmen sie eher gelangweilt zur
Kenntnis. Manche nahmen Anstoß. Benjamin Korn, ein in Paris leben-
der deutscher Essayist, schrieb einige Zeit später zur Rede Weizmanns
einen zornigen Kommentar, der uns helfen kann, den Begriff der Erinnerung richtig zu bestimmen[400]:

> *Was (...) wäre geschehen, wenn nach dem israelischen Präsidenten der*
> *deutsche Kanzler Kohl auf die Tribüne gegangen wäre und gesagt hätte:*
> *„Ich war Feldherr im Teutoburger Wald und habe an der Spitze der ger-*
> *manischen Stämme das römische Heer in die Flucht geschlagen"? Er hät-*
> *te schallendes Gelächter geerntet, man hätte schwere Schizophrenie dia-*
> *gnostiziert und ihn dahin gebracht, wo alle sind, die sich für Napoleon,*
> *Alexander, Friedrich den Großen, Hermann den Cherusker oder den*
> *Mann Moses halten. Der Wahngehalt der beiden Sätze ist absolut iden-*
> *tisch. Nur einmal ist es religiöser und einmal ordinärer Wahn. Hier*
> *Zwangsjacke, da Gänsehaut.*

Aber sind die Sätze „Ich empfing die Thora am Berge Sinai" und „Ich war Feldherr im Teutoburger Wald" in ihrer Struktur wirklich identisch? Die Kulturwissenschaften sprechen heute von „kollektivem Gedächtnis" und unterscheiden dabei sorgfältig zwischen „kommunikativem" und „kulturellem Gedächtnis"[401].

„Kommunikatives Gedächtnis" ist das, was einer Generation (nicht dem Einzelnen) an konkreter Geschichte gegenwärtig ist. Dieses Wissen wird selbstverständlich durch Schule und Medien immer wieder erweitert, reicht aber trotzdem nicht über mehr als drei Generationen zurück. Was über den Zeitraum des Noch-davon-hören-Könnens hinaus geht, wird als – vielleicht interessantes – Faktum gewußt, „bedeutet" aber nichts. Die Hauptmasse des kommunikativen Gedächtnisses verschiebt sich also mit der Generationenfolge linear nach vorne.

Das „kulturelle Gedächtnis" eines Volkes oder einer bestimmten Gruppe ist etwas anderes. Es antwortet auf die Frage: „Was dürfen wir auf keinen Fall vergessen?" Es begründet die Identität, das Wir-Bewußtsein des Volkes beziehungsweise der sich erinnernden Gruppe. Das kulturelle Gedächtnis überliefert mehr als interessante Fakten. Es überliefert Sinn. Es stiftet Gemeinschaft, indem es eine gemeinsame Sinnwelt vermittelt. Es braucht dazu nicht den gesamten Geschichtsablauf zu überblicken. Ihm reicht oft schon die Anfangszeit. Es sammelt nicht Ereignisse, sondern es wählt aus. Es listet nicht auf, sondern es erzählt oder setzt Symbole. „Nur *bedeutsame* Vergangenheit wird erinnert, nur *erinnerte* Vergangenheit wird bedeutsam"[402].

Man kann darüber streiten, was am Ende des 20. Jahrhunderts überhaupt zum „kulturellen Gedächtnis" der Deutschen gehört. Die Schlacht im Teutoburger Wald jedoch mit Sicherheit nicht. Wahrscheinlich hat sie in den Zeiten nationaler Besessenheit – von den Freiheitskriegen gegen Napoleon bis zu Hitler – dazu gehört. Jetzt nicht mehr. Hermann der Cherusker begründet nicht mehr die Identität der Deutschen. Hingegen sind die Erzählungen von der Befreiung Israels aus Ägypten und vom Empfang der Tora am Sinai grundlegend für das jüdische Bewußtsein. Diesen schwerwiegenden Unterschied übersieht Benjamin Korn.

Vielleicht weiß er auch gar nicht, was ein jüdisches Fest ist. In der Rede Ezer Weizmanns bildet ja die kultische Vergegenwärtigung, die in der Pesach-Nacht geschieht, den ständigen Hintergrund. Wenn Weizmann sagt: „Jeder einzelne Jude in jeder Generation muß sich selbst so verstehen, als ob er dort gewesen wäre" spielt er auf einen Satz aus der Liturgie des Pesach-Abends an, wo es heißt[403]:

In jeder Generation ist jeder verpflichtet, sich so anzusehen, als ob er selbst aus Ägypten gezogen wäre.

Diese Gleichzeitigkeit aller Generationen mit den Heilsereignissen der Vergangenheit, die im Fest zustandekommt, ist bereits in der Tora selbst formuliert[404]. Sie ist geradezu ein Gestaltungsprinzip des Buches Deuteronomium, in dem siebzigmal das „Heute" erklingt[405], zum Beispiel in 5,2 f:

Der Herr, unser Gott, hat am Horeb einen Bund mit uns geschlossen. Nicht mit unseren Vätern hat der Herr diesen Bund geschlossen, sondern mit uns, die wir h e u t e hier stehen, mit uns allen, mit den Lebenden.

Im Augenblick, da diese Sätze in Dtn 5,2 f von Mose gesagt werden, sind seit dem Bundesschluß am Sinai (= Horeb) Jahrzehnte vergangen. Eine ganze Generation ist in der Wüste gestorben. Und doch steht auch die neue Generation und mit ihr alle künftigen Generationen, die das Fest der Bundeserneuerung begehen, am Sinai. Und damit das *Heute* in seiner ganzen Radikalität deutlich wird, sagt der Text: Der Bund wurde gar nicht mit den Vätern geschlossen. Mit uns heute wird er geschlossen. Mit uns geschieht das, was einst geschehen ist. Heute fängt alles erst an.

Dieses Bewußtsein ist dann in Israel nie mehr abgerissen. Für alle gläubigen Juden, und nicht nur für sie, ist beim Pesach-Mahl die Vergegenwärtigung der Gründungsgeschichte des Gottesvolkes eine Selbstverständlichkeit. Solches Erinnern mit der Erinnerung der Deutschen an einen Hermann aus dem Teutoburger Wald gleichzusetzen, ist die eigentliche Geisteskrankheit.

Was vielleicht am schlimmsten ist: Benjamin Korn bringt die Freiheitskämpfe der Völker mit dem Leiden der Juden auf eine Ebene. Gegen Freiheitsbewegungen ist nichts zu sagen, solange sie nicht das Recht mit Füßen treten und in blindwütigen Nationalismus ausarten. Auch in Israel hat es Freiheitskämpfe in allen Schattierungen gegeben, bis zum fanatischen Römerhaß. Aber es gab eben auch – und das war es, was die Juden über die Jahrhunderte getragen und am Leben erhalten hat – Widerstand und Leiden für die *Freiheit zum Glauben*, für einen Glauben, der nicht Menschenmacht anbetet, sondern Gott. Dieser Widerstand bedeutete jahrhundertelange Verfolgung und oft das Martyrium.

Wenn die jüdische Erinnerung nur auf der Ebene germanischer Guerillakämpfe verliefe, gäbe es längst keine Juden mehr oder es hätte niemand in der Welt etwas gegen sie. Aber die „gefährliche Erinnerung", die Israel in die Welt gebracht hat, reicht viel tiefer. Es ist die unauslöschliche Erinnerung, daß es ein Gewissen gibt, daß es Schuld gibt, daß es den *einen* Gott gibt, daß er in der Welt handelt, daß er eine gerechte Gesellschaft will, in der nicht die Macht das Recht hat. Das unfaßbare Unternehmen Hitlers, die europäischen Juden fließbandmäßig auszurotten, war der Versuch, diese Erinnerung endgültig loszuwerden. Anders ist der Holocaust nicht zu begreifen.

Der Holocaust ist heute für Israel neben den biblischen Gründungserzählungen zu einer neuen kollektiven Erinnerung geworden, die längst „Gründungscharakter" angenommen hat. Dabei zeigt sich noch einmal, daß die Ereignisse, die das Innerste Israels, seine Erinnerung und sein Gedächtnis konstituieren, mitten in der Geschichte liegen und unlösbar mit seinem Glauben verbunden sind.

Die Nachbarn des alten Israel haben ihr kulturelles Gedächtnis auf kosmische Mythen gegründet. In Ägypten wurde erzählt, wie Horus, der Gott Unterägyptens, und Seth, der Gott Oberägyptens, in der Vorzeit die beiden Länder zum pharaonischen Reich zusammenbrachten. „Der Staat, den der König beherrscht, ist das Resultat einer Vereinigung, die in der mythischen Urzeit die beiden Götter vollbracht haben und die jeder König bei Herrschaftsantritt und in der Ausübung seiner Herrschaft neu vollbringt"[406]. Der Mythos von Horus und Seth war der Gründungsmythos Ägyptens.

Israels Gedächtnis gründet nicht auf einem Geschehen in der Götterwelt, sondern in der realen Geschichte, nicht auf einem Geschehen in mythischer Ferne, sondern in einer Zeit, da der ägyptische Staat schon fast 2000 Jahre lang existiert. Vor allem aber: Für das Bewußtsein der alten Ägypter war das, was einst in ihrer mythischen Ursprungszeit geschehen war, das eigentliche, wirklichkeitsschaffende Geschehen, demgegenüber dann die Geschichte selbst nur noch bloße Wiederholung war, nichts anderes als ein rituelles Immer-wieder-in-Gang-Setzen des mythischen Ur-Geschehens. In den späten ägyptischen Tempeln und ihren Bildern, Texten und Riten findet dieses „auf Ursprung und Kreislauf fixierte Geschichtsbewußtsein" seinen unmittelbaren Ausdruck[407].

In Israel hingegen setzt das kollektive Gedächtnis an den Exodus eine Geschichte ganz anderer Art in Gang. Und obwohl es auch hier eine Gründungsgeschichte gibt, in der das Entscheidende schon geschehen ist, ist die Geschichte, die sie aus sich entläßt, von einer unfaßlichen Dynamik. Sie ist wie eine Folge von Sprengsätzen, wie ein ständiges Experimentierfeld. Sie revidiert sich selbst, sie wird von den Propheten auf radikalste Weise kritisiert, sie nimmt gänzlich unerwartete Wendungen und ist unablässig auf Zukunft gerichtet. „Nur Worte haben wir aneinandergefügt", sagte Ezer Weizmann, nur „Ideen aufeinandergelegt", aber diese Worte haben die Welt verändert.

In Jesus und der auf ihn gründenden Ekklesia nimmt die Geschichte Israels noch einmal eine so von niemandem erwartete, alles umstürzende Wendung. Meist vergessen wir es ja: Was damals in Galiläa und dann in Jerusalem geschah, war keine Israel fremde und abseitige Sache, sondern es war jüdische Geschichte. Die handelnden Personen waren ausnahmslos Juden. Jesus war ein Jude, Maria war eine Jüdin, alle Apostel waren Juden. Es ist zwar eine Banalität, dies auszusprechen, aber leider besteht immer noch Grund, es den Christen zu sagen. Die Ekklesia ist in Israel entstanden, sie versteht sich selbst als das endzeitliche, von Gott gesammelte Israel und ist deshalb unlösbar und für immer mit dem ganzen Israel verbunden. Der Exodus des Gottesvolkes aus Ägypten ist auch unser Exodus, die Väter Israels sind auch unsere Väter, das Gedächtnis Israels ist auch unser Gedächtnis.

Es gibt für diesen Sachverhalt kein treffenderes Bild als das Bild vom Ölbaum, wie es Paulus im 11. Kapitel des Römerbriefs entfaltet[408]. Er hat dieses Bild für das Gottesvolk nicht erfunden. Es ist ihm bereits aus Hosea und Jeremia vorgegeben[409]. Aber Paulus macht aus dem Bild vom Ölbaum eine erregende Deutung des Verhältnisses *Israel – Heidenkirche*. Es lohnt sich, für die Frage nach der kollektiven Erinnerung der Kirche über dieses paulinische Bild und seine Wirkungsgeschichte genauer nachzudenken. Dabei wird sich zeigen, wie bedrängend die Frage nach dem wahren „Gedächtnis" der Kirche ist.

Paulus beginnt in Röm 9–11 sein Nachdenken über die Bundestreue Gottes zu seinem Volk mit einer Aufzählung alles dessen, was Gottes erwählende Liebe Israel im Laufe der Zeit geschenkt hat:

Ich bin voll Trauer, unablässig leidet mein Herz. Ja, ich möchte selber verflucht und von Christus getrennt sein um meiner Brüder willen, die der Abstammung nach mit mir verbunden sind. Sie sind Israeliten; sie haben die Sohnschaft, die Herrlichkeit, die Bundesschlüsse, ihnen ist das Gesetz gegeben, der Gottesdienst und die Verheißungen, sie haben die Väter, und dem Fleische nach entstammt ihnen der Messias. (Röm 9,2–5)

All diese Aussagen verdichten sich ihm dann im Bild des Ölbaums. Seine kräftigen Wurzeln sind die Väter, besonders Abraham, und alle Zweige des Baumes haben ihre Kraft aus diesen Wurzeln. Die Heidenchristen, die Paulus in Röm 9–11 vor allem anspricht, sind aus dem Heidentum in die Geschichte des Gottesvolkes hineingenommen worden. Im Bild: Sie sind in den Ölbaum Israel eingepfropft worden. Die

Juden hingegen, die nicht an Jesus als den Messias geglaubt haben, sind aus dem eigenen Stamm herausgebrochen worden:

Ist die Wurzel heilig, so sind es auch die Zweige. Wenn aber einige Zweige herausgebrochen wurden und wenn du als Zweig vom wilden Ölbaum in den edlen Ölbaum eingepfropft wurdest und damit Anteil erhieltest an der Kraft seiner Wurzel, so rühme dich nicht gegenüber den anderen Zweigen. Wenn du dich aber rühmst, so bedenke: Nicht du trägst die Wurzel, sondern die Wurzel trägt dich. (Röm 11,16–18)

Das Bild vom Ölbaum und von den Zweigen, die ihm eingepfropft wurden, zeigt, mit welcher Selbstverständlichkeit Paulus davon ausgeht, daß die Kirche *Israel* ist. Bezüglich der Judenchristen ist ihm das sowieso keine Frage. Sie werden an dieser Stelle gar nicht eigens erwähnt. Von ihnen war schon vorher die Rede, als Paulus von dem erwählten „Rest Israels" sprach (Röm 11,1–7). Von den Heidenchristen aber sagt er es ausdrücklich: Sie sind durch ihren Glauben eingepflanzt worden in die alte Wurzel und leben von ihrer Kraft.

Man muß nun aber sehen – und daran hängt sehr viel –, daß Paulus bei diesem Stadium des Bildes vom Ölbaum nicht stehen bleibt. Er liefert kein stehendes Bild und erst recht kein Stilleben. Das Bild wird ihm zum Drama. Dramatisch war ja bereits, daß aus dem Ölbaum Zweige ausgehauen und andere Zweige eingepfropft wurden. Aber dabei bleibt es nicht. Die Heidenchristen werden dringend gewarnt. Sollten sie je überheblich werden, bleiben sie nicht am Ölbaum, sondern werden selbst wieder abgehauen:

Nun wirst du sagen: Die Zweige wurden doch herausgebrochen, damit ich eingepfropft werde. Richtig! Sie wurden herausgebrochen, weil sie nicht glaubten. Du aber stehst an ihrer Stelle, weil du glaubst. Sei daher nicht überheblich, sondern fürchte (Gott)! Denn wenn Gott die Zweige, die von Natur aus zum edlen Baum gehören, nicht verschont hat, so wird er auch dich nicht verschonen. Erkenne die Güte Gottes und seine Strenge! Die Strenge gegen jene, die gefallen sind, Gottes Güte aber gegen dich, sofern du bei seiner Güte bleibst; sonst wirst auch du herausgehauen werden. (Röm 11,19–22)

Die Dramatik geht aber noch weiter. Hatte Paulus schon bisher ständig „gegen die Natur" formuliert (man pfropft keine „wilden" Zweige auf, sondern „edle"; die Wurzel hingegen muß „wild" sein), so spitzt er das Außergewöhnliche und Ungewöhnliche der ganzen Sache nun immer noch weiter zu: Auch die ausgehauenen Zweige, das ungläubig gebliebene Israel, sollen nicht am Boden vertrocknen oder gar verbrannt werden, sondern dem alten Stamm wieder eingefügt werden:

Ebenso werden auch jene, wenn sie nicht am Unglauben festhalten, wieder eingepfropft werden; denn Gott hat die Macht, sie wieder einzupfropfen. Wenn nämlich du aus dem von Natur wilden Ölbaum herausgehauen und gegen die Natur in den edlen Ölbaum eingepfropft wurdest, dann werden erst recht sie als die von Natur zugehörigen Zweige ihrem eigenen Ölbaum wieder eingepfropft werden. (Röm 11,23 f)

Damit sind wir nun genau an dem Punkt, der für Paulus entscheidend ist. Sein größtes Leid ist ja der Weg des ungehorsamen Israel, das an Jesus Anstoß nahm. Er kann es nicht dabei belassen, daß nur ein Rest Israels zum Glauben an den Messias gekommen ist. Welchen Sinn hatte der Unglaube der Vielen?

Paulus gibt eine heilsgeschichtliche Antwort: Durch ihren Unglauben kam das Heil zu den Heiden (11,11). Der Völkerapostel denkt hier ganz konkret. Er hatte ja immer zuerst in den Synagogen gepredigt. Erst wenn ihn dort die Beschnittenen nicht hören wollten, wandte er sich an die Unbeschnittenen[410]. Der Unglaube der einen brachte also den anderen das Heil. Überall entstanden heidenchristliche Gemeinden. Das Versagen des ungläubigen Teiles Israels hat die Welt reich gemacht. Im Bild des Ölbaums: Viele neue Zweige wurden eingepflanzt.

Aber auch damit ist noch immer nicht alles gesagt. Paulus ist überzeugt, daß gerade das Sichtbarwerden des messianischen Heils unter den Heiden das abseits stehende Israel sehend machen wird. Er formuliert es so:

Sind sie etwa gestrauchelt, damit sie zu Fall kommen? Keineswegs! Vielmehr kam durch ihr Versagen das Heil zu den Heiden, um sie (die Juden) in Eifer zu bringen. (Röm 11,11)

Paulus meint damit: Die Faszination des Messianischen, das jetzt in der Heidenkirche gesellschaftliche Gestalt annimmt, wird Israel aufrütteln und zum Nacheifern reizen. Israel wird an den heidenchristlichen Gemeinden erkennen, daß die messianische Veränderung der Welt schon begonnen hat und eben dies wird es zum Glauben an Jesus als den Messias führen. Der entscheidende Text, auf den die ganze Argumentation der Kapitel 9–11 zuläuft, lautet:

> *Verstockung ist einem Teil Israels widerfahren, bis die Fülle (plērōma) der Heiden hineingekommen ist. Und auf diese Weise wird Israel in seiner Gesamtheit gerettet werden. (Röm 11,25 f)*

Die Rede vom „Hineinkommen der Heiden" zeigt: Paulus hat die Völkerwallfahrt vor Augen, der wir nun schon mehrfach begegnet sind. Die Völker halten, indem sie zum Glauben kommen, Einzug in die endzeitliche Heilsgemeinde Israel. Mit der „Fülle der Heiden" meint Paulus nicht nur eine numerische Größe, die „Vollzahl der Heiden". Er meint genauso den Augenblick, wo durch das Hinzuströmen der Heiden im endzeitlichen Israel die Fülle des Messianischen aufleuchtet[411], so daß offenbar wird: Der Messias muß ja schon gekommen sein. Dann, sagt Paulus, wird auch das gesamte bis jetzt noch ungläubige Israel zum Glauben kommen – der „Fülle der Heiden" entspricht dann die „Fülle der Juden" –, und das wird für die übrige Welt wie ein Wunder sein, das für sie die endgültige Wende zum Leben einleitet:

> *Wenn schon ihr Versagen zum Reichtum für die Welt geworden ist und ihr Ausfall zum Reichtum für die Völker, wieviel mehr wird es dann erst ihre Fülle sein. (…) Denn wenn schon ihre Verwerfung für die Welt Versöhnung ist, was wird dann ihre Annahme (durch Gott) anderes sein als Leben aus den Toten? (Röm 11,12.15)*

Es ist wohl schon längst klar geworden: Worum es Paulus hier geht, ist nicht nur das Heil des einzelnen Juden. Es geht um mehr. Es geht um die Heils-Geschichte, um den Plan Gottes. Es geht darum, wie Gott in der Welt zu seinem Ziel kommt. Das alles ist identisch mit der Frage nach der Erwählung Israels. Sie ist unwiderruflich (11,29), denn an ihr hängt die Rettung der Welt (11,15).

Für Paulus ist das Schicksal der Völker untrennbar mit dem Weg Israels verknüpft und umgekehrt das Schicksal des noch ungläubigen Israel mit dem Weg der Heidenkirche. Er hat ganz konkret damit gerechnet: Schon bald wird die Fülle des Messianischen in der Heidenkirche die Juden zum Glauben an den Messias Jesus führen, und gerade das wird den Lauf der Welt verändern und den Plan Gottes zum Ziel bringen.

Was Paulus als die messianische Wende, die auch die Juden ergreift, prophetisch angesagt hat, ist bis heute nicht eingetreten. Wovor er aber die Heidenkirche geradezu beschwörend gewarnt hat, ist eingetreten: Die Kirche ist überheblich geworden und hat jahrhundertelang voll Hochmut auf die Synagoge herabgeblickt. Kaum daß die Kirche ihre eigene Verfolgungszeit hinter sich hatte und frei geworden war, begannen bereits die ersten Repressalien gegen die Juden.

Im Februar des Jahres 313 hatte sich Kaiser Konstantin in Mailand mit Kaiser Licinius auf ein religionspolitisches Programm geeinigt, das dem Christentum entgegenkam. Schon zwei Jahre später, am 8. Oktober 315, erläßt er ein Gesetz, in welchem er den Christen einen Übertritt zum Judentum unter Androhung der Todesstrafe verbietet. Voraus geht ein anderes Gesetz, das den Juden verbietet, eigene Glaubensgenossen, die Christen werden wollen, zu verfolgen. Es läßt erkennen, daß damals auch die jüdische Seite wenig tolerant war[412]:

Den Juden und ihren Ältesten und Patriarchen wollen wir einschärfen, daß, wenn einer (von ihnen) nach dem Erlaß dieses Gesetzes es wagen sollte, jemanden, der ihrer verderblichen Sekte entflohen ist und sich dem Kult Gottes (d.h. dem christlichen Glauben) zugewandt hat, mit Steinen oder in irgendeiner anderen Art wütend anzugreifen (...), daß dieser alsbald den Flammen zu übergeben und mit allen, die sich daran beteiligen, zu verbrennen ist.

Wenn sich jemand aus dem wahren Volke (d.h. dem Volk der Christen) ihrer gottlosen Sekte (nefaria secta) anschließt und an ihren Versammlungen teilnimmt, wird er mit jenen die verdienten Strafen erhalten.

Wenige Jahrzehnte später – inzwischen ist das Christentum Schritt für Schritt die offizielle Religion des Reiches geworden – geschieht folgendes: In Kallinikon am Euphrat hatten Christen, ermutigt durch ihren Bischof, eine jüdische Synagoge eingeäschert. Als der in Mailand residierende Kaiser Theodosius I. voll Zorn den Wiederaufbau der Synagoge auf Kosten der Schuldigen befiehlt, zwingt ihn Ambrosius, der Bischof von Mailand, das Strafedikt zu annullieren[413]. Daß Ambrosius, einer der besten Männer der Kirche, der für ihre Freiheit vom übermächtigen Einfluß der Kaiser gekämpft hat, in diesem Punkt nicht unterscheiden konnte, ist besonders schmerzlich. Unter Theodosius II. werden dann Synagogenverbrennungen derart häufig, daß die meisten Edikte dieses Kaisers den Schutz von Synagogen und jüdischen Privathäusern zum Inhalt haben[414].

In dem Maß, in dem die Überheblichkeit der Christen gegenüber den Juden wuchs, wurde das Jüdische am Christentum verdunkelt. Der christliche Glaube geriet immer wieder in die Gefahr, in einem falschen Sinn spiritualisiert zu werden, die christliche Hoffnung in die Gefahr, in einem falschen Sinn verjenseitigt zu werden. Wie sollte die Synagoge angesichts dieser Entwicklung und angesichts ihrer christlichen Verfolger noch die Fülle des Messianischen in der Kirche erkennen können? Was Paulus prophetisch vor Augen gehabt hatte, konnte gar nicht eintreten. Sein Bild vom Ölbaum und die Dynamik, in die er dieses Bild aufgelöst hatte, ist jahrhundertelang übersehen oder umgedeutet worden[415].

Hätten die christlichen Gemeinden den Römerbrief ernst genommen, so hätte sich das Verhältnis zwischen Kirche und Synagoge anders entwickelt. Die erbarmungslose Judenhetze, die zahllosen Zwangstaufen seit dem frühen Mittelalter, die furchtbaren Pogrome wären nicht möglich geworden. Die Christen hätten dann gewußt: Sie selbst sind durch das Erbarmen Gottes eingepflanzt worden in den Ölbaum Israel, die Juden sind ihre Brüder und stehen für alle Zeit unter der Bundestreue Gottes.

Denn unwiderruflich sind Gnade und Berufung,
die Gott gewährt. (Röm 11,29)

Erst das Zweite Vatikanische Konzil hat es endlich gewagt, das paulinische Bild vom Ölbaum in ein offizielles kirchliches Lehrdokument aufzunehmen. In dem entscheidenden Artikel 4 der „Erklärung über das Verhältnis der Kirche zu den nichtchristlichen Religionen" *(Nostra aetate)* heißt es[416]:

> *Deshalb kann die Kirche nicht vergessen, daß sie durch jenes Volk, mit dem Gott aus unsagbarem Erbarmen den Alten Bund geschlossen hat, die Offenbarung des Alten Testamentes empfing und genährt wird von der Wurzel des guten Ölbaums, in den die Heiden als wilde Schößlinge eingepfropft sind.*

„Die Kirche kann es nicht vergessen." Der Satz ist angemessen und richtig, obwohl die entscheidenden Aussagen von Röm 9–11 faktisch vergessen waren. Denn der Römerbrief gehört zum *Kanon* der Kirche, das heißt zu dem unaufgebbaren Maß, das ihr für immer eingestiftet ist, und damit gehört er auch zu ihrem bleibenden Gedächtnis. Man sieht freilich an der Verdrängung von Röm 11: Es gibt die Möglichkeit, daß Teile des kirchlichen Gedächtnisses verdeckt sind, so daß sie freigelegt werden müssen. Es gibt verschüttete Erinnerungen. Es gibt sogar falsche Erinnerungen. Wie konnten die Christen Röm 11 so schnell verdrängen? Es muß letztlich damit zusammenhängen, daß es im Neuen Testament noch einen anderen Text gibt, der sich dem christlichen Bewußtsein viel stärker aufgedrängt hat als das paulinische Bild vom Ölbaum. Im Matthäusevangelium schreit das Volk dem Prokurator Pilatus entgegen:

> *Sein Blut komme über uns und unsere Kinder. (Mt 27,25)*

Dieser Satz ist das, was sich der Christenheit wirklich eingeprägt hat. Das Bild vom Ölbaum und die Warnung des Paulus an die Heidenchristen sind davor verblaßt. Im Bewußtsein der Theologen stand daneben noch ein zweiter Text aus dem Matthäusevangelium, der den Blutruf von Mt 27 zu vervollständigen schien. Am Ende des Gleichnisses von den bösen Winzern kündet Jesus, der matthäischen Darstellung zufolge, an:

> *Darum sage ich euch: Weggenommen wird euch die Gottesherrschaft und einem Volk gegeben, das Früchte der Gottesherrschaft erbringt. (Mt 21,43)*

Dieser Text dürfte der Hauptgrund für ein Denkschema gewesen sein, das in der christlichen Theologie und Frömmigkeit lange Zeit eine beherrschende Rolle gespielt hat. Man könnte es kurz so formulieren: Dadurch, daß Israel den Sohn Gottes ermordet hat, hat es seine Erwählung verloren. Seine Rolle als Gottesvolk und Werkzeug der Heilsgeschichte ist ausgespielt. Gott hat sich ein *neues Volk*[417] erwählt, nämlich die Kirche. Dieses neue Volk ist an die Stelle des alten getreten.

Aber ist Matthäus damit richtig ausgelegt? Wer sind die Angeredeten in dem „Darum sage ich euch"? Wem wird die Gottesherrschaft weggenommen werden? Der Text präzisiert es auf das genaueste. Denn die Jesusreden, innerhalb deren das Gleichnis von den bösen Winzern steht (21,23–22,46), richten sich bei Matthäus ausnahmslos an die Führer des Volkes. Es werden nacheinander angesprochen die Hohenpriester und die Ältesten des Volkes, die Hohenpriester und die Pharisäer, die Pharisäer und die Sadduzäer. Sie allein sind die Adressaten.

Das Wort von der Gottesherrschaft, die „euch" weggenommen wird, richtet sich also nicht an das Volk der Stadt, noch weniger an ganz Israel, sondern an die Gegner Jesu, an die religiösen Autoritäten in Jerusalem. Damit das allen Hörern des Evangeliums klar ist, heißt es unmittelbar nach dem Wort von der weggenommenen Basileia:

> *Als die Hohenpriester und die Pharisäer seine Gleichnisse hörten, merkten sie, daß er von ihnen redete. Sie hätten ihn gern festnehmen lassen. Aber sie fürchteten sich vor der Menge, weil die ihn für einen Propheten hielt. (Mt 21,45 f)*

Deutlicher kann man es nicht mehr sagen. Den führenden Autoritäten wird angedroht, daß ihnen die Gottesherrschaft weggenommen wird, nicht dem Volk. Die Führer des Volkes sind zwar durchaus dessen Repräsentanten, sie stehen aber in diesem Fall nicht repräsentativ für ganz Israel. Kurz zuvor – in Mt 21,31 – war ihnen noch gesagt worden:

Die Zöllner und die Dirnen kommen eher in die Gottesherrschaft als ihr.

Zu Israel gehören für Matthäus in diesem Augenblick eben auch alle, die auf die Bußpredigt des Täufers hin umgekehrt waren (21,32), gehören die Kinder, die Jesus im Tempel ihr Hosanna zugerufen hatten (21,15), gehören die Jünger, die Jesus nachfolgen, gehören die Frauen, die unter dem Kreuz stehen werden (27,55 f). Darüber hinaus kommt in dem Drohwort von der weggenommenen Basileia schon deutlich die Heidenkirche in den Blick, die ihrerseits Anteil erhalten wird an der Gottesherrschaft. Matthäus hat also differenziert. Von einer Wegnahme der Basileia von ganz Israel kann überhaupt keine Rede sein[418].

Aber ruft vor Pilatus dann nicht doch das ganze Volk: „Sein Blut komme über uns und unsere Kinder"? Im Matthäusevangelium rufen sie es tatsächlich, und das Wort wiegt doppelt schwer, weil Matthäus es bewußt in seine Markusvorlage eingefügt hat. Man muß jedoch genau zusehen, was dieses Wort sagt und was es nicht sagt.

Von der Form her gesehen handelt es sich um eine „bedingte Selbstverfluchung". Man könnte den Satz juristisch so umschreiben: „Gesetzt den Fall, daß dieser Jesus unschuldig sein sollte, nehmen wir die Verantwortung für sein Blut, das heißt für seine Hinrichtung, auf uns." So muß Matthäus den Satz zunächst einmal verstanden haben. Über den verborgenen Sinn des Satzes, den er von den Abendmahlsworten Jesu her erhält, wird gleich noch zu sprechen sein. Die Rede vom „Gottesmord" jedenfalls, die sich in christlichen Hirnen bald wie ein gefährlicher Virus entwickeln sollte, kann der Satz in keiner Weise begründen. Auch in dieser Hinsicht ist Matthäus sehr genau. Im Zusammenhang des Einzugs Jesu in die Stadt schiebt er eine kurze Szene ein, die das „Volk", das er in der Passionsgeschichte vor Augen hat, beschreibt:

Als Jesus in Jerusalem einzog, geriet die ganze Stadt in Aufregung. Man fragte: „Wer ist das?" Die Scharen (der mit Jesus in die Stadt einziehenden Festpilger) antworteten: „Das ist der Prophet Jesus von Nazaret in Galiläa." (Mt 21,10 f)

Das Volk der Stadt stimmt also nicht ein in den Hosanna-Ruf der Festpilger[419] und auch nicht in den Jubel der Kinder im Tempel[420]. Statt dessen wird es, verführt durch die Hohenpriester und Ältesten[421], dem römischen Statthalter das „Kreuzige ihn!" zurufen. Es weiß von Jesus wenig, im Grunde nicht mehr, als daß er ein Prophet ist. Als die Schuld Jerusalems wird wenig später festgestellt, daß es die Propheten tötet und jetzt erneut dabei ist, einen Propheten zu töten[422]. Für den späteren Vorwurf des „Gottesmordes" bietet Matthäus also nicht die geringste Basis, ja er macht diesen Vorwurf unmöglich. Für Matthäus begreifen die Volksscharen Jerusalems wohl nicht einmal, daß Jesus der *Messias* ist[423]. Sie bekommen gesagt, er sei ein Prophet, und sie behandeln ihn, wie Jerusalem die Propheten zu behandeln pflegte.

Das ist die eine Seite der matthäischen Darstellung. Die Volksmenge, die das „Kreuzige ihn!" ruft und das Blut Jesu auf sich herabruft, ist auf Jerusalem begrenzt[424] und sie begreift nicht die Tragweite dessen, was sie tut. Die Schuld ihrer Führer ist größer[425]. Andererseits aber spricht Matthäus in 27,25 eben doch nicht mehr nur von der „Menge" *(ochlos)*, sondern von dem „ganzen Volk" *(pas ho laos).* Offensichtlich ist er überzeugt: Jerusalem und der Tempel stehen bei dem, was sie Jesus antun, für ganz Israel. Was in Jerusalem geschieht, geschieht im Namen Israels, und für die Hinrichtung Jesu haftet das gesamte Gottesvolk.

Es liegt ganz auf dieser matthäischen Linie, daß Jerusalem mitsamt dem Tempel die Folgen seines Handelns an Jesus tragen muß. Die Stadt wird in Schutt und Asche gelegt werden[426], vom Tempel wird kein Stein auf dem anderen bleiben[427]. Matthäus nimmt die Schuld, die durch die Hinrichtung Jesu als eines unschuldigen „Propheten" in Israel entstand, ernst und er nimmt auch die Folgen dieser Schuld ernst.

Wir unsererseits müssen Matthäus ernst nehmen. Denn wenn Israel damals auf Jesus auch nur als auf einen „Propheten" gehört hätte – etwa auf sein Wort „Gebt dem Kaiser, was des Kaisers ist, und Gott, was Gottes ist" (Mt 22,21) –, wäre es nicht 36 Jahre später zum Jüdischen Krieg gekommen, der ja nicht nur ein sinnloser Aufstand gegen Rom, sondern zugleich jüdische Selbstzerfleischung war. Der Historiker Josephus berichtet, wie sich die rivalisierenden jüdischen Gruppen bereits vor und auch noch während der Belagerung Jerusalems gegenseitig bis aufs Blut bekämpften[428].

Insofern muß man sagen: Daß man Jesus abgewiesen hatte, daß man seine Kraft der Unterscheidung nicht ernst genommen hatte, zeitigte

Folgen – und diese Folgen hat Jerusalem und hat Israel getragen. Deshalb verbirgt sich hinter der Schuldübernahme des Volkes von Jerusalem geschichtliche Wahrheit. Aber ist diese Schuldübernahme mit dem Verlust der Erwählung, mit dem Herausfallen ganz Israels aus der Heilsgeschichte gleichzusetzen?

Man darf es sich mit dieser Frage nicht zu leicht machen. Wenn Jesus im Volk mehr Gleichgültigkeit als Glauben findet und wenn sich ihm in Jerusalem die Führer Israels verweigern, ja dafür sorgen, daß er getötet wird, dann schlägt Israel die Gottesherrschaft aus. Schlägt es aber die Gottesherrschaft aus, hat es den Sinn seiner Existenz verfehlt. Es ist dann nicht mehr Zeichen Gottes unter den Völkern. Vor dieser bedrängenden Frage steht Matthäus genauso wie viele andere christliche Theologen seiner Zeit.

Und doch kann für ihn vom Verlust der Erwählung Israels keine Rede sein, so wenig wie für Paulus. Gott hat Israel den Bund nicht aufgekündigt. Der Schlüsseltext ist die Abendmahlstradition. Denn auch nach Matthäus hat Jesus bei seinem letzten Mahl Sühne gestiftet für die Vielen. Das Volk vor Pilatus deutet das Blut Jesu als bedingte Selbstverfluchung. Jesus deutet es als Sühne für die Schuld des Gottesvolkes und aller, die einmal zum Gottesvolk gehören werden.

Es gibt nicht das geringste Indiz dafür, daß Matthäus die Abendmahlsworte anders verstanden hätte als Markus (vgl. III 7). Im Gegenteil! Er hat über Markus hinaus sogar noch das Motiv der Sündenvergebung in die Abendmahlsworte eingebracht[429]:

Das ist mein Blut,
(das Blut) des Bundes,
das vergossen wird für viele,
zur Vergebung der Sünden. (Mt 26,28)

Matthäus kann nicht der Meinung gewesen sein, diese Vergebung sei denjenigen, die an der Kreuzigung Jesu schuld waren, verweigert. Man braucht sich hier aber gar nicht in allgemeine Erwägungen zu flüchten. Nach Jer 31,31–34 gehört zum „Neuen Bund" das Motiv der Sündenvergebung unabdingbar hinzu. Der Neue Bund ist ja nichts anderes als der Sinaibund, den Israel gebrochen hat und den Gott nun in einer

Weise, die alles Bisherige überbietet, endzeitlich erneuert[430]. Dazu muß aber der Bundesbruch vergeben werden. Die Ankündigung des Neuen Bundes schließt deshalb bei Jeremia mit den Sätzen:

Ich vergebe ihnen (= Israel) die Schuld,
an ihre Sünde erinnere ich mich nicht mehr. (Jer 31,34)

Das hat Matthäus bei seiner Schriftkenntnis natürlich gewußt. Er denkt zwar bei der Sündenvergebung auch an die Heidenvölker, die vom Osten und vom Westen kommen werden (Mt 8,11). Er denkt aber genauso an die Sündenvergebung, die denen gewährt wird, die den Bund gebrochen haben und für die er erneuert wird.

Man könnte das Ganze auch so formulieren: Israel hat sich vor dem Richterstuhl des Pilatus selbst verflucht. Aber Gott hat diese Selbstverfluchung nicht angenommen. Er hat das Kreuz nicht zum Zeichen des Fluches gemacht[431], sondern zum Zeichen der Vergebung und neuen Lebens, ja der Bundeserneuerung mit Israel. Das Volk hat gerufen: „Sein Blut komme über uns und unsere Kinder." Von der Abendmahlstradition her kann dieses Blut nur das Rettung schenkende Blut Jesu sein.

Und gerade an diese Setzung Gottes wird in der Kirche bei der Feier der Eucharistie erinnert. Genau in diesem Sinn feiert die Kirche bei jedem Herrenmahl ihr Gründungsgeschehen. Es steht zu dem Gründungsgeschehen Israels nicht im Gegensatz, sondern setzt es voraus, führt es fort und bringt es zum Ziel. In diesem Gründungsgeschehen hat sich Jesus dem Gottesvolk Israel, repräsentiert durch die Zwölf, trotz seiner Schuld zugewandt, seine Erwählung bestätigt und den Bund mit ihm erneuert. Der intensivste Augenblick der Kirche, ihr eigentliches Gedächtnis, ihre wahre Erinnerung ist unablässige Hinwendung zu Israel.

Man kann nur bis in die Seele erschrecken, wenn man bedenkt, daß die gleichen Christen, die in ihren Eucharistiefeiern die Vergebung aller Schuld durch das Kreuz Christi begehen, ihren jüdischen Brüdern und Schwestern über Jahrhunderte hin den Tod Jesu nicht verziehen haben. Es gab in der spätmittelalterlichen Ikonographie sogar die unglaubliche Darstellung des sogenannten „lebenden Kreuzes": Der am

Kreuz hängende Jesus stößt der weiblichen Figur der Synagoge ein Schwert in die Brust[432]. Gewiß, das war ein Extrem an perverser Bösartigkeit. Aber dieses Extrem wäre nicht möglich geworden ohne die breite Grundströmung einer falschen Theologie. Insgesamt zeigt die Geschichte des christlichen Antijudaismus, wie entscheidend es ist, das christliche Gedächtnis immer wieder zu überprüfen. Es genügt nicht, daß die Liturgiker von der „anamnetischen Struktur", das heißt der Erinnerungs-Struktur des kirchlichen Gottesdienstes, ja der Kirche insgesamt sprechen. Es kommt auf das an, was erinnert wird. Es muß die *richtige* Erinnerung sein.

Was bei dem Einäschern jüdischer Synagogen im 4. und 5. Jahrhundert geschah, war nicht die richtige Erinnerung der Kirche, selbst wenn man sich dafür auf das Matthäusevangelium berief. Es war gegen das, was Jesus beim Abendmahl getan hatte. Was bei den Kreuzzügen geschah, war nicht die richtige Erinnerung der Kirche. Es war gegen den friedlichen Einzug Jesu in die heilige Stadt. Was bei der Anwendung physischer Gewalt gegen die Irrlehrer geschah, war nicht die richtige Erinnerung. Es war gegen die Bergpredigt.

Die Kirche braucht deshalb den Ort, wo sie ihre eigenen Erinnerungen nicht nur weitergibt, sondern auch immer wieder kritisch befragt. Dieser Ort ist die Versammlung, von der im vorherigen Kapitel ausführlich die Rede war. Wenn schon jeder Organismus seine Gen-Informationen als „biologisches Gedächtnis" weitergibt, so lebt erst recht die Kirche von sorgfältig weitergegebener, präziser, immer wieder überprüfter Erinnerung. Ihre Erzählungen und Bekenntnisse, ihre Gesetze und Gebote, ihre Ermahnungen und Verheißungen, Gebete und Lieder, Symbole und Zeichenhandlungen sind ihr Leben stiftendes Gedächtnis.

In all diesen konkreten Formen ihrer Erinnerung, in all diesen „Erb-Informationen" ihres Glaubens ist nichts Beliebiges. In ihnen wird gerade das Unterscheidungswissen weitergegeben, das sich das Gottesvolk in vielen Generationen, auf dem Prüffeld der Erfahrungen unzähliger Frauen und Männer, oft unter schweren Opfern und langen Irrwegen erworben und eingeprägt hat. Die kirchliche Erinnerung ist also nicht einfach ein Hängen am Alten und ewig Gestrigen. Sie ist eine Art Lebensversicherung. Wer vergißt, ist dazu verurteilt, alle Fehler der Vergangenheit zu wiederholen.

Die Versammlung ist der Ort, wo die Erinnerung der Kirche am Leben erhalten wird. Dabei hat freilich die Versammlung zur Feier der Eucharistie noch einmal ein besonderes Gewicht. Denn nirgendwo wird so deutlich wie hier, daß das Gedächtnis des Gottesvolkes nicht von diesem selbst geschaffen, sondern von Gott gestiftet ist – entsprechend Ps 111,4:

Er hat ein Gedächtnis gestiftet an seine Wunder.

In der Gedächtnisfeier der Eucharistie wird offenkundig, daß Rettung und Befreiung letztlich nicht durch moralische Appelle oder Belehrungen, aber auch nicht durch losgelöste Meditation oder falsch verstandene Mystik geschehen, sondern durch eine präzise Heilsgeschichte, die ins Gedächtnis „gerufen" wird und gerade so die Kirche zusammenführt und Gemeinde aufbaut. Im Grunde ist in der Liturgie alles da, was die Kirche braucht. Dort ist ihre *richtige* Erinnerung. Sie müßte nur das leben, was in ihren Sakramenten an Gedächtnis enthalten ist. Der lange Weg dieses Kapitels sollte zeigen, wie entscheidend solche Erinnerung ist. Das Leben des Gottesvolkes hängt daran.

Insofern ist die sonntägliche Feier des Herrenmahles kein Luxus, den sich die Getauften je nach Stimmung und Befinden gestatten, auf den sie aber auch verzichten können. Die sonntägliche Feier ist lebensnotwendig. Denn die Gemeinde steht nach spätestens einer Woche in der Gefahr, daß ihre Erinnerung abreißt. Der unablässigen Erosion der Erinnerung und der ständigen Gefahr der Vereinzelung arbeitet das Gedächtnis der Eucharistiefeier entgegen.

Es erinnert in der alttestamentlichen Lesung an die Taten Gottes im alten Bund. Es erinnert im Evangelium an die Taten Gottes in Jesus. Es reflektiert in der neutestamentlichen Lesung Gottes endzeitliches Handeln und gedenkt im Hochgebet des Gründungsgeschehens der Kirche. Und dieses Gedächtnis ist kein bloß historisches Gedenken, sondern es ist so intensiv, daß es das damalige Handeln Gottes gegenwärtig macht: die Teilnehmer der Eucharistie nehmen teil an dem, was damals geschah. Sie nehmen teil an Jesu letztem Mahl und erhalten Anteil an seinem Tod und seiner Auferstehung.

Es gibt freilich im Kirchenjahr einen Punkt, an dem die Gedächtnis-Struktur der Liturgie noch anschaulicher wird als bei der sonntäglichen Eucharistiefeier. Es ist die Osternacht[433]. In der langen Nacht dieser Vigil ist das Gedächtnis der Kirche auf seinem Höhepunkt. In dieser Nacht erzählt sich die Kirche in so vielen Geschichten wie nirgendwann sonst die eine Geschichte der Führung des Volkes Gottes aus dem Dunkel des Anfangs bis in das Licht des Ostermorgens.

Sie schaut zurück bis zu ihrem eigenen Beginn mit Abraham, ja bis zu den Wurzeln der Menschheit. Den ganzen Weg geht sie noch einmal nach: die Erschaffung des Menschen, die Berufung Abrahams, die Opferung Isaaks, den Durchzug durch das Schilfmeer, die Errettung vor dem Pharao und seiner Streitmacht, die Heimführung aus dem Exil, die Auferweckung ihres Messias aus dem Dunkel des Grabes, und sie scheut sich nicht zu sagen: Das alles ist heute!

Sie sagt[434]: Dies ist die Nacht des Auszugs und der Befreiung! Dieses Wasser der Taufe ist dasselbe Wasser, durch das unsere Väter aus der Macht der Ägypter errettet wurden, und es ist zugleich das Wasser, über dem schon am Anfang der Geist Gottes schwebte! Sie entzündet wie am ersten Schöpfungstag das Licht und weiß: Das wahre Licht der Welt ist Christus, und der achte Tag, der Tag der Neuschöpfung der Welt, hat schon begonnen.

Bei all dem überspringt die Kirche souverän das Lebensgefühl nicht nur der meisten Zeitgenossen, sondern auch der Mehrzahl der Christen und wertet die Fakten vollständig um, indem sie die Re-Vision aller Dinge ausruft als die Logik ihrer Erinnerung. In der großen Liturgie der Osternacht versetzt die Kirche ihre Gläubigen in den Augenblick Gottes. Sie schaut mit seinen Augen die Weltgeschichte an und erkennt dabei, was nur im Vertrautsein mit seinen Gedanken und aus der ständigen Erfahrung seines Handelns offenbar ist und was niemandem außer ihr einleuchtet. Ihr aber leuchtet es auf in dieser Nacht.

Diese Nacht, sagt sie deshalb, ist hell wie der Tag, und sie entreißt das Volk Gottes dem Dunkel der Sünde. In ihr sind Himmel und Erde verbunden, in ihr wird das Niedergeworfene aufgerichtet, das Altgewordene wird neu und die gebrochene Welt wird in ihrer ursprünglichen Schönheit wiederhergestellt. Die Osternacht, die unmittelbar hineinführt in den Glanz des Ostermorgens, ist das größte der vielen Feste, welche die Kirche feiert.

Sie ist, wie alle christlichen Feste, keine leere Erinnerung, sondern sie schafft höchste Gegenwart des Erinnerten. Und indem sie Gegenwart herbeiführt, schenkt sie auch Zukunft. Denn da, wo die vergangenen Taten Gottes zur Gegenwart werden, eröffnen sie immer Zukunft. Das *futurum*, das bloß Ausständige, wird zum *adventus*, zum schon Ankommenden. Jedes Fest kann zum prophetischen Ereignis werden, das die Schritte der Gemeinde ein Stück weiter hinlenkt zu dem, was Gott als das überwältigende Heil der Welt schon begonnen hat. Das Prinzip „Erinnerung" und das Prinzip „Hoffnung" schließen sich gegenseitig nicht aus. Beide bedingen einander.

4. Die Kirche soll zum Leib Christi werden

Im Jahre 395 nach Christus wurde der Kultort Eleusis bei Athen von christianisierten Goten unter dem König Alarich zerstört. Damit endete eine tausendjährige Geschichte. Unzählige hatten sich über die Jahrhunderte hin an diesem Ort in die Mysterien einführen lassen – nicht nur Athener, sondern zunehmend Männer und Frauen aus ganz Griechenland, am Ende auch Römer und sogar römische Kaiser[435]. Eleusis versprach denen, die an sich die Weihe vollziehen ließen, innere Wandlung und nach dem Tod ein glücklicheres Leben, als es die Nicht-Eingeweihten zu erwarten hatten. Die Mysterienfeiern von Eleusis können als Musterbeispiel individualistischer Heilserlangung gelten: Die Mysten kehrten in ihren Alltag zurück ohne neue Bindungen. Es kam in Eleusis zu keinerlei Gemeinde- oder Kirchenbildung. Die Eingeweihten schlossen sich nicht einmal, wie es oft bei späteren Mysterienkulten üblich war, zu Kultvereinen zusammen[436].

Für uns sind die Mysterien von Eleusis in mehrfacher Hinsicht lehrreich. Sie zeigen das Bedürfnis des Menschen nach „persönlicher Religion". Zugleich zeigen sie seine tiefe Sehnsucht, die Grenzen der banalen Alltagserfahrung auf das Geheimnis hin zu überschreiten und das Verborgene zu schauen. Gerade darin bezeugen sie seinen unauslösch-

lichen Drang nach innerer Erneuerung, nach sich erneuernder Lebens-
kraft, ja nach ewigem Leben. Sie lassen freilich auch erkennen, daß sich
der Mensch das alles am liebsten im bloßen Ritus und fixiert auf das
eigene Selbst erwirbt. Natürlich gehörten für den Mysten neben der ri-
tuellen Reinigung und der Schau geheimnisvoller Dinge, über die man
nicht sprechen durfte, auch feierliche Prozessionen und das Festmahl in
der Gemeinschaft hinzu. Aber die Erlösung – so das Versprechen – wurde dem Einzelnen unmittelbar zuteil, und sie hatte keine gesellschaftlichen Konsequenzen. In all dem sind die Mysterien von Eleusis ein
ausgeprägtes Beispiel des „Religiösen" – und in all dem gibt es Bezugs-
punkte zur heutigen Esoterik.

Daß Eleusis keine „Gemeinden" und erst recht keine „Kirche" gebildet hat, ist kein Zufall. Wir sahen ja bereits (II 7): Die Form „Gemeinde" ist auf dem Boden Israels gewachsen, und in Israel geht es gerade
nicht um ein rein individuelles Heil, das unabhängig vom Leben des
Gottesvolkes erlangt werden könnte. Genauso ist die Erlösung durch
Christus an das neutestamentliche Gottesvolk gebunden. Allerdings
sollte der Individualismus auch für die Christen eine ihrer großen Ver-
suchungen werden. Im Extremfall wurde Kirche dann sogar nur noch
als die nachträgliche Vereinigung derer verstanden, die das Heil schon
als Einzelne durch ihre persönliche Bindung an Christus erlangt haben:
die bereits Gläubigen sammeln sich lediglich noch zu einer Art Bruderbund[437].

Christliche Erlösung meint jedoch etwas anderes, und sie geht einen
anderen Weg. Sie besteht gerade in der Eingliederung in die Kirche als
einen sozialen Leib. Nur so ist Teilhabe an der Befreiungsgeschichte
möglich, die mit Abraham begonnen hat. Erlösung in Christus heißt
unabdingbar Eingliederung in seinen „Leib", und Leben aus seiner Rettungstat ist nicht anders möglich als im Mitleben mit den Gliedern dieses Leibes. Gemeinschaft mit Christus hat man immer nur zusammen
mit anderen. Paulus mußte um diese Grunddifferenz biblischen Glaubens mit der Gemeinde von Korinth ringen – und daß es gerade dort
geschah, war sicher kein Zufall. Der religiöse Individualismus hatte in
Griechenland bereits seine Geschichte. In Korinth trat dieser Heilsindi-
vidualismus besonders bei der Feier der Eucharistie hervor.

Wir können den Ablauf des Herrenmahls in Korinth zwar nicht mehr im einzelnen rekonstruieren. Sicher ist aber, daß es am Abend stattfand und mit einer Sättigungsmahlzeit verbunden war. Das dürfte nicht nur in Korinth, sondern auch in den übrigen urchristlichen Gemeinden um das Jahr 55 noch so gewesen sein[438]. Das Sättigungsmahl wurde mit dem „Brotbrechen" eröffnet, und an seinem Ende wurde der „Segensbecher" dargereicht[439].

Gerade das Sättigungsmahl offenbarte nun aber einen jener Mißstände in der korinthischen Gemeinde, mit denen Paulus sich auseinandersetzen mußte. Denn bei diesem Mahl aßen sich die Bessergestellten satt, die Armen dagegen gingen leer aus. Die einen speisten üppig, die anderen hungerten (1 Kor 11,21).

Wie war so etwas möglich? Viele neuere Ausleger nahmen an, daß die Reichen schon frühzeitig mit dem Sättigungsmahl begannen, weil sie nicht zu arbeiten brauchten, während die Sklaven, die Handwerker und kleinen Händler noch ihrer Arbeit nachgehen mußten und erst später kommen konnten[440]. Diese Annahme hat allerdings ihre Schwierigkeiten in der Reihenfolge *Brotwort – Sättigungsmahl – Kelchwort*, die Paulus in 1 Kor 11,23–25 für das letzte Mahl Jesu überliefert und damit auch für die Abfolge des Mahls in Korinth voraussetzt[441]. Bleibt man bei dieser Reihenfolge und nimmt man an, daß die Ärmeren erst später eintrafen, ergibt sich als Konsequenz, daß sie regelmäßig den ersten Teil der Eucharistie versäumt hätten. Das ist kaum vorstellbar.

Man muß deshalb davon ausgehen, daß sich zur Feier des Herrenmahls alle zur gleichen Zeit versammelten. Die „Spaltung" der Versammlung (11,18) geschah nicht dadurch, daß sie sich zeitlich auseinanderzog, sondern daß die Reichen innerhalb der gemeinsamen Feier besser speisten als die Armen. Mit Recht wird neuerdings darauf hingewiesen, daß in der Antike eine Form des Gemeinschaftsmahls verbreitet war, die man *eranos* nannte. Beim Eranos sorgte der Gastgeber nur für die Räumlichkeiten, nicht aber für das Essen. Zum Essen brachte jeder mit, was er hatte, und man aß von dem, was alle beisteuerten[442]. Diese Art des gemeinsamen Essens gibt es auch bei uns; in den USA nennt man es *potluck (dinner)*.

Man war in der Antike geteilter Meinung, ob beim Eranos jeder sein mitgebrachtes Essen selbst verzehren sollte, oder ob es besser wäre, gemeinsam von dem zu speisen, was mitgebracht worden war[443]. In der Gemeinde von Korinth hatte es sich offenbar eingebürgert, daß jeder das aß, was er sich selbst eingepackt hatte. So wurden die Reichen satt, und die Ärmeren hatten das Nachsehen. Paulus schildert das folgendermaßen[444]:

> *Was ihr bei euren Versammlungen tut, ist kein Essen des Herrenmahls. Denn jeder nimmt beim (gemeinsamen) Essen seine eigene Mahlzeit ein, und so hungert der eine, während der andere schlemmt. Ihr habt ja wohl keine Häuser, um dort zu essen und zu trinken! Oder verachtet ihr die Gemeinde Gottes, daß ihr die beschämt, die nichts haben? (1 Kor 11, 20–22)*

Diese Verachtung der Gemeinde ist das eigentliche Elend der Eucharistiefeier von Korinth. Es ist keineswegs so, daß ein Teil der Gemeinde das Sakrament als solches mißachtet hätte. Im Gegenteil! Genau wie die Taufe hat man den Empfang der Eucharistie aufs höchste geschätzt[445]. Das Problem war der sakramentale Individualismus: Die Eucharistie galt offenbar als Heilsempfang des je Einzelnen, unabhängig von der Gemeinde. Die Armen hatten ja ihre Eucharistie, selbst wenn sie nichts vom Mahl hatten. Daß die Eucharistie *gemeinsames* Mahl war, mehr noch, daß sie Jesus in seiner dienenden Selbsthingabe gegenwärtig machte und deshalb Konsequenzen für das Miteinander innerhalb der Gemeinde haben mußte, sah man nicht. Eleusis war nicht weit.

Wenn Paulus die Satten warnt, die Eucharistie nicht unwürdig zu empfangen und sich nicht am Leib und Blut Christi zu versündigen (11,27), meint er zunächst einmal ihr Verhalten gegenüber dem eucharistischen Leib des Herrn. An ihm machen sie sich schuldig. Aber zugleich machen sie sich schuldig am Leib der Gemeinde. Denn diesen Leib spalten sie (11,18). Paulus scheut sich nicht zu sagen: Sie „verachten die Ekklesia Gottes" (11,22). Das bedeutet: Sie leben schizophren. Sie achten den Leib des Herrn, und verachten dabei die Gemeinde. Das aber darf nicht sein, denn der eucharistische Leib und der Leib der Gemeinde stehen in einer engen Beziehung. Der Gekreuzigte und Erhöhte gibt in der Eucharistie Anteil an seinem Leib und stiftet so Gemeinschaft zwischen sich selbst und der Gemeinde als seiner irdischen Verleiblichung[446]. Paulus kann in anderem Zusammenhang – nämlich bei der Frage nach der Teilnahme an Götzenopfermahlzeiten – sagen:

Ist der Kelch des Segens, über den wir den Segen sprechen, nicht Teilhabe am Blut Christi? Und ist das Brot, das wir brechen, nicht Teilhabe am Leib Christi? Weil es e i n Brot ist, sind wir, die Vielen, e i n Leib, denn wir alle haben teil an dem e i n e n Brot. (1 Kor 10,16 f)

Zwischen dem eucharistischen Leib Christi und dem Leib der Gemeinde besteht also eine unlösbare Einheit. Realisiert die Gemeinde nicht einmal bei ihrer Feier des Herrenmahls die dienende Hingabe Jesu, obwohl sie doch sakramental an ihr teilhat, so ist sie in ihrer Tiefe gestört. Ihr kollektives Krankheitsbild muß sich dann geradezu in Krankheiten Einzelner niederschlagen. Paulus sagt ohne Umschweife:

Deshalb sind unter euch so viele schwach und krank, und nicht wenige sind schon gestorben. (1 Kor 11,30)

Wir haben uns davor zu hüten, diese Aussage als magisches Denken beiseitezuschieben. Wo die Gemeinde als endzeitliche Neuschöpfung Gottes aus dem Sterben und der Auferstehung Jesu erfahren worden ist und dann trotzdem durch Egoismus gespalten wird, kann sich das bis in den Leib ihrer Mitglieder, bis ins Somatische hinein auswirken.

Wir haben uns genauso davor zu hüten, auf die Bessergestellten in Korinth, die ihr Mitgebrachtes selber essen, distanziert herabzusehen. Ist denn ihr Verhalten schlimmer als der Normalzustand unserer Gemeinden, in denen man zwar am Sonntag das Sakrament empfängt, sonst aber seiner Wege geht und kaum noch etwas miteinander zu tun hat?

Es wäre freilich ein Mißverständnis, Paulus in 1 Kor 11 dahingehend auszulegen, daß er einfach nur eine größere innergemeindliche Solidarität eingefordert hätte. Paulus geht es um mehr. Das zeigt der Briefteil über die Charismen, der sich mit 1 Kor 12–14 anschließt.

Als Paulus mit der Gemeinde von Korinth begann, muß er – wie alle anderen urchristlichen Missionare – die Geisterfahrung als den Ausweis des neuen Lebens sehr stark herausgestellt haben. Das führte zu einer

Aufbruchsstimmung, in der das Reden aus dem Geist, vor allem aber das ekstatische Gotteslob in der Form der Glossolalie, besonders geschätzt war. Doch schon bald wurde in Korinth deutlich, daß sich eine charismatische Praxis, die ganz aus der unmittelbaren Geisterfahrung des Einzelnen lebt, verselbständigen kann. Unter Umständen führt sie weit weg vom Evangelium und vom Aufbau der Gemeinde. In Korinth muß das freilich erst zu Tage getreten sein, als Paulus die Stadt schon wieder verlassen hatte.

So versucht er nun von Ephesus aus der Gemeinde klar zu machen, daß es nicht nur auf die äußerlich auffälligen, ja spektakulären Charismen ankommt. Neben ihnen gibt es noch viele andere Gnadengaben. Die größte und grundlegendste von ihnen ist die *agapē*. Kriterium ist stets, ob die Charismen die Gemeinde sammeln und zu ihrem Aufbau beitragen. Das ist der Grundduktus der Kapitel 12–14 des 1. Korintherbriefs[447]. Innerhalb dieses Zusammenhangs zeigt Paulus mithilfe des Bildes vom Leib und seinen Gliedern, daß alle Getauften gleichwertige Glieder am Leib der Gemeinde sind.

Denn wie der Leib eine Einheit ist, aber viele Glieder hat, und alle Glieder des Leibes, obwohl es viele sind, einen einzigen Leib bilden, so ist es auch mit Christus. Durch e i n e n Geist wurden wir in der Taufe alle in einen einzigen Leib aufgenommen, Juden und Griechen, Sklaven und Freie. Alle wurden wir mit e i n e m Geist getränkt. (1 Kor 12,12 f)

Paulus fährt dann fort, indem er das aus der Antike bekannte Bild von den vielen Gliedern des Leibes ausmalt: Sie sind allesamt aufeinander angewiesen, und keines von ihnen darf sagen, es brauche die anderen nicht. Das unterscheidend Christliche tritt bei diesem Bild allerdings erst in dem Augenblick hervor, als Paulus sagt, daß den geringen und unscheinbaren Gliedern des Leibes mehr Ehre zukommen muß als den anerkannten und angesehenen:

Gott hat aber den Leib so zusammengefügt, daß er den weniger wichtigen Gliedern größere Ehre gegeben hat, damit im Leib keine Spaltung entstehe, sondern alle Glieder einträchtig füreinander sorgen. Wenn darum ein Glied leidet, leiden alle Glieder mit; wenn ein Glied geehrt wird, freuen sich alle anderen mit ihm. Ihr aber seid Christi Leib, und jeder einzelne ist ein Glied an ihm. (1 Kor 12,24–27)

Das Ziel dieser Aussagen ist klar: Paulus stellt diejenigen, die in der Gemeinde nur die alltäglichen und deshalb oft geringgeschätzten Dienstleistungen versehen, nicht nur denen, die hochbegabt sind, gleich – er stellt sie sogar über sie („größere Ehre"). Spätestens hier wird deutlich, daß es bei all dem um mehr als um humanes Denken oder soziale Fürsorge geht, so wichtig das alles ist. Es geht um nicht weniger als um das Grundprinzip von Gemeinde. Es besteht darin, daß jeder den anderen höher einschätzt als sich selbst (Phil 2,3). Es ist genau das, was Jesus seinen Jüngern zeigen wollte, als er ihnen die Füße wusch. Es ist genau das, was er in seinem „Sterben für die Vielen" dem Gottesvolk als unverlierbares Gedächtnis einstiftete. Es ist das, was die Kirche aus der Kraft der ihr geschenkten Eucharistie zum „Leib Christi" macht.

Vielleicht ist es nötig, an dieser Stelle zu betonen: Daß die Gemeinde „Leib Christi" ist, heißt keinesfalls, daß sie mit Christus gleichgesetzt werden dürfte. Sie holt ja sein Wort, sein Leben, seine Lauterkeit, seine absolute Hingabe und seine völlige Einheit mit dem Willen des Vaters in dieser Welt nie ein. Sie ist nicht nur Kirche der Heiligen, sondern immer auch Kirche der Sünder. Und doch ist sie die reale und leibhafte Anwesenheit Christi in der Geschichte. Sagte man weniger, würde man der paulinischen Theologie nicht gerecht werden.

Es wäre auch ein Irrtum, anzunehmen, die Leib-Christi-Aussagen des Paulus seien nur ein schmaler Sektor seiner Theologie, vielleicht sogar einsame Inseln im 1. Korintherbrief. Der Leib-Gedanke steht bei Paulus keineswegs isoliert. Er wird getragen von einer breiten Basis von Texten, die vom *In-Christus-Sein* der Getauften sprechen.

Der heutige Leser der Paulusbriefe neigt zunächst einmal dazu, das immer wiederkehrende „in Christus" individuell zu verstehen. Das „persönliche Christusverhältnis" nennt man es meist. Oft wurde es geradezu auf jenes Einswerden mit Christus gedeutet, das von den christlichen Mystikern in eindringlichen Bildern beschrieben wird. Das ist auch alles nicht falsch. Es kann bei Paulus mitschwingen. Schließlich hat er in Gal 2,19 f formuliert:

Ich bin mit Christus gekreuzigt worden.
Nicht mehr ich lebe, sondern Christus lebt in mir.

Allerdings erhebt sich selbst für Gal 2,19 f die Frage, ob das „Ich", das da spricht, wirklich nur der Einzelne ist, oder ob es nicht weiter ausgreift. Sicher ist das jedenfalls bei der Mehrzahl jener Texte, die vom *In-Christus-Sein* sprechen. Sie sind ekklesiologisch gemeint: Wer „in Christus" ist, lebt im Raum seines seit Ostern ausgegossenen Geistes, in dem Sünde und Tod nicht mehr die bestimmenden Mächte sind. In-Christus-Sein meint also nicht ein rein individuelles Verhältnis zwischen Christus und dem einzelnen Gläubigen. Es meint die Zugehörigkeit zum Herrschaftsbereich Christi, und dieser Herrschaftsbereich ist sein Leib, ist die Gemeinde. Sie ist der Boden, auf dem jeder Einzelne ganz mit Christus und ganz mit seinen Mitchristen verbunden ist.

So spricht Paulus in Phil 2,1 von „Ermahnung *in Christus*". Er hat dabei nicht ein Zwiegespräch zwischen Christus und der Seele vor Augen, sondern den Zuspruch im *Raum der Gemeinde*, in der gegenseitige Liebe, Gemeinschaft des Geistes, herzliche Zuneigung und Erbarmen, Einmütigkeit und Eintracht herrschen sollen (Phil 2,1–3). Anschließend zitiert er ein urchristliches Lied, das in hymnischer Form sagt, wie Christus sich seiner Herrlichkeit entäußerte, gleich einem Knecht gehorsam wurde und sein Leben dahingab bis in den Tod (Phil 2,6–11). In-Christus-Sein heißt für Paulus, in eben dieser Hingabe für die anderen zu leben – und das ist nur dort möglich, wo Jesus der Herr ist und sein Name angerufen wird.

Nur aus dem Gründungsgeschehen, das in Phil 2,6–11 geschildert wird, kann Gemeinde entstehen, und nur auf solchem Boden lassen sich die Spaltungen, die den Gemeinden und der Kirche unablässig drohen, überwinden. Humanistische Appelle zur Solidarität oder zur Geschwisterlichkeit reichen dazu nicht aus. Die Rivalität zwischen den Einzelnen, den Familien, den Gruppen und Völkern ist viel zu mächtig.

Lebt die Gemeinde aber vom Sterben und von der Auferstehung Jesu her, wird sie zu etwas Neuem in der Welt. Dann werden sogar die Unterschiede zwischen den Menschen, die normalerweise jede Gemeinschaft zerstören, zum Reichtum. Denn daß Menschen, die ganz verschieden sind und auch verschieden bleiben, von Christus her und aus der Kraft seines Geistes dasselbe wollen, läßt ein differenziertes und vielgestaltiges Gebilde entstehen.

Da sind die einen von Gott zu Aposteln bestimmt, andere zu Propheten, die dritten zu Lehrern. Andere haben die Kraft, mit ihrer ganzen Existenz zu glauben, und solcher Glaube ist immer ein Wunder, das weitere Wunder freisetzt. Da gibt es bei den einen das Charisma, Krankheiten auf die Spur zu kommen, bei anderen das Charisma, trösten zu können, wieder andere haben das Charisma der Gemeindeleitung. Manche haben die Gabe der theologischen Erkenntnis, andere die Gabe, diese Erkenntnis zu vermitteln. Die einen besitzen die Gabe der Menschenkenntnis, andere die Gabe der Unterscheidung, andere die Fähigkeit der richtigen Sprache beim Lobpreis Gottes (vgl. 1 Kor 12,8–11.28).

Diese Vielfalt von Gnadengaben, die Paulus den Korinthern im Bild des Leibes als eines vielgegliederten und lebendigen Organismus vor Augen stellt, antwortet auf eine der drängendsten Menschheitsfragen, die bisher von keiner Gesellschaftsform gelöst werden konnte: Wie ist es zu erreichen, daß Menschen, die ganz verschieden sind, die gerade in ihrer Verschiedenheit reich sind und die nicht uniformiert werden dürfen, dennoch in Frieden zusammenleben? Denn die Menschen sind nicht gleich und wollen es auch gar nicht sein. Jeder möchte einmalig sein, und er hat recht. Aber wie können sie dabei einander gerecht werden, ohne daß es die Gesellschaft sprengt?

Die Lösung „Gottesvolk", die im Neuen Testament als „Leib Christi" präzisiert wird, beruht ganz auf Freiheit und Freiwilligkeit. Sie beruht weiterhin darauf, daß die Ungleichheit der Menschen nicht geleugnet wird, sondern gerade zum Mittel der gegenseitigen Bereicherung wird. Was das Auseinanderstrebende zusammenbindet, ist die *agapē*, die vom Menschen her nicht möglich ist, sondern die vom Geist Gottes geschenkt wird, und dieser Geist ist freigesetzt aufgrund der Lebenshingabe Jesu.

So kann die Gemeinde zu dem Ort werden, wo der Reiche dem Armen zu Hilfe kommt, der Begabte dem Unbegabten, der Lachende dem Weinenden, der Starke dem Schwachen, der Gesunde dem Kranken, der Verheiratete dem, der ohne Familie ist. Oft ist es in der Gemeinde aber auch umgekehrt, und darin zeigt sich noch einmal, daß in ihr mehr geschieht als das, was eine Sozialstation zu leisten vermag: die Unverheirateten sind ein Glück für die Kinder der Verheirateten; die Schwachen sind Seismographen für sich anbahnende Risse in der Gemeinschaft, von denen die Starken noch gar nichts gemerkt haben; die Kranken tragen durch ihren Glauben und ihre Freude die Gesunden.

Es liegt auf der Hand: All das ist in einer unüberschaubaren Großgemeinde, die zudem noch aus vielen isolierten Einzelnen besteht, nur schwer möglich. Es setzt ein ständiges Miteinander, eine Verflechtung des Lebens, ein sich immer wieder Versammeln, eine Indienstnahme jedes Einzelnen für die missionarischen Aufgaben der Gemeinde voraus. Aber genau das hat Paulus mit dem Bild des Leibes gemeint. Wenn wir ehrlich sind, müssen wir sagen: Sowohl die Kirche als ganze als auch die einzelnen Gemeinden sind weit davon entfernt, das Bild des Leibes Christi, das Paulus den Korinthern vor Augen stellt, auch nur von ferne zu realisieren. Wir sind eher noch in der Gefahr, uns immer weiter von dem zu entfernen, was Paulus mit „Leib Christi" gemeint hat.

Denn eines der Grundprobleme der Kirche am Ende des 20. Jahrhunderts besteht darin, daß der Glaube nicht mehr das Ganze, sondern nur noch einen schmalen Teilbereich des Lebens durchdringt. Von der gesamten Woche bleiben für den „Glauben" oft nur noch 60 Minuten am Sonntag. Der Beruf ist längst eine Welt für sich geworden, in der eigene Regeln und Verhaltensweisen gelten. Mit christlicher Existenz hat er kaum noch etwas zu tun. Daran haben auch die Anstrengungen der christlichen Verbände und alle kirchlichen Bemühungen um das „Laienapostolat" nichts geändert. Genauso ist längst auch die Freizeit eine Welt für sich geworden, ebenso Erziehung, Wirtschaft, Kultur und alle anderen Lebensbereiche. So trocknet der Glaube immer weiter aus. Er hat keinen Stoff mehr, den er verwandeln kann. Er wird weltlos und damit wirkungslos.

Bei vielen Christen würde es keinerlei Einschnitt in ihrem Leben bedeuten, wenn sie eines Tages beschlössen, ab morgen nicht mehr zu beten, ab nächsten Sonntag nicht mehr zur Kirche zu gehen und zum erstmöglichen Termin die Kirchenzeitung abzubestellen. Ihr Leben verliefe nach genau denselben gesellschaftlichen Regeln, Normen, Verhaltensmustern und Leitbildern wie vorher. Nichts würde sich ändern.

Und zwar deshalb, weil ihr Glaube auch vorher schon weltlos und deshalb folgenlos, ja letztlich belanglos war. Er war, genau genommen, gar kein Glaube mehr. Wo der Glaube wirklicher Glaube ist, kann er nicht nur an den Rändern des Lebens angesiedelt sein.

Der christliche Glaube stellt, genau wie der jüdische, das *ganze* Leben unter die Verheißung und den Anspruch Gottes. Er ist darauf ausgerichtet, alle Lebensverhältnisse der Glaubenden zu durchdringen und ihnen eine neue Gestalt zu geben. Er drängt von sich aus dazu, gesellschaftliche Verhältnisse zu verändern und den Stoff der Welt zu formen. Der Glaube will alles einbeziehen, damit „neue Schöpfung" entstehen kann.

Zugleich tendiert der Glaube zu einem immer intensiveren Miteinander der Gläubigen. Denn nur in der Gemeinde, dem Ort dieses Miteinanders, nur in dem von Gott gestifteten Raum der Erlösung, kann der Stoff der Welt wirklich verwandelt, können gesellschaftliche Verhältnisse wahrhaft verändert werden. Für den christlichen Glauben wäre es deshalb wesentlich, daß die einzelnen Gläubigen nicht isoliert nebeneinanderher leben, sondern zu einem Leib verbunden sind. Es käme darauf an, daß sie all ihre Begabungen und Möglichkeiten miteinander verflechten, daß sie in ihren Versammlungen ihr ganzes Leben vom Kommen der Gottesherrschaft her beurteilen und sich die Einmütigkeit der *agapē* schenken lassen. Dann würde die Gemeinde zu dem Ort, an dem die messianischen Zeichen, die dem Gottesvolk versprochen sind, aufleuchten und wirksam werden können.

Das alles gehört zur Tendenz des Glaubens, sich zu verleiblichen. Der christliche Glaube tendiert *von sich aus* dazu, die Glaubenden im Miteinander zu verbinden und über dieses Miteinander alle Lebensbereiche in die neue Schöpfung Gottes einzubeziehen. Diese integrierende Tendenz ist dem Glauben selbst eigen. Sie tritt nicht erst sekundär irgendwo und irgendwann zum Glauben hinzu. Der Einzelne kann nicht zunächst für sich allein glauben und sich dann nachträglich auch noch der Kirche verbinden. Die Annahme des Glaubens ist schon identisch mit der Aufnahme in die Kirche. Den Glauben annehmen heißt bereits, das Miteinander der Glaubenden wollen. Entsprechend ist die Veränderung von Welt und Gesellschaft nicht eine Verpflichtung, die zusätzlich und sekundär noch zum Glauben hinzukommt. Wo der Glaube lebt, ist er vielmehr von Anfang an verwandelte Welt[448].

Das Miteinander der Gläubigen meint also nicht bloß ein geistiges und geistliches Miteinander. Es muß sich verleiblichen. Es braucht einen Ort, einen Bereich, in dem es Gestalt annimmt. Vielleicht muß man von hier aus noch einmal mit neuen Augen lesen, wie oft in den Paulusbriefen und in der Apostelgeschichte von „Häusern" die Rede ist. Es ist erstaunlich, wieviele Häuser uns allein im Zusammenhang mit der apostolischen Arbeit und den Reisen des Paulus namentlich bekannt sind: das Haus der Purpurhändlerin Lydia in Philippi, das Haus des Jason in Thessalonich, das des Titius Justus und das des Gaius in Korinth, das des Evangelisten Philippus in Cäsarea und das Haus des Mnason aus Zypern in Jerusalem[449].

In diesen und vielen anderen Häusern[450] der urchristlichen Zeit entfaltete sich ein entscheidendes Stück des Lebens der frühchristlichen Gemeinden. Die *natürliche* Familie, die den Mittelpunkt der betreffenden Häuser bildete, war geöffnet und eingebunden in einen weiten Zusammenhang: in die *neue* Familie der Gemeinde. In diesen Häusern wurden Katechumenen unterrichtet, in ihnen waren durchreisende Glaubensbrüder zu Gast, in ihnen traf sich die Gemeinde zu ihren Versammlungen und zur Feier des Herrenmahls, hier fanden arbeitslose Christen Arbeit und hier wurden meist auch die ersten Kontakte zu Heiden geknüpft, die eine christliche Gemeinde kennenlernen wollten. Sie lernten dann eben nicht nur abstrakte Glaubenssätze kennen, sondern christliches Leben.

In diesem Zusammenhang ist auch Folgendes zu bedenken: Das antike Haus darf nicht einfachhin mit den Wohnhäusern der Moderne gleichgesetzt werden. Deren Funktion ist fast ausschließlich das Wohnen geworden. Hingegen ist in der Antike und noch lange Zeit danach das Haus eine größere soziale Einheit. Es umfaßt nicht nur die Familie im engeren Sinn, sondern über sie hinaus noch andere Personen, die in ihm leben und arbeiten. Denn oft ist das Haus auch Produktionsort. Vom Haus getrennte umfangreichere Produktionsanlagen gab es nur in seltenen Fällen. Das bedeutete, daß in christlichen Häusern wie etwa in dem von Aquila und Priska (vgl. IV 1) Glaube und Leben beziehungsweise Glaube und Arbeit eine Einheit bildeten. Die Familie der Priska sah, wie Paulus mit seinen Händen arbeitete, und diejenigen, denen Paulus im Zusammenhang mit seiner Handarbeit das Evangelium verkündete, erlebten zugleich eine christliche Familie.

Noch etwas anderes kommt hinzu: Die Häuser, in denen Paulus wohnte, waren oft diejenigen Häuser, die den Erstbekehrten einer Stadt gehörten. So war es beim Haus der Lydia in Philippi, so beim Haus des Jason in Thessalonich, so wahrscheinlich auch beim Haus des Gaius in Korinth. Gerade in den Häusern der Erstbekehrten versammelte sich dann meist auch die Gemeinde. Dadurch aber verkörperten diese Häuser ein Stück lebendiger Gemeindegeschichte, die bei jeder Versammlung gegenwärtig war – nicht nur in den Räumen, sondern auch in den Personen.

Selbstverständlich traten im Intimraum der urchristlichen Hausgemeinde Konflikte viel klarer ans Licht als in heutigen Pfarreien, in denen man sich nur allzu oft sorgfältig voreinander abschirmt und sich jede Einmischung in das eigene Leben verbittet. So war in den frühchristlichen Gemeinden die gegenseitige Zurechtweisung eine Selbstverständlichkeit (vgl. IV 2). Die Auseinandersetzung zwischen Paulus und Petrus in Antiochien um Fragen der Tischgemeinschaft zwischen Juden- und Heidenchristen hat sich nach Aussage des Galaterbriefs „in Gegenwart aller" abgespielt (2,14). Was Paulus zur Situation des Herrenmahls in Korinth der Gemeinde geschrieben hat, ist mit Sicherheit in der dortigen Versammlung, wahrscheinlich vor der Eucharistiefeier vorgelesen worden. Leider wissen wir nicht, wie diese Versammlung verlief.

Wir möchten überhaupt noch viel mehr Einzelheiten über das konkrete Leben der frühen Gemeinden wissen. Unsere Quellen geben jedoch meist nur wenig Auskunft. Immerhin wissen wir so viel, daß wir nicht in die Gefahr geraten, das damalige Gemeindeleben zu glorifizieren. Gerade die beiden Korintherbriefe des Paulus zeigen uns eine Gemeinde, in welcher es Unsicherheit, Überheblichkeit, theologische Schräglagen und schwere soziale Konflikte gibt. Anderswo wird es nicht anders gewesen sein.

Das, was diese Gemeinden auszeichnet, ist nicht ihre moralische Integrität, auch nicht ihre Glaubenskraft, noch weniger ihre Einmütigkeit. Trotzdem nennt Paulus sie in seinen Briefeinleitungen die „Heiligen", die „Berufenen", die „von Gott Geliebten", die „in Christus Jesus Geheiligten", die „Ekklesia Gottes"[451]. Er bringt damit zum Ausdruck: Entscheidend sind nicht die Fehler, die gemacht werden: es wird sie immer wieder geben. Entscheidend sind auch nicht die theologischen Torheiten: sie werden niemals ausbleiben. Entscheidend ist nicht einmal die Schuld, so furchtbar sie oft ist: sie kann vergeben werden.

Entscheidend ist vielmehr, und daran hängt alles, daß die Gemeinde weiß, daß Gott sie berufen hat, seinen Plan sichtbar zu machen und Ort der Versöhnung in der Welt zu sein – als Leib Christi. Sie ist schon immer dieser Leib, vorgängig zu ihren eigenen Anstrengungen. Der für die Endzeit verheißene Geist Gottes, der Geist Jesu Christi, ist ihr schon geschenkt worden und hat sie zu dem einen Leib gemacht. Und trotzdem muß sie wissen: Sie soll erst noch zu diesem Leib werden.

5. Glaube will erlernt sein

Seit Anfang des 3. Jahrhunderts zeichnet sich in den frühkirchlichen Zeugnissen zum ersten Mal deutlich die Einrichtung des Katechumenats ab, und zwar bei Hippolyt, Tertullian und Klemens von Alexandrien[452]. Durch Hippolyt wissen wir, daß der Katechumenat in Rom damals drei Jahre dauerte[453]. Drei Jahre lang lernte der Taufbewerber die christliche Lehre kennen, und drei Jahre lang übte er sich in das Leben als Christ ein, bevor er zur Taufe zugelassen wurde. Offenbar war die Kirche damals der Meinung, daß eine schnellere Hinführung zum Glauben überhaupt nicht möglich sei.

Auf den ersten Blick sieht es so aus, als stehe die Anfangszeit der Kirche zu dieser Praxis in unüberbrückbarem Gegensatz. Denn die Apostelgeschichte, das einzige Buch des Neuen Testaments, das uns konkretes Anschauungsmaterial zur urchristlichen Taufpraxis bietet, scheint gar keinen Katechumenat zu kennen. Man ist geradezu befremdet, wenn man sieht, wie schnell in den Erzählungen der Apostelgeschichte getauft wird:

Nach der Pfingstpredigt des Petrus werden noch am selben Tag etwa 3 000 Personen getauft und der Gemeinde „hinzugefügt" (2,41).

Der Finanzminister der äthiopischen Königin wird von Philippus im Reisewagen belehrt und sofort am ersten Wasserlauf, der sich zeigt, getauft (8,38).

Hananias betritt in Damaskus das Haus, wo der blind gewordene Saulus sich aufhält, legt ihm die Hände auf, heilt ihn so von seiner Blindheit und tauft ihn dann unmittelbar nach dieser Handauflegung (9,18).

Der römische Hauptmann Kornelius wird in Cäsarea noch am selben Tag, an dem Petrus ihn auf göttliche Weisung aufsucht, mitsamt seinen Verwandten und Freunden getauft (10,48).

Die Purpurhändlerin Lydia empfängt vor den Toren der Stadt Philippi, nachdem sie die Predigt des Paulus gehört hat, mit ihrem ganzen Haus, das heißt mit ihrer Familie und allen, die in ihrem Haus leben, die Taufe. Anschließend nimmt sie Paulus und seine Mitarbeiter in ihr Haus auf (16,15).

Nicht anders ist es bei dem Gefängniswärter von Philippi nach dem nächtlichen Erdbeben, das Paulus und Silas die Fesseln gelöst hat. Er ist von dem Geschehen so erschüttert, daß er sie fragt:

> *„Was muß ich tun, um das Heil zu erlangen?" Sie antworteten: „Glaube an Jesus, den Herrn, und du wirst das Heil erlangen, du und dein Haus." Und sie sagten ihm und allen in seinem Haus das Wort Gottes. Da nahm er sie noch in derselben Stunde der Nacht bei sich auf, wusch ihre Striemen und ließ sich auf der Stelle mit all den Seinen taufen. Dann führte er sie in seine Wohnung hinauf, ließ ihnen den Tisch decken und jubelte mit seinem ganzen Haus, weil er zum Glauben an Gott gekommen war. (Apg 16,30–34)*

Nicht anders ist es schließlich bei den Jüngern in Ephesus, die nur die Johannestaufe empfangen haben. Auch sie werden unverzüglich auf den Namen Jesu getauft (19,5 f).

Von insgesamt 9 Tauftexten, die es in der Apostelgeschichte gibt, erzählen nicht weniger als 7 von einer sofortigen Taufe. Nur in Apg 8,12 f (Bekehrungen in Samarien) und 18,8 (Bekehrungen in Korinth) bleibt die Zeitfrage offen. Aber das hängt mit der literarischen Struktur der knappen „Notizen" in 8,12 f und 18,8 zusammen. Alsbald gespendete

Taufen werden auch dort nicht ausgeschlossen. Gegenprobe: Von einer der Taufe vorangehenden Katechumenatszeit wird bei Lukas nirgendwo berichtet. Bloßer Zufall kann das alles nicht sein. Weshalb wird bei Lukas so schnell getauft?

Man könnte natürlich sagen: Die Tauftexte der Apostelgeschichte spiegeln noch etwas von dem ursprünglichen Charakter der Taufe wider: Sie wurde gespendet vor dem Horizont einer intensiven Naherwartung, war sakramentale Versiegelung angesichts des nahen Weltendes, war Errettung aus dem bevorstehenden Gericht. Weil das Weltgericht vor der Tür stand, mußte sie schnell gespendet werden, so wie auch Johannes der Täufer jeden, der zu ihm über den Jordan gekommen war, sofort nach dem öffentlich abgelegten Sündenbekenntnis getauft hatte.

Doch diese Antwort kann nicht befriedigen. Denn im Geschichtsverständnis des Lukas spielt Naherwartung keine Rolle. Bei ihm öffnen sich der Kirche weite Räume. In Apg 1,8 verheißt der Auferstandene den Aposteln vor seinem endgültigen Scheiden:

Ihr werdet die Kraft des Heiligen Geistes empfangen, der auf euch herabkommen wird. Ihr werdet meine Zeugen sein in Jerusalem, in ganz Judäa und Samarien und bis an die Grenzen der Erde. (Apg 1,8)

Wenn sich Raum und Zeit in solcher Weise dehnen, erhebt sich erst recht die Frage: Warum das schnelle Taufen? Eine Antwort ganz anderer Art wäre: Die Sofort-Taufen sind in der Apostelgeschichte literarisches Darstellungsmittel. Lukas erzählt gleichsam im Zeitraffer, damit dem Leser das Geschehen lebendig und bewegt vor Augen steht. Die dramatische Erzählweise im Fall der Taufe würde dann die Macht des Geistes Gottes und die Glaubenskraft der Anfangszeit herausstellen.

Diese Antwort wäre besser, weil sie auf der Ebene der lukanischen Darstellung bleibt. Trotzdem kann auch sie nicht wirklich befriedigen. Es gibt nämlich eine viel einfachere Erklärung: Die Möglichkeit einer sofortigen Taufe beruht in der Apostelgeschichte darauf, daß die Taufbewerber, wie bei Johannes dem Täufer, bereits aus dem Gottesvolk kommen oder doch durch das Gottesvolk entscheidend geprägt sind.

Die 3 000 Menschen, die der lukanischen Darstellung zufolge am Pfingsttag in Jerusalem getauft werden, sind keine Heiden, sondern

Juden und jüdische Proselyten aus heidnischen Ländern, die fest in Jerusalem wohnen. Es gab damals viele Juden, die mit ihren Familien aus der Diaspora nach Jerusalem gezogen waren, um möglichst nahe am Heiligtum zu leben und zu sterben[454]. Ihre Übersiedlung in die heilige Stadt, die mit großen Opfern verbunden gewesen sein muß, war Zeichen ihres Glaubens an die prophetischen Verheißungen und Ausdruck ihrer Liebe zum „Land". Sie wollten die endzeitliche Sammlung des zerstreuten Israel zum Zion vorwegnehmen. Meist lebten diese ehemaligen Diasporajuden den Glauben des Gottesvolkes ernsthafter als die Alteingesessenen Jerusalems. Sie hatten ja den Exodus aus ihrer Heimat in das Land der Verheißung vollzogen. Aber wie immer sich Lukas die Hörer der Pfingstpredigt vorgestellt hat – sicher ist, daß es für ihn keine Heiden, sondern Diasporajuden waren[455].

Der Finanzminister der äthiopischen Königin, den Philippus tauft, muß ein dem Glauben Israels nahestehender „Gottesfürchtiger" sein[456]. Er hat die weite und gefährliche Reise von Nubien bis nach Jerusalem auf sich genommen, um im Tempel zu Jerusalem den wahren Gott anzubeten. Er liebt die Heilige Schrift. Denn er hat eine Jesaja-Rolle bei sich, in der er auf dem Rückweg im Reisewagen liest.

„Gottesfürchtige" sind auch der Hauptmann Kornelius und die Purpurhändlerin Lydia. Paulus trifft Lydia am Sabbat mitsamt ihrer Familie am Fluß – dort wo er eine *Proseuche*, eine jüdische Synagoge oder doch wenigstens einen jüdischen Gebetsplatz vermutet[457]. Sie lebt also mit ihrer Familie bewußt im Lichtkreis des Glaubens Israels.

Noch deutlicher ist das bei Kornelius, der sich nicht nur streng an die jüdischen Gebetszeiten hält, sondern sein Einkommen mit den Armen des Gottesvolkes teilt und um sich einen Kreis von Freunden gesammelt hat, die wie er den Glauben Israels lieben. Er steht bei der jüdischen Gemeinde in Cäsarea in hohem Ansehen[458].

Bei den Jüngern von Ephesus, die mit der Johannestaufe getauft worden waren, und bei Saulus, der als Pharisäer streng nach der Tora gelebt hatte – „untadelig in der Gerechtigkeit, wie die Tora sie vorschreibt" (Phil 3,6) – ist die Verwurzelung im Judentum sowieso selbstverständlich.

Das Gesamtbild ist eindeutig. Die christlichen Gemeinden der ersten Jahrzehnte partizipieren noch ganz unmittelbar am Heilswissen Israels. Die zur Taufe kommen – seien es nun Juden oder gottesfürchtige Heiden – wissen längst, daß zum Glauben der Herrschaftswechsel von den Göttern zum wahren Gott gehört und die Abkehr von der heidnischen Lebensweise zu einem Leben in Gerechtigkeit. Sie brauchen nicht erst zu lernen, was die richtige Art zu beten und was Gottesdienst ist. Sie haben jeden Tag in der *Tefillah,* dem jüdischen Grundgebet, um das Kommen des Messias und um die endzeitliche Sammlung Israels gebetet. Sie haben jeden Sabbat in der Synagoge die Tora gehört und die Verheißungen der Propheten. Sie kennen die Geschichte Gottes mit seinem Volk seit Abraham.

Vor allem aber: Sie brauchen nicht erst zu lernen, was Leben in der Gemeinde ist. Denn die Lebensform „Gemeinde" ist ihnen eine Selbstverständlichkeit. Die Gläubigen der kirchlichen Frühzeit hatten durch ihre jüdische Herkunft beziehungsweise durch ihren gottesfürchtigen Anschluß an die Synagoge den Schritt von der heidnischen Gesellschaft in einen gänzlich anderen Lebensraum längst vollzogen.

Was sie noch lernen müssen, ist dies: Daß die Geschichte Israels nun endgültig in das Stadium der Erfüllung getreten ist. Konkret: Sie müssen glauben, daß in dem gekreuzigten und auferstandenen Jesus der Messias Israels schon gekommen ist, daß die endzeitliche Sammlung des Gottesvolkes und mit ihr die messianische Veränderung der Welt bereits im Gang ist und daß man dem Messias und seinem messianischen Heil in der Schar der Jesusnachfolger begegnet und nirgendwo sonst. Sobald sie das glauben und bekennen, werden sie zur Taufe zugelassen.

Warum also wird bei Lukas so schnell getauft, und weshalb gibt es in den Tauferzählungen der Apostelgeschichte keinen Katechumenat? Weil die Taufbewerber längst im Katechumenat gelebt haben, viele Jahre lang. *Das Judentum war der Katechumenat der Urkirche.*

Erst als der Kirche der jüdische Wurzelboden verloren zu gehen droht, wird der Katechumenat in der Form einer eigenen Einrichtung notwendig. Es ist nur konsequent, daß die Kirche dann für diese Einrichtung hauptsächlich auf jüdische Tradition und jüdisches Unterscheidungswissen zurückgreift. Das zeigt sehr schön die sogenannte Zwölfapostellehre *(Didache).* Ihre ersten 6 Kapitel sind reine Taufkatechese und bestehen zum größten Teil aus dem Zwei-Wege-Traktat.

Dieser aber stammt aus dem Judentum[459]. Mit ihm beginnt die Zwölf-apostellehre:

Zwei Wege gibt es – einen zum Leben und einen zum Tod. Der Unterschied zwischen diesen beiden Wegen ist groß. (Did 1,1)

Indem die Kirche den Zwei-Wege-Traktat in ihre Taufvorbereitung aufnimmt, will sie sagen: Zur Taufe gehört es unabdingbar, zwischen den Mächten des Todes und den Mächten des Lebens unterscheiden zu lernen. Wer sich taufen läßt, wählt den Weg zum Leben. Doch der Weg zum Leben verlangt eine neue Art, sein Leben zu führen. – Man muß sich also davor hüten, den kirchlichen Katechumenat als bloßen *Unterricht* anzusehen. Er war mehr. Er war Einweisung der Taufbewerber in eine neue Lebensform, die sich von der Lebensform der heidnischen Gesellschaft grundlegend unterschied. Wir haben darüber bereits in Kapitel IV 1 gesprochen.

Die Taufvorbereitung wurde schon bald in verschiedene Stufen gegliedert, und zu jeder dieser Stufen gehörten entsprechende Sakramentalien. So zum Beispiel der *Exorzismus,* der anzeigte, daß die Übernahme des Glaubens ein Herrschaftswechsel von den Mächten des Heidentums unter die Herrschaft Christi war. Solcher Herrschaftswechsel war nicht einfach Sache des guten Willens. Man mußte sich befreien lassen von den Dämonen der Angst, der Gier und des Egoismus, die in jedem Menschen sitzen.

Die *Salzkörner,* die den Katechumenen in einem eigenen Ritus auf die Zunge gelegt wurden, sollten anzeigen: Das Neue kann nicht nur mit der Vernunft erfaßt werden. Es muß geschmeckt werden, und nur der Geschmack der Wahrheit und Schönheit des Glaubens ermöglicht es, daß die Taufbewerber den neuen Weg in wirklicher Freiheit gehen.

An diesen und anderen Zeichenhandlungen, die den Zeitraum der Taufvorbereitung stufenartig gliederten, wird deutlich: Der Katechumenat ist bereits Eröffnung der Taufe. Er ist, wie Joseph Ratzinger formuliert, „nicht vorgelagerte Belehrung, sondern integrierender Bestandteil des Sakraments selbst. Andererseits ist das Sakrament nicht bloß liturgischer Vollzug, sondern ein Prozeß, ein langer Weg, der alle Kräfte des Menschen" einfordert[460]. Katechumenat und Taufe bilden in der frühen Kirche also eine organische Einheit. Man kann sie nicht isoliert und unabhängig voneinander betrachten.

Heißt das nun aber nicht, daß wir zu der Erwachsenentaufe der kirchlichen Frühzeit zurückkehren müssen? Tatsächlich taucht der Ruf nach Abschaffung der Kindertaufe immer wieder von neuem auf. Die Kindertaufe wird dann zur Fehlentwicklung erklärt, zum unablässigen Störfaktor für das, was Kirche eigentlich sein sollte. Sie habe den Katechumenat zerstört und mit ihm die bewußte Übernahme des Glaubens und die verantwortete Entscheidung zur Kirche. Eben deshalb sei sie mitschuldig geworden an der gefährlichen Aufschwemmung der Kirche zur „Volkskirche".

Es lohnt sich, der Frage der Kindertaufe ein wenig genauer nachzugehen – und zwar deshalb, weil an dieser Frage wie in einem Brennpunkt noch einmal deutlich wird, was Kirche ist. Man stößt wohl am schnellsten zum Kern des Problems vor, wenn man bei dem Einwand heutiger Eltern einsetzt, die sagen, ihr Kind solle einmal selbst entscheiden, ob es Christ werden wolle oder nicht. Bis zu diesem Zeitpunkt solle es ganz frei aufwachsen, ohne Indoktrinationen, ohne sich von anderen beeinflussen zu lassen, sozusagen in einem neutralen Raum.

Das klingt nur scheinbar aufgeklärt. In Wirklichkeit mißachtet diese Position die Realität der Welt und des Menschen. Sie ist nicht nur deshalb falsch, weil es in der Gesellschaft keine „neutralen Räume" gibt. Sie ist auch eine völlige Verkennung dessen, was menschliche Existenz ist. Kein Kind kann ja gefragt werden, ob es die Welt kommen will oder nicht, ob es leben will oder nicht. Sein Leben wird ihm vorgegeben.

Bei einem Kind zeigt sich die Vorgabe nicht nur darin, daß ihm die Eltern das Leben schenken, sondern daß sie für ziemlich lange Zeit die Verantwortung für sein Leben zu tragen haben. Wir stoßen hier erneut auf das Phänomen der Stellvertretung, ohne das Leben in menschlicher Gemeinschaft nicht möglich ist. Die Eltern haben Leben gezeugt und sorgen nun stellvertretend, weil das Kind es noch nicht kann, für Nahrung, Kleidung, Wohnung und Erziehung. Das Kind kann über das alles noch nicht entscheiden. Es braucht Stellvertreter.

Und zwar braucht es Stellvertreter, die ihm in allem das Beste geben, was sie haben. Es ist schon deutlich geworden, daß sich das nicht nur auf Nahrung und Kleidung beziehen kann. Ein Kind braucht mehr. Es braucht Liebe und Geborgenheit, Bildung und Erziehung. Es braucht von allem das Beste. Falls nun aber die Eltern gläubige Menschen sind und den Glauben als das Wichtigste und Beste in ihrem Leben ansehen – dürfen sie dann ihrem Kind das Leben im Raum des Glaubens vorenthalten?

Dürfen sie verhindern, daß es schon frühzeitig zwischen gut und bös, wahr und falsch, schön und häßlich, menschlich und unmenschlich und schließlich auch zwischen Welt und Gott zu unterscheiden lernt? Dürfen sie verhindern, daß es nicht nur seine äußeren Sinne schärft, sondern auch jene Sinne, mit denen der Mensch das Wort Gottes aufnimmt und die Werke Gottes schaut? Dürfen sie ihrem Kind die vielgestaltige Welt des Glaubens verschließen, die von den Sakramenten gar nicht zu trennen ist und die Gottes Handeln in der Welt erschließt?

Wie absurd das alles wäre, zeigt das Phänomen der Sprache. Alle Eltern lehren ihre Kinder sprechen. Sprechenlernen ist jedoch mehr, als nur ein Gerüst aus Lauten zu beherrschen. Jede Sprache vermittelt Welt. Auf jeder Stufe des Sprechenlernens wird Welt ergriffen und gedeutet. Die Meinung, man könne ein Kind in einem neutralen Raum aufwachsen lassen, in dem Welt und Dasein noch nicht gedeutet seien, ist eine völlige Verkennung des Verhältnisses von Sprache und Wirklichkeit. Jedes Wort, jeder Satz, jede Form der Rede vermittelt Welt und deutet sie zugleich. Das Kind saugt ständig bereits gedeutete, entweder richtig gedeutete oder verkürzte, entstellte, um ihren Sinn gebrachte Welt in sich hinein – seit seinem ersten Atemzug. Und je verständiger es wird, desto stärker wird es den jeweils herrschenden Leitbildern der Gesellschaft, ihren Maßstäben und Mächten ausgeliefert.

Es wäre deshalb geradezu verantwortungslos, wenn gläubige Eltern ihr Kind den Weltdeutungen, die auf es einströmen, hilflos und ohne die Möglichkeit der Unterscheidung überlassen würden, und ihm nicht die umfassendste Deutung von Welt, die es gibt, eröffneten: die Wahrheit Gottes, die in Jesus Christus endgültig in die Welt gekommen ist. Diese Wahrheit aber ist nicht nur in Begriffen zu erfassen. Sie muß geschmeckt werden. Sie muß eingeatmet werden. Sie ist Lebensform.

Taufe ist der Eintritt in diese Lebensform. Indem das noch *unmündige* Kind getauft wird, kommt zum Ausdruck, daß die Lebensform des

Glaubens von Menschen nicht herstellbar ist. Glaube kann nicht anerzogen werden. Er kann nur empfangen werden. Er ist immer Vorgabe. Er ist immer Gnade. Deshalb dürfen gläubige Eltern ihrem Kind die Taufe nicht vorenthalten. Sie dürfen sie ihm so wenig vorenthalten wie Nahrung, Kleidung, Spiel, Spielgefährten, Sprache, Erziehung.

Wenn die Eltern wollen, daß ihr Kind die Sprache der Wahrheit Gottes verstehen lernt, brauchen sie selbst Hilfe. Die Familie für sich allein ist noch nicht der Raum, in dem Gott spricht und handelt. Die Eltern und ihre Kinder brauchen den Erfahrungsraum, in dem das Wort Gottes von vielen vernommen und gelebt wird. Dieser Raum ist die Kirche mit ihrer Liturgie, ihren Sakramenten, ihren Versammlungen, ihrer gesammelten und von Generation zu Generation weitergegebenen Erfahrung. Deshalb findet die Taufe auch nach Möglichkeit vor der versammelten Gemeinde statt. Die Gemeinde übernimmt neben den Eltern und Taufpaten die Verantwortung für den Glauben des Kindes. Sie soll ihm viele gläubige Väter und Mütter zur Seite stellen. Sie muß selbst immer wieder umkehren, damit das Kind auch tatsächlich einen Erfahrungsraum des Glaubens *als Vorgabe* finden kann.

Die Eltern können in diesem Erfahrungsraum lernen, daß ihr Kind Geschöpf Gottes ist, von Gott geliebt und deshalb unantastbar. Es ist ihnen anvertraut, aber es ist nicht ihr Eigentum, das sie zur Erhöhung ihres eigenen Lebens mißbrauchen dürfen. Die Eltern haben so wenig wie jeder andere das Recht, über ihr Kind zu verfügen. Sie haben nicht das Recht, es nach ihrem eigenen Bild und nach ihren privaten Wünschen zu formen. Sie haben weder das Recht, es zu ihrem Götzen, noch das Recht, es zu ihrem Werkzeug zu machen. Diese Unantastbarkeit des Kindes, seine Freiheit, die es von Gott her hat, wird gerade im sakramentalen Vollzug der Taufe zum Ausdruck gebracht.

Getauftwerden heißt Anteil erhalten an der Geschichte Gottes mit der Welt, und nur wer an dieser Geschichte Anteil hat, kann – Schritt für Schritt – die wahre Freiheit erlernen. Wer seine Kinder in einem vermeintlich „neutralen Raum" erziehen möchte, wird sie mit Sicherheit einer Vielzahl von Mächten ausliefern und sie schon bald um ihre Freiheit bringen.

Übrigens hat man das auch in Israel nie anders gesehen. Kein gläubiger Jude wäre je auf die Idee gekommen, die eigenen Kinder zuerst einmal in einem neutralen Raum aufzuziehen. Die Beschneidung, das Zeichen des Bundes, wird schon am 8. Tag nach der Geburt vollzogen, und die Einübung in die Tora kann gar nicht früh genug beginnen. In Dtn 6,4–7 heißt es:

> *Höre Israel! JHWH, unser Gott, JHWH ist einzig. Darum sollst du den Herrn, deinen Gott, lieben mit ganzem Herzen, mit ganzer Seele und mit ganzer Kraft! Und diese Worte, auf die ich dich heute verpflichte, sollen auf deinem Herzen geschrieben stehen. D u s o l l s t s i e d e i n e S ö h n e w i e d e r h o l e n l a s s e n. Du sollst sie vor dich her summen, wenn du zu Hause sitzt und wenn du auf der Straße gehst, bis du dich schlafen legst und sobald du aufstehst.*

Wenig später heißt es:

> *Fragt dich morgen dein Kind: „Warum achtet ihr auf die Satzungen, die Gesetze und Rechtsvorschriften, auf die der Herr, unser Gott, euch verpflichtet hat?", dann sollst du deinem Kind antworten: „Wir waren Sklaven des Pharao in Ägypten, und der Herr hat uns mit starker Hand aus Ägypten herausgeführt. Der Herr hat vor unseren Augen gewaltige, schreckliche Zeichen und Wunder an Ägypten, am Pharao und an seinem ganzen Haus getan, uns aber hat er dort herausgeführt, um uns in das Land, das er unseren Vätern mit einem Schwur versprochen hatte, hineinzuführen und es uns zu geben." (Dtn 6,20–23)*

Die jüdischen Kinder sollen also die Tora und die Rettungsgeschichte, auf der sie beruht, von ihren Eltern immer wieder hören – bis sie ein Stück ihres Lebens geworden ist[461]. In der Kirche darf es nicht anders sein. Auch sie lebt von eben dieser Rettungsgeschichte, die in Jesus ihre endgültige Erfüllung gefunden hat. Für die einzelne Familie ist diese Geschichte zu groß. Ihr Kind in sie einzubinden, wird nur möglich, wenn die Familie selbst eingebunden ist in die neue Familie der Kirche.

Die Kirche sieht in den letzten Jahrzehnten immer deutlicher, wie notwendig die Wiedereinführung des Katechumenats ist. Er hätte die Aufgabe, die Lebensform, in die das Kind hineingewachsen ist, in das volle Licht der gläubigen Vernunft zu stellen, damit der junge Erwachsene nun wirklich über die Form seines Lebens frei entscheiden kann.

Das Zweite Vatikanische Konzil hat den mehrstufigen Erwachsenen-Katechumenat gefordert[462]. Man kann nur wünschen, daß für ihn die richtige Form gefunden wird. Über eines aber müssen sich alle Beteiligten, die nach dieser Form suchen, im klaren sein: Die bloß äußerliche Wiedereinführung eines Erwachsenen-Katechumenats würde nicht genügen. Denn wir haben ja gesehen: Katechumenat ist mehr als bloßer Unterricht. Katechumenat ist Einübung in die Lebensform des Glaubens. Damit zu dieser Form hingeführt werden kann, muß es sie geben.

Was die Kirche vor allem anderen braucht, ist deshalb, daß sie selbst konkrete *Gesellschaft* ist, die den Glauben als vom Neuheidentum unterschiedene Lebensform anschaubar macht. Dort hätte dann auch der Katechumenat wieder eine Basis. Solch konkrete christliche Gesellschaft kann es aber in einer Welt, die längst dabei ist, wieder heidnisch zu werden, nur noch in Form von Gemeinden geben, die selber die neue Welt und den neuen Gesellschaftsentwurf Gottes zum Vorschein bringen. Solche Gemeinde ist dann schon selbst Katechumenat. Gibt es sie nicht, helfen auch die besten „Einführungen in den Glauben" nichts.

Die eigentliche Frage lautet also nicht: Welches Modell von Katechumenat? und sie lautet auch nicht: Kindertaufe oder Erwachsenentaufe? Erst recht lautet sie nicht „Volkskirche" oder „Entscheidungskirche"? Die eigentliche Frage ist die nach der Existenz lebendiger Gemeinden in der Kirche, von denen man sagen kann: „Komm und sieh!" (Joh 1,46). Es darf in einer solchen Gemeinde dann immer auch Gäste, Freunde, Fernstehende, Außenseiter, Gelegenheitsbesucher und Nutznießer geben. Die „reine Gemeinde" hat es nie gegeben, und sie wäre auch ganz unbiblisch (vgl. III 5). Aber lebendig im Sinn des Evangeliums muß sie sein. Und sie soll so sein, daß man sagen kann: „Komm und sieh selbst!"

Gibt es solche Gemeinden, ist die Kindertaufe kein Problem mehr. Gibt es sie nicht, würde auch die Erwachsenentaufe oder der beste Erwachsenenkatechumenat keinen Schritt weiterführen. Bei Lukas konnte sofort getauft werden. Denn die Taufvorbereitung war damals die lebendige Gemeindeerfahrung auf dem Boden Israels.

6. Kirche geht auf das Ganze

Es gibt in der Bibel eine Verhältnisaussage über Gott und Israel, die immer wieder neu ins Wort kommt. Man könnte sie das Prinzip des „Ganz" nennen. Gott hat sich seinem Volk ganz und ungeteilt zugewandt, und entsprechend soll Israel ganz und ungeteilt vor seinem Gott leben. Dieses „Ganz" ist für den biblischen Glauben wesentlich. Es gehört zu den Strukturen des Jüdisch-Christlichen.

Die gemeinte Sache hängt in der Bibel nicht an einem einzigen Wort. Insofern sie den Menschen betrifft, schwingt sie mit in Begriffen wie „heilig", „gerecht", „untadelig", „unversehrt" und „vollkommen". Die Sache muß aber nicht auf Begriffe fixiert sein; sie kann genauso über einen ganzen Satz hin zur Sprache kommen. Sie ist zum Beispiel das immer Mitgedachte bei der sogenannten „Bundesformel"[463]:

Ich will euer Gott sein, und ihr sollt mein Volk sein.

In den Ohren Israels mußte die „Bundesformel" an die Sprache beim Abschluß einer Ehe erinnern. Denn beim Ehevertrag, der meist schriftlich geschlossen wurde, konnte die Formel lauten: „Sie (ist hiermit) meine Frau, und ich (bin hiermit) ihr Mann von diesem Tag an für immer"[464]. Ein schöneres Bild für das „Ganz" als solche gegenseitige Übereignung war kaum möglich.

Nicht selten enthüllt sich das Prinzip des „Ganz" auch einfach im Gesamtablauf einer Geschichte. Wenn in Gen 22 erzählt wird, wie Abraham seinen Sohn Isaak opfern soll, wie er sich auf den langen Weg macht, die Opferstätte herrichtet, Isaak bindet – die Erzählung wird immer langsamer und stockender – und sein Kind dann doch von Gott zurückerhält, so geht es auch hier um das Thema des „Ganz".

Am häufigsten jedoch zeigt sich die Sache, über die hier zu sprechen ist, in dem Wort *tāmim*. Dieses Wort kann in der hebräischen Bibel verwendet werden, um die einwandfreie Beschaffenheit eines Tieres zu bezeichnen, das als Opfer dargebracht werden soll[465]. Wenn es fehlerlos, unversehrt und ohne Makel ist, so ist es *tāmim*. Das Wort charakterisiert aber auch den Gerechten, der die Tora gewissenhaft erfüllt und getreu seinen Weg vor Gott geht[466]. In Gen 17,1 formuliert die Priester-schrift:

Als Abram neunundneunzig Jahre alt war, erschien ihm der Herr und sprach zu ihm: „Ich bin Gott, der Allmächtige. Geh deinen Weg vor mir und sei g a n z (tāmim)."

Mit „Sei ganz!" nimmt Gott das gesamte Leben Abrahams in Beschlag. Der Stammvater Israels soll seinen Weg vor Gott in vorbehaltlosem Vertrauen gehen. Die griechische Bibel übersetzt *tāmim* an unserer Stelle mit *amemptos* (untadelig), die lateinische mit *perfectus* (vollkommen). Gemeint ist aber weder im hebräischen Urtext noch in den Übersetzungen die moralische Vollkommenheit Abrahams, sondern sein Gottes-verhältnis: Abraham soll in ungeteilter Hingabe vor dem Angesicht dieses offenbar gewordenen Gottes leben[467]. Was in Gen 17 Abraham ge-sagt wurde, wird in Dtn 18 dem gesamten Gottesvolk gesagt:

Du sollst ganz (tāmim) bei dem Herrn, deinem Gott bleiben.
(Dtn 18,13)

Der Zusammenhang zeigt, was die ungeteilte Hingabe hier konkret be-deutet. Das „ganz bei Gott" wird vor dem Hintergrund von Aberglau-be und Magie veranschaulicht. Wer Gebetsbeschwörungen hersagt, zum Hellseher geht oder Totengeister befragt, hat sich schon vom Gott Israels abgewandt. In die gleiche Richtung geht Jos 24. Dort stellt Jo-sua bei der großen Versammlung in Sichem das Volk vor die Entschei-dung:

Fürchtet also jetzt den Herrn und dient ihm ungeteilt (bᵉtāmim) und treu. Schafft die Götter fort, denen eure Väter jenseits des Stroms (= Euphrat) und in Ägypten gedient haben, und dient allein dem Herrn! Wenn es euch aber nicht gefällt, dem Herrn zu dienen, dann ent-scheidet euch heute, wem ihr dienen wollt: den Göttern, denen eure Väter jenseits des Stroms dienten, oder den Göttern der Amoriter, in deren Land ihr jetzt wohnt. Ich und mein Haus, wir wollen dem Herrn dienen. (Jos 24,14 f)

Das Prinzip des „Ganz" hat also seinen letzten Grund in der Ausschließlichkeit des Dienstes, den JHWH verlangt, und in der Absage an alle anderen Götter. Deshalb formuliert auch das Hauptgebot:

> *Höre, Israel! JHWH unser Gott, JHWH ist einzig. Darum sollst du den Herrn, deinen Gott, lieben mit g a n z e m Herzen, mit g a n z e r Seele und mit g a n z e r Kraft! (Dtn 6,4 f)*

Es ist kein Zufall, daß diese und die sich anschließenden Sätze zum täglich gesprochenen Bekenntnis Israels geworden sind. Denn sie fassen in genialer Anschaulichkeit die gesamte Tora zusammen: Alles soll der Mensch in Israel unter die Herrschaft Gottes stellen: seine ganze Existenz; seine gesamten Lebensverhältnisse; jeden Schritt, den er tut; alle Dinge, mit denen er sich umgibt.

Im Neuen Testament ist das nicht anders. Betrachtet man etwa die Bergpredigt bei Matthäus, so sieht man schnell, daß auch *ihr* innerstes Prinzip das Prinzip des „Ganz" ist. Am Ende der sechs großen Antithesen, in denen die wahre Gesetzestreue exemplarisch eingeschärft wird, steht – nahezu in der Mitte der Bergpredigt – der Satz:

> *Seid also ihr vollkommen,*
> *wie euer Vater im Himmel vollkommen ist. (Mt 5,48)*

Dieser Satz wäre ohne den Hintergrund der hebräischen Bibel kaum zu verstehen. Denn „vollkommen" darf hier so wenig wie im Alten Testament vom Vollkommenheitsideal des griechischen Menschen her verstanden werden. Nicht die autarke, auf der Höhe ihres Lebens stehende Persönlichkeit ist gemeint, die alle Tugenden besitzt und bei der sie so ausgereift sind, daß eine weitere Steigerung nicht mehr möglich ist[468]. Das „vollkommen" geht vielmehr auf das schon genannte *tāmim* zurück, und deshalb kann nur gemeint sein: Die Hörer der Bergpredigt sollen die Tora, die ihnen jetzt von Jesus in ihrem endzeitlichen Sinn erschlossen wird, mit ihrer ganzen Existenz und ohne jede Zwiespältigkeit leben.

Die Vollkommenheit, die von ihnen gefordert wird, hat ihr Maß an der Vollkommenheit Gottes, und so zeigt sich erst recht, daß es nicht um das griechische Vollkommenheitsideal geht. Denn die *perfectio absoluta* des göttlichen Seins anstreben zu müssen, wäre keine Ermutigung, sondern eher ein Grund zur Verzweiflung. Matthäus meint etwas anderes: Die Hörer und Nachfolger Jesu dürfen sich ganz und ungeteilt dem Willen Gottes hingeben, weil sich Gott schon zuvor ganz und ungeteilt und ohne Unterschiede zu machen den Menschen zugewandt hat. Er läßt ja seine Sonne aufgehen über Bösen und Guten, heißt es kurz vorher, er schenkt Regen den Gerechten und den Ungerechten (5,45).

Das Prinzip des „Ganz" steht aber nicht nur hinter Mt 5,48. Es ist der Schlüssel zu vielen anderen Sätzen der Bergpredigt[469]. In 6,24 wird der Ausschließlichkeitsanspruch Gottes aus dem Alten Testament unmittelbar aufgegriffen:

Keiner kann zwei Herren dienen. Entweder haßt er den einen und liebt den anderen, oder er hängt an dem einen und den anderen mißachtet er. Ihr könnt nicht Gott dienen und dem Mammon. (Mt 6,24)

Auch hier ist alles ganz eindeutig: Für den Schüler der Bergpredigt darf es nur ungeteilten Dienst vor Gott geben. Macht er neben Gott zugleich den Mammon, das heißt den eigenen Besitz, zu seinem Herrn, lebt er bereits gespalten und geteilt. So wie der Text formuliert ist, setzt er voraus, daß dieses Gespaltensein gerade das Problem des von Gott angerührten Menschen ist. Der Böse will sowieso nur sich selbst dienen. Insofern lebt er oft sogar „ganzheitlicher" als der Gute. Der Gläubige aber will beides: Er möchte durchaus Gott dienen – und doch auch seinen eigenen Interessen leben. Die Bergpredigt sagt mit größter Nüchternheit: Beides zusammen geht nicht. Wenn man im Angesicht Gottes leben will, kann man es nur ganz und ungeteilt tun.

Bei diesem „Ganz" geht es nicht nur um das Geld. Der Nachfolger Jesu lebt auch geteilt, wenn er seine Mitmenschen einteilt in solche, die man lieben muß, und in solche, die man hassen darf (5,43–47).

Er lebt geteilt, wenn er bei seinen Urteilen mit zweierlei Maß mißt: Wenn er den Splitter im Auge des anderen sieht und den Balken im eigenen Auge gar nicht bemerkt (7,3–5).

Er lebt geteilt, wenn er Gott im Gebet als seinen Vater anruft, sich aber zugleich in ständiger Angst um sein Leben und um die Bedürfnisse seines Lebens verzehrt (6,25–34).

Er lebt geteilt, wenn er zwar im Gottesdienst „Herr, Herr!" sagt, aber das Gesetz mißachtet. Dann hilft ihm nicht einmal, wenn er als Prophet auftritt oder im Namen Gottes Außerordentliches vollbringt. Er bleibt ein „Übertreter der Tora" (7,21–23).

Er lebt auch geteilt, wenn er seine Frömmigkeit, seine guten Werke, seine Gebete und sein Fasten öffentlich zur Schau stellt, weil er damit zeigt, daß es ihm vor allem auf die Anerkennung durch Menschen ankommt. Auf die Anerkennung durch Gott will er freilich auch nicht verzichten. Er will also doppelten Lohn: den von Menschen und den von Gott, und eben das macht sein Tun zwiespältig (6,1–18).

Gespalten und geteilt wäre der Jünger aber auch, wenn er seinen Glaubensgenossen zwar nicht umbrächte, ihn aber hassen würde (5,21 f), oder wenn er den realen Ehebruch zwar scheute, ihn aber in seiner Phantasie genußvoll beginge (5,27 f). Der erschreckende Satz, daß schon der begehrliche Blick auf die fremde Frau Ehebruch sei – und als Ehebruch im Sinne der Tora todeswürdiges Verbrechen[470] –, wendet sich gegen eine geteilte und gespaltene Liebe. Der Jünger darf nur ungeteilt lieben, eben weil seine Existenz vor Gott ganzheitlich und ungeteilt sein soll.

Was die matthäische Bergpredigt in vielen Einzelsprüchen formuliert, erzählt Markus im Rahmen einer Geschichte. Es ist die Geschichte von dem Opfer der armen Witwe:

Jesus hatte sich (im Tempel) gegenüber der Schatzkammer hingesetzt und sah zu, wie die Leute Geld in die Schatzkammer brachten. Viele Reiche brachten viel. Und es kam eine arme Witwe und brachte zwei Lepta, das ist ein Quadrans. Da rief Jesus seine Jünger herbei und sprach zu ihnen: „Wahrhaftig, ich sage euch: Diese arme Witwe da hat mehr gegeben als alle anderen, die Geld in die Schatzkammer gebracht haben. Denn alle haben sie nur aus ihrem Überfluß gegeben. Diese Frau aber hat aus ihrem Mangel gegeben: alles, was sie besaß, ihren ganzen Lebensunterhalt." (Mk 12,41–44)

Kurz zuvor war Jesus von einem Schriftgelehrten nach dem wichtigsten Gebot gefragt worden. Er hatte als Antwort das Hauptgebot Dtn 6,4 f und das Gebot der Nächstenliebe aus Lev 19,18 zitiert – und zwar das Hauptgebot in der folgenden Form:

Du sollst den Herrn, deinen Gott, lieben mit deinem g a n z e n Herzen, deiner g a n z e n Seele, deinem g a n z e n Verstand und mit deiner g a n z e n Kraft. (Mk 12,30)

Für Markus ist das Opfer der Witwe eine Veranschaulichung des Hauptgebots. Sie hatte zwei Kupfermünzen – der Text nennt die damals niedrigste Währungseinheit –, und sie gab nicht nur eine von ihnen, sondern beide. Sie gab „alles, was sie besaß, ihren ganzen Lebensunterhalt". Mit diesem Schlußsatz wird Mk 12,41–44 zu einem Instrument der Unterscheidung. Die Witwe, sagt die Erzählung in bestürzender Deutlichkeit, gab nicht nach der Art, wie man Spenden oder Almosen gibt. Sie gab nicht einmal den Zehnten oder die Hälfte. Sie gab alles.

Als Illustration für dieses „alles" kann ein rabbinischer Text dienen, der ebenfalls von einer armen Frau erzählt. Sie kommt in den Tempel und kann als Opfergabe nur eine Handvoll Mehl bringen. Von dem Priester, der ihre Gabe entgegennimmt, wird sie wegen der Handvoll verhöhnt. In der darauffolgenden Nacht hört der Priester im Traum eine Stimme, die ihm sagt: „Verachte sie nicht, denn sie ist wie eine, die sich selbst dargebracht hat."[471] Das gleiche gilt für die Witwe im Evangelium: Sie hat alles gegeben und damit sich selbst.

Nimmt man Mk 12,41–44 in dieser Weise ernst, kann die Frage allerdings nicht ausbleiben, was die Witwe am nächsten Tag essen soll, wenn sie heute alles, was sie besitzt, für den Tempel gibt. Hat sie das Hauptgebot wirklich „mit ihrem ganzen Verstand" befolgt? War sie nicht eher unverständig?

Der Ausleger muß sich dieser Frage stellen, denn sie führt überhaupt erst dorthin, wo die Erzählung das sagen kann, was sie sagen will. Alle Jesuserzählungen und Jesusworte erzwingen unaufhörlich die Frage nach dem Ort, wo sie ihren Sinn enthüllen, wo sie realisierbar sind und wortgetreu – das heißt: nicht nur vergeistigt, sondern leibhaftig – gelebt werden können. Wenn diejenigen, die versuchen, die Geschichte von der armen Witwe zu leben, an ihr scheitern müßten, wäre diese Geschichte in sich unsinnig, mehr noch, sie wäre verantwortungslos und dürfte nicht in der Bibel stehen.

Die Geschichte setzt, wie alle biblischen Texte, den Boden des Volkes Gottes voraus. Markus muß, wenn er diese Geschichte erzählt, das konkrete Miteinander in christlichen Gemeinden vor Augen gehabt haben, wo jeder sich und sein Leben ganz zur Verfügung stellen konnte, wo aber auch jeder von den anderen mitgetragen wurde. Dort, wo viele ihr Leben in solcher Weise verknüpfen, ist die Witwe nicht mehr allein. Dort gibt es immer Schwestern und Brüder, die ihr Schutz geben und mit ihr das Mahl teilen. Dort wird sie dann aber auch gebraucht. Nicht nur ihr wird geholfen, sondern sie selbst kann anderen helfen. Wir wissen aus der jüdischen und frühchristlichen Literatur, daß die Sorge für die Witwen etwas den Gemeinden Wichtiges, ja Wesentliches war[472]. Wir wissen darüber hinaus, welch entscheidende Rolle die Witwen und Ehelosen in der frühen Kirche für den Aufbau der Gemeinden spielten. Sie halfen nicht nur mit dem, was sie hatten, sie waren auch Realsymbol für das „Ganz".

Schon anläßlich eines anderen Markustextes, nämlich der Erzählung von der „wunderbaren Brotvermehrung" (vgl. III 3), war davon die Rede gewesen, daß Spenden und caritative Hilfsaktionen – so nötig sie sind – die Not der Welt nicht wirklich wenden können. Die Weltgesellschaft reproduziert ihre Elendsstrukturen unaufhörlich von neuem. Wir sahen schon dort: Die Lösung muß tiefer ansetzen. Jesus läßt die Jünger nicht weggehen, um Brot zu besorgen, sondern er ordnet die Hungernden zu Mahlgemeinschaften und sättigt sie selbst mit messianischem Überfluß.

Das Wunder der Brotvermehrung setzt sich fort in Gemeinden, in denen jeder alles gibt, was er hat: sein Vermögen, seine Zeit, seine Arbeitskraft – aber auch sein Unvermögen, seine Schwächen und seine anscheinend leeren Hände, in denen nur die Lächerlichkeit von zwei Kupfermünzen ist. Wo das geschieht, hat jeder, was er braucht, und es wird die Phantasie für das Zusammenwirken geweckt, so daß – obgleich die Gemeinde immer arm ist – jener Überfluß zusammenkommt, der für die Gründung neuer Gemeinden eingesetzt werden kann. Diese Lösung

Gottes für die Not der Welt ist die vernünftigste und sachgerechteste Lösung, die es gibt. Sie wird bereits im Doppelgebot der *agapē* formuliert, und sie wird anschaulich in der Figur der armen Witwe, die das Hauptgebot wörtlich nimmt.

Wenn Markus von dem Opfer der Witwe berichtet, blickt er aber nicht nur zurück auf das kurz zuvor zitierte Hauptgebot. Er blickt genauso voraus auf den Tod Jesu. Es ist bei ihm ja die letzte Erzählung, bevor die eigentliche Passionsgeschichte beginnt. Für ihn spiegelt sich in dem „Ganz" der Witwe bereits das „Ganz" des Todes Jesu. Die Witwe wollte mit ihrem Opfer dazu beitragen, daß der Tempel, der Ort der Gegenwart Gottes, den Glanz behielt, der ihm zukam. Jesus gab sein Leben dafür hin, daß das Gottesvolk, der Ort der Gegenwart Gottes in der Welt, in seinem endzeitlichen Glanz aufleuchtet.

Aber ist solche Auslegung nicht vielleicht doch eine maßlose Überinterpretation biblischer Texte? Darf Gott wirklich verlangen, daß der Mensch *alles* hergibt? Wäre der Mensch damit nicht überfordert? Verlangt denn die Kirche, daß die Gläubigen alles geben? Wagt es irgendein kirchlicher Amtsträger, seine Christen mit etwas zu konfrontieren, das auch nur entfernt in diese Richtung ginge?

Wenn wir ehrlich sind: Die biblischen Texte werden heute eher im Sinn allgemeiner Humanität ausgelegt. Ihre Radikalität wird dabei verharmlost oder verschwiegen. Früher wurde in der katholischen Kirche in den Predigten und Volksmissionen wenigstens noch von Zeit zu Zeit über das radikale „Ganz" des Ordenslebens gesprochen. Doch auch das ist inzwischen sehr selten geworden. Und das Ergebnis? Mit dieser abgemilderten und angepaßten Botschaft, die nur noch zu sagen wagt, was der Gesellschaft sowieso plausibel ist, wird niemand für das Evangelium gewonnen. Im Gegenteil! Die Kirchen leeren sich.

Sicher: Kein Amtsträger dürfte das „Ganz" *verordnen*. Es könnte nur aus völliger Freiheit erwachsen. Wo es geschieht, bleibt es ein Wunder – aber eben das Wunder, das dem Gottesvolk für die messianische Zeit verheißen ist. Müßten nicht wenigstens die biblischen Texte so ausgelegt werden, daß dieses „Ganz", von dem sie immer wieder reden, den Gläubigen vor Augen gestellt wird? Denn die Texte reden davon – unablässig!

Wechseln wir von Matthäus und Markus zu Paulus. Nachdem er in seinem Brief an die römische Gemeinde elf Kapitel lang von der „Gerechtigkeit Gottes" gesprochen hat, die dem Menschen aufgrund des Kreuzes Christi aus reiner Gnade geschenkt wird und die ihn heil und *gerecht vor Gott* macht – auch dies ein Begriff für das „Ganz" –, eröffnet Paulus die apostolische Mahnrede seines Briefes, die zugleich Zuspruch und Ermutigung ist, folgendermaßen:

Angesichts des Erbarmens Gottes ermahne ich euch, meine Brüder, eure Leiber als lebendiges und heiliges Opfer darzubringen, das Gott wohlgefällt. Das ist euer geistiger Gottesdienst. Hört auf, euch dieser Welt anzupassen! Laßt euch vielmehr umwandeln durch die Erneuerung eures Denkens, damit ihr ein sicheres Urteil darüber gewinnt, was der Wille Gottes ist, was (vor ihm) gut und wohlgefällig und v o l l k o m m e n ist.

Aufgrund der Gnade, die mir gegeben wurde, sage ich einem jeden von euch: Strebt nicht über das hinaus, was euch zukommt, sondern strebt danach, besonnen zu sein, jeder nach dem Maß des Glaubens, das Gott ihm zugeteilt hat. Denn wie wir an dem einen Leib viele Glieder haben, aber nicht alle Glieder denselben Dienst tun, so sind wir, die Vielen, ein Leib in Christus, doch im Verhältnis zueinander sind wir Glieder. Wir haben unterschiedliche Gaben, je nach der uns verliehenen Gnade. (Röm 12,1–6)

Es liegt auf der Hand, daß Paulus hier auf den Kult anspielt, der im Tempel zu Jerusalem gefeiert wird. Noch ist der Tempel nicht zerstört. Noch immer steigt dort täglich der Rauch der Ganzopfer zum Himmel auf. Seit Jesus vor der Stadt sterben mußte, gibt es aber für diejenigen, die an ihn glauben, einen anderen Gottesdienst. Er wurde von Jesus selbst eröffnet, und er besteht darin, daß die aus seiner Existenzhingabe Lebenden ihre eigenen Leiber – das heißt: sich selbst – „als lebendiges und heiliges Opfer darbringen, das Gott wohlgefällt".

Die Opferterminologie, die den ersten Teil des Textes durchzieht, bedeutet natürlich, daß es das *ganze* Leben ist, das Gott dargebracht werden soll. Der „Leib" steht für das Leben in seiner Ganzheit. Auch der Begriff des *heiligen* Opfers umschreibt das „Ganz", denn „heilig" meint das, was vollständig Gott gehört. Schließlich taucht auch der Begriff „vollkommen" auf. Auch er weist auf das „Ganz".

Sich in diesem Sinn Gott ganz zu übereignen, ihm das eigene Leben zur Verfügung zu stellen und es vollständig in seinen Plan und Willen einschwingen zu lassen – so wie Jesus es getan hat –, ist nach Röm 12,1 f der endzeitliche Gottesdienst, die wahre Liturgie. Paulus verwendet für diese Art von Gottesdienst, der das gesamte Leben erfaßt und umgreift, das Wort *logikos*. Man muß es in unserem Zusammenhang mit „geistig" übersetzen, aber auch „vernünftig" und „aufgeklärt" schwingt mit. Wir stoßen hier wieder auf das, was sich bereits beim Opfer der Witwe gezeigt hatte: Was sie tat, war keineswegs unvernünftig, sondern sachgerecht. Genauso handelt für Paulus jeder, der sein Leben Gott zur Verfügung stellt, aufgeklärt und vernünftig. Tiere im Tempel zu Jerusalem zu verbrennen, ist zwar ein menschlich tief begründetes Symbol. Aber es stand nur vorläufig und stellvertretend für das, was Paulus meint: die Hingabe der ganzen Existenz.

Paulus nennt nun allerdings drei Kriterien, die erfüllt sein müssen, damit die Vernunft der Hingabe nicht in Unvernunft umschlägt:

1. Kriterium: Die Hingabe des ganzen Lebens muß dem Willen, dem Plan Gottes entsprechen. Deshalb ist immer neu zu prüfen, was jeweils der Wille Gottes, was vor ihm „gut, wohlgefällig und vollkommen" ist. Man könnte auch so sagen: Daß jemand sein Leben hergibt, ist in sich noch mehrdeutig. Es gibt in der Welt viele Arten von Selbstopfer, und nicht wenige von ihnen sind pervers. Man kann sich zum Beispiel selbst in die Luft sprengen, um möglichst viele Juden zu töten. Oder man kann sich einem anderen hörig machen und in dieser Hörigkeit sein Leben vergeuden. Selbstopfer an sich besagen also noch gar nichts. Es hängt alles daran, sein Leben für die richtige Sache einzusetzen, für das, was Gott wirklich will.

2. Kriterium: Jeder in der christlichen Gemeinde hat seine eigene Geschichte, seine eigenen Möglichkeiten und damit auch seine eigene Berufung. Deshalb sieht auch bei jedem Einzelnen das „Ganz" verschieden aus. Und zwar richtet sich dieses persönliche „Ganz" nach der je verschiedenen Gnadengabe, die Gott jedem zugeteilt hat (12,6). Von dem einen ist viel gefordert, von anderen weniger. Wir sind auf dieses je verschiedene Maß bereits bei Jesus gestoßen (vgl. III 5): Von manchen hat Jesus die unbedingte Nachfolge verlangt, von anderen nur, daß sie seinen Jüngern einen Becher mit frischem Wasser reichen.

3. Kriterium: Sein ganzes Leben zur Verfügung zu stellen, ist nur vernünftig, wenn es im Rahmen einer Gemeinde geschieht, in welcher die verschiedensten Charismen, eine große Zahl von Diensten und viele Lebensgeschichten miteinander verknüpft sind. Eben deshalb spricht Paulus an dieser Stelle wie im 1. Korintherbrief von dem „Leib" der Gemeinde und den vielen Gliedern, die zueinander gehören. Für den isolierten Einzelnen ist es schwer möglich, das „Ganz" der Lebenshingabe aufgeklärt vollziehen zu können. Ohne die christliche Gemeinde mit ihrer gesammelten Erfahrung und der Richtschnur der kirchlichen Tradition kann sehr schnell eine Art von Heroismus oder gar Fanatismus entstehen, die den Menschen zerstört und gegen die „Besonnenheit" ist, von der Paulus gerade in unserem Zusammenhang spricht.

Ähnlich wie in Röm 12,1–6 formuliert Paulus auch im Philipperbrief. Die alttestamentliche Opferterminologie schlägt hier sogar noch stärker durch:

> *Tut alles ohne Murren und Bedenken, damit ihr f e h l e r l o s und u n t a d e l i g seid, Kinder Gottes o h n e M a k e l, mitten in einer verdrehten und verwirrten Generation, unter der ihr als Lichter in der Welt leuchtet. (Phil 2,14 f)*

Bereits im übernächsten Vers spricht Paulus davon, daß sein eigenes Leben wohl schon bald „dargebracht" werde. Er ist ja, während er den Brief diktiert, in Ephesus (oder Rom?) im Gefängnis und muß mit seiner Verurteilung und Hinrichtung rechnen. Dann würde sein Leben endgültig zum Opfer. In diesem Zusammenhang spricht Paulus aber nicht nur vom Opfer seines eigenen Lebens, sondern zugleich von seiner Freude über die Gemeinde von Philippi, deren gläubiges Leben „Opfer und Gottesdienst" ist (2,17)[473]. Das ist der gleiche Gedanke wie in Röm 12,1. Auch wenn das christliche Leben nicht mit dem Märtyrertod endet – es soll vom Anfang bis zum Ende ein lebendiges Opfer vor Gott sein. Das aber heißt: Es soll ganz und vollkommen und ungeteilt Gott und seiner Sache gehören.

Auch im Kolosser- und im Epheserbrief begegnet die Motivik, die wir jetzt aus Röm 12 und Phil 2 kennengelernt haben. Beide Briefe stammen von Paulusschülern. Im Brief an die Gemeinde von Kolossä heißt es:

> *Einst wart ihr Fremde und Feinde, deren Sinn darauf aus war, das Böse zu tun. Jetzt aber hat euch Christus versöhnt, indem er seinen irdisch-menschlichen Leib in den Tod gab, um euch h e i l i g , u n t a d e l i g und u n a n k l a g b a r vor sich hintreten zu lassen. Nur müßt ihr unerschütterlich und unbeugsam am Glauben festhalten und dürft euch nicht abbringen lassen von der Hoffnung, die in dem Evangelium liegt, das ihr gehört habt. (Kol 1,21–23)*

Wenn den Christen von Kolossä gesagt wird, daß sie einst „Fremde und Feinde" gewesen seien, so ist das vom Standpunkt Israels her formuliert. Als Heiden war ihnen das Gottesvolk und seine Geschichte fremd, ja sie standen Gott als Feinde gegenüber. Jetzt aber sind sie nicht mehr Entfremdete, sondern Versöhnte, und zwar durch Christus, der durch seinen Tod am Kreuz einen Raum des Friedens und der Versöhnung geschaffen hat. Dieser Raum ist die Ekklesia, und in diesen Raum sind sie heimgeholt worden.

Wenn gesagt wird, Christus habe sie „heilig, untadelig und unanklagbar vor sich hingestellt", so erinnert das wiederum an die kultische Terminologie, die wir bereits im Römer- und Philipperbrief kennengelernt haben. Das Leben derer, die einst Heiden waren, ist hineingenommen worden in den endzeitlichen Gottesdienst der Versöhnung, den Christus mit seinem Sterben gestiftet hat[474]. Ihr ganzes Leben hat nun teil an diesem Gottesdienst und verbindet sich mit dem Opfer Christi. Daß die ehemaligen Heiden jetzt „heilig und untadelig" sind, meint nicht eine Heiligkeit und Vollkommenheit, die sie sich selbst durch eigene Anstrengung erworben hätten. Es ist das „Ganz-im-Heil-Sein", das nur empfangen werden kann. Es ist auch kein Heil, das magisch haftet. Es kann verspielt werden. Deshalb mahnt der Verfasser des Kolosserbriefes am Ende unseres Textes die Gemeinde, „unerschütterlich und unbeugsam" an dem in Christus empfangenen Heil festzuhalten.

Auch der Epheserbrief betont das „Ganz" und das „Ungeteilt" des Lebens vor Gott. Er baut es aber, ähnlich wie bereits der Kolosserbrief, in ein Bild der Ekklesia ein, deren Universalität nun voll zutage tritt. Auf diese Weise zeigt sich das Prinzip des „Ganz" noch in einer anderen, neuen Dimension. Es ist deshalb notwendig, daß wir das Bild der Kirche im Epheserbrief genauer und ausführlicher betrachten. Das ist auch schon deshalb notwendig, weil der Epheserbrief innerhalb des Neuen Testaments am umfassendsten über das Wesen der Kirche nachdenkt.

Die Kirche wird in Eph 2,21 f „Bauwerk" beziehungsweise „Tempel" und „Wohnung Gottes" genannt. Sonst aber verwendet der Brief das Bild vom „Leib"[475]. Und gerade hier zeigt sich nun ein deutlicher Unterschied zu Paulus. Dieser blickt, wenn er vom „Leib" der Ekklesia spricht, auf die einzelne Gemeinde, etwa in Korinth oder Rom. Selbstverständlich ist bei Paulus die Kirche mehr als nur Ortsgemeinde. Sie ist auch mehr als die „Addition von Einzelgemeinden". Sie ist die der Einzelgemeinde immer schon vorgegebene, von Gott in Jesus Christus geschaffene endzeitliche Heilsgemeinde[476]. Aber diese eine Ekklesia Gottes existiert für Paulus in den einzelnen Ortskirchen. Indem sich die Gläubigen in der konkreten Ortsgemeinde versammeln, versammeln sie sich als „Kirche Gottes" und sind zugleich mit allen anderen Ortsgemeinden verbunden[477].

Das ist auch im Kolosser- und im Epheserbrief nicht anders. Aber dort steht der universale Aspekt der Kirche nun ganz im Vordergrund. Und zwar zeigt sich das gerade am Begriff des „Leibes". Wenn der Epheserbrief von der Ekklesia als dem „Leib Christi" spricht, meint er niemals die einzelne Ortsgemeinde, sondern immer die Gesamtkirche. Außerdem tritt jetzt zum Bild des Leibes das des Hauptes hinzu. Christus ist das Haupt seines Leibes, der Kirche[478]. Damit zeigt sich die Kirche als kosmische Größe. Denn Christus ist ja zur Rechten Gottes in den Himmel erhöht worden –

hoch über alle Macht und Gewalt, Kraft und Herrschaft und über alle Namen, die genannt werden – nicht nur in dieser Weltzeit, sondern auch in der künftigen. Alles hat Gott ihm unter die Füße gelegt und hat ihn als alles überragendes Haupt der Kirche gegeben. Sie ist sein Leib, die Fülle dessen, der alles in allem erfüllt[479]. *(Eph 1,21–23)*

Den letzten Satz könnte man auch so wiedergeben: Die Kirche ist „die Fülle dessen, der das All in seinem ganzen Ausmaß erfüllt". Wie immer man übersetzt: die universale Dimension des Ganzen ist eindeutig. Nicht weniger als sechsmal begegnet in diesem kurzen Text das Wort „alles". Der gesamte Kosmos ist im Blick. An einer genaueren Bestimmung der Mächte und Gewalten ist der Epheserbrief nicht interessiert. Worauf es ihm ankommt, ist, daß es überhaupt keine Macht mehr gibt, wie immer ihr Name auch lautet, über die der erhöhte Christus nicht als Herr gesetzt wäre. Wahrscheinlich hat der Verfasser des Epheserbriefs an dämonische Mächte gedacht, die aus dem Luftraum die Welt beherrschen[480]. Wir würden eher von der Dämonie des Bösen sprechen, die sich in der Geschichte zusammenballt, die „über" der Gesellschaft liegt und sich in ihr als Verschleierung, Lüge, Unfreiheit, Rivalität und Gewalt immer wieder durchsetzt.

Demgegenüber, sagt der Epheserbrief, gibt es in der Welt eine andere Macht, die mächtiger ist als diese scheinbar unüberwindbaren Mächte und Gewalten. Es ist die „Macht" des Gekreuzigten. Ihr Ort ist die Kirche. Nicht weil die Menschen in der Kirche anders wären, also von sich aus nicht zur Verschleierung, zur Lüge, zur Rivalität und Gewalt neigten, sondern weil es in ihr von Christus her den Raum der Versöhnung und des Friedens gibt. Der Verfasser des Epheserbriefs nennt dieses andere, das kein Verdienst der Kirche ist, sondern reine Gnade, die „Fülle Christi". Sie ist die ständige und unablässige Gabe des Erhöhten an seine Kirche. Durch sie wird es möglich, daß der Leib der Kirche in Liebe aufgebaut wird und zu seinem Haupt hin wächst[481].

Nun ist Christus aber nicht nur das Haupt der Kirche, sondern auch der Herr des Kosmos. Er erfüllt nicht nur die Kirche mit seiner Segensfülle, sondern durchwaltet mit seiner Macht das All und holt es in seinen Herrschaftsbereich ein. Denn Gott hatte von Ewigkeit her beschlossen – so sagt es die feierlich formulierte Danksagung zu Beginn des Briefes –

> *die Fülle der Zeiten heraufzuführen*
> *und in Christus alles zu vereinen,*
> *was im Himmel und was auf Erden ist.*
> (Eph 1,10)

Man fragt sich natürlich, wie diese Zusammenführung, diese Versammlung der ganzen Welt in Christus geschehen soll. Sollte dieser dramatische Vorgang ein Geschehen sein, das außerhalb der Kirche, ohne sie und unabhängig von ihr, geschieht? Das ist schwer vorstellbar. Der Verfasser des Epheserbriefs kann es nur so gesehen haben, daß diese Zusammenführung der Welt *über die Kirche und im Raum der Kirche* geschieht. Dafür spricht ein anderer Text, in dem der Epheserbrief erneut auf die Mächte und Gewalten zu sprechen kommt. Dieser Text deutet aus nachpaulinischer Perspektive das menschlich nicht erklärbare Wirken des Völkerapostels Paulus:

> *Mir, dem Geringsten unter allen Heiligen, wurde diese Gnade geschenkt:*
> *Ich soll den Heiden den unergründlichen Reichtum Christi als Evangelium verkünden und (dabei) enthüllen, wie jenes Geheimnis Wirklichkeit geworden ist, das von Ewigkeit her in Gott, dem Schöpfer des Alls, verborgen war, damit jetzt die Mächte und Gewalten des himmlischen Bereichs d u r c h d i e K i r c h e Kenntnis erhalten von der vielfältigen Weisheit Gottes – gemäß seinem ewigen Plan, den er durch Christus Jesus, unseren Herrn, ausgeführt hat. (Eph 3,8–11)*

Um diesen Text zu verstehen, muß man sich vor Augen halten, worin der „Plan" besteht, den Gott „von Ewigkeit" her gefaßt hatte, der bei ihm „verborgen" war und der von Anfang an den geheimen Bauplan der Schöpfung bildete. Er besteht in dem, was bereits die Danksagung zu Beginn des Briefes gesagt hatte: Daß es Gottes ewiger Wille war, „in Christus alles zu vereinen, was im Himmel und was auf Erden ist". Der Auferstandene ist das Urbild und das Ziel aller Schöpfung. Auf ihn bewegt sie sich zu. In ihm wird sie zusammengeführt. In ihm kommt sie ganz zu sich selbst, das heißt: in ihm wird sie zum reinen Lobpreis ihres Schöpfers.

Aber das alles ist weder Automatismus noch Programmierung. Es geschieht vielmehr in einer dramatischen Geschichte. Einerseits hat diese Geschichte ihren Zielpunkt bereits erreicht: Der Gekreuzigte ist zur Rechten Gottes erhöht – als Herr über das All und Anfang der neuen Schöpfung[482]. Andererseits muß sich das, was in der zeitüberlegenen Welt Gottes schon Realität ist, in der irdisch-geschichtlichen Welt erst noch realisieren[483]. Dies geschah und geschieht in der Verkündigung des Evangeliums. Im Siegeszug des Evangeliums durch die Welt spiegelt sich nicht nur der Herrschaftsantritt Christi, in ihm wird auch der ehedem verborgene Plan Gottes, alles in Christus zusammenzuführen, offenbar. Indem sich das Evangelium ausbreitet, wird den Mächten und Gewalten, die bisher die Welt beherrschten, die Herrschaft entrissen und ihnen der Geschichtsplan Gottes vor Augen geführt.

Für den, der nicht genau hinschaut, könnte das alles sehr triumphalistisch aussehen. Man darf aber niemals außer acht lassen: Die Macht des Erhöhten ist gerade die Macht des ohnmächtig Gekreuzigten. Und der Siegeszug des Evangeliums ist nichts anderes als der Aufbau von Gemeinden zu dem einen Leib der Kirche, der durch die *agapē* zusammengehalten wird. Nur wo diese *agapē*, die aus der Lebenshingabe des Gekreuzigten entspringt, die Glieder des Leibes eint, wächst der Leib und holt er immer mehr Welt in den Herrschaftsbereich des Auferstandenen hinein.

Die Theologie des Epheserbriefs, und vorher schon die des Kolosserbriefs, ist also keine verstiegene kosmologische Spekulation. Sie reflektiert sehr reale Erfahrung – nämlich die Erfahrung der unglaublichen Missionsgeschichte, die von den kleinen Gemeinden in Jerusalem und Antiochien ihren Ausgangspunkt genommen hatte und in der Paulus, dem ehemaligen Verfolger, von Gott eine entscheidende Rolle zugewiesen worden war.

Und noch eine andere Erfahrung liegt dieser Theologie zugrunde: Eine der Grundkonstanten der antiken Geschichte war die Kluft zwischen Juden und Heiden. Israel empfand die heidnische Welt als Gott entfremdete, gottferne Welt und die Heiden als Ausgeschlossene aus dem Bund Gottes und seiner Verheißung. Die Heiden ihrerseits empfanden die Juden als Menschen ohne Religion und warfen ihnen Gottlosigkeit, Kulturlosigkeit und Fremdenhaß vor[484].

Vor diesem Hintergrund muß die Tatsache, daß sich in den Gemeinden rund um das Mittelmeer Juden (christen) und Heiden (christen) um einen Tisch versammelten, für viele eine geradezu umstürzende Erfahrung gewesen sein. Der Verfasser des Epheserbriefes erinnert seine heidenchristlichen Leser daran, daß sie einst der *politeia Israels*, dem Gemeinwesen Israel, fern waren, jetzt aber im Leib der Kirche, dem endzeitlichen Israel, „Mitbürger der Heiligen und Hausgenossen Gottes" geworden sind[485]. Möglich geworden ist das allein durch Jesus Christus, der durch seinen Tod die trennende Mauer der Feindschaft zwischen Juden und Heiden niedergerissen hat[486],

> *damit er die zwei (Juden und Heiden) in seiner Person zu einem einzigen neuen Menschen erschaffe und so Frieden stifte, und damit er die beiden in einem einzigen Leib[487] mit Gott durch das Kreuz versöhne, nachdem er die Feindschaft in seiner Person getötet hatte. (Eph 2,15 f)*

Der Verfasser des Epheserbriefs ist allerdings kein Träumer. Er weiß, daß die Trennung zwischen Heiden und Juden, Heidenchristen und Juden, ja sogar zwischen Heidenchristen und Judenchristen noch immer vorhanden ist. Deshalb formuliert er vorsichtig. Er sagt: „... damit er erschaffe ... und damit er versöhne". Die Trennung ist noch da, aber sie ist im Kreuz Christi grundsätzlich überwunden, wenn nur dieses Kreuz ernst genommen und als die von Gott eröffnete Versöhnung gelebt würde. Dann wäre der „eine neue Mensch" möglich. Im 4. Kapitel des Epheserbriefs wird das Bild des „neuen Menschen" wiederum aufgegriffen:

> *(Der Erhöhte) setzte die einen als Apostel ein, andere als Propheten, andere als Evangelisten, wieder andere als Hirten und Lehrer – zur Zurüstung der Heiligen, für ein Werk des Dienstes, für den Aufbau des Leibes Christi. So sollen wir alle zur Einheit im Glauben und in der Erkenntnis des Sohnes Gottes gelangen, z u m   v o l l k o m m e n e n   M e n s c h e n, zum Vollmaß der Fülle Christi. (Eph 4,11–13)*

Hier taucht erneut das Stichwort der „Vollkommenheit" auf und damit das Prinzip des „Ganz", auf das wir schon in den Evangelien und bei

Paulus immer wieder gestoßen waren. Und hier wird nun endgültig klar, daß es dabei nicht nur um den *Einzelnen* im Gottesvolk geht. Das war zwar auch vorher schon deutlich. Abraham wird ja als Stammvater Israels angesprochen, und deshalb in ihm das ganze Gottesvolk. Und das „Du" des Hauptgebotes redet nicht den Einzelnen an, sondern Israel. Im Epheserbrief tritt die Communio-Struktur des biblischen „Ganz" jedoch vollends ans Licht.

„Wir alle", das heißt die Ekklesia als solche, sollen zum „vollkommenen Menschen" werden, so daß sich in ihr das ganze Ausmaß der Fülle Christi entfalten kann. Alle Zurüstung des Einzelnen soll dem „Aufbau des Leibes Christi" dienen, und damit dieser Leib aufgebaut werde, hat der Erhöhte der Kirche vielfältige Ämter und Dienste geschenkt. Bei all dem geht es darum, daß sich die Kirche heiligen läßt, damit sie ganz und ungeteilt vor Christus steht oder, wie dann Eph 5,27 formuliert,

damit er (Christus) die Kirche vor sich hinstelle – herrlich, ohne Flekken und Falten oder dergleichen. H e i l i g und m a k e l l o s soll sie sein.

So greift der Epheserbrief die lange Traditionslinie von der vorbehaltlosen und ungeteilten Hingabe der Berufenen an Gott auf, wendet sie aber nun konsequent auf die Kirche als ganze an. Allerdings beläßt er es nicht bei diesem Aspekt des „Ganz", sondern er bedenkt darüber hinaus die Universalität der Kirche, ihre Weltdimension und ihr kosmisches Maß. Diese erweiterte Sicht des „Ganz" im Epheserbrief läßt sich folgendermaßen zusammenfassen – und zugleich weiter reflektieren:

1. Die Kirche ist mehr als eine Vielzahl von Einzelgemeinden. Sie ist vom Kreuz Christi her und durch die Segensfülle, die vom Erhöhten ausgeht, ein einziger Leib. Nimmt die Christenheit das ernst? Stehen nicht zum Beispiel „Freikirchen" und „Freie Gemeinden" im Widerspruch zur Ekklesiologie des Epheserbriefs? Sie mögen sich auf das unsichtbare geistige Band berufen, das alle Kirchen verbinde – aber der Epheserbrief spricht vom „Leib" der Kirche, und das Wesen des Leibes

ist gerade seine sichtbare und greifbare Einheit. Paulus und seine Schüler reden auch nicht von den „Leibern" Christi, sondern von dem einen Leib, für den Christus gestorben ist.

Vom Epheserbrief her gesehen sind aber auch Nationalkirchen oder Kirchen, die sich an eine einzige Kultur binden, widersinnig. Weil die Kirche universal ist, ist sie international. Der Verfasser des Epheserbriefs geht davon aus, daß durch Christus die tiefste Kluft, die es in der menschlichen Gesellschaft je gegeben hat – die Kluft zwischen Juden und Heiden – in Christus grundsätzlich überwunden ist. Nationale Kirchen wären für ihn erst recht undenkbar. Sie wären geradezu ein Angriff auf das einende Versöhnungswerk Christi. Die Kirche ist die erste und die wirkliche Internationale.

2. Die Communio, die alle Ortskirchen zu der einen Kirche verbindet, darf aber nicht nur synchron, auf der Ebene je gegenwärtiger Kirche, gesehen werden. Es ist ja auffällig, wie der Epheserbrief von der *Politeia Israels* spricht, von den Bundesschlüssen, von der Verheißung, von der Sohnschaft der Glaubenden und von der Fülle der Zeiten[488]. Kirche bedarf nicht nur der Communio aller gegenwärtigen Ortskirchen, sondern genauso der Communio mit der Geschichte des Gottesvolkes in ihrer ganzen diachronen Erstreckung. Auch das braucht sie zu ihrem „Ganz". Und diese Communio ist mehr als ein Bewahren einzelner Traditionen. Es ist Festhalten an der *ganzen* Tradition. Diesen Aspekt der gesamten, unversehrt zu bewahrenden Überlieferung haben die Pastoralbriefe (1. Timotheus-, 2. Timotheus-, Titusbrief) dann weitergedacht[489].

3. Das „Ganz" der Kirche ist aber noch mehr. Wir sahen bereits, daß Christus im Epheserbrief nicht nur das Haupt der Kirche ist, sondern zugleich Herr über das All. Doch seine Herrschaft über das All hat ihr Ziel noch nicht erreicht. Christus ist zwar bereits über alle Mächte und Gewalten gesetzt (Eph 1,20–22), aber sie haben noch Gewalt über Welt und Gesellschaft. Deshalb holt der Erhöhte die Welt *über die Kirche* in seinen Herrschaftsbereich ein. Daraus folgt notwendig: Die Kirche ist selbst Welt. Sie steht nicht *über* der Welt und auch nicht *jenseits* von ihr. Man darf nicht einmal sagen, sie sei *in* der Welt. Nein, sie ist selbst

Welt und nichts anderes[490]. Aber sie ist Welt unter der Herrschaft Christi. Sie ist Welt, in der seine Fülle und das Übermaß seiner Gnadengaben schon anwesend sind. In diesem und nur in diesem Sinn darf man sagen, daß über die Kirche die ganze Welt und die ganze Gesellschaft eingeholt werden soll in den Raum der Versöhnung, den sich der Auferstandene in der Welt schafft.

Eine solche Sicht hat ihre Konsequenzen. Der Epheserbrief selbst reflektiert diese Konsequenzen noch nicht. Aber sie liegen auf der Hand. Welt zusammenzuführen, Welt heimzuholen, Welt zu verwandeln kann gerade nicht bedeuten, ihr besserwisserisch gegenüberzustehen und ihr Glauben von außen überzustülpen, sondern alles, was es in der Welt an Vernunft und Aufklärung, an Gutem und Gelungenem gibt, einzuholen in den Raum des Glaubens, damit es zum Lob Gottes werden kann. Die Kirche hat den Auftrag, alle Lebensbereiche zu umgreifen, allen Stoff der Welt zu verwandeln und alle Weisheit und Schönheit in sich zu versammeln, damit das neue Antlitz der Erde sichtbar erscheinen kann.

Sie dürfte niemals das tun, was jener unselige Kalif tat, der die Zerstörung der einzigartigen Bibliothek von Alexandrien befahl, in der jahrhundertelang die Bücher der Antike gesammelt worden waren. Er soll, so erzählt die Legende, die Verbrennung der Bibliothek mit den folgenden Worten befohlen haben: „Entweder sagen diese Bücher dasselbe wie der Koran. Dann sind sie überflüssig. Oder sie sagen etwas anderes. Dann sind sie schädlich." Leider hat auch die Kirche Bücher verbrannt. Bei sich selbst war sie nur, wenn sie die Weisheit des Altertums abschrieb und bewahrte, so wie es auch der Islam in vielen Fällen getan hat.

Zum Prinzip des „Ganz" gehört also nicht nur die ungeteilte Hingabe des Gottesvolkes, gehört nicht nur seine Internationalität, gehört nicht nur das Ernstnehmen seiner vollständigen Überlieferung, sondern auch die Einbeziehung alles dessen, was Welt ausmacht: Gefühl, Vernunft, Bildung, Weisheit, Religion, Kunst, Spiel – aber genauso die Welt der Wissenschaft, der Wirtschaft, des Berufs, der Arbeit, der Muße. Glaube ist nicht etwas, das jenseits alles dessen steht oder zu all diesen Bereichen als weiterer Bereich hinzukommt. Glaube ist vielmehr die Heimholung von allem, was es in der Welt gibt, auch der Religion, unter die erlösende und befreiende Herrschaft Gottes.

Selbstverständlich kann das nicht geschehen ohne Unterscheidung, kritische Prüfung, möglicherweise auch Distanzierung und Verweigerung. Aber wenn Erlösung der Welt ihre Verwandlung voraussetzt, dann muß das, was verwandelt werden soll, zuerst einmal ergriffen und angenommen werden. Erlösung braucht stets Inkarnation. Das alte Prinzip der Christologie[491], daß nur erlöst werden kann, was der Logos Gottes in seiner menschlichen Natur angenommen hat, gilt analog auch für die Kirche:

Quod non est assumptum, non est sanatum.

Was nicht angenommen ist, ist auch nicht geheilt worden (und kann nicht geheilt werden).

Die Kirche könnte nicht der von Christus eröffnete Raum der Erlösung und Befreiung sein, wenn sie selbst weltlos wäre und sich lediglich als Agentur für Sinnvermittlung betrachten würde. Sie darf nicht immer mehr Aufgaben an den Staat abtreten, um am Ende zu einem ausgedünnten Teilbereich der Gesellschaft zu werden, der nur noch für Übergangsriten, für Grenzsituationen oder als Garant von Jenseitshoffnung zuständig ist. Kirche geht auf das Ganze.

Origenes nennt die Kirche „den Kosmos des Kosmos", das heißt die Zier und die Ordnung der Welt, den Inbegriff der Welt, die ganz zu sich selbst gekommene Welt[492]. Sie ist „neue Schöpfung", und eine Schöpfung ohne Welt wäre Widerspruch in sich selbst. Die Kirche muß selbst Welt sein mit allen Bereichen, die Welt ausmachen – verwandelte, befreite Welt unter der Herrschaft Christi. Anders könnte Gott nicht am Ende „alles in allem" sein (Eph 4,6). Versteht man die Erlösung durch Christus anders, würde sie zur puren Magie.

Mit Integralismus oder Totalitarismus hat das alles nicht das Geringste zu tun. Es folgt aus der ungeteilten, sich ganz und gar preisgebenden Liebe Gottes zu seiner Schöpfung. Die Antwort der Schöpfung kann nur die gleiche Hinwendung zu Gott sein. Sie geschieht in dem „Ganz" der Kirche und ihrer Gemeinden.

7. Die tiefste Wunde der Kirche ist der Verlust der Einheit

Elias Canetti charakterisiert im 2. Band seiner Lebensgeschichte („Die Fackel im Ohr") den Kulturbetrieb im Berlin der zwanziger Jahre – so wie er ihn erlebt hat[493]:

> *Die eigentliche Tendenz der Dinge war eine z e n t r i f u g a l e, sie strebten auseinander, mit größter Geschwindigkeit voneinander weg. Die Wirklichkeit war nicht im Zentrum, wo sie wie an Zügeln alles zusammenhielt, es gab nur noch viele Wirklichkeiten und sie waren außen. Sie waren weit voneinander entfernt, es bestand keine Verbindung zwischen ihnen, wer einen Ausgleich zwischen ihnen herzustellen versuchte, war ein Fälscher.*

Was Canetti da schildert, ist nicht nur das Berlin von 1928 mit seinen Büchern, Bildern und Theaterstücken, mit seinem Lärm und Gedränge, seinem Animalischen und Intellektuellen. Es ist die menschliche Gesellschaft schlechthin. Sie strebt ständig auseinander – falls sie nicht gerade durch Revolutions- oder Kriegsbegeisterung in eine fragwürdige Gemeinsamkeit gerissen wird, in der sie zur Masse zusammenwächst und sich vom Rausch des Geschehens betäuben läßt. Unter dem Auseinanderfallen der Wirklichkeit muß auch schon die antike Gesellschaft seit der Zeit des Hellenismus gelitten haben, denn sie verrät in vielen Äußerungen ihre Sehnsucht nach Einheit, nach einer Sinnmitte, die alles zusammenhält.

Die stoische Weltsicht stellt sich den Kosmos als einen riesigen Leib vor, der von Wasser und Wind durchströmt wird, so wie der menschliche Leib Blut und Atem hat. „Glieder eines großen Leibes sind wir", sagt Seneca[494], eines Leibes, der Göttliches und Menschliches vereint. Was beim Menschen die Seele ist, ist im Kosmos Gott. Die Ganzheit, der wir angehören, ist das Eine, und dieses Eine ist göttlich. „Wir sind Gottes Gefährten und Glieder".

Eine andere Möglichkeit, der auseinanderstrebenden Welt eine Mitte zu schaffen, die sie im Symbol einte, war der römische Kaiserkult. In einer Inschrift, die in Halikarnassos (im Südwesten Kleinasiens) gefunden wurde und die nur noch im Fragment erhalten ist, heißt es[495]:

(…) Die ewige und unsterbliche Naturgewalt des Weltalls hat das höchste Gut zu überschwenglicher Wohltat den Menschen geschenkt, indem sie den Cäsar Augustus (= Octavian) in unser glückliches Leben brachte, den Vater seines Vaterlandes, der Göttin Roma, den Zeus Patroos und Heiland des ganzen Menschengeschlechtes, dessen Vorsehung die Gebete aller nicht nur erfüllte, sondern übertraf. Denn in Frieden ruhen Land und Meer. Die Städte blühen durch gute Gesetze, Eintracht und Segen. Alles Gute entfaltet sich reich und trägt Früchte, und die Menschen sind voll guter Hoffnung auf die Zukunft und voll guten Mutes für die Gegenwart, wo sie mit Festen, Standbildern, Opfern und Liedern (…)

Im ursprünglichen Text wurden dann die Riten für den Kult des göttlichen Augustus festgeschrieben. Aber das Fragment bricht an dieser Stelle ab. In Kleinasien sind mehrere Inschriften dieser Art gefunden worden – nicht ohne Grund gerade dort. In Italien selbst war es für Augustus keineswegs ratsam, sich mit Zeus / Jupiter auf eine Stufe stellen zu lassen; dem Osten gestattete er solche Sprache.

So sehr Texte wie der von Halikarnassos diplomatische Schmeicheleien sind, wie sie im Orient seit 2 000 Jahren üblich waren, und so sehr sie reale Vorteile für die eigene Stadt verfolgen – sie zeugen doch zugleich von der Sehnsucht nach einer Ökumene, in der Frieden herrscht und in der es eine Mitte gibt, durch die alle zentrifugalen Kräfte der Gesellschaft zur Einheit zusammengebunden sind.

Die Theologie des Epheserbriefs steht zu all dem in hartem Kontrast. Dieser Kontrast wird nicht eigens formuliert. Er ist aber mit Händen zu greifen: Nicht die ganze Welt ist ein durchseelter Leib, sondern allein die Kirche. Und was die Kirche beseelt, ist nicht vage Göttlichkeit, die ihr von Natur aus zukäme, sondern der Heilige Geist, der ihr geschenkt ist. Dieser Geist aber ist klar definiert als der Geist Gottes, des Vaters, und als der Geist Jesu Christi[496]. Er eint die Kirche und baut sie auf.

Der Herr der Welt ist nicht der römische Kaiser, sondern der Gekreuzigte, dem alle Mächte und Gewalten unterworfen sind – unterworfen nicht durch die Stiefel marschierender Legionen, sondern durch seine wehrlose Liebe, die den Leib der Kirche unaufhörlich auf ihn hin und in die Welt hinein wachsen läßt. In diesem Sinn ist die Kirche der eigentliche Ort in der Welt, wo Friede zustandekommt und Einheit gestiftet wird.

Obwohl es die gleichen großen Wörter sind, die gebraucht werden – Leib, Glieder, Kosmos, All, Gott, Vater, Retter, Segen, Überfluß, Frieden und Einmütigkeit –, ist der Boden, auf dem der Epheserbrief steht, nicht die antike Philosophie und auch nicht die römische Staatspropaganda, sondern die alttestamentliche Verheißungsgeschichte und die Erfahrung frühchristlicher Gemeinden.

Genau besehen ist die Vorstellung von der Heimholung des Alls über die Kirche, wie sie der Epheserbrief umreißt, eine Transformation des biblischen Vorstellungskomplexes der Völkerwallfahrt. Was die Johannesoffenbarung einige Jahre später[497], ebenfalls für Kleinasien, als vom Himmel herabkommende weltweite Stadt schildert, deren Mittelpunkt das Lamm ist und durch deren offene Tore die Völker der Welt mit ihren Reichtümern einziehen, beschreibt der Epheserbrief als Leib, dessen Haupt Christus ist, der über die Kirche das All zusammenführt und erfüllt. Übrigens kann auch im Epheserbrief das Bild vom Leib an entscheidender Stelle übergehen in das Bild vom Bauwerk Gottes, dessen Richtstein Jesus Christus ist, von dem her der ganze Bau der Kirche zu einem heiligen Tempel für Gott emporwächst (2,20–22).

Daß die Theologie des Epheserbriefs ihre eigentlichen Wurzeln in der biblischen Offenbarungsgeschichte hat, ist nicht unwichtig. Denn auf diese Weise kommen die ganze Dynamik und der unendliche Überschuß an Verheißung ins Spiel, die diese Geschichte bestimmen, so daß deutlich wird: Die Verheißung ist schon erfüllt – aber ihre volle Verwirklichung steht noch aus, denn die Verwirklichung übertrifft jede Vorstellung.

Der Leib Christi ist bereits mitten in der Welt – aber er muß erst noch die Welt erfüllen. Der endzeitliche Friede ist in der Lebenshingabe Christi bereits gestiftet – und muß doch Schritt für Schritt errungen werden. Die Einheit ist in Jesus Christus, in seinem Leib und in seinem Geist, schon geschenkt – aber sie ist so gefährdet, daß den Gemeinden gesagt werden muß:

Führt ein Leben, das der Berufung würdig ist, mit der ihr berufen wurdet, in aller Demut, Sanftmut und Geduld. Ertragt einander in Liebe und bietet alles auf, die Einheit des Geistes zu erhalten durch das Band des Friedens. Ein Leib und ein Geist, wie ihr durch eure Berufung auch zu einer gemeinsamen Hoffnung berufen wurdet; ein Herr, ein Glaube, eine Taufe, ein Gott und Vater aller, der da ist über allem und durch alles und in allem. (Eph 4,1–6)

Die weitere Entwicklung hat gezeigt, wie gefährdet die Einheit, die der Epheserbrief in dieser Mahnrede beschwört, von Anfang an gewesen ist. Die Geschichte der Kirche ist bis heute nicht nur eine Geschichte des Wachstums in der Liebe gewesen, sondern auch eine der Spaltungen.

Es beginnt schon sehr früh. Die erste und grundlegende Spaltung war die zwischen Juden und Christen. Es war sozusagen die Ur-Spaltung. Sie dauert bis heute an und ist mit Sicherheit die in der Tiefe verborgene Ursache aller weiteren Spaltungen.

Schon Jesus hatte nur einen Teil Israels erreichen können, obwohl er ganz Israel sammeln wollte. Allerdings hatte die kleine Schar seiner Jünger eine ungeheure Verheißung in ihrer Mitte: die Zwölf als Zeichen und Anfang des endzeitlichen Zwölfstämmevolkes, von Jesus eingesetzt, und damit dem Gottesvolk als unauslöschliches Merkmal eingeprägt.

Seit dem Pfingsttag hatte sich die junge Gemeinde in Jerusalem erneut an Israel gewandt. Die Gemeinde wuchs nicht nur in der Hauptstadt; auch in Judäa und Samaria entstanden Tochtergemeinden. Als die Mission in der jüdischen Diaspora begann, bildeten Juden und dem Judentum nahestehende Heiden den Grundstock der neuen Missionsgemeinden. Ein Miteinander von Juden- und Heidenchristen um einen Tisch war Wirklichkeit geworden. Für kurze Zeit sah es so aus, als werde die Ekklesia nun für immer „Kirche aus der Beschneidung" und „Kirche aus den Völkern" sein. Der Verfasser des Epheserbriefes konnte aufgrund dieser Erfahrung schreiben, daß Christus durch seinen Tod die Mauer zwischen Israel und den Völkern niedergerissen habe. Das war auch so – unwiderruflich.

Aber in der äußeren Geschichte der Kirche verschoben sich allmählich die Gewichte. Spannungsfrei war das Verhältnis zwischen Juden- und Heidenchristen nie gewesen. In Jerusalem und nicht nur dort gab es eine judaisierende Richtung, die von den Heiden die Beschneidung und die Befolgung des Gesetzes im jüdischen Sinn forderte. Sie konnte sich in den Gemeinden nicht durchsetzen, aber sie verstummte auch nicht.

Andererseits gab es immer mehr heidenchristliche Gemeinden, die für die Probleme der Judenchristen kaum noch Verständnis aufbrachten. Langsam bildete sich ein heidenchristliches Selbstbewußtsein heraus, das in der Gefahr war, seine Herkunft aus Israel falsch einzuschätzen oder sie ganz zu vergessen. Paulus muß diese Gefahr schon gesehen haben. Denn in den Israel-Kapiteln des Römerbriefs warnt er die Heidenchristen vor jedem Hochmut gegenüber Israel. Wahrscheinlich hat auch der Verfasser des Epheserbriefs ähnliche Gefahren vor Augen.

Bereits vor der Abfassung des Epheserbriefs war es zum jüdischen Krieg gegen Rom (66–74) gekommen, der mit einer Katastrophe für das Judentum endete: Jerusalem wurde erobert, der Tempel niedergebrannt, sämtliche Einwohner der Stadt umgebracht oder in die Zwangsarbeit geschickt. Die Judenchristen Jerusalems hatten sich an diesem Krieg nicht beteiligt. Sie flohen – vermutlich im Oktober des Jahres 66, als die ersten römischen Truppen vor der Stadt auftauchten. Viele von ihnen ließen sich in Pella, im Ostjordanland, nieder[498].

Über die weitere Entwicklung des Judenchristentums haben wir nur noch wenige Nachrichten. Vieles muß indirekt erschlossen werden. Der Kirchengeschichtsschreiber Eusebius überliefert eine Bischofsliste, derzufolge von Jakobus, dem Herrenbruder, bis zum Jahre 135, dem Ende des Bar-Kochba-Aufstandes, fünfzehn judenchristliche Bischöfe in Jerusalem amtiert hätten[499]. Von da an war den Juden das Betreten Jerusalems, das nun *Aelia Capitolina* hieß, unter Todesstrafe verboten. Judenchristliche Gemeinden muß es aber weiterhin im Ostjordanland, in Syrien, Kleinasien und im Zweistromland gegeben haben[500]. Teilweise werden sie häretisch oder werden als häretisch angesehen. Insgesamt rückt das Judenchristentum immer mehr an die Peripherie der Kirche.

Natürlich erheben sich an dieser Stelle viele Fragen: Weshalb ist die Begegnung zwischen Israel und Jesus nicht anders verlaufen? Warum wurde sie so schnell zur harten Konfrontation? Weshalb hat auch die nachösterliche Sammlungsbewegung die harten Fronten kaum verändern können? Vor allem aber: Warum hat es in der heidenchristlichen Kirche nicht offeneren Raum für die Judenchristen gegeben und nicht größeres Verständnis für ihre Traditionen? Weshalb ist das Judenchristentum so schnell an den Rand der Kirche geraten?

Man kann zu diesen Fragen viele Antworten versuchen. Man kann lange darüber nachdenken, wo die Schuld Israels und wo die Schuld der Kirche lag, wo die Schuld der Judenchristen und wo die der Heidenchristen. Es ist auch durchaus notwendig, daß sich die Theologie mit diesem Problemkreis immer wieder auseinandersetzt. Sie wird dann freilich irgendwann – wie bei allen anderen Spaltungen – an einen Punkt kommen, wo sie nicht mehr weiter kann. Schuld war auf seiten Israels, und Schuld war auf seiten der Kirche. Es war aber mehr. Es war auch ein Ringen um die Wahrheit, nämlich um die Frage, ob man nicht dem Gott der Väter treu bleiben müsse – oder ob Gott nicht neu und alles Bisherige überbietend gehandelt habe und sich gerade so die Verheißungen an die Väter erfüllten. War Jesus ein Verführer des Volkes gewesen – oder die letzte und endgültige Antwort Gottes auf den langen Weg Israels? Angesichts solcher Fragen spaltete sich letztlich das Gottesvolk.

Die Kirche hat, genau wie auch das Judentum selbst, durch diese erste Spaltung schwere Verluste erlitten. Sie wurde zwar durch die Schaffung der Zwölf als das *endzeitliche Israel* gestiftet. Die neutestamentlichen Gemeinden haben sich nie anders verstanden[501]. Und doch zögerten sie, den Ehrennamen „Israel" unmittelbar auf sich anzuwenden[502]. Ihr Zögern war berechtigt und muß theologisch ernstgenommen werden. Denn so, wie sich die Kirche nach Ostern entwickelt hat, ist sie noch nicht das ganze Israel, das Jesus gewollt hatte. Die tatsächliche Kirche ist in dieser Hinsicht, trotz allem, was ihr eingestiftet ist, noch nicht vollständig. Sie muß weiter auf Gesamt-Israel hin ausgespannt bleiben.

Diese ihre Bedürftigkeit sollte die Kirche sehen. Ihre Not besteht nicht nur darin, daß sie Israel, seitdem sie frei wurde, immer wieder verfolgt und ihm unermeßliches Leid zugefügt hat. Ihre Not liegt auch darin, daß sie selbst durch ihre Überheblichkeit gegenüber dem Judentum streckenweise viel verloren hat: die Verbindung von Glaube und Leben, die unablässige Heiligung des Alltags, die Überschaubarkeit ihrer Gemeinden, die Skepsis gegenüber allen vorschnellen Spiritualisierungen, einen realistischen Begriff von Erlösung.

Es gibt in der Geschichte einen Punkt, wo die Verluste, die durch die Spaltung zwischen Israel und der Kirche eingetreten sind, unmittelbar und handgreiflich vor Augen liegen: dieser Punkt ist die Entstehung des Islam und das immense Gewicht, das er der Ausbreitung des Christentums und damit auch der Freiheitsgeschichte der Welt bis heute entgegensetzt.

Man wird dem Islam keinesfalls gerecht, wenn man seine Entstehung als ein vom Judentum und der Kirche unabhängiges Ereignis ansieht, das den arabischen Stämmen eine für sie passende Religion geben wollte. Der Islam ist die dritte monotheistische Religion, und er erhebt den Anspruch, der wahre Erbe Abrahams zu sein. Hätte er entstehen können, wenn Judentum und Christentum eins gewesen wären und das eine übernationale Gottesvolk lebendig bezeugt hätten?

Der Islam sieht im Koran die Weiterführung der Tora und des Evangeliums im Sinne der Wiederherstellung der Uroffenbarung an Adam; schon Abraham habe diese Uroffenbarung angesichts des Abfalls der Menschheit in die Vielgötterei erneuern wollen. Als Mohammed das Heiligtum in Mekka von der dort herrschenden Naturreligion reinigte, griff er jüdische und christliche Gedanken auf. Aber seinem Reformeifer fehlte ein wirkliches Wissen von Israel und der Kirche.

Das Christentum erlebte er überhaupt nicht in der Form lebendiger Gemeinden. Als Karawanenführer kannte er nur einzelne Christen, meist Einsiedler, die ein nicht mehr rechtgläubiges, monophysitisches Christentum vertraten. Jedenfalls kam Mohammed zu der Meinung, die Dreifaltigkeit bestehe aus Gott, Jesus und Maria – und der Heilige Geist sei der Engel Gabriel.

Um sich von den Juden und Christen abzusetzen, entwarf er die Deutung, daß nicht Isaak, sondern Ismael, der Nebensohn Abrahams, der Träger der wahren Verheißung gewesen sei. So kam er zu der Linie: Adam mit der Uroffenbarung – Abraham mit Ismael als der Wiederhersteller der Uroffenbarung – Mose als Prophet – Jesus als weiterer Prophet – Mohammed als der letzte und größte aller Propheten. Damit wird den Arabern, den Söhnen Ismaels, der Vorrang vor den Juden gegeben, und Mohammeds Prophetentum erscheint als die Spitze der Offenbarung – und zugleich als die älteste. Entscheidend bei all dem war: Von dem vorfindbaren Judentum und Christentum hielt Mohammed nicht viel. Er sah beide als halb heidnisch an. Das heißt aber: Er scheiterte an dem gespaltenen Gottesvolk.

Und die katholische Kirche scheiterte am Islam. Entgegen der Bergpredigt versuchte sie, ihn mit Kreuzzügen zu überwinden, die am Ende die Trennung zwischen Rom und Konstantinopel verfestigten und zudem noch neuen Judenhaß schürten. Jedem größeren Kreuzzug des 12. Jahrhunderts ging irgendwo in Europa eine Judenverfolgung voraus. Die Kreuzfahrer wollten an den Muslimen die Inbesitznahme des „Erbes Christi" rächen und an den Juden die Kreuzigung Christi. Dabei wäre für die Kirche die einzig sachgerechte Art, dem Islam zu begegnen, der Geist Jesu gewesen und die Brüderlichkeit zwischen Israel und der Kirche.

So hatte die Spaltung des einen Gottesvolkes in Juden und Christen weltgeschichtliche Folgen. Nachdem sich die Kirche an diese erste Spaltung gewöhnt hatte und sie schließlich als selbstverständlich ansah, kamen weitere Spaltungen. Sie brauchen hier nicht alle aufgezählt zu werden. Jedenfalls hat es bis heute kein Jahrhundert gegeben, in dem keine Trennungen aufgetreten wären, und nur die wenigsten von ihnen konnten geheilt werden.

Es sind ja nicht nur die großen Trennungen wie die zwischen Rom und der byzantinischen Kirche (1054) oder zwischen Rom und den Kirchen der Reformation (seit 1517). Darüber hinaus gibt es vom 1. Jahrhundert bis heute eine Vielzahl weiterer Spaltungen. Die Lehrbücher der Kirchengeschichte wären halb so umfangreich, wenn man die Geschichte der Glaubensstreitigkeiten, Exkommunikationen und Schismen aus ihnen entfernen könnte.

Und es sind nicht nur die Spaltungen im strengen Sinn des Begriffs. Neben ihnen gibt es, fast noch erschreckender, in Europa die Abwanderung ganzer Gruppen und Schichten aus der Kirche. Erinnert sei nur an den Auszug der Gebildeten seit der europäischen Aufklärung; an die Bewegung des Sozialismus im 19. Jahrhundert mit dem Verlust der Arbeiter; schließlich an den stillschweigenden Auszug der Massen in den letzten Jahrzehnten.

Es handelt sich in all diesen Fällen nicht einfach um Schwundphänomene. Das heute beliebte Bild von der langsamen Verdunstung des christlichen Glaubens ist noch nicht die ganze Wahrheit. Denn die

Menschen, die der Kirche dabei verlorengehen, suchen einen Ersatz. Die meisten lassen sich anderswo sammeln. Aus einem Teil der sozialistischen Bewegung ging der Dialektische Materialismus der Sowjetunion hervor mit allen Kennzeichen einer Pseudo-Kirche, und von denen, die heute die großen Kirchen verlassen, geraten viele in fragwürdige Sekten oder auf die Ebene esoterischer Religiosität. Kein Mensch kann auf die Dauer ohne ein höchstes Gut und ohne Hoffnung leben. Glaubt er nicht auf dem Boden der christlichen Kirchen an den wahren Gott, so glaubt er an sich selbst und an wohlfeile Evangelien der Selbsterlösung, deren Markt immer größer wird.

Mit dem zuletzt Gesagten sollte nur angedeutet werden, daß der Begriff der Kirchenspaltung nicht zu eng gefaßt werden darf. Es gibt nicht nur die Trennungen in immer neue Teilkirchen, es gibt auch einen Exodus aus den Kirchen, der zu Pseudo-Kirchen führt.

Doch zurück zu unserem Ausgangspunkt, zu den eigentlichen Spaltungen der Kirche! Von ihnen gilt gewiß das, was schon zu der allerersten Spaltung des Gottesvolkes gesagt worden ist: Es ging und geht bei ihnen nicht nur um Unglaube, obwohl Unglaube bei jeder Spaltung auf beiden Seiten im Spiel ist. Aber zuerst ging es doch stets um die Wahrheit des Glaubens und das unbedingte Ernstnehmen dessen, was das Evangelium und das Wesen der Kirche ausmacht.

Wenn es aber bei allen Trennungen zuerst um die Wahrheit des Glaubens ging, darf die Tatsache des gespaltenen Gottesvolkes nicht als Selbstverständlichkeit angesehen werden. Es gibt Theologen, die aus der Not der Spaltung eine Tugend machen und behaupten, gerade die vielen Kirchen und Konfessionen spiegelten wie in tausend Facetten den Reichtum des Christlichen. Auch daran ist zwar etwas Richtiges: Noch alle Kirchen, die einen eigenen Weg gegangen sind, haben Elemente des Glaubens ans Tageslicht gebracht, die in der katholischen Kirche vereinseitigt, verdunkelt oder verschüttet waren. Noch alle seriösen Sekten haben die Kirchen unerbittlich daran erinnert, daß zum Glauben das apostolische Leben, das wirkliche Miteinander der Gläubigen gehört. Vielleicht konnte einer Kirche, die sich verhärtet hatte und zu einer Reform unfähig geworden war, nur auf diesem Weg wieder die eigene Tradition vor Augen geführt werden.

Und doch hat die These, die alle Trennungen einfach als den „Reichtum der Vielfalt" erklärt und verklärt, nicht nur etwas höchst Gefährliches an sich; sie ist schlicht unbiblisch. Der derzeitige Zustand der Christenheit gleicht keineswegs einem farbigen Feld, auf dem Weizen heranwächst und Mohn und Kornblumen blühen, sondern eher einem zerbrochenen Spiegel, der das Bild Christi entstellt[503]. Vom Neuen Testament her kann die Zersplitterung des Gottesvolkes nicht anders gesehen werden. Dort taucht ja die Frage der Spaltung innerhalb der Gemeinden und innerhalb der ganzen Kirche längst auf. Und die Antwort der neutestamentlichen Theologie ist eindeutig.

Den entscheidenden Text aus dem Epheserbrief haben wir bereits kennengelernt: „Bemüht euch, die Einheit des Geistes zu wahren" (4,3). Man darf diesen Imperativ keineswegs so verstehen, als lege er nur Wert auf das „geistige Band", das alle Christen unsichtbar zusammenbinde. Gemeint ist vielmehr der Heilige Geist, der den einen Leib der Kirche durchfließt. Deshalb wird noch vor dem Heiligen Geist der Leib der Kirche genannt. Beide gehören unvermischt und ungetrennt zusammen:

Ein Leib und ein Geist. (Eph 4,4)

Im Johannesevangelium betet Jesus – als Abschluß all seiner Reden beim letzten Mahl, unmittelbar vor seiner Verhaftung und innerhalb eines feierlichen Abschiedsgebetes – ausdrücklich um die Einheit seiner Jünger:

Heiliger Vater, bewahre sie in deinem Namen, den du mir gegeben hast, d a m i t s i e e i n s s e i e n wie wir (Joh 17,11)

Wenig später weitet sich dieses Gebet aus auf alle Glaubenden der Zukunft:

Aber ich bitte nicht nur für diese hier, sondern auch für alle, die durch ihr Wort an mich glauben. A l l e s o l l e n e i n s s e i n: Wie du, Vater, in mir bist und ich in dir bin, sollen auch sie in uns sein, damit die Welt glaubt, daß du mich gesandt hast. (Joh 17,20 f)

An diesem Gebet um die Einheit der Jünger und der nachösterlichen Kirche sind drei Dinge bemerkenswert: 1. Die Einheit kommt der Kirche nicht von selbst zu. Sie ist Geschenk Gottes und will erbeten sein. 2. Die Einheit der Kirche spiegelt die Einheit zwischen dem Vater und dem Sohn. So wie Christus ganz im Vater ist, und der Vater in ihm, so soll die Kirche ganz in Christus sein: nur dann gibt es für sie Einheit. 3. Daß die Welt die Sendung und damit das Wesen Christi erkennt, hängt an der Einheit der Kirche. Gott hat keiner je gesehen, und Christus, sein Bild und Abglanz, ist nicht mehr in der Welt. Was man sehen kann, ist immer nur die Kirche. Ist sie nicht mehr eins, sondern gespalten, so kann die Welt das Geheimnis Christi nur noch undeutlich erkennen. Der Spiegel ist zerbrochen. Die Spaltung des Gottesvolkes macht es der Welt fast unmöglich, zu glauben.

Das alles ist so eindeutig, daß es sich erübrigt, weitere Texte des Neuen Testaments zur Frage der Einheit der Kirche heranzuziehen. Schon allein der Epheserbrief und das Johannesevangelium zeigen: Wer in der Trennung des Gottesvolkes in Kirchen und Konfessionen, in Freikirchen und Freie Gemeinden nicht einen unerträglichen Zustand sieht, der den Glauben an Christus gefährdet, wer diesen Zustand sogar noch im Nachhinein legitimiert, indem er ihn mit dem Reichtum des christlichen Glaubens verwechselt, hat die Schrift gegen sich.

Das Neue Testament muß in diesem Zusammenhang aber noch unter einem anderen Aspekt betrachtet werden: Es besteht eben nicht aus 27 Einzelschriften, die nach Art einer kleinen Bibliothek lose beieinander wären, sondern es ist nach dem Willen der Kirche, die den Kanon der Heiligen Schrift schuf, zusammen mit dem Alten Testament *ein einziges Buch*. Die vier Evangelien bilden im Neuen Testament die Basis; die beiden Bücher des lukanischen Geschichtswerks sind auseinandergeschnitten; der Sammlung der paulinischen Briefe steht die Sammlung der sieben sogenannten „Katholischen Briefe" mit Schriften der drei „Säulen der Urgemeinde" – nämlich des Jakobus, des Petrus und des Johannes – gleichwertig gegenüber. Der kompositorische Wille, der dem Neuen Testament zugrundeliegt, ist unverkennbar.

Betrachtet man die theologischen Positionen der Einzelschriften des Neuen Testamentes genauer und vergleicht sie miteinander, kann man nur staunen, in welchem Maß sie einen einheitlichen kirchlichen Glauben bezeugen. Es ist zwar seit langem üblich, die Verschiedenheiten, Divergenzen, Spannungen und Widersprüche zwischen den einzelnen „Theologien" der neutestamentlichen Schriften zu betonen. Es ist auch gar keine Frage, daß es hier voneinander abweichende Akzentsetzungen und die unterschiedlichsten Redeformen, Sprachspiele und Denksysteme gibt. Berücksichtigt man aber diese Disparatheit der Sprech- und Denkformen, dürfte es schwer fallen, Gegensätze im Bekenntnis selbst orten zu können. Die Vielfalt des Neuen Testamentes erzwingt keineswegs die Vielfalt der christlichen Konfessionen.

Im Gegenteil: Das Wachsen der neutestamentlichen Tradition in den Kanon hinein zeigt trotz aller Vielfalt eine geradezu schockierende Einheit, die quersteht zu allen Erfahrungen, die unsere Gesellschaft üblicherweise macht. Elias Canetti hatte ja recht: Die eigentliche Tendenz der Dinge ist eine *zentrifugale*, sie streben auseinander, mit größter Geschwindigkeit voneinander weg. Man muß die schlechten Kommunikationsmöglichkeiten des Altertums hinzunehmen: Boten, die wochenlang unterwegs waren, um zwischen den Gemeinden Informationen auszutauschen; Briefe, in denen man nie alles erklären und nur allzu leicht aneinander vorbeireden konnte. Angesichts dieser miserablen Ausgangsposition ist die Tatsache, daß in den vielen Gemeinden rund um das Mittelmeer ein einheitlicher Glaube entsteht, eines der großen Wunder, das nur aus der geschichtlichen und übergeschichtlichen Kraft der Person Jesu Christi zu begreifen ist.

Aber nehmen wir ruhig einmal an, zwischen den einzelnen neutestamentlichen Schriften gäbe es auf der Ebene des Glaubens selbst Widersprüche. Dann wäre erst recht damit ernst zu machen, daß die Heilige Schrift eben nicht aus einem Bündel verschiedener Schriften besteht, die man gegeneinander ausspielen kann, sondern daß sie ein einziges Buch ist. Die historisch-kritische Methode hat sich in den vergangenen Jahrzehnten über neuere literaturwissenschaftliche Betrachtungsweisen *(synchrone Analyse)* ganz von selbst dieser Einsicht angenähert. Sie erkannte dabei mit zunehmender Deutlichkeit, daß sie letztlich den kanonischen „Endtext" der gesamten Bibel und nicht nur irgendwelche Teile oder Vorstufen von ihr auszulegen hat.

Wenn aber der Autorenwille der Kirche den Endtext der Bibel, nämlich den Kanon schuf, so kann sie ihr eigenes Buch nur so verstanden haben, daß in ihm alle Divergenzen, die der Glaube verschiedener Gemeinden oder Kirchengebiete haben könnte, zur Einheit kommen. Die Exegese hat zwar durchaus die Verschiedenheit der Traditionen und Schichtungen der Bibel *historisch-kritisch* aufzuspüren. Daran kommt sie, schon um der Auslegung selbst willen, gar nicht vorbei. Sobald sie aber die Bibel *theologisch* auslegt – und das ist ihre Hauptaufgabe –, hat sie den Endtext auszulegen – und zwar auf seine Einheit hin.

Wer das tut, ist keineswegs im Sinne Canettis ein „Fälscher", der aus der Disparatheit mit Gewalt einen harmonischen Ausgleich herstellt. Er nimmt vielmehr den Kanon als Kanon ernst. Auch von hier aus gesehen ist es ausgeschlossen, daß der Kanon selbst die Verschiedenheit der Konfessionen begründen könnte. Er hat vielmehr bewußt Evangelien und Briefe, Petrinisches und Paulinisches, Amtliches und Charismatisches zur Einheit zusammengebunden[504].

Selbstverständlich dürfte eine Kirche, der die Einheit wiedergeschenkt ist, nicht uniformiert sein. Es müßte eine reiche und vielfältige Einheit sein, mit viel Farbe, mit vielen Formen und Sprachen und Eigentraditionen, aber es müßte *eine* Kirche sein, und ihre Einheit dürfte nicht nur irgendwo im Unsichtbaren liegen.

Bis jetzt gibt es diese Einheit noch nicht. Die Gegensätze sitzen tief. Die Wunden der Geschichte liegen noch immer offen da. Zugleich wächst die Geschichtslosigkeit in den Kirchen. Wie kann die Christenheit hier weiterkommen? Soll sie sagen, die Einheit der Kirche gehöre zum *Eschaton*, zum Ende der Welt, und werde erst geschenkt, wenn Christus wiederkomme? Bis dahin bliebe die Trennung als Zeichen des Noch-Nicht? Auch das wäre gegen das Neue Testament, denn das Eschaton hat mit Ostern bereits begonnen, und im Johannesevangelium betet Christus nicht um die Einheit seiner Jünger für die Zeit kurz vor dem Weltende, sondern darum, daß seine Jünger *jetzt* eins seien, weil sonst die Welt nicht glauben könne. Also müssen die Kirchenspaltungen in dieser Geschichte überwunden werden, und zwar so schnell wie möglich. Aber wie?

Ganz sicher nicht durch eigenmächtiges Handeln einzelner Gruppen oder Gemeinden, die nach eigenem Urteil und Belieben anfangen, Abendmahlsgemeinschaft zu praktizieren. Das wäre gerade nicht „kirchlich" gedacht, sondern „privatistisch" – gegen die Einmütigkeit wirklicher *communio*, gegen das Prinzip des „Ganz". Nicht nur der Ernst der Geschichte würde dabei übersprungen, sondern auch die Freiheit derer mißachtet, die eine Abendmahlsgemeinschaft noch nicht für möglich halten. Ungehorsam und Eigenmächtigkeit werden niemals die wahre Einheit herbeiführen, sondern eher zu neuen Trennungen beitragen.

Aber was könnte dann die Spaltungen überwinden? Der vielbeschworene Dialog? Selbstverständlich sind Gespräche zwischen den Kirchen und Konfessionen von größter Wichtigkeit. Gerade die historische und theologische Aufdeckung der Gründe, aus denen es zur Trennung kam, der Mißverständnisse und Verhärtungen, der wirklichen Anliegen beider Seiten, das gründliche Kennenlernen der Tradition der anderen – all das kann helfen, die Einigung vorzubereiten. Und doch wird sie nicht allein aus Gesprächen am Konferenztisch und aus Einigungspapieren zustande kommen.

Einmütigkeit innerhalb einer Gemeindeversammlung entsteht nur dann, wenn die Versammelten endlich aufhören, auf sich selbst zu blicken. Solange sie nur sich selber im Auge haben, werden sie immer neue Dinge entdecken, die der andere noch nicht verstanden hat, immer neue Kränkungen und Verwundungen finden, immer neue Probleme, die noch nicht ausgeräumt sind. Der Selbstbespiegelung und Psychologisierung von allem und jedem wird kein Ende sein. Das Wunder der Einmütigkeit wird erst dann möglich, wenn die Versammlung von sich selbst und ihren Interessen wegblickt und nach den Interessen Gottes fragt. Was will Gott?

Das Erkennen seines Willens im Von-sich-selbst-Wegblicken geschieht aber nicht nur im Kopf. Es setzt die Umkehr des ganzen Menschen, es setzt die Umkehr aller voraus und es ist, wie jede Umkehr, nicht nur ein freudiger, sondern zugleich ein schmerzlicher Prozeß. Was für die Versammlung einer einzelnen Gemeinde gilt, gilt erst recht für die Sammlung der Kirche zur Einheit: Es wird keine Einheit der Kirchen geben ohne ihre Umkehr – und das meint selbstverständlich nicht nur die Umkehr der Amtsträger.

Und wohin sollen die getrennten Kirchen umkehren? Zu Gott und seinem Willen, das heißt zu dem Geschichtsplan, den er mit der Welt hat. Dieser Plan Gottes wird uns nirgendwo deutlicher enthüllt als im

Alten und Neuen Testament. Es ist der Wille Gottes, in der Welt ein Volk zu haben, damit an diesem Volk deutlich wird, wie er sich menschliche Gesellschaft vorstellt; damit die Welt die Einmütigkeit und den Frieden sieht, der in diesem Volk möglich ist und so selbst zum Frieden kommt. Es ist der Wille Gottes, über die Erlösung und Befreiung, die in dem einen Volk geschieht, die ganze Welt zur Befreiung und Erlösung zu führen.

Die Dinge so zu formulieren, heißt bereits, das Alte Testament radikal ernst zu nehmen und mit dem Alten Testament das Jüdische. Dieses ganze Buch hier war der – sicher oft hilflose – Versuch, das Grundthema des Alten Testaments und des Judentums, daß Gott in der Welt ein Volk braucht, das nach seinem Willen lebt, weil sonst die Welt nicht in Freiheit zu erlösen ist, in immer neuen Facetten deutlich zu machen. Man mache sich keine Illusionen: Diese Lösung Gottes ist keine Selbstverständlichkeit. Sie ist weithin vergessen.

Die Umkehr, die allein die Wunde der Spaltungen heilen könnte, wäre also zuerst einmal ein Wiedereinwurzeln der Kirchen im Alten Testament und im Jüdischen[505]. Sie wäre ein gemeinsames Zurückgehen bis zu den Quellen, bis dorthin, wo alle Spaltungen angefangen haben. Die Kirchen könnten bei diesem gemeinsamen Zurückgehen bis zur Wurzel, bis zu Abraham, aber nicht nur lernen, daß Gott in der Welt ein Volk haben will, das allen anderen Völkern zum Segen wird; sie könnten auch lernen – und das ist genauso wichtig –, daß Gott an seinem Volk handelt, unablässig, immer neu[506], und daß Glaube nicht zuerst ein Festhalten toter Sätze ist, sondern ein Setzen auf Gottes Verheißungen.

Die Umkehr, die allein die Wunde der Spaltungen heilen könnte, wäre sodann ein Ernstnehmen des Neuen Testamentes – und zwar nicht nur der Evangelien, nicht nur der echten Paulusbriefe, sondern des *ganzen* Neuen Testamentes. Wir haben bereits darüber gesprochen, daß das Neue Testament nach dem Willen der Kirche, die den Kanon geschaffen hat, zusammen mit dem Alten Testament als ein einziges Buch zu lesen ist. Der Prozeß der neutestamentlichen Kanonbildung war ein Auswahlprozeß. Es gab in der Alten Kirche viel mehr Evangelien, Offenbarungsschriften, Briefe und „Taten der Apostel", als dann tatsächlich in den Kanon aufgenommen wurden. Das Kriterium für die

Auswahl war das „Apostolische", das heißt: die ursprüngliche, unverfälschte Tradition, die bis auf die Apostel zurückgeht.

Daß dieses Kriterium so wichtig wurde und daß nach diesem Kriterium ein Kanon maßgebender „apostolischer" Schriften geschaffen wurde, hatte einen sehr realen Grund: Irrlehren breiteten sich aus, Spaltungen griffen um sich, und die Kontinuität zur apostolischen Zeit drohte abzubrechen. Die Auswahl der neutestamentlichen Schriften und ihre Komposition hatte also bereits die Intention, der Einheit der Kirche zu dienen. Und genau in diesen Zusammenhang gehört nun noch eine andere Beobachtung: Gerade die „Spätschriften" des Neuen Testamentes arbeiten intensiv das Thema der kirchlichen Tradition und des kirchlichen Amtes heraus. Greifbar wird dies vor allem im Epheserbrief, in den Pastoralbriefen, im lukanischen Doppelwerk und in Joh 21, dem Nachtragskapitel zum Johannesevangelium.

Kontinuität mit dem Apostolischen und Dienst an der Einheit der Kirche heißt also für das Neue Testament als Gesamtkomposition gerade auch Hervorhebung des kirchlichen Amtes. In Eph 4,8–12 ist das besonders deutlich (wir sind auf diesen Text bereits im Zusammenhang der Frage nach dem „Ganz" gestoßen). Dort ist zunächst von der Himmelfahrt Christi die Rede und dann in Anspielung auf die Gaben des Geistes, die der Erhöhte der Kirche geschenkt hat, unmittelbar von den kirchlichen Ämtern:

(Der Erhöhte) setzte die einen als Apostel ein, andere als Propheten, andere als Evangelisten, wieder andere als Hirten und Lehrer – zur Zurüstung der Heiligen, für ein Werk des Dienstes, für den Aufbau des Leibes Christi. So sollen wir alle z u r E i n h e i t i m G l a u b e n und in der Erkenntnis des Sohnes Gottes gelangen, zum vollkommenen Menschen, zum Vollmaß der Fülle Christi. (Eph 4,11–13)

Die Ämter sind also der Kirche von Christus geschenkt, damit der Leib Christi in Einheit auferbaut werden kann. Genauso deutlich ist die Verbindung von kirchlichem Amt und Einheit der Kirche in der Theologie des lukanischen Doppelwerks. Bei Lukas sichern die Zwölf die Kontinuität zwischen der Jesuszeit und der Zeit der Kirche. Wie jeder lebendige Organismus braucht auch das Gottesvolk seine „Erb-Information". Die Zwölf sind sozusagen das bleibende Gedächtnis für das, was Jesus getan und gelehrt hat. Sie stehen für die Unverfälschtheit der Jesus-Überlieferung. Lukas betont ausdrücklich, daß sie in der ganzen Zeit dabei waren, in der Jesus bei den Seinen ein- und ausging (Apg 1,21 f). In den großen Missionsreden der Apostelgeschichte zeigt Lukas, was die Apostel gelehrt haben.

Nach ihnen wird dann Paulus zum Träger der Kontinuität. Als er sein Missionsgebiet im Osten verlassen muß, hält er vor den Ältesten der Gemeinde von Ephesus eine Abschiedsrede, die ihrerseits die Kontinuität zur Folgezeit anzeigen soll. Es ist die einzige Rede der Apostelgeschichte, die ausschließlich an kirchliche Amtsträger gerichtet ist. Für Lukas ist sie das Testament des Paulus an die spätere Kirche. In dieser Abschiedsrede heißt es:

> (…) Gebt acht auf euch und auf die ganze Herde, in der euch der Heilige Geist zu Aufsehern bestellt hat, damit ihr die Kirche Gottes weidet, die er sich durch das Blut seines eigenen Sohnes erworben hat. Ich weiß: Nach meinem Weggang werden reißende Wölfe bei euch eindringen und die Herde nicht schonen. Und aus euerer eigenen Mitte werden Männer auftreten, die mit ihren falschen Reden die Jünger auf ihre Seite ziehen. Seid also wachsam und denkt daran, daß ich drei Jahre lang Tag und Nacht nicht aufgehört habe, unter Tränen jeden einzelnen zu ermahnen. Und jetzt vertraue ich euch Gott und dem Wort seiner Gnade an, das die Kraft hat, aufzubauen und das Erbe in der Gemeinschaft der Geheiligten zu verleihen (…). (Apg 20,28–32)

Lukas formuliert hier deutlich aus der Not seiner eigenen kirchlichen Situation. Es gibt bereits Irrlehren und Spaltungen, und die Irrlehrer sind mitten aus den Gemeinden hervorgegangen. Angesichts dieser Lage der Kirche geben vor allem zwei Dinge Sicherheit: Zum einen das *Evangelium*, das hier „Wort der Gnade" genannt wird. Es hat die Kraft, die Kirche aufzubauen. Zum anderen das *kirchliche Amt*. Seine Träger werden „Aufseher" genannt, im Griechischen *episkopoi*. Lukas schreibt aus der Sicht seiner Zeit, und zu dieser Zeit hatte sich das judenchristliche Amt der „Ältesten" schon mit dem heidenchristlichen Amt der

Episkopen zu dem entscheidenden kirchlichen Amt der Gemeindeleitung verbunden.

Für unseren Zusammenhang ist wichtig, daß dieses Amt der Episkopen bereits als Dienst an der Einheit der einen Ekklesia gesehen wird:
Die Amtsträger sollen die Kirche Gottes *weiden*, das heißt als Hirten
ihre Herde immer wieder sammeln, damit sie sich nicht zerstreut oder
von Irrlehrern heimgesucht wird. Lukas sieht also das kirchliche Amt
und das Festhalten am Evangelium als die Garanten der kirchlichen
Einheit an. Ähnliches läßt sich aus den Pastoralbriefen erheben.

Es geht nicht an, all diese Texte, die einen erheblichen Teil des Neu-
en Testamentes ausmachen, als spät, als „frühkatholisch" oder der charismatischen Struktur der paulinischen Gemeinden widersprechend
beiseitezuschieben und aus dem gereinigten Rest einen „Kanon im Kanon" zu konstruieren. Wenn das Neue Testament als ein einziges Buch
auszulegen ist und wenn es gerade um der Einheit der Kirche und um
der Bewahrung der apostolischen Überlieferung willen geschaffen wurde, sind Auswahlkriterien solcher Art unsachgemäß – ganz abgesehen
davon, daß auch schon Paulus seinen Gemeinden als Apostel ordnend,
richtend und leitend gegenüberstand. Er war sich seiner apostolischen
Verantwortung sehr wohl bewußt[507].

Es ist seltsam: Innerhalb der neutestamentlichen Tradition findet unübersehbar eine zunehmende Besinnung auf das Apostolische und innerhalb des Apostolischen auf das kirchliche Amt statt. Heute hingegen
wird das Amt von vielen als Hemmnis für die Wiedervereinigung der
getrennten Kirchen angesehen. Vor allem das Amt des römischen Papstes gilt als das eigentliche Hindernis für die Einheit der Kirche. Es ist
unumgänglich, daß wir uns zum Schluß wenigstens noch kurz dieser
Frage zuwenden.

Die römisch-katholische Kirche begründet den Primat des Bischofs
von Rom mit seiner Petrusnachfolge. Für das Amt des Petrus und seiner Nachfolger in diesem Amt stützt sie sich vor allem auf drei neutestamentliche Texte. Am häufigsten wird jene Verheißung an Petrus gel-
tend gemacht, die Jesus im Matthäusevangelium ausspricht:

Du bist Petrus, und auf diesen Felsen werde ich meine Kirche bauen, und
die Pforten des Hades (= die Mächte des Todes) werden sie nicht über-

wältigen. *Ich werde dir die Schlüssel der Herrschaft des Himmels (= der Gottesherrschaft) geben: Was du auf Erden binden wirst, wird auch im Himmel (= bei Gott) gebunden sein. Was du auf Erden lösen wirst, wird auch im Himmel gelöst sein. (Mt 16,18 f)*

Genauso wichtig ist ein Gespräch zwischen dem Auferstandenen und Petrus im „Nachtragskapitel" zum Johannesevangelium. Dieses Nachtragskapitel gehört zwar nicht zur ältesten Gestalt des Johannesevangeliums, aber auf jeden Fall zum Kanon.

Als sie Mahl gehalten haben, sagt Jesus zu Simon Petrus: „Simon, Sohn des Johannes, liebst du mich mehr als diese?" Er antwortet ihm: „Ja, Herr! Du weißt, daß ich dich liebhabe." Jesus sagt zu ihm: „Weide meine Lämmer!"
Zum zweitenmal fragt er ihn: „Simon, Sohn des Johannes, liebst du mich?" Er antwortet ihm: „Ja, Herr! Du weißt, daß ich dich liebhabe." Jesus sagt zu ihm: „Weide meine Schafe!"
Zum drittenmal fragte er ihn: „Simon, Sohn des Johannes, hast du mich lieb?" Da wurde Petrus traurig, weil Jesus ihn zum drittenmal gefragt hatte: Hast du mich lieb? Er gibt ihm zur Antwort: „Herr, du weißt alles; du weißt auch, daß ich dich liebhabe." Da sagt Jesus zu ihm: „Weide meine Schafe!" (Joh 21,15–17)

Die dreimalige Frage bezieht sich auf die dreimalige Verleugnung des Petrus. Die Schuld des Verrats wird ihm also vergeben. Zugleich wird ihm jenes Hirtenamt über die ganze Herde anvertraut, das Christus selbst ausübt (Joh 10,14). Die Schafe können hier unmöglich für eine Einzelgemeinde stehen. Sie sind Bild für die gesamte Kirche.

Ein dritter Text, der für den Primat des Petrus wichtig ist, steht im Lukasevangelium, und zwar im Kontext der Gespräche beim Abendmahl. Jesus kündet Petrus dessen Verrat an. Zuvor sagt er:

Simon, Simon, siehe, der Satan hat sich auserbeten, euch (die Apostel) wie Weizen sieben zu dürfen. Ich habe aber für dich gebetet, daß dein Glaube nicht erlösche. Und wenn du dann umgekehrt bist – festige deine Brüder. (Lk 22,31 f)

Petrus soll also nach seiner Umkehr Verantwortung übernehmen für die Zwölf und über sie hinaus für die um die Zwölf sich sammelnde Kirche.

Nun ist zu beachten, daß diese drei Texte innerhalb der Evangelien und der Apostelgeschichte keineswegs isoliert stehen[508]. Sie sind eingebettet in ein breites Spektrum von Stellen, die Petrus als Sprecher und Repräsentanten der übrigen Jünger zeigen. Über diese hervorgehobene Stellung des Petrus in den Evangelien und über das nachösterliche Amt, das ihm dort von Christus anvertraut ist, gibt es innerhalb der heutigen Bibelwissenschaft kaum Dissens.

Neuere Arbeiten, die ihr Hauptaugenmerk auf die Aussage des Endtextes richten, sind sich auch darin einig, daß Petrus in den Evangelien, vor allem im Matthäusevangelium, ganz bewußt als der „Typus des wahren Jüngers" dargestellt wird. Das heißt: Petrus wird zum Urbild und Vorbild des Jüngers schlechthin. An ihm können auch spätere Zeiten der Kirche ablesen, wie ein Jünger Jesus als Messias und Sohn Gottes bekennt, sich an ihn bindet und trotz seines Versagens in der Nachfolge Jesu bleiben kann[509].

Diese Einsicht ist von sehr großer Tragweite. Denn sie zeigt, daß die Evangelisten nicht eindimensional denken. Sie wollen nicht nur darstellen, was sich beim Auftreten Jesu einmalig und unwiederholbar ereignet hat. Sie wollen darüber hinaus das damalige Geschehen für ihre eigene kirchliche Gegenwart transparent machen. Wie Petrus mit seiner ganzen Leidenschaft glaubte, soll jeder Jünger glauben. Wie er umkehrte und sich fortan ungeteilt zur Verfügung stellte, soll jeder Jünger immer wieder umkehren und sein Leben für die Sache Jesu hergeben.

Nun ist aber Petrus in den Evangelien nicht nur der Typus des Jüngers. Er ist genauso und noch mehr Typus des Apostels und damit des kirchlichen Amtsträgers. Und das ist mehr als reine Jüngertypologie. Bei Matthäus zum Beispiel ist er die „apostolische Grundgestalt"[510], die in der Liste der Apostel an erster Stelle steht (Mt 10,2) und zum Fundament der künftigen Kirche eingesetzt wird (Mt 16,18).

Was bedeutet es nun aber, daß Petrus als „Typus" des Amtsträgers dargestellt wird? Wir müssen einen Augenblick darüber nachdenken, was ein „Typus" beziehungsweise ein „Urbild" oder eine „figura" ist[511]. Zum Wesen des Urbilds gehört, daß es abgebildet und nachgebildet werden soll. *Typos* ist im Griechischen zunächst einmal die „Prägung", der „Abdruck", das „Abbild" – daneben aber auch das Prägende selbst und damit das „Modell", das „Muster", das „Urbild", nach dem ein Abbild geprägt wird. Von dieser zweiten Bedeutung her speist sich unser Begriff „Typus". Jeder Typus ist dazu da, als Urbild spätere Wirklichkeit zu prägen und zu formen.

Als theologischen Vorgang kann man sich das gut an den Exodus-Erzählungen des Alten Testamentes klar machen (vgl. II 3). Sie sind zum Typus geworden und waren in ihrer verschriftlichten Form auch von vornherein als Typus gedacht[512]. Die Erzählung des einmaligen Geschehens wird transparent für spätere Ereignisse der Geschichte Israels. In den Exodus-Texten findet sich das spätere Israel nicht nur wieder – das wäre noch zu wenig –, es formt nach ihrem Vorbild spätere Erfahrungen zu neuen Exodus-Erzählungen. Die Exodus-Texte sind also typologisch, insofern sie offen sind für spätere Exodus-Realisationen, ja insofern sie diese geradezu herausfordern.

Auf den Primatstext bei Matthäus angewandt, bedeutet das: „Ist die Figur des Petrus, wie sie das Matthäusevangelium zeichnet, erst einmal als Typus begriffen, folgt daraus notwendig, daß sie nach der Intention des Evangelisten selbst für die künftige Kirche zum Vorbild, zum Modell, zur nachzuahmenden Gestalt werden soll"[513]– und zwar nicht nur als Urbild des Jüngers, sondern eben auch als Urbild des Amtsträgers. Von hier aus ist klar, daß die protestantische Position, derzufolge das Felsenfundament, das Petrus für die Kirche darstellt, etwas geschichtlich Einmaliges und Unwiederholbares sei, hinterfragt werden muß. Der Sinn von Mt 16,18 ist mit dieser Position noch nicht vollständig eingeholt.

Nun rührt die These von der *Einmaligkeit* des Felsenamtes natürlich daher, daß es nach dem Tod des Petrus zunächst einmal kein Petrusamt im strengen Sinn gegeben hat. Matthäus jedenfalls kannte ein solches gesamtkirchliches Amt keinesfalls, und es hat noch relativ lange gedauert, bis es sich in Rom enfaltete – dort wo Petrus als Märtyrer gestorben war und wo sein Grab verehrt wurde.

Damit steht aber nur fest, daß der im Petrusbild des Matthäusevangeliums entworfene Typus Zeit brauchte, bis er sich ausprägen konnte. Auch das gehört im allgemeinen zu dem, was ein Typus ist: Er zeigt seine Geschichtsmächtigkeit erst in der Folgezeit. Denken wir an die Exodus-Erzählungen! „Daß Matthäus selbst noch nicht sah, wie sich das Felsen-Amt des Petrus in der Kirche konkret realisieren und ausbilden würde, ändert nichts daran, daß er es für die Kirche als unabdingbar und wesentlich herausstellen konnte. Und dies hat der Evangelist auf einem Höhepunkt seiner Evangelienkomposition getan. Ist Petrus ,Urbild', dann ist es auch seine Felsenfunktion, und auch diese muß sich dann in der Kirche verleiblichen"[514].

Ähnliches gilt für Lukas und den Verfasser von Joh 21. Beide definieren noch kein späteres Petrus-Amt. Sie stellen reine Bilder vor Augen – das Bild eines Amtsträgers, der seine Brüder im Apostelamt festigt, und das Bild des Hirten, der die ganze Kirche weidet. Die Kirche selbst mußte versuchen, diesen Bildern eine konkrete Gestalt zu geben – mit all den Bedingtheiten, die zu einer geschichtlichen Realisierung gehören. Die Gestalt des Petrus-Amtes ist erst in einem Prozeß des Werdens, des Sich-Entfaltens, des langsamen Findens hervorgetreten, stimuliert vor allem durch die Not der Kirche. Dürfen wir nicht auch sagen: Stimuliert durch den Heiligen Geist, der die Kirche „in die ganze Wahrheit" einführen soll (Joh 16,13)?

Weil die Gesamt-Gestalt des Gottesvolkes einen langen Weg des Suchens voraussetzt und weil die Kirche all ihre Ämter, obwohl sie ihr eingestiftet sind, erst finden mußte, dürfen wir davon ausgehen, daß auch das Amt des Papstes noch formbar und entfaltbar ist. Vom Neuen Testament her muß es sich vor allem als Dienst an der Einheit der Kirche begreifen. Der Nachfolger im Amt des Petrus soll seine Brüder stärken und dabei nie vergessen, daß er nur der Erste der Zwölf ist. Gerade das wird bei Matthäus sehr stark herausgestellt[515].

*

Brechen wir hier ab. Zum römischen Primat wäre noch vieles zu sagen. Er ist viel biblischer, als es oft den Anschein hatte. Was aber genauso wichtig ist: Das langsame Gestaltwerden dieses Amtes in der Kirche und seine Wandlung über die Jahrhunderte, gerade im 20. Jahrhundert, zeigt, daß die Kirche etwas unendlich Lebendiges ist. Der Bibel zufolge ist sie ja nicht nur Bau und Tempel, sondern Gottesvolk, Pflanzung Gottes, Gottes einzige Braut, Leib Christi – und selbst das Bauwerk besteht aus lebendigen Steinen.

Die Kirche ist nicht als Fertigprodukt in die Welt gekommen. Obwohl ihr alles schon eingestiftet ist, muß sie wachsen und sich entfalten. Weil sie Gottesvolk ist, darf sie einen Weg gehen. Kardinal Jean-Marie Lustiger von Paris sagte vor einigen Jahren in einer Ansprache in Augsburg:

> *Das Christentum fängt erst an. Es steigt gerade aus den Kinderschuhen. Es beginnt überhaupt erst. Es hatte noch keine Chance, sich zu entwickeln.*

Ist das bloße Rhetorik? Hatte das Gottesvolk nicht über 3 000 Jahre Zeit und die Kirche nicht fast 2 000 Jahre? Haben nicht viele ihre Hoffnung auf die Kirche gerade deshalb begraben, weil sie trotz dieser langen Zeit immer neu versagte? Gegen solche Hoffnungslosigkeit formulierte die Augsburger Synode 1990[516]:

> *Wir können zwar nicht absehen von der Schuld und den tiefen Wunden der Kirche. Trotzdem sehen wir durch all ihr Elend hindurch die geliebte Braut, von der es heißt, sie sei schöner als die Morgenröte. Ihr Geheimnis leuchtete in allen Jahrhunderten auf: in den Worten ihrer Heiligen Schrift, in den Zeichen ihrer Sakramente, im Glanz ihrer Gotteshäuser, im Ernst ihrer Reformbewegungen, in dem endlosen Chor ihrer Heiligen, in ihrem beharrlichen Glauben, daß sich alle noch ausstehenden Verheißungen Gottes schon heute erfüllen können.*

Auf dieses „Heute" kommt es an. Wir sehen mit unseren Augen in mancherlei Hinsicht mehr, als frühere Generationen von Christen sehen konnten. Nicht daß wir heiliger oder gläubiger wären als unsere Vorfahren! Aber die Geschichte ist weitergegangen. Kein früheres Jahrhundert hatte die Chance, den bisherigen Weg des Gottesvolkes so genau zu überblicken wie wir: Den Weg Israels, den Weg der frühen Gemeindekirche, den Weg der Reichskirche seit Konstantin! Die moderne Geschichts- und Literaturwissenschaft ist für die kirchliche Theologie eine unschätzbare Hilfe. Zum ersten Mal ahnen wir, was die Verbindung mit dem Staat die Kirche gekostet hat. Zum ersten Mal können wir ermessen, in welchem Ausmaß die immer neuen Spaltungen der Kirche geschadet haben. Zum ersten Mal begreifen wir, fassungslos geworden durch den Holocaust, was zwischen der Kirche und Israel geschehen ist.

Die Kirche steht vor einem neuen Heute. Jean-Marie Lustiger hatte recht mit seiner Rede vom Abstreifen der Kinderschuhe.

Heute fängt alles erst an.

Wie es mir mit der Kirche gegangen ist

Auf drei verschiedene Weisen habe ich in meinem Leben Kirche erfahren. Wenn ich in meinen Tagebüchern blättere, zerlegt sich mir die eigene Zeit wie von selbst in drei Abschnitte. Der erste reicht von 1934 bis 1964, von der frühesten Kindheit bis zum Ende meiner Tätigkeit als Kaplan. Es waren dreißig Jahre unangefochtenen Lebens in der Kirche. Der zweite Abschnitt geht bis zum Jahre 1986. In dieser Zeit habe ich im Auftrag meines damaligen Bischofs Wilhelm Kempf weiterstudiert und war dann als Professor für Neues Testament an der Katholisch-Theologischen Fakultät der Universität Tübingen tätig. Auch diese zweiundzwanzig Jahre waren Jahre in der Kirche. Es gab in ihnen aber eine neue Grundströmung: Kritik, die sich unablässig an der Kirche rieb, vor allem an dem, was wir damals „Amtskirche" nannten. Seit 1986 lernte ich dann, die Kirche noch einmal mit neuen Augen zu sehen.

Im Laufe der Zeit wurde mir durch viele Begegnungen deutlich, daß diese drei Abschnitte etwas an sich haben, das über mein eigenes Leben hinausreicht. Ähnliche Erfahrungen haben auch andere gemacht und suchen sie zu deuten. Nur deshalb gestatte ich mir, davon zu erzählen. Ich muß allerdings sofort einschränken: Was im folgenden geschildert wird, läßt sich nicht in jeder Hinsicht verallgemeinern. Ich bin in Deutschland aufgewachsen. In anderen Teilen der Weltkirche konnte man in den gleichen Jahren ganz andere Erfahrungen machen. Nicht einmal für Deutschland ist das, was ich hier schildere, einfachhin repräsentativ.

Denn bis 1959 habe ich – abgesehen von kriegsbedingten Unterbrechungen – fast immer in Frankfurt am Main gelebt. Es gab dort kraftvolles kirchliches Leben, Achtung und Aufgeschlossenheit gegenüber den anderen Konfessionen und einen theologisch gut ausgebildeten Klerus. Meine Familie gehörte zu St. Gallus, einer Arbeiterpfarrei im Westen der Stadt mit einem gütigen und gläubigen Pfarrer, der bis in die Fußspitzen Seelsorger war und lange vor dem Konzil viele Helfer und Mitarbeiter um sich gesammelt hatte. Es war eine ganz bestimmte kirchliche Situation in einer Großstadt. Anderswo in Deutschland mag es anders gewesen sein. Ich kann nur in wenigen und kleinen Ausschnitten berichten, wie es *mir* mit der Kirche gegangen ist.

*

Zu St. Gallus gehörten in den Jahren vor dem 2. Weltkrieg etwa 12 000 Katholiken. Der Krieg brachte einen tiefen Einschnitt. In den Jahren nach 1945 stieg die Zahl wieder auf 8 000. Die Mehrzahl dieser Pfarrangehörigen stand schon damals der Kirche fern. Trotzdem gab es in dem neuromanischen Gotteshaus und in seinem Umkreis vielfältiges Leben. An den Sonntagen waren die drei Gottesdienste bis auf den letzten Platz gefüllt. Auch an den Werktagen gingen viele zur Messe. Es gab neben dem Pfarrer zwei junge Kapläne, zwei Schwesterngemeinschaften mit einer Station für ambulante Krankenpflege, einem Altersheim und einem Heim für „gefallene Mädchen" (so sagte man damals), einen eigenen Kindergarten, einen großen Kirchenchor, mehrere kirchliche Vereine sowie zahlreiche Jugendgruppen, die allerdings, wie überall in Deutschland, von den Nationalsozialisten verboten oder auf den Kirchenraum eingegrenzt wurden.

Obwohl in dieser Großstadtpfarrei diejenigen, die ihr Leben an der Kirche orientierten, in der Minderheit waren, existierte so etwas wie ein kirchliches „Milieu". Es zeigte sich etwa bei der großen Fronleichnamsprozession, bei der feierlichen Eröffnung der Maiandachten oder bei dem Tod des beliebten und geachteten Pfarrers durch einen Verkehrsunfall. Die Nachricht von seinem Tod verbreitete sich blitzschnell; in kürzester Zeit war die Kirche mit betenden Gläubigen gefüllt.

Ich schmecke noch heute die Atmosphäre mancher Gottesdienste: die in der Abenddämmerung verblassenden Farben der Kirchenfenster, die Blumen, den Weihrauch, die vielen Ministranten, den kräftigen Gesang der Gemeinde, die Sicherheit, im Hause Gottes geborgen zu sein. Ist das nur die alles verklärende Erinnerung an eine glückliche Kindheit? Es muß mehr sein. Für mich war die Pfarrei und mit ihr die Weltkirche, von der wir immer wieder hörten, etwas Wesentliches. Für die Eltern, das spürte das Kind ganz unmittelbar, war der Glaube das Wichtigste. Deshalb vor allem war die Kirche eine Heimat, und deshalb war sie schön.

Allerdings spielte sich das Gemeindeleben nicht nur um die eigentliche Pfarrkirche ab. Unsere Familie wohnte in einer Eisenbahnersiedlung, die vom Hauptgebiet der Pfarrei durch einen riesigen Güter- und Verschiebebahnhof getrennt war. Deshalb hatten die Gläubigen dieser Siedlung sonntags in der Turnhalle einer öffentlichen Schule einen eigenen Gottesdienst. Damit er stattfinden konnte, mußten eine Menge von Turngeräten in einen Nebenraum geschoben, dann ein Holzaltar aufgebaut und viele Stühle aufgestellt werden. Währenddessen fingen Frauen an, die Turnhalle mit Blumen zu schmücken und Stoffe in den jeweiligen liturgischen Farben aufzuhängen. Das Ganze war ein Provisorium, aber gerade weil es ein Provisorium war, sammelte es die Gläubigen der Siedlung um den Altar – viele Jahre lang, längst vor dem Konzil. Jeden Samstag hieß es bei nicht wenigen Erwachsenen und Jugendlichen: „Kommt, wir gehen aufbauen!" Gemeint war nur die Herrichtung der Turnhalle. Aber die sorgfältige äußere Zurüstung des Gottesdienstes baute auch Gemeinde auf.

In den Bombennächten des Krieges brannte unsere Siedlung ab und mit ihr das Reihenhaus, in dem wir wohnten. Als der Krieg 1945 zu Ende war, fanden wir eine neue Wohnung, nahe bei der alten Pfarrkirche, die ebenfalls durch Bomben zerstört worden war und in deren Trümmern nun eine Notkirche errichtet wurde. In den folgenden Jahren erlebte ich noch einen letzten Ausläufer der katholischen Jugendbewegung, die zwischen den beiden Weltkriegen in Deutschland eine außerordentliche Kraft entfaltet hatte. Sie hatte damals junge Christen zu einem lebendigeren Glauben geführt und sie – vor allem über die Liturgie – tiefer mit der Kirche verbunden. Aufgrund seiner Erfahrungen mit diesem jugendlichen Aufbruch in der Kirche konnte Romano Guardini 1920 formulieren[517]:

Ein religiöser Vorgang von unabsehbarer Tragweite hat eingesetzt: D i e K i r c h e e r w a c h t i n d e n S e e l e n . Das will recht verstanden sein. Vorhanden war sie stets, und allezeit hat sie für den Glaubenden Entscheidendes bedeutet: Er hat ihre Lehre aufgenommen, ihre Weisungen befolgt; ihr starkes Sein war ihm Halt und Zuversicht. Als aber die

*individualistische Entwicklung seit dem ausgehenden Mittelalter eine
gewisse Höhe erreicht hatte, wurde die Kirche nicht mehr als Inhalt des
eigentlichen religiösen Lebens empfunden. Der Gläubige lebte wohl in
der Kirche und war von ihr geführt; er lebte aber immer weniger d i e
Kirche. (…)
Der einzelne lebte für sich. ‚Ich und mein Schöpfer‘ war für viele die einzige Formel. Die Gemeinschaft war nichts Ursprüngliches, sondern stand
erst in der zweiten Linie. Sie war nicht von vornherein da, sondern be-
dacht, gewollt, hergestellt. Der eine ging zu den anderen, nahm sich der
anderen an, ließ sie zu sich. Aber er stand nicht ursprünglich unter ihnen, nicht mit ihnen in lebendiger Einheit zusammen. Es war keine Gemeinschaft, sondern Organisation, wie überall, so auch im Religiösen.
Wie wenig empfanden die Gläubigen im Gottesdienst sich als Gemeinschaft! Wie aufgelöst war der innerlich! Wie wenig war der einzelne sich
der Pfarrgemeinde bewußt! Wie individualistisch wurde das Sakrament
der Gemeinschaft, die ‚Kommunion‘, aufgefaßt!*

Guardini beschreibt dann, wie dort, „wo die Quellen der neuen Zeit
sind, in der Jugendbewegung", „die ungeheure Tatsache ‚Kirche‘ wieder lebendig wird". Schließlich sagt er[518]:

*Wirksam aber muß das alles nicht bloß in Büchern und Reden werden,
sondern dort, wo die Kirche für den einzelnen zunächst gegeben ist: in
der Pfarrgemeinde. Wenn dieser Vorgang der ‚kirchlichen Bewegung‘ voranschreitet, so muß er zu einer Erneuerung des Gemeinde-
bewußtseins führen. Das ist die gegebene Weise, wie die Kirche erfahren
wird. Daß der einzelne mit ihr lebe, sich für sie mitverantwortlich wis-
se, für sie arbeite, ist der Maßstab seiner wahren – nicht geredeten –
Kirchlichkeit.*

Hat sich die Prophetie Romano Guardinis erfüllt? Schon 1947 schrieb
Ida Friederike Görres[519]:

*Es gibt das ‚Erwachen der Kirche in den Seelen‘. Es gibt auch das ‚Ster-
ben der Kirche in den Seelen‘. Wir erleben es rund um uns, mitten unter
uns, selten als plötzlichen Zusammenbruch unter dem Blitzschlag einer*

Katastrophe, ... sondern als das langsame, schleichende, unmerkliche Sterben an Erkältung und Verarmung, an geistlicher Unterernährung und Verhärtung. Das schleppt sich so hin, bis die Kirche ihnen nur mehr als ein Äußerliches und Fremdes drückend, fordernd, herausfordernd gegenübersteht, nur mehr Organisation, Zwang, Machtgebilde.

Auch das war prophetisch. Zwar lebte 1945 die Jugendbewegung noch einmal auf. Da gab es Gemeinschaftsmessen, Bekenntnisfeiern, Fahrten, Zeltlager, Laienspiel, Heimabende, Führerrunden, ein wöchentliches Abendgebet der Jugend in einer Seitenkapelle des Doms. Bei den monatlichen Jugendpredigten in einer großen Kirche der Frankfurter Innenstadt versammelten sich Hunderte von Jugendlichen.

Aber das hatte keinen langen Bestand mehr. Es ist eigentümlich, wie schnell in den sechziger Jahren all das, was einmal „Jugendbewegung" gewesen war, hinweggespült wurde. Wenn ich heute die Lieder und Feiertexte von damals lese, wundere ich mich auch nicht. Es war eine hochstilisierte Sprache, die an den entscheidenden Punkten ungenau wurde. Sie sprach vom „Reich" und meinte damit das Reich Christi, aber auf seltsame Weise waren in dieses Reich immer Deutschland und das deutsche Volk hineingemischt. Sie sprach vom „Bauen" des Reiches Christi. Aber wo und auf welche Weise konnte das geschehen? Jeder sollte in der Schule oder an seinem Arbeitsplatz Christus bezeugen. Aber je säkularisierter sich die Gesellschaft zeigte, desto schwieriger wurde so etwas. Daß die Jugendbewegung dann derart schnell zusammengebrochen ist, zeigt, daß sie keinen festen Boden hatte, auf dem ihre großen Wörter wie „neue Zeit", „Bund", „Reich", „Selbsterziehung", „Lebensgestaltung in Christus" über die jugendliche Begeisterung hinaus im realen Miteinander gelebt worden wären.

Zurückblickend habe ich aber nicht nur meine Fragen an die Jugendbewegung, sondern auch an das kirchliche Milieu, das ich als Kind und Jugendlicher noch erlebt habe. Es gab damals sicher viel Gutes. Es gab sogar so etwas wie ein „Erwachen der Kirche in den Seelen". Und doch lebte diese Kirche in erschreckenden Defiziten. Sie sind ihr kaum anzulasten, aber sie liegen heute offen vor unseren Augen.

Die Kirche hat die beiden Weltkriege nicht verhindert. Sie konnte sie auch nicht verhindern. Sie brachen über sie herein. Was aber heute nachdenklich macht, ist über das Faktum der beiden Kriege hinaus etwas anderes: Kirche ist Leib Christi über alle Grenzen hinweg, Gottesvolk zwischen den Völkern. Daß 1914 Christen gegen Christen, Getaufte gegen Getaufte mit Begeisterung in den Krieg zogen, wurde gar nicht als himmelschreiende Zerstörung dessen, was Kirche von ihrem Wesen her ist, wahrgenommen. Dies war die eigentliche Katastrophe. Und daß der Krieg Hitlers ein verbrecherischer Krieg war, dem sich die Christen in Deutschland von vornherein hätten verweigern müssen, war wiederum keine Frage, die damals die Gewissen einer großen Zahl aufgewühlt hätte.

Es geht mir nicht darum, ob solche Verweigerung überhaupt möglich gewesen wäre und was sie gekostet hätte. Es geht darum, daß die Beteiligung an beiden Weltkriegen von den meisten Getauften in Deutschland nicht einmal als Problem des christlichen Gewissens begriffen wurde. Ähnliches gilt für die kirchliche Lähmung, als die Synagogen brannten und die Christen in Deutschland für ihre jüdischen Schwestern und Brüder hätten eintreten müssen. Ich habe als Kind noch die Männer und Frauen gesehen, die man gezwungen hat, sich einen gelben Judenstern auf die Kleidung zu nähen. Eines Tages sah man sie nicht mehr.

Dabei haben die Kirchen in Deutschland durchaus Widerstand gegen Hitler geleistet. Auch einen unserer Kapläne aus St. Gallus holte die Geheime Staatspolizei (Gestapo) wegen seiner Predigten ins Gefängnis. Aber dieser Widerstand hatte seinen Anlaß in der zunehmenden Einschnürung des kirchlichen Lebens, in der Wegnahme kirchlicher Einrichtungen oder in der Ausmerzung der Geisteskranken. An der Frage des Krieges und der Verfolgung der Juden hat er sich nur bei wenigen entzündet.

Das alles zeigt, daß die in der 1. Hälfte des 20. Jahrhunderts in Deutschland blühende katholische Kirche mit ihren überreichen Priester- und Ordensberufen, ihren vielen Verbänden und Institutionen, ihrer liturgischen Bewegung, ihrem guten Gottesdienstbesuch und dem christlichen Milieu, das es noch gab oder das sich neu bildete, nicht in allem auf festem Grund stand. Da gab es teilweise sehr dünnen Boden, ausgedehnte Hohlräume, die jederzeit einbrechen konnten. Es waren nicht einfach nur leer gewordene Traditionen, die in der 2. Hälfte des

20. Jahrhunderts in vielen christlichen Familien den Glauben schwinden ließen. Dasselbe geschah auch dort, wo das kirchliche Leben blühte oder neu aufgeblüht war. Gerade deshalb habe ich davon erzählt.

*

1968 begannen die Studenten in den USA und in Westeuropa, an die Gesellschaft radikale Fragen zu stellen. Seitdem wurden sie auch in der Kirche gestellt. Ich weiß noch sehr gut, wie mich dieses kritische In-Frage-Stellen während der Arbeit an meiner Dissertation einholte. Nicht als ob ich vorher nichts von der Schuld der Kirche und der Not ihrer Geschichte gewußt hätte. Aber das war im Kopf eher unter Apologetik einsortiert, unter Verteidigung des Christentums. Jetzt aber flutete bei vielen anderen und auch bei mir wie eine tiefe Grundströmung eine dauernde Unzufriedenheit mit dem konkreten Erscheinungsbild der Kirche heran. Alles sollte anders werden – vom Vatikan bis zur kleinsten Pfarrei.

Wir wollten keinen kirchlichen Pomp mehr, keine unverständlichen Riten, keine verbrauchten Kirchenlieder, keine kuriale Bürokratie, keine klerikale Sondertracht. Wir wollten eine menschliche Sprache im Gottesdienst, neue Lieder, Gebete, in denen unser wirkliches Leben vorkam, Gottesdienstleiter, die wie normale Menschen sprachen und Kommunikation herstellten. Wir sehnten uns nach Bischöfen, die nicht mehr in ihrem Palais, sondern irgendwo zur Miete wohnten, und nach Christen, die so lebten, daß es jedem in der Gesellschaft plausibel wäre. „Mitten in der Welt", zunächst gar nicht zu erkennen und dann doch zu erkennen – das war das heimliche Ideal.

Das Zweite Vatikanische Konzil hat mich und viele andere in Deutschland gar nicht so sehr bewegt. Natürlich freuten wir uns über die Bilder, die das Fernsehen zeigte, über die Kommentare des Jesuiten Mario von Galli und über das Auftreten jener Kardinäle, die dem Konzil gleich zu Beginn eine andere Richtung gaben. Aber theologisch war mir das, was die Konzilsdokumente dann sagten, längst geläufig – so dachte ich jedenfalls. Es dauerte noch ziemlich lange, bis mir aufgegangen ist, was das Konzil vor dem Hintergrund der gesamten Kirchengeschichte in Wahrheit bedeutete und welchen Reichtum es formuliert hat.

Ich hatte in den 60er Jahren eine amerikanische Wochenzeitung abonniert: „The National Catholic Reporter". Sie gefiel mir, weil es etwas Vergleichbares unter den deutschen Kirchenzeitungen nicht gab. Da wurden soziale Mißstände in Südamerika angeprangert, nordamerikanische Bischöfe offen kritisiert, gesellschaftliche Trends genauestens beobachtet. Kritik an der Kirche nistete damals in allen Ecken unseres Bewußtseins.

Leider war diese Kritik mit einer geradezu naiven Sündenbock-Ideologie verknüpft: die Bischöfe und die römische Kurie waren schuld, daß die Kirche in der Öffentlichkeit auf zunehmende Ablehnung stieß, denn sie verhinderten jede sinnvolle Reform. Hätte die Kirche erst einmal mehr reformfreudige Bischöfe, so würde sie wieder jung und anziehend werden. Diese latente Unzufriedenheit brach offen durch, als Papst Paul VI. 1968 die Enzyklika *Humanae vitae* veröffentlichte. Ich habe damals in einer kleinen Kirche meines Studienortes, in der ich regelmäßig den Gottesdienst hielt, drei Sonntage lang gegen diese Enzyklika gepredigt und Kardinal Döpfner in München einen zornigen Brief geschrieben.

In Tübingen verschob sich mir dann langsam und zunächst unausgesprochen die Perspektive. Es war zwar immer noch so, daß sich kritische Spitzen in meinen Vorlesungen und Veröffentlichungen vor allem gegen das ängstlich Beharrende in der Kirche richteten und fast nie gegen die Torheiten der anderen Seite. Aber allmählich wurde mir doch die Fragwürdigkeit jener Liste von Veränderungen bewußt, die anfangs von einigen Wortführern und dann von immer mehr Katholiken in Deutschland propagiert wurde: Abschaffung des Zölibatsgesetzes, Priestertum der Frau, Möglichkeit der kirchlichen Ehescheidung, demokratische Wahl der Bischöfe, Interkommunion, aktualisierte Glaubensbekenntnisse und ähnliches.

Wäre die Kirche denn erneuert, wenn erst einmal all das eingeräumt sein würde? Ich konnte es immer weniger glauben. Erneuerung würde Umkehr voraussetzen, und mit Umkehr hatte diese penetrant vorgetragene Liste wenig zu tun. Es gab andere Kirchen, die das alles seit Jahrhunderten oder Jahrzehnten durchexperimentierten. Der Glaube war dort nicht größer, die Gemeinden waren nicht lebendiger geworden. Der ungeheuerliche Glaubensabbruch in Deutschland – bei den Gebildeten schon seit der Aufklärung und bei den breiten Massen seit der Mitte des 20. Jahrhunderts – mußte andere Gründe haben. Letztlich ging es dabei um die Gottesfrage.

Das wird in zahlreichen Selbstzeugnissen des 20. Jahrhunderts deutlich. Bemerkenswert war in dieser Hinsicht besonders der Lebensbericht von Vilma Sturm „Barfuß auf Asphalt". Er wurde mir wichtig, weil sich in ihm vieles widerspiegelte, was ich in der eigenen Umgebung wahrnahm. Die Journalistin Vilma Sturm steht geradezu exemplarisch für mehrere Phasen des deutschen Katholizismus. Aufgewachsen war sie im katholischen Rheinland, war als Jugendliche von der „Nachfolge Christi" des Thomas von Kempen geprägt worden, hatte auf der Burg Rothenfels ein Stück Jugendbewegung erlebt; hatte sich später mit größtem Engagement dem sogenannten „Linkskatholizismus" zugewandt und zusammen mit Dorothee Sölle und anderen drei Jahre lang das „Politische Nachtgebet" in der Kölner Antoniterkirche veranstaltet. Als sie alt wurde, kam ihr der Glaube abhanden. Die Schilderung dieses Vorgangs bildet das bedrückende Ende ihrer Autobiographie[520]. Zuletzt wohnte sie in Köln und ging dort noch eine Zeitlang in die Agneskirche.

Ich blieb in der Agneskirche zu Hause, fand dort mein Genügen, für eine Weile noch. Dann ging das zu Ende. Dann glitt ich, wie ein Boot gleitet, ohne Segel, ohne Ruderschlag, nur von der Strömung getrieben, fort. Die Strömung, das waren die um mich herum, die mir lieb waren: die Tochter nicht vor dem Altar getraut, die Enkel nicht getauft, sie und ihr Mann und seine Mutter, die zwanzig Jahre vorher zum Katholizismus konvertiert war, traten aus der Kirche aus. Auch viele Freunde hatten einfach keine Lust mehr, auch der Bruder nicht mit seiner Familie. Häufig war es die pure Feindseligkeit, öfter noch Gleichgültigkeit und Überdruß. (...)

Gewiß lag das nicht an diesem oder jenem Versagen der Kirche; die war uns ja schon lange, bis auf den Papst Johannes, eher gleichgültig gewesen, eine zum Widerstand herausfordernde Institution. Aber warum wandten wir uns mit der Zeit auch von Gemeinde und Gottesdienst ab, da-

mit auch von Bibel und Gebet, damit schließlich überhaupt von jegli-
cher ausdrückbaren Frömmigkeit? Ich weiß es nicht. Ich befinde mich
mitten im Prozeß einer Ablösung, die an mir geschieht, ohne daß ich es
will. Ich gleite und gleite immer weiter fort, irgendwohin ins Leere, wo
niemand mehr ist, auch kein Echo, wenn ich versuche, zu rufen. Kaum
sind noch die Gestade sichtbar, von denen ich kam; und die Worte, die
Namen, die ich einmal hatte, um das Heilige zu benennen, haben sich
in Nebel aufgelöst.

Die Worte in der Kirche sind meine Worte nicht mehr, ich weiß über-
haupt keine Worte, mit denen ich gemeinsam mit anderen Gottesdienst
halten könnte. (...) Schon der erste Satz des Vaterunsers, des Credo,
lähmt meine Zunge. Ich soll es „Vater" nennen, dies schauerliche Ge-
heimnis hinter dem Lauf der Welt? Nie und nirgendwo auffindbar (weil
es doch jenseits von Zeit und Ort ist) und schon gar nicht oben – denn
wo ist oben, wo unten, wenn man sich auf einer rotierenden Kugel be-
findet? Er hat sich jeglichem Begriff, jeglichem Wort, jeglicher Anrede
entzogen. Alleräußerstenfalls kann ich sagen: Ich hoffe, daß er ist – nichts
weiter.

Ich hoffe, daß er ist, daß er da sein wird in der Stunde meines Todes und
mich bei sich sein lassen wird im Nie und Nirgendwo, in dem er wohnt.
Gleichzeitig zittere ich davor, daß es anders sein, daß mir nichts bleiben
könnte als Sarg und Grab und Verwesung. Aber ich zittere nur im Dun-
keln, nachts, wenn ich nicht schlafen kann. Bei Tage bin ich wie alle, die
leben, als gäbe es den Tod nicht.

Dieser Bericht ist durchaus repräsentativ für das, was sich in den letzten Jahrzehnten in Deutschland und anderen europäischen Ländern
abspielt: Der Glaube erreicht in vielen Familien nicht mehr die nächste
Generation. Nicht alle könnten es für sich selbst so exakt formulieren
wie Vilma Sturm. Bei vielen verläuft es oberflächlicher und eher noch
unmerklicher. Aber es geschieht. Es ist wie eine unaufhaltsame Erosion.

Entscheidend ist in dem Bericht der Satz, Gott sei „nie und nirgendwo auffindbar". Wenn die Bibel formuliert, Gott wohne „in unzugäng-
lichem Licht" (1 Tim 6,16), scheint sie Ähnliches zu sagen. Die Grund-
aussage der Bibel lautet dann allerdings, daß dieser verborgene Gott
sich selbst bis in sein innerstes Herz erschlossen und sich in seinem

Volk und in Jesus Christus endgültig an die Welt gebunden habe. Die Grundbewegung der Heilsgeschichte ist gerade, daß Gott in der Welt auffindbar wird, daß er in ihr einen Ort gewinnt, wo sein Wille erkannt werden kann und wo sein Name anrufbar ist. Irgendwie hat Vilma Sturm das alles gewußt. Aber dieser Ort ist ihr verblaßt, und deshalb ist ihr Gott entschwunden.

Daß die Kirche als der Ort der leibhaften Nähe Gottes so wenig mehr wahrnehmbar war, für viele sogar abstoßend wurde, hatte mich schon während meines Weiterstudiums immer wieder beschäftigt. Zunächst dachte ich, man müsse vor allem die alten Glaubensaussagen besser in das Heute übersetzen und für die Christen des 20. Jahrhunderts die richtige Sprache finden. So war ich neben meiner wissenschaftlichen Arbeit oft unterwegs, hielt Predigten und Vorträge, redete über das Gottesbild der Bibel, über die Ostererzählungen der Evangelien, über alles, „was nach dem Tod kommt", über das, „was mich an Jesus fasziniert", über Jesu Gleichnisse und Wunder, über Formen und Gattungen der Bibel. Die ständigen Anfragen waren kaum zu bewältigen.

Aber hatte das alles einen Sinn? Was hilft das Übersetzen, wenn es nicht das Ufer gibt, an dem die Fähre festmachen kann? Was nutzt das Umwandeln alter Wörter in neue, wenn das Wort keinen Boden hat, auf den es ausgesät werden kann? Auch die bemühtesten Vorträge und Vorlesungen laufen ins Leere, wenn es den Ort nicht gibt, an dem die großen Worte der Theologie real gelebt werden und der gemeinsam gelebte Glaube die Theologie trägt. Es hat in der Geschichte der Kirche noch niemals so viel Religionsunterricht und eine so gut organisierte Erwachsenenbildung gegeben wie heute in Deutschland. Doch die Ortlosigkeit des Christlichen nimmt zu.

Meine Doktorarbeit hatte ich über die „Himmelfahrt Jesu in den lukanischen Schriften" geschrieben. Da ging es noch ganz um das Anliegen der richtigen „Übersetzung". Aber dann begab ich mich mehr und mehr auf die Suche nach dem, was Kirche ist. Es war kein Zufall, daß ich meine Habilitationsarbeit über die „Sammlung Israels" als Leitlinie der lukanischen Ekklesiologie schrieb. Später hat mich dann das Thema der Kirche im Neuen Testament mehr und mehr beschäftigt, und zwar nicht nur theoretisch.

Anderen ging es ähnlich. Wir sehnten uns nach einer Kirche, in der die Gemeinschaft des Glaubens konkret erfahrbar war. Das war auch schon ein Grundgedanke der katholischen Jugendbewegung gewesen. Jetzt meldete er sich neu, wenn auch in anderer Konstellation. Seit den siebziger Jahren fanden sich in Deutschland an vielen Orten Christen zusammen, die ihren Glauben miteinander leben wollten. Oft nannten sie sich einfach „Familienkreis" oder, wenn mehr Soziologie ins Spiel kam, „Basisgemeinde". Die Sehnsucht nach lebendigeren Gottesdiensten, bei denen alle beteiligt waren, spielte dabei eine große Rolle, zugleich die Sorge um den Glauben der Kinder in einer immer glaubensloseren Umwelt.

Die meisten dieser Gruppen wollten weg von einem privatistischen Glauben, von Gottesdiensten, in denen man den Nachbarn in der Kirchenbank nicht kannte und auch nie etwas mit ihm zu tun haben würde. Sie wollten aber auch weg von einer allzusehr auf Institutionen festgelegten Gestalt des kirchlichen Lebens. Ich weiß noch, wie wir uns in einer solchen Gruppe in Rottenburg, zu der ich mit vielen Erwartungen gestoßen war, notgedrungen jeweils für *ein* Jahr auf zwei Verantwortliche einigten: Es mußte ja wenigstens jemanden geben, der die anderen zusammenrief. Aber sonst sollte alles möglichst spontan sein und aus der Gruppe herauswachsen.

Damals schrieb ich das Buch „Wie hat Jesus Gemeinde gewollt?" Ich hatte mir zum Ziel gesetzt, vom Neuen Testament her zu zeigen, daß Glaube auf Gemeinschaft angelegt ist – und zwar auf Gemeinschaft, die sich von der übrigen Gesellschaft in klaren Konturen unterscheidet. Mir ging es um die Botschaft der Texte, um die Gesellschaftsgestalt des christlichen Glaubens, aber das Buch mußte geradezu als Beschreibung einer Abfolge verstanden werden: von der Gemeinschaft zur Gemeinde – in einer Art *direttissima,* für jede sich bildende Gruppe schnell gangbar, dazu noch von Jesus selbst legitimiert.

Erst später ist mir in einem neuen Erfahrungshorizont aufgegangen, daß so kein Weg zur „Gemeinde" hinführt. Jesus mußte sterben, damit aus seinen Jüngern Kirche werden konnte. Ohne seinen Tod hätten die Zwölf nichts verstanden und sich weiterhin gestritten. Nach Lukas taten sie es sogar noch beim Abendmahl. Es gehört durchaus in diesen Zusammenhang, daß die Kirche seit altersher dort, wo sie sich als Gemeinde versammelte, die Gebeine von Märtyrern oder Heiligen in ihrer Mitte haben wollte. So sehr der Reliquienkult entarten konnte – er hat in allen Jahrhunderten das Wissen der Kirche widergespiegelt, daß Gemeinde nicht möglich wird ohne Menschen, die ihr ganzes Leben hergegeben haben.

Insofern ist Gemeinde etwas durchaus Gefährliches. Wo es sie gibt, lebt sie vom Tod und von der Auferstehung Jesu oder sie lebt überhaupt nicht. Wo es sie gibt, hat sie Anteil an der großen Geschichte, in der Gott sein Volk führt. Deshalb ist sie auch nicht machbar, sondern wird von Gott geschaffen. Deshalb auch die vielen Enttäuschten, die sich zusammenfanden zu etwas Neuem, das sie selbst machen wollten, meist für ihre Bedürfnisse, und denen dann das Neue in den Händen zerrann.

Vielleicht hätte auch ich zu diesen Enttäuschten gehört, wenn ich nicht 1982 durch die Bekanntschaft mit dem Neutestamentler Rudolf Pesch und aufgrund von Erzählungen meines Bruders Norbert der Integrierten Gemeinde begegnet wäre. Sie war die Antwort auf viele Fragen nach der Erneuerung der Kirche, die mich seit langem bewegt hatten. Nach einer Phase des Kennenlernens gab ich 1986 meine Professur in Tübingen auf und zog mit dem Einverständnis meines Bischofs nach München. Meine alten Eltern nahm ich mit.

*

Ich wollte erzählen, wie es mir mit der Kirche gegangen ist. Am Ende habe ich das gefunden, wovon so viele biblische Texte sprechen und was ich mir seit langem ersehnt hatte. An dieser Stelle müßte ich es nun schildern und vom Leben in der Integrierten Gemeinde erzählen. Aber ich weiß nicht, wie das gelingen sollte. Farben kann man nur schwer beschreiben. Und wie sollte man eine Rose mit bloßen Worten erklären? Man muß sie anschauen.

Im ersten Kapitel des Johannesevangeliums (1,35–51) wird eine seltsame Szene erzählt. Jesus geht an Johannes dem Täufer und an zwei Jüngern des Täufers vorüber. Johannes zeigt auf Jesus und sagt: „Seht, das Lamm Gottes!" Da gehen die beiden Jünger hinter Jesus her. Jesus dreht sich um und fragt sie: „Was sucht ihr?" Sie antworten nicht: „Wir würden gern wissen, wer du eigentlich bist, was es mit dir auf sich hat, wie du dich selbst verstehst und wofür du eintrittst." Das alles fragen sie nicht, sondern sie fragen nur: „Rabbi, wo wohnst du?" Und Jesus antwortet ihnen:

Kommt, und ihr werdet sehen!

Das heißt: Wenn Gott an seinem Volk handelt, kann man darüber nicht nur reden. Man muß seine Füße in Bewegung setzen. Die beiden Jünger haben es getan: „Sie gingen mit ihm und sahen, wo er wohnte, und blieben an jenem Tag bei ihm." Was sie bei Jesus wirklich gesehen haben, bleibt eine Leerstelle in der Erzählung. Es wird nicht geschildert. Es hat jedoch ihr Leben verändert. Denn am nächsten Tag sagt einer der beiden, Andreas, zu seinem Bruder Simon: „Wir haben den Messias gefunden."

Wenige Verse weiter wird das „Kommt, und ihr werdet sehen!" erneut aufgegriffen. Jetzt sagt es nicht mehr Jesus, sondern Philippus sagt es zu Natanael. Philippus hatte Natanael voll Freude berichtet: „Wir haben den gefunden, über den Mose im Gesetz und auch die Propheten geschrieben haben: Jesus, den Sohn des Josef, den aus Nazaret." Auf die skeptische Gegenfrage „Kann denn aus Nazaret etwas Gutes kommen?" antwortet Philippus:

Komm und sieh!

Das heißt aber: Es ist kein Privileg des Messias, so reden zu dürfen. Die Aufforderung „Komm und sieh!" darf in der Kirche weitergehen. Sie muß es sogar. Das Zweite Vatikanum nennt die Kirche das „messianische Volk"⁵²¹. Die Zeichen des Messias bleiben also nicht auf Jesus begrenzt, sie setzen sich in der Kirche fort, drängen immer wieder hervor – und dann wollen sie angeschaut werden. Es darf nicht sein, daß die Theologen lediglich darüber reden, daß frühere Theologen darüber redeten, daß Gott einmal geredet habe. Deshalb kann ich an dieser Stelle nur sagen:

Ich durfte, seitdem ich mich der Integrierten Gemeinde und ihrer Priestergemeinschaft angeschlossen habe, ohne eigenes Verdienst als ein spät Hinzugekommener die Schönheit der Kirche neu erfahren: den

Reichtum und die Heilkraft ihrer Sakramente, die Kostbarkeit ihrer Traditionen, den sachgerechten und gerade deshalb menschengerechten Bauplan ihrer Gemeinden, ihre Internationalität, ihre Herkunft aus dem Unterscheidungswissen Israels, ihre Gesellschaftsgestalt, ihre Welthaltigkeit.

Ich durfte erfahren, daß es das christliche „Milieu"[522], das mir als Kind den Glauben gerettet und Heimat geschenkt hatte, auch heute geben kann – nun freilich in einer ganz anderen Form: viel weltlicher, viel ausgesetzter und aufgeklärter, und gerade so noch viel stärker und tragender.

Ich durfte schließlich erfahren, daß Gott mit schwachen und sündigen Menschen, deren Kräfte nie ausreichen angesichts der Aufgaben, die ständig auf sie zukommen, dennoch sein Werk tun kann. Dafür preise ich ihn.

Arnold Stötzel

Kirche, was sagst du von dir selbst?

Erst spät bin ich zur Welt gekommen, als alles schon da war. ‚Ich kam aus der Wüste' ist ungenau. ‚Ich stamme aus dem Nichts' kommt der Wahrheit näher. Er hat mich gefunden. Das ist alles. Meine Behausung war das Nachgehen einer Spur, die mir fremd war.

Als sie in Babylon den Turm bauten, dachte ich mir: Mit der Macht sind die Menschen längst vertraut. Vor den Pyramiden: Auch Religion besitzen sie. Auf dem Forum in Rom: Ein Reich ähnlich wie dieses? Zu den Füßen Platons: Eine Weisheit, die hier nicht zu Hause ist? Wozu noch ich? Diese Frage war meine einzige Ausrüstung. Sie machte mich zur Vagabundin zwischen den Völkern und Zeiten.

Indem ich versuchte, die zu sein, die ich bin, begann meine Lehre. Ich schlüpfte in das Gewand der Religion, und es zerfiel mir am Leib. Sollte ich keine Religion begründen? Ich verbündete mich mit der Macht und dem Staat, träumte selbst vom Reich, gebärdete mich wie ihresgleichen. Der Traum wurde mir zerschlagen. Sollte ich ein anderes Reich herbeiführen? Ich sah die Völker kommen und gehen und nach ihren Gesetzen leben. Sollte ich ein Volk sein, das anders lebt? Und alle Weisheit, die mir entgegenkam in den Schulen der Welt, spornte mich an, meine Gestalt entgegenzunehmen aus dem, was ich wahrnahm, und aus der Unruhe meiner Frage-Existenz.

Ich bin die Bringerin und die Erleiderin der Aufklärung Gottes über den Himmel und die Erde, einzigartige Vermittlerin der Heilung für diesen Planeten. Um meinetwillen hat er den Ehrennamen „Stern der Erlösung", denn ich trage den Maßstab Gottes an mir; seine Sicht unserer Welt ist in meine Gestalt und meine Geschichte eingeritzt. Schaut mich an: Ich bin sündig und habe sündige Kinder, aber ich wurde geheiligt für meinen Dienst – nicht um meinetwillen, sondern um der Welt willen. Ich bin makellos wie eine Braut, ansehnlich, weil ich gereinigt werde.

Er fand niemand anderen. Das ist der Grund meiner Demut, mein Stolz und mein Jammer. Das Lied meiner „glücklichen Schuld" ist das Erlösungslied für die Welt.

Danksagung

Zum Zustandekommen dieses Buches haben viele mit ihren Ratschlägen und ihrer freundlichen Kritik beigetragen. Ich bin ihnen allen von Herzen dankbar. Aber wenn ich nun einfach die übliche Dankesliste formulieren würde – von meinem Bruder Norbert über Willibald Heilmann, Marius Reiser, Ludwig Weimer und Rudolf Pesch bis zu dem unermüdlichen Literaturbeschaffer Hans Pachner und dem immer hilfsbereiten Könner am Computer Hendrik Sehlbach –, es wäre entschieden zu wenig gesagt. So nehme ich zum Schluß noch einmal einen Text aus der Bibel zu Hilfe.

Im Zweiten Buch seines Doppelwerks schildert Lukas, wie Paulus von Barnabas nach Antiochien geholt wird. Er findet dort in der Gemeinde Propheten und Lehrer vor. Lukas nennt Simeon Niger, Luzius von Zyrene und Manaën, einen Jugendgefährten des Tetrarchen Herodes.

Mir ist es ähnlich gegangen. Ich bin zwar alles andere als ein Paulus, aber auch ich fand, als ich zur Integrierten Gemeinde nach München kam, dort Theologen vor, mit denen ich seitdem zusammenarbeite: den Patrologen Arnold Stötzel, aus dessen schönen Texten ich gerade den Schlußpunkt für dieses Buch gewählt habe; den Dogmatiker Ludwig Weimer; den Kirchenrechtler Titus Lenherr; aus einer jüngeren Generation Bernhard Koch und später den Ungarn Tamás Czopf, beide Systematiker mit großer sprachlicher und musischer Begabung. Vor mir hatte schon der Neutestamentler Rudolf Pesch seinen Lehrstuhl in Freiburg im Breisgau mit dem Lernen und Lehren in der Integrierten Gemeinde vertauscht. Andere wie Maria Jaklitsch, Mechthild Wallbrecher, Bruno Alber und Peter Zitta sollte ich unter der alten Kategorie der „Propheten" erwähnen. Bei ihnen lernte ich – oft langsam im Begreifen – Menschen und Dinge mit den Augen des Glaubens zu sehen.

Es ist ein Miteinander, wie ich es vorher nie erlebt hatte. Manchmal fragen wir uns: Ist es überhaupt denkbar, daß Menschen von so unterschiedlicher Herkunft und oft so verschiedener Sicht einmütig sind und

Theologie für heute aus dem gemeinsamen Erleben von Kirche zu formulieren suchen? Doch wir dürfen erfahren: Es ist nicht nur denkbar. Es ist möglich. Wir empfinden es selbst wie ein Wunder und zittern darum, daß es so bleibt.

Wo wären wir dabei ohne das Charisma von Traudl und Herbert Wallbrecher, die seit 1947 auf der Suche nach Theologen waren, die den verschütteten Schatz des Volkes Gottes mitsuchen und mitfinden! Seit 1967 schon hat Ludwig Weimer mit ihnen zusammen unablässig gefragt: Wie kann Gott überhaupt in der Welt sprechen? Wie ist er allmächtig, wenn er sich bis zur Ohnmacht entäußert? Was ist sein Wille für die Welt, und wie kann sein Wille erkannt werden? Und wie sieht die Hilfe aus, die wir Erlösung nennen? – Er begann als biblischer Theologe und befragte dann die kirchlichen Dogmen, um den Glauben der Bibel und des Katechismus in die Situation nach der europäischen Aufklärung zu übersetzen. Das alles ist auch in dieses Buch eingeflossen. Es verdankt Ludwig Weimer sehr viel.

Aber auch so geschildert, bleibt alles irgendwie falsch. Theologisches Reden, ja die Einmütigkeit von Theologen ist immer ein Zweites. Davor stehen diejenigen, welche die Theologie provozieren und tragen. Wollte ich hier noch Namen nennen, wüßte ich nicht, wo ich aufhören sollte. Das Wunder ist, daß es Menschen gab, die nach dem Holocaust das Eine Notwendige taten: aufzubrechen, um Gottes erste Liebe zu suchen, das Volk, an dem sich alle Welt Segen holen soll.

Anmerkungen

Alle Abkürzungen nach S. M. SCHWERTNER, Theologische Realenzyklopädie. Abkürzungsverzeichnis, Berlin / New York ² 1994.

1 1 Sam 16,1–13. – Zum Gebrauch der Bibel in diesem Buch eine generelle Vorbemerkung: Maßgebend für Theologie und Kirche sind nicht historische Rekonstruktionen, sondern das, was die Bibel selbst sagen will. Literaturwissenschaftlich formuliert: Maßgebend ist die Aussage des Endtextes der Bibel. Die Kirche ist überzeugt, daß die Heilige Schrift die Wirklichkeit so sieht, wie Gott sie sieht. Wer die Schrift gläubig annimmt, kann hinter diese Ausgangslage nicht zurück. Er darf nicht eine aus andersartigen Interessen gespeiste Sicht an die Stelle der Sicht der Bibel setzen.
Allerdings kann es für das richtige Verstehen des Endtextes wichtig sein, Vorstufen des Textes zu kennen oder historische Abläufe zu rekonstruieren – nicht um eine historische Rekonstruktion zu kanonisieren, sondern um die Aussage des Endtextes selbst besser zu verstehen. Gerade was die historische Rekonstruktion angeht, ist die moderne Bibelwissenschaft außerordentlich hilfreich. Ihre Ergebnisse und Hypothesen schlagen auch in diesem Buch oft durch. Ich hoffe aber, daß sie bei mir stets dem besseren Verständnis des Textes selbst dienen.
Noch ein Wort zu dem Charakter der folgenden Anmerkungen: Sie dienen vor allem dazu, Quellenangaben zu machen und Fundorte anzugeben. Nicht selten sind die Literaturangaben auch Hinweise darauf, wo der Leser Ausführlicheres finden kann. Eine erschöpfende Aufzählung oder gar Diskussion der Sekundärliteratur wollen sie nicht bieten.

2 Vgl. die Ausführungen bei G. VON RAD, Theologie des Alten Testaments Bd. 1, München (1957) ⁴1962, (126) 134.

3 Vgl. D. GEORGI, Weisheit Salomos (JSHRZ III 4), Gütersloh 1980, 448 f.

4 PLATON nennt den Demiurgen auch „Schöpfer und Vater des Alls" (Timaios 28). Aber dieser Schöpfer muß mit einem Stoff arbeiten, der seit Ewigkeit existiert.

5 ARISTOTELES, Physik H 1; q 5 f; Metaphysik L 6.

6 Zitiert nach E. GILSON, Der Geist der mittelalterlichen Philosophie, Wien 1950, 51 f.

7 Vgl. PLATON, Timaios 29 f.

8 Vgl. E. GILSON, Geist der mittelalterlichen Philosophie (s. o. Anm. 6) 47–92.

9 STRABON, Geographie XVI 2,35–39.

10 Vgl. Y. AMIR, Der jüdische Eingottglaube als Stein des Anstoßes in der hellenistisch-römischen Welt: JBTh 2 (1987) 58–75, bes. 73–75.

400

[11] Das 20. Jahrhundert verwendet das Wort „Religion" in seinem soziologischen, philosophischen und theologischen Sprechen sehr unterschiedlich. Zur Zeit ist eher ein positiver Gebrauch des Wortes im Schwange, der auch die jüdisch-christliche Offenbarung der Religion unterordnet. Karl Barth hingegen gebrauchte das Wort negativ. Der Leser wird merken, daß ich mich im Gegensatz zu dem augenblicklichen Trend eher in der Nähe Karl Barths bewege. Doch möchte ich auf keinen Fall mit seiner Position in den ersten Bänden der „Kirchlichen Dogmatik" (vgl. vor allem I / 2 § 17) identifiziert werden. Deshalb die obige Unterscheidung! Alle Religion ist auf der Suche nach Gott und trägt in sich Elemente wahrer Gotteserkenntnis. Doch alle Religion steht auch massiv unter der Macht dessen, was die christliche Tradition „Erbsünde" nennt. Dem Offenbarungsglauben kann es nicht um die Verdammung der Religion gehen, sondern nur um ihre Läuterung und Erlösung.

[12] N. LOHFINK, Unsere großen Wörter. Das Alte Testament zu Themen dieser Jahre, Freiburg i. Br. 1977, 202. Vgl. dort das gesamte Kapitel „Freizeit. Arbeitswoche und Sabbat im Alten Testament, insbesondere in der Priesterlichen Geschichtserzählung" 190–208.

[13] Später wird es im christlichen Glaubensbekenntnis vom Logos heißen: „gezeugt, nicht geschaffen". Der Begriff der Zeugung drückt hier die Wesenseinheit aus, der Begriff der Schöpfung die Wesensverschiedenheit.

[14] N. LOHFINK möchte in seinen Untersuchungen zum Geschichtsbild der Priesterschrift (vgl. vor allem „Die Priesterschrift und die Geschichte" in: DERS., Studien zum Pentateuch [SBAB 4], Stuttgart 1988, 213–253) zeigen, daß der Verfasser der Priesterschrift die ihm vorgegebene Geschichte auf die Gegenwart hin transparent gemacht habe. Er spricht in diesem Zusammenhang von einer „Rückverwandlung der Geschichte in Mythus". Das muß kein Gegensatz zu dem hier Gesagten sein. Jeder Geschichtsablauf kann archetypisch verstanden und gedeutet werden.

[15] Geformt und geschaffen: Jes 43,1. 15. 21; 44,21 – paradiesisches Land: Jes 41,17–20 – ganz Neues, Unerhörtes: Jes 43,19 – neue Schöpfung: Jes 48,6 f – wie seine früheren Schöpfungstaten: Jes 41,2–4; 45,12 f; 48,13–15.

[16] Vgl. N. ELDREDGE, Wendezeiten des Lebens. Katastrophen in Erdgeschichte und Evolution, Heidelberg 1994, 80. 107. 211.

[17] R. SCHNEIDER, Winter in Wien. Aus meinen Notizbüchern 1957/58, Freiburg i. Br. ⁶1958, 129.

[18] F. WERFEL, Theologumena. Von dem Geheimnis der Inkarnation Nr. 33, in: „Leben heißt, sich mitteilen" (Fischer Taschenbuch 9465) Frankfurt a. M. 1992, 202 f.

[19] Vgl. P. GISEL, Schöpfung und Vollendung, in: P. EICHER (Hrsg.), Neue Summe Theologie Bd. 2: Die neue Schöpfung, Freiburg i. Br. 1989, 19–125, dort 41.

[20] Vgl. L. GINZBERG, The Legends of the Jews Vol. I, Philadelphia ¹¹1961, 3 f.

[21] Jalq Nu § 766.

[22] Vgl. L. GINZBERG, Legends (s. o. Anm. 20) I 52. Der Text bei GINZBERG ist paraphrasiert nach b Schabbat 88 a.

23 Als kollektiver Singular ist *'ādām* überwiegend Gattungsbezeichnung. Vgl. etwa F. MAASS, *'ādām:* ThWAT Bd.I, Stuttgart 1973, 81–94, dort 82.

24 Formuliert im Anschluß an H. D. PREUSS, Theologie des Alten Testaments I, Stuttgart 1991, 271.

25 F. ROSENZWEIG, Der Mensch und sein Werk. Gesammelte Schriften III, Den Haag ⁴1976, 153.

26 J. ROLOFF, Neuschöpfung in der Offenbarung des Johannes: JBTh 5 (1990) 119–138, dort 129.

27 ARISTOTELES, Nikomachische Ethik VIII 11 (1160 a).

28 D. GEORGI, Die Visionen vom himmlischen Jerusalem in Apk 21 und 22, in: D. LÜHRMANN – G. STRECKER (Hrsg.), Kirche. FS für GÜNTHER BORNKAMM zum 75. Geburtstag, Tübingen 1980, 351–372, dort 365.

29 Das hat D. GEORGI, Visionen (s. o. Anm. 28) überzeugend nachgewiesen.

30 Vgl. Offb 21,18. Im griechischen Text steht nicht Diamant, sondern Jaspis. Doch vgl. dazu A. KRAFT, Die Offenbarung des Johannes (HNT 16 a), Tübingen 1974, 268: „Der Jaspis ist in der Apokalypse nicht der unansehnliche Stein, den wir so nennen, sondern einer der edelsten Steine, der nach Ansehen und Aussehen auf den Diamanten hinausläuft. Der Vergleich ist um so berechtigter, als der Diamant in der Apokalypse nicht vorkommt."

31 Vgl. den Beitrag von K. BERGER, Tausendjähriges Reich und himmlisches Jerusalem. Vier Anmerkungen zur Apokalypse: Frankfurter Allgemeine Magazin 20. Mai 1994, Heft 742, 18–22, dort 18 f.

32 Hilfreich ist der Überblick bei D. KÄSLER, Revolution und Veralltäglichung. Eine Theorie postrevolutionärer Prozesse, München 1977, 11–32.

33 Vgl. R. FRIEDENTHAL, Karl Marx. Sein Leben und seine Zeit (dtv 10196), München 1983, 326.335.

34 Vgl. A. BULLOCK, Hitler und Stalin. Parallele Leben, Berlin 1991, 350–376.

35 Zur Entwicklung von Zivilisation und Kultur vgl. die Bemerkungen des Jahwisten in Gen 4,2.17.20.21.22; 9,20; 10,9.11 f; 11,1–4.

36 C. WESTERMANN, Genesis 2. Teilband (BK I 2), Neukirchen-Vluyn 1981, 174

37 Man kann den hebräischen Text an dieser Stelle passivisch (werden gesegnet werden) oder reflexiv (werden sich segnen = werden sich Segen zusprechen) übersetzen. Von der Sache her läuft beides auf das Gleiche hinaus: Wenn sich die Geschlechter der Erde unter Nennung des Namens Abrahams Segen zusprechen, „so ist dabei natürlich vorausgesetzt, daß sie dann auch Segen empfangen." So C. WESTERMANN, Genesis 2. Teilband (s. o. Anm. 36) 176.

38 So das bekannte *credo ut intelligam* im Proslogion des ANSELM VON CANTERBURY c. 1. So aber auch schon AUGUSTINUS, Sermo 43,7,9 und De doctrina Christiana II 12,17. Augustinus wie Anselm beziehen sich auf Jes 7,9 LXX.

39 HIERONYMUS, Ep. ad Dardanum 4 (BKV 2. Reihe Bd. 18,340).

[40] 46 Meilen sind ca. 70 km. In der Luftlinie beträgt die Entfernung zwischen Jaffo und Bethlehem 54 km.

[41] Offenbar wurde dieser Seeweg von Israel auch genutzt. Vgl. 1 Kön 9,26 f und Jer 6,20.

[42] Vgl. zum folgenden H. DONNER, Geschichte des Volkes Israel und seiner Nachbarn in Grundzügen. Teil 1: Von den Anfängen bis zur Staatenbildungszeit (ATD Ergänzungsreihe 4 / 1) 29–52; O. KEEL – M. KÜCHLER – CH. UEHLINGER, Orte und Landschaften der Bibel Bd. 1: Geographisch-geschichtliche Landeskunde, Zürich / Göttingen 1984, 182–193; S. BOCK, Kleine Geschichte des Volkes Israel. Von den Anfängen bis in die Zeit des Neuen Testamentes (Herder Taschenbuch 1642), Freiburg i. Br. 1989, 21–23.

[43] Vgl. S. HERRMANN, Geschichte Israels, in TRE: 12, 698–740, dort 699.

[44] Vgl. S. HERRMANN, Geschichte (s. o. Anm. 43) 699.

[45] S. BOCK, Kleine Geschichte (s. o. Anm. 42) 21.

[46] Vgl. H. DE LUBAC, Glauben aus der Liebe, Einsiedeln 1970, 216–238; A. STÖTZEL, Warum Christus so spät erschien – die apologetische Argumentation des frühen Christentums: ZKG 31 (1981) 147–160.

[47] Vgl. O. KEEL, Orte und Landschaften (s. o. Anm. 42) 207–211.

[48] In Anlehnung an H. DONNER, Geschichte 1 (s. o. Anm. 42) 23.

[49] Pesiqta Rabbati Piska 21. Nach der englischen Übersetzung bei W. G. BRAUDE, Pesikta Rabbati: Discourses for Feasts, Fasts and Special Sabbaths 2 Bde (Yale Judaica Series 18) New Haven / London 1968, dort Bd. 1, 417. – Vgl. auch G. STEMBERGER, Das klassische Judentum. Kultur und Geschichte der rabbinischen Zeit, München 1979, 139 f.

[50] Als erster JUSTIN, I. Apologie 46; II. Apologie 8,3 und 13,3.

[51] MAXIMUS CONFESSOR, Coel. H. 9. Zitiert nach H. U. VON BALTHASAR, Kosmische Liturgie, Freiburg i. Br. 1941, 312; Einsiedeln ²1961, 306.

[52] Ein eher komisches Beispiel: Vor Jahren, als es noch keine elektronische Textverarbeitung gab, verwandelte mir ein Setzer konsequent alle Stellen eines Manuskripts, wo „Erwählung" vorkam – Sigmund Freud hätte gelacht – in „Erwähnung".

[53] H. D. PREUSS nennt den gesamten 1. Teil seiner Theologie des Alten Testaments (s. o. Anm. 24): „JHWHs erwählendes und verpflichtendes Handeln".

[54] KATHOLISCHER KATECHISMUS für das Bistum Limburg, hrsg. vom Bischöflichen Ordinariat Limburg a. d. Lahn, 1936, 7; KATHOLISCHER KATECHISMUS DER BISTÜMER DEUTSCHLANDS, Frankfurt a. M. 1955, 24.

[55] Vgl. J. N. D. KELLY, Altchristliche Glaubensbekenntnisse. Geschichte und Theologie, Göttingen 1972, 138–140.

[56] Treffend formuliert der KATECHISMUS DER KATHOLISCHEN KIRCHE (München 1993, 102): „Er ist der Herr der Geschichte; er lenkt die Herzen und die Geschehnisse nach seinem Willen."

57 Ausführlicher: N. LOHFINK, Das vorpersonale Böse, in: DERS., Das Jüdische am Christentum. Die verlorene Dimension, Freiburg i. Br. 1987, 167–199.

58 Vgl. DIÖZESANSYNODE AUGSBURG 1990, Donauwörth 1991, 31: „Am tiefsten zeigt sich Gottes Allmacht darin, daß er uns die Freiheit zum Ja oder Nein eingeräumt hat und trotzdem in der Geschichte der Menschheit durch Jesus zum Ziel seines Planes gelangt."

59 Für die Frage nach der ältesten Fassung des Gleichnisses vgl. G. LOHFINK, Senfkorn und Weltenbaum (Mk 4,30–32 Parr). Zum Verhältnis von Natur und Gesellschaft bei Jesus, in: H. SCHWEIZER (Hrsg.), „… Bäume braucht man doch!". Das Symbol des Baumes zwischen Hoffnung und Zerstörung, Sigmaringen 1986, 109–126, dort 113–116.

60 U. LUZ, Das Evangelium nach Matthäus 2. Teilband (EKK 1 / 2), Zürich / Neukirchen-Vluyn 1990, 333.

61 Eine Liste von Autoren, die das Gleichnis in diesem Sinn verstehen, bei G. LOHFINK, Das Gleichnis vom Sämann (Mk 4,3–9): BZ 30 (1986) 36–69, dort 48 f = DERS., Studien zum Neuen Testament (SBAB 5 NT), Stuttgart 1989, 91–130, dort 105 f.

62 Ausführlich zum Phänomen der Bestockung in Mk 4,3–9: G. LOHFINK, Das Gleichnis vom Sämann (s. o. Anm. 61), 53–57 = DERS., Studien (s. o. Anm. 61) 111–116.

63 Vgl. zum Folgenden G. LOHFINK, Die Metaphorik der Aussaat im Gleichnis vom Sämann (Mk 4,3–9), in: À cause de l' Évangile. Études sur les Synoptiques et les Actes. Mélanges offerts à Dom Jacques Dupont (LeDiv 123), Paris 1985, 211–228 = G. LOHFINK, Studien (s. o. Anm. 61), 131–147.

64 Ausführlicher G. LOHFINK, Metaphorik (s. o. Anm. 63) 223–225 = DERS., Studien (s. o. Anm. 61) 142–144.

65 Vgl. auch das Gleichnis vom Unkraut im Weizen Mt 13,24–30.

66 Vgl. vor allem 4 Esra 4,26 f: „Denn der Äon (= diese Welt) eilt nun schnell seinem Ende zu. Er vermag es ja nicht, die Verheißungen zu tragen, die den Frommen zu ihrer Zeit gemacht wurden *(non enim capiet portare quae in temporibus iustis repromissa sunt);* denn dieser Äon ist voll von Trauer und Übeln."

67 Charakteristische Vertreter dieser Position im 19. Jahrhundert sind R. ROTHE und A. RITSCHL. Vgl. die Artikel Eschatologie (TRE 10, 325–329) und Kulturprotestantismus (TRE 20, 230–243).

68 J. JEREMIAS, Die Gleichnisse Jesu, Göttingen ⁷1965, 199.

69 Dies gilt zumindest für das ursprüngliche Jesusgleichnis. Bei Matthäus könnte das Alles-Verkaufen stärker akzentuiert sein.

70 Vgl. die umfangreiche, das Problem von dogmatischer Seite beleuchtende Arbeit von L. WEIMER, Die Lust an Gott und seiner Sache. Oder: Lassen sich Gnade und Freiheit, Glaube und Vernunft, Erlösung und Befreiung vereinbaren?, Freiburg i. Br. 1981, bes. 429–498.

[71] So kommt der Begriff in der zweibändigen Theologie des Alten Testaments von H. D. PREUSS (s. o. Anm. 24) weder im Sachverzeichnis, noch im Register hebräischer Wörter vor.

[72] Dtn 28,15–68; 29,21–28.

[73] Jer 31,31. Zum Zusammenhang zwischen Dtn 30,1–10 und Jer 29–31 vgl. G. BRAULIK, Deuteronomium II (NEB), Würzburg 1992, 216 f.

[74] Vgl. Ps 106,47; 147,2 f; Jes 43,3–5; 54,5–7; Jer 31,10 f; Zef 3,19; Sach 10,8–10.

[75] Vgl. Neh 1,9; Ps 106,47; 107,3; 147,2; Jes 11,12; 40,11; 43,5; 54,7; 56,8; Jer 23,3; 29,14; 31,8; 32,37; Bar 4,37; Ez 11,17; 20,34. 41; 28,25; 34,13; 36,24; 37,21; 39,27 f; Mi 2,12; 4,6; Zef 3,19; Sach 10,10.

[76] Vgl. Jes 40,11; Jer 23,3; 31,10; Ez 34,13; Mi 2,12.

[77] Vgl. etwa Jer 23,3; 29,14; 31,8; Bar 4,37; Ez 11,17; Sach 10,10.

[78] So besonders häufig bei Ezechiel. Vgl. Ez 11,17; 20,41 f; 28,25; 34,13; 36,24; 37,21; 39,28.

[79] Vgl. H. WILDBERGER, Jesaja I (BK X 1), Neukirchen-Vluyn 1972, 466. 471.

[80] Ez 20,34. Vgl. auch die Exodus-Typologie in Jes 11,16; Jes 43,16–20 (überhaupt im gesamten Deuterojesaja); Sach 10,11.

[81] Vgl. auch Ps 147,2.

[82] Der vollständige Text des Achtzehngebetes ist übersetzt und kommentiert bei H. L. STRACK - P. BILLERBECK, Kommentar zum Neuen Testament aus Talmud und Midrasch IV 1, München ³1961, 208–249.

[83] Siehe Anm. 76. Wichtig ist vor allem das „Hirtenkapitel" Ez 34.

[84] Mt 12,30; vgl. 23,37. Frühjüdische Schriften können auch vom Messias sagen, daß er das Gottesvolk sammelt – vgl. Psalmen Salomos 17,26.

[85] Ex 12,37. Die Zahl ist sicher nicht realistisch zu verstehen.

[86] Bei der folgenden Darstellung halte ich mich vor allem an die Beiträge von H. ENGEL, H.-W. JÜNGLING, P. J. KING und N. LOHFINK in: BiKi 38 (1993). Das gesamte Heft hat die Anfänge Israels zum Thema. Vgl. ferner: S. BOCK, Kleine Geschichte (s. o. Anm. 42) 32–66; R. ALBERTZ, Religionsgeschichte Israels in alttestamentlicher Zeit Bd. 1 (ATD Ergänzungsreihe 8 / 1), 45–142.

[87] Vgl. Ri 8,22 f; 9,8–15; 1 Sam 8,1–18; 12,12; Hos 13,9–11.

[88] Formuliert im Anschluß an S. BOCK, Kleine Geschichte (s. o. Anm. 42) 36. 61.

[89] 2 Sam 13,12. Vgl. die Formel: „Das ist eine Schandtat in Israel" in Gen 34,7; Dtn 17,4; 22,21; Ri 20,6. 10.

[90] Ex 12,38; vgl. Num 11,4. Hierzu R. ALBERTZ, Religionsgeschichte 1 (s. o. Anm. 86) 74 Anm. 19.

[91] Ausführlicher zur joschijanischen Reformbewegung: N. LOHFINK, Gab es eine deuteronomistische Bewegung?, in: DERS., Studien zum Deuteronomium und zur deuteronomistischen Literatur III (SBAB 20), Stuttgart 1995, 65–142, dort 111–117.

92 Vgl. G. LOHFINK, Wie hat Jesus Gemeinde gewollt? Zur gesellschaftlichen Dimension des christlichen Glaubens, Freiburg i. Br. ⁹1991, Teil I: Jesus und Israel.

93 *Vere Sanctus es, Domine, et merito te laudat omnis a te condita creatura, quia per Filium tuum, Dominum nostrum Iesum Christum, Spiritus Sancti operante virtute vivificas et sanctificas universa, et populum tibi congregare non desinis, ut a solis ortu usque ad occasum oblatio munda offeratur nomini tuo (3. Eucharistisches Hochgebet).*

94 M. KEHL (Die Kirche. Eine katholische Ekklesiologie, Würzburg ³1994, 93) wendet sich mit Recht gegen eine Nachordnung der Sendung als eines zweiten Schrittes gegenüber der Sammlung.

95 Vgl. die zentralen biblischen Sendungstexte Ex 3,14 f; Jes 6,8; 61,1; Jer 1,7; Ez 2,3 f; 3,5f; Mt 10,5 f; 15,24; 23,34; Mk 3,14; 6,7; Lk 4,18; 9,2; 10,1; Apg 3,20. Sie sprechen ausnahmslos von einer Sendung zum Gottesvolk. – Von Sendung „in die Welt" bzw. „zu den Heidenvölkern" ist in der Bibel nur höchst selten die Rede. Wenn aber doch (vgl. Joh 17,18 oder Apg 22,21), dann im Sinne von Joh 11,52 („Sammlung der versprengten Kinder Gottes") oder im Sinne von Mt 28,19. Dort werden die Jünger zu allen Völkern gesandt, damit sie aus ihnen Jüngergemeinden sammeln („machet zu Jüngern"). – Selbstverständlich ist mit all dem die Sendung der Kirche in die Welt um nichts verkleinert. Die Frage ist nur, auf welche Weise sie sich vollzieht.

96 Vgl. die Mischehenproblematik unter Nehemia und Esra (Neh 13,23–31; Esra 9,1–4; 10,1–44).

97 Zitiert bei C. WESTERMANN, Genesis 2. Teilband (s. o. Anm. 36) 432 f.

98 Jakobs Dienstjahre bei Laban: Gen 29–31; seine Versöhnung mit Esau: 32 f; sein Kampf mit Gott: 32,23–33.

99 Röm 4,19–22; 9,6–13; Gal 4,21–31.

100 Vgl. R. ALBERTZ, Religionsgeschichte 1 (s. o. Anm. 86) 92 f. Wichtig sind Ex 32,26–29 und Dtn 33,9.

101 Vgl. N. LOHFINK, Die Ursünden in der priesterlichen Geschichtserzählung, in: Studien zum Pentateuch (s. o. Anm. 14) 169–189.

102 Dtn 1 f greift diese Zusammenhänge neu auf; vgl. vor allem 1,26–39.

103 Vgl. H. STEGEMANN, Die Essener, Qumran, Johannes der Täufer und Jesus (Herder Spektrum 4128), Freiburg i. Br ²1993, 294–299.

104 Vgl. G. LOHFINK, Der Ursprung der christlichen Taufe, in: Studien (s. o. Anm. 61) 173–198.

105 W. KASPER, Natur – Gnade – Kultur. Zur Bedeutung der modernen Säkularisierung: ThQ 170 (1990) 81–97, 82.

106 Vgl. Mischna, Pesachim X 4.

107 Pesachim X 5: „In jeder Generation ist jeder verpflichtet, sich so anzusehen, als ob er selbst aus Ägypten gezogen wäre."

[108] Ausführlich zur typologischen Struktur von Ex 15,1–19: N. LOHFINK, Das Siegeslied am Schilfmeer. Christliche Auseinandersetzungen mit dem Alten Testament, Frankfurt am Main 1965, 102–128.

[109] Für die folgenden Aussagen zu Sinnwelt und Gesellschaft in Ägypten halte ich mich an die Arbeit von J. ASSMANN, MA`AT. Gerechtigkeit und Unsterblichkeit im Alten Ägypten, München 1990. Vgl. vor allem 18–24. 52–55. 218–222. 230. 244 f.

[110] Vgl. E. ZENGER, Der Gott der Bibel. Sachbuch zu den Anfängen des alttestamentlichen Gottesglaubens, Stuttgart 1979, 97.

[111] Dies zu zeigen, ist das eigentliche Ziel des Buches von J. ASSMANN, MA`AT (s. o. Anm. 109). Vgl. dort besonders 58–121 (89!).

[112] Vgl. J. ASSMANN, MA`AT (s. o. Anm. 109) 252–272.

[113] Vgl. 2 Sam 20,24; 1 Kön 4,6; 5,27–32; 12,18 (!). Dazu R. ALBERTZ, Religionsgeschichte 1 (s. o. Anm. 86) 218 f.

[114] H. UTZSCHNEIDER, Gottes langer Atem. Die Exoduserzählung (Ex 1–14) in ästhetischer und historischer Sicht (SBS 166), Stuttgart 1996, 118.

[115] Darauf hat N. LOHFINK mehrfach hingewiesen. Vgl. vor allem: Gott auf der Seite der Armen, in: DERS., Das Jüdische (s. o. Anm. 57) 122–143, dort 133. – Auch H. UTZSCHNEIDER, Gottes langer Atem (s. o. Anm. 114) geht davon aus, daß dieser lange Anmarschweg der Erzählung „Irrwege, Sackgassen und Spannungen" beschreiben will, „in die die Hoffnung auf Befreiung geraten kann" (8). Er setzt dann allerdings in der Auslegung andere Akzente.

[116] Darum geht es, wenn sich die Israeliten das Stroh für die Herstellung der Ziegelsteine für königliche Bauten fortan selbst zu besorgen haben. Vgl. Ex 5,6–19.

[117] Vgl. vor allem Ex 3,17–22.

[118] Zum liturgischen Charakter des Sinaigeschehens vgl. die Heiligung des Volkes (Ex 19,10 f. 15), die Grenzziehung um den Berg (19,12. 23), die Prozession des Volkes zum Berg (19,17), den Klang der Hörner (19,16; 20,18), die Brandopfer (24,5), das Essen und Trinken (24,11). Das Fest findet sogar doppelt statt: Es vollzieht sich ein zweites, pervertiertes Mal in der Geschichte vom goldenen Kalb. Vgl. Ex 32,5.

[119] Vgl. J. ASSMANN, MA`AT (s. o. Anm. 109) 19. 266 f.

[120] AUGUSTINUS, Enarrationes in Psalmos 64,2 (CChr. SL 39, 824).

[121] AUGUSTINUS kann mit dem geschichtlichen Exodus aus Babylon, von dem in der Überschrift zu Ps 64 (Vetus Latina) die Rede ist, theologisch nichts anfangen. Er spiritualisiert sofort: „Die Füße der Ausziehenden sind die Affekte des Herzens" (s. o. Anm. 120) 824,43.

[122] F. CRÜSEMANN, Die Tora. Theologie und Sozialgeschichte des alttestamentlichen Gesetzes, München 1992, 74.

[123] Ex 20,2; Dtn 5,6.

[124] F. CRÜSEMANN, Tora (s. o. Anm. 122) 52. Vgl. auch die Theologie von Ps 119.

[125] Vgl. F. CRÜSEMANN, Tora (s. o. Anm. 122) 237.

[126] Dtn 6,20–25. Übersetzung: N. LOHFINK.

[127] Vgl. den Überblick bei O. H. PESCH, Begriff und Bedeutung des Gesetzes in der katholischen Theologie, in: „Gesetz" als Thema Biblischer Theologie (JBTh 4, 1989) 171–213.

[128] Formuliert in selektiver Anlehnung an paulinische Sätze. Vgl. vor allem Röm 1,17; 3,21 f; 5,1; 10,9; Gal 2,16; 5,6. 14; 6,2.

[129] KLEMENS VON ALEXANDRIEN, Stromateis II 18 (82–96).

[130] EUSEBIUS VON CÄSAREA, Kirchengeschichte I 2,23.

[131] Unverletzlichkeit der Wohnung: Dtn 24,10 f; zur Gewaltenteilung in den Ämtergesetzen des Deuteronomiums vgl. N. LOHFINK, Unsere großen Wörter (s. o. Anm. 12) 57–75.

[132] Ausführlicher dazu: F. CRÜSEMANN, Tora (s. o. Anm. 122) 381–393.

[133] Vgl. zu diesem Abschnitt N. LOHFINK, Unsere großen Wörter (s. o. Anm. 12) 127–144.

[134] Den Rabbinen zufolge entsprechen die 613 Weisungen der Tora (= 248 Gebote + 365 Verbote) den 248 Gliedern des Menschen und seinen 365 Adern. Diese Konstruktion will sagen: Die Tora ist ganz auf den Menschen ausgerichtet und der Mensch ganz auf die Tora und damit auf die Alleinverehrung Gottes. Vgl. P. STUHLMACHER, Biblische Theologie des Neuen Testaments I, Göttingen 1992, 258.

[135] Acker: Ex 23,10 f – Weinberge: Dtn 22,9 – Obstbäume: Dtn 20,19 f – Vogelnester: Dtn 22,6 f – Vieh: Dtn 22,10 – Häuser: Lev 14,33–53 – Geländer an Dachterrassen: Dtn 22,8 – Leib / Krankheiten: Lev 13,1–46 – Rasur und Haarschnitt: Lev 19,27 – dreschender Ochse: Dtn 25,4.

[136] G. W. F. HEGEL, Werke in 20 Bänden. Theorie Werkausgabe, Bd. 16: Vorlesungen über die Philosophie der Religion I, Frankfurt am Main (Suhrkamp) 1969, 211. Hegel zitiert Voltaire, macht sich aber dessen Auffassung ganz zu eigen: „Voltaires bitterste Einfälle sind gegen die Forderung eines solchen Glaubens gerichtet. Er sagt unter anderem, es wäre besser gewesen, wenn Gott den Juden Belehrung über die Unsterblichkeit der Seele gegeben hätte, als daß er sie lehrte, auf den Abtritt zu gehen (à aller à la selle). Die Latrinen werden so ein Inhalt des Glaubens (5. Mose 23,13–15). Das Ungeistige ist seiner Natur nach kein Inhalt des Glaubens. Wenn Gott spricht, so ist dies geistig; denn es offenbart sich der Geist nur dem Geist."

[137] Vgl. zu den drei letzten Abschnitten F. CRÜSEMANN, Tora (s. o. Anm. 122) 159–162.

[138] R. ALBERTZ, Religionsgeschichte 1 (s. o. Anm. 86) 347.

[139] N. LOHFINK, Opferzentralisation, Säkularisierungsthese und mimetische Theorie, in: DERS., Studien III (s. o. Anm. 91) 219–260, dort 243.

[140] Vgl. N. LOHFINK, Das deuteronomische Gesetz in der Endgestalt – Entwurf einer Gesellschaft ohne marginale Gruppen, in: DERS., Studien III (s. o. Anm. 91) 205–218, dort 218.

[141] In den nächsten 5 Abschnitten folge ich N. LOHFINK, Das deuteronomische Gesetz (s. o. Anm. 140) 211 f.

[142] Dtn 10,1–5. Die Urkunde der deuteronomischen Tora liegt Dtn 31,24–29 zufolge *neben* der Bundeslade.

[143] F. CRÜSEMANN, Tora (s. o. Anm. 122) 198. Vgl. R. ALBERTZ, Täter und Opfer im Alten Testament: ZEE 28 (1984) 146–166.

[144] Vgl. Mt 22,34–40; Mk 12,28–34; Röm 13,8–10; Gal 5,14.

[145] Vgl. E. S. GERSTENBERGER, Das 3. Buch Mose. Leviticus (ATD 6), Göttingen 1993, 248.

[146] Röm 3,21–26; vgl. Hebr 9.

[147] 1 Kor 3,16; 6,19; 2 Kor 6,16; Eph 2,21; 1 Petr 2,5.

[148] Vgl. die Abendmahlstexte; außerdem Röm 12,1.

[149] Vgl. Lev 11–15; Dtn 14,3–21 a.

[150] Mk 7,15. 21–23. – Vgl. außerdem Mt 15,1–20; Lk 11,37–41; Apg 10,9–16; Röm 14,14; 1 Kor 8,8; Kol 2,21 f; Tit 1,15 u. ö.

[151] Ausführlicher zum Folgenden: G. LOHFINK, Wem gilt die Bergpredigt? Beiträge zu einer christlichen Ethik, Freiburg i. Br. 1988, 110–119.

[152] Vgl. die Vermischungsverbote in Lev 19,19 und Dtn 22,5. 9–11.

[153] W. PERCY, The Message in the Bottle. How queer Man is, how queer Language is, and what one has to do with the other, New York 1993, 6.

[154] F. CRÜSEMANN, Tora (s. o. Anm. 122) 424.

[155] HOMER, Ilias I 458–468. Übersetzung nach H. RUPÉ, Homer: Ilias (TuscBü), München-Zürich ²1961, 31.

[156] PLUTARCH, De superstitione 169 d.

[157] Vgl. M. SCHMIDT, Atheismus I / 2, in: TRE 4, 351–364, dort 351.

[158] Vgl. W. MÜLLER-LAUTER, Atheismus II, in: TRE 4, 378–436, dort 390.

[159] Vgl. jetzt D. SITZLER, Vorwurf gegen Gott. Ein religiöses Motiv im Alten Orient. (Ägypten und Mesopotamien) (StOR 32), Wiesbaden 1995: „Die Klagen und Vorwürfe sind an keiner Stelle authentische Zeugnisse einer persönlichen religiösen Extremsituation, sondern Teil einer für Weisheitslehrer entwickelten Literatur zur Reflexion der Rolle der Weisheit und des Weisen in der Welt" (231). – Charakteristisch etwa die Klage in der babylonischen Dichtung *Ludlul bēl nēmequi* II 4 f: „Den Gott rief ich an, aber er wandte mir sein Antlitz nicht zu; ich betete zu meiner Göttin, aber sie erhob ihr Haupt nicht zu mir hin" (SITZLER 221).

[160] Eine eklatante Ausnahme scheint der Mythos von Prometheus zu sein. Man darf aber nicht vergessen: Prometheus ist ursprünglich ein Gott, und seine Auflehnung gegen die olympischen Götter ist wahrscheinlich Reflex der historischen Auseinandersetzung zwischen verschiedenen Götterschichten innerhalb der Entwicklung der griechi-

schen Religion (vgl. W. PÖTSCHER, Prometheus, in: Der kleine Pauly 4, 1174–1177, dort 1176). Das Murren Israels hat ganz andere Wurzeln.

[161] So Ps 59,16 em. – Zur Grundbedeutung „rebellieren" vgl. R. KNIERIM, *lūn*, in: THAT I 870–872.

[162] Wasser: Ex 15,22–25 – Brot: Ex 16,1–15 – Fleisch: Ex 16,1–15.

[163] Vgl. Ex 2,14; 4,1; 5,20 f; 6,9; 14,11; 15,24; 16,2; 17,2 f; Num 14,2; 17,6 f; 20,2 f.

[164] Vgl. Ex 16,3; Num 11,4–6; 20,4.

[165] Vgl. II 2 in diesem Buch.

[166] Num 14,2–4. – In der deuteronomistischen Version der Kundschaftererzählung wird das Murren des Gottesvolkes zu einem bösartigen „Anti-Credo": „Weil er uns haßt, hat der Herr uns aus Ägypten geführt. Er will uns in die Gewalt der Amoriter geben, um uns zu vernichten" (Dtn 1,27). Vgl. G. BRAULIK, Deuteronomium I (NEB), Würzburg 1986, 27.

[167] Vgl. vor allem Num 16–17.

[168] Besonders die Psalmen 78 und 106 sowie das gesamte deuteronomistische Geschichtswerk.

[169] Ez 20,8. 13. 21; vgl. 20,16. 24. 28. 38.

[170] Dan 3,26–45. Das Gebet des Asarja existiert nur in der griechischen Überlieferung. Die Übersetzung folgt dem Text des Theodotion.

[171] Einmeißelung der Bundesurkunde in die beiden steinernen Tafeln: Ex 31,18; vgl. 32,15 f – Tanz um das goldene Kalb: Ex 32,1–6.

[172] 1 Kön 12,26–32.

[173] 1 Kön 12,28. – Zu der ursprünglichen Intention Jerobeams vgl. R. ALBERTZ, Religionsgeschichte 1 (s. o. Anm. 86) 220–226.

[174] So 1 Kön 14,9; 2 Kön 17,16; Neh 9,18; Ps 106,19–21. – Vgl. Dtn 9,12. 16; Hos 8,5 f; 13,2.

[175] 1 Kön 15,30. 34; 16,2. 7. 19. 26. 31; 21,22; 22,53; 2 Kön 3,3; 10,29. 31;13,2. 6. 11; 14,24; 15,9. 18. 24. 28; 17,21 f; 23,15.

[176] Eine markante Ausnahme ist aber der ägyptische König Echnaton (1360–1340 v. Chr.).

[177] Vgl. J. ASSMANN, MA`AT (s. o. Anm. 109) 22 f.

[178] E. BLOCH, Prinzip Hoffnung. Bd. 1, Frankfurt am Main 1970, 1.

[179] Joh 6,43; 1 Kor 10,10; Phil 2,14; 1 Petr 4,9. – Vgl. Mt 20,11; Lk 5,30; 15,2; 19,7; Joh 6,41. 61; 7,12. 32; Apg 6,1; Jud 16.

[180] 1 Kor 10,1–6. 10. – Obwohl Paulus auch an Heidenchristen schreibt, spricht er von *„unseren Vätern"*. Die Kirche gehört also Israel an, bzw. sie *ist* das endzeitliche Israel.

[181] Für die folgende Hosea-Interpretation halte ich mich an N. LOHFINK, „Ich komme nicht in Zornesglut" (Hos 11,9). Skizze einer synchronen Leseanweisung für das

Hoseabuch, in: Ce Dieu qui vient. Mélanges offerts à Bernhard Renaud (Lectio Divina 159), Paris 1995, 163–190.

[182] N. LOHFINK, „Ich komme nicht in Zornesglut" (s. o. Anm. 181) 188.

[183] Genau genommen ist Amos „Maulbeerfeigenritzer" (Am 7,14). Man ritzte die Maulbeerfeigen am Baum an, damit sie zum Schutz der Wunde einen harzigen Saft produzierten und auf diese Weise süßer wurden. Amos hat das Anritzen wohl in großem Stil organisiert und die Maulbeerfeigen dann verkauft.

[184] Vgl. H. W. WOLFF, Dodekapropheton 2. Joel und Amos (BK XIV 2), Neukirchen-Vluyn 1969, 354.

[185] H. WILDBERGER, Jesaja 3. Teilband (BK X 3), Neukirchen-Vluyn 1982, 1586 f.

[186] Vgl. zum folgenden N. LOHFINK, Gab es eine deuteronomistische Bewegung?, in: DERS., Studien III (s. o. Anm. 91) 65–142, dort 111–117.

[187] Eine Verdichtung der damaligen Vorgänge findet sich in 2 Kön 22 f.

[188] Vgl. R. ALBERTZ, Religionsgeschichte 1 (s. o. Anm. 86) 317.

[189] N. LOHFINK, Gab es eine deuteronomistische Bewegung? (s. o. Anm. 186) 115.

[190] Ri 5,4 f und Ps 68; vgl. Dtn 33,2.

[191] Vgl. G. LOHFINK, Wem gilt die Bergpredigt? (s. o. Anm. 151) 104–107.

[192] Lumen gentium 8.

[193] Vgl. N. LOHFINK, Das Königtum Gottes und die politische Macht. Zur Funktion der Rede vom Gottesreich bis zu Jesus von Nazaret, in: DERS., Das Jüdische (s. o. Anm. 57), 71–102, dort 77–79.

[194] Vgl. J. JEREMIAS, Schöpfung in Poesie und Prosa des Alten Testaments. Gen 1–3 im Vergleich mit anderen Schöpfungstexten des Alten Testaments, in: JBTh 5 (1990) 11–36, dort 13.

[195] R. ALBERTZ, Religionsgeschichte 1 (s. o. Anm. 86) 112.

[196] Ri 5,11.13. – Vgl. N. LOHFINK, Beobachtungen zur Geschichte des Ausdrucks 'am jhwh, in: DERS., Studien zur biblischen Theologie (SBAB 16), Stuttgart 1993, 99–132, dort 102. 106. 120; R. ALBERTZ, Religionsgeschichte 1 (s. o. Anm. 86) 125 f.

[197] 2 Sam 5,1–5. – Unter Saul war Israel noch kein Staat. Saul war zwar gesalbter und durch Akklamation anerkannter König (1 Sam 10,24). Er konnte jedoch noch keine Zentralgewalt installieren.

[198] R. ALBERTZ, Religionsgeschichte 1 (s. o. Anm. 86) 165 f.

[199] Vgl. 1 Kön 5,27–30; 11,28; 12,1–19. Demgegenüber darf man 1 Kön 9,20–22 wohl kaum ins Feld führen.

[200] Zum Aufstand Abschaloms vgl. 2 Sam 15–18, zum Aufstand Schebas 2 Sam 20,1–22.

[201] Vgl. im einzelnen R. ALBERTZ, Religionsgeschichte 1 (s. o. Anm. 86) 185–187.

[202] 1 Kön 12,18. – Zur Lossagung der Nordstämme von Juda vgl. R. ALBERTZ, Religionsgeschichte 1 (s. o. Anm. 86) 215–219.

203 Vgl. R. ALBERTZ, Religionsgeschichte Israels in alttestamentlicher Zeit 2 (ATD Ergänzungsreihe 8 / 2), Göttingen 1992, 475 f.

204 R. ALBERTZ, Religionsgeschichte 2 (s. o. Anm. 203) 505.

205 Vgl. N. LOHFINK, Das Jüdische (s. o. Anm. 57) 252 Anm. 89.

206 Vgl. F. CRÜSEMANN, Tora (s. o. Anm. 122) 75.

207 Ausführlicher: A. KASHER, Diaspora I / 2. Frühjüdische und rabbinische Zeit, in: TRE 8, 711–717, dort 712.

208 PHILO, In Flaccum 43.

209 Vgl. für diese Angaben M. HENGEL, Proseuche und Synagoge. Jüdische Gemeinde, Gotteshaus und Gottesdienst in der Diaspora und in Palästina, in: G. JEREMIAS – H.-W. KUHN – H. STEGEMANN, Tradition und Glaube. Das frühe Christentum in seiner Umwelt. FS K.G. KUHN, Göttingen 1971, 157–184, dort 158. 167; ferner W. SCHRAGE, *synagōgē*, in: ThWNT VII 798–850, dort 811.

210 L. I. LEVINE, The Nature and Origin of the Palestinian Synagogue reconsidered: JBL 115 (1996) 425–448.

211 CIJ II 1404. Übersetzung im Anschluß an F. HÜTTENMEISTER.

212 Zum hellenistisch-römischen Vereinswesen vgl. vor allem P. HERRMANN – J. H. WASZINK – C. COLPE – B. KÖTTING, Genossenschaft, in: RAC 10 (1978) 83–155.

213 Wichtig ist JOSEPHUS, Antiquitates XIV 10, 8 (215). Vgl. H. BOTERMANN, Das Judenedikt des Kaisers Claudius. Römischer Staat und *Christiani* im 1. Jahrhundert (Hermes. Einzelschriften 71), Stuttgart 1996, 52 Anm. 138; 119 f Anm. 373.

214 Vgl. A. KASHER, Diaspora (s. o. Anm. 207) 714 f.

215 ARISTOTELES, Nikomachische Ethik VIII 11 (1160 a).

216 Vgl. E. SCHÜRER, Geschichte des jüdischen Volkes im Zeitalter Jesu Christi Bd. 3, Leipzig 1909, 112–117.

217 PHILO, Legatio ad Gaium 281; vgl. In Flaccum 46.

218 J. RATZINGER, Ergebnisse und Probleme der dritten Konzilsperiode, Köln (Bachem) 1965, 31 f.

219 BABYLONISCHER TALMUD, Sanhedrin 98 b.

220 Die folgende Auslegung ist angeregt durch E. LÉVINAS, Textes messianiques, in: DERS., Difficile liberté. Essais sur le judaisme (biblio essais 4019) 1976, 89–139, dort 123 f.

221 Für die folgenden Abschnitte und auch für III 2 greife ich zurück auf G. LOHFINK, Das Neue am Neuen Testament, in: „Wenn das Salz seine Kraft verliert". Ein Kirchenjahr mit der Integrierten Gemeinde in Paderborn Nr. 2, Urfeld 1992, 11–39. Der damalige Text ist hier erweitert und überarbeitet.

222 Im „Gotteslob", dem offiziellen Gebet- und Gesangbuch der deutschsprachigen Bistümer, heißt es in einem Lied zur Eucharistie von M. L. THURMAIR: „Das Gesetz der Furcht muß weichen, da der neue Bund begann; Mahl der Liebe ohnegleichen: nehmt

im Glauben teil daran" (GL Nr. 544,5). In der Vorlage, dem lateinischen *Pange lingua* des THOMAS VON AQUIN hatte es anders geheißen: *et antiquum documentum novo cedat ritui; praestet fides supplementum sensuum defectui* – wobei unter dem *documentum* das Osterlammritual, unter dem *novus ritus* das Abendmahl Jesu zu verstehen ist. – Vielleicht geht das Schema *Altes Testament = Furcht / Neues Testament = Liebe* auf Augustinus zurück, der allerdings mit einer berühmt gewordenen Formel einschränkt: *Multum et solide significatur ad vetus testamentum timorem potius pertinere sicut ad novum dilectionem, quamquam et in vetere novum lateat et in novo vetus pateat:* Quaest. in Hept. 2,73 (CCSL 33, 106).

223 Die „Furcht" in Röm 8,15 ist nicht Folge des *Gesetzes,* sondern der *Sünde,* die allerdings durch das Gesetz aufgedeckt wird.

224 Nächstenliebe: Lev 19,18 – Fürsorge für den Feind: Ex 23,4 f.

225 Ausführlicher zu dieser Position G. LOHFINK, Wie hat Jesus Gemeinde gewollt? (s. o. Anm. 92) 11–16; DERS., Die Korrelation von Reich Gottes und Volk Gottes bei Jesus, in: DERS., Studien (s. o. Anm. 61) 77–90, dort 77–83.

226 Vgl. auch Jer 31,29 f. – Bei Jeremia und Ezechiel geht es um persönliche Sünde. Daß die Folgekosten der Sünde durchaus auf die nächste Generation übergehen, wissen wir wieder besser, seit uns die Problematik der Umweltverschmutzung vor Augen steht. Von den Folgekosten der Sünde sprechen Ex 20,5; 34,7; Num 14,18.

227 Vor allem in Dtn 9,1–8. Vgl. G. BRAULIK, Gesetz als Evangelium. Rechtfertigung und Begnadigung nach der deuteronomischen Tora: ZThK 79 (1982) 127–160. Vgl. ferner O. HOFIUS, „Rechtfertigung des Gottlosen" als Thema biblischer Theologie, in: DERS., Paulusstudien (WUNT 51) Tübingen 1989, 121–147.

228 Diese Bücheranordnung wird in denjenigen Bibelausgaben, die zwischen Maleachi und Matthäus die sogenannten „Apokryphen des Alten Testamentes" einschieben, verdeckt.

229 Für das Folgende vgl. N. LOHFINK, Moses Tod, die Tora und die alttestamentliche Sonntagslesung: ThPh 71 (1996) 481–494.

230 Vgl. jetzt vor allem D. TROBISCH, Die Endredaktion des Neuen Testaments. Eine Untersuchung zur Entstehung der christlichen Bibel (NTOA 31), Freiburg i. d. Schw./ Göttingen 1996.

231 Vgl. Mt 3,1–4; Mk 1,4–6.

232 Der springende Punkt ist, daß man in der Wüste nicht ständig Nester von wilden Bienen und größere Mengen von Heuschrecken findet. Betont wird also, daß der Täufer – wie einst Israel in der Wüste – ganz aus der Hand Gottes lebt.

233 Mt 3,13–17; Mk 1,9–11; Lk 3,21 f. Im Johannesevangelium wird die Taufe Jesu nicht direkt, sondern indirekt durch den Täufer erzählt: 1,29–34.

234 Jes 42,1–4. – Von der Textgattung her geht es hier um eine Präsentation des Gottesknechtes vor der himmlischen Ratsversammlung. Das bedeutet Unabänderlichkeit des göttlichen Beschlusses und zugleich „Öffentlichkeit".

235 In der alttestamentlichen Exegese wird der Gottesknecht der sogenannten Gottes-
knechtslieder, zu denen auch Jes 42,1–9 gehört, derzeit häufiger individuell (etwa auf
die Person eines Propheten) als kollektiv auf Israel gedeutet. Sicher ist diese Interpretation jedoch keineswegs – zumindest nicht für den Endtext. Denn im Kontext der Got-
tesknechtslieder ist mit dem Gottesknecht stets Israel gemeint. Vgl. 41,8 f; 42,19; 44,1
f. 21; 45,4. 48,20.

236 Vgl. Mt 4,4 = Dtn 8,3; Mt 4,7 = Dtn 6,16; Mt 4,10 = Dtn 5,9; 6,13.

237 Mt 4,11 par Mk 1,13.

238 Vgl. U. MELL, Jesu Taufe durch Johannes (Markus 1,9–15) – zur narrativen Christologie vom neuen Adam: BZ 40 (1996) 161–178, dort 177.

239 Vgl. U. MELL, Jesu Taufe (s. o. Anm. 238) 176; H. MERKLEIN, Die Jesusgeschich-
te – synoptisch gelesen (SBS 156), Stuttgart 1994, 19.

240 Mk 1,15 par Mt 4,17. Bei Lukas erfolgt die Proklamation in veränderter Form innerhalb der Antrittspredigt Jesu in Nazaret. Vgl. Lk 4,21.

241 Vgl. die klare und differenzierte Position von P. STUHLMACHER, Biblische Theologie (s. o. Anm. 134) 70: „Die *basileia* besteht in der Herrschaft Gottes über das Gottesvolk der Endzeit, das Jesus als der messianische Menschensohn selbst zu sammeln
beginnt."

242 Vgl. Mk 1,16–20; Mt 4,18–22; Joh 1,35–51. – Nur Lukas weicht von dieser
Sequenz ab. Er schiebt vor die erste Jüngerberufung (5,1–11) den Tag von Kafarnaum
ein (4,31–44).

243 Vgl. Anm. 242.

244 TERTULLIAN, Adv. Marc. IV 33,8: *in evangelio est dei regnum Christus ipse.*

245 ORIGENES, In Matt. comm. XIV 7 (zu Mt 18,23): „Und wie er die Weisheit selbst
und die Gerechtigkeit selbst und die Wahrheit selbst ist, so ist er vielleicht auch die
Königsherrschaft selbst." (Übersetzung: H. J. VOGT)

246 Vorsichtiger und glücklicher formuliert H. MERKLEIN, wenn er sagt, Jesus trete auf
als der „Repräsentant der Basileia": DERS., Jesu Botschaft von der Gottesherrschaft.
Eine Skizze (SBS 111), Stuttgart ²1984, 65. 72.

247 J. RATZINGER, Zur Gemeinschaft gerufen. Kirche heute verstehen, Freiburg i. Br.
1991, 104–109.

248 Das ist auch in Mt 4,17 so. Hier steht zwar der Umkehrruf voran; durch das „denn"
ist aber das „Zuvor" der Gottesherrschaft festgehalten.

249 Im Alten Testament haben sich die Erfahrungen unter Antiochus IV. vor allem in
der Apokalyptik des Buches Daniel niedergeschlagen. – Zum Phänomen der Apokalyptik vgl. I 7 in diesem Buch.

250 Vgl. M. REISER, Die Gerichtspredigt Jesu. Eine Untersuchung zur eschatologischen Verkündigung Jesu und ihrem frühjüdischen Hintergrund (NTA 23), Münster
1990, 9; K. ERLEMANN, Naherwartung und Parusieverzögerung im Neuen Testament.
Ein Beitrag zur Frage religiöser Zeiterfahrung (TANZ 17), Tübingen 1995, 53–79.

251 Übersetzung: G. DALMAN, Die Worte Jesu, Leipzig 1898, 305.

252 Die nächsten Abschnitte über die Kana-Perikope folgen G. LOHFINK, Das Weinwunder zu Kana. Eine Auslegung von Joh 2,1–12: GuL 57 (1984) 169–182 = DERS., Gottes Taten gehen weiter. Geschichtstheologie als Grundvollzug neutestamentlicher Gemeinden, Freiburg i. Br. 1985, 47–78.

253 Vgl. Jes 35,2; 40,5; 60,1. 5; 62,2; 66,18.

254 Vgl. Joh 1,14; 12,41.

255 Vgl. Joh 1,14; 17,5 und vor allem 12,37–43.

256 Speisung der Fünftausend: Mk 6,30–44; Mt 14,13–21; Lk 9,10–17; Joh 6,1–15. Die Speisung der Viertausend ist eine Variante: Mk 8,1–10; Mt 15,32–39.

257 Für die Auslegung von Mk 6,30–44 folge ich größtenteils G. LOHFINK, Wie werden im Reich Gottes die Hungernden satt? Zur Erzählintention von Mk 6,30–44, in: J. J. DEGENHARDT (Hrsg.), Die Freude an Gott – unsere Kraft. FS OTTO KNOCH, Stuttgart 1991, 135–144. – Vgl. zu Mk 6,30–44 besonders auch R. PESCH, Über das Wunder der Brotvermehrung, oder: Gibt es eine Lösung für den Hunger in der Welt? Frankfurt a. M. 1995.

258 Pea VIII 7. Vgl. dazu A. BEN-DAVID, Talmudische Ökonomie. Die Wirtschaft des jüdischen Palästina zur Zeit der Mischna und des Talmud, Bd. 1, Hildesheim / New York 1974, 300. 306.

259 Belege bei J. GNILKA, Das Evangelium nach Markus 1 (EKK II 1), Zürich / Neukirchen-Vluyn 1978, 260 f.

260 J. RATZINGER, Einführung in das Christentum. Vorlesungen über das Apostolische Glaubensbekenntnis, München 1968, 210–214. – Vgl. auch H. U. VON BALTHASAR, Herrlichkeit. Eine theologische Ästhetik III 2 / 2, Einsiedeln 1969, 396–404.

261 J. RATZINGER, Einführung (s. o. Anm. 260) 212.

262 In Anlehnung an J. RATZINGER, Einführung (s. o. Anm. 260) 214.

263 Vgl. Mk 10,30.

264 Vgl. besonders Joh 12,23 f; 13,31 f; 17,1.

265 Vgl. M. THEOBALD, Die überströmende Gnade. Studien zu einem paulinischen Motivfeld (fzb 22), Würzburg 1982. Ich verdanke dem Buch von M. THEOBALD die Überschrift für dieses Kapitel.

266 Vgl. Jes 9,2; Ps 126,6; 129,8.

267 Zu dieser gesellschaftlichen Entwicklung in Palästina vgl. H. G. KIPPENBERG, Religion und Klassenbildung im antiken Judäa. Eine religionssoziologische Studie zum Verhältnis von Tradition und gesellschaftlicher Entwicklung (StUNT 14), Göttingen 1978, 146–155.

268 Zur „Vernunft" des jesuanischen Ethos vgl. G. LOHFINK, Wem gilt die Bergpredigt? (s. o. Anm. 151) 128–132.

269 Mk 10,18. – Die matthäische Fassung (Mt 19,17: „Nur einer ist der Gute") steht im unmittelbaren Kontext der Parabel von den Arbeitern im Weinberg.

270 Mk 2,16. – Vgl. Lk 7,34; 15,2; 19,7.

271 Nach Galiläa: Mk 1,14 – Nachfolge: Mk 1,16–20; Lk 8,1–3 – Wahl der Zwölf: Mk 3,13–19 – Aussendung der Zwölf: Mk 6,6–13 – neue Familie: Mk 3,31–35 – Berührung von Kranken: Mk 1,31. 41; 5,41 – Handauflegung: Mk 6,5 – Finger in die Ohren: Mk 7,33 – Speichel: Mk 7,33; Joh 9,6 – Kind in die Mitte: Mk 9,36 – Segnung von Kindern: Mk 10,13–16 – Zöllnermahl: Mk 2,13–17 – Brotvermehrung: Mk 6,32–44 – Einzug in Jerusalem: Mk 11,1–11 – Feigenbaum: Mk 11,12–14 – Tempelaktion: Mk 11,15–19; Joh 2,13–22 – Fußwaschung: Joh 13,1–20 – letztes Mahl: Mk 14,17–25.

272 Vgl. vor allem die Arbeit von M. TRAUTMANN, Zeichenhafte Handlungen Jesu. Ein Beitrag zur Frage nach dem geschichtlichen Jesus (fzb 37), Würzburg 1980.

273 P. BROWN, Welten im Aufbruch. Die Zeit der Spätantike. Von Mark Aurel bis Mohammed, Bergisch Gladbach 1980, 122.

274 ATHANASIUS, Vita s. Antonii 45.

275 Vgl. J. RATZINGER, in: „Pastoralblatt", Köln, März 1988, zitiert bei R. PESCH, Über das Wunder der Brotvermehrung (s. o. Anm. 257) 40.

276 Autoren bei G. LOHFINK, Jesus und die Kirche, in: W. KERN – H. J. POTTMEYER – M. SECKLER, Handbuch der Fundamentaltheologie Bd. 3. Traktat Kirche, Freiburg i. Br. 1986, 49–96, dort 85 Anm. 141.

277 Ausführlicher zu diesem Thema: G. LOHFINK, Die Not der Exegese mit der Reich-Gottes-Verkündigung Jesu: ThQ 168 (1988) 1–15, dort 12–14 = DERS., Studien (s. o. Anm. 61) 383–402, dort 397–400.

278 Vgl. für das Ineinander von „Werk des Vaters", „Werk des Sohnes" und den „Werken der Glaubenden" Joh 5,19. 20. 36; 9,3. 4; 10,32. 37; 14,10. 12;17,4.

279 Autoren bei G. LOHFINK, Jesus und die Kirche (s. o. Anm. 276) 93 Anm. 172.

280 A. LOISY, L' Évangile et l' Église, Bellevue ²1903, 115. – Zur Interpretation des meist falsch ausgelegten Satzes vgl. G. HEINZ, Das Problem der Kirchenentstehung in der deutschen protestantischen Theologie des 20. Jahrhunderts (tts 4), Mainz 1974, 122–139.

281 Zum Sinn und zur Notwendigkeit des Institutionellen im Volk Gottes vgl. bes. M. KEHL, Kirche als Institution, in: W. KERN – H. J. POTTMEYER – M. SECKLER, Handbuch (s. o. Anm. 276), 176–197.

282 Wahrscheinlich zog Jesus während seiner öffentlichen Wirksamkeit mehrere Male mit seinen Jüngern nach Jerusalem. Vgl. Joh 2,13. 23; 5,1; 7,10; 11,55; 12,1.

283 Das Folgende ist ausführlicher behandelt bei G. LOHFINK – R. PESCH, Volk Gottes als „Neue Familie", in: J. ERNST – S. LEIMGRUBER (HRSG.), Surrexit Dominus vere. Die Gegenwart des Auferstandenen in seiner Kirche. FS Erzbischof Johannes Joachim Degenhardt, Paderborn 1995, 227–242. Ich lehne mich in mehreren Abschnitten an diesen Aufsatz an.

284 Vgl. hierzu N. LOHFINK, Kirchenträume. Reden gegen den Trend, Freiburg i. Br. 1982, 40.

[285] Mt 12,49 verdeutlicht: „Er streckte die Hand über seine Jünger aus."

[286] Vgl. B. LANG, Ehe, in: NBL I 475–478, dort 476.

[287] Ausführlicher: G. LOHFINK, Wem gilt die Bergpredigt? (s. o. Anm. 151) 119–132. Vgl. jetzt auch J. ROLOFF, Die Kirche im Neuen Testament (NTD Ergänzungsreihe 10), Göttingen 1993, 37–46.

[288] Vgl. etwa Ex 18,25; 1 Sam 12,6; 1 Kön 12,31; 13,33; 2 Chr 2,17.

[289] Vgl. Jes 41,20; 43,1.19.

[290] Indem sie aus der Aussendungsrede der Logienquelle das „Nahegekommen ist die Basileia" (Mt 10,7 par Lk 10,9) verwenden.

[291] Vgl. H.- J. KLAUCK, Die Auswahl der Zwölf (Mk 3,13–19), in: DERS., Gemeinde - Amt - Sakrament. Neutestamentliche Perspektiven, Würzburg 1989, 131–136, dort 136.

[292] Genauso stellt es die Apostelgeschichte dar. Vgl. G. LOHFINK, Die Sammlung Israels. Eine Untersuchung zur lukanischen Ekklesiologie (StANT 39), München 1975, bes. 93–99. – In Mt 16,18 steht das „Bauen" der Ekklesia im Futur.

[293] Ausführlicher: G. LOHFINK, Jesus und die Kirche (s. o. Anm. 276) 94 f.

[294] Jünger = Christ: Apg 6,7; 9,1. 10. 26 b; 16,1; 21,16 b – Jünger = Mitglied der Gemeinde: Apg 6,1; 11,29; 19,30; 20,30; 21,16 a – die Jünger = Gemeinde: 6,2; 9,19. 26 a. 38; 13,52; 14,22. 28; 18,23. 27; 20,1; 21,4.

[295] In früheren Veröffentlichungen habe ich selbst Kirche und Jüngerschaft weitgehend identifiziert. Vgl. etwa G. LOHFINK, Wem gilt die Bergpredigt? (s. o. Anm. 151) 32–35. 73. Das vorliegende Kapitel korrigiert den damaligen Ansatz.

[296] Vgl. Mk 1,17; 2,14; 10,21; Lk 9,59; Joh 1,43.

[297] Das ist oft betont worden. Vgl. das zum Thema „Nachfolge" grundlegende Buch von M. HENGEL, Nachfolge und Charisma. Eine exegetisch-religionsgeschichtliche Studie zu Mt 8,21 f. und Jesu Ruf in die Nachfolge (BZNW 34), Berlin 1968, 66. 68.

[298] Vgl. Apg 1,22 f; Lk 24,18; Joh 19,38; 1,45–49; 21,2; Mk 15,40 f; Lk 8,1–3.

[299] Lk 10,1. 17. – Die handschriftliche Überlieferung schwankt zwischen 70 und 72. Sollte die Zahl 72 ursprünglich sein, was aber weniger wahrscheinlich ist, dürften die 72 Völker von Gen 10 LXX (MT: 70) im Blick sein.

[300] Ausführlicher: G. LOHFINK, Die Sammlung Israels (s. o. Anm. 292) 68–70; DERS., Die Himmelfahrt Jesu. Untersuchungen zu den Himmelfahrts- und Erhöhungstexten bei Lukas (StANT 26), München 1971, 178–181.

[301] Levi: Mk 2,13–17 – Zachäus: Lk 19,1–10. – In Lk 19,8 schildert Zachäus nicht sein bisheriges Wohlverhalten, sondern legt ein Versprechen für die Zukunft ab.

[302] Für die Freundschaft zwischen Jesus und der Familie des Lazarus vgl. Joh 11,3. 5; für das Weinen Jesu 11,35.

[303] JOSEPHUS, Antiquitates 20,118–136 = Bellum Judaicum 2,232–246. – Vgl. M. HENGEL, Die Zeloten. Untersuchungen zur jüdischen Freiheitsbewegung in der Zeit von Herodes I. bis 70 n. Chr. (AGJU 1), Leiden ²1976, 353 Anm. 5: „Das Ganze

ereignete sich im Herbst 51 n. Chr. Nach den Antt. wurden mehrere Juden getötet, doch ist dies wohl eine apologetische Korrektur."

304 Die Aussendungsrede findet sich im Neuen Testament in verschiedenen Überlieferungsformen und -stufen. Vgl. Mt 10,5–42; Mk 6,8–11; Lk 9,3–5; 10,2–16.

305 Vgl. im einzelnen G. LOHFINK, Wie hat Jesus Gemeinde gewollt? (s. o. Anm. 92) 66 f; I. BOSOLD, Pazifismus und prophetische Provokation. Das Grußverbot Lk 10,4 b und sein historischer Kontext (SBS 90), Stuttgart 1978, 88. 91.

306 Vgl. Mt 10,2; Mk 6,30; Lk 6,13; 9,10; 17,5; 22,14; 24,10. – Der älteste Apostelbegriff ist wesentlich weiter gefaßt.

307 Zu *laos* bei Lukas ausführlicher G. LOHFINK, Sammlung Israels (s. o. Anm. 292) 34–37. 49 f. 57.

308 Ausführlicher: G. LOHFINK, Sammlung Israels (s. o. Anm. 292) 64 f.

309 S. o. Anm. 306.

310 Vgl. G. WENZELMANN, Nachfolge und Gemeinschaft. Eine theologische Grundlegung des kommunitären Lebens (CThM. PT 21), Stuttgart 1994, 45.

311 Der folgende Absatz ist formuliert in Anlehnung an G. LOHFINK, Wie hat Jesus Gemeinde gewollt? (s. o. Anm. 92) 52.

312 Ausführlicher zum biblischen Begriff der „Vollkommenheit": G. LOHFINK, Wem gilt die Bergpredigt? (s. o. Anm. 151) 69–75.

313 Vgl. R. PESCH, Das Markusevangelium I (HThK II 1), Freiburg i. Br. 1976, 173.

314 Mt 10,2; Lk 6,13; vgl. Apg 1,26.

315 Vgl. J. RATZINGER, Zur Gemeinschaft gerufen (s. o. Anm. 247) 104–109.

316 Vgl. Mal 3,23 f; Sir 48,10 f.

317 Wichtig sind Mt 5,38–47; Mk 12,13–17; Mk 4,26–29 (die Gottesherrschaft reift heran; sie ist nicht durch zelotischen Kampf herbeizuzwingen); Lk 10,4 (der Verzicht auf Schuhwerk macht jede Aggression und jede Flucht unmöglich und signalisiert deshalb – im Gegensatz zur Haltung der Zeloten – absolute Friedensbereitschaft). Vgl. P. STUHLMACHER, Biblische Theologie I (s. o. Anm. 134) 145.

318 Vgl. demgegenüber die 14. Bitte der Tefillah: „Erbarme dich (…) über Jerusalem, deine Stadt, und über den Zion, die Stätte deiner Herrlichkeit, und über deinen Tempel, deine Wohnung, und über das Königreich des Hauses Davids (…)."

319 Vgl. Dan 8,19. 23–25 und zum Ganzen O. H. STECK, Weltgeschehen und Gottesvolk im Buche Daniel, in: FS GÜNTHER BORNKAMM (s. o. Anm. 28) 53–78, dort 65–71.

320 Vgl. Dan 7,17–27. – Mit dem Volk der Heiligen des Höchsten „sind die Israeliten bzw. die wahren, verständigen Israeliten gemeint (selbst wenn sie zusammen mit ihren Engeln oder ihrem Engel Michael zu sehen sind oder wenn in einer Vorstufe einmal nur diese Engelmächte gemeint gewesen sein sollten)." So N. LOHFINK, Der Begriff des Gottesreichs vom Alten Testament her gesehen, in: DERS., Studien zur biblischen Theologie (s.o. Anm. 196) 152–205, dort 198 Anm. 118.

321 Vgl. P. STUHLMACHER, Biblische Theologie I (s. o. Anm. 134) 121.

322 In der kerygmatischen Sprache des Neuen Testaments gibt es die Aussage, daß Gott selbst seinen Sohn „dahingegeben" habe. Vgl. vor allem Röm 8,32. Sätze dieser Art widersprechen nicht dem hier Gesagten. Sie wollen die menschliche Urheberschaft am Tod Jesu keinesfalls leugnen, sondern gerade den Verzicht Gottes herausstellen, mit seiner Macht die Geschichte von außen zu manipulieren. Indem Gott den Menschen die Freiheit einräumt, das Böse zu tun und sogar Jesus zu töten, gibt er sich preis, gibt er seinen Sohn preis und erreicht gerade in dieser Preisgabe sein Ziel.

323 H. W. BEYER, *diakoneō*, in: ThWNT II 81–93, dort 83.

324 PLATON, Gorgias 491 e.

325 Ez 21,7. Vgl. aber auch Gen 31,21; Jer 42,15. 17; 44,12; Dan 11,17 und vor allem 2 Kön 12,18. Zum gesamten sprachlichen Hintergrund von Lk 9,51 f vgl. G. LOHFINK, Himmelfahrt Jesu (s. o. Anm. 300) 212–217.

326 Vgl. K. MÜLLER, Anmerkungen zum Verhältnis von Tora und Halacha im Frühjudentum, in: E. ZENGER (Hrsg.), Die Tora als Kanon für Juden und Christen (HBSt 10), Freiburg i. Br. 1996, 257–291, dort bes. 268 f. 283.

327 Wenn J. ADNA mit seinen Untersuchungen zum herodianischen Tempel und zur Tempelaktion Jesu recht hat, spielte sich der Handel im Tempel nicht im Vorhof der Heiden, sondern in der eigens für Handelszwecke errichteten königlichen Säulenhalle ab. Wahrscheinlich sind weder in dieser Säulenhalle noch im Vorhof der Heiden Opfertiere aufgetrieben worden. Die Opfertierhändler verkauften vielmehr eine Art „Gutschein", den man Leviten aushändigte, die dann ihrerseits fehlerfreie Tiere von den außerhalb des Tempels liegenden Viehmärkten besorgten und zur Schlachtung führten. Jesu Tempelaktion will den gesamten Opferhandel beenden. – Ich danke P. STUHLMACHER für diese Hinweise. Die Untersuchungen J. ADNAS werden demnächst veröffentlicht.

328 Vgl. Ps 96; Jes 2,2–5; 25,6–8; 56,1–8; 60; 66,18–24; Jer 3,17; 16,19–21; Mi 4,1–5; Zef 3,9 f; Sach 2,15; 8,20–23; 14,16 f u. ö.

329 Mk 13,2; Mt 24,2; Lk 21,6; vgl. Lk 19,44.

330 Vgl. vor allem 1 Kor 3,9. 16 f. – Auch die Essener hatten ihre Gemeinschaft als endzeitlichen Tempel verstanden. Vgl. 1 QS 8,4–10; CD 3,19 u. ö.

331 Zum Begriff „Verführer" vgl. Mt 27,63; Joh 7,12. 47; JUSTIN, Dialog 69,7; 108,2. – Zum historischen Problem: A. STROBEL, Die Stunde der Wahrheit. Untersuchungen zum Strafverfahren gegen Jesus (WUNT 21), Tübingen 1980, 81–92.

332 Zitiert in Anlehnung an G. DALMAN, Jesus-Jeschua, Leipzig 1922, 127 f. Das Alter des Spruches ist freilich umstritten. Mit einer späten Entstehung rechnet G. STEMBERGER, Pesachhaggada und Abendmahlsberichte des Neuen Testaments, in: DERS., Studien zum rabbinischen Judentum (SBAB 10), Stuttgart 1990, 357–374, dort 360 f. Immerhin legt Ex 13,8 (vgl. Ex 12,26 f) nahe, daß es schon früh ein Pesach-Ritual mit ausführlichen Deutungen gegeben hat.

333 Zum Ablauf des Pesach-Mahls vgl. J. JEREMIAS, Die Abendmahlsworte Jesu, Göttingen ³1960, 78–82. – Daß Mk 14,22–25 integraler Teil eines umfangreicheren Textes ist, der Jesu letztes Mahl als Pesach-Mahl verstand, hat R. PESCH gezeigt. Zuletzt: DERS., Das Evangelium in Jerusalem: Mk 14,12–26 als ältestes Überlieferungsgut der Urgemeinde, in: P. STUHLMACHER (Hrsg.), Das Evangelium und die Evangelien. Vorträge vom Tübinger Symposium 1982 (WUNT 28), Tübingen 1983, 113–155, dort bes. 146–155.

334 Lk 22,19–20; 1 Kor 11,23–26.

335 Im Targum Onkelos (ähnlich im Targum Jerusch. I) heißt es zu Ex 24,8: „Mose nahm das Blut und sprengte es auf den Altar, um für das Volk Sühnung zu schaffen, und er sprach: Siehe, das ist das Blut des Bundes, den der Herr mit euch auf Grund aller dieser Worte geschlossen hat." Vgl. P. STUHLMACHER, Biblische Theologie I (s. o. Anm. 134) 137.

336 Innerhalb von Jes 52,13–53,12 begegnen die „Vielen" in 52,14. 15 und 53,11. 12 a e. Dabei zeigt 52,15, daß es um die „Völker" geht. Im übrigen ist zu bedenken: Schon innerhalb des Alten Testamentes selbst kann das substantivische die „Vielen" sowohl für das endzeitliche Israel (Dan 9,27; 11,33; 12,3) als auch für die „Vielen" aus den Heidenvölkern (Jes 52 f) stehen. Ähnlich offen ist der Ausdruck im Neuen Testament: Bei der Abendmahlsüberlieferung kann zunächst nur Israel gemeint sein, in Mt 8,11 hingegen geht es eindeutig um die Völker. Vgl. auch Mk 10,45 mit 1 Tim 2,6.

337 So P. FIEDLER, Sünde und Vergebung im Christentum: Conc (D) 10 (1974) 568–571; DERS., Jesus und die Sünder (BET 3), Frankfurt / Bern 1976, 277–281; W. ZAGER, Wie kam es im Urchristentum zur Deutung des Todes Jesu als Sühnegeschehen?: ZNW 87 (1996) 165–186, dort 179. 184.

338 Vgl. zum Folgenden auch R. PESCH, Das Abendmahl und Jesu Todesverständnis (QD 80), Freiburg i. Br. 1978, 103–111.

339 Vgl. M. REISER, Gerichtspredigt (s. o. Anm. 250) 313 f.

340 R. PESCH, Abendmahl (s. o. Anm. 338) 106.

341 Vgl. H. GESE, Die Sühne, in: DERS., Zur biblischen Theologie. Alttestamentliche Vorträge (BEvTh 78), München ³1989, 85–106; B. JANOWSKI, Sühne als Heilsgeschehen. Studien zur Sühnetheologie der Priesterschrift und zur Wurzel KPR im Alten Orient und im Alten Testament (WMANT 55), Neukirchen-Vluyn 1982; DERS., Stellvertretung. Alttestamentliche Studien zu einem theologischen Grundbegriff (SBS 165), Stuttgart 1997; P. STUHLMACHER, Biblische Theologie I (s. o. Anm. 134) 136–143.

342 Ex 24,4–11.

343 Jer 31,31–34; Ez 16,59–63; 37,21–28.

344 Jes 52,13–53,12.

345 R. BULTMANN, Neues Testament und Mythologie. Das Problem der Entmythologisierung der neutestamentlichen Verkündigung, in: H.-W. BARTSCH (Hrsg.), Keryg-

ma und Mythos. Ein theologisches Gespräch, Bd. 1, Hamburg ⁵1967, 15–48, hier 20; vgl. auch 42.

346 Vgl. die umfassend informierende Arbeit von K.-H. MENKE, Stellvertretung. Schlüsselbegriff christlichen Lebens und theologische Grundkategorie, Einsiedeln 1991, 17. Er greift an dieser Stelle zurück auf D. SÖLLE, Stellvertretung. Ein Kapitel Theologie nach dem „Tode Gottes", Stuttgart ²1982.

347 Vgl. I. KANT, Kritik der praktischen Vernunft A 54 (Akademie-Ausgabe, Berlin 1902 ff, Bd. 5 S. 30): „Er (= einer, der in einer schwierigen Situation nach seinem Gewissen entscheiden muß, d. Verf.) urteilt also, daß er etwas kann, darum weil er sich bewußt ist, daß er es soll, und erkennt in sich die Freiheit, die ihm sonst ohne das moralische Gesetz unbekannt geblieben wäre." Offenbar wurde später aus diesem Text der Satz „Du kannst, denn du sollst" abstrahiert. 1942 jedenfalls gab W. SCHMIDKUNZ in der Reihe „Münchner Lesebogen" Nr. 11 eine Kant'sche Zitatensammlung heraus mit dem Titel: „I. KANT, Du kannst, denn du sollst. Vom Ethos der Pflicht." Die Titel-Formulierung kommt dann bei den Zitaten nicht vor. – Ich danke P. Giovanni Sala S.J., München, für diese Angaben.

348 Diese Formulierung verdanke ich LUDWIG WEIMER.

349 Vgl. H. GESE, Sühne (s. o. Anm. 341) 91.

350 D. HAMMARSKJÖLD, Zeichen am Weg. Übertragen und eingeleitet von A. GRAF KNYPHAUSEN, München / Zürich 1965, 166.

351 So z. B. J. BECKER, Das Evangelium nach Johannes. Kapitel 11–21 (ÖTK 4 / 2), Gütersloh / Würzburg 1981, 592.

352 Zu den historischen Fragen vgl. J. BLINZLER, Der Prozeß Jesu, Regensburg ⁴1969; A. STROBEL, Stunde der Wahrheit (s. o. Anm. 331) bes. 81–94; R. PESCH, Der Prozeß Jesu geht weiter (Herderbücherei 1507), Freiburg i. Br. 1988.

353 Vgl. 11 Q Tempel 64,7–12: „Wenn ein Mann Nachrichten über sein Volk weitergibt und er verrät sein Volk an ein fremdes Volk und fügt seinem Volk Böses zu, dann sollt ihr ihn ans Holz hängen, so daß er stirbt. (...) Wenn ein Mann ein Kapitalverbrechen begangen hat und er flieht zu den Völkern und verflucht sein Volk, die Israeliten, dann sollt ihr ihn ebenfalls an das Holz hängen, so daß er stirbt. Aber man lasse ihre Leichname nicht am Holz hängen, sondern begrabe sie bestimmt noch am selben Tag, denn Verfluchte Gottes und der Menschen sind ans Holz Gehängte." – Übersetzung: J. MAIER, Die Tempelrolle vom Toten Meer (UTB 829), München / Basel 1978, 64.

354 Vgl. G. LOHFINK, Der Ablauf der Osterereignisse und die Anfänge der Urgemeinde, in: DERS., Studien (s. o. Anm. 61) 149–167.

355 Auferstehung der Toten: Jes 25,8; 26,19; Dan 12,2; 2 Makk 7 – Geistausgießung: Ez 36,26 f; Joel 3,1–5.

356 Vgl. Apg 2,36 mit 5,31.

357 Vgl. Apg 2,36–38; 3,15–19; 5,30–31.

358 120 Männer und Frauen: Apg 1,15 mit 1,14 – eine einzige Versammlung: Apg 1,13; 2,1 – einmütig: Apg 1,14 – neue Familie: Apg 1,14 – erfüllt vom Heiligen Geist: Apg 2,4. – Ausführlicher dazu in diesem Buch unter IV 2.

359 Vgl. Mt 28,19 f; Mk 16,15; Lk 24,47; Joh 20,21; 21,15–17; Apg 1,8.

360 Im Johannesevangelium kommt der Begriff „Gottesherrschaft" nur noch 2 mal vor, in der gesamten neutestamentlichen Briefliteratur nur noch 9 mal, in den synoptischen Evangelien hingegen 83 mal. Nach Ostern ist der Begriff wohl noch eine Zeitlang bei den Tradenten der Herrenworte lebendig gewesen.

361 Einen guten Überblick über die antiken Mysterienkulte gibt H.-J. KLAUCK, Die religiöse Umwelt des Urchristentums I. Stadt- und Hausreligion, Mysterienkulte, Volksglaube (Kohlhammer Studienbücher Theologie 9,1), Stuttgart 1995, 77–128.

362 Vgl. G. LOHFINK, Der Ursprung der christlichen Taufe, in: Studien (s. o. Anm. 61) 173–198.

363 So der spätantike Schriftsteller SALLUSTIUS in seiner Schrift De diis et mundo 4,9 über Attis.

364 Zur Sünde als Macht vgl. bei Paulus besonders Röm 5,12. 21; 6,15–23; 7,14–25.

365 Vgl. neben Gal 3,26–29 noch 1 Kor 12,12 f (und Kol 3,9–11).

366 Ausführlicher hierzu G. LOHFINK, Wie hat Jesus Gemeinde gewollt? (s. o. Anm. 92) 103–116.

367 Vgl. A. VON HARNACK, Die Mission und Ausbreitung des Christentums in den ersten drei Jahrhunderten. 1. Band: Die Mission in Wort und Tat, Leipzig ³1915, 278–300. – Besonders anschaulich sind die entsprechenden Unterweisungen in den APOSTOLISCHEN KONSTITUTIONEN II 62; VIII 32.

368 Lukas wollte von diesem Exodus aus theologischen Gründen nicht erzählen. Um auf die Kontinuität zwischen der Jesuszeit und der Zeit der Kirche hinzuweisen, läßt er die Zwölf bewußt in Jerusalem bleiben. Vgl. Lk 24,49; Apg 1,4 gegen Mt 28,16; Mk 16,7; Joh 21,1–14.

369 Vgl. R. PESCH, Die Apostelgeschichte (Apg 1–12) (EKK V / 1), Zürich / Neukirchen-Vluyn 1986, 187.

370 R. PESCH, Die Apostelgeschichte (s. o. Anm. 369) 187.

371 Dieser Absatz ist formuliert in Anlehnung an einen Vortrag von A. STÖTZEL in der Villa Cavalletti am 21. 10. 1995.

372 Vgl. auch 1 Thess 2,14; Phil 3,6 und Apg 8,3.

373 Vgl. W. SCHRAGE, *synagōgē*, in: ThWNT VII 798–850, dort 828,17–21.

374 J. RATZINGER, Theologische Prinzipienlehre. Bausteine zur Fundamentaltheologie, München 1982, 266: „Die Größenordnung, in der die Kirche lebt, ist nicht der Verein, nicht der Freundeskreis, sondern ‚Volk Gottes' als Gegenüber zu den Völkern der Welt – weshalb Eucharistie nicht Privatfeier von Zirkeln sein kann, sondern sie selber nur bleibt, wenn sie öffentliche Versammlung des Ganzen ist."

375 Dtn 9,10: „Auf den Tafeln standen all die Worte, die der Herr am Tag der Versammlung auf dem Berg mitten aus dem Feuer zu euch gesprochen hatte." Ähnlich Dtn 10,4; 18,16.

376 Durch die Kriegsrolle von Qumran (1 QM 4,10) haben wir zum ersten Mal einen direkten Beleg für *q'hal 'ēl*, das hebräische Äquivalent von *ekklēsia tou theou*. Ähnlich allerdings schon Neh 13,1 (= Esra II 23,1 LXX) diff Dtn 23,4. *Q'hal 'ēl* steht in 1 QM 4,10 für das endzeitliche Kampfaufgebot Gottes. Gerade wegen Neh 13,1 wäre es jedoch voreilig, eine spezifische Abhängigkeit der urchristlichen Terminologie von der Kriegsrolle anzunehmen. Im übrigen verweist auch 1 QM 4,10 auf Deuteronomium (vgl. dort 23,2–9) und bestätigt die Annahme, daß *ekklēsia tou theou* die Repräsentation des endzeitlichen Israel meint.

377 Diesen kirchenbegründenden Charakter hat in der Darstellung des Lukas allerdings das Pfingstfest nicht allein. Pfingsten gehört vielmehr in eine ganze Reihe von Setzungen und Ereignissen, die Kirche begründen. Vgl. G. LOHFINK, Die Sammlung Israels (s. o. Anm. 292) 93–99.

378 1. Wichtiges Indiz für die heilsgeschichtliche Überlagerung des alten Erntefestes mit dem Sinaigeschehen ist die Zeitangabe in Ex 19,1 („Im dritten Monat seit dem Auszug aus Ägypten"). – 2. In 2 Chron 15 wird berichtet, daß unter König Asa *im 3. Monat* in Jerusalem eine Bundeserneuerung begangen wurde (vgl. 15,9–15). – 3. Das „Buch der Jubiläen" (2. Jahrh. v. Chr.) setzt für seinen Trägerkreis bereits eine alljährliche Bundeserneuerung am Wochenfest voraus. Vgl. Jub 6,1. 11. 17 (!). 20 f. – 4. Der Pfingstbericht in Apg 2,1–13 ist eindeutig mit Motiven der jüdischen Sinai-Haggada durchzogen. Vgl. die handliche Zusammenstellung bei R. PESCH, Apostelgeschichte I (s. o. Anm. 369) 102. – Deshalb darf davon ausgegangen werden, daß es beim Wochenfest – wenigstens in einem Teil des Judentums – bereits zur Zeit Jesu eine Vergegenwärtigung des Sinaigeschehens gegeben hat.

379 J. RATZINGER, Theologische Prinzipienlehre (s. o. Anm. 374) 265.

380 „Wo sie nun ständig blieben" (Apg 1,13) ist gehorsame Antwort auf die Anweisung des Auferstandenen „Bleibt in der Stadt" von Lk 24,49 und Apg 1,4 und meint deshalb mehr als nur ein „wo sie sich aufzuhalten pflegten".

381 Vgl. noch Apg 1,15; 2,1. 44. 47. – Schon Paulus hatte die Wendung für die Gemeindeversammlung benutzt. Vgl. 1 Kor 11,20; 14,23. Bei den Apostolischen Vätern begegnet sie dann stereotyp. Vgl. 1 Klem 34,7; Barn 4,10; Ign Eph 5,3; Ign Magn 7,1; Ign Philad 6,2; 10,1. Siehe auch JUSTIN, I. Apol 67,3.

382 Die hohen Zahlen in Apg 2,41; 4,4 und 21,20 haben eine andere Funktion. Sie sollen nicht die ideale Größe einer Gemeinde anzeigen (wie in 1,15), sondern das unablässige Wachstum der Ekklesia.

383 So schon die Darstellung im Rabbula-Evangeliar, einer syrischen Handschrift aus dem Jahre 586 (Florenz, Biblioteca Laurenziana). Vgl. P. SEVRUGIAN, Pfingsten V. Ikonographisch, in: TRE 26, 395–398 (mit Bildtafeln).

384 Vgl. Ex 20,18. 20; Dtn 5,5.

385 Genau das muß der Sinn des *epi to auto* von 2,47 sein. Die Wendung ist von 2,44 her auszulegen.

386 Ausführlicher zum Folgenden G. LOHFINK, Gottes Taten gehen weiter (s. o. Anm. 252) 30–35.

387 Vgl. Lk 18,18; 23,13. 35; 24,20; Apg 3,17; 4,5 (!). 8.

388 Vgl. zur Prozedur G. LOHFINK, Der Losvorgang in Apg 1,26, in: DERS., Studien (s. o. Anm. 61) 169–171.

389 Vgl. höchstens noch Apg 20,7–12. – Bei den Versammlungen in Apg 20,17–38 und 21,18–25 sind nur die Ältesten der Gemeinde von Ephesus bzw. Jerusalem anwesend.

390 Vgl. Jes 2,2; 60,1–3; Mi 4,1 f.

391 Zur Funktion von Apg 15,14–18 innerhalb der lukanischen Ekklesiologie vgl. G. LOHFINK, Die Sammlung Israels (s. o. Anm. 292) 58–60.

392 Zu dem Apg 14,27 und 15,4 zugrundeliegenden Schema vgl. L. M. MALONEY, „All that God had Done with Them". The Narration of the Works of God in the Early Christian Community as Described in the Acts of the Apostles (AmUSt. TR 91) New York 1991.

393 Übersetzung nach J. A. FISCHER, Die Apostolischen Väter, München 1956.

394 Übersetzung in Anlehnung an K. WENGST, Didache (Apostellehre), Barnabasbrief, Zweiter Klemensbrief, Schrift an Diognet (Schriften des Urchristentums II), Darmstadt 1984.

395 Vgl. 1 Kor 5,1–5; 14,23–25; Mt 18,17; Did 16,2; Ign Philad 10,1; Ign Pol 6,2; Barn 4,10; 2 Klem 17,1–4.

396 Erinnert sei nur an die klösterlichen Ratsversammlungen. Vgl. etwa die Benediktusregel 3,1–3 (Übersetzung: B. STEIDLE, Beuron ³1978): „Sooft es sich im Kloster um eine wichtige Angelegenheit handelt, soll der Abt die ganze Klostergemeinde zusammenrufen und selbst die Angelegenheit vortragen. Er soll den Rat der Brüder anhören, dann die Sache bei sich überlegen und das tun, was er für richtig hält. Daß zur Beratung alle gerufen werden, bestimmen wir deshalb, weil der Herr oft einem Jüngeren offenbart, was das Bessere ist."

397 Vgl. Mt 18,15–17; Lk 17,3 f; Apg 20,31; Röm 15,14; 1 Kor 14,24 f; Gal 6,1 f; Eph 5,10–14; Kol 3,16; 1 Thess 5,14 f; 2 Thess 3,13–15; 1 Tim 5,19–21; 2 Tim 4,2; Tit 1,9. 13; 2,15; 3,9–11. Vgl. R. GROSSE, Zurechtweisung innerhalb neutestamentlicher Gemeinden (Diplomarbeit an der Katholisch-Theologischen Fakultät der Universität München) 1991.

398 Vgl. nur Röm 12,16; 15,5 f; 1 Kor 1,10; 12,25; 2 Kor 13,11; Eph 4,1–6; Phil 1,27–2,4; 4,2; Kol 4,2; 3,15; 1 Petr 3,8.

399 Nach „Frankfurter Allgemeine Zeitung", Mittwoch 17. 1. 1996, Nr. 14, S. 6.

400 Nach „Die Zeit", 15. 11. 1996, Nr. 47, S. 48.

401 Den Begriff „kulturelles Gedächtnis" haben ALEIDA und JAN ASSMANN (im Anschluß an JURIJ LOTMANN und MAURICE HALBWACHS) eingeführt. Vgl. zu den beiden folgenden Abschnitten J. ASSMANN, Das kulturelle Gedächtnis. Schrift, Erinnerung und politische Identität in frühen Hochkulturen, München 1992, 20–24. 34–37. 42–45.

402 J. ASSMANN, Das kulturelle Gedächtnis (s. o. Anm. 401) 77.

403 Zitiert nach MISCHNA, Pesachim X 5.

404 Vgl. vor allem Ex 13,8–10. 14–16; Dtn 6,20–25; 29,9–14.

405 Vgl. H. D. PREUSS, Theologie des Alten Testaments I (s. o. Anm. 24) 256.

406 J. ASSMANN, Das kulturelle Gedächtnis (s. o. Anm. 401) 167 f; vgl. 78.

407 J. ASSMANN, Das kulturelle Gedächtnis (s. o. Anm. 401) 185.

408 Die folgende Auslegung von Röm 9–11 wird ausführlicher begründet bei G. LOHFINK, Jesus und die Kirche (s. o. Anm. 276) 65–70.

409 Vgl. Hos 14,7; Jer 11,16.

410 Vgl. Apg 13,46–48; 18,6; 19,8–10; 28,25–28.

411 Zur eingehenderen Begründung vgl. G. LOHFINK, Jesus und die Kirche (s. o. Anm. 276) 68 f.

412 CODEX THEODOSIANUS XVI 8,1. Übersetzung: P. SCHÄFER, Geschichte der Juden in der Antike. Die Juden Palästinas von Alexander dem Großen bis zur arabischen Eroberung, Stuttgart / Neukirchen-Vluyn 1983, 193.

413 Vgl. P. SCHÄFER, Geschichte der Juden (s. o. Anm. 412) 201; K. BAUS – E. EWIG, Die Reichskirche nach Konstantin dem Großen (HKG [J] II), Freiburg i. Br. 1973, 90.

414 Vgl. P. SCHÄFER, Geschichte der Juden (s. o. Anm. 412) 202.

415 Vgl. U. WILCKENS, Der Brief an die Römer (Röm 6–11) (EKK VI 2), Zürich / Neukirchen-Vluyn 1980, 267. – Völlig vergessen gegangen ist das Israel-Wissen der Kirche freilich nie. Es schimmert immer wieder durch, etwa in der alten Oration zur Osternacht aus dem Gelasianum: „Gott, wir dürfen erspüren, daß deine alten Wunder auch in unseren Zeiten erstrahlen: Denn was dein mächtiger Arm einst an dem e i n e n Volk getan hat, als du es aus der ägyptischen Verfolgung befreit hast, das wirkst du nun zum Heil der Heidenvölker durch das Wasser der Wiedergeburt. Gewähre, daß die Fülle der ganzen Welt eingehe zu der Kindschaft Abrahams und zu der Würde Israels, deines Volkes *(ut in Abrahae filios et in Israeliticam dignitatem totius mundi transeat plenitudo)."*

416 AAS 58 (1966) 740–744.

417 Wenn das Vatikanum II von der Kirche als dem „Volk Gottes" spricht, verwendet es neben „messianisches Volk" *(populus ille messianicus)* auch den Ausdruck „neues Volk Gottes" *(novus populus Dei).* Vgl. Lumen Gentium II 9; Nostra Aetate 4. – Analog zum „Neuen Bund" ist darunter das endzeitlich *erneuerte,* von Gott in Jesus Christus *neu gesammelte und durch seinen Tod neu geschaffene* Israel zu verstehen. Das ist zu betonen,

damit das Mißverständnis der Substitution (ein neues Volk *anstelle* des alten) ausgeschlossen wird.

[418] Auch Mt 8,11 f liefert für eine solche Deutung keine hinreichende Basis. Es gibt eben bei Matthäus auch noch andere Texte. Der Begriff der *Scheidung* zwischen einem ungläubigen und einem gläubigen Teil Israels wird dem Gesamt der matthäischen Texte eher gerecht. Vgl. dazu ausführlich G. LOHFINK, Jesus und die Kirche (s. o. Anm. 276) 53–59.

[419] Wie reflektiert dieses Nicht-Einstimmen bei Matthäus ist, sieht man daran, daß das Volk (vgl. 23,1) gemäß 23,39 eines Tages, wenn es Jesus sehen und erkennen wird (bei der Parusie?), dann doch noch in das „Gesegnet sei er, der kommt im Namen des Herrn" einstimmen wird.

[420] Mt 21,15. – Der Jubel der Kinder ist redaktionell gegenüber Markus.

[421] Mt 27,20.

[422] Mt 23,37–39. Vgl. 21,46 (!).

[423] Hierfür spricht eben Mt 21,11. Nur die Kinder (21,15) und die Festpilger (21,9) jubeln Jesus als Messias zu.

[424] Hierfür spricht, daß das „Volk" *(laos),* welches in 27,25 das Blutwort spricht, vorher stets als „Volkshaufen" *(ochlos)* bezeichnet wurde. Vgl. 27,15. 20. 24. – Das „Volk" *(laos)* begegnet im engeren narrativen Kontext *als Aktant* nur in 26,5. Und dort können nur die Festpilger und die Einwohner Jerusalems gemeint sein.

[425] Mit den Pharisäern spricht Jesus z. B. in 22,41–46 über die Messiasfrage. Vgl. auch 21,23–27.

[426] Mt 22,7.

[427] Mt 24,1 f.

[428] Vgl. etwa Bellum Judaicum IV 3 (§ 135–223); V 1 (§ 1–38); V 3 (§ 98–105); V 6 (§ 255–57).

[429] Diese Einfügung hatte Matthäus vorbereitet, indem er das Motiv der Sündenvergebung bei der Beschreibung des Auftretens von Johannes dem Täufer getilgt hatte. Vgl. Mt 3,2 gegen Mk 1,4.

[430] Vgl. N. LOHFINK, Der niemals gekündigte Bund. Exegetische Gedanken zum christlich-jüdischen Dialog, Freiburg i. Br. 1989, 59–67. – Die Verknüpfung „endzeitlich erneuerter Bund" und „Vergebung der Schuld Israels" findet sich über Jer 31,31–34 hinaus auch in Ez 16,59–63 und 37,21–28.

[431] Dazu steht auch Gal 3,13 f nicht im Widerspruch. Dort sagt Paulus, daß Christus die Glaubenden von dem tödlichen Schuldspruch des Gesetzes (= Fluch des Gesetzes) befreit hat, indem er auf sich selbst den Fluch der (fremden) Sünde vereinigte.

[432] Vgl. W. P. ECKERT, Antisemitismus V, in: TRE 3, 137–143, dort 138. Bildmaterial bietet vor allem: Ecclesia und Synagoge. Das Judentum in der christlichen Kunst. Ausstellungskatalog, hrsg. von H. JOCHUM, Selbstverlag 1993.

433 Die folgenden 4 Abschnitte über die Osternacht lehnen sich weitgehend an einen Text von Bischof JOSEF STIMPFLE, Das Geheimnis der Kirche, Diözesansynode Augsburg 1990 an: (s. o. Anm. 58) 469–498, dort 488–490.

434 Vgl. vor allem das *Exsultet* der Osternacht.

435 In Anlehnung an H.-J. KLAUCK, Umwelt des Urchristentums I (s. o. Anm. 361) 95.

436 Vgl. H.-J. KLAUCK, Umwelt des Urchristentums I (s. o. Anm. 361) 95.

437 Für A. VON HARNACK z. B. war die Kirche ein „Bruderbund" vieler Einzelner, die durch den Glauben an die frohe Botschaft – und zwar an die frohe Botschaft ihrer Unmittelbarkeit zu Gott, dem Vater – bereits als Einzelne erlöst sind. Vgl. G. LOHFINK, Wie hat Jesus Gemeinde gewollt? (s. o. Anm. 92) 11–13.

438 Vgl. Lk 24,29 f; Apg 20,7; Plinius, ep. (ad Traianum) X 96,7 (?). – Did 10,1. 6 belegt nur die Verbindung mit einem Sättigungsmahl, nicht aber den Abend.

439 Eine Schilderung des Ablaufs der gesamten Feier versucht P. STUHLMACHER, Biblische Theologie I (s. o. Anm. 134) 366 f.

440 Wichtig für diese Richtung der Auslegung war der Aufsatz von G. BORNKAMM, Herrenmahl und Kirche bei Paulus, in: DERS., Studien zu Antike und Christentum. Gesammelte Aufsätze II (BEvTh 28), München 1959, 138–176.

441 Mit Recht sagt O. HOFIUS, Herrenmahl und Herrenmahlsparadosis: ZThK 85 (1988) 371–408: Der „Text 1 Kor 11,23b-25 begründet und normiert den liturgischen Gebrauch frühchristlicher Gemeinden, und er spiegelt diesen Brauch zugleich auch wider" (371). – Deshalb ist auch die Annahme schwierig, in der Gemeinde von Korinth seien Brot- und Kelchwort – entgegen 11,23b-25 – bereits zusammengewachsen und hätten ihren gemeinsamen Platz erst nach dem Sättigungsmahl gehabt.

442 Vgl. vor allem P. LAMPE, Das korinthische Herrenmahl im Schnittpunkt hellenistisch-römischer Mahlpraxis und paulinischer Theologia Crucis (1 Kor 11,17–34): ZNW 82 (1991) 183–213, dort 194–198. Allerdings bleibt P. LAMPE noch bei der Annahme, daß die Reichen früher gekommen seien. Gegen diese übliche Annahme argumentierte aber schon überzeugend O. HOFIUS, Herrenmahl (s. o. Anm. 441) 384–391. O. HOFIUS hat mit guten philologischen Gründen gezeigt, daß *prolambanein* in 11,21 nicht von einem „Vorwegnehmen" des Mahles spricht, sondern von einem „Hervornehmen" = „Zu-sich-Nehmen". Entsprechend ist das *ekdechesthai* in 11,33 nicht mit „warten" zu übersetzen, sondern mit „annehmen" (im konkreten Fall = „Tischgemeinschaft gewähren"). Beides ist nicht nur semantisch kein Problem, sondern fügt sich auch besser in den Kontext ein.

443 Diskussion darüber z. B. bei XENOPHON, Memorabilia III 14,1. Vgl. P. LAMPE, Das korinthische Herrenmahl (s. o. Anm. 442) 196.

444 Zur folgenden Übersetzung vgl. Anm. 442.

445 Für die Hochschätzung der Taufe in Korinth spricht die dort geübte Vikariatstaufe (1 Kor 15,29), und in 1 Kor 10,1–13 muß sich Paulus bezüglich Taufe und Herrenmahl gegen einen falschen Sakramentalismus wenden.

446 In Anlehnung an J. HAINZ, Vom „Volk Gottes" zum „Leib Christi". Biblisch-theologische Perspektiven paulinischer Ekklesiologie, in: Volk Gottes, Gemeinde und Gesellschaft (JBTh 7), Neukirchen-Vluyn 1992, 145–164, dort 156.

447 Vom „Aufbau" der Gemeinde ist in den Kapiteln 12–13 noch nicht die Rede. In Kapitel 14 tritt dieses Thema dann aber klar hervor (vgl. 14,3.4.5.12.17.26), und die Kapitel 12–14 bilden ein organisches Ganzes.

448 Vgl. N. LOHFINK, Das Jüdische am Christentum (s. o. Anm. 57) 12.

449 Haus der Lydia: Apg 16,14 f. 40 – Haus des Jason: Apg 17,5–7 – Haus des Titius Justus: Apg 18,7 – Haus des Gaius: Röm 16,23 – Haus des Philippus: Apg 21,8–14 – Haus des Mnason: Apg 21,15–17.

450 Vgl. etwa Apg 2,2.46; 5,42; 8,3; 20,20; Röm 16,5; 1 Kor 16,19; Kol 4,15; Phlm 2.

451 Heilige: Röm 1,7; 1 Kor 1,2; 2 Kor 1,1; Phil 1,1 – Berufene: Röm 1,7; 1 Kor 1,2 – von Gott Geliebte: Röm 1,7 – in Christus Jesus Geheiligte: 1 Kor 1,2 – Ekklesia Gottes: 1 Kor 1,2; 2 Kor 1,1.

452 Vgl. vor allem HIPPOLYT, Traditio apostolica 15–20.

453 HIPPOLYT, Traditio apostolica 17: *Catechumeni per tres annos audiant verbum.*

454 Vgl. M. HENGEL, Zwischen Jesus und Paulus. Die „Hellenisten", die „Sieben" und Stephanus (Apg 6,1–15; 7,54–8,3): ZThK 72 (1975) 151–206, dort 165–174.

455 Entscheidend ist, daß nach der lukanischen Konzeption die Heidenmission erst in Apg 10 durch das Eingreifen Gottes eröffnet wird.

456 „Gottesfürchtige" sind Heiden, die der Synagoge nahestehen. Sie haben zwar nicht die Beschneidung empfangen, besuchen aber den Sabbatgottesdienst, verehren den einen Gott Israels, halten den Sabbat und die Speisegebote. Vgl. M. REISER, Hat Paulus Heiden bekehrt?: BZ 39 (1995) 76–91; dort 83–87. M. REISER plädiert mit guten Gründen dafür, daß die Menschen, die Paulus aus dem Heidentum zum Glauben an Jesus Christus bekehrt hat, keine reinen Heiden, sondern „Gottesfürchtige" waren.

457 Apg 16,13. – Am Fluß deshalb, weil dort rituelle Waschungen möglich sind.

458 Cornelius hält sich an die jüdischen Gebetszeiten: Apg 10,2 f – Almosen: 10,2 – Freundeskreis: 10,24.27 – hohes Ansehen bei den Juden: 10,22.

459 Zur Rekonstruktion des Zwei-Wege-Traktats, zu seiner jüdischen Herkunft und zu seiner Verarbeitung in der Didache vgl. K. NIEDERWIMMER, Die Didache (KAV 1), Göttingen 1989, 48–78.

460 J. RATZINGER, Theologische Prinzipienlehre (s. o. Anm. 374) 37. – Für die folgenden Ausführungen über die Kindertaufe vgl. ebenfalls J. RATZINGER, Theologische Prinzipienlehre 28–45, besonders 43–45.

461 Vgl. N. Lohfink, Der Glaube und die nächste Generation. Das Gottesvolk der Bibel als Lerngemeinschaft, in: DERS., Das Jüdische am Christentum (s. o. Anm. 57) 144–166.

462 Vatikanum II, Liturgiekonstitution 64; Missionsdekret 14.

463 Zur „Bundesformel" vgl. N. LOHFINK, Dt 26,17–19 und die „Bundesformel", in: DERS., Studien zum Deuteronomium und zur deuteronomistischen Literatur I (SBAB 8), Stuttgart 1990, 211–261. Dort alle Belege für die Formel. Vgl. auch R. RENDTORFF, Die „Bundesformel". Eine exegetisch-theologische Untersuchung (SBS 160), Stuttgart 1995.

464 Vgl. N. LOHFINK, Dt 26,17–19 und die „Bundesformel" (s. o. Anm. 463) 214.

465 Vgl. Lev 9,2 f; 22,19.21; Num 6,14 u. ö.

466 Vor allem in den Psalmen, im Buch der Sprichwörter und in Qumran.

467 Vgl. G. VON RAD, Das erste Buch Mose. Genesis (ATD 2 / 4), Göttingen ⁴1956, 168.

468 Belege für das griechische Vollkommenheitsideal bei G. LOHFINK, Wem gilt die Bergpredigt? (s. o. Anm. 151) 215 Anm. 19.

469 Vgl. zum Folgenden G. LOHFINK, Wem gilt die Bergpredigt? (s. o. Anm. 151) 65–98.

470 Vgl. Lev 20,10; Dtn 22,22.

471 Leviticus Rabba 3 (107 a). Zitiert nach BILLERBECK II 46.

472 Viel Material in gutem Überblick bietet G. STÄHLIN, in: ThWNT IX 428–454. – Vgl. vor allem 1 Tim 5,3–16; Jak 1,27; POLYKARP, 2 Phil 4,3; HERMAS, Mandata 8,10; TERTULLIAN, Ad uxorem I 7; EUSEBIUS, Kirchengeschichte VI 43,11; APOST. KONSTITUTIONEN II 26; III 1–15.

473 Zur Satzaufteilung in Phil 2,17 f vgl. J. GNILKA, Der Philipperbrief (HThK X 3), Freiburg i. Br. 1968, 154 f.

474 Ähnlich Hebr 12,22–24: „Ihr seid hingetreten zum Berg Zion, zur Stadt des lebendigen Gottes, dem himmlischen Jerusalem, zu Tausenden von Engeln, zu einer festlichen Versammlung (...), zu Jesus, dem Mittler eines neuen Bundes und zum Blut der Besprengung (...)."

475 Eph 1,23; 2,16; 4,4.12.16; 5,23.30.

476 Vgl. W. SCHRAGE, Der erste Brief an die Korinther. 1. Teilband (1 Kor 1,1–6,11) (EKK VII 1), Zürich / Neukirchen-Vluyn 1991, 103. – Wichtig sind vor allem 1 Kor 10,32 und 12,28.

477 Das zeigt besonders eindrucksvoll die *adscriptio* 1 Kor 1,2: „An die Kirche Gottes, die in Korinth ist, die Geheiligten in Christus Jesus, die berufenen Heiligen samt allen, die den Namen unseres Herrn Jesus Christus anrufen an jedem Ort, bei ihnen und bei uns."

478 Eph 1,22 f; 4,15 f; 5,23.

479 Übersetzung und Auslegung von Eph 1,21–23 in Anlehnung an F. MUSSNER, Der Brief an die Epheser (ÖTK 10), Gütersloh / Würzburg 1982, 51. – Vgl. DERS., Christus, das All und die Kirche. Studien zur Theologie des Epheserbriefes (TThSt 5), Trier ²1968.

[480] Dazu ausführlich: H. SCHLIER, Mächte und Gewalten im Neuen Testament (QD 3), Freiburg i. Br. 1958. – Vgl. im Epheserbrief vor allem 2,2.

[481] Vgl. Eph 2,22 f und 4,15 f.

[482] Zu dem Auferstandenen als Anfang der neuen Schöpfung vgl. auch Apg 26,23; Röm 8,29; 1 Kor 15,20; Kol 1,18; Offb 1,5.

[483] In Anlehnung an R. SCHNACKENBURG, Der Brief an die Epheser (EKK X), Zürich / Neukirchen-Vluyn 1982, 60. – DERS., a.a.O. 83: „Die Grenze zwischen Kosmos und Kirche ist keine feste und starre, sondern eine dynamische: die Kirche soll sich immer mehr ausweiten und vom Kosmos Besitz ergreifen, weniger extensiv als intensiv. Denn ihr Wachstum geschieht in innerer Erstarkung, vor allem in der Liebe (4,15), die das den widergöttlichen Gewalten entgegenwirkende göttliche Prinzip ist. In dem Maße, wie die Kirche durch das Evangelium die gottentfremdete, bisher den ‚Mächten' verfallene Menschenwelt innerlich gewinnt, offenbart sie den widergöttlichen Gewalten die vielfältige Weisheit Gottes (vgl. 3,10) und deren eigene Entmachtung." – Vgl. auch H. MERKLEIN, in: EWNT I 198 f: „Die Anakephalaiosis setzt demnach einen Prozeß in Gang, der durch die Kirche das Herrschaftsrecht Christi vor den Völkern und Mächten (3,8 ff) durchsetzen läßt und so der Erfüllung des Alls (1,23; 4,10) geschichtliche Dimension verleiht."

[484] Vgl. Art. Antisemitismus II, in: TRE 3, 119–122, dort 120.

[485] Eph 2,19; vgl. 3,6. – Die „Heiligen" sind wohl auch hier wie in Eph 1,1; 3,8; 4,12 und 6,18 die Mitchristen und nicht der himmlische Hofstaat der Engel.

[486] Der Verfasser des Epheserbriefs hat, wie der unmittelbar vorangehende Satz zeigt, als die „trennende Mauer" die Gebote und Satzungen der Tora angesehen. Er denkt wohl vor allem an die Beschneidung sowie an die Reinheits- und Speisevorschriften. Durch seinen Tod habe Christus diese Gebote zunichte gemacht. Paulus und Matthäus hätten über die Geltung der Tora vorsichtiger und differenzierter gesprochen.

[487] Es ist umstritten, ob „Leib" hier den Kreuzesleib Christi meint oder den Leib der Kirche. Vom Sprachgebrauch des Epheserbriefs her ist das zweite wahrscheinlicher.

[488] Politeia Israels: Eph 2,12 – Bundesschlüsse: 2,12 – Verheißung: 2,12 – Sohnschaft: 1,5 – Fülle der Zeiten: 1,10.

[489] Vgl. vor allem 1 Tim 6,20; 2 Tim 1,6–14; 3,10–17

[490] Dem widerspricht nicht, daß die Gläubigen nach Eph 2,6 bereits mit Christus auferweckt sind und mit ihm im Himmel ihren Platz haben. Gemeint ist damit gerade nicht Entweltlichung, sondern die umfassende Erlösung der Welt, die aus der Teilhabe am Weg Christi entsteht und von der Erde bis zum Himmel reicht.

[491] (Die ältesten ?) Belege des Prinzips bei JOHANNES VON DAMASKUS (675–749), De fide orthodoxa III 6; 12; 20. Vgl. L. WEIMER, Lust an Gott (s. o. Anm. 70) 100.

[492] ORIGENES, Kommentar zum Johannesevangelium VI 59.

[493] E. CANETTI, Die Fackel im Ohr. Lebensgeschichte 1921–1931, München (Carl Hanser) o. J., 296.

494 SENECA, ep. 92,30: *Totum hoc, quo continemur, et unum et deus: et socii sumus eius et membra.* – SENECA, ep. 95,52: *Membra sumus corporis magni.* – Vgl. E. SCHWEIZER, ThWNT VII 1036 f.

495 CAGI IV / 1 Nr. 894. Übersetzung in Anlehnung an H. LIETZMANN bei M. P. NILSSON, Geschichte der griechischen Religion. 2. Band: Die Hellenistische und Römische Zeit, München ⁴1988 (¹1974) 389. Vgl. auch H.-J. KLAUCK, Die religiöse Umwelt des Urchristentums II. Herrscher- und Kaiserkult, Philosophie, Gnosis (Kohlhammer Studienbücher Theologie 9,2), Stuttgart 1996, 50.

496 Der Epheserbrief hat eine klare Geisttheologie. Der Heilige Geist als Geist des Vaters: 1,3.17; 3,16; 4,30 – als Geist Jesu Christi: 4,7–12 (die aufgezählten Gnadengaben stehen für die Geistsendung des zum Himmel Aufgefahrenen) – als Geist, der die Kirche beseelt, eint und aufbaut: 2,18.22; 4,3.4. – Vgl. ferner 1,13 f; 3,5; 5,18 f; 6,17 f.

497 Die Johannesoffenbarung dürfte zwischen den Jahren 90–95 entstanden sein, denn sie spiegelt die umfassende Propagierung des Kaiserkults und damit den Totalitätsanspruch des römischen Staates in den letzten Regierungsjahren Domitians wider. Vgl. J. ROLOFF, Die Offenbarung des Johannes (Zürcher Bibelkommentare NT 18), Zürich 1984, 16–19. Der Epheserbrief schaut bereits auf das Wirken des Paulus zurück. Er paßt in die Jahre 80–90.

498 Zur Pella-Tradition vgl. EUSEBIUS, Kirchengeschichte III 5,3 und EPIPHANIUS, Haer. XXIX 7,7 f; XXX 2,7; De mensuris 14 f. – Wichtig ist ferner Mk 13,14–23. – Zum Zeitpunkt der ersten römischen Truppen vor Jerusalem vgl. JOSEPHUS, Bellum II 19,4 (§§ 527–532).

499 EUSEBIUS, Kirchengeschichte IV 5,3.

500 Vgl. G. STRECKER, Judenchristentum, in: TRE 17, 310–325.

501 Vgl. G. LOHFINK, Jesus und die Kirche (s. o. Anm. 276) 50–72.

502 Eine Ausnahme ist vielleicht Gal 6,16. Dort könnte mit dem „Israel Gottes" die Kirche aus Juden und Heiden gemeint sein. So z. B. W. KRAUS, Das Volk Gottes. Zur Grundlegung der Ekklesiologie bei Paulus (WUNT 85), Tübingen 1996, 247–252. Oder meint Paulus hier das noch nicht zum Glauben gekommene Israel? So F. MUSSNER, Der Galaterbrief (HThK IX), Freiburg i. Br. 1974, 417.

503 In Anlehnung an die AUGSBURGER SYNODE 1990 (s. o. Anm. 58) 475 f.

504 Untersuchungen zu dem Autorenwillen, der den Kanon schuf, und zu der Struktur, die dabei entstand, laufen erst in neuerer Zeit an. Vgl. für das Neue Testament vor allem D. TROBISCH, Die Endredaktion des Neuen Testaments (s. o. Anm. 230).

505 Die KATHOLISCHE INTEGRIERTE GEMEINDE hat dem 1. Heft einer Serie von Veröffentlichungen unter dem Reihentitel „Heute. Pro ecclesia viva" den Titel „Vom Wiedereinwurzeln im Jüdischen als einer Bedingung für das Einholen des Katholischen" gegeben. (Verlag Urfeld, Schulgraben 2, 83646 Bad Tölz ²1995).

506 Die Aussage, daß die Taten Gottes weitergehen, leugnet nicht, daß die Auferweckung Jesu die große, nicht mehr zu überbietende, definitive Tat Gottes ist. Aber sie ist

eben nicht nur rettendes Geschehen für Jesus selbst. Sie ist nicht voll bezeugt und noch gar nicht in ihrer ganzen Erstreckung realisiert, wenn sie nicht in der Kirche Gestalt gewinnt. Im Werden und Wachsen der Kirche als einer neuen Gesellschaft erweist sich die eschatologische Macht der Auferweckung Jesu. Insofern sind die Taten Gottes mit Jesus beendet – und gehen doch weiter. Sie gehen weiter, insofern sich die Macht der Auferweckung Jesu über die Kirche und durch die Kirche in der ganzen Welt durchsetzen muß. Vgl. G. LOHFINK, Gottes Taten gehen weiter (s. o. Anm. 252) 35–43.

507 Vgl. dazu ausführlicher G. LOHFINK, Wie hat Jesus Gemeinde gewollt? (s. o. Anm. 92) 137–142.

508 Zum Folgenden vgl. den Aufsatz von R. PESCH, „Was an Petrus sichtbar war, ist in den Primat eingegangen". Ergebnisse einer exegetischen Untersuchung bezüglich der Grundlage des Primats und seiner Weitergabe. Veröffentlichung demnächst.

509 Als „Urbild des wahren Jüngers" wird Petrus zum Beispiel bei J. ROLOFF dargestellt. Vgl. DERS., Die Kirche (s. o. Anm. 287) 163–165.

510 Die Formulierung stammt von U. LUZ, Das Evangelium nach Matthäus (s. o. Anm. 60) 469.

511 Das Folgende in Anlehnung an R. PESCH, „Was an Petrus sichtbar war" (s. o. Anm. 508) Manuskript S. 9 f.

512 Vgl. N. LOHFINK, Das Siegeslied am Schilfmeer (s. o. Anm. 108) 102–128.

513 R. PESCH, „Was an Petrus sichtbar war" (s. o. Anm. 508) Manuskript S. 9.

514 R. PESCH, „Was an Petrus sichtbar war" (s. o. Anm. 508) Manuskript S. 10.

515 Das Binde- und Lösewort von Mt 16,19 wird in 18,18 allen Jüngern zugesprochen.

516 DIÖZESANSYNODE AUGSBURG 1990 (s. o. Anm. 58) 471.

517 R. GUARDINI, Das Erwachen der Kirche in der Seele: Hochland 19 (1922) 257–267, hier 257. 259.

518 R. GUARDINI, Erwachen (s. o. Anm. 517) 263. 265.

519 I. F. Görres, Die leibhaftige Kirche. Gespräch unter Laien, Einsiedeln 1994 (¹1950), 7. – I. F. Görres zitiert an dieser Stelle aus einem ihrer früheren Aufsätze von 1947.

520 V. STURM, Barfuß auf Asphalt. Ein unordentlicher Lebenslauf, München 1981, 327 f.

521 Vatikanum II, Lumen Gentium II Art. 9.

522 „Milieu" wird hier verstanden als Sozialform, als Lebenswelt, die der Glaube braucht, damit er überhaupt gelebt werden kann. Diese Sozialform wächst dem Glauben freilich nicht sekundär zu – etwa weil die Gesamtgesellschaft heidnisch oder säkularisiert ist –, sondern Glaube ist von seinem Wesen her Communio, die sich als Lebensform inkarnieren will. „Milieu" meint hier also gerade nicht „Fluchtburg" oder „Abschottung".